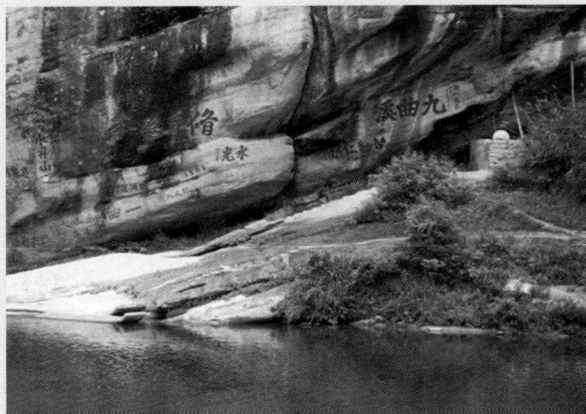

朱子学与退溪学研究：

中韩性理学之比较

福建省社会科学院
中国社科院哲学所　　宋明理学研究中心　编

张品端　主　编
陈国代　黎晓铃　副主编

厦门大学出版社　国家一级出版社
XIAMEN UNIVERSITY PRESS　全国百佳图书出版单位

前 言

  中国和韩国为近邻,山水相依,由于这种地理环境和频繁的文化学术交流,13 世纪末朱子学开始向韩国传播,于中世纪出现了朝鲜退溪学和栗谷学,形成了有别于中国的韩国朱子学。从中韩朱子学思想的发展来看,韩国对中国的引进与吸收,并不是简单地将中国朱子学移植到韩国,而是根据本国的文化传统和实际需要,是有选择性和创造性的。所以,韩国朱子学作为中国朱子学的发展,有其相同之处;由于其不同的国度及与本土文化、社会环境相结合,又表现出相异性。

  近三十年来,韩国退溪学是中国学术界研究宋明理学的学者深感兴趣的研究领域。这个新学术领域的开拓,并发掘新的研究课题,无疑有利于推动中韩朱子学研究的不断深入发展。朱子学在东亚地区的韩国和日本的发展,同时也说明任何国家和民族想要发展、超越自己的文化传统,就决不能把外来文化拒之门外而采取封闭式地内省方式。没有各国与各民族不同文明形式之间的互参、互补,要实现本国传统文化的更新与发展是不可能的。本土文化与外来文明的对立互补性,是人类文明发展的普遍规律。

  正是基于上述原因,宋明理学研究中心与韩国国学振兴院,于 2010 年在武夷山签订了共同开展"陶山九曲与武夷九曲文化比较研究"合作项目。这个项目其中一项重要内容,是每年一次,在中国武夷山或韩国安东轮流举办有关朱子学与退溪学的学术研讨会,就双方拟定的主题展开深入的讨论。2010 年 10 月,在武夷山举办了主题为"朱子学与东亚文明"学术研讨会;2011 年 11 月,在安东举办了主题为"韩中性理学交涉与九曲文化的展开"学术研讨会;2012 年 10 月,在武夷山举办了主题为"朱子学、退溪学与书院文化"学术研讨会；2013 年 10 月，在安东举办了主题为"退溪学、朱子学与地域文化"学术研讨会；2014 年 10 月，在武夷山举办了主题为"朱子、退溪与工夫论"学术研讨会。显然，这些主题不同的学术研讨会，拓展了中韩朱子学研究的领域。而研讨会的圆满成功，既有利于两国学者相互借鉴理论成果，又增进了双方的传统友谊。而且双方广泛的交流合作，已经成为中韩之间文化交流的重要内容，对加深两国人民之间的理解、沟通、合作和友谊，也是大有裨益的。

这里应该说明的是，我们只是把每次会议参与交流的论文汇集到本书中，而每届研讨会上，双方学者坦诚而热烈的讨论和争论，未能体现出来。特别是，由于翻译的难度较大，编辑的时间紧迫，书中不可避免地存在一些错漏和不足。这很有些遗憾，但只能祈求得到读者的谅解。当然，我们还是真诚地希望，本书的出版能为读者提供一些有益的启示，也欢迎有兴趣的读者参与中韩朱子学的讨论，以推动东亚朱子学研究的不断深入发展。

张品端

2015 年 9 月

目 录

朱子学与东亚文明

性理学交涉与九曲文化的展开

朱子学/退溪学与书院文化

退溪学/朱子学与地域文化

朱子/退溪与工夫论

朱子学与东亚文明

朱子学是"东亚文明的体现"

◎ 高令印

（厦门大学哲学系教授）

　　朱子学是"东亚文化的体现"，这是日本现代著名哲学家岛田虔次说的，并得到美国著名哲学家杜维明、狄培瑞等国际文化学术界代表的认同。[①] 跟西方文化并称的东方文化主要是儒家思想，而儒家思想前后以孔子、朱熹为代表。并且，代表孔子思想的儒家经典大都经过朱熹比较准确地整理注释过，成为其后历代国家的标准教科书，因此研究孔子思想实际上就是研究朱熹的孔子思想。朱子学是东亚国家和民族的精神力量和生活方式，是东方人的正宗文化意识。

一、中国文化重心南移和儒学发展三大阶段

　　中国古代社会于唐宋间由前期向后期过渡，政治、经济、文化重心由北方向南方转移。特别是灭了北宋的金人文化落后，承担不了高度发达的中原文化。南宋的首都在临安（今杭州），闽、浙、赣之武夷山一带便成为国家的政治、经济重心。佛教于两汉之际传入中国，道教也紧随着产生。经过魏晋南北朝，到了隋唐，佛教开始中国化，并逐渐有压倒中国主体文化意识——儒家之势。当时中国第一流的学者大都出入佛、道。首先看出中国主体文化意识失坠的是唐人韩愈，他激烈排佛，提出恢复秦汉以来中断了的儒家道统。接着，北宋的周敦颐、二程、张载等提出新儒学（理）。他们分别创立的濂、洛、关

---

　　① 杜维明：《儒家哲学与现代化》，《论中国传统文化》，北京：三联书店，1988 年，第 120 页。

新儒学派别均在北方,北宋灭亡后由闽中游酢、杨时等"道南",四传至朱熹集新儒学之大成,在闽、浙、赣之武夷山一带形成中国文化的重心,实现了中国文化重心南移。北宋大哲学家邵雍说:"天下将治,地气自北而南。"①"地气"即国家的文化重心。南宋张栻说:"当今道在武夷。"②就是指国家的文化重心转移到武夷山一带。

基于上述,中国主体文化意识儒学的发展有三大阶段:一是以孔子为代表的原始儒学。东周中期(春秋末年)的孔子总结夏、商、西周三代的文化,提出"仁者爱人,亲亲为大;义者宜也,尊贤为大"③,把中国文化由原始形态上升到成熟形态,此后2000多年,中华民族文化就沿着孔子所开创的仁义道德的方向发展。孔子之后儒学的代表者是战国中期的孟子,他提出"居仁由义"、"亲亲、仁民、爱物"、"尽心、知性、知天,存心、养性、事天"④,完善了孔子的内圣成德之教。西汉的董仲舒把孔孟原始儒家与阴阳家结合,提出"天人感应"论、"罢黜百家、独尊儒术",使儒学成为国家的正宗思想。此外,在东汉产生了道教和佛教传入中国。到隋唐,儒、佛、道由三教鼎立到佛教占优势到趋于融合,中国文化第一阶段终结。二是以朱熹为代表的新儒学(理学)。至唐中叶以后,中国古代社会开始向后期过渡,国家的政治、经济、文化南移,文化的核心——儒学也要相应的充实提高,改变为新儒学(理学)的形式。朱熹集濂、洛、关之大成,创立闽学。以朱熹为代表的闽学"综罗百代"⑤,成为中国传统文化的总汇。后人把朱子学(闽学)与新儒学(理学)相提并论,是同等的概念。三是指20世纪"20年代产生的以继承儒家道统为己任、服膺宋明儒家学说为主要特征的思想流派"⑥。为别于宋明新儒学,被称为现代新儒学,其主要代表者有梁漱溟、熊十力、冯友兰、牟宗三、杜维明等。此第三期儒学当今正在发展中。由上可见,以朱熹为代表的新儒学(理学),在中国文化史上具有继往开来的作用,占有十分重要的地位。

---

① 邵伯温:《邵氏见闻录》卷三。
② 张栻:《南轩集》卷三。
③ 《中庸·问政》。
④ 《孟子·尽心上》。
⑤ 《宋元学案》。
⑥ 方克立:《要重视对现代新儒家的研究》,《天津社会科学》1986年第2期。

二、天时地利人聪，朱熹在武夷山
把北来的儒佛道融合成新儒学

朱熹（1130—1200）的祖籍在今江西婺源，生老、求学、讲论、从政等活动主要在今福建。在闽北之武夷山一带有 50 多年，赴外省从政、逗留仅约 3 年。①

著名学者蔡尚思谓，他"研究了中国自然美的山水已达 200 多个，认为武夷山超过了徐霞客最赞美的黄山，因为黄山山奇不如武夷山的山水俱奇；而九寨沟则水奇而山不奇，桂林江水可游而小山不可登，也比不上武夷山即可登高又可乘筏；庐山的水在山外，也不如武夷山的水在山中。武夷山的山水俱佳，在国内外都是难比的。……朱熹是先贤，武夷为名山；人地两相配，唯有此间全"②。

孔子说："智者乐水，仁者乐山。智者动，仁者静。"③武夷山水陶冶朱熹既仁且智，从观想武夷山水的动静中建立起自己的世界观，为中国文化重心南移再兴作出了伟大贡献。正如清人李光地所说的，"朱子讲学之堂，必水秀山明，跨越四方名胜；非是则不能聚一时之人豪，著千秋之大业也！"④

中国文化重心南移再兴确实是"千秋之大业"，不是某个学者单独所能完成的。武夷山"在赵宋之世，恒为巨儒所托足，龟山、屏山、晦庵、九峰，一时讲学之盛，不下鹿洞、鹅湖"⑤。清人董天工在论及朱熹及其武夷精舍时诗曰："五曲层峦毓秀深，紫阳书院树云林；茫茫千古谁绍统，全寄先生一寸心！"⑥朱熹在武夷山的"一寸心"一则是讲论。跟朱熹讲论的师友，最早是刘子翚（屏山），至今武夷山水帘洞遗存有清初地方官员为保护"屏山与朱熹讲习武夷"的布告摩崖石刻。后来，朱熹自辟精舍，谓"过我精舍，讲道论心，穷日继夜"⑦，知名者有吕祖谦、张栻、辛弃疾、袁枢等。吕祖谦和朱熹合编的《近思

---

① 高令印：《朱熹事迹考》，上海：上海人民出版社，1987 年。
② 武夷山朱熹研究中心编：《朱熹与中国文化》，上海：学林出版社，1989 年。
③ 《论语·雍也》。
④ 李光地：《武夷留云书屋记》。
⑤ 《武夷山志》。
⑥ 《武夷山志》。
⑦ 《朱子文集》，台湾德富古籍丛刊，2000 年，第 42836 页。

录》,是儒家经典的精当选本,在普及儒学上起了很大作用。

朱熹在武夷山的"一寸心"再则是撰写论著。反映朱熹成熟思想的论著大都是他在武夷山时期撰写的。例如,确立朱熹理先气后、格物致知、存理灭欲等观点的《大学章句》、《中庸章句》(均成书于淳熙十六年,1189 年);与陆九渊兄弟和陈亮辩论尊德性道问学、王霸义利等的书函(淳熙十一至十六年,1184—1189)。朱熹在武夷山厘定《太极图说》、《西铭解义》,确立了关于太极、理一分殊的观点。有谓"文公于武夷精舍笺注《书》、《诗》、《易》以迄'四书'、《家礼》"①,还有《通鉴纲目》、数百篇书函、序跋、诗赋等,呈现出朱熹各个方面的思想。

综观朱熹在武夷山的讲论事迹和论著内容,他们是以儒学为主干,把北来的儒、佛、道融合在一起,像吃营养强身一样,使儒学壮大起来,重新树立起以孔子为代表的儒学的权威,使中国文化沿着孔子所开创的内圣外王的轨道往前发展。

佛教自两汉之际传入中国后,到唐宋中国化,成为中国社会上层建筑的主要组成部分。隋唐中国化的佛教主要是禅宗,其创始人慧能活动于粤、鄂,而后繁盛时期的"五宗七家"则转移到闽、浙、赣之武夷山一带。"五宗七家"直接和间接的创始人有三分之二以上是闽籍僧人;还有闽籍僧人怀海把印度佛教戒律中国化,创制适合于中国佛教特点的"百丈清规"。当时,武夷山是佛教活动的中心地区。朱熹经常出没于武夷山及其附近的永乐禅寺、瑞泉庵、云际寺、景禅僧舍等。今武夷山慧苑寺还遗存有朱熹墨迹木刻"静我神"、"静神养气"等。② 其间,朱熹频繁地与僧人交往,如肯庵圆悟禅师居武夷山 10 多年,"尝受儒学于晦庵朱文公"③。又如道谦禅师住武夷山附近的密庵寺,朱熹数次至之,现《朱文公文集》中有至密庵寺游记 1 篇和游诗 6 首。朱熹在给道谦的书函中有曰:

> 向蒙妙喜(大慧)开示,应是。从前记持文字,心识计较。不得置丝毫许在胸中。但以"狗子"语时时提撕。原受一语,惊所不逮。④

道谦也有给朱熹回信,鼓动朱熹学禅。大慧名宗杲,号妙喜,是南宋主张

① 王复礼:《武夷山庄记》。
② 高令印:《朱熹事迹考》,上海:上海人民出版社,1987 年。
③ 《枯崖漫录》,收入《续藏经》。
④ 朱熹:《佛法金汤编》卷一五。

儒、释、道会通的著名禅学家。道谦是大慧的弟子。狗子有无佛性，是赵州从念禅与弟子问答的一件公案。后来禅家以"狗子有否佛性"作为"话头"（问题），以参禅收心。"将这话头，只管提撕，不要思量，不要穿凿，不要生知见，不要强承当。如合眼跳黄河，莫闻跳得过跳不过，尽十二分气力打一跳。若真个跳得，这一跳便百了千当也；若跳未过，但管跳，莫论得失，莫顾危亡，勇猛向前，更休拟议。若迟疑动念，便得交涉也。"①此禅学对朱熹影响至深。朱熹说：

> 岂敢不常自警省也！兼亦自觉未堕。释氏之见者。盖释氏是从空处求，吾儒是从实处见。②

朱熹改造佛学的基本方法是把其说空换成讲实，"释言空，儒言实；释言无，儒言有"，"释氏二，吾儒一"③。如他把佛学的"月印万川"改造成为"理一分殊"，使其成为新儒学理气关系的骨架。这正如恩格斯所说的，马克思改造黑格尔哲学，是使其头脚倒立的哲学重新颠倒过来。④

武夷山是道教名山，这是清人董天工在《武夷山志》一开头就讲到的。在宋代，北方的原道教神仙系统和原武夷山冲祐观的道教神祇武夷君、皇太姥等逐渐结合起来。活动于武夷山的白玉蟾发扬北宋紫阳真人张百端的紫阳教派和钟离权、吕洞宾的金丹道派，成为道教南宗五祖，集道教南宗思想于己一身，是宋明道教的代表者。因白玉蟾说法于武夷山冲祐观，观内遂有法堂之建筑。朱熹在武夷山喜欢与道士交往。如其诗有曰：

> 眷焉此家山，名号列九霄。相与一未集，旷然心朗寥。……受我黄素书，赠我双琼瑶。茆茨几时建？自此遗纷嚣！⑤

朱熹对太极、理认识的抽象性一面，多取道家的观点。朱熹的《武夷图序》，就是应道士高文举之请而写的。

上面已经讲到，北宋末年闽中游酢、杨时把北方新儒学（理学）移植南方。今武夷山冲祐观对面大王峰山腰耀眼之巨大石刻"道南理窟"，即是记载理学

---

① 释晓莹：《云卧纪谈》卷下。
② 《朱子文集》，台湾德富古籍丛刊，2000年，第2157页。
③ 《朱子语类》，北京：中华书局，1986年，第3015页。
④ 恩格斯：《路德维希·费尔巴哈与德国古典哲学的终结》，北京：人民出版社，1956年。
⑤ 《朱子文集》，台湾德富古籍丛刊，2000年，第241页。

入闽事迹的。① 朱熹的私淑弟子真德秀说：

> 二程之学,龟山得之而南传至豫章罗氏(从彦),罗氏传之延平李氏(侗),李氏传之朱氏(熹),此一派也;上蔡谢良佐传之武夷胡氏(安国),胡氏传其子五峰(宏),五峰传之南轩(张栻),此又一派也。朱、张之学最得其宗。②

杨龟山与游酢一同载道南归,然后其道在福建流传。谢良佐与游酢、杨时、吕大临同为程门四大弟子。胡安国是今武夷山市人,其学传给其子、侄胡宁、胡宏、胡宪等,是闽中理学的一大派别;其传承张栻至岳麓书院,形成湖湘学派。

由上可见,中国文化的基本形态儒、佛、道都汇集于武夷山一带。武夷山有三教峰,并有三教堂,冲祐观内原有群贤祠,等等,均供奉孔子、老子、释迦塑像。当时武夷山是中国文化基本形态儒、佛、道的荟萃之地。朱熹有笃实的文化素养,倚以天时地利和自己的聪明才智,完成了历史赋予的复兴和发展儒学的伟大任务。

三、朱子学的国际性演进和传播

到了南宋,中国文化重心由北方至闽、浙、赣之武夷山一带,由朱熹把它们融合提高为闽学——新儒学。到了南宋末年,特别是元朝以后,很快北传至全国,并汪洋澎湃以至国外,成为东亚文明的体现。清人张伯行深刻指出：

> 理学名区,独盛于闽,不惟比拟伊洛,直与并称邹鲁。而程子"道南"一语,遂符合如左券。噫嘻! 闽滨东海,屹立武夷诸名胜,元气融液,人与地会,当吾世复有兴者,乌知后之视今,不犹今之视昔也。尔诸生景行前哲,能自振拔以斯道为己任。吾见闽学之盛行,且自南而北而迄于东西,不局于一方,不限于一时,源远流长,汪洋澎湃。道之所谓流动而充满、弥沦而布濩者,于是乎统贯于载道之人矣!③

从武夷山一带为起点的朱子学的这种演进和传播,是具有十分深刻意义的国际性文化运动。

---

① 高令印：《朱熹事迹考》,上海：上海人民出版社,1987年。
② 真德秀：《西山先生真文忠公读书记》卷三一。
③ 张伯行：《道南原委》卷首。

随着朱子学超出武夷山地区向全国演进和传播，其政治地位急剧日增。元仁宗延祐元年(1314年)，诏定国家科举考试以朱熹的《四书集注》、真德秀的《大学衍义》等为准。清圣祖康熙皇帝命李光地编辑《朱子大全》，颁行全国。南宋、元、明、清时代，朱熹等朱子学家著作和其对儒家经典的注疏是法定的国家教科书，文官考试不出朱子学界限。朱子学是国家强有力的精神支柱。

朱子学于宋元间传入韩国、日本、越南等，支配东方诸国思想文化700多年。上面讲到，儒学在中国的发展有三个时期。对于以朱熹为代表的第二期儒学(宋明新儒学)的国际性，美籍哲学家杜维明有段深刻的说明：

> 第二期儒学的发展，也就是中国的宋明、朝鲜的李朝到后来日本的德川，儒学成为地道的东亚文明的体现。以后这个传统在越南也有相当的发展。越南在法国殖民主义征服以前受到儒学的很大的影响。就是在今天，在许多地方，它的人与人之间的关系，它的行为，都受到儒家的影响。所以，(日本)岛田虔次指出：儒学是东亚文明的体现。这就是说，儒学不完全是中国的，也是日本的、朝鲜的、越南的。这是儒学第二期的发展，有800年的历史。……朝鲜的李朝大概从1398年或1392年开始建朝，直到1910年日本侵略朝鲜灭亡，跨越中国明清两代，是东亚大王朝，这个朝代的指导思想就是儒学，其中非常突出的思想家就是李退溪(即李滉)。从李退溪到他的学生李栗谷(即李珥)，儒学有非常大的发展，这个发展的基础即是中国的朱学，也就是朱熹学统的发展。[①]

朱子学成为"东亚文明的体现"，韩国退溪学、日本朱子学等，是朱子学的分支。李退溪的思想被称为退溪学，是当今国际文化学术界的热门课题。朱熹、李退溪等新儒家，把孔孟儒学更加具体化了，成为东方诸民族生存发展的指导和规范，生命的方向和理想，成就人生的价值和意义，具有常道性格和应变功能，继往开来，畅通了东方文化前进上升的大道。

---

① 杜维明：《儒家哲学与现代化》，《论中国传统文化》，北京：三联书店，1988年，第120页。

四、东方化的朱子学的基本内容和文化价值

东方文化与西方文化的根本不同,就是东方人具有整体性和主体性的观念。这两个方面是朱子学的基本思想。朱子学不是专对中国人讲的特殊道理,而是向整个东方人类讲的,具有普遍性的品格。

(一)由尊天上升到讲理

在远古时代,中国人就把天作为本体问题进行认识,有天命等说法。孔子时而释天为自然界,含糊其辞。西汉董仲舒提出天人感应论,断定天是有意志的。朱熹认为,天不外是苍苍之形体,而天意是理。这就摒弃了原先对天认识的宗教神秘色彩。他说:

> 天之所以为天者,理而已。天非有此理不能为天。故苍苍者即此道理之天。①

天即理,是朱熹理论的哲学本色。由此,朱熹把人们对天的认识上升到哲学本体论高度。他说:

> 宇宙之间一理而已。天得之而为天,地得之而为地;而凡生于天地之间者又各得之以为性,其张之为三纲,其纪之为五常,盖皆此理之流行,无所适而不在。若其消息盈虚,循环不已。②

> 天下之事莫不有理。为君臣者有君臣之理;为父子者有父子之理;为夫妇、为兄弟、为朋友,以至于出入、起居、应事、接物之际,亦不各有理焉。③

这就是说,理是最高范畴,是唯一的存在和永恒循环往复的运动,是整个宇宙万类以至社会三纲五常人伦道德的根源和共同体。

(二)理一分殊

在朱熹看来,理是抽象概念,它要通过万事万物才能呈现出来。这中间的环节是气。他说:

---

① 《朱子语类》,北京:中华书局,1986年。
② 《朱子文集》,台湾德富古籍丛刊,2000年,第3517页。
③ 《朱子文集》,台湾德富古籍丛刊,2000年,第448~449页。

天地之间有理有气。理也者，形而上之道也；气也者，形而下之器也，生物之具也。是以，人、物之生必禀此理，然后有气；必禀此性，然后有形。①

朱熹由此得出"理与气，此决是二物。但在物上看，则二物浑沦，不可分开各在处"。② 为说明理生出千差万别的事物，朱熹提出理一分殊论。他说：

万物皆有此理，理皆同出一原，但所居位不同，如为君须仁，为臣须敬，为子须孝，为父须慈。物物各具此理，而物各异其用，然莫非一理之流行也。……释氏云："一月普现一切水，一切水月一月摄。"③

朱熹对原始儒家天人合一论所作的这种新诠释，是吸取了佛教华严宗"一多相摄"的观点。"月印万川"是说，每一江湖水中的月亮，都和天上的真月亮一样，是月亮的整体，不是月亮的一部分。这即是其所谓"万个是一个，一个是万个"④、"一即一切，一切即一"。⑤

理一分殊是朱熹哲学思想体系的骨架。这就是说，万事、万物、万殊、万理之上有个主宰者"一理"（亦即太极），而"一理"又体现于万事、万物、万的辩证法。由此又衍化为理气（事）观、体用观、道器观、伦理观等。

（三）心即理，理具性

朱熹认为，人身之主宰者谓之心。这个主宰人一切的心有两个，即人心和道心。他说：

人心、道心，便只是这两事，只去临时思量哪个是人心，哪个是道心。……今须是常拣择教练，使道心常在里面如个主人，人心如客样。⑥

朱熹的两心说，来源于《尚书》之"人心惟危，道心惟微"⑦，人心即是如动物一样的不受社会道德伦理限制的欲望之心，而道心就是天理。"此心之灵，其觉于理者，道心也。"⑧

---

① 《朱子文集》，台湾德富古籍丛刊，2000年，第2051页。
② 《朱子文集》，台湾德富古籍丛刊，2000年，第2050页。
③ 《朱子语类》，北京：中华书局，1986年，第331页。
④ 《朱子文集》，台湾德富古籍丛刊，2000年，第2063页。
⑤ 《心经》。
⑥ 《朱子文集》，台湾德富古籍丛刊，2000年，第55页。
⑦ 《尚书·大禹谟》。
⑧ 《朱子语类》，北京：中华书局，1986年，第428页。

道心是天理,是因为来源于天命。"天之赋于人者谓之命,人与物受之者谓之性。"①而性又是与气联系在一起的。"论性不论气,不备;论气不论性,不明";②"气有清浊,禀得清者为贤,禀得浊者为愚。"③因此,只能说理具性,不能说理即性。贤者所禀之气清而呈道心,愚者所禀之气浊而呈人心。因此人分两种,有善恶好坏之别。

（四）存理灭欲

朱熹依据孟子的人性本善,而恶是后天造成的,须变化气质,去人欲复天理。他所讲的人欲不是禁欲、无欲,是指过分的欲望,如其谓"饮食,天理也;要求美味,人欲也。"④他又说:

> 盖天理者,此心之本然,循之则其心公而且正;人欲者,此心之疾痰,循之则心私而且邪。⑤

朱熹把人欲看成是非正常理性之欲望,是超乎社会生活水平和道德伦理要求的,而天理是国家社会之最根本需要。要把人欲纳入天理的轨道,如男女之性欲变为夫妇之伦。

（五）格物致知和知行相须

天人合一是东方人古代思想的主要倾向。朱熹讲天（客观）人（主观）对列,提出合天地万物只是一个理,格物而穷理。他说:

> 概人心之灵莫不有知,天下之物莫不有理。惟于理有未穷,故其知有不尽也。是以《大学》始教,必使学者既凡天下万物莫不因其已知之理而穷之,以求至乎其极。至于用力之久,而一旦豁然贯通,则众物之表里、精粗无不到,而吾心之全体大用无不明矣! 此之谓格物。⑥

朱熹所说的物,是理一分殊的天下万事万物,包括自然和社会的各种现象,当然也有心理现象和道德规范。在这里,朱熹把主客观置于认识和被认识的关系,是非常深刻的。

---

① 《朱子语类》,北京:中华书局,1986年,第12页。
② 《朱子语类》,北京:中华书局,1986年,第1042页。
③ 《宋元学案》。
④ 《朱子语类》,北京:中华书局,1986年,第13页。
⑤ 《朱子语类》,北京:中华书局,1986年,第222页。
⑥ 《大学章句》。

不仅如此，朱熹还强调，"格物致知为用力之始，然非谓初不涵养践履"。① 格物致知是知，涵养践履是行。"知与行工夫须着并到。知之愈明则行之愈笃，行之愈笃则知之愈明。"② 因此，他提出知行相须，如车之两轮、鸟之双羽。这就结束了千年来知行先后的论争。

由上可以看出，朱熹是把整个宇宙视为一个大生命，人、物之生命皆是宙宇生命之呈现。尽心知性知天，强调内圣成德之教；然后由内圣而外王事功，治国平天下。朱子充分地显示出了东方人异于西方人的思想文化特色。

朱子学具有普遍性的品格，不仅从空间上体现于东方社会，也是近代东方文明的契机之一。

第一，拨千年之乱而反正，开辟出东方文化的光辉灿烂的发展方向。自孟子起，历代儒家学者多讲道统，即有个恒常不变的"道"在儒家学者中代代相传，有的认为这个"道"即是上引《尚书》中所讲的"人心惟危，道心惟微，惟精惟一，允执厥中"。③ 后来的儒家学者一般认为这个"道"在孟子死后即中断了。至于中断之因，众说不一。孟子发扬了孔子思想，是儒家的正宗。两汉儒生以阴阳、谶纬曲解儒圣，魏晋玄家用老庄谈易，使无、空结合，招致南北朝佛教盛行。到了隋唐，中国第一流学者大都治佛，倾国信奉，异质文化几成正宗。两汉至隋唐，已没有儒家的"道"了。可以说，中华民族的主体文化意识到了危亡关头。这就是所谓道统中断。

朱熹奋起做为，排佛抑道，竭力复兴孔孟儒学在民族文化中的本位性和主导权。他认为，"四书"才真正蕴含孔孟思想，因此他倾毕生精力研究整理儒家经典，推倒两汉的百科全书。他把这四本零散的儒家经典连成一个整体，形成完整的儒家思想体系。其高徒黄榦强调，"先师文公之学，见之《四书》，而其要则尤以《大学》为入道之序，盖持敬也。诚意、正心、修身，而见于齐家、治国、平天下"④。朱熹说：

　　《书》曰："人心惟危，道心惟微，惟精惟一，允执厥中。"圣人千万语，只是教人"存天理，灭人欲"。⑤

　　"孔子之道，周、程、张子继之；周、程、张子之道，文公先生又继之。此道

---

① 《朱子文集》，台湾德富古籍丛刊，2000年，第59页。

② 《朱子文集》，台湾德富古籍丛刊，2000年，第33页。

③ 冯友兰：《中国哲学史·审查报告之三》，北京：商务印书馆，1934年。

④ 黄榦：《勉斋集》。

⑤ 《朱子语类》，北京：中华书局，1986年，第331页。

统之传,历万世可考也"①,就这样,朱熹把孟子后中断了的道统复兴起来。以朱熹为代表的宋明新儒家重新建立起儒家道统,把中国文化主导权从佛教手中夺了回来,树立起了孔孟的崇高地位,使中国文化生命返本归位,开创出文化发展的新方向,出现东方文化发展的新高潮。

第二,总结出外来文化本土化的一般模式。佛教于汉代由印度传入中国,它与中国儒、道由依附、对立。经过近千年,到宋代才被新儒学吸取和消化。在唐代,华严、禅等宗中国化成功,但仍是佛教;而宋代新儒学却把佛学成为自己的组成部分,就像吃营养强身一样。清人全祖望谓"两宋诸儒,门庭径路半出于佛、老"②。清人童能灵说:

> 朱子平生论禅学较之二程、张子尤悉切透,盖以其好早而又久且笃,能知其底蕴也。后世或疑诸大儒未尝深究禅理之妙,误矣!③

后人有的把朱熹思想中的佛学印迹看成是信佛,却不知已与其在佛学中的意义根本不同。各个国家和地区,都是以自己的民族文化为精神力量和生活方式。各个文化系统之间,也以友善或暴力的方式相互交流。能否正确地对待外来文化,吸取和消化外来文化充实和提高自己,是考察其是否有生命力的标志。在这方面,朱熹等新儒家学者们做得最为成功。著名史学家陈寅恪说:

> (新儒家)不忘其本民族之地位。既融成一家之说以后,则坚持夷夏之论,以排斥外来之教义。此种思想上之态度,自六朝时亦已如此。虽似相反,而实足以相成。从来新儒家即继承此种遗业而能大成者。窃疑中国自今日以后,即使能忠实输入北美或东欧之思想,其结局当亦等于玄奘唯识之学,在吾国思想史上既不能居最高之地位,且亦终归于歇绝者。其真能于思想史上自成系统,有所创获者,必须一方面吸收输入外来之学说,一方面不忘本来民族之地位。此二种相反而适相成之态度,乃道教之真精神,新儒家之旧途径,而二千年吾民族与他民族相接触史之所昭示者也。④

陈氏把"新儒家之旧途径"看成是本土文化对待外来文化的一般模式,过

① 《勉斋集》。
② 《宋元学案》。
③ 童能灵:《子朱子为学次第考》卷一。
④ 冯友兰:《中国哲学史·审查报告之三》,北京:商务印书馆,1934年。

去、现在和将来都是基本如此。在现代,刘少奇首先把毛泽东思想界定为马克思主义中国化。今后西方文化转入中国以至东方,也只有采用这种形式才能生存和发展下去。

第三,萌发近代意识,具有近代知识学系统。上面讲到,在朱熹集大成的思想体系中,其知识论是把主客观对列起来,形成认识与被认识、改造与被改造的关系,像近代西方人的认识论一样。朱熹强调,合天地万物只是一理,格物而穷理,把内圣推向外王的方向,萌发出近代意识,具有近代知识学系统。西方近代知识学的重要特点是主客观对列,主客观是认识与被认识、改造与被改造的关系,由此促进人类对客观外界的认识和改造,促进西方近代化(现代化)的发展。在中国古代史上,也有许多科学创造,那是为某种具体需要,由少数人的聪明才智或一时灵感发明出来的,从根本上来说,中国文化缺乏知识学传统。中国文化讲天人合一,主客观是结合在一起的。必须调整中国文化心灵的表现形态,使之天人对列,像西方思维那样,使主客观成为改造与被改造的关系。这在朱熹思想的义理纲脉里是存在的,对它进行疏导、诠释,很容易开发出现代意识。

朱熹等新儒家,把儒学的本体论由尊天上升到讲理,在认识论上强调格物致知,开要求外王事功之端倪,尽管是很微弱的,有所谓"内圣强而外王弱"的说法,总算是迈出一步。到了明朝后期,便由内圣成德之成熟强烈要求向外王事功发展,出现了顾炎武、王船山、黄宗羲等代表近代思想的伟大启蒙思想家。

按照往常一般的理论和实践,以科学与民主为特征的近代文明(现代化)率先在西方兴起,那么东方的现代化即是东方的文化传统与西方近代文明衔接起来,像日本那样"脱亚入欧",世界性的现代化走向是"由西向东",把西方现代化模式看成是唯一的途径。第二次世界大战后,在两大阵营全球冷战的特殊历史条件下,韩国、新加坡、香港、台湾实现了现代化,展示出十分显著的东方文化特点,即所谓"儒家资本主义"①。冷战结束后,中国大陆实行开放改革,以建设有中国特色社会主义为目标,把市场经济、民主政治和精神文明结合起来,发展突飞猛进,获得成功。一些地区异乎寻常地具备了现代化规范,显示出中国文化传统能适应现代化的要求,促使现代的中国走向现代化和实

---

① 《儒家的资本主义》,《纪念孔子 2540 周年国际学术讨论会论文集》,上海:三联书店,1992 年。

现现代化。历史证明,中国只有遵循着自己的文化传统发展的方向才是出路。亚洲"四小龙"和中国大陆现代化的成功,标志着东方现代化模式的确立。东方人的现代化再不走西方现代化的老路,而是沿着自己现代化的路子前进。

说中国文化传统能适应、促进现代化,是说中国文化生命中有现代价值。朱子学是振兴中华文化的源头活水。朱熹诗曰:"问渠那得清如许,为有源头活水来。"①朱熹心目中的源头活水,是个继往开来的文化体系,有特别强烈的现代精神,文化生命如汩汩源泉活水那样往前发展。我们要像朱熹那样,努力去研究寻找既根植于传统又是崭新的现代的文化精神,把道德学问落实到最后治国平天下的笃本务实上,尽量将知识客观化,将追求知识的行为科学化,加快实现现代化。

①　《朱子文集》,台湾德富古籍丛刊,2000 年,第 34 页。

"三纲五常"向"四德五伦" 结构性转变的伦理需求

◎ 徐公喜

（江西上饶师范学院朱子研究所教授）

一、"三纲五常"结构向"四德五伦"结构转变 是伦理纲常体系的秩序与层次调整结果

（一）先秦汉唐之"五伦"、"五常"、"四德"与"三纲"

五伦，即君臣、父子、兄弟、夫妇、朋友五种人伦关系。"五伦"是从"五教"演变过来的 。在尧舜时代，就有" 修其五教"之说，"父义、母慈、兄友、弟共，子孝"此五教强调血缘关系的次序，对人伦的规定还局限于家庭内部关系，重点在"亲亲"，并不存在森严的等级尊卑关系。

周朝实行了分封制度，形成了等级森严的"天子—诸侯—卿大夫—士"宗法制度，将建立人伦关系已经从"家"拓展到"国"，不仅有家庭血缘性的兄弟、父子关系，而且开始从中衍生出国家政治结构中君臣、上下关系，从"亲亲"走向"尊尊"。

在先秦诸子百家对这种人伦关系有不同的表述，存在复杂的称谓系统和排序多样化的演变。孔子说："君君，臣臣，父父，子子。"最终由孟子从中勾画出五伦关系：父子有亲，君臣有义，夫妇有别，长幼有叙，朋友有信。孟子的五伦也就是亲，义，别，叙，信。五伦之中，父子、兄弟二伦属家庭血缘伦理，即"天伦"关系；君臣、朋友二伦属即社会伦理"人伦"关系；夫妻一伦则联结着天伦与人伦，概括了人与人之间的五种最具典型意义的社会关系。

在孟子之后，荀子基于现实社会的伦理道德之"分"，进行了划分概括。荀子还论说了包括尊卑长幼之分，贵贱贫富轻重之分，智愚贤不肖之分，士农工商之分及政治上官吏职等之分。荀子开始对孟子的"五伦"排列次序作了调整，将君臣提到父子之前，把尊尊摆到了第一位，亲亲原则放在了尊尊之次。从目前的史料看，荀子是儒家中由过去注重家庭亲情与和谐的人伦关系转变为严格的尊卑等级秩序的确切知名姓的第一人；表明荀子更为注重伦理的社会层面属性，国家、公共领域里的君臣关系、乡党关系，或亲非亲的年长关系，非以血缘朋友关系被大量论及，突出了人际关系的公共性和社会性。

先秦"五常"与"四德"："五常"与"四德"是儒家对各种道德规范、美德高度概括。"仁"、"义"、"礼"、"智"、"信"为"五常"，"仁"、"义"、"礼"、"智"为"四德"。

孔子的道德伦理规范非常复杂，孔子之德以仁为根本。在一切道德规范中，"仁"乃是最高、最基本的道德。"仁"作为统摄一切德目的道德原则，是一切德性的总纲。但整体说来，孔子是没有"五常"框架的。

就目前我们所见到的文献而言，由孟子最先概括出儒学四德传统标准性德目，孟子认为人与生俱来便有"恻隐之心"、"羞恶之心"、"恭敬之心"、"是非之心"。这四端之心正是与人性之德相沟通的，提出"仁义礼智根于心"的看法，孟子正式提出了并列的四德："仁"、"义"、"礼"、"智"。先秦儒家还只是把信作为仁德的一项内容，此时尚未与"仁"、"义"、"礼"、"智"并列而发展成为"五常"。汉代大儒董仲舒在前人重"信"的基础上进行综合创新，，首次把"信"列入了"五常之道"，作为五德之一。完成了"仁、义、礼、智、信五常之道"这一整体德目建构，董仲舒认为，仁、义、礼、智、信五常之道则是处理君臣、父子、夫妻、上下尊卑关系的基本法则。"仁"、"义"是"五常"内在约束，"礼"则是外在规范。"礼"既属于"五常"又是"四德"之一、"智"作为处理人际关系的理性原则与认识工具。"信"是一种游离于家族伦理之外的朋友伦理，是相对的选择性与平等的社会伦理关系。这"五常"贯穿于中华伦理的发展中，成为中国价值体系中的最核心因素。

先秦"三纲"："三纲"是儒家的核心伦理思想。"三纲"由"五伦"发展而来，但最初是由法家提出并进行概括的。法家韩非将其老师荀子包含着尊卑思想的五伦关系转向树立君、父、夫绝对权威意义，"臣事君，子事父，妻事夫，三者顺则天下治,三者逆则天下乱,此天下之常道也。① 对人伦关系的概括则更为强调国家与社会属性的一面,将社会意义的人际关系置于血姻意义的亲缘关系之上,绝对尊君的尊尊原则超越孔孟传统的亲亲原则。董仲舒以阴阳、五行、天命之说并吸收了韩非的思想,将"五伦"中的君臣、父子、夫妇三伦提升为"三纲",提出了"王道之三纲,可求于天"命题,认为"君臣、父子、夫妇便有差等,前者为主、后者为次,前主动、后顺从,最后东汉《白虎通义》明确提出并系统阐述了"君为臣纲,父为子纲,夫为妻纲"。

(二)宋明"五伦"、"三纲"、"五常"、"四德"

宋明时期对"五伦"、"三纲"、"五常""四德"有了新的阐释。宋明理学的四德五伦标准,新"五伦"是忠、孝、节、悌、信。较之于三纲五常旧儒学伦理纲常体系的秩序与层次有了较大的调整。而宋明理学的四德五伦将仁义礼智信分拆开为二层次,而直接明确用忠、孝、节、悌、信表述现实五伦的伦理规范层次,四德与五伦是"体""用"关系。在理论上道德意志、道德规范解释得合理,"仁"、"义"是内在约束,"礼"、"智"则是外在形式,忠、孝、节、悌、信细目,更具思辨性与理性;君臣、父子、夫妇三纲内容只是作为五伦要目,并没有置于首位,涵盖自然与社会的属性,更具有实用性。

一是将五常五伦四德引导到纯粹义理之学上的诠释,充分地义理化。理学所谓天理,正如朱熹自己所说:"仁义礼智,岂不是天理?君臣、父子、兄弟、夫妇、朋友,岂不是天理?"②"其张之为三纲,其纪之为五常,盖皆此理之流行,无所适而不在";③"天理只不过是仁义礼智信之总名,仁义礼智信是天理的件数";"人伦者,天理也。"

二是五常为性为体、五伦为用,以五常贯通五伦。在宋明理学看来,仁义礼智是"体",是"性","五伦"是由"性""体"发出的"情"与"用"。朱熹说:"熹闻之天生斯人,而予之以仁义礼智之性。"宋明理学更多的是从人性、天道中引出四德五伦纲常名教的思想,将五常、四德与性理沟通起来。在当时更符合统治者振兴儒家纲常的需要。

三是宋明理学在四德五常中突出了仁的位置。在宋之前,"四德"、"五

---

① 《韩非子·忠孝》。

② 《朱文公文集》卷五十九。

③ 《朱文公文集》卷七十。

常"之中,虽然仁列于首位,但基本上还是与其他诸规范相并列的。到了二程,开始把仁突了出来。仁具于人心乃是性之本体,义、礼、智、信为仁之分别。

四是五伦更加注重社会现实性意义。宋明理学强调三纲五常,从宋代朱熹开始,三纲五常更加联用。程朱理学体系既重视三纲五常的"形而上之道",又关注道理实践于"形而下之器"。一方面是宋明理学从世俗化与时代要求出发,日益注重家家庭对于社会的祥和与稳定的功能,强调有家乃有国意识。宋明意义理学在"家"到"国"的辩证关系上,突出了家的父子、兄弟、夫妇和谐,并将其置于君臣关系的前面。"人之大伦,夫妇居一,三纲之首,理不可废。"

再是把仁义智信视为"礼"的精神旨趣,强调五常作为人们日常生活的最高行为("天下之至行"),礼是五常之根本。李觏就说:"温厚而广爱者,命之曰仁;断决而从宜者,命之曰义;疏达而能谋者,命之曰智;固守而不变者,命之曰信。此礼之四名也。"周敦颐、张载、朱熹都反复论证"礼即理",都是把社会秩序的礼等同于"天理"。而"礼"的核心就是维护贵贱上下、尊卑长幼、男女有别的等级秩序。"所谓礼者,天之礼也,以其有序而不可过,故谓之礼。"所谓"天而在上,泽而处下,上下之分,尊卑之义,理之当也,礼之本也。"二程"天理"的内容就是礼、人伦,礼即理也。

二、"三纲五常"结构向"四德五伦"结构转变是人伦双向性、单项性到多向性反映

(一)孔孟人伦双向性

孔孟时代是以五伦为道德伦理的核心。孔子"君君,臣臣,父父,子子",并非是就有强制性等级化伦理意义,而是要求君、臣、父子都应当有各自的职分,对君臣父子的要求是双向的,总体上君臣之间政治伦理关系,应当遵循互相尊重、相对平等的原则。君臣关系上,强调"正君之位","明君臣之义","君使臣以礼 臣事君以忠"。[①] 臣忠君的前提是君主有道,还要待臣以礼,臣民应

---

① 《论语·八佾》。

该"能格君心之非"权利。君民关系上,君为民榜样且必须爱民、养民,而庶民则应当尊君、拥君;家庭伦理及社会伦理强调的也是一种双向性要求。亲人之间是一种平易亲切的天然孝道,要求夫妇以"义"相待,"夫妇以义事,义绝而离之"。"夫不义,则妇不顺矣[①]"。"父慈子孝",在兄弟间"兄友弟恭",也是双向要求;社会中,人与人应当是"老吾老以及人之老,幼吾幼以及人之幼"。孔子说:"己所不欲,勿施于人。"完全不同于强制性不平等要求的"忠孝"。

(二)董仲舒为代表五伦单项性

在孟子"五伦"思想的基础上,西汉董仲舒提出了充分体现了等级、权威和七下尊卑"三纲"思想。所谓"三纲",就是"君为臣纲,父为子纲,夫为妻纲"。这就从双向的相对关系,发展到了单向的人身依附和服从为原则的绝对关系了,是适应秦汉形成的皇权的专制主义结构,从而使孟子的五伦逐步走向了封建化。"三纲"进一步强化了单向度政治伦理等级观念,形成了一种非对称性的臣的义务关系,强调的是上对下的等级式威权以及下对上的无条件屈从。而君臣关系地位,已经置于父子等关系之上。

(三)程朱理学人伦多向性

一方面,宋明理学特别具有人伦道德和社会责任意识,继承了孔孟君仁、臣敬、父慈、子孝、夫义、妇顺等双向伦理。程颐说:"父止于慈,子止于孝,君止于仁,臣止于敬。"只有每个社会角色恪守各自的社会责任,社会制度的合理性才能凸现出来。群臣、百姓各有等差,各自在等级秩序中安于职守,便可以形成和谐有序的社会秩序。亦如二程说:"上下分明而后民志定,民志定而后可以言治也。"人际间在权利与义务两方面提出双向互助性要求,五伦是自然而然的,既是人的天性,又是自然的规律,以形成较为和谐的人伦关系。

四德五伦天理论包含三纲五常的内容。程朱也将"三纲五常"之思想纳入其义理思想体系当中,使三纲五常提升到超时空性、绝对性和不可侵犯性的。程朱的"理"推广于人类社会,把"人伦关系"上升到天理的高度。"理"即父子、君臣关系的原则和封建等级秩序。"三纲五常"为中心内容的理治主义文化比先秦孔孟伦理思想更具强制性,将三纲五常视为根本大法来看待,"夫

① 《颜氏家训·治家》。

三纲五常,大伦大法","三纲五常"具有工具性特征、神圣性。

三、"三纲五常"结构向"四德五伦"结构转变是道德伦理思想的发展需要

从"三纲五常"结构、"四德五伦"结构转变历史过程看是由先秦的宗法伦理、家庭伦理向汉代政治伦理的转变,由汉唐政治伦理向宋明的政治伦理、宗法伦理、家庭伦理一体的转变。"四德五伦"是以家为起点,以国为中点,以天下为终点体系。国家伦理是道德建设的治国目的,家族伦理是道德建设的基石,由家族伦理向国家、社会伦理扩充。

宋以前,从社会最微小的细胞——家族、宗族到整个国家、天下,都出现礼法失序的局面。原有道德礼仪皆已不宜于世,时代发展需要切合世用礼仪道德规范。

(一)道德伦理复兴——国家政治维系的需要

首先,道德伦理是宋明君臣同治文官政治的选择。宋代在结束纷乱割据的混乱场面实现了统一后,创建文官政治模式,需要一整套伦理体系制约。理学家把理学伦理应用到政治问题上,形成了具有自己特色的政治伦理思想,为文官政治伦理体系形成提供了文化思想基石。科举制是绅权与皇权相联结点,士人通过科举等方式取得功名,进入了官僚集团。出身科举有社会地位的士大夫一般是宗族族权的实际控制者,使这种官僚政治又包含了以家长为中心的家族制和宗法组织,这为文官政治伦理体系形成提供了组织骨干。

其次,道德伦理为构建"家国一体"的政治结构提供了依据。从秦代以来至宋代皇权的集权化,使得君王真正实现了"身"、"家"、"国"、"天下"四者的权力统一,反映了"家"与"国"在上层的内在一致性。宋明理学认为修身方能齐家,齐家方能治国,治国方能平天下,通过身、家、国、天下四位一体,将家国一体的伦理贯通。

中国传统社会家庭既是国的基本组成单位,又是国的缩影。在血缘关系基础上集家而成族,聚族而为国。家上承国家,下续百姓,是国与个人的中介,"家齐"才能"天下平",所以治家的最终目的是为了更好地治国,家族伦理有补于国家崇化导民,为国家政治服务。士大夫的修身齐家有助于沟通上

下,绅权构成了皇权与族权之间的桥梁,族权、绅权与皇权的结合将血缘—伦理—政治直接同一,宋明理学人伦道德强化"以家为本"的伦理道德观。

五伦设计中,血缘—宗法—等级三位一体,把血缘关系中的长幼之序上升为一般伦理法则,又存在"家""国"同构之"差序格局",形成家族伦理、社会伦理、国家伦理体系,家族长幼伦理之序,社会尊卑等级之别,君臣之义,依照"尊尊、贵贵、亲亲"的原则形成所谓"君君、臣臣、父父、子子"的家国伦理,伦理政治化与政治伦理化了。

正因此,宋明理学重视修齐治平模式建设。朱熹在注解《仪礼》时,首次把家礼与乡礼、学礼、邦礼一并编次,形成了家礼、乡约、帮礼、国礼的礼制全面性社会化。在宋明社会转型期,乡村家族、宗族礼仪、规则与国家礼法的一致性与共同性,在思想意识及封建纲常伦理上家族、宗族、国家、社会同构,才能保证国家对乡村的统治形式及有效秩序。

(二)伦理道德复兴——建立社会"秩序"理念

唐宋社会关系发生了巨大变革。新的社会阶层的变化,尤其是以士大夫相联系的庶人阶层的崛起,政治经济地位从等贵贱到均贫富而"平等"意识的增强,"士庶工商"连称,政治经济力量壮大与社会地位提高。为了社会平衡与稳定,需要寻找新的社会礼仪规范"社会秩序"。民间社会礼制需要重建,道德伦理规范重心需要向下层社会转移。而此时百姓行为社会规范还没有健全,理论构建不完善。面对如此社会现状,理学家需要解决如何把伦理道德从形而下的百姓行为规范的层次,提升为形而上的理论思维形态层次,使百姓的具体道德行为规范获得理论思维形态的支持和论证。结合当时民俗实际,上下贫富都能奉行的德礼之制,使之普行于社会来约束人们的行为是非常必要的。理学体系本身就是重视以道德价值来说明自然秩序与社会秩序的。

(三)伦理道德复兴——家族行为规范提升需要

重建家庭礼制,是敬宗收族,强化家族的凝聚力的需要。长期的宋金战争,地方农民暴动,引发社会动荡,迫使人们聚族而居,安身自保。宋代不抑兼并的政策,致使更多的士家大族出现,士庶工商通过科举步入官僚集团,在获得一定权贵之后,官贵们需要考虑其身后的家族稳定与发展问题,促使家族稳定与发展也有了可行的保证。宋代的地主阶级,尤其是其中的士大夫阶层,极力想利用宗族这个古老的自然共同体,来维护自己的社会地位。"经由理学家的倡导和设计,一种普及型的与新的封建地主政治、经济相适应的宗法家族形态终于问世了。"

(四)伦理道德复兴——儒家理论"一道德"需要

理学家重建三代秩序的理想"一道德"。"一道德同风俗",虽然为王安石所说,但是这句话在当时被宋代士大夫所认可。"一道德同风俗"这个思想,正贯通理学家的理念和实践,故而《近思录》才有"性命孝弟,只是一统底事,就孝弟中便可尽性至命。如洒扫应对与尽性至命,亦是一统底事,无有本末,无有精粗,却被后来人言性命者,别作一般高远说。故举孝弟,是于人切近者言之。"按照朱熹思想,"性乃一道德存有之理,是人之道德行为的主体"。

而且魏晋南北朝与隋唐时期,玄学、佛学、道教也盛于一时。宋之际如何把儒、释、道 三教思想在冲突中融合起来,复兴儒学,以达到"一道德"的需要,也正是当时学术思想界所追求的。

朱熹的道德教育思想及其当代价值

◎ 姚进生

（福建武夷学院朱子学研究中心教授）

在宋金政权对垒、民族矛盾尖锐,道德价值体系几乎崩溃的时代背景下,朱熹把儒家伦理道德上升为天理,以心性论为基础,构建了道德教育的形上学,使道德教育具有本体论的依据。朱熹重视和发挥受教育者的主观能动性,实现由外在道德教育到内在道德自觉,使人的道德实践不仅仅是在行为上遵从应有的道德规范,而且是人的内在本性的要求。这是朱熹道德教育思想的主体价值。朱熹的道德教育思想,成为中华传统文化价值观的重要组成部分。我们深入研究和发掘朱熹的道德教育思想中的"积极因素",能为我们今天解决社会道德领域中存在的突出问题提供有益的借鉴。

一、朱熹道德教育思想的哲学依据

朱子理学作为宋末元明清时期的官方哲学,其道德哲学渗透到社会的方方面面。朱熹道德教育思想的哲学依据,可从朱熹的理气论、心性论两方面进行探讨。

（一）朱熹在理一元论哲学的前提下,把儒家伦理道德上升为天理,构建了道德教育的形上学

朱熹哲学的最高范畴是"理",即"天理"。"理"不仅是宇宙万物的本体,而且是人类社会最高的道德原则。他说:"宇宙之间,一理而已。天得之而为天,地得之而为地;而凡生于天地之间者,又各得之以为性。……自未始有物

之前,以至人消物尽之后,终则复始,始复有终,又未尝有顷刻之停也。"①在朱熹那里,"理"是永恒的宇宙本体,人与物因其理各得其性。"理"既是宇宙本体而主宰万物,又是宇宙本体而派生万物。他用"理一分殊"来概括"一理"与"万理"的关系。他说:"万物皆有此理,理皆同出一源。……物物各具此理,而物物各异其用,然莫非一理之流行也。"②可见,在朱熹看来,天理只有一个,而天理存在于万物之中,通过分殊表现出来。

在此基础上,朱熹把仁义礼智等道德原则统一于天理,认为仁义礼智合而言之,是天理之总名,分而言之,则是组成天理的件数。他说:"天理既浑然,然所谓之理,则便是个有条理底名字。故其中所谓仁义礼智四者,合下便各有一个道理,不相混杂。以其未发,莫见端绪,不可以一理名,是以谓之浑然。非是浑然里面都无分别,而仁义礼智都是后来旋次生出四件有形有状之物也。须知天理只是仁义礼智之总名,仁义礼智便是天理之件数。"③可见,天理浑然是总称,仁义礼智是分名,是天理中的具体条理。在这里,朱熹对仁义礼智的理解和阐述,已不满足于道德伦理思想在日常生活中的辅助性作用和服从性地位,在关注社会人生的基础上,站在宇宙本体的角度来审视道德伦理。

朱熹还把理与万物的规律联系起来,认为理又是物"则",事事物物皆各有其"则"。他指出:"天之生物……是虽其分之殊,而其理则未尝不同;但以其分之殊,则其理之在是者不能不异。"④"未尝不同"的理即是宇宙的本体,其"不能不异"的理就是事物的"则"。各个万物都具有本体之理与规律之理的两重属性。对于事物的规律之理,人们只能顺应,不能违背,"固是有理,如舟只可行于水,车只可行之于陆"⑤。他还说:"水之润下,火之炎上,木之曲直,金之从革,土之稼穑都是性,都有理。人若用之,又著顺它理,始得,若把金来削做木用,把木来熔做金用,便无此理。"⑥

从上述可知,"理"不仅是宇宙万物的本体,而且是仁义礼智的总称,又是

① 《朱熹集》卷七〇,《读大记》,成都:四川教育出版社,1996年,第3656页。
② 《朱子语类》卷一八,北京:中华书局,1986年,第398页。
③ 《朱熹集》卷四〇,《答何叔京》,成都:四川教育出版社,1996年,第1885页。
④ 《朱熹集》卷五九,《答余方叔》,成都:四川教育出版社,1996年,第3067页。
⑤ 《朱子语类》卷四,北京:中华书局,1986年,第61页。
⑥ 《朱子语类》卷九七,北京:中华书局,1986年,第2484页。

物则(即事物的规律)。朱熹在其理一元论的前提下,构建了道德伦理的形上学,使道德教育具有了本体论的依据。

(二) 朱熹以心性论为基础,强调教育在人的道德品质形成中的作用,为道德教育思想提供了哲学依据

朱熹的心性论是其理学思想体系的核心内容。他以"理"、"气"为逻辑起点,对人的心性问题做了深入的探讨。朱熹说:"气不可谓之性命,但性命因此而立耳,故论天命之性则专指理言,论气质之性则以理与气杂而言之,非以气为性命也。"[①]他认为,天理为人所禀受,安顿在人身上,就是所谓天命之性,其内涵是仁义礼智等道德原则,它是至善的;气质之性在道德内涵上既包括道德理性,又包括感性欲求,是天理和人欲的综合体。现实中的人性总是天命之性与气质之性的统一。天地之性是人之所以为人的普遍本质,气质之性则是作为个人特殊本性,是普遍本性在个体上的特殊表现形式。朱熹把人性分为天命之性(即本然之性)与气质之性(即气禀之性)。其"天命之性与气质之性"说,强调人可改变气质,即通过道德修养,纠正气质之偏,复其性善之本,实现道德教化任务。他在给宁宗皇帝讲授《大学》时指出,古代圣王设小学、大学以教子弟,都是为了"去其气质之偏,物欲之弊,以复其性,以尽其伦"。[②] 可见,朱熹对道德修养功夫的重视,其性气关系理论最终是为道德修养作论证的。

朱熹提出了著名的"心统性情"说。他认为,"心"是认识和道德意识的主体,无论是人的知觉思维,还是行为活动,都是在心的支配下实现的。"心统性情"思想主要有两层含义:一是心兼性情,指的是心兼动静、体用、已发、未发,即把性情各自的属性都涵摄于心中;二是心主宰性情,即心统御管摄性与情,人的理智之心对于人的本性和人的情感是具有把握和控制能力的。朱熹主张把未发已发、存养与省察结合起来,即通过心的主宰,把性与情统一起来。他说:"未发已发,只是一件功夫,无时不涵养,无时不省察。"[③]强调心主宰性情两端,把平时(静、体、未发)的道德修养与遇事(动、用、已发)按道德原

① 《朱熹集》卷五六,《答郑子上》,成都:四川教育出版社,1996 年,第 2872 页。
② 朱熹:《经筵讲义》,《朱文公文集》卷一五,上海:上海古籍出版社、合肥:安徽教育出版社,2002 年,第 692 页。
③ 《朱子语类》卷六二,北京:中华书局,1986 年,第 1514 页。

则办事,互相沟通,使之均不离心的统御。在这里,朱熹强调必须发挥理智之心的主观能动性,以认识和保持内在的道德理性。

朱熹还从人的知觉之心按其知觉的来源和内容不同,把心分为"道心"与"人心"。他说:"只是这一个心,知觉从耳目之欲上去,便是人心;知觉从义理上去,便是道心。"[①]道心,即指以义理为内容的与天理有关的心,仁义礼智之义理为善,道心亦为善;人心,即指原于耳目之欲的心,人生有欲,饥食渴饮"圣人不能无"[②],"人心"有"可为善,可为不善"[③]。因而,朱熹主张人心需要用道心加以限制,才能避免人欲横流,人为学的目的就是要使"人心"服从于"道心"。

朱熹的"心性论"强调了人是性气结合的产物,通过道德修养,可纠正气质之偏,复其性善之本。同时,朱熹主张心统性情,从某种程度上肯定了教育在人的道德品质形成中的作用,强调了人人都有培养、教育而成为圣贤人格的可能。这种从先天"气质之性"到后天"变化气质"的教育培养,充分表明了教化成善的可能性。这就为朱熹的道德教育思想提供了哲学的理论依据。

二、朱熹道德教育思想及其展开

朱熹在其道德哲学的基础上,形成了独具特色的道德教育思想。朱熹认为,宇宙的本体的"理"乃是至善无恶的。换句话说,"至善"乃是世界本源的存在状态,这不仅为他的道德教育实践提供了客观的可能性,也为其道德教育理论的展开提供了一条中心线索,因而朱熹的整个道德教育思想理论体系始终围绕对"至善"的追求而展开的。朱熹的道德教育思想突出了伦理本位,极重视个人道德修养的完善,并为此提供了系统的明确的方法论。出于其政治上"内圣外王"的理想,他将这种修养的过程归纳为"格物、致知、诚意、正心、修身、齐家、治国、平天下"这样一个递进过程,而其中最根本和核心的是修身。这是朱熹道德教育过程中的一个最为显著特色。他重视和发挥受教育者的主观能动性,实现由外在道德教育到内在的道德自觉,这也是朱熹道德教育思想主体价值所在。下面从三个方面对朱熹的道德教育思想及其展

---

① 《朱子语类》卷七八,北京:中华书局,1986 年,第 2009 页。
② 《朱子语类》卷七八,北京:中华书局,1986 年,第 2011 页。
③ 《朱子语类》卷七八,北京:中华书局,1986 年,第 2013 页。

开做些分析。

（一）培养理想的人格是朱熹道德教育的根本目的

朱熹把培养"讲明义理以修其身"的"贤君""忠臣""孝子"作为道德教育的根本任务。他说："熹窃观古昔圣贤所以教人为学之意，莫非使之讲明义理，以修其身，然后推己及人，非徒欲其务记览，为词章，以钓声名，取利禄而已也。"①又说："故圣贤教人为学，非是使人缀辑语言、造作文辞、为科名爵禄之计，须是格物、致知、诚意、正心、修身而推之以至于齐家治国，可以平治天下，方是正当学问。"②他认为，教育不是"钓声名取利禄""科名爵禄之计"，而是要培养"讲明义理以修其身"的齐家治国平天下的人才。所以，朱熹在《白鹿洞书院揭示》中，提出了"父子有亲，君臣有义，夫妇有别，长幼有序，朋友有信"的五教之目；"言忠信，行笃敬，惩忿窒欲，迁善改过"的修身之要；"正其义，不谋其利。明其道，不计其功"的处事之要；及"己所不欲，勿施于人；行有不得，反求诸己"的接物之要。并认为"学者学此而已"③这里所说的"五教之目"、"修身之要"、"处事之要"、"接物之要"都是"讲明义理以修其身"。从其具体内容看，所谓"义理"，是指"三纲五常"之类的纲常名教，也就是朱熹哲学中所说的"天理"的基本内容。所谓"修其身"，就是要求人们按照"天理"的要求"迁善改过"。朱熹所设计的最高层次的理想人格是所谓"圣人"人格和达到"仁"的道德境界，他具备"仁"的道德品质。仁的含义是"爱"，如朱熹所谓"爱亲仁民爱物，无非仁也"④，这种爱是对他人、对万物的无私之爱，是一种"廓然大公"的境界。所以，朱熹又常常把"仁"与"公"相提并论，如他说："仁是爱底道理，公是仁底道理。故公则仁，仁则爱。"⑤他认为，只有无私才能做到"仁"，有私心就不能做到"仁"。这就是说，要想达到"仁"的境界，就必须清除私欲，因为"仁"的境界就是一种大公无私的境界。一个真正做到大公无私

---

① 朱熹：《白鹿洞书院揭示》，《朱文公文集》卷七四，上海：上海古籍出版社、合肥：安徽教育出版社，2002年，第3587页。

② 朱熹：《玉山讲义》，《朱文公文集》卷七四，上海：上海古籍出版社、合肥：安徽教育出版社，2002年。

③ 朱熹：《白鹿洞书院揭示》，《朱文公文集》卷七四，上海：上海古籍出版社、合肥：安徽教育出版社，2002年，第3586页。

④ 《朱子语类》卷四，北京：中华书局，1986年，第473页。

⑤ 《朱熹集》卷五〇，《答程正思》，成都：四川教育出版社，1996年，第2452页。

的人也就是一个真正的"圣人"了,就能"讲明义理",当人君就可成为"贤君",当人臣就可成为"忠臣",当人子就可成为"孝子","然后推己及人",就能实现"修身、齐家、治国、平天下"之大道。

(二)"变化气质"是道德教育的价值和功能

如前所述,朱熹将"性"区分为"天命之性"与"气质之性"。他认为,一切现实的人性已不全是"性之本体",即性的本然状态了。这个受到气禀污染、并对每个人直接发生作用的现实人性就是"气质之性"。它反映出既有理的作用,也有气的作用,是道德理性与感性欲求的交错综合。所以,朱熹又提出了"变化气质"的主张。他认为,教育的作用在于改变人的"气质之性",通过后天的道德修养工夫,把"气质之性"中恶的杂质(如人欲)清除掉,人性的本然状态,即天命之性就能完全显现出来了。这样,人也就达到了至善的道德境界,实现了最高的理想人格。可见,道德教育的作用(功能)和意义(价值)则是要通过变化"气质之性"这一具体的实践活动过程而体现出来的。"变化气质"的过程也就是"复其性"的过程,也就是实现"圣人"人格的基本手段。朱熹还指出,灭除人欲,就能存得天理。这样,灭人欲与存天理就成为道德教育、道德修养过程中互相制约的两个方面。其中一方的削弱也就意味着另一方的增强。如朱熹所说:"资禀既偏,又有所蔽,须是痛加工夫,'人一己百,人十己千',然后方能及亚于生知者,及进而不已,则成功一也。"①这是说,人们虽然受气质之蔽,但只要"痛加工夫",做到"人一己百,人十己千",也就能达到去蔽复明的目的。

(三)修养论是朱熹道德教育的重要方法和功夫

在论述朱熹的道德本体论时,我们涉及了朱熹的道德教育思想。朱熹认为,本体与功夫,两者相互统一,相辅相成。与道德本体论相一致,朱熹构建了以修养论为核心的道德教育方法,主要有以下几个方面:

1. 主敬涵养

朱熹倡导"主敬涵养"的修养方法,在宋明理学中有很大影响,是朱子学修养论的核心思想,也是其治心的重要功夫。"主敬涵养"说,主要由"静养动

---

① 《朱子语类》卷四,北京:中华书局,1986 年,第 66 页。

察,敬贯动静"思想组成。朱熹所谓的"主敬"就是要做到内无妄思、外无妄动。这是道德修养和教育的最重要也是最基本的要求。朱熹认为,心有未动和已动,即未发和已发两种状态。也就是说,心有未发之静时,也有已发之动时。由于心通贯动静,故道德教育主要是治心,重在倡导人们的内心自觉,启示人们进行道德品质的自我体察,使人形成道德自觉和自律,做到静时涵养于未发,动时察之于已发。朱熹的所谓"涵养",是针对人气之心持敬而养之,其主旨是要涵养出心知理明。他认为,这种未发的主敬修养工夫不仅可以涵养德性,而且可以为格物致知准备充分的主体条件。

2. 格物正心

朱熹以《大学》所提出的"格物、致知、诚意、正心、修身、齐家、治国、平天下"八条目中的格物、正心为基础,强调道德教育。他认为格物就是穷尽事物之理,致知就是推致其知以至其极。他说:"是以大学始教,必使学者即凡天下之物,莫不因其已知之理而益穷之,以求至乎其极。至于用力之久,而一旦豁然贯通焉。则众物之表里精粗无不到,而吾心之全体大用无不明矣。此谓物格,此谓知之至也。"①在这里,朱熹告诉人们,道义之理要通过事物之理的明了来获得,只有先学事物之理,而后才能获得"吾心之全体",为"正心"打下坚实基础。而其强调的"用力之久",则是说认知有个过程,要持之以恒不断学习探究方可获得。所以道德教育最终目的在于复明天赋之理,前面的格物只是一种准备的基础,后者才是要达到的终极目标。

3. 致知力行

朱熹认为,德性最终要转化为具体的道德实践才有价值。他特别重视道德践行,在道德修养和教育上十分强调"致知力行"。他说:"致知力行,论其先后,固然以知为先,然论其轻重,则当以力行为重。"②可见,朱熹是把致知与力行视为完整的认识过程中不可分割的两个方面。知与行既有区分,又是统一的,而且是相依而进的。由此,他提出了"知行相须互发"的思想,"知之愈明,则行之愈笃;行志愈笃,则知之益明。二者皆不可偏废……若一边软了,便一步也进不得"。③这就是说,从知到行,不仅需要正确的认识,还需将正确的认识渗入到灵魂,化为人的灵魂的一部分。所谓的"重在践行",就是要进

---

①　朱熹:《大学章句序》,《四书章句集注》,北京:中华书局,1983 年,第 7 页。
②　《朱熹集》卷五〇,《答程正思》书八,成都:四川教育出版社,1996 年,第 2452 页。
③　《朱子语类》卷一四,北京:中华书局,1986 年,第 281 页。

行道德意志的锻炼。道德教育的过程也是引导人们进行"致知力行"、"重在践行"的过程。这也是朱熹道德教育的重要环节。

4.循序渐进

在道德教育上,朱熹认为要先"小学"后"大学"。在道德教育的初级阶段,主要是对道德规则和道德规范的认识。这是小学阶段。小学阶段要注重人的道德行为训练,"教之以洒扫、应对、进退之节,礼乐、射御、书数之文"。[①]在小学阶段取得了道德感性认识,道德理解能力不断增强的基础上,就要进入大学阶段。这时应对人注重进行道德理论的培养,以获得理性道德认知,即所谓"尽夫天理之极,而无一毫人欲之私。"[②]朱熹在其道德教育实践中,还依据儒家经典的内容,适应小学和大学两极学生年龄特征和人由浅入深的认识规律,编写了《童蒙须知》、《小学》、《近思录》、《四书集注》和《经筵讲义》等教材,成为我国古代德育教材建设史上的创举。

三、朱熹道德教育思想的当代价值

正如没有一种思想能够全然地超越时代而普遍适用于任何时代一样。朱熹的道德教育思想也存在明显的时代局限性。我们对朱熹道德教育思想必须以科学的态度,实事求是地加以分析,批判其糟粕,继承其合理的思想,并加以创新,为当代中国教育事业的发展服务。下面,主要从三个方面,略论朱熹道德教育思想的当代意义。

(一)对朱熹道德哲学继承创新,构建符合于当代社会发展的具有中国特色的社会道德理论体系

朱熹通过对道德伦理的宇宙本体论证,将标示世界万物之所以然和所当然的"理"确立为最高价值原则和行为准则,从而为道德认识和道德践行提供了一个超越的、客观的标准,而不至于陷入道德的相对主义、实用主义和任何主观随意性。他的探索思路对于当前社会道德建设是很有意义的。

今天,我们在道德领域还存在一些突出问题,诸如一些地方发生了道德冷漠,丧失良知现象;一些领域出现了见利忘义,制假售假的事件,等等。这

---

① 朱熹:《大学章句序》,《四书章句集注》,北京:中华书局,1983 年,第 1 页。
② 朱熹:《大学章句》,《四书章句集注》,北京:中华书局,1983 年,第 3 页。

些都一次次冲击着道德底线,挑战公众良知,在社会上也造成不良影响。产生这些问题的主要原因,有发展过程中的问题,有制度、机制、法制和社会管理方面的问题,但很重要一点是我们道德理论建设上的问题。也就是说,当前我国社会多元价值观、中西新旧各种理论交错,导致了社会现实中出现是非模糊,善恶不明,荣辱错位,说明我们的思想道德建设还远远没跟上经济社会发展的步伐。朱熹对道德本体论的探索思路启示我们,要从哲学高度探讨道德本质问题,认识道德的特点和道德标准的普遍性和客观性,着力构建符合新时期发展要求的,具有中国特色社会主义道德思想体系,以充分发挥道德的价值导向功能和促进作用。

(二)对朱熹在道德教育思想中注重塑造完美人格的思想加以继承和发扬,有助于我们培养理想的一代新人才

朱熹在道德教育中,非常注重塑造一种高尚的人格,其目标是要追求一种理想的人生境界。他所要培养的个体人格的特点是:追求个人与社会的和谐,个人立身、处世注重气节、操守,要求自重、自尊,严于律己、宽以待人;主张每一个人都应致力于自我完善,而反对任何形式的放纵自我。这种"自律型"人格模式比现代西方流行的以个人为中心,以"自我"为本位的"自由型"人格模式,这在今天具有更深刻的现实意义。特别是朱熹把培育个体完美的人格,看作是教育的第一要义,对我们今天教育工作,正确处理德育、智育的关系,克服重智育,轻德育的不良倾向,为当代教育提供一种智德双修的教育方针,是大有帮助的。

(三)对朱熹的道德修养思想进行吸收改造,为我们今天的道德建设提供可资的借鉴

如前所述,朱熹在道德修养论中充分肯定和强调道德意识和道德自律,在个人乃至集体道德形成中的作用,对于今天学校在德育过程中较多注重他律而轻视自律的教育方法无疑是大有裨益的。又如,朱熹在道德教育过程中一再强调"知行相须互发"的思想,并把它作为一个重要的道德修养方法加以提倡,这对当今从事道德教育和道德修养是大有帮助的。再如,朱熹强调为学和道德修养须遵循由近及远、由浅及深的循序渐进的方法,对反省我们今天学校教育的德育方法,在一定程度上存在"小学讲理想信念,中学讲文明礼仪,大学讲卫生安全"的本末倒置的目标设定,无疑是有启发意义的。

　　综上所述,对待朱熹道德教育思想,要在现代审视和反思的过程中,使其与现代社会发展的实践相结合,从而使朱熹道德教育思想中的积极因素,在当代中国建设有特色的社会主义教育事业发展中,发挥其应有的作用。

朱熹的生态伦理思想及其现代意义

◎ 张品端

（宋明理学研究中心研究员）

随着科学技术和工业文明的发展，人类从大自然中获取了巨大的物质财富，使得生活日益丰裕。然而，当人们在赞叹和享受前所未有的文明成果时，也感受到人口过快增长、环境污染、资源枯竭和灾害频繁等生态危机。这种生态环保危机给人类自身的生存带来了严重的威胁。要解决这一生态危机，除了发展科学技术和制定有关法律外，更重要的是从道德上建构生态伦理学，转变人的价值观念，增强环境保护意识，在不超越资源与环境承载能力的前提下，保持资源使用，实现人与自然的和谐共存。

建立在农业文明基础上的朱熹生态伦理思想，虽然不可能提出现代意义的生态伦理学，但在朱熹的思想体系中含有极为丰富朴素的生态伦理观念，这对于构建现代生态伦理学具有重要的借鉴意义。

一

追求人与自然的和谐，是中国几千年传统文化的主流。春秋以前，人与自然关系是一种经验宗教神学上的意义，即"神人交通"观。如《尚书·皋陶谟》曰："天聪明自我民聪明，天明畏自我民明威"；《诗经·大雅》云："天生烝民"；《孝经·圣论章》谓："天地之性人为贵"，等等。春秋以后，人与自然关系由以前宗教神学意义上升到具有哲学意义。人们把追求人与人、人与自然和谐作为人生最高目标、最高境界。

儒家学说创始人孔子主张通过人的努力，达到天与人的和谐。他说："不怨天,不尤人,下学而上达,知我者其天乎!"①这种不怨天,不尤人,靠人的主观努力去应付天,达到天人合一,具有主体意向性思维方式。孔子还把保护自然作为"孝"的道德行为的标准,把孝的伦理行为拓展到保护生物之中。曾子曾引用孔子的话说:"树木以时伐焉,禽兽以时杀焉。夫子曰:断一树,杀一兽,不以其时,非孝也。'"②孟子在继承孔子思想的基础上,强调"心"的作用,认为"人"、"天"相通,"尽其心者知其性也。知其性,则知天矣"。③ 孟子还提出:"君子之于物也,爱之而弗仁;于民也,仁之而弗亲。亲亲而仁民,仁民而爱物。"④这是一个"亲亲"、"仁民"、"爱物"依序上升的道德等级关系。孟子不但重视人际道德,而且也把道德扩展到宇宙万物。荀子则主张"天人相分"。他认为,"天"和"人"各有其运行规律,而"天"没有目的和意志,"人"则是有目的和意志的。人虽然不能改变"天"的运行,但可以利用"天"的运行规律来为人类谋福利,即"制天命而用之"。人类和天地万物共处于和谐的整体之中,"各得其和以生,各得其养以成"。⑤ 所以,荀子提出"天养说",认为人类利用大自然养活了自己。

道家认为,"天"是自然,而人是自然的一部分。老子提出:"人法地,地法天,天法道,道法自然。"⑥这就将"自然"这个概念提升到了形而上的高度。老子思想的核心是一切都是自然发生的,人不能违背自然。"德"应该顺从"道",人应顺应自然,自然无为。所谓"道法自然",指的是"道"按照自然法则独立运行,而宇宙万物皆有超越人主观意志而运行规律。老子还将"道"视为宇宙万物的本原。他说:这个"道"是"有物混成,先天地生","可以为天地母"。⑦ 老子认为,由道产生万物,由"德"构成人们思想、言论和行为的准则,"德"应顺从"道"。人们只能是"辅万物之自然而不敢为",即所谓"顺天者昌,逆天者亡。"庄子亦认为,"天地与我并生,而万物与我为一"。⑧ 可见,道家的人、地、天、道都统一于自然。

① 朱熹:《论语集注》卷七,《四书集注》,北京:中国书店,1994年,第142页。
② 《礼记》卷八,《四书五经》(下卷),北京:北京古籍出版社,1995年,第925页。
③ 朱熹:《孟子集注》卷一三,《四书集注》,北京:中国书店,1994年,第324页。
④ 朱熹《孟子集注》卷一三,《四书集注》,北京:中国书店,1994年,第337页。
⑤ 《荀子》卷一一,《二十二子》,上海:上海古籍出版社,1986年,第327页。
⑥ 《老子》(上篇)第二十五章,《二十二子》,上海:上海古籍出版社,1986年,第3页。
⑦ 《老子》(上篇)第二十五章,《二十二子》,上海:上海古籍出版社,1986年,第3页。
⑧ 《庄子》卷五,《二十二子》,上海:上海古籍出版社,1986年,第40页。

中国佛家提出"佛性"为万物之本原。宇宙万物的千差万别，都是"佛性"的不同表现形式，其本质仍是佛性的统一。而佛性的统一，就意味着众生平等，万物皆有生存的权利。

从上述可知，中国传统文化，无论是儒家、道家或佛家，尽管他们的解释略有不同，但从现代意义上去理解，无非都是把人和自然的关系看成一个整体的关系，重视"自然的和谐"、"人与自然的和谐"、"人与人的和谐"，强调"天道"和"人道"的合一，或"自然"和"人为"的合一。

二

宋代，理学伦理观的一个重要方面表现，就是理学将人与人、人与社会间的道德原则向人际关系以外的人与万物间拓展。北宋理学家张载说："乾称父，坤称母，予兹藐焉，乃混然中处。故天地之塞吾其体，天地之帅吾其性。民吾同胞，物吾与也。"[1]他的这个"民吾同胞，物吾与也"的伦理道德理念，确立同处天地之间的一切人皆是兄弟同胞，万物与人也是同一性体的泛人伦原则。这就将伦理道德感情贯注入人与万物的关系间，人不仅对他人，同时对万物也承担着某种伦理责任。程颢提出，"仁者，浑然与物同体"[2]，将人与万物浑然融为一体。程颐又提出，"万物无一失所，便是天理时中"。[3] 就是说，在"天理"之下，人与万物各有其所。南宋朱熹在总结、吸取前人思想的基础上，形成了自己的生态伦理观。

在处理人与万物关系上，朱熹确立了"天地万物一理"的基本观，并用"理一分殊"思想进行了论述。他说："人物之生，同得天地之理以为性，同得天地之气以为形。"[4]又说："天人本只一理。若理会得此意，则天何尝大，人何尝小也。""天即人，人即天。人之始生，得于天也；既生此人，则天又在人矣。""天人一物，内外一理；流通贯彻，初无间隔。"[5]这种本体论意义上共有的"理一"，强调的是人与宇宙万物之间保持一个共生共存的"理一"。在朱熹看来，人作

① 张载：《正蒙·乾称》，《张载集》，北京：中华书局，1978年，第62页。
② 程颢、程颐：《程氏遗书》，上海：上海古籍出版社，2000年，第66页。
③ 程颢、程颐：《程氏遗书》，上海：上海古籍出版社，2000年，第128页。
④ 朱熹：《孟子集注》卷八，《四书集注》，北京：中国书店，1994年，第271页。
⑤ 黎靖德编：《朱子语类》卷一七，北京：中华书局，1986年，第387页。

为自然界之派生物,体现了自然界的一般规律(天地宇宙的生生之理),人与自然界必须保持一种动态的平衡。人是自然规律、自然法则的主动者,人与自然的协调发展,并不是无主体的发展,也不是以人与自然的"联合主体"发展,而是以人类为主体的人与自然的协调发展,即"既生此人,则天又在人矣"。同时,人要实现自然天地的生生之理,必须实现并完成自己的人性,才能回归到自然界本体之存在,也即天之所以为天,人之所以为人,只有一"理","理会得"天人一理,才能达到人与自然和谐之目的。在强调人与万物本只一理时,朱熹认为,"天人所为,各自有分"①,人与万物各有其所。在整个自然界和社会中任何一人任何一物均有其各自独立的生命价值和生命意义。他说:"天之生物,有有血气知觉者,人兽是也;有无血气知觉而但有生气者,草木是也;有生气已绝而但有形质臭味者,枯槁是也。是虽其分之殊,而其理则未尝不同。但以其分之殊,则其理之在是者不能不异。"②朱熹把人与动物、植物视为同出一理,同源于天地之理以为姓,同源于天地之气以为形,"天人本只一理"。然而,人与动物、植物各有其所,各有其分之殊。这种人与万物,共生共存的"理一分殊"思想,包涵了尊重生命和善待自然的观念。

在处理人与万物的关系上,朱熹提出了"事亲之道以事天地"、"视万物如己之侪辈"的生态道德。这一观点是对张载《西铭》思想的阐发。朱熹43岁时注《西铭》,概括其主题曰:"此篇论乾坤一大父母,人物皆己之兄弟一辈,而人当尽事亲之道以事天地"。在《西铭注》中,他诠释"民吾同胞,物吾与也"之"吾与"为"则其视之也,亦如己之侪辈"③,"物吾与也"是人对万物要"若其性,遂其宜"。这种普爱众生、泛爱万物的思想,亦是对孟子"亲亲而仁民,仁民而爱物"思想的继承和发展。朱熹说:"盖骨肉之亲,本同一气,又非但若人之同类而已。故古人必由亲亲推之,然后及于仁民;又推其余,然后及于爱物,皆由近以及远,自易以及难。"④在朱熹看来,人类道德要从人与人之间("亲亲"、"仁民")向人与自然之间("爱物")推及,并且是"由近以及远"、"自易以及难"

---

① 《朱子语类》卷六四,北京:中华书局,1986年,第1570页。

② 《朱文公文集》卷五九,《朱子全书》第23册,上海:上海古籍出版社、合肥:安徽教育出版社,2002年,第2854页。

③ 朱熹:《西铭解》,《朱子全书》第30册,上海:上海古籍出版社、合肥:安徽教育出版社,2002年,第142页。

④ 朱熹:《孟子集注》卷一,《四书集注》,北京:中国书店,1994年,第189页。

的道德实践。这说明，朱熹不但重视人际道德，而且把道德扩展到宇宙万物，从而提出了"以事亲之道以事天地"、"视万物如己之挤辈"的生态道德。朱熹的这一思想，在他晚年教学时还经常重复着讲。其的门人徐寓所录朱熹 61 岁后（光宗元年庚戌以后）语："《西铭》本不是说孝，只是说事天，但推事亲之心以事天耳。"①叶贺孙所录朱熹 62 岁后（光宗二年辛亥以后）语："《西铭》大要在'天地之塞吾其体，天地之帅吾其性'两句。'塞'是说气……自一家言之，父母是一家父母；自天下言之，天地是天下之父母；通是一气，初无间隔。'民吾同胞，物吾与也'，万物虽皆天地所生，而人独得天地之正气，故人为最灵，故民同胞，物则亦我之侪辈……大抵即事亲以明事天。"②这就表明，朱熹将人际道德向生态道德拓展，是他的一贯主张。

在处理人与自然关系上，如何贯彻与施行"爱物"的生态伦理原则呢？朱熹根据动植物依时（季节）变化而发育成长的生态规律，为使自然资源能被永续利用，提出了"取之有时，用之有节"的生态道德观念。他说："物，谓禽兽草木。爱，谓取之有时，用之有节。"③朱熹认为，"爱物"就是人类要树立尊重自然，善待自然的伦理立场，做到对物取之有时，用之有节，不能以满足人们的物质欲望，而肆无忌惮地去占有和掠夺自然资源。朱熹在强调对待自然界中的万物要顺时爱物，用之有节的同时，还认识到保护自然资源的重要，并以地方行政法规的手段保护自然资源。他在任湖南安抚使兼潭州知州时，为禁止名列五岳之一的南岳衡山风景区遭受乱砍滥伐的破坏，曾在发布的《约束榜》中，其条文曰："照应本州管内南岳衡山系国家火德兴隆之地，崇奉之礼，极于严肃，合行封植，以壮形势。近来官司失于守护，致得诸邑等人妄行砍伐，林木摧残，土石破碎……即不得似前更行砍伐开垦，向后逐年深冬，即令寺观各随界分，多取小木，连本栽培，以时浇灌，务令青活，庶几数年之后，山势崇深，永为福地。"④此榜文明确规定：一是保护森林，严禁乱砍滥伐；二是植树造林，绿化衡山风景区。可见，朱熹既主张人们关爱自然、保护自然资源，同时他也提倡合理地利用自然资源，其基本原则是"取之有时，用之有节"。

---

① 《朱子语类》卷九八，北京：中华书局，1986 年，第 2523 页。
② 《朱子语类》卷九八，北京：中华书局，1986 年，第 2520 页。
③ 朱熹：《孟子集注》卷一三，《四书集注》，北京：中国书店，1994 年，第 337 页。
④ 朱熹：《朱文公文集》卷一〇〇，《朱子全书》第 25 册，上海：上海古籍出版社、合肥：安徽教育出版社，2002 年，第 4641 页。

三

朱熹的生态伦理思想,在现代社会亦有参考价值和借鉴意义。人们由于长期受"天人对立"价值观念的误导,提出"人定胜天"、"征服自然"的口号,造成过度地残杀动物,到处乱伐森林,无限制地垦荒造田,导致自然生态环境失衡。不仅沃土草原退化、沙化,森林面积锐减,水土流失严重,而且造成野生动植物资源匮乏,大批生物物种濒临减绝。秦始皇统一六国时肥沃的"八百里秦川"变成今天贫瘠的黄土高原。中国珍稀动物大熊猫因其食源—箭竹的衰败而面临困境。我国天然林的覆盖率由原始社会的 64% 下降到 1949 年统计的 8.6%。从 20 世纪 70 年代开始,我国土地荒漠化以每年 2460 平方公里以上的速度扩展,现已实际发生荒漠化的土地面积为 174.3 万平方公里,占国土面积 18%。中华母亲河黄河一年断流长达二百多天。我们面对如此严重的生态环境危机,重温一下朱子的生态伦理思想,是可以从中受到有益的启示的。朱熹早在八百多年前就告诫人们说:"人无道极了,便一齐打合,混纯一番,人物都尽,又重新起。"[①]人类要是不讲道德、不讲理性,人类所居的这个地球就会被破坏成原始的混沌状态。朱熹这个思想是很有远见的。

朱熹从理气论和心性论角度提出的:"天地万物一理"的思维模式,是构建现代生态伦理学的重要思想来源之一。所谓"天地万物一理",是说人与动物、植物同出一理,同源于天地之理以为胜,同源于天地之气以为形。天理流行,气化流行,天地万物构成一个有机性的世界。现代生态伦理学创始人,美国著名学者莱奥波尔特(1887—1948)的"大地伦理学",也是把人与万物看成一大地,把人类之爱由社会领域扩展到整个大地。他在《大地伦理学》中指出:"大地伦理学只是扩大了社会的边界,包括土壤、水域、植物和动物,或者它们的集合一大地。"朱熹的"天地万物一理"之说,认为天地万物之间有一个共生共存的"理一",大地上的植物和动物都有自己的内在价值和生存权利。在万物之中,人既是禀受天地之秀气而成为万物之灵,人应自觉地要求把天赋的仁爱之心,由人际道德向生态伦理拓展,从而构成现代生态伦理学的重要理论基石之一。所以,美国当代生态伦理学权威,国际环境协会主席科罗

---

① 《朱子语类》卷一,北京:中华书局,1986 年,第 7 页。

拉多教授指出:建构当代生态伦理学的契机和出路在中国传统的哲学思想中。

我国环境保护理念是对朱熹生态伦理思想的吸收和创新。在生态环境保护方面,我国取得了很大成就。特别是改革开放以来,根据中国生态环保的实际情况,在继承与发扬古代生态伦理思想的基础上,先后制定出《水土保护工作条例》(1982 年 6 月)、《森林法》(1986 年 1 月)、《野生动物保护法》(1988 年 11 月)、《环境保护法》等。在这些法律文件中,依据朱熹的"取之有时"的原则,规定在禁渔期,"禁止捕捞有重要经济价值的水生动物苗种",禁止捕捞"怀卵亲体";在育林期,"不得滥伐幼树",禁止在幼林地内"砍柴、放牧",在禁猎期内"禁止捕捞和涉及妨碍其野生动植物生息繁衍活动"。从这些法律条文中亦可看出,朱熹的生态伦理思想,在现代仍具有现实意义。

朱子传播科学知识的途径

◎ 乐爱国

（厦门大学哲学系教授）

朱子在其学术生涯中，不仅广泛地研究自然界事物，形成了一些有价值的科学思想，而且还通过各种途径传播自然知识和科学思想。他或是通过传注儒家经典以及其他古典著作，或是通过授徒讲学，传播自然知识和科学思想，而且还曾编校过通俗天文学著作《步天歌》。传播自然知识和科学思想成为朱子学术活动的重要组成部分。其传播自然知识和科学思想的重要途径：

一、传注儒家经典中的科技著作

儒家经典中的科技著作主要有《尚书》中的《尧典》和《禹贡》、《礼记》中的《月令》、《周礼》中的《考工记》，此外，还有《大戴礼记》中的《夏小正》等。其中，《尧典》是古代重要的天文学著作，李约瑟称之为"中国官方天文学的基本宪章"[1]；《禹贡》是古代重要的地理著作，李约瑟称之为"中国历史上最早出现的自然地理考察著作"[2]；《月令》包含着丰富的农业科技方面的知识，是古代重要的与农学有关的著作，开古代月令式农书之先河；《考工记》是"一部有关手工业技术规范的汇集"[3]；《夏小正》是"我国现存最早的、具有丰富物候知识的著作"[4]。从这个意义上说，对于儒家经典的传注本身就已经包含了对于自

---

① 李约瑟：《中国科学技术史》第四卷，《天学》，北京：科学出版社，1975 年，第 42 页。
② 李约瑟：《中国科学技术史》第五卷，《地学》，北京：科学出版社，1976 年，第 14 页。
③ 杜石然等：《中国科学技术史稿》上册，北京：科学出版社，1982 年，第 108 页。
④ 杜石然等：《中国科学技术史稿》上册，北京：科学出版社，1982 年，第 73 页。

然知识和科学思想的传播。朱子在传注儒家经典时，对其中许多科技著作都作了详细的解说，其中《朱文公文集》卷第六十五收录了朱子对《尧典》的传注；《仪礼经传通解·仪礼集传集注》卷二十六收录了朱子对《夏小正》、《月令》的传注；朱子与其弟子蔡沉合撰的《书经集传》①收录了对《禹贡》的传注。更为重要的是，朱子在传注儒家经典中的科技著作时还加入了不少新的自然知识。

比如，朱子在传注《尚书》中的《尧典》时，注"日中星鸟，以殷仲春"曰："'日中'者，昼得其中也。盖昼夜皆五十刻。春主阳，故以昼言也。'星鸟'，南方朱鸟七宿。'殷'，中也。'仲春'者，春分之气，盖以日暮中星验春之中也"；注"日永星火，以正仲夏"曰："'永'，长也；'日永'，昼六十刻也。'星火'，东方苍龙七宿。'火'谓大火，夏至之中星也"；注"宵中星虚，以殷仲秋"曰："'宵'，夜也，比时亦昼夜各五十刻。秋主阴，且避春之日中，故举宵以见日也。'星虚'，北方玄武七宿；虚星，秋分之中星也"；注"日短星昴，以正仲冬"曰："'日短'，昼四十刻也。冬亦主阴，然无所避，故直言日也。'星昴'，西方白虎七宿；昴星，冬至之中星也"。朱子还说："尧冬至日在虚昏中昴，今日在斗昏中壁，而中星古今不同者，盖天有三百六十五度四分度之一，岁有三百六十五日四分日之一，天度四分之一而有余，岁日四分之一而不足，故天度常平运而舒，日运常内转而缩，天渐差而西，岁渐差而东，此即岁差之由，唐一行所谓'岁差者，日与黄道俱差'者是也。古历简易，未立差法，但随时占候修改，以与天合。至东晋虞喜，始以天为天，以岁为岁，乃立差法，以追其变，约以五十年而退一度。何承天以为大过，乃倍其年，而又反不及。至隋刘焯取二家中数为七十五年，盖为近之，而亦未为精密也。"这里阐述了岁差概念。接着，朱子注"期三百有六旬有六日，以闰月定四时成岁"曰："天体至圆，周围三百六十五度四分度之一，绕地左旋，常一日一周而过一度。日丽天而少迟，一日绕地一周无余而常不及天一度，积三百六十五日九百四十分日之二百三十五而与初躔会，是一岁日行之数也。月丽天而尤迟，一日常不及天十三度十九分度之七，积二十九日九百四十分日之四百九十九而与日会；十二会，得全日三

---

① 现存《书经集传》题蔡沉撰。然蔡沉所作《书经集传序》说："庆元己未冬，先生文公(朱子)令沈作书集传。明年先生殁，又十年始克成编，总若干万言。……沈自受读以来，沉潜其义，参考众说，融会贯通，乃敢折衷，微辞奥旨，多述旧闻，二典三谟，先生盖尝是正，手泽尚新。呜呼，惜哉！集传本先生所命，故凡引用师说，不复识别。"

百四十八,余分之积五千九百八十八,如日法,九百四十而一,得六,不尽三百四十八,通计得日三百五十四九百四十分日之三百四十八,是一岁月行之数也。岁有十二月,月有三十日。三百六十者,岁之常数也。故日行而多五日九百四十分日之二百三十五者为气盈,月行而少五日九百四十分日之五百九十二者为朔虚,合气盈、朔虚而闰生焉。故一岁闰率,则十日九百四十分日之八百二十七。三岁一闰,则三十二日九百四十分日之六百单一。五岁再闰,则五十四日九百四十分日之三百七十五。十有九岁七闰,则气朔分齐,是为一章也。故积之三年而不置闰,则春之一月入于夏,而时渐不定矣;子之一月入于丑,而岁渐不成矣。积之之久,至于三失闰,则春皆入夏而时全不定矣;十二失闰,则子皆入丑而岁全不成矣。盖其名实乖戾,寒暑反易,既为可笑,而农桑庶务皆失其时,为害尤甚。故必以余置闰,而后四时不差而岁功得成。"①这里介绍了置闰法。

朱子曾要求其弟子蔡沉作《书经集传》。该书除收入了朱子注《尧典》的内容,还吸收了朱子研究《禹贡》的成果。《禹贡》对夏禹所划分的冀、兖、青、徐、扬、荆、豫、梁、雍等九州的水利工程、河流水文、土壤情况、植被情况以及水路通道等作了概要性的描述;此外,还描述了四条由西向东延伸的山列和九条大河的来龙去脉。《书经集传》在传注《禹贡》时运用了许多古代科技知识。比如,注冀州"厥土惟白壤"时,该书指出:"汉孔氏曰:'无块曰壤。'颜氏曰:'柔土曰壤。'夏氏曰:'《周官》大司徒辨十有二壤之物而知其种,以教稼穑树艺。以土均之法辨五物、九等,制天下之地征。则夫教民树艺与因地制贡固不可不先于辨土也。然辨土之宜有二,白以辨其色,壤以辨其性也。盖草人粪壤之法,骍刚用牛,赤缇用羊,坟壤用麋,渴泽用鹿。粪治田畴,各因色性而辨其所当用也。'"②当然,对于《禹贡》中的一些与真实情况不相符合的描述,《书经集传》则根据事实做出详细的分析,并予以纠正。比如《禹贡》说:"嶓冢导漾,东流为汉。又东为沧浪之水,过三澨,至于大别,南入于江,东汇泽为彭蠡,东为北江入于海。"这里的彭蠡,即鄱阳湖。《禹贡》认为,彭蠡的水源自长江以北的汉水。对此,朱子的《九江彭蠡辨》指出:"彭蠡之为泽也,实在大江之南。……彭蠡之所以为彭蠡者,初非有所仰于江、汉之汇而后成也。不唯无所仰于江、汉,而众流之积日遏日高、势亦不复容江、汉之来入矣",而

---

① 《晦庵先生朱文公文集》卷六五,《尚书·尧典》。
② 蔡沉:《书经集传》卷二,《禹贡》。

且，"汉水自汉阳军大别山下南流入江，则其水与江混而为一，至此已七百余里矣"。①《书经集传》也说："彭蠡，古今记载皆谓今之番阳。然其泽在江之南，去汉水入江之处已七百余里。……且番阳合数州之流，猪（潴）而为泽，泛溢壅遏，初无仰于江、汉之汇而后成也。不惟无所仰于江、汉，而众流之积日遏月高、势亦不复容江汉之来入矣。今湖口横渡之处，其北则江、汉之浊流，其南则番阳之清涨。不见所谓汉水汇泽而为彭蠡者。"②

除了传注儒家经典中的科技著作，朱子在传注儒家经典中的其他类著作时，也常常对其中所涉及的自然知识加以进一步的解释和补充。比如，朱子在传注《诗经》时，注"南山有枸，北山有楰"曰："枸，枳枸，树高大似白杨，有子著枝端，大如指，长数寸，嗷之甘美如饴，八月熟。亦名木蜜。楰，鼠梓，树叶木理如楸，亦名苦楸。"③注"七月流火，九月授衣"曰："'七月'，斗建申之月，夏之七月也。……'流'，下也。'火'，大火也；以六月之昏加于地之南方，至七月之昏则下而流矣。'九月'，霜降始寒，而蚕绩之功亦成，故授人以衣使御寒也。"④注"十月之交，朔月辛卯。日有食之，亦孔之丑。彼月而微，此日而微。今此下民，亦孔之哀"曰："'十月'，以夏正言之，建亥之月也。'交'，日月交会，谓晦朔之间也。历法，周天三百六十五度四分度之一，左旋于地，一昼一夜则其行一周而又过一度。日月皆右行于天，一昼一夜则日行一度，月行十三度十九分度之七，故日一岁而一周天，月二十九日有奇而一周天，又逐及于日而与之会。一岁凡十二会，方会则月光都尽而为晦。已会则月光复苏而为朔。朔后晦前各十五日。日月相对，则月光正满而为望，晦朔而日月之合，东西同度，南北同道，则月掩日而日为之食。望而日月之对，同度同道，则月亢日而月为之食。是皆有常度矣。"⑤又比如，朱子传注《周礼》所谓"日至之景，尺有五寸，谓之地中"，引郑玄注曰："景尺有五寸者，南戴日下万五千里，地与星辰四游升降于三万里之中，是以半之得地之中也。畿方千里，取象于日一寸为正。……郑司农云：土圭之长，尺有五寸，以夏至之日立八尺之表，其景适与土圭等，谓之地中。今颍川阳城地为然。"并指出："自唐以来，以浚仪岳

---

① 《晦庵先生朱文公文集》卷七二，《九江彭蠡辨》。
② 蔡沉：《书经集传》卷二，《禹贡》。
③ 朱熹：《诗集传》卷九，四部丛刊三编·经部。
④ 朱熹：《诗集传》卷八。
⑤ 朱熹：《诗集传》卷十一。

台晷景为地中。"①

重要的是,朱子所传注的儒家经典后来成为科举考试的官方教材。明初,朝廷"颁科举定式,初场试《四书》义三道,经义四道。《四书》主朱子《集注》,《易》主程《传》、朱子《本义》,《书》主蔡氏《传》及古注疏,《诗》主朱子《集传》,《春秋》主左氏、公羊、穀梁三传及胡安国、张洽传,《礼记》主古注疏"②。正因为如此,朱子传注"四书"、"五经"所加入其中的科技知识能够得以更加广泛的传播。

除了传注儒家经典,朱子在注《楚辞》时,也加入了不少自然知识。比如,在回答《楚辞·天问》"九天之际,安放安属?隅限多有,谁知其数"时,朱子曰:"或问乎邵子曰:'天何依?'曰:'依乎地。''地何附?'曰:'附乎天。''天地何所依附?'曰:'自相依附。天依形,地附气,其形也有涯,其气也无涯。'详味此言。……天之形,圆如弹丸,朝夜运转,其南北两端,后高前下,乃其枢轴不动之处。其运转者,亦无形质,但如劲风之旋,当昼则自左旋而向右,向夕则自前降而归后,当夜则自右转而复左,将旦则自后升而趋前,旋转无穷,升降不息,是谓天体,而实非有体也。地则气之渣滓,聚成形质者;但以其束于劲风旋转之中,故得以兀然浮空,甚久而不坠耳。黄帝问于岐伯曰:'地有凭乎?'岐伯曰:'大气举之。'亦谓此也。其曰九重,则自地之外,气之旋转,益远益大,益清益刚,究阳之数,而至于九,则极清极刚,而无复有涯矣。"③在回答"何所冬暖?何所夏寒?焉有石林?何兽能言"时,朱子曰:"南方日近而阳盛,故多暖。北方日远而阴盛,故多寒。今以越之南、燕之北观之,已自可验,则愈远愈偏,而有冬暖夏寒之所,不足怪矣。石林,未详。《礼》曰:'猩猩能言,不离禽兽。'"④

二、在教学中传播自然知识和科学思想

朱子不仅大量地著书立说,而且还授徒讲学,并在教学中传播自然知识和科学思想。《朱子语类》中涉及不少自然知识,而且还有朱子与其门人就某

① 朱熹:《仪礼经传通解·仪礼集传集注》卷二九,《王朝礼六》,文渊阁四库全书·经部。
② 张廷玉等:《明史》卷七○,《选举二》,北京:中华书局,1974年,第1694页。
③ 朱熹:《楚辞集注》卷三,《天问》,上海:上海古籍出版社,1979年,第51页。
④ 朱熹:《楚辞集注》卷三,《天问》,上海:上海古籍出版社,1979年,第57页。

些自然知识问题进行问答的具体记录,这些都反映了朱子的授徒讲学包括了自然知识的传播。比如,在讲述《周礼》所谓大司徒以土圭求地中,朱子说:"圭,只是量表影底尺,长一尺五寸,以玉为之。夏至后立表,视表影长短,以玉圭量之。若表影恰长一尺五寸,此便是地之中。今之地中,与古已不同。汉时阳城是地之中,本朝岳台是地之中,已自差许多。"问:"地何故有差?"朱子曰:"想是天运有差,地随天转而差。今坐于此,但知地之不动耳,安知天运于外,而地不随之以转耶? 天运之差,如古今昏旦中星之不同,是也。"①据《朱子语类》载,朱子曰:"土圭之法,立八尺之表,以尺五寸之圭横于地下,日中则景蔽于圭,此乃地中为然,如浚仪是也。今又不知浚仪果为地中否?"问:"何故以八尺为表?"朱子曰:"此须用勾股法算之,南北无定中,必以日中为中,北极则万古不易者也。北方地形尖斜,日长而夜短。骨里干国煮羊胛骨熟,日已出矣。"②

又比如,朱子在注《论语·为政》"为政以德,譬如北辰,居其所,而众星共之"时,指出:"政之为言正也,所以正人之不正也。德之为言得也,得于心而不失之谓也。北辰,北极,天之枢也。居其所,不动也。共,向也,言众星四面旋绕而归向之也。为政以德,则无为而天下归之,其象如此。"③而在教学中,朱子与弟子们多次就"北辰"与"北极"的问题展开讨论。

据《朱子语类》载,问:"'北辰,北极也'。不言'极',而言'辰',何义?"朱子曰:"辰是大星。"又云:"星之界分,亦谓之辰,如十二辰是十二个界分。极星亦微转,只是不离其所,不是星全不动,是个伞脑上一位子不离其所。"因举《晋志》云:"北极五星。天运无穷,三光迭耀,而极星不移。""故曰:'居其所而众星共之。'"④

安卿问北辰。朱子曰:"北辰是那中间无星处,这些子不动,是天之枢纽。北辰无星,缘是人要取此为极,不可无个记认,故就其傍取一小星谓之极星。这是天之极纽,如那门笋子样,又似个轮藏心,藏在外面动,这里面心都不动。"义刚问:"极星动不动?"朱子曰:"极星也动。只是它近那辰后,虽动而不

---

① 黎靖德编:《朱子语类》卷八十六,第2212页。
② 《朱子语类》卷八十六,第2214页。
③ 朱熹:《论语集注》卷一,《为政》,《四书章句集注》,《朱子全书》第6册,上海:上海古籍出版社,合肥:安徽教育出版社,2002年,第74页。
④ 《朱子语类》卷二十三,第534页。

象,或约或丰,无余无失。"《步天歌》将整个天空分为三垣二十八宿[①],共三十一个天区,分别用三十一段七言押韵诗歌表达各个天区所包含星官的名称、星数和位置,简洁通俗,条理清楚,被中国科学史家称为"优秀的科学诗歌作品"[②]。

淳熙十三年(1186年),朱子在给蔡元定长子蔡渊(字伯静)的信中说道:"《步天歌》闻亦有定本,今并就借,校毕即纳还也。"[③]可见,编校《步天歌》的工作正在展开。在后来给蔡元定的信中,朱子则说道:"近校得《步天歌》,颇不错,其说虽浅,而词甚俚,然亦初学之阶梯也。"[④]显然,编校工作已经完成。在给蔡元定的信中,朱子还说:"《星经》可付三哥毕其事否?甚愿早见之也。"以此可知,朱子还与蔡元定一起编校《星经》。

需要指出的是,也就在同时,朱子还正编撰着《易学启蒙》。在那件给蔡元定的信中,有这样的一段话:"《启蒙》近又推得初揲之余不五则九,其数皆奇,而其为数之实五三而九一之应围三径一之数。第二、三揲之余,不四则八,其数皆偶,而其为数之实四八皆二亦应围四用半之数。是三揲之次,亦已自有奇偶之分。若第二、三揲不挂,则不复有此差别矣。如何?《星经》紫垣固所当先,太微、天市乃在二十八宿之中,若列于前,不知如何指其所在?恐当云在紫垣之旁、某星至某星之外,起某宿几度,尽某宿几度。又记其帝坐处,须云在某宿几度,距紫垣几度,赤道几度,距垣四面各几度,与垣外某星相直。及记其昏见及昏旦夜半当中之星,其垣四面之星,亦须注与垣外某星相直,乃可易晓。不知盛意如何也?"在这里,天人之道的研究和传播,与自然知识的研究和传播结合为一体。

---

① 三垣,即紫微垣(简称紫垣)、太微垣、天市垣三个星空区。北极星周围邻近的范围为紫微垣(其中包括北极星座的五星:太子、帝、庶子、后宫、北极),紫微垣东北部天空的某一范围为太微垣,紫微垣东南部天空的某一范围为天市垣。二十八宿,即黄道、天赤道附近所划定的二十八个星空区,有东方苍龙七宿:角、亢、氐、房、心、尾、箕;北方玄武七宿:斗、牛、女、虚、危、室、壁;西方白虎七宿:奎、娄、胃、昂、毕、觜、参;南方朱雀七宿:井、鬼、柳、星、张、翼、轸。

② 杜石然等:《中国科学技术史稿》上册,北京:科学出版社,1982年,第334页。

③ 《晦庵先生朱文公文集·续集》卷三,《答蔡伯静(三)》。

④ 《晦庵先生朱文公文集》卷四四,《答蔡季通(五)》。

退溪学派的《武夷棹歌》和陶山九曲

◎ 林鲁直

（韩国国学振兴院研究员）

一、前　　言

　　朝鲜时期士林的学问,称作性理学的哲学。对人们的生活与自然理法的通查是它的本质。其理法由穷理可得到,也就是透过自然而理解。看这点,对朝鲜时期的士林,自然就是实现理想生活的现实空间。武夷山是朱熹在晚年弃官而隐居的地方,也是脱离经世学的倾向沉潜纯粹学问的空间。朱熹的生活态度是我们韩国性理学家的典范,他对文学的见解就形成了朝鲜文坛道学思维的主流。朝鲜士林精神上的支柱很可能是朱熹曾经住过的武夷九曲。他写的《武夷棹歌》就变成朝鲜士林创作九曲诗的典型,包括退溪李滉（1501—1570）,岭南地区的士林建立山水观之时受到了颇大的影响。尤其是《武夷棹歌》的积极收容被看成道学主流的象征,被认为是继承道统意识的契机。到18世纪后期,由李野淳等人进行的陶山九曲的设定和有关诗歌的创作,比较明显地确立了退溪学派的学问系谱与正统性。

　　写这篇文章的主要目的有两项,首先了解退溪的《次九曲棹歌韵》的诗意,其次对广濑李野淳(1755—1831)所写的《陶山九曲》的分析和其意味的考察。李野淳是退溪的忠诚的继承者,也可以说是《陶山九曲》的倡导者。

二、退溪的《武夷棹歌》

　　1183 年 4 月,朱熹 54 岁之时,他于武夷山建盖了精舍,翌年写了《武夷棹歌》,增辉了中国的文学史。[①]朱熹住在武夷山大约有七年(1183—1189)的时间,这期间他专心从事讲学和著述活动。《武夷棹歌》十首是沿着武夷山的九曲描写名胜和景物特色的诗歌,也是塑造游览闲情的棹歌。退溪等朝鲜时期的性理学家拟作《武夷棹歌》,也神游了这些仙境。后来就引起了韩国各地指称九曲的潮流。退溪的《武夷棹歌》和韵形成了韩国诗歌史的传统脉络。当时金麟厚(1510—1560)和赵翼(1579—1655)等人将《武夷棹歌》看成是“入道次第”的造道诗,而退溪和奇大升(1527—1572)看作“因物起兴”的山水诗。[②]对朱熹的武夷山隐居,退溪认为对当时是一时的不幸,而对儒学是百代的侥幸。[③]

　　退溪阅读了《武夷志》之后,倚傍了朱熹的《武夷棹歌》,再加上起兴想象,写作了《次九曲棹歌韵》十首。[④]次韵武夷九曲的风气从 15 世纪开始,到了退溪才真正的兴起阅读《武夷志》、次韵《武夷棹歌》、鉴赏《武夷九曲图》的潮流。退溪从想象中游览朱熹隐居的武夷九曲之后,继承了朱熹的《武夷棹歌》的形式,就写了《次九曲棹歌韵》。但退溪不同意《武夷志》的注释,他以为朱熹的《武夷棹歌》不是“入道次第”,就是吟咏武夷山的绝景和鉴赏其绝景之后的心情。[⑤] 接着依《退溪先生文集考证》的注释,察看退溪的《次九曲棹歌韵》的内容。

　　　　不是仙山咤异灵,沧洲游迹想余清。

　　　　故能感激前宵梦,一棹赓歌九曲声。

----

　　① 《武夷棹歌》的原题是《淳熙甲辰仲春精舍闲居戏作武夷棹歌十首呈诸友游相与一笑》。

　　② 《两先生往复书》卷一,《武夷棹歌和韵》。

　　③ 李滉:《退溪先生文集》卷四三,《李仲久家藏武夷九曲图跋》。

　　④ 《武夷志》是宋代刘夔所撰,明代杨恒叔和他的弟弟乾叔重修,惧斋陈普的门人刘樧对棹歌的注加了跋文。退溪所看棹歌诗注是元代陈普的著述,《武夷山志》记载内容。

　　⑤ 李滉:《退溪先生文集》卷一六《答奇明彦》:“滉闲中,尝读武夷志,见当时诸人和武夷棹歌甚多,似未有深得先生意者。又尝见刘樧所刊行棹歌诗注,以九曲诗首尾为学问入道次第,窃恐先生本意不如是拘拘也。”

这首序诗当中，退溪明显地交代次韵的目的，是因为他钦慕朱熹的风趣。武夷山的道家神秘感，规定这首诗在性质上带着非常重要的意义。退溪不仅陈述了朱熹的学问上的理论，还陶醉于他的人品。退溪平时非常敬慕朱熹，因而梦中游览武夷山，受到感激又唱起棹歌来了。看完这首诗我们可以了解，李退溪认为《武夷棹歌》的中心思想就是因物寄兴的山水诗。

> 我从一曲觅渔船，天柱依然瞰逝川。

> 一自真儒吟赏后，同亭无复管风烟。

退溪很重视朱熹写这首诗的本意，尽量维持他的立场来展开诗思。他浸沉在清水中的幔亭峰和天柱峰的毅然的姿态成为奇妙的调和，希望克服弘教的断绝心情来希求真儒的出现。第一曲中的天柱峰是魏国的王子骞得道的地方，同亭是祭祀魏真君的场所，位于冲祐观的旁边。在此所说的真儒就是朱熹，也就是匡济天下、援助百姓的醇儒或通儒。

> 二曲仙娥化碧峰，天妍绝世靓修容。

> 不应更觊倾城荐，闾阖云深一万重。

对女色的警戒被看成是这首诗的主题，看来并无大碍，但是仔细查看这首诗，就发觉到超过戒色的诗人的不可抑制的兴趣。退溪以仙娥来代替朱熹的玉女，根据玉女和武夷山神的神话，描写玉女峰的面貌，接着陷入了浪漫的情绪。一万重带来的深度和分量，就是象征无法遇到与无法成行的断绝和绝望。玉女美丽的姿态以倾城来比喻，更切实地扣响人的心弦。而且借了女色来塑造形象的退溪作诗的感性是非常抒情的。

> 三曲悬崖插巨船，空飞须此怪当年。

> 济川毕竟如何用，万劫空烦鬼护怜。

朱熹在三曲诗透过架壑船歌咏了人生虚无的感怀，退溪则着眼被插于悬崖的巨船的使用性，他把架壑船存在的意义规定为渡江的道具。根据非常有个性的认识白描了景观，这是较有使用性的观点。济川是殷高宗给宰相傅说讲的话，本意是把传说当作船桨越渡艰险的大川的意思。第四句的万劫和空烦是自觉人生无常的感触，驱逐了不确实和愁绪的诗的气愤。

> 四曲仙机静夜岩，金鸡唱晓羽毛毵。

> 此间更有风流在，披得羊裘钓月潭。

四曲的金鸡洞是流传着道家传说的地方。朱熹借鸡啼表现了荒无人烟的寂寞，而李退溪烘托鸡啼强调了听觉的形象。这首诗的风流指的是现实生活中所觉的内心悠闲，也就是山水之间游玩的情绪上的乐趣。第四句引用了光武帝与严光的故事,暗示这地方就是像严光这样的隐者隐居的切和的空间。朱熹四曲诗的诗意大多与道教的传说有关,而李退溪的诗盛满着月夜里钓鱼的高士的清适风流。

　　当年五曲入山深,大隐还须隐薮林。

　　拟把瑶琴弹夜月,山前荷蓧肯知心。

　　这首诗中的大隐指的是朱熹,就是联想在五曲有大隐屏的。大隐屏的存在意味是与人共有的。朱熹当年就在隐屏峰下建盖了武夷精舍后专心讲学。李退溪认为朱熹隐居武夷山带着某种的当为性。如果碰到不如意的时代,无法展舒自己的意志,退出隐居是儒生应当做的选择。因此诗中没有露出无法展舒经国济民的失意与灰暗。到后二句李退溪借了朱熹的诗句表现了自己的意想。[①]荷蓧隐士是避开乱世隐居的隐者,这首诗中的心就是伊尹处于畎亩喜好尧舜之道的心情。可以感觉到与自然完全交融的诗人内心的信心。

　　六曲回环碧玉湾,灵踪何许但云关。

　　落花流水来深处,始觉仙家日月闲。

　　"灵踪"指的是居住在朱熹诗中的"终日掩柴关"的隐者之迹。诗人关注隐者的住处,因为访问的目的就是想见隐者,但是找不到隐者只见围抱着溪谷的云雾演出闲寂的气氛。桃花随着溪水漂流,就知道不远之处有桃花源。诗人提出灵踪、云关、仙家,把回想道家隐逸的兴趣当作诗思。虽然诗的境界上有些道家思想的影响,但是诗人不向往神仙住的仙界。

　　七曲撑篙又一滩,天壶奇胜最堪看。

　　何当唤取流霞酌,醉挟飞仙鹤背寒。

　　这首诗描述了拿着篙头使劲溯洄急流的状态,可以想见七曲的水流得多么快。看着武夷九曲中的奇胜天壶岩会自然浸沉在无限的感怀中。天壶岩位于鼓楼岩的旁边,与其他的山峰一起围抱着中间的道院,其间的石泉非常澄清。诗人不知不觉变成了喝了流霞酒跨鹤巡天的神仙,就陷入了令人神往的境界。这首诗借了对山水景观的感动引来思索和思维的自由含蓄表达了对超世俗的仙境的向往。

　　八曲云屏护水开,飘然一棹任旋洄。

　　楼岩可识天公意,鼓得游人究竟来。

---

　　① 《朱子大全》:"独抱瑶琴过玉溪,朗然清夜月明时。只今已是无心久,却怕山前荷蓧知。"

浮云像屏风一样地围抱在江水上，流着下去一只小船。诗人说了他看过称作楼岩的名称就了解到上帝的意思。楼岩就是鼓楼岩，位于鼓子峰的旁边，其形象很像鼓，就取鼓字的意义赋予了意味。八曲比前边的诸些曲其风光不秀丽，因为靠近世人居住的九曲，佳境较少是理所当然的。李退溪把此地当作脱离一般的游客来往的日常的胜境，是真正游山玩水的好地方。

九曲山开只旷然，人烟墟落俯长川。

劝君莫道斯游极，妙处犹须别一天。

李退溪不同意记载《武夷志》中的棹歌诗注的评释。李退溪认为朱熹的九曲十绝当初没有学问次第的意思，是后来的注释者穿凿附会的，都不是先生的本意。他认为只有九曲本来是说景致的，其间依托着兴加了意味，[1]但是对吟咏九曲的诗不完全否定注释。李退溪对朱熹的本意不能完全把握，有时侯直接运用注释中的意思，[2]接下来认定原始的疑似的部分改作了初本。这首诗的前二句描述了眼前展开的景物，后二句不说这境界就是极处，提出再找别有仙境当作鉴赏之处。

李退溪陶醉山水自然，对四时的风景和随着季节而开的花木，贯注致细的心思，留传了两千多篇的庞大的诗。李退溪很重视大自然里完全同化的境地，把山水当作跟人一样活生生的生命体。他的诗境与朱熹一样带着现实主义的审美态度，也注目儒家的现实性。他认为九曲是武陵桃源，也认定此地就是世外桃源。他眼里平凡的农村是脱离世俗实现理想生活的地方。李退溪的鉴赏山水是比山水外形的追求更强调以感情为主的叙述。虽然他的诗中较丰富仙趣，这只是他对仙的趋向，与道家思想是有区别的。他又因为《武夷棹歌》的原始的气氛羡慕神仙世界和仙人，但决不忘却儒者的精神。这就是凭着儒家的现实主义审美观念，再融合道家的理想主义审美观念的结果。李退溪的诗与教条的性理学者不同，因为他对当代现实的认识非常乐观，所以带着浪漫的倾向。李退溪写的这首诗不是描写实际的景物，而是根据梦中所看到的武夷山的风景来展开的诗想。他把山水景物直接连接主体内面的

---

[1]　《退溪先生文集》卷一三《答金成甫德鹏别纸》："大抵九曲十绝，并初无学问次第意思，而注者穿凿附会，节节牵合，皆非先生本意。（中略）独于九曲，与滉后改之说不同者，盖自八曲自是游人不上来以一句与此一绝，虽亦本为景致之语，而其间不无托兴寓意处。"

[2]　《退溪先生文集》卷一三《答金成甫德鹏别纸》："九曲来时却惘然，真源何许只斯川。宁须雨露桑麻外，更问山中一线天。"

世界,就塑造了新的意象。诗的情绪基础于儒家的现实性,又有隐逸自乐的情趣和对仙界的向往,带着有点浪漫和超现实的气氛。作品中可能有些道学理念的部分,但这不是有意地露出道学理念的。

三、广濑李野淳的《陶山九曲诗》

安东是朝鲜时期最出名的性理学者退溪李滉的出生地,如今也是能感觉到活生生的传统历史文化的城市。陶山是李退溪隐居的重地,自古以来又称作武夷。① 李退溪终身尊信朱熹的思想和学问。陶山是朝鲜朱子学的生产地,又是形成和体现退溪学的现场。李退溪死后,陶山就变成不但以岭南地区为主的南人学者想参观的地方,而且超越党派所有的学者都巡礼的圣地。李退溪在 1565 年曾经写作了《陶山十二曲》,但是没有提到《陶山九曲》。《陶山十二曲》是他在陶山书堂教学生的时候,吟咏进修理学意志的作品,显示了以读书讲学和思索过日子的他的生活。这首诗是十二首的联诗调,前六曲称作言志,吟咏了遇时接物兴起的抒怀;后六曲称作言学,吟咏了自己的学问修德的实体。②

陶山九曲是什么时候谁来设定的? 这问题没有明确的答案。只是水村任埅(1640—1724)在诗中说"在陶山九曲有大贤的祠宇",③看来 18 世纪初期已经有陶山九曲这名称。陶山图的制作直接影响到陶山九曲的设定,1566 年明宗制作了陶山图,而后 1733 年英祖和 1792 年正祖又制作了陶山图。根据画图当时的陶山图,就构成了从清凉到云岩的九曲。④ 根据李颐淳(1754—1832)所说的话,就可以知道他写的《陶山九曲》是尝试前赴最美丽的曲流,按《武夷九曲》的顺序排列的。在此较注目的焦点是叫尝试的惯用表现,这句话可以证明实际上他就是最初设定陶山九曲的人。但是与他同一时代的人和后人,没有直接接受和通用他所命名的九曲。他所设定的陶山九曲中的第二

---

① 李颐淳:《后溪集》卷二,《游陶山九曲敬次武夷棹歌韵十首》。
② 到了 19 世纪少论系的学者姜必孝(1764—1848)韩译陶山十二曲。陶山十二曲的旧本只是歌曲,有声无诗。姜必孝有景慕退溪的心情,带着谚文陶山十二曲的印本,按照宋时烈的《高山九曲歌》译文的例子作词,加在武夷九曲的后面。
③ 任埅:《水村集》卷四,《别礼安宰尹衡仲夏教》。
④ 李晚舆:《吾家山志·凡例》。

曲是鼻岩，但是大部分的其他《陶山九曲》已经以鳌潭来代替了鼻岩。① 至今，从调查的结果了解到，《陶山九曲》总有大约二十多篇，大部分收录于退溪学派系列的文集。但是还有很多家族所藏的文集还没有刊行，以后再发现的可能性很大。

《陶山九曲》的创作集中于 18 世纪后期的倾向，②可以说是李退溪的家学中心继承者广濑李野淳(1755—1831)主导的。他忠实地著述了李退溪的学问，又严密整理了李退溪的事迹。他向当代的巨儒李象靖(1710—1781)和金宗德(1724—1797)拜师。他终身研究李退溪的文集，所以是了解 19 世纪初期退溪学的展开与发展过程最引人注目的学者。

广濑李野淳的《陶山九曲》如下：

> 锦绣琉璃已炳灵，山增巍巍水增清。
>
> 休云大隐屏相远，千载同归一棹声。

第一句的锦绣说的是山色，琉璃比喻的是水色。第二句就引用了李退溪去陶山所吟咏的感怀。③ 倚靠陶山的秀丽和和谐的山水，明显地烘衬了李退

---

① 陶山九曲题目通常是一曲云岩寺、二曲月川曲、三曲鳌潭曲、四曲汾川曲、五曲濯缨潭曲、六曲川沙曲、七曲丹沙曲、八曲孤山曲、九曲清凉曲。赵星复使用陶山十八曲的名称"陶山九曲"和"陶山九曲以上九曲"的区分，"陶山九曲"是月川曲、鳌潭曲、汾川曲、石涧曲、缨潭曲、镜潭曲、广濑曲、川沙曲、丹砂曲，"陶山九曲以上九曲"是白云曲、弥川曲、景岩曲、寒栗潭曲、月明潭曲、孤山曲、清凉曲、穿川曲、潢池曲。琴诗述(1783—1851)代替云岩曲、孤山曲、清凉曲，而包含石涧曲、镜潭曲、广濑曲。

② 晚谷赵述道(1729—1803)《李健之次武夷九曲韵又作陶山九曲诗要余和之次韵却寄》，后溪李颐淳(1754—1832)《游陶山九曲敬次武夷棹歌韵十首》，广濑李野淳(1755—1831)《陶山九曲》，琴坡李鼎秉(1759—1834)《陶山九曲敬次武夷棹歌韵》，苍庐李鼎基(1759—1836)《陶山九曲》，竹坞河范运(1760—1834)《谨步武夷棹歌韵作三山九曲奉呈漱亭参奉李丈案下以备吾岭故事》，下庵李宗休(1761—1832)《漱石主人李健之次武夷九曲韵仍歌玉山退溪陶山九曲要余追和忘拙步呈》，陶窝申鼎周(1764—1827)《陶山九曲》，素隐柳炳文(1766—1826)《陶山九曲武夷棹歌韵和呈李健之》，霞溪李家淳(1768—1844)《陶山九曲》，窝崔升羽(1770—1841)《敬次陶山九曲韵》，鹤破赵星复(1772—1830)《陶山九曲次韵》，寿静斋柳鼎文(1782—1839)《伏次广濑丈寄示陶山棹歌韵》，梅村琴诗述(1783—1851)《谨次广濑李丈陶山九曲韵》，慕亭李菁秀(1790—1848)《谨次陶山九曲歌》，慕亭李菁秀(1790—1848)《次广濑李丈续陶山九曲歌》，东林柳致皞(1800—1862)《次漱石亭二九曲韵》，安愚金泳斗(1857—1944)《敬次陶山九曲韵》，晴窗崔东翼(1868—1912)《拟陶山九曲用武夷棹歌韵》，玄庄世稿(止窝遗稿)《陶山九曲》。

③ 《退溪先生文集》外集卷一《余病去陶山，秋涉冬矣。今察日温，与而精来寻，颇有羲之俛仰陈迹之叹，得一绝以示而精云》："病来驱我入溪庄，云掩山房鸟下堂。今日与君来寓目，山增巍巍水洋洋。"

溪伟大的学识和德行。虽然空间上离大隐屏下的武夷精舍很远,时间上朱熹和李退溪远隔五百多年的岁月,但是学问上超越了这样的时空界限。"一棹"是借用了李退溪的"一棹赓歌九曲声",得到了把朱熹和李退溪并论的效果。李野淳在这首序诗中提出了对往后作者想要写的方向。

> 一曲岩云若挽船,鲁多君子说乌川。
>
> 丹枫落日吟谁续,萧寺青留一点烟。

云岩位于礼安的南方、五里陶山南方十五里,主要作用是陶山九曲中的水口,它靠近光山金氏礼安派的集姓村乌川。在乌川居住了很多君子,因此又叫君子里,村庄有很多李退溪的弟子。李退溪曾经与这些人游玩过云岩寺。[①] 第三句是引用当时李退溪写诗之后给弟子看的实诗句,希望连连继承李退溪的学问。第四句的一点青烟表现了云岩寺的萧闲的视觉形象。

> 二曲芙蓉削玉峰,为开风月满川容。
>
> 通郊十里渊源阔,莫道云烟隔一重。

月川位于鼻岩东方八九里的芙蓉峰下面,就是李退溪的高弟月川赵穆(1524—1605)居住的地方。李退溪谈到礼安山水之时首屈一指的就是月川。李退溪在 1562 年 7 月既望模仿赤壁的故事打算与门人在月川曲的风月潭游玩,但因遇到了一场大雨而无法实行计划。[②] 月川赵穆当李退溪的弟子之后,终身在最近处陪伴了李退溪。李退溪死后,他在参与文集的刊行和祠院的建置发挥了主导作用。月川赵穆是李退溪的最优秀的弟子,但是他没有培养出弟子,就无法形成一个学派。退溪学的旷阔渊源之中只有这么一层云雾,那就好比月川赵穆的学问的断绝。

> 三曲潭鳌为戴船,吾东易学昉何年。
>
> 积阴已久乾坤辟,精一斋中月更怜。

鳌潭位于陶山下方五里,易东书院所在的地方。易东书院是由李退溪提议,为了追念禹倬(1263—1342)而创建的,李退溪在 1570 年曾经到此地给弟

---

① 《退溪先生文集》卷四《游云岩寺,示金彦遇、慎仲、惇叙、琴夹之、壎之、赵士敬诸人》:"江亭昔望云藏岳,山寺今登岳出云。眼豁天低山共远,秋高野旷水平分。闲开静室思论易,健倒清尊欲讨文。落日丹枫吟更好,归时林影月纷纷。"

② 《退溪先生年谱》卷二。这时作的诗收录于《退溪先生文集》卷三,诗题是《七月既望,期与赵士敬、金彦遇、慎仲、惇叙、琴夹之、闻远诸人,泛舟风月潭。前一日大雨水,不果会。戏吟二绝,呈诸友一笑》。

子讲论《心经》。禹倬接受新儒学程朱之学，深入研究之后再转交了后学。他对易学造诣很深，被记录没有不妥的卜筮，是个非常优秀的易学家。绩隐是从李退溪的《易东书院记》中摘引的，①乾坤辟是《易东书院示诸君》的中引用的。② 第三句比喻经过阴气极高的纯阴到了冬至，就像开始产生阳气一样万物恢复生气。精一斋是易东书院明教堂的左翼室的名称，精密的观察然后要专一坚守正心之意。

　　　　四曲偏聋激水岩，岩云重锁碧毵毵。

　　　　岩居仙伯今何处，花落蟠桃月在潭。

　　汾川位于月川的西北方约五里，以前聋岩李贤辅（1467—1555）的亭馆所在的地方。李贤辅曾经说过"有丞相的地位也不会换这江山的"。汾川的象征就是聋岩，李贤辅也以聋岩自号。这首诗中的蟠桃指的就是临江寺旁边的蟠桃坛，李贤辅生前邀请李退溪在此鉴赏了盛花。江湖上李贤辅的生活可比地上的神仙，因此李退溪把李贤辅又称老仙伯了。③

　　　　五曲缨潭不测深，涵渟余波遍千林。

　　　　如斯有水源源处，思古人惟获我心。

　　五曲位于陶山书堂所在的地方，既是实现李退溪的理想的空间，又是陶山九曲的中心地区。陶山书堂前面流着洛川，流水清深的潭水流溢而成。《陶山杂咏并记》中详细记载陶山一带的景观，李退溪特别喜爱濯缨潭的韵致，就在此乘船游玩了。《陶山九曲》中以濯缨潭为第五曲的主要原因，就是考虑朱熹的武夷精舍位于武夷九曲当中第五曲。濯缨是洗涤组缨的意思，脱离尘俗维护自己的清高的信心，带着跟随时势适当地采取行藏和进退之意。后二句比喻没有断绝而是绵延连接的道的脉络，引用了李退溪的《自撰墓碣

① 《退溪先生文集》卷四十二《易东书院记》："窃尝惟念，祭酒先生生当丽氏之末，胡元制命，六合雾塞，天下之无道极矣。上距程朱之世，且一二百年之久而后，其书始至于东，譬如积阴之下，阳德闿发而将亨。"

② 《退溪先生文集》卷五，《续内集》，《易东书院示诸君》三首："儒馆经营洛水边，幸同今日会群贤。初来易道乾坤辟，渐贲文献日月悬。好待后人能契发，恭闻此学在精专。莫将外慕相挠夺，无价明珠得自渊。"

③ 《退溪先生文集》卷一《李先生来临寒栖》："清溪西畔结茅斋，俗客何曾款户开。顿荷山南老仙伯，肩舆穿得万花来。"《退溪先生文集》卷二《聋岩先生来临溪堂》："溪西茅屋忆前年，溪北今年又卜迁。第一光华老仙伯，年年临到万花边。"

铭》的"有山巍巍,有水源源"与"我思故人,实获我心"等句子。[①]

六曲林墟抱玉湾,儵鱼白鸟好相关。

更怜花晚霞明处,西望曾专一壑间。

川沙曲位于濯缨潭的东南方五里,川沙边的霞明洞紫霞峰是李退溪第一次卜居的地方。[②] 李野淳为了纪念这件事把紫霞山称作吾家山,收集李退溪的所有紫霞山诗做了诗帖。第二句的儵鱼和白鸟象征与俗世于无关的脱俗的境界,意味着陶醉山水而与自然完全交融的李退溪的生活面貌。第四句的专一壑有个典故,指的是王安石辞去了宰相的职务,过着忘却世事的生活之时所写的诗,带着晚年梦想隐居的儒生的心愿之语。[③]

七曲萦回一水滩,葛仙高世更回看。

丹砂万斛天藏宝,青壁云生相暎寒。

丹砂位于礼安县的东方二十里,江边演出了巉岩峭壁的绝境的地点。这石壁又叫丹砂壁,南方有王母山城,山麓上有葛仙台和高世台。[④] 高世是摘引《紫芝歌》的,[⑤]葛仙是引用在铅山悬山修炼的吴国葛玄的故事。[⑥] 看这首诗的结构不难发现,上二句与《武夷棹歌》第七曲的形式有点类似。很可能是参考朱熹的"七曲移船上碧滩,隐屏仙掌更回看"展开了诗想。这首诗在李野淳的《陶山九曲》中为道家趋向较强的作品,因为葛仙、高世、丹砂等词汇带着脱俗意味的原因吧。

八曲山孤玉镜开,惺惺心法此沿洄。

---

① 《退溪先生年谱》卷三《墓碣铭》,先生自铭,高峰奇大升叙其后。"生而大痴,壮而多疾。中何嗜学,晚何叨爵。学求犹邈,爵辞愈婴。进行之路,退藏之贞。深惭国恩,亶畏圣言。有山巍巍,有水源源。婆娑初服,脱略众讪。我怀伊阻,我佩谁玩。我思故人,实获我心。宁知来世,不获今兮。忧中有乐,乐中有忧。乘化归尽,复何求兮。"

② 《退溪先生文集》卷一《戏作七台三曲诗》:"月澜庵近山临水,而断如台形者凡七,水绕山成曲者凡三。七台是招隐台、月澜台、考槃台、凝思台、朗咏台、御风台、凌云台,三曲是石潭曲、川沙曲、丹砂曲。"

③ 荆公退去钟山有诗云:"穰侯老擅关中事,长恐诸侯客子来。我亦暮年专一壑,每逢车马便惊猜。"

④ 《退溪先生文集》卷一《葛仙台》:"丹砂南壁葛仙台,百匝云山一水回。若使仙翁今可见,愿供薪水乞灵来。"《高世台》:"碧嶂丹崖削玉成,溪流曲曲抱山清。台名莫向痴人说,怕认商山作采荣。"

⑤ 《紫芝歌》:"莫莫高山,深谷逦迤。晔晔紫芝,可以疗饥。唐虞世远,吾将何归。"

⑥ 《退溪先生文集考证》卷一。"葛仙"是从葛洪而来的。葛洪用炼丹的方式想延长寿命,听说在交趾出产丹砂的消息自愿做了句漏的县令。

停歌为向苍崖问，能记题诗杖履还。

孤山位于清凉山祝融峰的西方山麓上，也就是从礼安县的丹砂向北方离十里的地点。李退溪的弟子琴兰秀（1530—1604）的别业所在的地方，《陶山九曲》中景观非常美丽之处。李退溪给弟子琴兰秀取号为惺斋，又喜爱此地的风光留下了诗。[①] 上二句借了像镜子一样干净的孤山的形象，联想李退溪学问体系的核心，就是性理学的敬思想，接着怀念孤山的主人琴兰秀的人品。[②] 下二句回想着李退溪在孤山游览之后石碧上写诗的事情，表现了对李退溪的爱慕情怀。

九曲山深势绝然，山中谁认有斯川。

人间可怕桃花浪，分付沙鸥护洞天。

清凉山是游览陶山九曲最后的一个地点。李退溪来到山寺读书或游山，他最常游览的是清凉山离陶山不太远。李退溪提出读书和游山的相同之处，他把读书和游山看成一致了。第一句的绝然是意味着清凉山是个与俗世隔绝的空间，也是个珍藏着奇绝景观的地方。作者把清凉山当作理想的好地方，从陶渊明的《桃花源记》找到了诗的素材。

李野淳的《陶山九曲》诗次韵朱熹的《武夷棹歌》，又把李退溪《次九曲棹歌韵》的意向当基础，描写了陶山一带山水的美丽。但是创作《陶山九曲》的反面包含着继承李退溪学统的意志。从修辞角度看，接近集句诗，引用了李退溪的诗句；从文学思想角度看，露出了向往神仙世界的趋向。李野淳看文学的角度，与朝鲜时期的道学家没什么差别，认为文学是学问的余事，带着道本文末的认识。他认为文学有教化人的性情的启蒙性质，这些观点是在《陶山九曲》中充分地感觉到的。琴诗述（1783—1851）在李野淳的诗评中说了"如云行水流，若不构思而典雅洪畅，自有天则"，[③]这句话就是指出他的写诗的境界相当地成熟。他和李退溪一样借了敬追求真正的快乐，又重视审美的体验追求文学和道学合一的境界。

---

① 《退溪先生文集》卷二《书孤山石壁》："日洞主人琴氏子，隔水呼问今在否。耕夫挥手语不闻，怅望云山独坐久。"

② 《退溪先生文集》卷七《进圣学十图札》："或曰，敬若何以用力耶。朱子曰，程子尝以主一无适言之。尝以整齐严肃言之，门人谢氏之说，则有所谓常惺惺法者焉。尹氏之说，则有其心收敛，不容一物言焉云云。敬者，一心之主宰，而万事之本根也。"

③ 琴诗述：《梅村文集·通训大夫行掌乐院主簿广濑先生李公行状》："其诗则少时诸作，字炼句琢，如联珠璧叠璧，晚年谩兴，如云行水流，若不构思而典雅洪畅，自有天则。"

四、创作《陶山九曲》的含意

陶山是李退溪出生的地方,既是隐居的生活空间,又是自然环境适当地达成调和的地点。对李退溪来讲可以实现研究学问的热情和鉴赏山水的理想,也是现实的体验空间。如今,在陶山书堂还宛然地留着李退溪生前所使用过的遗物和他的痕迹。设定陶山九曲和创作诗歌的助主角是绝对崇奉李退溪的岭南地区士林。他们认为陶山就是朝鲜性理学的本地,又是研究学问的胜地。李退溪的陶山隐居意味着从论仪治世的方便,转到探讨人性的本质和根源,还研究自然的秩序和理法的转变。这样的纯粹学问的倾向,以退溪学派为中心很明显地继承下去,就形成了学问传统的学统。

陶山九曲的设定是按照明宗之命制作陶山图的过程当中,通过士林的公论和讨论而形成的。《陶山九曲》九个名称都是照搬李退溪所写下来的诗文或者有关遗迹,每个题目上都一定的反映李退溪的思想和意识了。但是《陶山九曲》的倡导和普及的决定性的契机是李野淳的庆州访问。李野淳在1823年4月去良洞与李鼎俨和李岳祥等诸友一起游览玉山,这时候谈到《武夷九曲》和《陶山九曲》,接着提出玉山九曲的品定,就沿着玉山拐弯处指定了九曲的名称。[①] 后来李野淳次韵《武夷九曲韵》,接着写了《玉山退溪陶山九曲》之后积极地邀请知人和韵。赵星复看了李野淳给赵述道的诗所感动就次韵《陶山十八曲韵》,李蓍秀听到消息之后也次韵《玉山退溪陶山九曲》。李野淳的《玉山退溪陶山九曲》被晋州的河范运再加上德山九曲,就变成了三山九曲诗。这是河范运在1823年的冬天为了文集的校勘拜访了李野淳,这时候李野淳写了退山和玉山的九曲题目给他,顺便要求和韵的结果。河范运认为在三山有九曲的原因,就是显示道学源流的盛大的场面在岭南地域。[②] 良洞出身的苍庐李竞鼎基给知人寄信要求和韵《玉山良洞十八曲》,较有引人注目的,是通过九曲诗的创作和注文,露出了不同的利害关系。

退溪学派的人把陶山九曲看成想象武夷和学习朱子的体验空间。《陶山

---

① 李鼎基:《苍庐文集》卷一:"及到松坛,南庐自彦已先待于此,俱下坐打话,健之间及武夷九曲,而曰陶山有九曲,玉山独不可无九曲。盍为之品定乎。金曰,诺。遂与遡上逐曲,排准如数,闻风来者,亦不下约中人。使年少,各书一通,临罢,约归赋各寄。"

② 河范运:《竹坞先生文集》卷一。

九曲》次韵朱熹的《武夷棹歌》，把陶山自然景物中内在的历史文化的意味运用了诗的素材。其创作精神的基础是重视对现实空间的经验抒情的写实精神，反面又有一个目的，那就是退溪的学问理想和其继承的形象化。对陶山这么一个实境山水的现实体验，存在着与退溪的次韵《武夷棹歌》诗有所区别的山水游览的另一种兴趣。他详细地描写山水的特点，表露了陶山不低于武夷山的自信心。而且与其他的九曲诗一样志向始于儒者深刻反省的精神境界，强调了自然中追求道的儒家的理想生活。这可以与性理学的格物联系，让文学和修养的关系更加密切，得出了正心的文学论。

九曲诗是怀念朱熹的性理学者之间所创作的，对性理学理解较深入的 16 世纪，被李退溪正式收容开始继承了。然后疏外政界的南人系列的人，设定陶山九曲创作诗歌，显出了自身的道脉。18 世纪以来，退溪学派的政治上的挫折和屏虎是非等乡村社会的对立情况之中，为了谋求团结更需要道脉确立工作。他们阐明了自己的学问带着道德纯粹性，也带着正统性。李野淳的主导下进行的陶山九曲诗歌的创作行为中，潜在着就是想继承朱熹和退溪的学脉的 18 世纪后期退溪学派的道统意识。这样的倾向不只是诗文学，在绘画方面也明显地显出来了。当时怀念退溪的《陶山图》和怀念朱熹的《武夷九曲图》一起制作，被人所观赏了。[①] 宜宁的安德文（1747—1811）终身羡慕晦斋李彦迪、退溪李滉、南冥曹植等人的学问和品行，叫画匠画了玉山、陶山、德山书院，就挂在墙壁上努力效仿他们三位贤人。而且他又亲自编了《三山图志》，把这三位看成像中国的孔子和朱子一样的贤人，露出了羡慕的心情。[②]

总之，创作《陶山九曲》的目的不只是单纯地怀念退溪的意味，又有想要继承退溪学脉的后学者的特别目的。这是超过语言叙述的，是与道学的传统和道统意识有密切的关连，又是显出个人和集团的利害关系的行为。《陶山九曲》的创作是岭南地区的退溪学派士林，巩固自己学问的正统性的过程中所产生的。

五、结　语

朝鲜的学者从 16 世纪开始已经跟着朱熹的武夷九曲的经营和《武夷棹

---

① 《退溪李滉》，退溪诞辰 500 周年特别展示会，韩国国学振兴院艺术殿堂，2001 年。
② 安德文：《宜庵先生文集》卷五，《题三山图障子》。

歌》的创作,经营了九曲,又创作了九曲歌。描写密阳武夷川的明媚风光的朴龟元(1442—1506)的《姑射九曲》是次韵《武夷棹歌》的最早期的作品。退溪次韵《武夷棹歌》的诗,尤其是对朝鲜时期的士林,涉及绝对性的影响,接着产生了许多的模仿作品,退溪学派的学者又准备了创作陶山九曲的传统。《武夷棹歌》和《陶山九曲》是查看中韩文化交流、其影响与意想的变用的非常重要的作品。退溪除了用汉字和韵《武夷棹歌》之外,又用韩语写作了《陶山十二曲》,表现了独特的山水文学的境界,形成了韩国诗歌史上传统的脉络。退溪批判了棹歌注释的道学见解,他提出了诗歌不一定按照诗人的本来创作意图来解释的先进的见解。

陶山是退溪体现儒学思想的地点,被后人认为巩固继承意志的胜地。斟酌山水的调和、文化遗产的多样性、人物对历史的影响力,陶山是个韩国最好的文化景观。《陶山九曲》是借了朱熹的《武夷棹歌》之韵创作的作品,但是作品的地理背景有所不同,描写的诗歌的世界比较明显,因此带着独特的个性。这不是想象中的空间,称作陶山的特定的空间是它的地理背景,可以认定作品的事实性和独创性。《陶山九曲》创作和玉山九曲的设定在道学渊源的继承上带着紧密的关连。

退溪《武夷棹歌》的收容和后学的陶山九曲的创作,意味着从朱熹到退溪的道学的正统性,退溪学派的人来讲这又是显出自己的正体性和确认系谱的作业。尤其是陶山九曲的设定和诗歌的创作,是把继承学统的意志表现于诗歌文学,也就是对退溪的尊敬表现于九曲文化的继承。盛载着先贤的真正精神和与自然交融的人生观的九曲文化的合理继承,这是在人与自然之间的关系向往对立结构的现代资本主义社会里更重视的一个话题。

"武夷九曲"和朝鲜时代的九曲经营

◎ 金德铉

（韩国庆尚大学哲学科教授）

一、朱子和武夷山

中国和韩国等东亚国家有一种悠久的文化传统，那就是把人格的伟大性、功绩以及天地的道理用自然现象或者景象作比喻。这种比德于自然的审美性传统从孔子时代就开始了[①]，孔子被比喻为中国山之岱宗的泰山[②]。就像比喻孔子为泰山一样，朱子也被比作武夷山[③]。把朱子比喻成为武夷名山，意味着在中国文化中朱子与孔子比肩而立。为进一步强调朱子在武夷山中占的比重，就得引用到费宏《武夷山志》序中'地因人胜'的表达。

中国宋代的士大夫们认为山中隐居生活是一种丰饶生活。通过山中生活与大自然合为一体，脱离人世间的羁绊，从而获得心灵的解放和天人合一的灵感，把这种方式作为精神追求的目标[④]。朱子认为和大自然一起的话就能够达到深奥的境界（与天地万物上下同流，各得其所之妙），仁者天地万物生之心，而人之所得以为心，认为喜山悦水就是涵养情操达到天人合一的仁的方法，朱子在武夷山的隐居也正是这种世界观的实践。朱子武夷九曲的隐

---

① 《论语·雍也》："知者乐水，仁者乐山。知者动，仁者静。知者乐，仁者寿。"
② 严云霄《咏孔子篇》云："孔子人中之泰山，泰山岳中之孔子。"
③ 蔡尚思诗云："东周出孔丘，南宋有朱熹；中国古文化，泰山与武夷。"
④ 李泽厚著，尹寿荣译：《美的历程》，《东文选》，1991年，第414～415页。

居也可以看作是宋代士大夫的理想世界观和审美观的代辩。

朱子对朝鲜时代韩国的影响甚为宽广。朱子学作为朝鲜时代的官学,也支配着作为统治阶级的士大夫的精神世界。朝鲜时代的士大夫都是出身于地方中小地主,经历过16世纪初士祸的朝鲜士林派士大夫们比起追求明君,更加注重陶冶自身圣洁,把隐居山林亲身实践(儒家)道学作为士林精神。在这个层面上,朱子主张的隐居生活和朝鲜儒生们追求的理想完全符合。朱子的以武夷山为中心的幽居讲道行为,成为朝鲜时代儒生们应该接受并模仿和尊崇的范本。作为范本的朱子和武夷山从狭义上表现为精舍经营和九曲经营,从广义上则表现为朝鲜时代山水游览、名胜文化的指南。退溪李滉筑建陶山书堂,书堂中间称"玩乐斋",书堂左边称"岩栖轩",都是模仿朱子的例子。特别是"岩栖轩"取意于朱子所作的一句诗的意思,"认为虽然自己不能长久作为,但是现在在山中栖息希望能有些许成就(晦庵诗:一自信久未能,岩栖冀微效)",朱子表示隐居云谷的志向在晚年才得知并付诸实施(暮年窥得岩栖意)。栗谷李珥初次去陶山见退溪先生的时候说过"溪分洙泗,峰秀武夷山"的话,体现出陶山渊源于武夷山的意思。寒冈郑述也称赞"武夷山奇秀清丽,天下第一,并且作为朱子先生修研道学的地方,像洙泗和泰山一样受到万代的推崇和敬仰,是宇宙间独一无二的宝地"①。

朱子的武夷山幽居由以武夷精舍为活动中心的藏修空间和包括武夷九曲在内的游息空间组成②。朱子的藏修空间由《武夷精舍杂咏并序》记述,游息空间由十首武夷棹歌记述。被称为"九曲十八湾"的武夷九曲从朱子在世时就有许多九曲图的版本,并很早就传入到了朝鲜。武夷九曲也就被朝鲜时代的儒学家们写成次韵诗以大量的观念性模仿图的形式受到欣赏。16世纪后半期,士林派掌握政权后出现了符合朝鲜实情的独创性精舍和九曲经营。随着这种九曲歌和精舍图、九曲图的出现形成了朝鲜后期的一大文化——九曲文化。本文通过记述从追尊朱子的幽居讲道行为到发展为朝鲜自己的文化,观察朝鲜的九曲和精舍经营的特性,通过回顾退溪李滉学派对朱子的幽居讲道的特征性实践模式,简略地考究《精舍杂咏并记》和《清凉山》的诗文。

---

① 《寒冈先生文集》卷十《跋·武夷志跋》:"武夷为山,奇秀清丽,固已甲于天下矣。而有得托为吾未夫子道学藏修之所。仰之若洙泗泰山然。诚为宇宙见不可更有之地也。"

② 《礼记》卷十七《学记》十八:"君子之于学也,藏焉修焉息焉游焉。"

二、朝鲜的九曲经营

朝鲜的儒学家们对朱子的武夷山行迹的初期理解是从对《武夷九曲图》的模写和爱赏，以及对《武夷九曲歌》次韵和《武夷志》的爱读开始的。到 16 世纪后半期在洞天处直接筑建精舍，设定并经营九曲，同时以制作并公布九曲图的方式来实践朱子的幽居讲道行为。朝鲜时代儒学家们对武夷九曲图、武夷九曲歌的理解和接纳，以及模仿朱子的精舍建筑和九曲经营作出了很多研究。依据学术界的研究进展，朝鲜儒学家们在实践九曲经营上出现了依据地域和学派而产生分化的观点也被提及。认为可以称为朝鲜时代儒学两大山脉的岭南学派和畿湖学派都接纳了以朱子为渊源的武夷九曲文化，但在实践模式上出现了明显的差异。

（一）九曲图和陶山图

1. 岭南退溪学派

以岭南为中心的退溪学派儒学家们注重朱子在武夷九曲图和诗文中提倡的隐居修养和讲学空间。在九曲经营中，退溪学派也把精力倾向于在自己家乡附近风景地筑建精舍，然后带领弟子把精舍逐渐发展为书院。在绘画上比起《九曲图》更倾向于画陶山书院及其附近的《陶山图》[①]，更加致力于制作和鉴赏类似《三山图》[②]的精舍图。明宗（1534—1567）在李滉辞掉官职回到家乡后，让画工绘制了《陶山图》（《明宗实录》二十一年五月壬子条），英宗和正宗也继承了明宗的先例。如果说明宗御制《陶山图》是出于对李滉的尊敬，那么英宗和正宗则是出于对岭南南人怀柔政策的一环而制作了《陶山图》。从 17 世纪《陶山图》开始被一般士大夫制作，主要是隶属于李滉学风的退溪学派文人们。《陶山图》的制作阐明为"慕道爱地"，即对老师的尊敬延伸为对老师

---

① 《韩国书法艺术特别展 21 退溪先生诞辰 500 周年纪念图录 · 退溪李滉》里收录的陶山图一共有 7 种，韩国国学振兴院艺术殿堂，2001 年。题目为《李文纯公陶山图》（金昌锡作），《陶山图》（姜世晃作），《陶山书院图》（郑敾作），没有以《陶山九曲图》或《陶山十二曲图》做题目的。

② 是指安德文（1747—1811）画的陶山书院、玉山书院和南冥画的德川书院。Yoo Jae bin 的首尔大学硕士学位论文《陶山图研究》和 Lee Jong Ho（2009 年）的《九曲研究的成果和展望》（《韩国思想和文化》第 50 辑）里都有引用。

所在的遗址地的崇拜和探胜①。进一步来说,制作为《武夷陶山两帖》的情形也有很多,这便包含了退溪发扬了朱子的学风的意思。现存的《陶山图》大约有 10 种,大致分为推崇退溪并继承其学风为目的的'先贤遗迹型'和欣赏作为名胜地陶山为目的的'名胜名所型'两个类型②。作为退溪学派发源地,在安东也出现了除陶山图以外的九曲图类型的绘画。1828 年李义诚制作的《河隈图十区屏》描述了从陶山开始到河回一带的洛东江风景。1763 年李宗岳绘制了半边川 12 名胜的图画。还有,大山李象靖的《高山七曲图》也展现了不是九曲的七曲风光。综上所述,岭南的退溪学派注重作为幽居讲道处所的精舍,而对待作为游赏空间的九曲,却表现了不拘泥于'九曲'的传统,表现出七曲、十二曲等多样性。

2. 畿湖栗谷学派

畿湖的栗谷学派儒学家们推崇朱子的武夷九曲经营,开拓新的山水风景地并设定九曲。通过制作能表现设定的九曲实景山水风光的九曲图和九曲诗来炫耀学风的继承和文化性优越,积极追求可见性的象征效果。因此,畿湖的栗谷学派比起精舍经营更加恪守像《高山九曲图》、《谷云九曲图》、《华阳九曲图》、《黄江九曲图》一样的"九曲"典范,追求利用朝鲜自身的内容重新构成视觉化九曲图方式。畿湖学派的九曲文化起源于"高山九曲",是栗谷李珥(1536—1584)在世时制作的。高山九曲位于黄海道高山郡石潭里的首阳山的西部地脉,由仙适峰和真岩山之间的溪谷构成③。栗谷先生怀着在黄海道石潭隐居的梦想命名九曲,43 岁(1578 年)时筑建隐居精舍准备幽居,但是在高山九曲隐居的理想没能实现。高山九曲比起以精舍为中心的九曲经营本身,更因为实际表现实景山水风光画的九曲图而出名。高山九曲图作为再现韩国实景的案例,极具独创性,并通过图画和诗文多次体现,成为西人老论学者们传承学风强有力的象征物。到党派竞争激烈的 17 世纪后半期,在壮洞金氏家门的主导下,在《高山九曲图》和《高山九曲诗画瓶》上添加了老论系主要人士的次韵高山九曲诗,以此来夸耀党派的团结。领导壮洞金氏家门的金寿增在栗谷先生后孙赠送的《高山图》的基础上,请托专业画匠曹世杰重新描写后用画轴装裱送给了宋时烈。宋时烈把栗谷先生所做的《高山九曲歌》翻

① Yoo Jae bin:《陶山图研究》,首尔大学硕士学位论文,2006 年。
② Yoo Jae bin:《陶山图研究》,首尔大学硕士学位论文,2006 年。
③ 高山九曲到朝鲜末期偶尔被称作"石潭九曲",但一般上称高山九曲。

译成汉文,让核心文人们作次韵诗后题加到高山九曲图中并打算加以版刻。宋时烈死后,继承人权尚夏版刻此图并使之得以推广。此《高山九曲图》模仿朱子的武夷九曲棹歌和武夷九曲图,并作为栗谷先生高山九曲的重构,象征着性理学的道统从朱子传给栗谷先生,然后又传给栗谷学派的继承人宋时烈,阐明了象征性的道统传授。[①]

　　谷云金寿增(1624—1701)经营的谷云九曲是西人老论阶层九曲经营中的又一个发展里程碑。《谷云九曲》是创设者金寿增直接选址设计九曲并以《谷云九曲图》留传于世的实例。《高山九曲图》和《华阳九曲图》是在确立学风层面上被后辈们所画而成的。1682年绘制而成的金寿增《谷云九曲图》比17世纪末期完成的《高山九曲图》更早,比宋时烈的《华阳九曲图》要早百年之多。金寿增请托专业画匠曹世杰,与其一起亲自探访制成了实际风景图。然后把图画展示给弟子,让弟子们分工题写九曲诗并添加到图画中。此图实景描写逼真,与学派比起来只是由一个家族题写的《谷云九曲诗》构成,可以看出此图内含对九曲一带田庄的家门支配欲。金寿增谷云九曲模仿了朱子的云谷精舍,但是他的精舍不是为了培养后辈,而是为了对应政治乱世而保身卜居的手段。实际上他在政坛处于劣势的时候确实蛰居谷云,在形势变好的时候又复归汉阳。

　　宋时烈的华阳九曲和金寿增的谷云九曲与岭南退溪学派的乡里隐居不同,而是在新的地区置办土地,这也一定程度上有炫耀西人老论集权势力的意图。但是他们不会把隐居地变成子孙的祖居地村落,因为他们的根据地必须在汉阳附近,这与主要在后孙的祖居地经营精舍和九曲的岭南退溪学派大不相同。到18世纪中叶,因为湖洛论争,老论界开始出现分裂征兆,权尚夏的侄子权燮制作了《华阳九曲图》,设定权尚夏曾经隐居的地方为黄江九曲并制作《黄江九曲图》。他把《武夷九曲图》、《高山九曲图》、《华阳九曲图》以及《黄江九曲图》一起挂在自己家中,暗示性理学的正统在自己的家门中。像这样17世纪后半期开始以畿湖学派为中心,九曲图、九曲歌成为凭借朱子的权威或者加强学派道统,或者炫耀家门威信的象征物并充分得到利用。18世纪,郑敾(1676—1759)拉开了实景山水画的序幕,对他的画起资助人角色的便是金昌翕、金昌协等人,他们都是金寿增的侄子。受金寿增请托的曹世杰

---

　　① Yoon Jin Young:《金寿增的隐遁和"谷云九曲图"》,《权力和隐遁》,Book-Korea,2010年,第351~445页。

所作的《谷云九曲图》可以认为是 18 世纪郑敾实景山水画的铺垫。

18 世纪后半期,留下很大业绩的先贤的居处不能没有九曲,就像名分一样成为一个共识,认为应该把先贤的游赏空间设定为九曲并使之现实化。岭南南人也是如此,以退溪为例,19 世纪退溪的后代和弟子们建议设定'陶山九曲'①。还有寒冈郑逑(1543—1620)的《武屹九曲图》和凝窝李源祚的《布川九曲图》。

九曲可以分为两种类型:一种是在能够连续游览数公里河川的曲流寻游型,一种是在较短的溪谷上刻字,寻味意义的溪谷刻字型②。学术界发表的九曲全国有 54 个之多,除 12 个外,有 42 个位于庆北和忠北。③ 九曲的相当多数是溪谷刻字型九曲,由此可以猜测到 18 世纪后半期为提高儒学家的地位争相设定九曲的当时情况。

(二)精舍杂咏和九曲

朱子以武夷山为中心的幽居讲道行迹的实况在朱子《武夷精舍杂咏并序》中有着具体的描述。朱子这种以注重精舍的九曲经营成为退溪李滉和传承退溪道统的大山李象靖(作《精舍杂咏并记》)的模范。畿湖的栗谷学派虽然把朱子的九曲以幽居讲道行迹作为典范来遵守,但是或者没有精舍杂咏,或者就是作品大多出自后代文人。然而,虽然退溪和大山没有遵循所谓九曲的典范,但是《精舍杂咏并记》严格遵守了朱子的形式并加以扩充和完善。

1.《武夷精舍杂咏并序》

朱子于 1183 年在崇安县西南部的武夷山下筑建了武夷精舍,是继寒泉精舍和云谷精舍创建的第三个精舍。建完精舍后,他还亲自写了《武夷精舍杂咏并序》。《序》文中首先记述了以精舍所在地大隐屏为中心的自然地理和景观,然后记述了自己建立的精舍建筑物群,有仁智堂、隐求斋、止宿寮、石门坞、观善斋、寒栖馆,晚对馆、铁笛亭等。并且对精舍周围的设施也有所提及,江边的钓鱼台,煮茶的茶灶,渔艇都被记述并作了 12 首诗各自作出了说明。最后,用精舍位于幽深的地方,能够体会到自然的多样性变化,但是不能一一

---

① 李颐淳(1754—1832)的《后溪集》卷二中《进陶山九曲·敬次武夷棹歌韵十首并序》以及 19 世纪末李晚兴(1861—1904)编纂的《吾家山志》里都收录了和上述陶山九曲相同的曲名。
② 金德铉:《2006—2008 传统名胜洞川九曲学术调查报告书》,文物厅。
③ Lee Jong Ho:《九曲研究的成果和展望》,《韩国思想和文化》第 50 辑,2009 年。

尽数的话结尾。

2.《陶山杂咏并记》

退溪在 61 岁的 1561 年建成了陶山书堂,但是退溪的山林卜居开始于 1546 年养真庵的筑建[①]。1549 年在原先祖宅旁边筑建了寒栖庵,1551 年在溪对岸建立了溪上书堂。在这里,退溪从 50 岁开始到 60 岁的 10 年间远离世俗,实践着很早就心怀的梦想,毅然决然地致力于晚年的道德修养[②]。退溪最后的讲学场所就是历经 5 年建筑完工的陶山书堂,在 1561 年书堂和精舍双双完工。书堂一完工,退溪就命名了所有建筑物和场所,完成了《陶山杂咏》,包括 18 首绝句七言诗和 26 首绝句五言诗,详细地描述了陶山书堂和周围的景观。序文中记述了陶山书堂的选址、空间构造、生活习惯以及山居的意义,其中开始部分关于陶山书堂的选址地形被描述得像一幅山水画。在欣悦于陶山书堂山水景观的同时,还通过详细描写轩、塘、社、门、台、谷、谭等场所记录了致力于学问的日常生活[③]。在《陶山杂咏》的结尾部分,退溪认为"山林溪居的意义是为了喜好道义和培养心性(有悦道义颐心性而乐者),这也是孔子和孟子对山水的深刻认识(孔孟之于山水未尝不亟称而深喻之若信)"。和朱子的序文相比,退溪极力阐明在山林中经营精舍的意义。杂咏七言 16 节描写了陶山书堂等主要建筑及岩、台、山、峰,五言 26 节描写了蒙泉、冽井等景色,4 节由对聋岩等相邻村落的描写构成。朱子的《武夷杂咏并序》共 627 字,而《陶山杂咏并记》却由长达 2 倍之多的 1572 字构成。描写建筑和临近景观的五言诗,朱子的《武夷杂咏并序》总共有 12 节,而退溪的《陶山杂咏并记》却达 46 节之多。

(三)清凉山和陶山九曲

1. 清凉山

作为陶山九曲根源的清凉山是国家制定名胜(第 23 号,2007 年)。钓隐

---

① "筑养真庵于退溪之东岩……"见《退溪年谱》46 岁 11 月。

② "夙昔抱冲青,生平不狥世。蒙泉有活源,果育希晚岁。"

③ "余恒苦积,病缠绕。虽山居,不能极意读书。幽忧调息之余,有时身体轻安,心身洒醒。俛仰宇宙,感慨系之则,拨书携筇而出临轩玩塘,陟檀寻社,巡圃莳药,搜林采芳,或座石弄泉,登台望云惑矶上观鱼,舟中押驱,随意所适,逍遥徜徉,触目发兴。遇景成趣,至兴极而返,则一室岑寂,图书满壁。对案嘿坐,就存研索,往往有会于心,辄复欣然忘食……"

李世泽(1716—1777)在《清凉志》范例中说:"清凉山的名胜是因为先贤和先辈们鉴赏游玩的地方,和崇安的武夷山无异。……现在把那些在许多记录中分散的文章和事迹进行研究分类编纂,遵循杨恒叔编纂的《武夷志》的范例。"(李世泽著《清凉志·范例》:"清凉名胜为先贤前辈游玩吟赏,无异崇安之武夷……今考其文字事迹之散出诸录者,分类编次,依杨恒叔所撰武夷志范例。"因为清凉山和武夷山性质相同,所以模仿《武夷志》。退溪学派一直没有停止对清凉山和退溪关系的认知。尹拯的弟子姜再恒在给自己弟子权正忱的《清凉山录》跋文中说:"此山形态不是很高也不是很大,山峰也不是那么雄伟奇特。与国内许多山比较起来只不过是一个土堆。即便如此,它气势闻名的理由是什么呢?大概就是退溪先生出生在此山的山脚下,创导了千古的突出学问,继承濂洛的正脉成为东方的朱子,因此此山最终成为可与武夷相媲美的名山。古人云:'形胜是因为人而出名。'这话的确值得相信。"就像朱子配武夷山一样,清凉山配退溪是当时朝鲜儒学家们的共识。

清凉山是从 16 世纪开始在全国范围内所知晓。周世鹏、李贤辅、退溪李滉等开始游览此山并把其当作读书场所。李贤辅把家安在能够一直望到清凉山的地方。周世鹏在 1544 年游览清凉山后编写了《游清凉山录》。周世鹏评价说:"我们国家的山中,如果论雄伟,没有比上智异山的;论山清秀雅非金刚山莫属;如果说奇特的风景就算得上朴渊瀑布和伽倻山了。端雅严整并且清爽,虽然小但绝对不能轻视的山只有清凉山。"并补充说:"如果细数我们国家有名的五岳,北有妙香山,西有九月山,东有金刚山,中央有三角山,南部有最大的头流山,但是如果问好的小山,一定是清凉山。"他把清凉山看作是中国的天台山,称其为小仙山。最后,周世鹏也像朱子在每见到庐山奇特的景色时起名字一样,也给清凉山起了名字。退溪反复读了周世鹏送的《游清凉山录》,对游山录给予了极高的评价。特别是退溪从孩提时代就追随叔父李崿和兄长来往清凉山学习。在官时期也时常思念清凉山并使用清凉山人的号。1553 年卸任后和儿子们两次游览清凉山,并称清凉山是我家的山,即"吾家山"[①]。

现在由于安东综合大坝的建立,洛东江的陶山书院下游礼安部分成为蓄水区;陶山书院的上面部分由于堤防修筑等原因,一部分景观出现变化。但

---

① 李钟黙:《退溪学派和清凉山》,韩国精神研究院:《精神文化研究》第 84 号(24—4),2001 年。

是,退溪先生诗中描写的古貌还是遗留下来很多。最近,安东市在这个地区设置了"退溪先生小径"或"诗心的路"的告示路碑。大约长4～5公里的这个九曲路和朱子的"武夷九曲"一样可以乘木筏行进,还可以沿着江边的山路行走,这也别有一番情致。在陶山九曲能够观赏到的地形景观中,最值得称赞的除了像刀削下来一样的垂岩绝壁以外,还有伴随着洛东江出现的错落有致的水潭和沙滩。它们的形成是因为构成河川壮大的构造线们使洛东江曲线流淌。也就是说,沟渠线经过的位置,与周边相比,风化密度高,这就加快了岩石的风化,从而促进了河川的侵蚀。峡谷景观通过垂直性绝壁给人以敬畏感,还能让人获得一种与外界隔离的世外桃源的情趣。可以由湍急的曲流形成的山谷内部的岩峰和绝壁、水潭和沙滩等为背景设定九曲区间。

武夷九曲和陶山九曲的水文景观比较

九曲	武夷九曲	陶山九曲
名胜	国家风景名胜渠, UNESCO 综合文化遗产	国家制定名胜 23 号 庆尚北道道立公园
中心山地(高度)	武夷山(2158 米);	清凉山(870.4 米)
全长	约 9.5 公里	约 13 公里(博石川—川沙)
谷幅	40～100 米左右 非常窄的峡谷	100～500 米左右, 谷幅的变化大, 水潭和沙滩交替出现
河川流量	多雨地,全年雨量丰富	少雨地,雨量变化大
基盘岩	堆积岩(赤色砂岩)丹霞 地形:碧水丹山	堆积岩(砾岩)、丹砂壁
景观特征	敬畏,神秘	亲近,幽闻
生活空间	与村落隔离	和世居地的溪居村临近
游览方法	船上游览	船游和徒步
中心人物	朱子和其门生	退溪和退溪学派
世界观	朱子学(性理学)	朱子学(性理学)
志	《武夷山志》	《清凉山志》

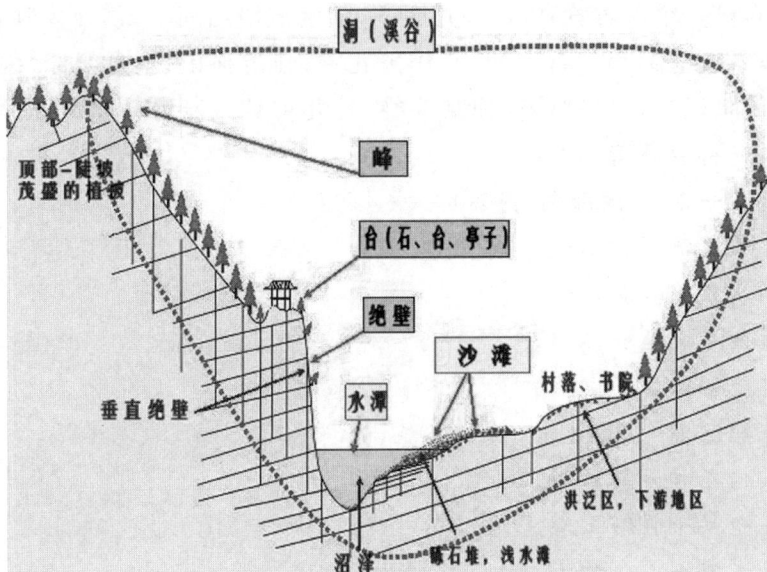

堆积岩、溪谷、地形要素断面图

2. 陶山九曲

洛东江流经清凉山在陶山一带变成大江,退溪在陶山乐逍遥的同时亲自用诗文绘制了这儿的胜景。但是,退溪这么多的诗文中,没有发现退溪亲自写的对应朱子"武夷九曲"意义的"陶山九曲"的内容。只是发现了由追随他的弟子或后孙所提议的"礼安14曲"、"陶山12曲"、"陶山9曲"等许多名称和构成的内容。退溪认为朱子的《武夷棹歌》的原来意图不是为了表现"学问入道次第",而是为了描写风景而作的①。但是,在描写清凉山和陶山一带风景的许多退溪的诗文中,不只限于因物起兴的程度。虽然退溪的陶山诗没有明确揭示朱子的《武夷棹歌》的意义,但是也和《武夷棹歌》一样隐约中表现了以形写神和托物寓意的情趣。

现在我们有必要对新的陶山九曲的设定作出探索。这个新的"陶山九曲"的设定应该反映由于安东坝引起的蓄水以及堤防建造引起的地形和景观变化,也应该重新能够发扬九曲名胜的先前意义。新陶山九曲建议用博石川、孤山、月明潭、寒粟潭、景岩、弥川、白云洞、丹砂壁、川沙曲等9个"曲"设定。这些命名以退溪46岁所作诗作中的内容为基础,《退溪先生文集》卷一

---

① Lee Jang Wu:《退溪诗解释》卷一,1996年,第345页。

中记载"自己一个人游览高山,到月明潭,随水流绕山而下,傍晚才到达退溪,每看到美景便立刻吟一首绝句,竟作了九首(独游孤山,至月明潭,因并水循山而下,晚抵退溪,每得胜境,即赋一绝,凡九首)"。能为新陶山九曲设定提供参考的九首退溪诗如下:

第一曲　清凉曲(博石川)——新征途的开始

千丈琼崖抱玉溪,

夜寒霜冷月高低。

他年此地来幽伴,

会辟云窗一亩栖。

第二曲　孤山——孤山孤绝

何年神斧破坚顽,

壁立千寻跨玉湾。

不有幽人来作主,

孤山孤绝更谁攀。

第三曲　月明潭——恢复复平静心

窈然潭洞秀而清,

阴兽中藏木石灵。

十日愁霖今可霁,

抱珠归卧月冥冥。

第四曲　寒栗潭

瘦马凌兢越翠岑,

俯窥幽壑气萧森。

清游步步皆仙赏,

怪石长松满碧浔。

第五曲　景岩——中流砥柱

激水千年讵有穷,

中流屹屹势争雄。

人生踪迹如浮梗,

立脚谁能似此中。

第六曲　弥川——经历完试炼后出现新的希望,产生无穷无尽的诗意

曲折屡渡清清滩,

突兀始见高高山。

清清高高隐复见，

无穷变态供吟鞍。

第七曲　白云洞——脱离世俗的神灵的地名

青山绿水已超氛，

更著中间白白云。

为洗乡音还本色，

地灵应许我知君。

第八曲　丹砂壁——长生不老的丹砂神仙药

下有龙渊上虎岩，

藏砂千仞玉为函。

故应此境人多寿，

病我何须斸翠巉。

第九曲　川沙曲——开豁的新天地

川流转山来，

玉虹抱村斜。

岸上蔼绿畴，

林边铺白沙。

退溪的《川沙曲》诗达到了一个和平世界的新境界,这也与第九曲的环境气氛非常吻合,让人联想到朱子《武夷棹歌》第九曲中"九曲将穷眼豁然,桑麻雨露见平川。渔郎更觅桃源路,除是人间别有天"的诗词。退溪在很早的时候就读了朱子的《武夷志》并赋了十首《武夷棹歌》次韵诗。退溪的武夷九曲第九曲次韵诗"九曲山开地旷然,人烟墟落俯长川。劝君莫道斯游极,妙处犹须别一天"也让人联想到川沙曲。

三、结　　语

把人间的精神世界比喻为自然现象和景物,把伟大的人物比喻为名山,这种儒教文化传统已经非常悠久。朱子升华了这种儒教文化传统并加以实践,这便是在武夷山隐居、讲道并设定了武夷精舍和武夷九曲。

在朝鲜,朱子的影响开始表现为在尊崇朱子学的同时,对《武夷九曲歌》、《武夷九曲图》以及《武夷志》分别进行了次韵、模仿和探读,后来发展为自己设定九曲，吟九曲诗，制作九曲图。17世纪开始，九曲文化出现了岭南退溪学派和畿湖栗谷学派的分化。畿湖栗谷学派把朝鲜的实景山水风光制作为九曲图，把九曲图当作传承道统的象征物来利用。岭南退溪学派侧重于以陶山书院为中心的陶山图制作和精舍经营。18世纪开始，九曲作为彰显儒贤的手段，非常流行，全国范围内设定了许多九曲。

朱子在武夷山幽居讲道，退溪李滉也在清凉山下的陶山实践幽居讲道。退溪仿效朱子，写了《陶山杂咏并记》来详细说明山林隐居的意义，并隐约中表现了把天人合一的精神寄托于精舍自然景物和建筑。岭南退溪学派的这种实践山林幽居讲道传统的精舍经营由大山李象靖继承。退溪以"吾家山"命名的清凉山也由朝鲜时代儒学家们发展成为与朱子的武夷山一样重要的山，陶山书院和清凉山也被尊崇为儒家圣地。从清凉山到陶山书院峡谷的自然景观貌似朱子的武夷九曲，留下了很多退溪写的诗和后人次韵的他的诗文，并且他的后代也设定了陶山九曲。

当前时期可以称为第4代儒学期，天人合一的性理学儒家思想在寻找解决生态问题对策上提供了可以借鉴的理念和事例，这点备受瞩目。歌唱"琴书四十年，几作山中客。一日茅栋成，居然我泉石"的朱子的精舍和九曲经营由退溪先生使之在韩国安东陶山重新生根发芽，直至现在，安东还保留着朱子和退溪的幽居讲学精神。退溪及其弟子的山中讲道地点保留在安东，在此基础上再嫁接于现代世界观和文化，把安东重塑并发扬成为实践天人合一儒教文化的教学现场就是后代们该做的事了。

陶山九曲与儒教文化

◎ 李性源

（韩国国学振兴院专任研究员）

一、陶山与陶山九曲

安东市陶山地区的原地名为"礼安"，过去礼安称为天下第一"可居之地"。16世纪《宣城志》的作者栎老权是中写道："这是老天特地创造的一块土地，也是天地之间的世外桃源。"不仅如此，"古今的先贤无一遗漏地吟诗赞叹那真景的地方"就是陶山。陶山真景招来了"真景山水"的画家谦斋郑歚、姜世晃、金昌锡等画家也画了陶山的风景。他们为什么画了陶山？

《择里志》的著者李重焕谈"我国最佳居住地区"时，提到了安东的两个地区，就是陶山、河回。为何？李重焕的说明如此："谈到江村，岭南礼安的陶山与安东的河回为第一。陶山周围的山和江很谐调。那里的山不很高，从黄池发源的洛东江到了陶山才逃脱山谷而成为真正的江河。河边的山构成石壁，山下淹在河里，风光绮丽。河水足以一只小渡船渡河，村庄里的很多古树又增添了一份情趣。山脚下的河边都是田地。"

江河的一生跟人的差不多。有幼年、青年、壮年、黄昏。洛东江也是这样，黄池发源的洛东江经过与荒凉的江原道山的斗争，终于来到了这里——陶山。清凉山是结束幼年的最后一个关门。流过清凉山，洛东江成为增辉生色的青年江。山再也妨碍不了江河，江河从那些山里逃脱，自由自在地讴歌人生。

青年江创造了江弯儿、田野、沼、川、峡谷。到了陶山一带江河生成了洛川、丹川、汾川、月川、乌川,又生成了倒影潭、月明潭、寒粟潭、弥川长潭、白云池、濯缨潭、鲔沼、鳌潭、佳松峡、丹沙峡、还有许多江石、台和寿石,终于造出了陶山九曲。

江河创造出的这些风光与周围的山交相辉映。李重焕曾经说过,这些山"不很高"。"不很高"是一种现象,也是一种感觉。"这种感觉"是我们心里对"可居之地"的一种不可名状的感觉,是"可居之地"的核心条件。陶山真是完备了这种环境,这种环境和培养出优秀人才也有密切的关系。由韩国文化观光部每年选定的"今年的文化人物"包括六位安东人物,其中四位是陶山出身的。

"不很高"的山提供适合思索的环境。思索造就人,因此都是一样的"江村"也能分别出"可居之地"、"可观之地"、"可游之地"。退溪生前非常喜爱清凉山,甚至把它称作"吾家山",却说到"不适合去居",也是因为这种原因。"退溪宗宅"与"陶山书院"就是典型的"可居之地"。

"山脚淹在水里,宁静而情韵幽雅的地方"就是李重焕眼里的陶山。并且群山环合像幅屏风,把它称为"东翠屏山"、"西翠屏山"。因此古人说过陶山的风光是"天地之间的世外桃源",那山和水造出的风景是"锦绣山光琉璃水色"。

陶山的江山真是很秀美。长达506.17千米的洛东江之中唯一度过安东陶山的20千米左右的地形造出了那种形象。李重焕说,到了陶山洛东江"终于成为了江"。可是依我看,江从陶山开始,在陶山结束。江河只在陶山造出了险滩、江弯儿、沼、田野和山谷就罢了。除了陶山,上流、下流哪儿也没有这样的地形。上流有山谷和江弯儿但没有沼和田野,下流有田野但除了田野什么也没有。上流粗糙的水挤进山急躁地流过,下流已成了蛇行川,像一条懒蛇,迟缓流过,能感觉到初老的疲劳。

"曲"指的是江弯儿,江河扭曲的部分就是江弯儿。江弯儿有险滩,险滩边有村庄。陶山九曲是江弯儿,是险滩,也是村庄。查看关于"陶山九曲"的文献资料,最初《宣城志》上写着,清凉山下从博石开始,月明、白云、丹沙、兔溪、汾川、月川、鼻岩、乌川这些"九曲"都是"自古以来一直存在"。以后到了19世纪,广濑李野淳的《广濑集》把九曲分为第一曲云岩曲、第二曲月川曲、第三曲鳌潭曲、第四曲汾川曲、第五曲濯缨曲、第六曲川沙曲、第七曲丹沙曲、第八曲孤山曲、第九曲清凉曲,后溪李颐淳的《后溪集》把云岩曲与月川曲之间的鼻岩曲为第二曲而除外了鳌潭曲。把十四曲再整理为九曲的缘由是中国朱子"武夷九曲"的影响。《后溪集》写道:"朱子的'武夷十二诗'与退溪的'陶山十八绝'",句句节节都很符合,因此试着把优美的九曲依照"武夷九曲"的例而分类记录。1547年,退溪说"戏作七台三曲",谈到了丹沙峡、川沙曲、石潭曲的三曲。退溪著作的"陶山十二曲"与这些实际的江弯儿无关。

陶山的地名局限为以前"有过陶器窑"的陶山书院地区,其余的地区都成为礼安。1913年改组行政区划的时候礼安进入安东地面。直到20世纪初,准确地到1914年把陶山成为"礼安"。就像李重焕的记载,毕竟是"安东的河回"、"礼安的陶山",是跟安东完全不一样的行政地区。历史记载也是如此,安东的历史记在《永嘉志》、礼安的历史记在《宣城志》上。划分礼安士林与安东士林,礼安乡校引导了安东乡校,礼安乡校与陶山书院一起曾经是岭南舆论震源地。在安东礼安总是存在为"礼安"。所以产生了这一句话:"安东文化应该说是安礼文化才对。"

二、陶山九曲的人物

陶山九曲每一曲都有许多人才辈出,每曲一位简单地介绍一下。陶山一曲的云岩曲有"七名君子",所以也把它成为"君子里",中心人物是后雕堂金富弼,他一生一直是处士而已,但赠职为吏曹判书,给予谥号,超过了文科中榜后当过江原监事的父亲金缘、也是文科中榜后当过庆尚左道义兵将帅的儿子金垓而获得这家堂号的人物。现在乌川光山金氏大宗宅的正式名称是后雕堂宗宅。对金富弼的说明以退溪的一首诗而足够。

后雕主人坚素节,除书到门心不悦。

坐待梅花冰雪香,目击道存吟不辍。

气节高尚,赐到官也不欢娱,稳着雪中梅花的香气而坐定着精进自己的人物,好似中国道人"温伯雪子"的人就是金富弼。"冰雪香"与"目击道存"是对金富弼人品的最佳赞辞和评价。退溪用这种语言评价他的弟子是非常例外的事,从退溪得到这种评价的人物不多。这是对金心高傲世赐到官也没有仕宦为臣的赞辞。在一个官职至上主义时代,放弃官位绝对不是简单的事。

"学问重视"和"人格重视"思想是安东文化的最大特征。因此,现在也是,在安东拿官职与职位来评价一个人的为人不太受欢迎。"作人"指的是"为人","作成了人"、"没作成人"是安东特有的人格重视说法。这样的氛围使金富弼成为家族的代表人物、成了持续子孙后代自信心的本源。他的子孙像国家要求谥号和赠职是这种价值观的延长线上得到的结果。

陶山第二曲是鳌潭曲,月川赵穆与惺斋琴兰秀的故乡,更早到这里的人物有易东禹倬。易东生在丹阳晚年来到这里结束了一生。高丽王朝时期文科中榜而当过成均馆祭酒等。当监察纠正的时候忠宣王奸淫过父王的后宫淑昌院妃,据此,易东穿着白衣拿着草苫子和斧子到宫阙前院大声劝告,同事都发抖、帝王自惭形秽。这件事被称为"易东的持斧上疏"。不知从什么时候开始,禹倬传诵为"易东先生",因为他对中国的易学传播到我国做出了重要作用。《东国遗事》写道:禹倬出使,元国天子问道:"你知道易理吗?"他回答:"我国没有易,知道易的学者也不是精达的程度,易是理学的精髓,愿君给我看一次。"天子赐予易书,禹倬一夜就把书读完还给了他。第二天天子问:"读完了吗?"答道:"差不多都看完了。"天子当场让他背诵,看到他背得流利,天子称赞说:"美极了! 这样的人物待在小小的国家实在令人惋惜! 是朱子再次在东方出世了!"

虽然是这样的易东,但到高丽末他辞官来到浮浦,悠然度日,81岁的那年结束了一生。以前他在安珦门下学习,安珦去世的时候对弟子们留言:"我死了以后,把易东像我一样当作你们的老师。"因此,易东成了当代的人物权溥、白颐正、李齐贤、李谷、李兆年、安轴、金得培等的老师。死后成均馆大司成李穑奏请赐到"文僖公"的谥号。

1570年有人再次评价了易东,这就是退溪。退溪得一句话成了建设易东书院的巨大动力。于是安东最初的书院创建在浮浦。此后,有四十一个书院建设在安东,形成了儒教文化中心。

陶山第四曲是汾川曲,是"江湖文学的倡导者"聋岩李贤辅的故乡。聋岩是朝鲜朝唯一举行了政界隐退式后退职的人物。王赐给了他锦袍与金犀带,管理门都写了转别诗而送给了他。城里的人们看到一直到汉江的出行,围绕着说,这是古往今来没有的盛事,退溪说,现在人们连有这样的隐退也不知道。金中清对这隐退谈到:"晦斋、忠斋站在转送队伍,慕斋、退溪吟诗转别,怎能与中国的疏广、疏受的隐退做比较。这是我国数千年历史以来没有的事,聋岩先生才是千百万人中唯一的人物。"《朝鲜朝实录》把这件事规定为"对名誉或利益不在意而退职"的"恬退"。退职后聋岩自发当农夫,过了一介书生一般的朴素生活,仰慕为"儒仙"。并且作为天生的诗人,斜着戴孝巾在汾江边遛弯儿,演出了有江有月、有船有酒,还有诗的浪漫风景。这样的江湖生活成了被来找汾江、爱日堂的同事与晚辈们形成的岭南歌团的母体。晚年得到了人所为了礼遇正二品以上文官而设置的耆老所的荣幸。80 岁去世,国家称赞他的气节与孝精神赐了"孝节"的谥号。朝鲜 500 年以来被称为"大老"的人生平罕见,"孝节"这谥号也是聋岩唯一的。录选为清白吏、祭享在汾江书院。

礼安地区恭敬老人的传统是从聋岩后更加强确立的。1519 年 9 月 9 日重九日,聋岩为安东府使的身份,不管男女贵贱,邀请安东部内 80 岁以上老人开了敬老筵席,把它称为"花山养老宴"。在这筵席上可关注的是,他连把女人和贱民也邀请在一起的这一点。当时是严格的身份社会,从这破格的事情,能看出对敬老与博爱精神的聋岩的想法。

花山养老宴之前 1512 年,聋岩在汾江边建了一个亭子,称作爱日堂。亭子很多,但为了实现孝敬精神而建的很少。而且那名字也是可惜每日的"爱日",多美!爱日堂的意思是"爱护父母存在的每一日"。

聋岩在这儿陪着包括他父亲的九位老人面前,像小孩子似的穿着彩缎衣服跳了舞。这时候聋岩自己也已经是过 70 岁的老人,却原原本本地实行了中国老莱子的孝道,把这件事称为"爱日堂九老会"。聋岩这样的孝敬传到了朝廷,当代名贤 47 人送了他祝贺诗,成了以后宣祖把"积善"的大字赐予聋岩宗宅的契机。爱日堂九老会传承了 400 多年,一直到 1902 年,《爱日堂具庆帖》、《爱日堂具庆别录》、《爱日堂九老会帖》等关联文献也还留着。

陶山第五曲是濯缨曲,这里有退溪李滉在溪上建的溪上书堂与在陶山建的陶山书堂。两所书堂都孤独地在坐落在深山无人之境,退溪为何把书堂建在这里?《陶山全书》上有如下文章:

> 君子之学,为己而已,所为为己者,无所为而然也。如深山茂林之中,有一兰草,终日薰香,而不自知其为香,正合于君子为己之义,宜深体之。

如"深山茂林之中一兰草"一般的存在的求道!这就是退溪与退溪宗宅立地秘密的钥匙。深山茂林指的就是相溪,"一兰草"指的也许是退溪自己。退溪就是希望像不能简单地临门、很难发现的深山茂林之中一兰草一样生活下去。陶山书堂更是如此。陶山书堂简直是坐落在无人之境的深山之中。在那样的沉寂之中像一名修道僧一样,向探究真理与修养迈进的人就是退溪。写了寒栖庵后写的这首诗把那样的气愤全部露出来:

> 人日无人叩我庐,闭门且读古人书。
>
> 形岂合尘累,形从来爱静居。

崔躁林间烟漠漠，牛眠篱下日舒舒。

敢论志业非愚分，离索长忧或未。

退溪在深山茂林之中落户是为了实现"为己之学"。为己之学是什么？照说的，就是为我自己的学问，是实现"敬"的学问。敬是儒家的禅。实现"敬"就是"居敬"或是"持敬"，这跟参禅很相似。居敬与参禅的最终是什么？都是找人生的路的修养方式。那捷径就是"沉寂"。

在上溪或陶山，退溪的日常生活可以归纳为读书、著述、教育。其中著述占有很大比重。著述再次分成写诗与写信。现在留着诗 2270 首，书信 3300 篇。诗是在沉寂之中修养自己的为己之学的要谛，书信是克服与世隔绝的生活的手段。可瞩目的是书信，在退溪的教育上做了核心作用。

一封信可以动摇一个人的灵魂。从隐居在深山茂林之中的当代学者，退溪送来的谦虚而真诚的一封信引起了无限地尊敬。退溪的信也是给需要他的劝告的亲戚、弟子的没有劝告的劝告。没有人如退溪一样做了那么多劝告。只是那劝告太温柔、亲热，而且是通过书信这媒体传达，当事人差不多感觉不到那是个劝告。退溪的信在形式上也是措辞委婉，钝劝告的锐锋，减少读者的刺痛。谦虚的话，就是用"谦辞"的方法。下面介绍一下原文的一部分：

> 似闻公有琴瑟不调之叹，不知因何而有此不幸。窃观世上有此患者不少，有其妇性恶难化者，有媸丑不慧者，有其夫狂纵无行者，有好恶乖常者，其变多端，不可胜举。然以大义言之，其中除性恶难化者，实自取见疏之罪外，其余皆在夫反躬自厚。勉善处以不失夫妇之道，则大伦不至于毁，而身不陷于无所不薄之地，其所谓性恶难化者。若非大段悖逆得罪名教者，亦当随宜处之，不使遽至于离绝可也。……滉所尝经者告之，滉曾再聚，而一值不幸之甚。然而于此处，心不敢自薄，勉善处者殆数十年，其间极有心烦虑乱，不堪忧闷者。然岂可循情，而慢大伦，以贻偏亲之犹乎？……公宜反复深思，而有所惩改焉。于此终无改图，何以为学问，何可为践履也。

不仅如此，退溪在自己思想与时局的对应也十分利用了书信这手段。交换书信，本身就是教育和学问交流的核心手段。与称为"韩国性理学的精华"的高峰奇大升长达 7 年的理气争论就是典型的书信教育。

退溪的信里写着"敬"的理论和实践、实现方案。理论是"理善气恶"、实践是"理气分属"、实现是"理善的实现"。最终的目的是理和善的集团士林的掌权与溃灭勋旧集团。因为反复士祸跛行政局的勋旧集团是"恶的集团"、是把国家变成野蛮国的,历史上该消失的临时性集团。对退溪来说"道学"是文明国的学问。道学是对建设文明国非常关键的学问。圣人是实现文明的主体者,道学是那精髓。中国以文明国而存在是因为孔子、孟子、朱子这些圣人和他们的著作。不用说,退溪也想成为这些圣人一样的人。因此,退溪的溪边树丛之中是适合著述,也能避开邪恶的锐锋而准备未来的那种地方。

退溪看着自己的时间表准备了明天,过了尽力努力地生活。书信把那些都含在里面,成了为道学、政治、教育的捷径。上溪是把那些实现的第一现场、陶山是第二现场。

陶山第六曲是川沙谷,有抗日而在满洲监狱殉国的陆史李源禄的故乡"远村"村庄。纪念诗碑旁边有写着"六友堂遗墟址碑"的另一个碑,意思是"纪念六个兄弟住过的地方"。看这碑,好像这家子孙后代们比陆史的爱国更重视家族的友爱传统。为了"兄弟友爱"而立石碑的例很难找。陆史家里这样的友爱也许是因为远村入乡祖远台处士李榘的遗训,远台处士给后代留下的一个遗训就是"兄弟之间有不愉快的事也要忍住,再忍住"。这是"行略"上的记录。远台处士这样的遗训也许是传承了退溪的遗训。《退溪言行录》上说,有一个弟子问道:"兄弟之间有错误是否应该互相告诉对方?"退溪的回答如下:

> 问:"兄弟有过,则可相言之否?"曰:"但当致吾诚意,使之感悟,然后始得无害于义。若诚意不孚,而徒以言语正责之,则不至于相疏者几希矣。故曰兄弟怡怡,良以此也。"

友爱很难,因为兄弟是善意的竞争者。友爱存在为一种道德就是友爱有那么难的证据。退溪诊断这困难是因为"只乱责怪互相",他说需要"尽诚意的感动"的前提,没有诚意和感动的劝告只带来伤痛。

但不能忽视陆史的抵抗精神的基础就是他故乡的那种情趣。例如,我们都知道李晚铉在庚戌年国耻以后悲愤填膺,得了火病而去世,而且查看当代学者李中洙遗事,说道:"四千年礼仪的国家怎能得到这样的耻辱,作为一名书生,无处可死,活着也不像活,我该归哪里。"而每天"涕泣徨徨",中华人民共和国成立后才说:"终于能把我的骨头埋在祖国的土地里,现在才能闭上我的眼睛了。"

看友松李奎镐的《友松文稿》,有几篇送给陆史的祖父李中稙、弟弟李源朝、舅舅许珪的文章,也载有与郑寅普、洪命熹交往的书信。这些人物都是跟独立运动家李源永、李宁镐一起，是陆史的八寸以内的人。到八寸就是"一家人"，是"堂内"。对看着家里大人这样的面貌而长大的文人陆史来说，是不可能有别的人生。

很多家族往往整理家里或家族的历史而成册，有家门全体刊行的，也有私人刊行的，这些书出版为"世迹"、"世稿"、"世献"、"家乘"等题目而出版，在安东地区很多见。差不多所有的家门都出版了这些书。几年前下溪"溪南宅"也出了幽雅的《溪南烟霞阁家乘》，川前村出版了《邦适世献》，几年前聋岩宗宅也出版了《肯构堂世献》。

远村也如此，1980年李源会出版的《吾家世录》就是这样的书。就是如题目一样，是"我们家里每代的记录"，一代一代的整理了祖先的履历，分量有点差异但记录方式都很相似。记载着家状、行状、遗事、告由文、墓碣铭等文章。都记录的是"一个人的一生"，但又那用途都有一点区别。文章因为退溪的典范关系都很严格。"退溪的典范"是绝不夸张、美化，如实叙述的人物记录。因为一代一代的阐述，每个人物的一生都通通露出。既然这些文章与书在刊行，后代只能恐怕他们的操行和时代的责任。

三、陶山九曲的风光

陶山七曲是丹沙曲，陶山八曲是孤山曲，陶山九曲是清凉曲，有丹沙峡、佳松峡还有最近指定为韩国"名胜"的清凉山。陶山九曲的路结果是进入"清凉山"的路。前人去"清凉山"的时候"丹沙曲"就是那起点。清凉山山行是从丹沙峡开始的。现在从温惠到清凉山有直达国道，路曾经是川沙—丹沙—佳松—博石的江边路。这里是陶山九曲其中的七、八、九曲聚在一起的地方，保留着清凉山的秘境，许多诗人、墨客走着这条路写了诗、文章。

退溪生前去过六、七次，每次都是简便的山行。可是1564年就和往日不同了，邀请了16人参加了13人。对喜欢自己思索，没有主管过团体聚会的退溪来说，这年的山行从"退溪式日常"的观点来看，是个例外。为了使人们明白"游山"的意义而计划了这山行，是退溪重要的一个里程碑，也是他的最后一次的清凉山山行。当时退溪说，这条路是"画图中"，他自己"入画图中"。这天退溪给参加者中唯一的朋友李文梁写了这样的诗：

烟峦簇簇水溶溶，曙色初分日欲红。

溪上待君君不至，举鞭先入画图中。

那时他送给李文梁的另一封信在退溪的许多文章中最末,那封信的现场就是陶山七曲的"凌云台"与"葛仙台"。退溪写到"秀美可爱的凌云台"与"起兴的话也可以独自出发的葛仙台"。我能看到凝视着山脊的秋天红叶独自行走的退溪,走着那条路反刍孤独的退溪。就像信中的话一样,"抽身孤往,玩水寻山""若不禁兴发则,或作孤往,亦未可知耳",回味了以下"抽身孤往"的乐趣。

省略对陶山八曲与九曲风光的说明。现在造成的"退溪山行之路"是从陶山七曲开始,从八曲是汽车禁止进入的以前原样的路,4千米,一个小时的距离。与康德走过而全世界人都走的"哲人之路"比,是十倍以上更由来已久的路。陶山在这地点留了这首诗:

> 曲折屡渡清凉滩,突兀始见高高山。
>
> 清凉高高隐复见,无穷变态供吟鞍。

陶山九曲全体的风光,其实现在说陶山七曲、八曲、九曲的风光也不过头。说明这些风光与意义都得谈到退溪。这是因为退溪坚持了"山行＝学习"的公式,"读书如游山"的信念。

四、陶山九曲文化的保存与发展

陶山九曲的人物和风光都与退溪有直间接的关联性,共有着儒教思想。退溪景仰朱子,是与朱子也有关。在前说过,陶山九曲得名称与武夷九曲有关。如此形成的陶山与陶山九曲的文化在1974年开始的安东水库建设而受到了沉重的打击。礼安真完全淹在水里,陶山九曲的一曲到六曲也变成了一片废墟。结果,五六个像河回村的名村都水淹没了,现在只剩下了陶山书院。

陶山书院也受到了伤。水库建设对风光带来了沉重的打击,为了报偿而推进的"圣域化事业"是更难以治愈的内科手术。毁败的风光不可恢复的。也许人们认为幸好可还是保存了陶山书院,但我感觉现在的陶山书院只保存了它的"建筑物"。陶山书院曾经是退溪的"梦寐也难忘之地",这是因为"山水的谐调"。江河变成湖水、山河成了一片废墟的今日的陶山不管怎么说也不是退溪愿望的陶山。

"陶山书院圣域化事业"让现在留下的遗址也变形了。水库建设之前的井、池、墙壁、路、连一棵树木也没有保留着原形。是为了防止被贼偷造了那么高而牢固的墙壁吗?是怕填埯净友塘而用那么粗重的石头垒的吗?恐怕冽井消失而变形了吗？周围的风光都已经伤损了,干脆想创出新的原形吗?"为己之学"和"敬"的适地陶山已消失了,与许退溪也已离开了这里。

保护遗址是作为后代人的道理,必须如圣域般的保护它。但把遗址造成圣域是不应该的。一个人物的新偶像化是圣域化前提。圣域与偶像使对象变成沉重可怕的人物,一个不敢亲近、不想亲近的剥制的人物。所以必须是原原本本的遗址、原原本本的人物。应该能自由地谈论事物的是非。就像退溪的弟子月川赵穆的话,遇到困难的时候应该问"如果是老师,会怎么想"。

应该把陶山书院的样子找回原形。至少墙壁和井野营该还原以前的原形。在陶山书院应该能感觉到退溪的气息和面貌。逃脱"沉重的退溪学"、"严肃的退溪",他应是我们温柔多情的祖先。其实生前退溪就是这种人。最终陶山书院退溪的气息像梅花和兰的香气一样隐隐散发的地方。

安东水库的正式名称是"安东多目的水库"。是多目的水库但好像"陶山保存"没有包括在那些目的中。也许陶山书院是把陶山与陶山九曲的村庄水葬后被绑架的最后一个人质。随着江河形成的村庄,以那些村庄为中心的安东文化那样被水葬了。然后在无人问津的绝海孤岛只孤零零留下了现在的陶山书院。

假如把安东水库的水位降低的几米,陶山会完整无损地保存下来的。那样,现在的陶山也许会创出河回村 100 倍以上的文化经济价值。因为随着陶山九曲形成的村庄和遗址都代表安东文化,也可以说是"韩国文化的中心"。

今日的陶山不是以前的陶山。千年之村都被水葬了,人们也离开了。可是陶山的绝不是忘却的路。七曲的丹川谷、八曲的佳松谷、九曲的清凉谷还保持着原形,六曲的遗址也留下得不少。

一曲的遗址称为"乌川遗迹地",移建到了 35 号国道边,二、三曲的"月川书堂"、"惺斋宗宅"和"浮罗院楼"也还留存到今天。四曲的"聋岩遗迹"完整地移建到了佳松谷。五曲有陶山书院。六曲有陆史故居。不仅如此,陶山书院前边的江河对面还有"99 个房间"而有名的"樊南宅"保持着本身那华丽的样子。

除了那些的遗址,还有陶山路入口"宣城衙门"、"礼安乡校",还有韩国最初国学专门研究单位:"韩国国学振兴院"和儒教文化博物馆、山林科学博物馆、李陆史文学馆等等。

随着进入陶山书院的山腰新路,就能眺望着"陶山山河",到了停车场就下车看看陶山书院,再出来越过后边的山路,就到温惠、上溪、下溪、远川,游览连着有老松亭—退溪宗宅—守拙堂—陆史故居,接着会遇到连接丹沙峡—佳松峡—清凉山的"退溪山行之路"。

　　这条路是古代文人一生必须访问一次的梦中巡礼之路,留下了 100 篇以上的游记、10000 篇以上的诗,保证也能给今日的旅游家们带来旅游的喜悦。与康德走过而全世界人都走的"哲人之路"比,是十倍以上更由来已久的路。

　　虽然陶山九曲已经被损伤,但陶山的儒教文化是不会消失的。文化怎能一天形成一天消灭呢! 好好保存的话一定会成为我们骄傲的文化遗产。陶山与陶山的儒教文化与韩国文化的根源同呼吸、共命运。

朝鲜学者郑述对杨恒叔《武夷志》的增损

◎ 郑万祚

（韩国国民大学历史系教授）

一

朱子是江西省婺源人，但出生地在福建省南剑的尤溪县，一生几乎在武夷山附近的崇安、建阳、建安等地度过。特别是从 54 岁开始，在武夷山第五曲修建武夷精舍，直到 63 岁移居建阳考亭为止，在此隐居十年。

在武夷精舍，朱子完成了《小学》和《启蒙传疑》，并为大学章句及中庸章句写了序文，与陆象山展开了有名的太极论辩。从 40 多岁正式开始研究"四书学"，并完成著述。同时，朱子还与追随他一起居住在武夷溪谷的蔡元定、黄榦、游九言、刘爚等门人一起，确立了自身的学说，锻炼身心。当时，朱子对学问的心境及生活姿势，体现在他所写的《武夷棹歌》中。

朱子一生中修建了四处精舍，即 1170 年（41 岁）建的寒泉精舍，1175 年（46 岁）建的云谷草堂，1183 年（54 岁）修建的武夷精舍，1194 年（65 岁）修建在考亭的竹林精舍。其中，在晚年修建竹林精舍时，朱子已经是大学者，闻名天下，慕名而来的学徒云集，还有著名学者从游。朱子晚年的言论被确定为朱子学。

另外，朱子的代表著述中，《家礼》、《通鉴纲目》、《近思录》、《论孟集注》、《西铭解义》、《周易本义》等在寒泉精舍编纂的时期，是朱子学问日趋成熟，其特征开始体现出来的形成期。在武夷精舍的那段时期，可以看成是朱子把在寒泉精舍构筑的学问，通过身心修养，使其内心化，积累德性的蕴蓄期。正中推测,这通过修身书《小学》在该期间完成的,而且该时期完成的《武夷棹歌》,不单纯是因物兴感,还蕴涵着入道次第等含义中,得到证明。

朱子逝世后,寒泉精舍、云谷草堂、竹林精舍以及武夷精舍也渐渐颓废。但武夷山的九曲一带,因朱子的《武夷棹歌》,气氛依存,被其后继人确定为象征朱子学的场所。因此,后人为了有助于理解《武夷棹歌》,作为视觉补助物,画出了《武夷九曲图》,并采取了包括九曲的人文地理的方志形态,编纂了《武夷志》(即《武夷山志》)。

根据方彦寿先生的考证,现在在中国编纂的《武夷山志》共有 19 种。其中最早的《武夷志》,据传是宋人刘夔编纂的。但根据方先生的研究,刘夔所编纂的只是《武夷山记》,并不是《武夷山志》。传入朝鲜的杨恒叔的《武夷志·凡例》中,对以刘夔的《武夷山志》为底本的武夷旧志记载到:"武夷旧志,宋侍郎刘夔所撰,岁久传讹,且多残缺。……今所修事实,悉因其旧,稍加润色,不经之甚者删之。"这明确标明是刘夔编纂的。因此,方先生的主张需要再考虑。19 种中现存 9 种,即明代劳堪、江维桢、徐表然、衷仲孺编纂的 4 种,以及清代蓝闽之、王梓、王复礼、倪炜、董天工编纂的 5 种。

二

现在韩国保存的《武夷志》不包括在上述的现存目录内,是以明代杨恒叔编纂的《武夷志》为底本,由朝鲜学者进行修正增损而改撰的。现对韩国现存的《武夷志》进行介绍。为了便于叙述,以下称该《武夷志》为"鲜本"武夷志。

首先简单介绍一下"鲜本"武夷志 的体制及内容。

封面:《武夷志》

序:《武夷新志·序》[正德十五年(1520 年)庚辰,荣禄大夫太子太保户部尚书兼武英殿大学士致仕铅山费宏书]

目录:图(九曲总图,九曲各一图,书院图)

卷一:山川(收录了从武夷山以下一曲大王峰到九曲的钟模石,御茶园的 89 个峰、洞、溪、石、岩等名称)

卷二:书院(武夷书院、精舍、仁智堂、隐求室等 14 个项目)

卷三:宫观(从一曲到九曲的观、院、庵的名目)

卷四:古迹、土产

卷五:寓贤(包括宋代刘夔等元、明人物共 47 人)

卷六：纪游、公移

附录：武夷志诗文姓氏（唐代李商隐等宋、元、明人物共228人，最后写有"东国退陶先生"的内容）

凡例：杨恒叔所写的关于武夷志编纂基准6条

武夷图序：右无意图序由文公先生纂。

后图十有一，乃今教谕王铉，躬历九曲，面对落笔者。其高下曲折，颇得其形似云。

附：《退溪李先生跋李仲久家藏武夷九曲图》（嘉靖甲子二月初吉真城李滉谨跋，万历己酉暮春，丁未郑述书）

在检讨内容之前，首先介绍一下《武夷志》传入朝鲜的时期及编纂过程。上述费宏的序文是在1520年写的，据此可以知道，作为该书底本的杨恒叔的《武夷志》也是在该时期刊行的。根据方彦寿先生的研究，在明代编纂的武夷志共10种，按时代顺序即衷仲孺志19卷，杨恒叔志6卷，汪佃志2卷，蓝世中志，樊斗山志，卓有见志1卷，丘云宵志6卷，劳堪志4卷，江中鱼志10卷，徐德望志4卷。按照上述顺序，杨恒叔本在明代编纂的武夷志中，为第二位）。杨恒叔本在朝鲜人写的文章中，1544年李退溪为朋友安挺然（珽）所写的诗序文中："匡庐头白不能归，欲乞温台计亦违。愿此山经寻九曲，洗空尘土十年非。"第一次出现。该诗中写道："甲辰季夏……闲中作此，拟从安挺然借看武夷志。……过挺然家，令人叩门，投是而去。"诗中所描述的九曲的山经，指的就是《武夷志》，并称之为甲辰季夏。由此可知，该诗是在退溪44岁时（1544年）写的。也就是说，杨恒叔的《武夷志》刊行仅24年后，便传播到朝鲜，并受到朝鲜有识之士的高度关注。

朱子学是在高丽末期的14世纪传入韩国的。因许鲁斋（衡）而在元代官学化的朱子学传入朝鲜后，被主导朝鲜建国的郑道传、权近等人，作为打破佛教的旧秩序，建设新国家的理念确立下来。但到了15世纪以后，随着社会逐渐安定，朱子学逐渐变得形骸化，受到新登场的士林势力的批判。士林不主张博学和词章，强调节义和实践，重视朱子编纂的《小学书》。士林要求施行以至治和再现为目标的道学政治。并且士林逐渐开始掌握政治的主导权，到了16世纪后半期实现执政。士林政治的目标在于至治，要达成该目标，就要依靠道学的理念和方法。为此，必须切实理解朱子学以及作为其渊源的北宋性理学，而这只能通过书籍才能实现。在朝廷，把购入的图书做好目录，发给去中国的使臣，并且一有新书刊行，就马上购入朝鲜。所以，在士林进入政界的 16 世纪以后,从明朝输入的书籍,特别是性理学及关于朱子学的著述大有增加,像《性理大全》、《近思录》、《朱子大全》、《大明一统志》等书籍,甚至在官厅印刷刊行。16 世纪的朝鲜,性理学及朱子学之所以能够发达,当时这些书籍的输入发挥了很大的作用。

上述的退溪借读及收藏的《武夷志》,就是在该过程中输入朝鲜的。当时的士林通过早在 15 世纪就传入的朱子诗文集中收录的《武夷棹歌》,得知朱子与武夷山的关系(徐居正,1420—1488,《四佳集》卷四,朱文公《武夷精舍图》中用文公云)。在 16 世纪中叶,武夷九曲传入朝鲜,因此朝鲜人对武夷山的地势有所了解。但通过退溪的诗就能知道,当时对获得综合理解武夷的山水和人文地理,以及朱子和其门人的次韵诗的《武夷志》的欲望很高。从三年后的 1547 年,作为朝鲜学者,第一次在朱子的《武夷棹歌》基础上次韵十首诗,并命题为"闲居读《武夷志》,次《九曲棹歌》韵十首"。

从上可以看出,李退溪好像从安挺然那里借读了所期望的《武夷志》。不仅如此,过了二十多年后的 1565 年,在给奇明彦(大升)的书信中,也标明熊禾所写的《考亭书院记》和丘锡的重修记收录在《武夷志》下卷的补缺处(《退溪集》卷十六序,奇明彦)。由此可知,李退溪自 1544 年开始一直保有《武夷志》,并随时阅读。该《武夷志》是从安挺然那里借来的,还是因为当时借到难得的书籍后,按照当时的惯例,即刻抄录后保存副本,就不得而知了。

三

传入朝鲜的杨恒叔编的《武夷志》,除了退溪阅览收藏的以外,还有几部。其中全六卷的一部,在 1604 年传到郑逑之手(退溪对所收藏的《武夷志》,在上述给奇明彦的书信中写道:"下篇补缺处。"由此可以推测出退溪收藏的是上、下两卷,或者是上、中、下三卷,与郑逑的《武夷志》的卷数不同)。一直以来对私藏的武夷图非常喜爱的郑逑,誊写了全篇,以供展玩。

郑逑(1543—1620)是以朝鲜著名的儒学家李滉和曹植为师的,17 世纪的代表儒学家。他留下了《五先生礼说分类》、《心经发挥》、《五服沿革图》、《历代纪年》等著述及达二十四卷的《寒冈文集》,并培养了众多文人,形成了以其号命名的寒冈学派。郑逑模仿朱子的武夷九曲,把他居住的数十里地区设定为九曲,并命名为武屹九曲。他平时对朱子的尊敬及对武夷九曲的憧憬甚深,所以一获得《武夷志》便誊写下来。但当时郑逑所得到的《武夷志》是抄写本,错字很多,并且卷首的 11 个图也被漏掉了(即前面目次中提到的九曲总图、九曲各一图、书院图),不完整。在检讨内容的过程中,朱子写的关于武夷山的诗,也多有漏缺,而且关于武夷山山川的记录与《大明一统志》相比,也是详略不同。

郑述平时钦慕朱子,称武夷山为朱夫子练习道学,修身之处,视为孔子的故乡泗洙或泰山,并写道:"既曰武夷志岂合,如是彼两杨(杨恒叔、杨乾叔),不知为何如人,朱夫子之诗文,而敢有所取舍,于兹山之志哉。"对杨恒叔任意取舍朱子诗表示不满。还指责到,对朱子诗文任意取舍,像必须要保留的仰高堂趋进亭的山川,或梅村月山等诗句,被删除的内容很多。因此,郑述不仅单纯誊写了杨恒叔的《武夷志》,而且还对其有所增损,进行了改撰。

郑述把增损并改撰杨恒叔《武夷志》的原则大纲,详细记载在其文集《寒冈集》卷十的《武夷志·跋》里。第一,在《朱子大全》的诗集,专门收录了与武夷山有关的诗,并通过《大明一统志》中收录的武夷山的山川,采了《武夷志》中漏掉的内容,在誊写的《武夷志》中,每篇都添加了内容。第二,在各项目中收录了附录简宵、胡瑄等的诗。第三,杨恒叔编的《武夷志》中收录的诗文中,条目不明的,稍换体制,分散记录在各文章中。第四,九曲的各诗都集中收录在各曲的后面,其后又收录了李退溪的次韵诗及跋文。通过对现存"鲜本"的《武夷志》的检讨,可以确认该增损原则和内容。但遗憾的是,现存的"鲜本"的《武夷志》不全,不是全部的六卷,只有包括序文、凡例的第一、二卷,因此很难把握其全貌。

1. 冒头费宏写的《武夷新志序》中,巡按鱼史周文义改建五曲的文公书院,主要祭祀朱氏后孙,根据箫必充的提议,在旧志中收录荒唐事实的地方很多,过于简略。所以又委托太仆少卿杨恒叔重修旧志,完成了包括 11 个图的全六卷书。因该书广泛搜集事迹及文辞,对此也存有不满。但其意义在于重新回到了书院(事辞博备而其义,则归重于书院)的内容,没有郑述添加的内容。

2. 目录部分参照前面介绍的项目

3. 凡例共由六条构成,阐明了杨恒叔编纂《武夷志》时的编纂原则:

①以宋代刘爰的《武夷志》为底本,删除没有根据的内容,诗文只选录了内容精深的部分,按照世代顺编排。

②在旧志中,只是在各项目后面添加一两位游寓诸贤,并另添加了一个项目(指的是卷五的寓贤)。

③旧志中对诗文句语不同的部分,进行补充整理。

④对诗人姓名有疑义的部分,没作修改。

⑤按照《大明一统志》的范例,在寓贤之后,记录仙道,正邪分明。

4. 在图的项目中,先转载了朱子写的武夷图序(《朱子大全》卷七十六),其后收录了派教谕王铉考察武夷一带,然后让画师画出来的 11 个武夷图,即九曲总图、九曲各一图、书院图。但这些图现存的"鲜本"的《武夷志》中一个也没有收录。根据郑逑的《寒冈集》卷九《杂著》的《书武夷志附退溪李先生跋李仲久家藏武夷九曲图后》,郑逑在誊写杨恒叔的《武夷志》时,让画师按照他收藏的李仲久(湛)寄赠给退溪的九曲图的抄写本,把九曲总图和书院图也画上去了。现在"鲜本"的《武夷志》中,朱子的武夷图序后,在《书退溪李先生跋李仲久家藏武夷九曲图》的题目下,转载了退溪的跋文,之后,用细字体,收录了上述的《寒冈集》卷九《杂著》的内容。由此可也确定,郑逑誊写的《武夷志》中,最初也有 11 图,但不知何原因,在现存"鲜本"的《武夷志》中却没有图。

在该图部分,补充收录了退溪制作的九曲图、退溪的跋文,以及郑逑本人的跋后序,弥补了郑逑所损失的部分。

5. 卷一标题为"山川",收录了从武夷山一曲大王峰起到九曲御茶园的 89 个峰、洞、溪、石、岩等的位置,及简单的说明,还附记了朱子及其文人后学者的诗。如上所述,郑逑对杨恒叔《武夷志》漏掉了应该记录在朱子诗文或山川中内容,表示不满,在誊写时有所补充,并删掉了不需要的部分。但没有比较的对象,没有明确的找出来郑逑修改的内容。在九曲溪中,按照从一曲到九曲的顺序记录了朱子的《武夷棹歌》,在各曲中,收录朱子诗之后,又收录了次韵朱子诗的元明诸儒的名字和诗,最后添加了退溪的棹歌次韵诗。

6. 卷二的题目为"书院"。在《武夷山志》中以书院为卷名,乍看起来有些奇怪,但是,先哲者的典型及后学者所学习的,都与书院有关,因此以书院为卷名。另外费宏在《武夷志序》文中阐明《武夷志》的编纂始于祭享文公的武夷书院的改建。明代编纂的《武夷志》,多数是关于山川名胜的诗文,或者道流中心的游贤,及对其祭祀的祀典等。同与朱子学的直接关系少的题目不同,以武夷书院为卷名,汇集了与仁智堂、隐求室等武夷精舍有关的朱子及其文人后学者的诗和武夷书院记等诗文。所以可以说,杨恒叔的武夷具有包含了最多的朱子和朱子学要素的特征。在明代虽然已经编纂了十种《武夷志》,但钦慕朱子并且信奉朱子学的朝鲜儒学家,只是特别关心杨恒叔的《武夷志》，郑述誊写该《武夷志》，并反映自己意见，进行改撰的原因也在于此。

7．"鲜本"的《武夷志》共六卷，但目前只发现到第三卷。因此，不可能对"鲜本"的《武夷志》进行整体检讨。但到第六卷为止的目次，记载在第一卷的前面，通过此可以知道其大概内容。卷三的卷名为宫观，一般是因武夷山与道教有紧密关系而设定的。卷四的古迹、土产，卷五的寓贤等，是在方志中设定的项目，所以《武夷志》具有方志的性格。但是，卷六的纪游或者公移，是在书院志的内容中常见的名目。特别是在作为附录添加的《武夷志·诗文姓氏》项目下，包括了武夷山及与武夷精舍相关的诗文在内的唐代李商隐和宋、明、清人物 228 人，及东国（朝鲜）退陶先生。这与书院志中表现出的姓氏、先献、列传等人物介绍类似。实际上，中国书院志起于方志，16 世纪初出现的《白鹿洞书院志》目次分为沿革、形胜、田租、姓氏、文艺、典籍。16 世纪中期的《白鹿洞书院志》的目次分为山川、书院、名贤、洞祠、文翰、经籍、学田（郑万祚《关于朝鲜时代书院志体例的研究》，《韩国学论丛》第 29 辑，首尔，2006 年）。这与上述的《武夷志》目次的构成大同小异。据此可以说，杨恒叔的《武夷志》在中国历代编纂的《武夷志》中，是书院的中心，也是方志。

总而言之，以上探讨了"鲜本"的《武夷志》的内容，并抽出考察了杨恒叔编《武夷志》的特征及郑述所增损的部分。

最后要探讨一下，寒冈在誊写《武夷志》的时候，并满足于单纯转载，而进行增损及改纂的原因。首先如前所述，郑述阐明了，有价值收录在朱子诗文或者《武夷志》中的他人的诗文及武夷山川的部分被漏掉，应该补充。尽管如此，还有人会对他的改纂，觉得疑讶。但他认为关于武夷山的记录，应该详细，对于朱子的记录应该毫无遗漏，对有名的名胜应该全部记载。所以不得不改撰。尤其是在中国编纂的《武夷山志》中，收录了朝鲜人李滉的诗文，并与元明诸儒置于同等的班列，并预见了会出现的议论和批判，主张"地未有远近，道未有内外，退陶先生一生潜心我朱夫子。则其所慕望吟咏之篇，尚不得见班于元明诸子哉"，使其合理化。

总而言之，在继承并阐发朱子的道学上，中国与其他国家不存在差别。退溪的学问，可与继承朱子学的元明诸儒相媲美，表现出了对师尊强烈的自豪感。这不仅体现在郑述身上，朝鲜的多数学者，都把朱子不仅仅看成是中国人，也不仅仅把朱子学看成是中国的学问。他们认为朱子学是阐明人类普遍的伦理和价值的学问，任何人都可以学习朱子学，可以成为朱子学的继承人。因此，自 16 世纪后期以后，高山九曲和武屹九曲被栗谷李珥和寒冈郑述,在朝鲜确立下来。朱子学盛行的 17 世纪以后,华阳九曲、仙游九曲、谷云九曲等山水秀丽之处,产生了九曲。后来,异民族的清朝支配中国,朝鲜便继承了以朱子学为中心的中华文化的正统,确立了朝鲜中华主义的独尊意识。所以,郑述对杨恒叔编《武夷志》的增损及改纂的历史意义,也正在于此。

"武夷九曲图"传入韩国及其含义（提要）

◎ 尹轸暎

（韩国学中央研究院研究员）

朱子除了任官的九年外，大部分时间都在武夷山附近的建安、崇安、建阳等地居住。从54岁（1183年）开始，在武夷山第五曲修建武夷精舍，专注于讲学著述，留下了很多经典之作。次年，他编写了十首歌颂武夷九曲美景的《武夷棹歌》。这里所指的武夷九曲是第一曲，升真洞；第二曲，玉女峰；第三曲，仙机岩；第四曲，金鸡岩；第五曲，铁笛亭；第六曲，仙掌峰；第七曲，石唐寺；第八曲，鼓楼岩；第九曲，新村市等。后来，武夷九曲一般泛指了朱子学问的发源地，成了象征朱子形迹与学问的地方。但是"武夷九曲图"并不是在朱子生前所绘，是明代以后才绘制的。"武夷九曲图"是在为了确立并继承朱子学问的背景下，为宣扬及回顾朱子形迹所绘制的。

一

传入朝鲜的"武夷九曲图"主要有两种类型：一是从审美的层面上所绘制的景观图画；另一个则是具有强调朱子事迹的图画。后者的代表事例是明朝时期徐达左的《武夷九曲棹歌图并记卷》，收录了从一曲到九曲的图画和朱子的棹歌诗，以及其门人方秋崖、留元刚、辛稼轩、白玉蟾、李纲、蔡九峰、傅雍、韩元吉、叶西涧等所编写的次韵诗。最后还记载了徐达左本人所著《游武夷九曲记》。通过这幅画可以了解到追崇朱子的人物，以及其后世弟子主导制作的事例。

"武夷九曲图"是在16世纪，正式学习研究朱子性理学的时候传入朝鲜的。在这一时期，通过刊行印刷各种朱子书籍，使朝鲜知识分子逐渐对于朱子和性理学有了深刻的理解，并把朱子树立为其学问和思想的宗主。特别是对于朱子生活及学习的空间非常关心。继此，武夷九曲不知从何时起成了怀念朱子所憧憬的地方。正是在这种情况下，在朝鲜《武夷棹歌》和"武夷九曲图"才得以收容并广泛流传。

16世纪朝鲜知识分子对于朱子和武夷九曲的憧憬，使得在"武夷九曲图"上撰写次韵诗的风潮非常高涨。对于《武夷棹歌》的理解，与鉴赏"武夷九曲图"的视角及深度有关。

二

16世纪后期，《武夷棹歌》大概可以分为两种：一是把《武夷棹歌》看作是对武夷九曲山水风景的抒情描写；二是把《武夷棹歌》看作是成就道学的阶梯，有按顺序"入道次第"的意思。如果这两种观点都反映在"武夷九曲图"上的话，也就是说即使是一幅画也会出现截然不同的解释。从"入道次第"的观点来看，相比绘画的特点来说，所表现出的道学阶梯特性更趋于概念化。在中国，自朱子以后关于《武夷棹歌》的诸多次韵诗篇中都未有发现有关道学的讲究，但是朝鲜时期的性理学者们将《武夷棹歌》作为载道诗，可以看出其强调道学意义的倾向。

"武夷九曲图"是只有在了解朱子和朱子性理学的基础上，才能懂得鉴赏的一幅画。以李滉（1501—1570）为首，热衷阅读朱子及其相关书籍的士林派文人们最先理解了"武夷九曲图"，从他们鉴赏"武夷九曲图"后所留下的文字，便可以看出他们对于朱子的尊崇态度。在16世纪当时，"武夷九曲图"在众多性理学者之间引起了强烈反响。"武夷九曲图"也成为间接体验朱子讲道生活的最佳媒介，制作和鉴赏"武夷九曲图"则是这种认识的具体表现。

16世纪传入朝鲜的"武夷九曲图"，从其形式来看可分为两种：一种是一幅画集中武夷九曲所有景观的轴式；另一种是在长卷上将景物一一画出的横卷式。这两种形式虽然都是从中国传入的，但是并不清楚其具体的传入途径。在"武夷九曲图"上所描写的所有景物都具有固定的名称，充分反映出其实景的特点。只是为了把武夷九曲的整体景观都能在一定的画面上描绘出来，采用了甄选代表性景观并进行重构的方法。

三

现存多样的"武夷九曲图"多集中于从 16 世纪到 19 世纪。16 世纪从中国传入的原作,通过仿制在知识分子之间广为传播。在仿制的过程中其完成度不足的情况也有发生,但仅从了解朱子事迹形迹的角度来看,线条上并没有大问题。还有一个重要问题是,在朝鲜时期传入的《武夷志》和《武夷山志》中也收录有"武夷九曲图"。依此,朝鲜的知识分子们通过对于武夷山地理情况的进一步了解,似乎有了身临其境体验。

16 世纪对于"武夷九曲图"兼容并用的背景大致可以通过朱子书籍的传入,对于朱子的钦慕,对于武夷九曲的关心,《武夷棹歌》和次韵诗的流行,还有《武夷志》的传入等得到了了解。但是从 17 世纪以后开始有所变化,知识分子们之间开始出现了比起茫昧的憧憬,不如直接创造九曲的想法。这是在积极继承朱子学问的名义下,模仿朱子在武夷山九曲所留形迹的开始。另外,圣贤的处所一定有九曲的意识,成为一种基本概念。于是有名的学者们都在自身居住的周边建造九曲。当时的"九曲图"也有保留,还有的把特定的九曲和朱子的武夷九曲相提并论,并保留下来。

从中国传入的"武夷九曲图"在 16 世纪朝鲜时期广为流传,但是与此相关的内容在中国资料中还没有介绍。中韩两国在学术文化交流历史中,"武夷九曲图"是有着非常独特意义的资料,我们有必要通过韩国现存"武夷九曲图"和相关资料,以逆向寻源的方式进行探究。

中国北方民族历史文化论稿

性理学交涉
与九曲文化的展开

试论朱子思想在朝鲜半岛的传播与影响

◎ 黎　昕

（福建省社会科学院研究员）

　　朱熹是中国思想文化史上继孔子之后最有影响的思想家,他"致广大、尽精微、综罗百代",构建了庞大而精致的理学思想体系。自宋元以后,尤其是元仁宗以后,以朱熹《四书集注》作为应试科目,朱子学逐步成为全国性的学术思想和官方意识形态,不仅对中国封建社会后半期近八百年的历史产生了深刻的影响,而且至今仍在推动社会进步、共建和谐世界的过程中发挥着积极的作用,成为世界文明的重要组成部分。

　　朱子学大约在 13 世纪末 14 世纪初开始传入朝鲜,经过高丽王朝时期100 多年的引进、传播和发展,到 14 世纪末成为朝鲜李朝的建国理念(即官方哲学),15 世纪初朱子学成为朝鲜正统的官方思想,并在 16 世纪中叶出现了朝鲜化的朱子学——退溪学,对此后 500 余年间朝鲜社会生活的各个方面都产生了广泛和深远的影响。

　　朱子学传入朝鲜半岛大约经历了三个发展阶段:

　　一是 13 世纪末至 14 世纪上半期,为朱子学的初传阶段。南宋嘉定十七年(1124 年)春,朱熹曾孙朱潜弃官与门人叶公济等到达高丽全罗道的锦城,建立书院讲学,传播朱熹思想,这是朱子学在朝鲜民间传播之滥觞。而把朱子学引进高丽,引起统治者重视的则是由出使元朝的高丽使臣安珦、白颐正等人。安珦(1243—1306)为高丽忠宣王的宠臣,曾随从忠宣王入元,得以接触朱子学。1289 年,安珦在元大都得到新刊《朱子全书》,认为它是孔孟儒教之正脉,归国后便在太学讲授朱子学,"横经受业者动以百计"①。他十分推崇朱熹,"晚年常挂晦庵先生像,以致景慕,遂号晦轩"②。安珦弟子白颐正也是忠宣王的侍臣,1298 年随忠宣王到元大都燕京,居留十多年,一方面学习研讨朱子学,一方面把大量程朱理学典籍带回国内。《高丽史》载:"时程朱子学始行中国,未及东方。颐正在元,得而学之。东还,李齐贤,朴忠佐首先师受珠(颐正)。"③安珦的另一名弟子权溥,则在出版朱子学著作方面颇有建树。权溥"尝以朱子四书集注建白刊行,东方性理之学自权溥倡"④。

朱子学作为一种外来思想,之所以会在此时传入朝鲜,一方面与高丽同元朝的密切关系有关,另一方面则与朝鲜三教并存的历史与三教合流的趋势有关。可以说,正是朱子学北传并在元朝取得统治地位,加之高丽同元朝频繁的往来和文化交流,为朱子学流入高丽疏通了渠道,提供了有利的客观条件。而程朱理学在中国产生时,汲取了儒、佛、道三家的思想资料;适应了朝鲜三教并存的历史与三教合流的趋势,也为其移植朝鲜提供了适合的土壤。

二是 14 世纪下半期,为朱子学的广泛传播阶段。安珦、白颐正等先驱者把朱子学引进高丽,开启了高丽朱子学之先河。但由于历史条件的限制,他们当时更多地还只是停留在对程朱理学著作的介绍和引进上,还来不及对程朱理学加以系统的研究和发挥,而且传播的规模尚局限于高丽上层极狭小的范围内。进入 14 世纪下半期,由于朱子学适应了当时的社会需要,在朝鲜半岛得到广泛的传播,并为李朝开国后朱子学正式确立统治地位,奠定了基础。

这一时期,对推动朱子学广泛传播做出重要贡献的代表人物主要有李穑、郑梦周、郑道传、权近等。

李穑(1328—1396),号牧隐,师承高丽名儒李齐贤。李齐贤(1287—1367)是权傅的女婿,曾跟随忠宣王滞留元大都 30 年,其学注重程朱的"敬以直内",反对佛教和汉唐经学。李穑年轻时,曾以高丽使节书状官身份入元朝,后得元翰林称号。归国后,"以兴起斯文为己任,学者皆仰慕。掌国文翰数十年,屡见称中国"⑤,官至宰相。他在成均馆任大司成期间,以朱子学为教

---

① 《高丽史》列传卷十八。
② 《高丽史》列传卷十八。
③ 《高丽史》列传卷十九。
④ 《高丽史》列传卷二十。
⑤ 《高丽史》列传卷二十八。

育内容,并对《小学》作谚解,进行普及,任宰相期间,笃力推行儒学教育,在中央建五部学堂,地方设乡校。史载:恭愍王十六年(1367 年)"重营成均馆,以稽判开城府事兼成均大司成,增置生员,择经术之士金九容、郑梦周、朴尚衷、朴宜中、李崇仁皆以他官兼教官。先是馆生不过数十,稽更定学式,每月坐明伦堂,分经授业。讲毕相与论难忘倦,于是学者尘集相与观感。程朱性理之学始兴"①。后来对朱子学有创见发挥的学者如郑道传、权近等,多出自李稽门下。

郑梦周(1337—1392),号圃隐,曾任宰相,是同李稽齐名的高丽大儒兼重臣,历任成均馆博士、司艺、司成、大司成,热心讲授朱子学,"倡鸣濂洛之道,排斥佛老之言。讲论惟精,深得圣贤之奥"②。他在宰相任内,对推行朱子学不遗余力,"梦周始令世庶,仿朱子家礼,立家庙奉先祀","又内建五部学堂,外设乡校,以兴儒术"③。他对朱子学的阐发,同代人颇为折服。"时经书至东方者,唯《朱子集注》耳,梦周讲说发越,超出人意,闻者颇疑。及得胡炳文四书通,无不吻合,诸儒尤加叹服。"④李稽曾高度评价郑梦周:"梦周论理,横说竖说无非当理,推为东方理学之祖。"⑤

郑道传(？—1398),号三峰,他不仅是高丽两班改革派的干城,也是李朝开国思想理论基础的奠基人。他"发挥天人性命之渊源,倡鸣孔孟程朱之道学,辟浮屠百代之诳诱,开三韩千古之迷惑,斥异端邪说,明天理正人心,吾东方真儒一人而已"⑥。权近(1352—1409),号阳村,高丽朱子学先驱权溥之子。他的思想前期受李稽影响,政治上取温和的改良立场;后期则更多受到郑道传影响,转向激进的改革论。权近的重要著作有《五经浅见录》、《入学图说》等。《五经浅见录》是继权溥倡议出版《朱子四书集注》后,按照朱子学观点阐释五经的重要理学著作,李朝时期刊行多种四书五经的注释书,溯其发端盖出于权近的《五经浅见录》。《入学图说》则是朝鲜最早的一部理解朱子学观点的入门向导书,其影响更是远及日本。

---

① 《高丽史》列传卷二十八。
② 《高丽史》列传卷三十。
③ 《高丽史》列传卷三十。
④ 《高丽史》列传卷三十。
⑤ 《高丽史》列传卷三十。
⑥ 《高丽史》列传卷三十三。

这一时期的高丽朱子学,正是经过李穑,郑梦周、郑道传及权近等的大力推动,加之它适应了当时改朝换代的社会需要,因此,它被要求改革的新进两班官僚所利用,成为改朝换代的思想武器,新王朝制定政策的理论基础,得到了广泛传播,产生巨大的社会影响。

三是 14 世纪末至 15 世纪初,朱子学成为朝鲜正统的官方思想,并在 16 世纪中叶出现了朝鲜化的朱子学——退溪学。

1392 年李朝开国,李朝统治者采取了独尊儒术的政策。从李朝开国到 1876 年日本势力入侵朝鲜的近 500 年间,朱子学在意识形态领域占绝对统治地位,甚至同朱子学对立的学说也只有借助朱子学的外衣才能存在。这一时期的独尊儒术政策,为朱子学的研究和发展提供了条件,到 16 世纪中期,出现了朝鲜化的朱子学——退溪学。

退溪学的代表人物李滉(1501—1570),字景浩,号退溪,是朝鲜朱子学的主要代表人物。著有《退溪集》(六十八卷)、《朱子书节要》、《启蒙传疑》、《心经释录》、《天贫图说》、《四端七情论》等。李退溪终身尊信朱熹的思想和学问,武夷山是朱熹晚年弃官隐居和沉潜学问的地方,陶山是李退溪隐居的地方,自古以来又称作武夷;1183 年 4 月,朱熹 54 岁时,在武夷山建盖了精舍,翌年写了著名的《武夷棹歌》十首,因物寄兴,沿着武夷山的九曲描写了名胜和景物特色,退溪阅读了《武夷山志》之后,从想象中游览了朱熹隐居的武夷九曲,继承了朱熹《武夷棹歌》的形式,写了《次武夷棹歌》十首,引端了后来韩国各地指称九曲的潮流,如 18 世纪后期李野淳等人进行的陶山九曲的设定和有关诗歌的创作,他的《陶山九曲》诗次韵朱熹的《武夷棹歌》,又把李退溪的《次武夷棹歌韵》的意向当基础,描写了陶山一带的山水风光。退溪的《武夷棹歌》和韵不仅形成了韩国诗歌史的传统脉络,而且退溪学派的人往往把陶山九曲看成是想象武夷和学习朱子的体验空间。[①] 在哲学上,李退溪直宗朱熹,持"理一元论"观点,强调世界万物产生于"理","凡事皆能然必然者,理在事先。"在理气关系上,他主张"理为气之帅,气为理之卒","理有动静,故气有动静,若理无动静,气何自而动静乎"。在认识论上,他主张"先知后行",强调"性"有纯善无恶的"本然之性"和善恶不定的"气质之性"之区别,提出"四端理之发""七情气之发"的观点,开启了朝鲜数百年"四端七情理气之争"之

---

① 参见林鲁直:《退溪学派的〈武夷棹歌〉受容和陶山九曲》。

先河。其所创建的陶山书院,至今仍是韩国保存最为完好、规模最大的一座书院。退溪学目前在东亚地区有很大的影响。由首尔退溪研究院创办于1973年的《退溪学报》,至今已经发行了一百多期。由退溪学釜山研究院创办的《退溪学论丛》至今也已发行了十余辑。退溪学国际会议每年至少举办一次以上。韩国首尔和釜山、日本东京和福冈、中国北京以及香港和台北等城市都曾主办过研讨会。退溪性理学、退溪诗学等相关专题的研究始终都是学界的热点。

这一时期朝鲜朱子学的另一代表人物是李珥。李珥(1536年—1584),字叔献,号栗谷、石潭、愚斋,世称栗谷先生。1558年去陶山拜李滉为师。1564年考中生员、进士科和明经科,历任户曹佐郎、吏曹佐郎、户曹判书、大提学等官职。在因病辞官期间,他回到地方专心从事书院教育事业,著有《栗谷全书》四十四卷。李珥反对"理气互发论",主张"理气兼发论",创立了朝鲜朱子学的新学派即"主气论"学派。他认为世界是由"气"和"理"所构成,"非理则气无所根柢,非气则理无所依着",理气"浑沦无间","实无先后之可言",同为世界万物之源。但他又认为如论理气先后之分,则"理是枢纽根柢,故不得不以理为先"。在认识论上,他强调感官在认识事物中的作用,反对李滉在"性"、"情"上的"四七说",提出"四端理发而气随之,七情气发而理乘之"的观点,认为七情以外无四端。李滉、李珥的"四七论争",开拓了朝鲜朱子学的新领域,后与李滉一起并称为朝鲜思想界的"双璧"、"二大儒"。

综上所述,我们可以看出,朱子学在朝鲜半岛传播、发展的过程中,朝鲜民族自古以来善于吸收外来思想文化的营养,巧妙地同原来的意识形态融合起来,从而形成本民族独创的传统得到了显著的体现。正因如此,当朱子学传进高丽时,很快就被高丽的儒家接受过来,并得心应手地加以改造和发挥,经过数百年的吸收和发展,成为朝鲜历史上影响之广泛和深远的思想文化。

李滉对朱熹理学的继承和发展

◎ 张品端

朱熹（1130—1200），号晦翁，为宋代理学集大成者，他的学说于高丽后期传入朝鲜半岛。李滉（1501—1570），号退溪，是在朱熹逝世三百多年以后才出生，他的主要学术活动时期相当于中国明朝中期的嘉靖时代（1522—1566年）。这时，朱子学传入朝鲜已有二百余年的历史。朝鲜朱子学对中国朱子学的真正理解和创新是由李退溪开始的。下面就朱熹与李退溪的理学思想，从理气论、心性论、格物论和工夫论四个方面作一些分析，以窥见李氏对朱熹思想的吸收和创新。

一、理气论

朱熹、李退溪都是以理气论为其性理学的出发点。李氏的理气论是沿着朱熹的理、气思路来建立的。朱熹有理气"不离不杂"之说。"不杂"是说理是属形而上的，不可混杂。"不离"是说理寓于气，离了气，理便无有挂搭处。气能凝结造作，而须依理而行。李退溪以朱熹"理与气决是二物"为依据，早在《天命图说》中，就已确定了"理气之分"的观点，即所谓"理终不杂于气"。李退溪说："天地之间，有理有气。才有理便有气联焉；才有气便有理在焉。"①正因为理气为二物，所以理气在宇宙演化过程中的地位和作用是不同的："理为

————————

① 李退溪：《天命图说》，《增补退溪全书》第 3 册，首尔：成均馆大学校大东文化研究院，1978 年，第 140 页。

气之帅,气为理之卒,以遂天地之功。"①在与朝鲜学者奇大升(1527—1572,字明彦,号高峰)展开的"四端七情"之辩中,他又进一步提出:"盖理之与气,本相须以为体,相待以为用,固未有无理之气,亦未有无气之理。然而所就而言之不同,则亦不容无别。从古圣贤,有论及二者,何尝必滚合为一说而不分别言之耶?"②后来,李退溪又专门写了《非理气为一物辩证》一文,批评朝鲜学者徐敬德(1489—1546,号花潭)虽然一生用力于性理之学,但"终见得理字不透,所以虽拼死力谈奇说妙,未免落在形器粗浅一边"③;而且批评中国明代学者罗钦顺的"通天地古今,无非一气"④之论,"误入处正在于理气非二之说"⑤。不过,李退溪的"理气之分"说,其真实含义并不是要将理与气截然分离而"判为二物",而只是为了避免将理气"混为一物"所作的一种观念上的区分。这一点,李退溪自己讲得很明确:"理与气本不相杂而亦不相离。不分而言,则混为一物,而不知其不相杂也;不合而言,则判为二物,而不知其不相离也。""理非别有一物,即存乎气之中。"⑥所以,这样一种理气二物说,虽主理气二分,但并非以理气为平行本原。这表明了李退溪在理气关系的剖析上,比朱熹更前进了一步。

朱熹在强调理气"不离不杂"时,又说:"盖气则能凝结造作,理却无情意,无计度,无造作。"⑦按照朱熹的基本思想,理只是一个形式标准,只存有而不活动。因此,朱熹所说的"理"自身是不会动静的,不具有"妙用创生义",理与气只有依存关系,并无生成关系,理自身不能产生气。同样,朱熹以理解释太极,认为太极是形而上的无造作之理,势必也得出太极自身不能产生阴阳的结论。那么,周敦颐的《太极图说》:"太极动而生阳""静而生阴",又怎么解释

---

① 李退溪:《天命图说》,《增补退溪全书》第 3 册,首尔:成均馆大学校大东文化研究院,1978 年,第 140 页。

② 李退溪:《答奇明彦论四端七情第一书》,《增补退溪全书》第 1 册,首尔:成均馆大学校大东文化研究院,1978 年,第 405 页。

③ 李退溪:《非理气为一物辩证》,《增补退溪全书》第 2 册,首尔:成均馆大学校大东文化研究院,1978 年,第 331 页。

④ 罗钦顺:《困知记》卷上,北京:中华书局,1990 年。

⑤ 李退溪:《非理气为一物辩证》,《增补退溪全书》第 2 册,首尔:成均馆大学校大东文化研究院,1978 年,第 331 页。

⑥ 李退溪:《李子粹语》卷一,《增补退溪全书》第 4 册,首尔:成均馆大学校大东文化研究院,1978 年,第 187 页。

⑦ 黎靖德:《朱子语类》卷一,北京:中华书局,1986 年。

呢？对于这个问题朱熹和其及门弟子都未真正解决。为了解决这个问题,李退溪把朱熹所言"理却无情意,无计度,无造作"解释为"无情意造作者,此理本然之体也;其随寓发见而无不到者,此理至神之用也,向也但有见于本体之无为,而不知妙用之能显行,殆若认理为死物,其去道不亦远甚乎?"①他认为,朱熹所说的"无情意、无造作",是指理的本然之体,即理自身并不是一个可以分化或产生出阴阳二气的实体;"妙用之能显行"是说理自身虽然不能产生阴阳,但阴阳的产生却是理的作用和显现(用)。因此,如果从阴阳的产生是理的作用使然、是理的体现或显现这个意义上说,那就仍然可以说"理能生气"。李退溪认为周敦颐"太极动而生阳"的意思是说,理自会动静,正是由于理的动静,才有阴阳之气的产生。李退溪对"理"和"太极"自身能动性的肯定,是很有价值的。解决了"若理无动静,气何自而有动静"的内在矛盾,也回答了明初中国学者曹端的"理为死理,而不足以为万物之原,理何足尚"②的诘难。这是从理气论上发展了朱子学。

李退溪晚年则在理动气生思想的基础上,进而提出理有体用说。他从"理"具有体与用的两重性出发,认为作为"本然之体"的理,能够发生"至妙之用"③,并在把理的动静与气的动静联系在一起的时候,同时把理的"动"与气的"生"联系起来,进而提出了"理动则气随而生,气动则理随而显"的命题。李退溪在《答郑子中别纸》中说:"盖理动则气随而生,气动则理随而显。濂溪云'太极动而生阳'是言理动而气生也。"④在这里,"理动气生"是强调理的动静是气之所产生的根源,"气动理显"是指气的运行及其秩序显示出理的存在和作用。理自身有动静,便无需乘气而动静。理气二者的关系则是:"动静者,气也;所以动静者,理也。"⑤理有体用说是李退溪理学思想的一个有特色的表现,说明他对理的认识的进一步深化。

① 李退溪:《答奇明彦别纸》,《李退溪文集》卷一八,首尔:民族文化推进会,1996年。
② 黄宗羲:《诸儒学案》,《明儒学案》卷四七,北京:中华书局,1985年,第1108页。
③ 李退溪:《答李公浩问月》,《李退溪文集》卷三九,首尔:民族文化推进会,1996年。
④ 李退溪:《答郑子中别纸》,《李退溪文集》卷二五,首尔:民族文化推进会,1996年。
⑤ 李退溪:《静斋记》,《增补退溪全书》第2册,首尔:成均馆大学校大东文化研究院,1978年。

二、心性论

在朱熹哲学中，性是理，心是气之灵，而情则是心气之发。朱熹认为，心是气之灵，心能知觉，有动静；而所以知觉，所以动静的理，则是性。因此，心不是性，亦不是理。性有"本然之性"和"气质之性"；情亦有"四端"与"七情"。对于心、性、情三者，朱熹提出了"心统性情"之说。这里所说的"统"，是统摄统贯义，而非统属统帅义。而心之统性与统情，亦有不同。心统性，是认知地关联地统摄性而彰显之。心统情，则是行动统摄情而敷施发用。在心与理气关系上，朱熹提出："心之发为理气之合。"①心属于气，然其发以理为依据，故心之活动需要理气之共同配合。在四端七情与理气关系上，朱熹提出："四端是理之发，七情是气之发。"②这些观点，对李退溪心性论的形成产生了很大的影响。

李退溪在朱熹"心之发为理气之合"说的基础上，提出了"心合理气"说。他在《答奇明彦论改心统性情图》中说："夫人之生也，同得天地之气以为体，同得天地之理以为姓，理气之合则为心。故一人之心即天地之心，一己之心即千万人之心，初无内外彼此之有异。"③此一合理气之心具有实体性意义。正因为心合理气，所以才有"虚灵知觉之妙"或"知觉运用之妙"。退溪认为，心的虚灵知觉作用并非仅仅缘气而生，而是理与气结合的结果。故他说："灵固气也，然气安能自灵，缘气理合，所以能灵。"又说："理气合而为心，有如许虚灵不测，故事物才来，便能知觉。"退溪还以体用言心："虚灵，心之本体；知觉，乃所以应接事物者也。"④认为"虚灵"是心的本然状态，而"知觉"则是心的外在表现，此虚灵之心可以具众理而应万事。在李退溪看来，心是一个备体用、该寂感、贯动静、统性情的能动的认识主体和道德主体。他关于"理气合而为心"的命题，突出了理对于心之"灵"的作用，从理气论上为知觉作用建立

① 黎靖德：《朱子语类》卷九四，北京：中华书局，1986年。
② 黎靖德：《朱子语类》卷五三，北京：中华书局，1986年。
③ 李退溪：《答奇明彦论改心统性情图》，《增补退溪全书》第1册，首尔：成均馆大学校大东文化研究院，1978年。
④ 李退溪：《李子粹语》卷一，《增补退溪全书》第5册，首尔：成均馆大学校大东文化研究院，1978年。

了可靠的根据。这是对朱子学心性论的一个贡献。

朱熹心性论对于性情的分析,主要是以理气相分的观点解释性情。他将性分为本然之性与气质之性,亦将情分为四端与七情。朱熹在《孟子集注》卷三中说:"恻隐、羞恶、辞让、是非,情也。仁、义、礼、智,性也。"又在《中庸章句》第一章中说:"喜怒哀乐,情也,其未发,则性也。"关于理气与四端七情的关系,朱熹说:"四端是理之发,七情是气之发"[①]"四端是理之发"是说四端,是依理而发出的情,却不能说情是从理上发出来。这两句话,在中国本土并没有引起讨论,而在朝鲜却引起一场四端七情论辩。这场论辩由李退溪与奇大升开始,后来李栗谷(1536—1584,名珥)与成牛溪(1535—1598,字浩原)又接着论辩,前后持续了二百多年。四端七情论辩起自于李退溪在1553年看了郑之云(1509—1561,号秋峦)的《天命图说》所言"四端发于理,七情发于气"一句之后,把它改成"四端理之发,七情气之发"。并解释说:"恻隐、羞恶、辞让、是非,何从而发乎?发于仁、义、礼、智之性焉尔。喜、怒、哀、惧、爱、恶、欲,何从而发乎?外物触其形,而动于中,缘境而出焉尔。"[②]奇大升反对"四端是理之发,七情是气之发"的提法,他认为七情泛指人的一切情感,四端只是七情中发而中节的一部分,因而四端作为部分应与作为全体的七情共同发自同一根源,即皆发于仁义礼智之性。奇大升这个说法以朱子《中庸章句》说为依据。李退溪受到奇大升的异议后,经仔细思量,即将"四端理之发,七情气之发"改为"四端之发纯理,故无不善;七情之发兼气,故有善恶"[③]。对此,奇大升又回信论辩说:"非七情之外复有四端也。"并主张四端只是七情中发而中节者。奇大升的说法,不能解决七情中发而不善的情也是发于全善之性的矛盾。此时,李退溪在《朱子语类》中看到"四端是理之发,七情是气之发"之后,对自己的解释大有信心。他说:"得是说,方信愚见不至于大谬。"[④]

李退溪在朱子的基础上,力图有所发展,使朱子心性论更加完备。他认为,四七分理气,并不是说四端仅仅是理,七情仅仅是气,四端与七情都是兼

---

① 黎靖德:《朱子语类》卷五三,北京:中华书局,1986年。

② 李退溪:《答奇明彦论四端七情第一书》,《增补退溪全书》第1册,首尔:成均馆大学校大东文化研究院,1978年,第405页。

③ 李退溪:《答奇明彦论四端七情第一书》,《增补退溪全书》第1册,首尔:成均馆大学校大东文化研究院,1978年,第405页。

④ 李退溪:《答奇明彦书》,《增补退溪全书》第1册,首尔:成均馆大学校大东文化研究院,1978年。

乎理气的。退溪说:"二者皆不外乎理气"①、"四端非无气"、"七情外无理。"②认为四端七情作为现实情感无不兼乎理气,因为心是理气之合,情也是理气之合,但二者"虽同是情,不无所从来之异"③;二者虽皆兼乎理气,但就所发的初始根源说,四端发自性理,七情发于形气。李退溪又认为,四端七情兼乎理气,但有主次之分,他说:"四端七情,一主理、一主气,相对互说。"④其具体情况则是:"大抵有理发而气随之者,则可主理而言耳,非谓理外于气,四端是也;有气发而理乘之者,则可主气而言耳,非谓气外于理,七情是也。"⑤四端七情,就其所主不同,而分属理气。这就是李退溪提出的"四端理发而气随之,七情气发而理乘之"的理气互发说。李退溪还依朱子在《中庸章句》序中对"道心"、"人心"的诠释:"以为有人心,道心之异者,则以其或生于形气之私,或原于性命之正。"认为人心生于形气,道心原于性命,故以四端七情分指道心人心。他说:"人心,七情是也;道心,四端是也。"⑥退溪的四端七情说不仅把"情"的问题从心性论中凸显出来,而且对"情"作了具体的论证,发挥出一套颇具特色的情感哲学,这也是对朱子学的一个贡献。

李退溪之所以致力于"四端七情、理气互发"说的思辨,其目的还在于解释情的善恶,以及解决如何使情有善恶而变为纯善这一心性论的根本问题。他说:"四端之情,理发而气随之,自纯善无恶;必理发未遂而掩于气,然后流为不善。七者之情,发而理乘之,亦无有不善,若气发不中而灭其理,则放而为恶也。"⑦认为四端之情或七情之情,在"理发而气随之"或"气发而理乘之"的情况下,纯善无恶;而在"理发未遂而掩于气"或"气发不中而灭其理"的情况下,则会流为恶。可见,情的善恶之几的关键还在于发作过程中理气的相

---

① 李退溪:《答高峰四端七情分理气说》,《李退溪文集》卷一六,首尔:民族文化推进会,1996年。

② 李退溪:《答高峰非四端七情分理气辩第二书》,《李退溪文集》卷一六,首尔:民族文化推进会,1996年。

③ 李退溪:《答高峰非四端七情分理气辩第二书》,《李退溪文集》卷一六,首尔:民族文化推进会,1996年。

④ 李退溪:《答金而精》,《李退溪文集》卷三〇,首尔:民族文化推进会,1996年。

⑤ 李退溪:《答奇明彦论四端七情第二书》,《增补退溪全书》第1册,首尔:成均馆大学校大东文化研究院,1978年。

⑥ 李退溪:《答李宏仲问目》,《李退溪文集》卷三六,首尔:民族文化推进会,1996年。

⑦ 李退溪:《圣学十图·心统性情图说》,《增补退溪全书》第1册,首尔:成均馆大学校大东文化研究院,1978年。

为关系。也就是说善恶的分别还决定于人调整自己、修养自己的努力,只有在意识活动的过程中使理性能驾驭、控制、引导感性,即"以理驭气"①,思维情感才能呈现为善。这也正是李退溪的"四端七情、理气互发"说的务实精神之所在。

三、格物论

"人心之灵莫不有知,而天下之物莫不有理",朱熹依于此,将一切皆平置为"然"与"所以然"。"然"指实然存在的事物,"所以然"指遍在于事物的普遍的理。如何穷究外在事物之理,朱熹的途径便是格物致知。"格物致知"这一概念最初出于《大学》,《大学》经一章朱注格物云:"格,至也。物,犹事也。穷至事物之理,欲其极处无不到也。"这里的"无不到"是指要彻底地穷究事物的道理。补传释"致知":"所谓致知在格物者,言欲致吾之知,在即物而穷其理也。"格物与致知的关系,朱熹常常概括为"格物所以致知",这是指,一方面格物以致知为目的,另一方面致知是在格物过程中自然实现的。朱熹把两者通俗而形象地比喻为吃饭与吃饱。

明初,朱门后学有的不讲格物致知,提倡尊德性,以尽心知性代替格物致知。作为朱熹学说的继承者,李退溪反对只求本心,不去外求的心学途径,坚持朱熹的格物致知的治学途径。他认为格物就是以人之心去穷尽事物之理,"穷究其理之极处"。这是因为"理在事中",穷理离不开格物,天下事物皆是自身以外的客体,欲穷其事物之理,在于格物工夫,而不是求其本心。退溪明确指出:"若以事物言之,凡天下事物实皆在吾之外,何可以理一之故,遂谓天下事物皆吾之内耶","理在事物,故就事物而穷究其理到极处也。"②这种"就事物而穷究其理"的认识方法,含有唯物主义的因素。

李退溪把格致到治平称为功夫,把物格到天下平称为功效,这是合于《大学》及朱子解释的。他在程朱释"格"为"穷"、"至"、"尽"等义的基础上,更为细致地将格物与物格作了分疏。他说:"格字有穷而至之义,格物重在穷字,

---

① 李退溪:《答李仲久》,《李退溪文集》卷一一,首尔:民族文化推进会,1996 年。
② 李退溪:《格物物格俗说辩疑答郑子中》,《增补退溪全书》第 2 册,首尔:成均馆大学校大东文化研究院,1978 年。

故云格物。物格重在至字，故云物格。一说物理之极处亦通。"①李退溪认为，以"穷"为重的格物是指"以此知彼"的过程说的，是做逐件格物的工夫，以"至"为重的物格，"至"有已到的意思，是指功效和穷物之理已达某种境界。这里的某种境界，即"格物知至，如明镜止水"②。为了说明这个问题，他举例说："比如有人自此历行郡邑至京师，犹格物致知之功夫也。已历郡邑、已至京师，犹物格知至之功效也。"③李退溪还强调通过长期用力的格物功夫，"积久功熟，自然有脱然贯通处"④。故而他主张，学问只能下学而上达，循序而前进，不能求捷径，讲顿悟和离开"日用事物"而用功。

李退溪修正了朱熹"格物"、"物格"之义，而有"理到"说。由于朱熹着力于格物的解释，对物格比较不注意，使得朝鲜理学就朱熹在《大学》经一章对物格："物格者，物理之极处无不到也。"的注解，发生了争议，其中核心是"到"的主体的问题，是心到理的极处，还是理自到于极处。奇大升就把"物理之极处无不到"解释为"理自到于极处"，其说可称为理到说。李退溪起初反对理到说，指出所谓格物的"无不到"是指"理在事物，故就事物而穷究其理到极处"，即人穷究到物理的极处；而物格的无不到只是指"已到""已至"。奇大升不同意退溪看法，坚持理自到于极处。后来，李退溪受到朱子《大学或问》中关于"理虽散在万物，而其用之微妙实不外乎一人之心"⑤的说法，及《朱子语类》中对这个说法的补充"理必有用，何必又说是心之用"⑥的启发，用理有体用的方法来解决理到问题上的困难。他说："'其理在万物而其用实不外乎一人之心'则疑若理不能自用，必有待于人心，似不可以自到为言，然而又曰'理必有用，何必说是心之用乎'，则其用虽不外乎人心，而其所以为用之妙，实是理之发见者随人心所至而无所不到、无所不尽，但恐吾之格物有未至，不患理不能自到也。然则方其言格物也，则是我穷至物理之极处；及其言物格也，则

---

① 李退溪：《格物物格俗说辩疑答郑子中》，《增补退溪全书》第 2 册，首尔：成均馆大学校大东文化研究院，1978 年。

② 李退溪：《答金而精别纸》，《增补退溪全书》第 1 册，首尔：成均馆大学校大东文化研究院，1978 年。

③ 李退溪：《答金而精别纸》，《增补退溪全书》第 1 册，首尔：成均馆大学校大东文化研究院，1978 年。

④ 李退溪：《答赵起伯大学问目》，《增补退溪全书》第 2 册，首尔：成均馆大学校大东文化研究院，1978 年。

⑤ 朱熹：《大学或问》卷一，台北：商务印书馆，1966 年。

⑥ 黎靖德：《朱子语类》卷一八，北京：中华书局，1986 年。

岂不可谓物理之极处随吾所穷而无不到乎？是知无情意造作者,此理本然之体也;其随寓发见而无所不到者,此理至神之用也。向也但有见于本体之无为,而不知妙用之能显行,殆若认理为死理,其去道不亦远甚矣乎。"①李退溪认为,根据朱熹的思想,理是万物的本体,因而人心也是理的表现(用),从这个观点来看理到说,既然人心是理的表现,那么,理的表现的程度也正是随着人心的认识所达到的程度、境地而转移的。从而,在格物致知的过程中,随着格尽物理、人心无所不到,理的表现也就完成了(无所不到)。所以,从理的本身来说,是不能自到于极处的,但从理的表现、发见(至神之用)来说,又是随着人心所至而得到表现的。这样,从理的发用和表现来说,就可以说有一个"无不到","到极处"的问题。这里的"到"即是表现。在这个意义上退溪认为"理到之言未为不可"。可见,李退溪的理到说,与奇大升的理到说是有区别的。

李退溪在格物论中,还提出了"穷理而验于践履,始为真知"②的命题,认为知之与否,或能否获得真知,均依赖于行和以行来检验。这里的"行"是指实践而言。因此,他说:"学也者,习其事而真践履之谓也"③;"终身不行,亦遂终身不知。此言切中末学,徒事口耳之弊"④;"真知与实践如车两轮,缺一不可;如人两脚,相待互进。"⑤李退溪对行和真知的提倡,有导向务实致用之学的深刻意义。

李退溪的格物论,虽然十分强调践履的重要性,但也很重视"心之官则思"的能动作用。他说:"盖圣门之学,不求诸心则昏而无得,故必思以通其微,不习其事则危而不安,故必学以践其实。思与学交相发而互相益也。"⑥又说:"心虽主乎一身,其体之虚灵,是以管乎天下之理。理虽散在事物,其用之

---

① 李退溪:《答奇明彦别纸》,《李退溪文集》卷一八,首尔:民族文化推进会,1996年。
② 李退溪:《答李叔献》,《增补退溪全书》第1册,首尔:成均馆大学校大东文化研究院,1978年。
③ 李退溪:《进圣学十图札》,《增补退溪全书》第1册,首尔:成均馆大学校大东文化研究院,1978年。
④ 李退溪:《传习录论辩》,《增补退溪全书》第2册,首尔:成均馆大学校大东文化研究院,1978年。
⑤ 李退溪:《戊辰六条疏》,《增补退溪全书》第1册,首尔:成均馆大学校大东文化研究院,1978年。
⑥ 李退溪:《进圣学十图札》,《增补退溪全书》第1册,首尔:成均馆大学校大东文化研究院,1978年。

微妙,实不外一人之心。……理虽在物而用实在心。"①与此相联系的"慎思"亦受到退溪所关注,他认为在"致知"的途径上,必须做到"博学"、"审问"、"慎思"、"明辩"四者,"而四者之中,慎思为尤重"②。所谓"思者,何也"? 他答曰:"求诸心而有验有得之谓也。"即要求充分发挥"心"的主观能动作用,感物而"明辩其理"。③ 这都说明退溪重视"心"的主观意识的作用。这里要指出的是,退溪强调"心"的能动作用,其心学与心学派的心学有原则性的不同,心学派是"心哲学",是本体论,是把心作为万物的根源,而退溪是治心之学,践履之学,是认识论。李退溪正是在这方面完善和发展了朱熹心性之学,这是退溪学的最大特色之一。

四、工夫论

　　理学家大都有各自的特殊的修养工夫,朱子是理学修养论的集大成者。他倡导"主敬涵养",在宋明理学中有很大影响。朱子的"主敬涵养"说主要由静养动察、敬贯动静思想组成。依朱子见解,心不是理,而是气之灵。心有动静,而所以动,所以静的根据,则是理。然而,心如何方能合理而具理? 这就必须通过涵养工夫。朱子言"涵养"不是涵养本心性体,而是 以肃整庄敬之心,汰滤私意杂念,以达到"镜明水止""心静理明"之境。情是心气之发、心气之变,情之发未必合理中节,故须加以察识。所谓"察识",是以涵养敬心而显现的心知之明,来察识已发之情变,使心之所发的情变,皆能合理中节。察识也和涵养一样,都不是落实于本心、性体上做,而是一套针对心气而设的工夫。静时涵养敬心,以求近合乎未发之中;动时察识情变,以期达于中节之和。这就是朱子的"静养动察"之说。

　　朱子又认为,心气之贞定凝聚,必须通过"敬"的工夫,无论动时静时,皆有敬以贯之:敬立于存养之时——涵养于未发,亦行于省察之间——察识于已发。即"未发之前,是敬也,固已立乎存养之实;已发之际,是敬也,又常行

---

① 李退溪:《退溪先生言行录》卷四,《增补退溪全书》第4册,首尔:成均馆大学校大东文化研究院,1978年。

② 李退溪:《退溪先生言行录》卷四,《增补退溪全书》第4册,首尔:成均馆大学校大东文化研究院,1978年。

③ 李退溪:《退溪先生言行录》卷四,《增补退溪全书》第4册,首尔:成均馆大学校大东文化研究院,1978年。

于省察之间"①。若顺着察识于已发而推进一步,便是致知格物以穷理。朱子"敬"的工夫,贯穿在知与行、未发与以发的过程,及从格物致知到治国平天下的所有节目。朱子的弟子黄榦(号勉斋)曾在朱子行状中概括其主敬说为:"其为学也,穷理以致其知,反躬以践其实,居敬者所以成始成终也。谓致知不以敬,则错惑纷扰,无以察义理之归;躬行不以敬,则怠惰放肆,无以致义理之实。"②以敬贯动静、敬贯始终、敬贯知行概括朱子的为学之方,比较全面反映了朱子的思想。总体来说,朱子"主敬涵养"思想是发展了伊川程颐"涵养须用敬,进学 则在致知"的思想。并吸收了程门弟子及他自己的修养体验所形成的。

李退溪的工夫论一本程朱,他说:"道之浩浩,学者难得其门而入。程朱之兴,以居敬穷理两言为万世立大训。"③又说:"乃知朱门大居敬而贵穷理,为学问第一义。"④认为学问思辨为穷理之要,而居敬持志则是修身之本,二者相辅相成,学者必须"十分勉力于穷理居敬之工"。然而,相比较而言,穷理与居敬"两段工夫",退溪更加重视居敬的修养工夫。他说:"敬是入道之门"⑤;"用工之要,俱不乎一敬。盖心者一身之主宰,而敬又一心之主宰也。"⑥在《天命图说》中,他亦指出:"君子于此心之静也,必存养以保其体;于情意之发也,必省察以正其用。然此心之理浩浩然不可摸捉,浑浑然不可涯涘,苟非敬以一之,安能保其性而立其体哉?此心之发,微而为毫厘之难察,危而为坑堑之难蹈,苟非敬以一之,又安能正其几而达其用哉?是以君子之学,当此心未发之时,必主于敬而加存养工夫;当此心已发之际,亦必主于敬而加省察工夫。此敬学之所以成始成终而通贯体用者也。"⑦在这些言论中,退溪不仅强调"敬

① 王懋竑:《朱子年谱》卷四,北京:商务印书馆,1941年。
② 王懋竑:《朱子年谱》卷四,北京:商务印书馆,1941年。
③ 李退溪:《与朴泽之》,《增补退溪全书》第1册,首尔:成均馆大学校大东文化研究院,1978年。
④ 李退溪:《答崔见叔问目》,《增补退溪全书》第1册,首尔:成均馆大学校大东文化研究院,1978年。
⑤ 李退溪:《退陶先生言行通录》卷二,《增补退溪全书》第4册,首尔:成均馆大学校大东文化研究院,1978年。
⑥ 李退溪:《圣学十图·心学图说》,《增补退溪全书》第1册,首尔:成均馆大学校大东文化研究院,1978年。
⑦ 李退溪:《天命图说》,《增补退溪全书》第3册,首尔:成均馆大学校大东文化研究院,1978年,第140页。

学"的重要性，敬对于心性具有"保其性而立其体"、"正其几而达其用"的作用，即所谓"敬可以立主宰"①；而且概括了"敬学"的基本内容，即心未发时存养，已发时心省察，换言之，"静而存养，动而省察"②。

李退溪立足于"心兼动静"之说，强调朱子的"敬为圣学之始终"，认为主敬工夫亦应是"通贯动静"。"静而涵天理之本然，动而决人欲于几微。"③不管是存养本心的静功还是省察事为的动功，都贯通一个"敬"字。"敬"即"主一无适"，"主一只是专一，无事则湛然安静而不骛于动，有事则随事应变而不及乎他"④。所以，"君子之学，当此心未发之时，必主于敬而加存养工夫；当此心已发之际，亦必主于敬而加省察工夫。此敬所以成始成终而通贯体用者也"⑤。

退溪论敬还注重静功与动功的结合。他说："存心端坐固为居敬，起居行事心专一，则亦岂非居敬者乎？……学者静中固当存心端坐，而动处尤当致力。遇这事心在这事，遇那事心在那事，然后可谓敬矣。"⑥又说："无事时存养，惶惶而已；到讲习应接时，方思量义理，固当如此。才思量义理心已动了，已不属静时界分故也。然此意分明，似不难知，而人鲜能直知，故静时不思，便以后窈冥寂灭，动时思量，又胡乱逐物去，却不在义理上。所以名为学问，而卒不得力于学也。惟主敬之功通贯动静，庶几不差于用工尔。"⑦

根据心无内外之分的思想，李退溪论敬亦主"表里俱该"、"内外合一"。在道德修养上，他力倡交性"内外交相养"之法。退溪说："道理无间内外，凡

① 李退溪：《言行录》，《增补退溪全书》第 4 册，首尔：成均馆大学校大东文化研究院，1978 年。

② 李退溪：《静斋记》，《增补退溪全书》第 2 册，首尔：成均馆大学校大东文化研究院，1978 年。

③ 李退溪：《答金惇叙》，《增补退溪全书》第 1 册，首尔：成均馆大学校大东文化研究院，1978 年。

④ 李退溪：《朱子书节要》卷一一，《增补退溪全书》第 2 册，首尔：成均馆大学校大东文化研究院，1978 年。

⑤ 李退溪：《圣学十图·心统性情图说》，《增补退溪全书》第 1 册，首尔：成均馆大学校大东文化研究院，1978 年。

⑥ 李退溪：《答禹景善问目》，《增补退溪全书》第 2 册，首尔：成均馆大学校大东文化研究院，1978 年。

⑦ 李退溪：《答李叔献别纸》，《增补退溪全书》第 1 册，首尔：成均馆大学校大东文化研究院，1978 年。

致谨于外,乃所以涵养其中。"①认为心性虽"无内外之分",但是,"若人不于自家身上求,却去腔子外寻觅,是舍枢纽大本之所在,而向别处驰走求索",这是一种"逐虚外而忘本原"的做法。不管是静功还是动功、内功还是外功,对于修身工夫来说,都"不应有所遗阙,使之偏着一边工夫也。"退溪论修身工夫,从动与静、内与外相结合的高度立论,充满着辩证法思想。

李退溪还将"静养动察"的"敬学"要皆与"四七互发"说联系起来。他说:"四端之情,理发而气随之,自纯善无恶,必理发未遂而掩于气,然后流为不善。七者之情,气发而理乘之,亦无有不善;若气发不中而灭其理,则放而为恶也。……要之,兼理气、统性情者,心也。而性发为情之际,乃一心之几微,万化之枢要,善恶之所由分也。学者诚能一于持敬,不昧理欲,而尤致谨于此,未发而存养之功深,已发而省察之习熟,真积力久而不已焉,则所谓精一执中之圣学,存体应用之心发,皆可不待外求而得之于此矣。"②由于心兼理气、统性情,性发为情有理发气随而为四端和气发理乘而为七情之分,因此,以持敬工夫该贯于未发已发之始终,未发时存养,已发时省察,做到不昧于理欲,这便是"心法"的要诀。在性发和情发之际,从理发、气发两方面用工夫,即:在理发气随而为四端时,扩充本心的善端,使理之发不至于中断;而在气发理乘而为七情之际,克去气禀之私欲,使气之发皆能中节。可见,退溪的持敬工夫较之程朱更为细密。

综上所述,李退溪以朱子学为依据,创立了一个以理气二物说、四端七情理气互发说、格物说和敬学为核心内容,以主理为特征的性理学思想体系,在朝鲜朱子学发展史上树立了一块里程碑。

---

① 李退溪:《答金而精》,《李退溪文集》卷三〇,首尔:民族文化推进会,1996年。
② 李退溪:《圣学十图·心统性情图说》,《增补退溪全书》第1册,首尔:成均馆大学校大东文化研究院,1978年。

论朱子与退溪对心学的评价及其意义

◎ 解光宇

（安徽大学哲学系教授）

朱子与退溪，一是中国南宋时期新儒学的集大成者；一是朝鲜时期的大儒，以传承朱子学为己任，被誉为"海东朱子"。朱子建立了庞大的理学体系；退溪弘扬朱子学和理学，创立了颇具特色的"性理学"。那么，他们对心学态度怎样？又是如何评价的呢？

一、朱子对心学的批判

在宋明理学中，有程朱理学与陆王心学之分。同生活在南宋的朱熹和陆九渊分别是这两派的领军人物。朱熹和陆九渊学术思想分歧由来已久，最为重要的争辩是在鹅湖之会上双方关于为学方法之争。

南宋著名学者吕祖谦为了调和朱熹和陆九渊之间学术思想的分歧，于1175年6月，邀请朱熹、陆九渊及其兄九龄（复斋）会于江西信州鹅湖寺（在今江西铅山县），这就是著名的"鹅湖之会"。这次相会，朱、陆围绕关于治学方法等问题进行了激烈的辩论。朱、陆同宗孔、孟，但因入德为学之方各异，故在一系列问题上必然看法不同。朱、陆之争是理学内部两大派的分歧和争辩，对后世儒学发展影响甚大。从一定意义上讲，只有以朱、陆之争为背景，才能充分显示宋明新儒学内两大派别的实质内容及各自的理论个性。

淳熙二年（1175年）6月5日，在信州（今江西铅山）鹅湖寺举行了一次规模不大、但影响深远的哲学讨论会。会议由吕祖谦主持。参加会议辩论的主要是朱熹和陆九渊、陆九龄，还有朱、陆、吕的门人以及有关学者约二十余人。会议主要是围绕认识理的方法而进行论争。朱熹主张先泛观博览而后归之简约,二陆则主张先发明人之本心,而后博览群书。朱熹责二陆教人过简,二陆责朱熹教人过于支离。会议召集人吕祖谦本意是调和朱熹和陆九渊即南宋理学阵营内部的"理学"和"心学"之间在方法论上的分歧,使之哲学观点"会归于一",但事与愿违,双方各不相让,争论三日,不合而散,不仅没使双方哲学观点"会归于一",反而更明确了"理学"与"心学"的分歧。

那么,朱、陆思想的根本分歧何在?朱子又是如何批判陆九渊的心学的?

朱、陆所谓"意见不合",集中体现在心与理的关系上。在心与理的关系上,朱熹虽有"心即理"的思想,但"性即理"是他的基本命题。他认为心外之理是最高本体,因此是理一元论者。而陆九渊认为,天地万物之理都在我心中,心与理是完全合一的,故是心一元论者。陆九渊说:"心,一心也;理,一理也。至当归一,精义无二,此心此理,实不容有二。"①所谓心与理"不容有二",就是针对朱熹的"心外有理"而言。他认为,理具于心。心就是理,不必离心去讲什么理。他说:"人皆有是心,心皆具是理,心即理也"②;"人心至灵,此理至明,人皆有是心,心皆具是理。"③可见,陆九渊反对朱熹的"心外有理",是心一元论者。对于陆九渊的"心即理"思想,朱熹既有肯定,又有批评。肯定陆九渊讲良知良能四端,"且成片举似经语,不可谓不是",并且他本人也有这类思想。同时又批评说:"圣贤之教,无内外本末上下。今子静却要理会内,不管外面,却无此理。"④可见朱、陆之间,并不仅是心与理是否合一的矛盾,而且还有心外是否有理、心外是否有物的矛盾。

朱熹不仅认为心外有理,而且认为心外有物。陆九渊则反对心外有物,进而提出"吾心即宇宙"的思想。他说:"四方上下曰宇,往古来今曰宙。宇宙便是吾心,吾心即是宇宙";"宇宙内事,是己分内事;己分内事,是宇宙内事。"⑤宇宙如何便是吾心呢?他说:"万物森然于方寸之间,满心而发,充塞宇宙,无非此理。"⑥这就是说,只有经过我的心,才能知道有万物;没有我的心,就无法知道有万物。因此,万物就在心中。吾心豁然,就能充塞宇宙。可见

---

① 陆九渊:《与曾宅之》,《陆九渊集》卷一,北京:中华书局,1980年。
② 陆九渊:《与李宰》,《陆九渊集》卷十一,北京:中华书局,1980年。
③ 陆九渊:《杂说》,《陆九渊集》卷二十二,北京:中华书局,1980年。
④ 朱熹:《朱子语类》卷一二四,北京:中华书局,1994年。
⑤ 陆九渊:《杂说》,《陆九渊集》卷二十二,北京:中华书局,1980年。
⑥ 陆九渊:《语录》,《陆九渊集》卷三十四,北京:中华书局,1980年。

这是彻底的主观唯心主义思想。

由于朱、陆哲学在本体论上的差异，因而导致方法论上的差异。黄宗羲说："先生（陆九渊）之学以尊德性为宗，谓'先立乎其大者而后天之所以与我者不为小者所夺。夫苟本体不明而徒致功于外索，是无源之水也'。同时紫阳（朱熹）之学则以道问学为主，谓'格物穷理乃吾人入圣之阶梯。夫苟信心自是而惟从事于覃思，是师心自用也'。"①陆九渊强调以尊德性发明本心，即"先立乎其大"为宗旨，提倡易简工夫。朱熹强调尊德性与道问学，涵养本心与格物穷理同时并进，但更强调格物穷理。朱熹以读书为穷理的主要方法，但根本目的仍然是明德性。陆九渊主张"先立根本"，根本既立，则"六经皆我注脚"②。故批评朱熹格物穷理的方法为"支离"破碎。

朱熹认为，不能只强调内面而忘了外面，必须内外功夫并用而不可偏废。内外本是一理，但由于人气禀之私，物欲之蔽，不能明得心中天理，故一面要存心，一面要穷理；一面要做心地功夫，一面要向外格物。二者齐头并进，用力久了，必然豁然贯通，"则亦有以知其浑然一致而果无内外精粗之可言矣"。因此，内心功夫固不可缺，但穷理之学决不可无。如果没有外面功夫，内心功夫也无从做，吾心之明德也不能明。如果不管外面，"外面更有过言过行更不管，却云吾正其心，有此理否"③。他批评陆九渊说："陆子静说良知良能，四端根心，只是他弄这物事，其他有合理会者，渠理会不得，却禁人理会。鹅湖之会，渠作诗云'易简工夫终久大'，彼所谓'易简'者，易简容易尔，全看得不仔细。……易简有几多事在，岂容易简之云乎"④；"今必以是为浅近支离而欲藏形匿影，别为一种幽深恍惚艰难阻绝之论，务使学者莽然措其心于文字语言之外，而曰道必如此然后可以得之，则是近世佛学诐淫邪遁之尤者。"⑤即以陆学为禅学，只讲顿悟而不讲渐修，只讲理性的飞跃而不讲感性认识的积累。

所以朱熹既重视尊德性又重视道问学，认为二者不可偏废。如果只有尊德性而无道问学，则功夫缺了一半，那一半也决不成学问。因为二者"始终本

---

　① 黄宗羲：《象山学案》，《宋元学案》卷五十八，北京：中华书局，1986。

　② 陆九渊：《语录》，《陆九渊集》卷三十四，北京：中华书局，1980 年。

　③ 朱熹：《朱子语类》卷一二〇，北京：中华书局，1994 年。

　④ 朱熹：《朱子语类》卷十六，北京：中华书局，1994 年。

　⑤ 朱熹：《大学或问》下，《朱子全书》第 6 册，上海：上海古籍出版社、合肥：安徽教育出版社，2002 年，第 528 页。

末循循有序,精粗巨细无有或遗"。要尊德性,就必须要道问学。虽然需要各自加功,但又不是"判然两事"。"故君子之学,既能尊德性以全其大,便须道问学以尽其小";"学者于此固当以尊德性为主,然于道问学亦不可不尽其力。要当使之有以交相滋益,互相发明,则自然该贯通达而于道体之全,无欠阙处矣。"①

陆九渊针对朱熹的批评提出了激烈的反批评:"朱元晦曾作书与学者云,陆子静专以尊德性诲人,故游其门者多践履之士,然于道问学处欠了。某教人岂不是道问学处多了些子,故游某之门者践履多不及之。观此则是元晦欲去两短合两长。然吾以为不可。既不知尊德性,焉有所谓道问学?"②他认为朱熹的"去两短,合两长"也不行。只有存吾心守吾德性,才是根本。根本不立,一切无从谈起。此乃是他的"易简"工夫。

朱熹认为,每一物有一理,"格物是零碎说",都要格,今日格一物,明日格一物,最后才能豁然贯通。并且批评陆九渊穷理只穷一个理是"只寻个一,不知去哪里讨头处"。陆九渊也讲格物致知、格物穷理,但他的格物穷理是立足于"心即理"之处。他不承认有所谓事事物物之理,且反对朱熹向外去穷理。理只有一个,此外别无理。穷理就是穷这一个理。他认为"理只在眼前,只是被人自蔽了",因此,穷理就是"不专论事论末,专就心上说"③。

从朱、陆的异同可看出,二者对理的认识是一致的,即如黄宗羲所云:"二先生同植纲常,同扶名教,同宗孔孟。"但对于理的存在形式,二者产生了分歧。朱熹认为理是客观存在,陆九渊认为理存在于心,心即理;朱熹认为,由于理是客观存在的,必须通过格物才能致知,先泛观博览而后归之简约,即从感性认识到理性认识,才能产生飞跃;陆九渊认为,由于理存在于心,必须发明本心,才能先立其大,才能心如明镜。即提倡"顿悟"。

"朱、陆异同"问题的争论是宋明学术史上重要内容,"鹅湖之会"拉开了这场纷争,使两派日益对立,"宗朱者诋陆为狂禅,宗陆者以朱为俗学,两家之学,各成门户,几如冰炭"④。"鹅湖之会"既标志着朱熹理学和陆九渊心学地位的确立,同时也为"和会朱陆"拉开了帷幕,并开启了"和会朱、陆"的先河。

---

① 朱熹:《玉山讲义》,《朱文公文集》卷七四,北京:北京图书馆,2006年。
② 陆九渊:《语录》,《陆九渊集》卷三四,北京:中华书局,1980年。
③ 陆九渊:《语录》,《陆九渊集》卷三五,北京:中华书局,1980年。
④ 黄宗羲:《象山学案》,《宋元学案》卷五十八,北京:中华书局,1986年。

正如黄宗羲云："二先生同植纲常,同扶名教,同宗孔孟。即使意见不合,亦不过仁者见仁,智者见智。所谓学焉而得其性之所近,原无有背与圣人。矧夫晚年又志同道合乎!"①正是由于朱、陆"同植纲常,同扶名教,同宗孔孟",为"和会朱、陆"奠定了基础,因而,"和会朱、陆"成为宋明理学发展史上的必然。

朱、陆之争是理学内部两大派的分歧和争辩,对后世儒学发展影响甚大。从一定意义上讲,只有以朱、陆之争为背景,才能充分显示宋明新儒学内两大派别的实质内容及各自的理论个性。

二、退溪对心学的评价

退溪是继承朱子学传统的大师,对心学的态度,无疑受到朱子的影响。退溪在捍卫朱子学正统地位的同时,批判各色心学。其对陆学的态度,如同朱子,认为陆学是禅学:"陈白沙、王阳明之学,皆出于象山。而以本心为宗,盖皆禅学也。"②不过,当时退溪评价的主要对象,是与之同时代的中国明代的心学学者陈献章、王阳明。陈献章(1428—1500)与王阳明(1472—1529)比退溪(1501—1570)年长,其学已传入朝鲜。

(一)对陈献章的评价

陈献章,字公甫,号石斋,新会(今属广东)白沙里人,学者称白沙先生,是承续明代前期程朱理学而向心学转变的关键人物,王守仁心学的前驱。

陈献章受学于吴与弼,少时闭门读书,尽穷天下古今典籍,旁及释老稗官小说。夜不寝,少困,则以水沃其足。久之,叹曰:"夫学贵自得也。自得之,然后博之以载籍。"③乃"筑阳春台,静坐其中,数年无户外迹"④。成化二年(1466年),复游太学,祭酒邢让试以《和杨龟山此日不再得》诗,诗中有"吾道有宗主,千秋朱紫阳。说经不离口,示我入德方",及"枢纽在方寸,操舍决存亡"⑤等句,邢让见后大惊,以为真儒复出。于是献章"名振京师,一时名士,如

---

① 黄宗羲:《象山学案》,《宋元学案》卷五十八,北京:中华书局,1986年。
② 《杂著·白沙诗教传习录抄传因书其后》,《退溪先生文集》卷四一。
③ 《陈献章集·年谱》。
④ 《明史·陈献章传》。
⑤ 引自《陈献章集·年谱》。

罗伦、章懋、庄昶、贺钦辈,皆乐从之游"①。归而门人益进。自此居乡讲学,传播"治心之学",虽屡荐不起。时张诩、湛若水、李承箕等纷纷投至门下,遂成江门学派。著有《白沙子全集》。

陈献章之学,以心为本体,以静坐为求心的方法。关于"静坐",他说:"学劳攘则无由见道,故观书博识,不如静坐。"②

"秉笔欲作一书寄克恭,论为学次第,罢之,不耐寻思,竟不能就。缉熙其代余言。大意只令他静坐寻见端绪,却说上良知良能一节,使之自信,以去驳杂支离之病。"③"静坐"是去掉"驳杂支离之病"的手段,"静坐"的目的,是"寻见端绪",找到心与理的"凑泊吻合处"。所以,他又有所谓"静养端倪"的说法,曰:"为学须从静中坐养出个端倪来,方有商量处。……未可便靠书策也。"④

"为学当求诸心,必得所谓虚明静一者为之主,徐取古人紧要文字读之,庶能有所契合,不为影响依附,以陷于徇外自欺之弊,此心学法门也。"⑤心的本体是"虚明静一"的,欲得此本体,便须静坐。静坐的目的是"寻求端绪"、"静养端倪"。而所谓"求善端"、"养端倪",无非是达到一种境界,即内外合一、无有大小、不舍一物、一以贯之的自然、自得境界。陈献章说:

> 夫养善端于静坐,而求义理于书册,则书册有时而可废,善端不可不涵养也,其理一耳……诗、文章、末习、著述等路头,一齐塞断,一齐扫去,毋令半点芥蒂于我胸中,夫然后善端可养,静可能也。终始一意,不厌不倦,优游厌饫,勿助勿忘,气象将日进,造诣将日深。所谓"至近而神","百姓日用而不知"者,始自此迸出体面来也。到此境界,愈闻则愈大,愈定则愈明,逾逸则愈得,愈易则愈长。存存默默,不离顷刻,亦不着一物,亦不舍一物,无有内外,无有大小,无有隐显,无有精粗,一以贯之矣。此之谓自得。⑥

陈献章提倡以自然、自得为最高境界的修养,有着本体上的理论根据,这便是陆九渊的"心即理"说。陆九渊曾说,"宇宙便是吾心,吾心即是宇宙"。

① 《陈献章集·行状》。

② 《与林友》,《陈献章集》卷三。

③ 《与林缉熙书十》,《陈献章诗文续补遗》。

④ 《与贺克恭黄门二》,《陈献章集》卷二。

⑤ 《书自题大塘书屋诗后》,《陈献章集》卷一。

⑥ 《与林缉熙书十五》,《陈献章诗文续补遗》。

陈献章则以为，静坐求之吾心，而吾心即是理，此理是包摄一切的。他说：

> 终日乾乾，只是收拾此而已。此理干涉至大，无内外，无终始，无一处不到，无一息不运。会此则天地我立，万化我出，而宇宙在我矣。得此霸柄入手，更有何事？往古来今，四方上下，都一齐穿纽，一齐收拾，随时随处，无不是这个充塞。

综上所述，陈献章的心学思想是根据自己对儒家学说、理学典籍，甚至释老学说的学习、消化而有所吸收。这正是他在明初至明中叶的转折时期，能够开创以心学为主流的学术局面的重要原因。

对于陈白沙之学，退溪认为："然白沙犹未纯为禅，而有近于吾学。故自言其为学之初，圣贤之书，无所不讲，杜门累年。而吾此心与此理，未凑泊脗合，于是舍繁求约。静坐久之，然后见心体呈露。日用应酬，随吾所欲。体认物理，稽诸圣训，各有头绪来历，始涣然自信云。此其不尽废书训，不尽铄物理，大概不甚畔去。但其悟入处，终是禅家伎俩。故虽自谓非禅，而其言往往显是禅语，罗整庵已言之。而其高弟贺克恭，亦谓其师有过高之意，后学从其善而改其差，可也。"①

在退溪的这段论述中，可看出在总体上是肯定白沙之学的，即认为"白沙犹未纯为禅，而有近于吾学"。为什么呢？因为白沙早期重视朱子的"道问学"："其为学之初，圣贤之书，无所不讲，杜门累年。"至于"其悟入处，终是禅家伎俩。故虽自谓非禅，而其言往往显是禅语"，"后学从其善而改其差，可也"。就是说悟处是禅语，后学学他的长处，扬弃其"禅家伎俩"。

（二）对王守仁的评价

王守仁，字伯安，浙江余姚（今浙江省余姚市）人。早年筑室阳明洞中，后曾创办阳明书院，故学者称为阳明先生。从吴与弼弟子娄谅问学，慨然以为圣人可学而至。后在京师，欲亲验朱熹的"格物之学"，以为"一草一木皆含至理"，遂面竹而格之，沉思其理未得。弘治十八年（1505年）为兵部主事，在京师与湛若水一见定交，共以倡明"圣学"为事。武宗正德元年（1506年），宦官刘瑾窃权，逮南京给事中御史戴铣等20余人。守仁上章救之，得罪刘瑾，廷杖四十，谪贵州龙场驿丞，时34岁。35岁时，于龙场悟格物致知之旨。正德

---

① 《杂著·白沙诗教传习录抄传因书其后》，《退溪先生文集》卷四一。

十三年(1518 年)七月,刻古本《大学》、《朱子晚年定论》。十四年(1519 年)六月,奉敕平定福建叛军,至丰城,得知宁王朱宸濠反,遂返吉安,起兵讨平。以功封新建伯,拜南京兵部尚书。于嘉靖七年(1529 年)平乱,归途病发卒于南安舟中,终年 57 岁,卒后谥文成。著有《五经臆说》、《大学问》、《朱子晚年定论》以及门人所记《传习录》等。

王守仁心学是以"致良知"为核心的理论体系。它包括心即理、知行合一、致良知等几个部分。

王守仁认为:"朱子所谓格物云者,在即物而穷其理也。即物穷理,是就事事物物上求其所谓定理者也,是以吾心而求理于事事物物之中,析心与理而为二矣。"①故他倡导"心即理":

> 心即理也。天下又有心外之事、心外之理乎?②

王守仁主张"心即理",要用人心固有的"天理"取代朱熹的客观"天理",因此又提出"性即理":

> 心之体,性也,性即理也。穷仁之理真要仁极仁,穷义之理真要义极义,仁、义只是吾性,故穷理即是尽性。……人只要在性上用功,看得一性字分明,即万理灿然。③

"性"是先天道德性,同时又具有本体论的意义。王守仁在此吸收了佛教禅宗"明心见性"说中关于佛性在本体方面的含义,把它与封建伦理化的天理思想结合起来,认为"天理"就是人性,也就是人心的本体。

由此,王守仁提出"知行合一",他说:

> 知是行的主意,行是知的工夫;知是行之始,行是知之成。若会得时,只说一个知,已自有行在;只说一个行,已自有知在。④

> 今人问学,只因知行分作两件,故有一念发动,虽是不善,然却未曾行,便不去禁止。我今说个知行合一,正要人晓得一念发动处,便即是行了。发动处有不善,就将这不善的念克倒了,须要彻根彻底,不使那一念不善潜伏在胸中。此是我立言宗旨。⑤

---

① 《传习录中》,《王文成公全书》卷二。
② 《传习录上》。
③ 《传习录上》。
④ 《传习录上》。
⑤ 《传习录下》。

王守仁知行合一论大体上包括知行同一于心之本体、知行是同一个工夫、知行合一并进不可分离等内容。

王守仁根据孟子的"人之所不学而能者，其良能也；所不虑而知者，其良知也"解释《大学》的"致知"，提出了"致良知"说，主张"良知即是天理"，把"良知"作为道德意识、道德行为的根源及判断善恶行为的主观标准。

王守仁说："吾心之良知，即所谓天理也。"[①]王守仁引用孟子的话，把"良知"解释为人人先天固有的是非之心。他说："'是非之心，人皆有之'，即所谓良知也"[②]；"良知只是个是非之心，是非只是个好恶，只好恶就尽了是非，只是非就尽了万事万变。"[③]良知是个是非之心、好恶之心，是判断是非的唯一标准；良知人人俱在，自圣人以至愚人，无不相同。

王守仁说："知善知恶是良知。"[④]他认为，人心具有判断是非善恶的功能，以善念支配人的道德行为，这就是"致良知"的工夫。"致良知"的学说充分发挥了"良知"在道德修养方面的主观能动作用，使之成为支配人的道德行为的精神本体。

对于王阳明的思想，退溪批评的比较多。退溪指出：

> 至如阳明者，学术颇惑。其心强狠自用，其辩张皇震耀，使人眩惑而丧其所守。贼仁义乱天下，未必非此人也。详其所以至此者，其初，亦只为厌事物之为心害而欲去之，顾不欲灭伦绝物如释氏所为，于是创为心即理也之说，谓天下之理只在于吾内，而不在于事物，学者但当务存此心，而不当一毫求理于外之事物。然则所谓事物者，虽如五伦之重，有亦可无亦可。划而去之，亦可也。是庸有异于释氏之教乎哉？持此而揆诸圣贤之训，而不合则又率以己意。改变经训，以从其邪见。乃敢肆为诐淫邪遁之说。畔道非圣，无所畏惮。欲排穷理之学，则斥朱说于洪水猛兽之灾。欲除繁文之弊，则以始皇焚书。为得孔子删述之意，其言若是。而自谓非狂惑丧心之人，吾不信也。使若人者，得君而行其志，则斯文斯世之祸，未知其孰烈于秦也。邪说之陷人，一至于此，可胜叹哉。[⑤]

---

① 《传习录中·答顾东桥书》。
② 《与陆元静》，《王文成公全书》卷五。
③ 《传习录下》。
④ 《传习录下》。
⑤ 《杂著·白沙诗教传习录抄传因书其后》，《退溪先生文集》卷四一。

退溪批评王阳明,很受朱子批判陆九渊的影响。退溪认为,王阳明之学是释氏之学,其"心即理"之说"顾不欲灭伦绝物如释氏所为","乃敢肆为诐淫邪遁之说",无异于释氏之教。王阳明之说"畔道非圣",是"邪说之陷人"。我们再看朱子批评陆九渊:"今必以是为浅近支离而欲藏形匿影,别为一种幽深恍惚艰难阻绝之论,务使学者莽然措其心于文字语言之外,而曰道必如此然后可以得之,则是近世佛学诐淫邪遁之尤者。"①即以陆学为禅学,只讲顿悟而不讲渐修,只讲理性的飞跃而不讲感性认识的积累。从这里可见退溪坚持朱子学的立场,对王阳明心学禅学化进行有力的批判。

朱子以及退溪批评心学,旨在保持理学与性理学的纯洁性,以防圣学受到佛学的侵扰而变味。实际上朱子也好,退溪也好,他们对待心学的态度是批判的吸收,也就是运用扬弃的方法来对待心学的。退溪发展性理学,不仅是继承朱子,亦可以说是在对阳明心学的批判中,建立性理学体系。朱子学在明代向着心性道德之学发展。阳明与退溪面对这样的形势,从不同方向上发展了孟子和朱子的心性之学。阳明学走体用合一之路,以"心、性即理",将外物移至心中,消解心、物对立,以"简易"工夫代替艰辛的"道问学"。而退溪学走了体用重整之路,在"心统性情"的基础上主张"性情理气分发"说,侧重理、气在性情中的不同作用。退溪的"四端七情"说,虽有表述上的细微差异,即有"四端理之发,七情气之发"、"四端之发纯理,故无不善;七情之发兼气,故有善恶"、"四端理发而气随之,七情气发而理乘之",但主旨是坚持朱子的以"理"为本体的路线,是对朱子心性学的发展,也是对宋明理学乃至东亚儒学的贡献。

① 朱熹:《大学或问》下,《朱子全书》第 6 册,上海:上海古籍出版社、合肥:安徽教育出版社,2002 年,第 528 页。

因物起兴　自有深趣

——奇大升解读《武夷棹歌》

◎ 金银珍

（福建武夷学院朱子学研究中心教授）

目前韩国各地处处可见的"九曲文化"，就是以朱熹的《武夷棹歌》作为范本形成的文化现象，主要由朝鲜朝时期的九曲歌系诗歌，以及九曲图绘画、九曲园林三个部分组成。而一部诗歌文本，能够在文学、绘画、园林等诸多方面产生深远影响，在异域形成一方文化且维系 500 余年之久，在中外文学史上实属罕见。"大抵古人好诗，在人如何看，在人把做什么用。……大抵看诗要胸次玲珑活络。"[①]朝鲜朝的文人骚客对《武夷棹歌》的解读，因其"如何看"的角度不同，因其作"什么用"的用途相异，历来就呈现出多元化的解读倾向。这种多元化解读主要表现在其文本的定性上，可以梳理成"哲理诗"、"山水诗"，以及异于二者的"山水理趣诗"三种观点。与从析理走向审美的中国学者不同，朝鲜朝的士林对《武夷棹歌》的诠释没有形成这种基本趋势，自始至终"哲理诗"观点占据主导地位，且这种解读持续整个朝鲜朝。与"海东朱子"李滉保持亦师亦友关系的奇大升对《武夷棹歌》的解读，完全不同于其他士林，可谓独树一帜，匠心独运。

一、朝鲜士林解读《武夷棹歌》

畿湖学派的领军人物之一金麟厚（1510—1560）尽管没有对《武夷棹歌》

---

① 罗大经：《鹤林玉露》卷八，上海：上海古籍出版社，2012 年。

进行井然有序的论述和逻辑严密的注释,但其《书武夷九曲后》①一文浓缩了其对《武夷棹歌》的感悟和理解。此文是诗人为其两位女婿而写的七言绝句。诗人把陈普(1244—1315)的"进道"置换成"进学",但继续套用了陈普"工夫"、"次第"、"分明"等语词,其直白和坦率甚至令人怀疑其作为诗歌文本理应具备的抒情浓度。诗人直言不讳地指出,"进学"的"工夫"不在"他处","分明"的"次第"应该自己默默领会才是。继之,金麟厚运用七言绝句格式连解一、二、三曲。通过对比阅读,我们可以发现,金麟厚之"解"与朱熹诗句之间不存在任何对应关系,诗人只是借用诗歌形式阐述自己对《武夷棹歌》的理解和感悟而已。既然"道丧"已有千年,加之"圣路"也早已湮塞,连天体制高点上的耀眼太阳都精神气儿不足、昏暗不明,幸亏带有夕阳之光的云霭雾气,明月照尖东更有一番新意。"道丧千年圣路湮"一句,乃陈普"孔孟去后,道统久绝"之语的另一种表述。交错在一起的"外物"最引人注目、心中的"艳色"又让人很容易"流迁"。诗人指出利欲功名、妖艳美色等身外之物在"进学工夫"过程中的种种困扰,强调如若做好"进学工夫",理应超脱物欲之重要性。在此基础上,应该"行庭不见艮其背",应该从今开始一心向着本然。有志于"进学工夫"之人,应该心怀大志,因为从古至今光明和昏暗始终同在,修身齐家就应该心无杂念,否则如同投身于饿虎成群的"饿虎林"一样,危险万千。

面对李滉和奇大升对陈普之"注"所言"有疑"和"直诋斥之",赵翼(1579—1655)特书《读退溪、高峰论武夷诗书》②一文,认为"退溪有疑焉,高峰直诋斥之。不知先辈所见何如是径庭,而高峰之论,尤所不可晓也。"在此基础上,作者首先肯定"刘氏注",认为如果说此注"辞语未畅达则可",但言其"非朱子意","则窃恐决不然",认为"刘氏注"还是切中要害,正确阐释了朱熹诗作本然的意义。继之,赵翼对金麟厚、李滉和奇大升三人的观点进行逐一对比分析,最终得出"以三先生所论言之,则窃恐河西为得之"的结论。需要说明的是赵翼所言"刘氏"乃刘概,在此文中前后出现 7 次之多,其实,此"刘氏"所指就是陈普,刘概只是在陈普之注末附了短短的跋文而已。

赵翼对《武夷棹歌》解读,可谓贯穿其后半生,乃至针对"颇似不切"、"未

---

① 金麟厚:《吟示景范·仲明·其十八》,民族文化推进会:《韩国文集丛刊》卷三三《河西全集·河西先生全集卷之六·七言绝句》,首尔:景仁文化社,1986—2009 年,第 123 页。

② 赵翼:《浦渚集·浦渚先生集卷之二十二·杂著十首·读退溪、高峰论武夷诗书》,民族文化推进会:《韩国文集丛刊》卷八五,首尔:景仁文化社,第 1986—2009 年,第 398 页。

甚发明"的陈普之注进行更周详的注解，以便"以浅见略为解释"，其《武夷棹歌十首解》，①就是这种思想的产物。对比阅读"戊寅（1638 年）孟春"所写的赵翼之"解"和元大德八年（1304 年）刊印出版的陈普之"注"，前者有两个明显的特征。首先是二者之间的渊源关系。这种关系主要体现在前者所用众多与后者相差无几的用词上，如"进道次第"与"进道次序"、"上钓船，言始为学也"与"上钓船者，着脚向学之意"、"远色"与"女色之害"、"屏绝此心"与"宜先屏绝"、"静而能安"与"能静能安"、"下学而上达"与"由下学而上达"等。不过，渊源毕竟是影响与接受，故不存在对等关系。从这一点上，赵翼之"解"可谓是陈普之"注"的详解和扩展，简言之，前者为后者之扩容版。无论在立意、用词，还是文脉，赵翼均沿用了陈普之意。以此为基础，赵翼完成了对陈普之"注"的补充和延伸。如对"虹桥一断无消息"，前者云："言自桥之断，人未有得度者……喻此道之绝久矣。"再如，主观化色彩非常浓厚的有关"架壑船"的阐释都属此类。借此，我们有理由相信，赵翼之"解"比陈普之"注"更为周密详明、更为通俗易懂。的确，赵翼"以浅见略为解释"进一步丰富和拓展了"颇似不切，亦似未甚发明"的陈普之注。《武夷棹歌十首解》，乃经过二十年漫长而缜密思考之结果。"戊午（1618 年）冬"始"得而读之"时，赵翼脑海里留下"托意分明"印记的《武夷棹歌》，时过二十年之后的"戊寅（1638 年）孟春""观之"，当初的印记依然如旧，认为"其大意似或得之"，只是因"辞语颇杂乱"、"复就加删改如是"而已，可见其基本主张历经二十年岁月也未曾改变。

宋时烈（1607—1689）对李滉和奇大升的主张高举反旗，主张《武夷棹歌》为"学问之道论"。对《武夷棹歌》第九曲中的"将穷"和"桑麻平川"以"无穷之趣"一词来统而代之的李滉，宋时烈始终觉得有种意犹未尽之感，所以分别解读为"无限意趣"和"境外真妙处"。继之，宋时烈在其《论武夷棹歌九曲诗》②一文中指出："豁然则以学问之道论之，是万理明尽，一疵不存之后。"尽管宋文运用"常理之中，自有妙理，死法之中，自有活法之意"来阐释"将穷"和"桑麻平川"所蕴含的深奥的哲理意蕴，但他最终还是认为李滉"恐非阐扬此曲之意"、奇大升则"阐扬意少而禁切意多"。宋时烈这位志得意满的士林领袖，置

① 赵翼：《浦渚集·浦渚先生集卷之二十二·杂著十首·武夷棹歌十首解》，民族文化推进会：《韩国文集丛刊》卷八五，首尔：景仁文化社，1986—2009 年，第 408 页。

② 宋时烈：《论武夷棹歌九曲诗》，民族文化推进会：《韩国文集丛刊》卷一一六《宋子大全·宋子大全拾遗卷之七·杂著》，首尔：景仁文化社，1986—2009 年，第 149 页。

学友金寿增(1624—1701)"勿以语人"之忠告于不顾、甘冒"孤陋浅见,敢论先贤得失,罪不可赎"之不韪,直接与世人皆仰的大前辈李滉和奇大升高唱反调,不隐匿藏掖、自信满满地公开表述自己的观点,大家风范犹然可见,勇气可嘉矣!

二、奇大升解读《武夷棹歌》

奇大升(1527—1572),字明彦,号高峰、存斋,朝鲜朝哲学家。历任弘文馆应教、司宪府执义、承政院承旨、工曹参议、成均馆大司成等职。1559年后,围绕"四端七情"同李滉展开辩论,开始朝鲜朝历时300年的"四七论争"。在政治上,他要求广开言路,举贤者,理财养民,提倡治心修身,致诚尽礼,主张"至治主义"政治理念。著有《朱子文录》、《论思录》、《往复书函集》、《宗系奏文》、《高峰集》等。

奇大升对《武夷棹歌》的解读,主要缘于李滉的请教。对李滉"何取何舍",乃至"莫适所从",[①]奇大升在其信中认为,"九曲十章,因物起兴,以写胸中之趣",且"其意之所寓、其言之所宣,固皆清高和厚冲澹洒落,直与浴沂气象",根本不会有"入道次第"等寓意存在,因为即便是"前不见古人,后不见来者"的朱熹,对其"圣贤心事",恐怕不会如此古怪难解。以此为基调,奇大升对《武夷棹歌》依次进行对比阐述。

奇大升最难以接受的是陈普有关二曲和三曲的"远色之戒"和"舍生之旨"的解释。"远色之戒",乃出自陈普对二曲之"此首言学道,由远色而入"[②]一句而来,至于"舍生之旨",乃是陈普对三曲注释的概语,奇大升把陈普所言人世间的一切"荣辱得丧"、"血肉之躯"和"利欲之心",统而称之为"舍生之旨",可谓言之有理。

解读四曲的同时,奇大升对"颇好""厥注"的金麟厚则用"可怪"一词来点评,认为按照常理应该是先有"疑"再有"悟",哪有"悟"后又"大疑"呢?一语道破金麟厚认知逻辑上存在的矛盾之处。对五曲的"林间有客",奇大升认为是朱熹自喻,五曲作为武夷精舍所在地,应该是朱熹"深居"且"藏用之宝"之

① 李滉:《退溪集·退溪先生文集卷之十三·书·答金成甫·别纸》,民族文化推进会:《韩国文集丛刊》卷二九,首尔:景仁文化社,1986—2009年,第348页。
② 陈普注:《朱文公武夷棹歌》,北京:中华书局,1985年,第2页。

处，如此硕儒居住之处怎么会是"学问有疑处"呢？纯粹是注家不得其要领之结论。继之，奇大升借助朱熹"深爱"[①]的王维《漆园》一诗，阐释朱熹悠然自得的山水情怀。《漆园》一诗所言正是王维一贯追求的隐逸恬退、自甘淡泊之境界，与五曲之意境不谋而合，此可谓"据事以类义，援古以证今者也"[②]。

奇大升主张不应该"拘拘牵譬、一一安排"，即便是存在更深层次的"深趣"，那也是"寓兴"而发，绝非金麟厚所言"道丧千年圣路湮"，如此寓"景"以"道"，那么，"毫厘"之差终究会导致"千里"之"缪"，故云：

> 盖此十章虽不可拘拘牵譬、一一安排，而其间亦有意思，跃如处此，则不可谓专，无意于寓兴也。如一曲曰"虹桥一断无消息，万壑千峰锁翠烟"者，分明若有意焉。然亦岂以是为悼道之湮废而发哉？盖即其所遇之境，而发其所感之意，故意与境真，而其言自有深趣。此其所以为朱子之诗也。若既有形容景物之意，又有援譬道学之意，则便成二心矣。此不惟吟咏之间，失其性情之正。而学问之际，亦恐差毫厘而缪千里也。[③]

奇大升完全同意李滉之"无学问次第意思"、却是"注者穿凿附会，节节牵合"[④]观点，李滉也通过奇大升的点评，最终得出"大抵九曲十绝，并初无学问次第意思。而注者穿凿附会，节节牵合，皆非先生本意"[⑤]之结论。

至于李滉和奇大升之间的关系，早已成为朝鲜朝儒学史上的一段佳话至今都在学界称颂。对此，朝鲜朝文人李植（1584—1647）评价曰："故后来诸儒以为不但公实取裁于退溪，退溪亦多见益于公云。又谓公之于退溪，若横渠之于程氏，西山之于晦庵，斯言得之矣。"[⑥]同期文人赵相禹（1582—1657）在其《书高峰退溪两先生往复书后》一文中，借用朱熹与蔡元定之间的亦师亦友的

---

① 朱熹著，郭齐、尹波点校：《跋杨子直所赋王才臣绝句》，《朱熹集》，成都：四川教育出版社，1996年，第4352～4353页。

② 林杉：《文心雕龙创作论疏鉴·事类·第三十八》，呼和浩特：内蒙古教育出版社，1997年，第196页。

③ 奇大升：《写寄宿梅溪馆诗·别纸·武夷棹歌和韵》，《高峰集·两先生往复书》卷一，首尔市：成均馆大学校大东文化研究院，1979年影印本，第44页。

④ 李滉：《书·答金成甫·别纸》，《退溪集·退溪先生文集》卷十三，民族文化推进会：《韩国文集丛刊》卷二九，首尔：景仁文化社，1986—2009年，第348页。

⑤ 李滉：《书·答金成甫·别纸》，《退溪集·退溪先生文集》卷十三，民族文化推进会：《韩国文集丛刊》卷二九，首尔：景仁文化社，1986—2009年，第348页。

⑥ 李植：《高峰集·高峰先生文集附录卷第一·谥状》，民族文化推进会编：《韩国文集丛刊》卷四〇，首尔：景仁文化社，1986—2009年，第286页。

特殊关系,描述二人关系:"奇高峰之于退溪李先生,犹蔡元定之于晦庵朱夫子也。朱夫子则虽以宿师老友待元定,而元定则必执弟子之礼而事之。故其时未闻有两夫子并称之说,而元定自为元定,朱子自为朱子也。今夫两先生之道德高下、学问浅深,非謏见后生所得以优劣。而以其书见之,则盖想其高峰以门徒自处,而以先生事退溪之意也。其于论议答问之时,书札往复之际,必称先生,是知高峰以退溪为先生而矜式矣。然则高峰生时,亦不敢比肩于先生,而尽其师事之道。……夫如是则高峰自为高峰,退溪自为退溪矣。"①

① 赵相禹:《杂著·书高峰退溪两先生往复书后》,《时庵集》卷五,民族文化推进会编:《韩国文集丛刊》卷二〇,首尔:景仁文化社,1986—2009年,第534页。

陶山图之传统与陶山九曲

◎ 尹轸暎

（韩国学中央研究院研究员）

一、序　言

朱子性理学在朝鲜朝知识界传播开来的主要标志，就是知识界对待朱子的态度和由此而派生出的文艺学意义上的成果。尤其是流行于 16 世纪的《武夷棹歌》次韵诗的创作、对《武夷志》的耽读，以及对武夷九曲图的鉴赏，引发该时期士林对朱子的尊崇之心。在此，与个别九曲有关的一些诗文和记述促进了九曲文化的进一步拓展。

本文将通过退溪李滉（1501—1570）潜心学问和陶冶修养之地——陶山在韩国九曲文化中所占的地位和比重的分析、绘制退溪李滉卜居之地的陶山图的分析，阐述陶山形象化所具有的意义和特征。

二、李滉的陶山卜居和陶山图

李滉一生居住之地为其出生地——礼安的温惠里一带，读书和思考之地为清凉山，晚年的卜居之地为陶山。本节将阐述李滉定居于陶山的具体过程和 100 余年后绘制的陶山图的初期形式。

（一）李滉的陶山卜居

李滉出生于礼安温惠里，一直生活到 40 多岁。1546 年，李滉 47 岁，在选择卜居之地之前,李滉开始寻找新的居住地。有一阵子,他曾经在温惠里之南、灵芝山之北搭建小屋居住。但后因"人居稠密、颇未幽寂",随"始假寓于退溪之下数三里,于东岩之旁作小庵,名曰养真"。养真庵对李滉而言,是一处疗养和读书空间。庵前有条溪,俗名兔溪,李滉改俗名"兔溪"为"退溪"且"自号","退溪"之号由此产生。之后,又"得地于霞明洞紫霞峰下,营室未毕,又迁于竹洞,又以洞狭隘,且无溪流,乃卜居于溪上",第二年建溪上书堂于其北。从这个意义上,寒栖庵与溪上书堂成为李滉50岁之后常驻之处。

不过,对李滉而言,此处也有诸多不足之处。李滉嫌卜居之"溪上",因"风雨所坏"、"洞狭隘"、"无溪流",加上"溪上偏于阒寂",又"旷怀",所以已有"谋迁"之意。最终李滉选址于如今的陶山书堂所在地,开始构建陶山书堂。李滉对此书堂建筑的构造、规模,以及建筑物的整体部署倾注了全部的心血。历经5年,该书堂终于在1561年得以完工。这样看来,李滉的卜居之地,以养真庵→竹洞→寒栖庵(溪上书堂)→陶山书堂的顺序予以连上。其中,在溪上寒栖庵居住10年,晚年在陶山书堂居住10年。陶山书堂作为李滉自己的晚年卜居之地,该书堂的建成可谓是实现其多年的梦想。

那么,李滉为什么放弃自己从小生活过的清凉山而选址于陶山?如上所述,李滉认为,清凉山地形险峻,病魔缠身的老人行走不便不说,因四周山峰林立,无法做到背山临水,这一点,李滉在其《陶山杂咏并记》中早已阐明。

李滉在陶山的日常生活,和朱熹在武夷九曲中的生活有诸多类似之处,移居陶山之后创作的《陶山杂咏并记》和朱熹在武夷精舍创作的《武夷精舍杂咏并记》也有诸多相似之处。从此《记》里具体阐述的选址卜居之动机、精舍周边景观之选取和命名等来看,李滉心中早已有朱熹武夷精舍之意境。

李滉求得《武夷九曲图》和大量研读与朱子有关的资料,但是未曾将自己的卜居之地取名为某某九曲,也未曾进行过仿建武夷九曲的努力。因此我们也从李滉文集中无从寻找对陶山九曲的任何阐述。李滉既然那么钦慕朱子、追寻朱子行迹,那么,为什么未曾构建九曲呢?这种现象不仅仅存在于李滉一人,而是普遍存在于岭南学派士林。[①]

包括李滉在内的岭南学派士林,都热衷于在自己的卜居之地构建精舍,

---

① 郑逑(1543—1620)就是典型一例。郑逑对朱子的钦慕之情早已了然,但是也未曾在自己的卜居之地构建九曲。尹轸暎:《寒江郑逑的卜居空间与〈武屹九曲图〉》,《精神文化研究》第33卷第1号,韩国学中央研究院,2010年,第7~48页。

但将其展示为九曲形式却是非常消极。分析其中缘由，首先可能认为在自己的私人空间建构九曲是对朱子钦慕之情的一种逆行之举。这种解释我们可以从李滉对待自己的弟子们编撰的《陶山九曲》的态度可见一斑。在李滉66岁时，其弟子门生编撰了一本赞美李滉道德品质的诗歌——《陶山九曲》，李滉得知后唯恐这本诗集广泛传播，让李奉春把该诗集的草稿拿给他。[①] 目前我们很难判断李滉对此诗集做出如此敏感反映到底是何缘故，但估计主要是担心"陶山九曲"这一词汇的对外传播。其中第二个缘由可能是对李滉而言，选址于陶山书堂，主要是出于对风水学意义上的考虑，而九曲经营并非其主要考虑之事，加之，卜居于陶山书堂且逍遥于此，并不需要设置九曲所需的长度。[②] 还有一点，陶山书堂所在地下游则有光山金氏、赵穆、李贤辅等家族的世居地，把此地也纳入九曲之一部分也非现实之举。[③] 鉴于上述种种缘由，绘制陶山则用《陶山图》的形式加以完成，而并不是《陶山九曲图》的形式。

（二）陶山图的初期形式

陶山图绘制时间大致是17世纪后期和18—19世纪之间，现传作品不到10件。这些陶山图当中，绘制时间最早的作品当属延世大学校图书馆收藏的金昌植（1652—1720）的陶山图册。作为18世纪之后绘制的陶山图的范本，该图尤为显得珍贵。金昌植的陶山图册名为《李文纯公陶山图》，由7面的《陶山图》、16面的《陶山记》、2面的《陶山杂咏》和2面的《武夷陶山两图贴后跋》组成。《陶山图》总共分7个页面绘制，把这7个页面连起来就成为一幅完整的陶山图。该图册原本装裱成卷轴形式，不知何时改裱为画册形式。画家把陶山书院放置在画面的正中央，朝南，书院前部有弯弯曲曲的洛东江从右到左流向下游。

对《陶山图》的功能，李浃跋文云：

> 或图画其像，朝夕瞻拜，或访索遗墨敬玩尊阁，或细和诗篇，以寓与慕。若晦庵之于先圣遗像，周卿之于伊川手对，东坡之于靖节拟古诸作是也。侯之于此图，亦此意也。

---

① 琴长泰：《退溪一生与哲学》，首尔大学校出版部，1998年。

② 李钟虎：《岭南士林的九曲经营与崔南复之白莲社》，《岭南学》第18号，庆北大学校岭南文化研究院，2010年，第104～114页。

③ 此观点来自《陶山九曲文化团体》李成元老师的指点。

三、《武夷九曲图》之传入与陶山图

陶山图的绘制时间大致为 17 世纪后半叶,这与 16 世纪之后一直持续下来的《武夷九曲图》绘制传统有着直接的关联。陶山图和《武夷九曲图》之间,不存在形式上的一致,可谓是《武夷九曲图》本土化的表现,而儒家士林的隐居之地这一点,可谓是陶山图和《武夷九曲图》之间的最为直接的交合点。鉴于此,本章节主要对《武夷九曲图》的展开洋相进行探讨。

(一)16 世纪《武夷九曲图》的传入

《武夷九曲图》全方位传入朝鲜朝,是在朱子性理学具备一定基础的 16 世纪。这时期传入的朱子的著作为朝鲜朝士林提供了加深对朱子学的理解、拓宽朱子学普及范围的契机。[1] 随着朝鲜朝士林对朱子学更深层次的理解和解读,描写武夷九曲的《武夷棹歌》和阐述武夷山地理的《武夷山志》等成为士林耽读之对象,在此过程中,《武夷九曲图》成为该流行潮生成的坚实基础。

最早接触 16 世纪传入朝鲜朝的《武夷九曲图》的士林是包括李滉在内的学者。[2] 他们对此图的各种跋文,较为详尽地表现出他们对朱子绝对的尊敬和尊崇,如李滉的《李仲久家藏武夷九曲图跋文》载:

> (前略)满目云烟,精妙曲尽,耳边恍若闻棹歌矣。噫! 吾与吾友,独不得同其时买舟慢亭峰下,辍棹于石门坞前,获跻仁智堂,日侍讲道之余,退而与诸门人,咏歌周旋于隐求观善之间,以庶几万一也。(后略)

对第一次鉴赏该图的人而言,《武夷九曲图》可谓印象深刻,尤其是李滉对该图如此的反映在当时士林阶层引起强烈反响是毫无疑问的。暂且不论技法优劣高低,朝鲜朝士林是将《武夷九曲图》作为蕴藏朱子体味的圣画来认知的。

朝鲜朝最为有名的九曲图是著名画家李成吉创作于 1591 年的《武夷九

---

[1] 金旭洙:《16 世纪士林对性理学的理解》7,首尔大学校国史学科,1981 年,第 59~60 页。

[2] 尹轸暎:《退溪李滉与陶山图》,《退溪李滉讲座论文集》,艺术殿堂,2001 年,第 23~16 页。

曲图》。① 该图为卷轴,从第一曲至第九曲依次展开,鉴赏者在鉴赏此图时,随着九曲的依次展开,如同遨游在真景实景般感受九曲之美感。若把庞大的九曲景观全部装进一幅画作中是不可能的,因此李成吉选取九曲中的典型场景重新予以构图,并且准确标注主要景观名称,以便读者理解。李成吉的《武夷九曲图》是诸多九曲图中的成功之作,其摹写之作也开始朝鲜朝各地广泛流传,在各地士林中引起了强烈反响。

李滉对《武夷九曲图》的关注,我们可以通过岭南大学校博物馆收藏的《朱文公武夷九曲图》予以确认。李滉与该图之间的关系,在李滉为该图所写的跋文——《李仲久家藏武夷九曲图跋文》中有较为详细的介绍。李仲久名李湛,为李滉门人,将从中国传入的《武夷九曲图》摹写之后,将摹写本送至李滉处求得跋文。对此,李滉欣然应允,为其撰写上述跋文。收到书写李滉跋文的《武夷九曲图》摹写本之后,李湛得知李滉也喜欢《武夷九曲图》,于次年再次摹写一幅送至李滉处,以致谢意。这次的摹写本可能就是岭南大学校博物馆收藏的《朱文公武夷九曲图》。

(二)金昌植《陶山图》的特征

延世大学校图书馆所藏《陶山图》可能就是以岭南大学校博物馆所藏《朱文公武夷九曲图》的形制与构图为范本加以完成。尤其是延世大学校图书馆所藏《陶山图》中的陶山书院与岭南大学校博物馆所藏《朱文公武夷九曲图》中的武夷精舍作为样板加以创作。对比分析上述两幅图,可知它们所具有的如下三个共同点:

其一,陶山书院的四方形状和所采用的俯视角度均与武夷精舍非常相似,在色彩的选择上,二者也非常相似,均为红色。

其二,《陶山图》中轮廓分明、反复繁密的山稜线正是对《朱文公武夷九曲图》稀疏的山稜线的补充。

其三,画作题目以及表现方法,各部分的构成、形制颇为相似。两幅画作的题目各自为《李文纯公陶山图》和《朱文公武夷九曲图》,语法结构均采用偏正结构;画作题目的书写方法也很类似,两幅图均在上了底色的纸面上书写题目;两幅图各部分的构成也很类似,如《李文纯公陶山图》具体由《陶山图》、《陶山记》、《陶山杂咏》、《武夷陶山两图贴后跋》组成,《朱文公武夷九曲图》则

① 尹轸暎:《朝鲜时代九曲图研究》,韩国学大学院硕士学位论文,1997年,第45～56页。

由《武夷精舍杂咏并序》《武夷九曲图跋》组成。

（三）明宗时期有关陶山图的创作记录

最初的陶山图是在李滉 67 岁的 1566 年（明宗二十一年）奉明宗之命绘制。据《明宗实录》记载，当年 5 月，明宗召唤李滉，而李滉却因病无法上京，故明宗特使画工绘制陶山景观呈献，"密令画工，貌写滉所居陶山形胜以进"。[①]

对此，《吾家山志》也做了简要记载，而《退溪年谱》中则做了详细记载。明宗命砺成君宋寅(1517—1584)绘制李滉所居陶山实景，并在画作上端书写李滉创作的《陶山记》和《陶山杂咏》，将其制作成屏风呈献。宋寅奉王命绘制成陶山图之后，将其送至李湛处请予以校订，李湛再将该图向李安道和郑惟一请教，这是李滉 67 岁时候的事情。李滉在《与子寯书》中，曾坦言明宗的做法让人担惊受怕，担心今后会由此招致祸害。目前估计，该图主要是对陶山实景和地理景观的描摹，这也是画家向熟悉陶山地理的相关人士多次请教的缘故。该图现不传。

四、朝鲜朝晚期陶山图的展开

现传陶山图大部分是 18 世纪之后的作品，而陶山图的大致结构早在 17 世纪已经形成，且绘画风格也丰富多彩。这说明陶山图通过多种途径早已形成广泛的读者群，以致 18 世纪中叶的著名画家姜世晃云："世上所传不同版本的陶山图太多，难以分辨其真景。"

（一）18 世纪的陶山图

目前为止传下来的陶山图中，具有范本意义的最早的画作乃是延世大学校图书馆所藏《陶山图》，其次为 18 世纪创作的姜世晃的《陶山书院图》、19 世纪的启明大学校所藏《陶山图》，再次为几幅私人所藏《陶山图》。

姜世晃的《陶山书院图》创作于 1751 年（英祖二十七年），是受星湖李瀷之托绘制。画家在跋文中表示，在多个摹本中选取其中一幅参考：

[①] 《明宗实录》二十一年(1566 年)五月二十二日。

世晃窃念天下佳山水下限，而今先生独占此二地，使之摹画于呻吟委顿之际者，岂非以朱李两先生重而然欤？……然先生之有取乎此图，以人而非以地，则一片溪山之似与不似，又不足论矣。

世晃未曾身至陶山，世俗所传陶山图多有异同，莫辨其熟得其真。而此图则从先生旧所藏本而移摹，旧本不知出谁氏手，行笔拙劣，位置状物，漫然无理，毋论其似与不似，必不知画者之强写也。今虽欲得其仿佛。其可能乎？

对比阅读姜世晃的《陶山书院图》和延世大学校图书馆所藏《陶山图》，我们就可发现，进入 18 世纪，陶山图的绘制在保持总图形式的基础上，已经摆脱初期陶山图的僵直表现，以俯瞰的视角，将陶山作为陶山书院的背景加以构图，加上南宋时期大为流行的披麻皴画法和"米点"技法的应用，使整幅画作带上淡淡的氛围。

(二)19 世纪的陶山图

19 世纪创作的陶山图有启明大学校图书馆所藏《陶山图》、私人所藏 2 件将武夷山和陶山同时纳入画面的《武夷图 陶山图》等。启明大学校图书馆所藏《陶山图》是横卷，陶山书院位于画面中央。画面左边有灵芝山，其下方是西翠屏和汾江村；画面右边有弯弯曲曲的洛东江和月澜庵，其基本构图和 17 世纪绘制的延世大学校图书馆所藏《陶山图》非常相似。画面左下角则有以"陶山师门遗迹"为题的跋文，此跋文由梧台野人撰写于 1716 年(肃宗 42)：

和国少从其尊人东崖翁落南且二十年，好古而文克，称其家尝谒陶山尚德祠观壶、浑天仪诸古迹，低回久之，不能去也。于是得李徽所写《陶山图》摹本善者，妆成一本。山川云物，完然在目。其在方模置先生所手书记文及七言杂咏，又得先生手简诗章若干篇为一贴，墨迹如新，益可贵重，既又广求及门诸贤往还书札，及唱酬篇什，各一二纸为次联附为一贴。[①]

由此可见，该图为李滉门生为纪念恩师绘制。

文中李和国乃李万宁是上述为延世大学校图书馆所藏《陶山图》撰写跋文的李浹之子。其实，仔细分析启明大学校图书馆所藏《陶山图》，并非撰写

---

① 《书·李和国家藏·陶山师门遗迹》。

跋文的 1716 年当时的画风,倒是更接近延世大学校图书馆所藏《陶山图》的画风,可见该图可能是 19 世纪的摹本。

19 世纪创作的陶山图中,也有对 18 世纪陶山图形式的补充以期表达个性的作品。赵南学所长所藏《陶山图》正是这种类型。该图运用多种绘画技法,以水墨晕染来展示画家独特而即兴性的画法,强调画家的个性。徐正哲所长所藏《陶山图》则存在对郑敾(1676—1759)技法的部分传承。该图摆脱以往陶山图的构图,重点强调陶山西边景观,在描写对陶山书院和宜仁古县、汾江村的同时,把位于洛东江下游的易东书院也纳入画面当中,以此来强调李滉的人脉和相关遗迹。从上述两幅画作中,我们可以发现,进入 19 世纪之后的陶山图的创作已经开始摆脱既定形式,逐步走向凸显画家个性的创作之路。

私人所藏《武夷图 陶山图》由两幅画面组成,估计创作于 19 世纪后半叶。两幅画面中的一半为《武夷图》,其渊源可追溯至 16 世纪传入的云章阁所藏《武夷九曲图》,从诸曲的曲向和景观的整体构成相似这一点上可推知。右边的则是《陶山图》,它以陶山书院的位置、洛东江的流向和周边景观为主予以展开,与左边的《武夷图》正好构成对称的结构。

除此之外,有关陶山的绘画作品还有《河外图十曲屏》之第一幅《陶山书院》和郑敾的《陶山书院图》等。最后需要阐述的是奉王命绘制的作品,这种记录在《朝鲜朝实录》中可以发现。这种《陶山图》与李滉的后学们主持绘制的画作其性质上不大相同。据李万与编撰的《吾家山志》记载,英祖于 1733 年(英祖九年)派人至陶山书院和礼安的李滉故居祭祀,并命庆尚道观察使绘制陶山景观呈献。正祖也在 1792 年(正祖十六年)吩咐臣子办理同样的事情。不过,《吾家山志》称当时的陶山为陶山九曲。

据此,我们可以推知当时已经开始绘制陶山九曲图这一事实,但是不能排除此类措辞是为了具体说明当时进献的画作为九曲图形式的可能性。《吾家山志》的主题为陶山,将有关陶山的诗文按照当时已经设置好的九曲顺序予以编辑,故此,此书中的陶山九曲图有可能是对陶山的比喻性措辞,换言之,当时如果奉英祖和正祖之命绘制的画作为陶山九曲图,那么,这种画作不会不传至今日。

总而言之,18—19 世纪绘制的陶山图的画面构成,均以陶山书院为中心予以展开,其画面构成有的是由家族的世居地或名胜景观组成,也有用陶山的实景山水构成画面的画作。

五、朝鲜朝九曲之传统与陶山九曲

朝鲜朝九曲始于栗谷李珥的高山九曲,继之则由华阳九曲和黄江九曲等老论系九曲形成一个系列,这种氛围一直延续至18世纪前半叶。到了18世纪后半叶,就有了岭南地区士林构建的陶山九曲,与其他九曲构筑了朝鲜朝独有的九曲文化。

(一)朝鲜朝九曲之传统

陶山九曲构建于李滉去世200年之后的18世纪后半叶。陶山九曲之前的九曲应该首推栗谷李珥(1536—1584)的高山九曲。1571年,36岁的李珥在黄海道石潭选址构建九曲,取名高山九曲。1576年,栗谷李珥在41岁时结束了海州观察使一职,随即在此建听溪堂,两年之后续建隐屏精舍。就此,栗谷李珥隐居之地建设完毕。不过,由于种种原因,栗谷李珥未能在此久居,只能在任职闲暇期间暂住而已。李珥为自己的九曲所作的《高山九曲歌》序曲云:

> 高山九曲潭,世人未曾知。诛茅来卜居,朋友皆会之。
>
> 武夷仍想象,所愿学朱子。

可见,李珥之所以建高山九曲就是为了学习朱子、仿效朱子,高山九曲是这一思想的积极实践。到了17世纪,因无人管理导致处处荒废了的高山九曲,被宋时烈(1607—1689)为首的西人得以重建。为纪念高山九曲之重建,宋时烈组织人马绘制《高山九曲图》,并将此图制作成版画。高山九曲成为宋时烈集结畿湖学派、强化学派凝聚力,树立学派正统性的工具。由此,高山九曲成为老论系士林经营的九曲之代表。李珥的高山九曲之后创建的老论系九曲则有金寿增(1624—1701)的谷云九曲、宋时烈的华阳九曲和权尚夏(1641—1721)的黄江九曲。[①]

金寿增的谷云九曲建于1675年(肃宗元年),金寿增隐居时间前后长达7年。1670年,金寿增(1624—1701)到谷云九曲所在地进行探访,随即决定在此构建隐居之地。《谷云九曲图》绘制于金寿增离开谷云九曲的时候,现藏于

---

① 尹轸暎:《朝鲜时代九曲图研究》,韩国学大学院硕士学位论文,1997年,第88~94页。

国立中央博物馆。谷云九曲是金寿增个人行为,其性质上不同于门人后学们集体构建的高山九曲。

宋时烈的华阳九曲是继高山九曲之后构建的九曲,相传,宋时烈的门人权尚夏于1721年(景宗元年)左右对其诸曲具体设置。权尚夏对华阳九曲的具体设置,如同宋时烈对高山九曲的设置一样,是出于强化栗谷学派凝聚力的考虑。现传绘制于1765年(英祖三十年)的《华阳九曲图》。黄江九曲构建于华阳九曲之后。[①] 权尚夏自35岁开始居住黄江,黄江是权尚夏精进学问四十四年之久的地方。黄江九曲由包括权尚夏侄子权燮(1671—1759)在内的其后学集体构建。由此可见,高山九曲是由李珥亲自设计,而华阳九曲和黄江九曲则是其后学设计构建。尽管如此,上述这些九曲均以李珥的高山九曲为范本加以设计和构建,从这个意义上,这些九曲可谓同为畿湖学派的根据地。

相反,岭南学派士林在17世纪和18世纪经营的九曲难觅寻踪,其原因主要在于李滉。岭南学派士林的九曲观不同于畿湖学派士林,这一点单从九曲图的绘制上可以看出。阅读现存九曲图,岭南学派的士林偏喜好武夷九曲图,因为他们认为其学统源自朱子。但是这种想法17世纪后半叶开始有些变化,岭南学派士林也开始绘制武夷九曲图和陶山九曲图并予以收藏,并且好像开始认为大师硕儒游憩过的地方理应有九曲。在这种氛围下,他们开始在先辈们的隐居地设计九曲,给各地九曲赋予象征意义。

18世纪后半叶,岭南学派士林最初设计建构的九曲是寒冈郑逑(1543—1620)的武屹九曲。武屹九曲于1776年由其门人在伽倻山大伽川一带构建,此时郑逑已经去世150余年,现传画家金尚真于1784年(正祖八年)所画的《武屹九曲图》。[②]

(二)陶山九曲之构建

李滉在陶山大约居住10年的时间,但是未曾构建九曲,无论是李滉的文集还是18世纪前半叶为止的文献中,无从查找"陶山九曲"一词,就是这个原因。"陶山九曲"一词出现在李滉文集则是18世纪后半叶开始,我们可从这时期的记录中,寻找陶山九曲建构的具体情况。

---

① 黄江位于忠清北道堤川郡寒水面。
② 郑宇落:《寒冈郑逑的武屹精舍建立于著述活动》,《南冥学研究》28,第302页。

陶山九曲主要由李滉的后孙和后学,如李颐淳(1729—1803)、李野淳(1755—1831)、李家淳(1754—1832)、李宗休(1761—1832)等人参与设计和构建,而他们设置的陶山九曲各自不同,如表1。

陶山九曲从下游的云岩开始,一直到上游的清凉山为止。诸曲可分为李滉遗迹、与李滉交友过的名士居住空间以及名胜景观等。具体而言,二曲、四曲和八曲各为赵穆、李贤辅和琴兰秀的隐居之地:一曲云岩寺、二曲易东书院、六曲川沙、九曲清凉山均为李滉遗迹故地,七曲丹砂为名胜景观。另外,曲名大致表示该曲的地形特征,曲名多有"川"、"潭"、"砂"等字,主要与陶山九曲所在的洛东江地区弯多、砂多的地形特点有关。

表1　陶山九曲设置一览表

作者(生卒)	文集	一曲	二曲	三曲	四曲	五曲	六曲	七曲	八曲	九曲
李颐淳(1729—1803)	后溪集·卷二	云岩	鼻岩	月川	汾川	濯缨潭	川沙	丹砂	孤山	清凉
李野淳(1755—1831)	广濑集·卷一	云岩寺	月川	鳌潭	汾川	濯缨潭	川沙	丹砂	孤山	清凉
李家淳(1754—1832)	霞溪集·卷三	云岩	鳌潭	汾川	汾川	濯缨潭	川沙	丹砂	孤山	清凉
李宗休(1761—1832)	下庵集·卷二	云岩寺	月川	鳌潭	汾川	濯缨潭	川沙	丹砂	孤山	清凉
赵述道(1729—1803)	晚谷集·卷二	月川	鳌潭	鳌潭	石涧	濯缨	景潭	广濑	川沙	丹砂
琴诗述(1783—1851)	梅村集·卷二	月川	鳌潭	汾川	石涧	濯缨	景潭	广濑	川沙	丹砂
崔东翼(1868—1912)	晴溪集·卷二	云岩甲	一壶	汾川	汾川	濯缨潭	月川	丹砂	孤山	清凉

首先,陶山九曲和武夷九曲具有同样的结构特征,均按逆流而上的顺序,依次设置一曲至九曲。

其次,是将临近溪流的景观和遗迹纳入九曲结构之中。与溪流保持较远距离的景观纳入九曲,其实是很不容易的事情,如寒栖庵和溪上书堂等就属于这类。其实,可以改变现有的陶山九曲结构,将上述景观和遗迹纳入九曲结构之中,但是这些景观和遗迹因离洛东江沿岸较远,难以纳入其中。

其三,是第五曲的设置。与武夷书院位于武夷九曲之第五曲一样,陶山书院也设置在陶山九曲之第五曲。陶山书院成为第五曲之后,东边的月澜庵即为第六曲,陶山西边的汾川成为第四曲,由此可见,陶山图正确标注了日后构建的陶山九曲之第四、第五和第六曲。

其四,是陶山九曲具备了能够荡船吟唱"棹歌"的河流,这也是陶山九曲区别于其他九曲的地理特征。

六、结　　语

本文主要介绍绘制李滉藏守游憩之地的《陶山图》和陶山九曲的构建过程。

首先,陶山作为潜心学问和陶冶心性的最佳之地,李滉选址于此,主要是对朱子之意趣之遵循,但不曾经营九曲。对此,李滉未曾阐述具体原因,现在看来似乎是不太关心对九曲的效仿。鉴于此,17 世纪开始,李滉的后学们关注的也是陶山图而不是陶山九曲图。

其次,陶山图与武夷九曲图之间的渊源。16 世纪,和性理学一同传入朝鲜朝的武夷九曲图,成为朝鲜朝士林心目中理想乡的化身。随之,朝鲜朝各地前后出现过很多武夷九曲图,其中技法最为高超的则是 1591 年由当时著名画家李成吉创作的《武夷九曲图》,李滉收藏并撰写跋文的《武夷九曲图》现藏于岭南大学校博物馆,为 1564 年(明宗十九年)所作,可能是岭南地区流行的样式。现存陶山图当中,绘制时间最早的则是创作于 1700 之前的延世大学校博物馆所藏《李文纯公陶山图》。该图以陶山书院为中心描写全景,成为日后陶山图的典范和基本样式。该图又是借用岭南大学校博物馆所藏《武夷九曲图》的形式设置陶山实景的实景山水画作。该图已经摆脱了对武夷九曲图的摹写,凸显画家的创作个性,但与武夷九曲图之间在形式和意境联系还是非常密切。

其三,18—19 世纪的陶山图中,受李澂之托,姜世晃创作于 1751 年的《陶山书院图》是根据当时的摹写本再创作的画作。而画家强调的不是画面中的各处景观,而是纳入画面中的人物。启明大学校所藏《陶山图》注重描写遗迹而有其意义。该图强调陶山不仅是李滉私人的隐居之地,更是陶山师门的根据地。

　　其四，朝鲜朝九曲中，最早的则是李珥的高山九曲，而高山九曲图的绘制时间为 17 世纪后半叶。宋时烈等西人老论系士林主导并完成的《高山九曲图》，主要用于强化学派的凝聚力、宣扬学派的正统性。私人的九曲构建始于 16 世纪的李珥，继之则通过老论系士林的持之以恒的传承得以延续至 18 世纪。其间，岭南学派士林的九曲构建一直处于静默状态，直至 18 世纪后半叶，以郑述的武屹九曲为序曲开始构建。

　　在 18 世纪后半叶，陶山九曲开始在云岩至清凉山地段构建。包括李颐淳在内的李滉的后孙和后学成为构建主体，他们构建陶山九曲的标准就是李滉交友过的名士隐居之地、李滉的遗迹故地和周边的秀丽景观。在注重上述三点之外，还兼顾了陶山九曲与武夷九曲之间的地理、逻辑关联，以此来宣扬岭南学派的正统性，构筑岭南学派的系谱。

　　陶山图则在李滉去世 100 余年之后得以绘制，再过 100 余年之后的 18 世纪后半叶，陶山九曲得以构建。再后的 100 余年间，这种努力一直延续在其后孙和后学身上，直至 19 世纪，陶山图的创作未曾间断。

韩国九曲文化研究现状与课题

——以九曲经营与九曲诗为中心

◎ 李钟虎

（韩国安东大学汉文学科教授）

一、序　言

　　近代之前，一直隶属于汉字文化圈的我国至今也很难断言脱离于这一文化圈。由此可见，中国文明（文化）影响之深远。而最能体现汉字文化之特性的就是"八景"和"九曲"。所言"八景"就是代表某一地域风景的八处景观，所言"九曲"则是拥有九个弯道的河流，"八景"显示出的是"点"的静止之美，"九曲"显示出的是"线"的运动之美。尽管"八景"和"九曲"均为自然之美，但是朝鲜朝的士林对其加以区别对待，尤其是对"九曲"予以性理学的阐释和理解。这主要源于"九曲"源自于朝鲜朝性理学者追崇的理学宗师——朱熹。

　　朱熹前后隐居于武夷精舍七年时间（1183—1189），在培养后学的同时，吟咏《武夷精舍杂咏》，歌颂武夷山水之美丽景致。在此过程中，朱熹对武夷九曲的发现可谓是一件历史性的事件，他乘船棹歌，创作出包括《武夷棹歌》在内的诸多山水诗。对朱熹而言，《武夷棹歌》可能是一部不经意间的作品，但是与诗人的本意毫无相关的是，该首组诗自从高丽晚期朱子学传入朝鲜朝以来，成为众多性理学者探究和讨论学问的对象，尤其是到了 16 世纪之后，该组诗成为包括退溪李滉等学者理解朱子文学和思维的重要一环。由此，整个学界和文坛不仅兴起一股《武夷棹歌》次韵诗创作之风，而且如何理解《武夷棹歌》才是正确，成为当时学者争论的焦点。①

韩国九曲文化的构成要素主要有三点：首先是九曲之设置，其次是九曲诗、杂咏、精舍纪文之创作，再次是九曲图之绘制。综合上述三者乃至予以具体说明的就是类似于《武夷志》形式的文化地理书。这类书籍记载着历代积累下来的有关九曲的传说和作品，以及各方面的丰富信息。退溪李滉也不例外，他把清凉山和陶山为中心形成的九曲文化编辑成《清凉山志》或《陶山志》。②

本文以已有的研究成果为基础，以九曲园林的经营和九曲诗创作为中心，将对朱子的武夷九曲在朝鲜朝如何被接受和解释，乃至所产生的文化现象予以阐述。

二、九曲文化研究现状——以九曲诗歌为中心

韩国有关九曲的研究，始于 20 世纪 80 年代初期，主要源于对九曲诗和九曲图的关注。综合目前研究成果，可知朝鲜朝最初的九曲园林为朴龟元（1142—1506）的古射九曲（位于密阳）、朴河淡（1479—1560）的云门九曲（位于清道）③和《海东杂录》所载的曹伸（1454—1529）的伽倻九曲（位于合川）。

纵观上述三人的学缘关系，均与岾毕斋金宗直之间有着密切关联，朴龟元、曹伸与金宗直是师友关系，朴河淡则为己卯士祸之后集中体现士林意识的学者，可见九曲园林之经营与岭南士林之间的密切联系。进入退溪李滉时代，朝鲜朝的九曲文化迎来崭新局面。16 世纪之后，畿湖地域士林的积极参与也引人注目。

朱子学传入朝鲜朝之后的 16 世纪，士林群体对《武夷棹歌》的解读主要分为两种：首先认为《武夷棹歌》乃道学之诗意描述，其意境为"入道次第"；其

---

① 卢在贤：《九曲园林之源流，中国武夷九曲之文本特性——在国内传承为中心》，《韩国传统造景学会学刊》，韩国传统造景学会，2009 年，第 6～36 页。
② 李钟虎：《韩国九曲文化研究现状与课题》，《安东学研究》2011 年第 10 期，韩国国学振兴院，第 16 页。
③ 金文基：《陶山九曲诗的作品现状与创作倾向》，《退溪学与韩国文化》，庆北大学校退溪研究所，2009 年，第 45 页；金文基：《庆北的园林与陶山九曲诗考察》，《退溪学与韩国文化》，庆北大学校退溪研究所，2008 年，第 43 页；金文基：《退九曲与退溪九曲诗研究》，《退溪学与韩国文化》，庆北大学校退溪研究所，2008 年，第 42 页。

次主张《武夷棹歌》乃因物起兴之结果。这种截然不同的解释,主要源于《武夷棹歌》之第九曲:

> 九曲将穷眼豁然,桑麻雨露见平川。
>
> 渔郎更觅桃源路,除是人间别有天。[1]

其中对"桑麻雨露"和"别有天"这两个诗语的理解可谓截然相反。主张《武夷棹歌》乃道学之诗意描述的论者认为,"桑麻雨露"为"道之本体",是下学而上达之境界,"别有天"则为"胜景处"或"理想乡"。而主张《武夷棹歌》乃因物起兴之结果的论者则认为"桑麻雨露"仅为平凡之境界,"别有天"也只是第九曲之自然景观而已。上述二大阵营的典型代表则是赵翼(1579—1655,号浦渚)和奇大升(1527—1572,号高峰)。但是最让人感兴趣的则是退溪李滉的态度。退溪李滉阅读完《武夷志》之后,创作《武夷棹歌》次韵诗,其中的第九曲前后写了两次。第一次次韵诗的第九曲的意境主要依据《武夷棹歌》的注释,但是退溪李滉觉得该注释未能把握好朱熹的原意,随之对其进行修改。对这两次创作和修改,朝鲜朝士林又进行截然不同的解读,或者认为退溪李滉的第九曲是对道学之妙理吟咏,或者认为是对自然景观的吟诵。究其原因,主要源于朱熹的创作本意和读者的理解结果有可能错位的退溪李滉的结论。具体而言,退溪李滉认为,作为后学,我们可以"穿凿"到朱熹本然的想法,但是同样应该尊重读者心中有别于作者的那种感受。[2] 退溪李滉所作两次次韵诗如下:

> 九曲来时却惘然,真源何许只斯川。
>
> 宁须雨露桑麻外,更问山中一线天。
>
> 九曲山开只旷然,人烟墟落俯长川。
>
> 劝君莫道斯游极,妙处犹须别一天。

如此,退溪李滉未曾把第九曲的意境限制于"入道次第"或单纯写景,给读者留下自我解读的余地。

而栗谷李珥则将《武夷棹歌》编入其中国诗歌选集《精言妙选》中表现"闲美清适"美感的作品集——《亨字集》。"闲美清适",顾名思义就是闲适、清

---

① 在此,"除是"可作两种解释,其一为"或者"或"必然",这时后续的"别有天"可解释为"人间世界";其二为"不是",这时后续的"别有天"可解释为"桃花境"。

② 李滉:《书·答金成甫·别纸》,《退溪集·退溪先生文集》卷十三,首尔:景仁文化社,1986—2009年,第348页。

雅、沉着、满足的诗意境界，而世俗的权势与名誉、荣华与富贵等，与其距离深远，这正是包括栗谷李珥在内的士林心目中的理想境界。

随着对《武夷棹歌》的多种解释的深入，朝鲜朝各地开始出现九曲园林和九曲诗。有关九曲诗系列诗歌的研究早已成果斐然，综合起来如下。首先是对16世纪至20世纪期间创作的九曲诗的整体面貌的研究。其中代表性的研究就是根据岭南学派士林和畿湖学派士林创作的九曲诗歌的系谱研究。[①]若言退溪李滉曾对陶山园林的设想，为朱子的《武夷棹歌》创作次韵诗对后来的岭南学派的九曲诗创作产生绝对性的影响，那么，栗谷李珥实际经营着高山九曲园林，创作《高山九曲歌》，成为之后畿湖学派九曲歌系诗歌之标志。后人常常把退溪李滉和栗谷李珥的九曲诗加以比较论述，若言退溪李滉的九曲诗具有温柔敦厚之美，那么，栗谷李珥的九曲诗则有清明洒落之风，而后人更钟情于栗谷李珥的九曲诗的深层次理由则是其所用语言。栗谷李珥的九曲诗不像退溪李滉的汉文九曲诗，而是用谚文（即古代韩文——译者注），所以一向被韩国学界捧之为体现韩民族主体性的九曲歌系诗歌之典范。下面将《高山九曲歌》之序曲、第一曲和第九曲移录于下：

　　　　高山九曲潭，世人未曾知。诛茅来卜居，朋友皆会之。
　　　　武夷仍想象，所愿学朱子。
　　　　一曲何处是，冠岩日色照。平芜烟敛后，远山真如画。
　　　　松闲置绿樽，延仁友人来。
　　　　九曲何处是，文山岁暮时。奇岩与怪石，雪里埋其形。
　　　　游人自不来，漫谓无佳景。

到了17—18世纪，借以《武夷棹歌》的次韵诗表达对朱熹的尊崇之意的潮流逐渐淡化。此时的士林，开始更加重视集结各自所属的党派，九曲诗的创作也以各党派的象征性引领人物为中心予以展开。在这个意义上，此时的九曲诗创作，与其说是抒发情感、描述自然，不如说是党派之集结和运作之手段。《高山九曲诗》则在这种背景下诞生。作为党争期政治纷争之产物，《高山九曲诗》是一首具有浓厚西人系党派意识的作品。这首组诗由尤庵宋时烈具体指导、其文人权尚夏为主轴集体完成的作品。具体而论，参与该组诗的创作团队的成员有宋时烈（号尤庵）、金寿恒（号文谷）、宋奎濂（号霁月）、郑澔

---

①　金文基：《九曲歌系诗歌之系谱与展开洋相》，《国语教育研究》23，国语教育学会，1991年。

（号丈岩）、李畬（号睡谷）、金寿增（号谷云）、金昌翕（号三渊）、权尚夏（号遂庵）、李喜朝（号芝村）、宋畴锡（官校理）等,这 10 人均为老论之核心人物。宋时烈奉朱子和李珥为宗主,对朱子学提出任何"一字质疑"者,均斥之为"斯文乱贼"。宋时烈之所以召集一干人集体创作九曲诗,其目的主要是为了捍卫栗谷学的正统性,以期加强党派的凝聚力。由此,《高山九曲诗》的创作焦点集中在凸显栗谷李珥的伟大之处。主持该组诗集体创作的权尚夏尤为重视学统的纯洁性,在挑选该创作团队成员时的首要条件就是对栗谷学说的无条件尊崇,毫不客气地排除具有异见之人。

《谷云九曲诗》也是同样意义上的产物。谷云九曲创建者金寿增（1624—1701,号谷云）在当时的江原道春川府史吞建构笼水精舍,经营九曲,并于1682 年邀请画家曹世杰绘制《九曲图》。过了 10 年之后,金寿增自己创作序曲和第一曲,再令自己的子侄们创作余下诸曲,具体是由儿子金昌国、金昌直、金昌集,侄子金昌直、金昌协、金昌翕、金昌业、金昌缉和外孙洪有人等各自创作一首。如同《高山九曲诗》一样,《谷云九曲诗》也是政治意味浓厚的作品。这主要源于金寿增艰难的仕途。金寿增在隐居谷云九曲之前,曾多次经历因政治风波导致的下狱,身心极度疲惫,最终下定决心隐居。作为朝鲜朝晚期的名门望族,安东金氏其命脉主要源自金寿增之父——清隐金尚宪,而该家族又是当时西人老论派的中坚家族,作为清隐金尚宪的长房长孙,金寿增对自己的家族具有与生俱来的自负和自豪。鉴于此,他同样肩负着远离政治、维护家门荣誉的重担,这正是金寿增隐居谷云九曲、经营谷云九曲的最为直接的动力。由此可见,《谷云九曲诗》的创作正是作为加强家族成员的凝聚力、提高家族声望的重要步骤,在金寿增的亲自参与和具体指导下予以完成。

韩文连时调形式的九曲诗歌中,最为引人注目的则是权燮（1671—1759,号玉所）的《黄江九曲歌》,[①]是诗人在 82 岁时,为纪念其伯父权尚夏（1641—1721,号遂庵）而作的时调。黄江是位于忠清北道堤川市寒水面的一条河流,也是诗人隐居 40 余年之处。《黄江九曲歌》以《高山九曲歌》为范本予以创作,这一点则是毫无疑问的。诗人以《黄江九曲歌》这一诗歌的形式来确认按栗谷李珥、尤庵宋时烈、遂庵权尚夏的程序延续下来的学脉,以此来悼念伯父

---

① 李相元:《道统歌与黄江九曲歌创作背景之政治背景》,《韩民族语文学》,韩民族语文学会,2003 年;张正柱:《黄江九曲歌之创作背景与构成方式》,《诗调学论丛》21,韩国诗调学会,2004 年。

权尚夏。不过,该组诗尽管处处歌颂道学者伯父的一生,但是同样蕴藏着诗人对大自然的浪漫描写和对以往岁月的怀古之情。壬辰倭乱之后,随着政局极度动荡的 17 世纪中后期,九曲诗创作逐步脱离性理学世界观和审美意识,趋于注重个体审美意识的倾向,多变的政治局面和白热化了的湖洛论争成为九曲诗创作的主要契机。而到了湖洛论争进一步加剧的 18 世纪后期,以正统派自居的湖论派权燮早已对被金昌协和金昌翕等西人派掌管的当朝政局感到危机感,以其始终不渝的使命感创作出《黄江九曲歌》。

学界普遍认为政治纷争最终导致当时士林对隐居生活的向往,而这种向往又是最终丰富九曲诗系列诗歌的变化洋相的主要原因。到了 19 世纪,九曲诗创作已经远离政治,主要是对自然景观的描述和个体情感的抒发。

上述的《高山九曲歌》和《黄江九曲歌》均为朝鲜朝畿湖学派西人老论派所属诗人的作品。18—19 世纪,尽管岭南学派诗人也曾经营九曲、创作九曲诗,但是其数量和成就远不及畿湖学派。尤其是以华阳九曲为中心的忠清道地方的九曲大都出自西人老论派后裔之手。

华阳九曲是由宋时烈设置,其门下权尚夏命名。华阳九曲所在地——华阳洞是充满着宋时烈"灭清尊明"思想之处,位于其中的万东庙和华阳书院等建筑物正是体现其思想的代表性建筑。华阳九曲曾经是畿湖学派的重心所在,在此宋时烈以主导舆论、摆布政局的方式,行使了强大影响力。传承宋时烈的华阳九曲,金平默(1819—1888,号重庵)和柳重教(1832—1893,号省斋)在加平玉溪洞经营九曲,不仅创作了《玉溪九曲诗》、《玉溪杂咏》、《玉溪山水记》、《玉溪九曲歌》等文学作品(《玉溪九曲歌》为韩文诗歌),还绘制《玉溪九曲图》。与柳重教的《玉溪九曲歌》相类似的歌词体九曲诗歌则有蔡宪的《石门九曲歌》和李道复的《骊山九曲歌》。

与代代相传的畿湖学派相比,一直不见起色的岭南学派的九曲经营,到了 18—19 世纪才有所转机。其中缘由目前难以推测,但是这种现象与退溪李滉未曾经营九曲这一结果不无关联。从另一个度,在海州石潭亲自经营高山九曲、创作九曲诗的栗谷李珥的所作所为成为畿湖学派理想典范也是有目共睹的事实。

从现有史料来看,退溪李滉曾经创作过《武夷棹歌》次韵诗,但是未曾实际经营陶山九曲,也未曾创作《陶山九曲歌》。其门生寒江郑逑也未曾经营九曲,同样只创作过《武夷棹歌》次韵诗而已。寒江郑逑的《武夷棹歌》次韵诗,后人称其为《武屹九曲诗》,其实就是次韵诗。既然上述二位大师所作为次韵诗,自然就是对武夷九曲溪的吟咏和对朱熹的仰慕之情,无从谈起对陶山九曲或武屹九曲的描写了。而现如今的学者视此二首诗为对陶山九曲或武屹九曲的吟咏,实在是对诗人和诗作原意的扩大解读。[①]

在精舍建设过程中,退溪李滉是通过《陶山记》阐述朱子九曲在朝鲜朝本土化之后的整体框架。精舍与九曲园林构建之要件在于创建隐居空间、设定主题与方式。具有合理的结构搭建和空间布局的九曲园林,成为士林潜心学问、悠哉隐居乃至陶冶心性之理想场所。在结构设置和空间布局的具体过程中,朝鲜朝士林一开始就可能模仿朱子九曲。有些九曲是先设置诸曲之后,再把精舍设置在九曲之中心;有些则是先设置精舍之位置,再上下拓展其他诸曲加以完成。笔者认为,退溪李滉选陶山为隐居之所的最为根本性的原因就是在此经营九曲、建设朝鲜朝本土化了的武夷九曲。这一点我们可以从《陶山记》初稿可见一斑。据琴辅(1521—1584)《陶山记考证》载:"乐山乐水,阙一不可,初本作武夷,所以为天下绝胜者,以中有九曲水也。"[②]

众所周知,退溪李滉当初称清凉山为"吾家山",对其十分钟爱,选其作为晚年隐居之所。但是他发现此处因四周山峰林立,无法引水过来,这种闭锁性是致使退溪李滉放弃清凉山转而选址陶山的根本性原因。因为无法做到背山临水,九曲经营就将成为一句空话。由此可见,在构建陶山书堂时,退溪李滉考虑最多之处就是如何使选址既背山又临水,而九曲经营则是之后的事情了。[③]

当时,退溪早已知道临河九曲等九曲之存在,[④]因此对自己创建九曲并不感到厌恶。由此可知,退溪似乎确实想自己构建九曲,其依据为《戏作七台三曲诗》。"戏作"一词,朱熹也在《武夷棹歌》中使用,从这一点我们可以知道退

---

① "几乎是同期,退溪构建陶山书堂,经营陶山九曲,创作武夷棹歌次韵诗,继之,退溪文人郑述构建武屹精舍,创作武屹九曲歌,由此形成岭南学派九曲歌系谱。"金文基:《九曲歌系诗歌之系谱与展开洋相》,《国语教育研究》23,国语教育学会,1991 年。

② 琴辅:《陶山记考证》,《梅轩集》卷二。

③ "'子之不居清凉,而居此何也'。曰:'清凉壁立万仞,而危临绝壑,老病者所不能安。且乐山乐水,缺一不可。今洛川虽过清凉,而山中不知有水焉。余固有清凉之愿矣,然而后彼而先此者。凡以兼山水,而逸老病也。'"李滉:《陶山杂咏并记》,《退溪集》卷三。

④ "五马期从九月秋,丁丁伐木远寻求。临河九曲因诗见,一棹何当上小舟。"李滉:《续内集·次韵星牧金伯纯见访》,《退溪文集》卷五。(《考证》临河九曲:临河县在安东府东三十里,镜浦台、寒松亭、白云亭、峨洋楼、松石亭、仙游亭、陶渊、毛老窟、双镜台,是为九曲。)

溪李滉曾经有过建构九曲的想法。

　　始于退溪李滉的岭南学派的九曲经营，在李衡祥（1653—1733）的《城皋九曲诗》中得以确认。李衡祥在庆尚北道永川一带构建隐居之处——浩然亭，经营城皋九曲。

　　到了朝鲜朝晚期，九曲文化被认为是西人老论系的专有物。尤其是忠清道槐山和庆尚北道闻庆地区成为九曲最为集中之地，而这两个地方均为老论系的地盘。有可能是受这些氛围的影响，一直是静寂无比的岭南学派就有李象靖（1710—1781，号大山）创建高山九曲了。尽管该九曲只有七曲，但在岭南学派九曲经营格局上，因其打破了18世纪中叶以前一直默默无闻的局面，而备受瞩目。

　　与李象靖几乎同时创建的岭南学派的九曲则有位于星州大伽川的武屹九曲。该九曲是为了缅怀恩师寒江郑逑，由其后学构建。1770年左右，武屹九曲基本构建完毕，1784年，则重修武屹精舍。为此，画家金尚真则以郑逑逍遥过的武屹洞天为素材，绘制完成《武屹九曲图》（10幅）组图。武屹九曲可分为三段：第一段为郑逑之成长之处、学习和讲学之地——第一曲槐渊书院和第二曲寒江台；第二段为游憩空间——第三曲至第六曲；第三段为避世空间——第七曲至第九曲。按理，武屹九曲之重心应该是武屹精舍，而让人不解的是该精舍不在第五曲，却在第七曲。这一直是学界探讨的话题之一。

　　除了上述九曲之外，还有李源祚（1792—1871，号凝窝）创建的布川九曲。李源祚在庆尚北道星州伽倻山以北布川溪流上游构建晚归亭，经营布川九曲，并且创作《武夷棹歌》次韵诗《布川九曲诗》，还绘制实景山水画作《布川九曲图》。如名所示，布川九曲不是为了缅怀自身所属党派先贤而建，因此李源祚的《布川九曲诗》始终具有较强的抒情韵味和对自然景观的热情描述。韩国诸多九曲对武夷九曲的最大的效仿就是第五曲的设置，常常把全曲之重心——精舍设置在第五曲。但是布川九曲与之不同，却把自身晚年隐居之所——晚归亭设置在第九曲。具体分析其原因，主要是受地理环境所限，换言之，布川九曲之第五曲或第六曲没有适合建构精舍之处，故此，李源祚只能把精舍建在第九曲。

　　除了李源祚创建的布川九曲之外，还有值得一提的九曲有石门九曲。石门九曲由权相一（1679—1760，号清台）的门徒，仁川蔡氏蔡宪（1715—1795）创建，位于庆尚北道闻庆地区山阳面和山北面一带。该九曲沿着锦川和大河川约9公里的河流蜿蜒流淌。石门九曲的构成如下：一曲弄清台，二曲舟岩，三曲友岩台,四曲壁立岩,五曲九龙坂,六曲潘亭,七曲广滩,八曲鹅川,九曲石门亭。

19世纪之后的九曲诗,大都表现抵御外来侵略者,抗拒日本占领的"斥邪卫正"运动、义兵的主题,九曲自然成为抗日独立运动的基地。比如位于全罗南道谷城圣出山清流洞的九曲由曹秉顺(1876—1921)创建,是朝鲜朝晚期高举"斥邪卫正"旗帜进行抗日独立运动和国民教育的根据地。李道复的《駫山九曲歌》是同样意义上的九曲诗。该九曲诗创作于1925年,诗人在借以对全罗北道镇安九曲的自然景观的描写,抒发了"3·1"起义失败的挫败感和日本统治下的亡国奴的国恨家仇。

三、九曲研究之课题

朝鲜朝九曲文化之外延非常宽泛。首先我们可以从建筑、造景等方面对九曲经营和精舍建设进行研究。在此方面的研究成果有对韩国儒家传统园林的历时性研究,[①]对九曲和八景显示出的韩国传统景观结构的研究,[②]对朝鲜朝隐居士林的山水经营和理想乡之考察,[③]对武夷九曲、高山九曲、半边九曲、德洞九曲、蘖溪九曲等的结构空间、景观结构、形态学特征的研究[④]等,均对多地九曲进行了多方位的研究,在对栗谷李珥或尤庵宋时烈等朝鲜朝中期

---

① 李殷昌:《韩国儒家传统园林研究》,《韩国传统文化研究》1988年第4期。

② 崔基洙:《对曲和景所显示出的韩国传统景观结构的解释研究》,汉阳大学校大学院硕士学位论文,1989年。

③ 金泰洙:《朝鲜朝隐居士林的山水经营和理想乡》,高丽大学校大学院博士学位论文,2009年;金水津、沈右京:《寒江郑逑的武屹九曲经营与理想乡》,《韩国庭院学会志》,韩国庭院学会,2008年。

④ 黄相赫:《半边九曲取乐空间构成——以安东川前至川谷之九曲为中心》,汉阳大学校大学院硕士学位论文,1988年;崔基洙:《德洞九曲传统结构结构解释》,《论文集》25,1991年;张东洙、任在哲:《蘖溪九曲之结构意义》,《韩国庭院学会志》25,2001年;金水津、沈右京:《高山九曲显示出的栗谷的景观意识》,《韩国传统造景学会志》,韩国传统造景学会,2005年,第23~24页;卢在贤:《中国武夷九曲之场所美学和河川形态学特征——国内九曲之间的比较》,《韩国传统造景学会志》26—4,韩国传统造景学会,2008年。

士林所构的九曲之空间、建筑美学特征进行研究①的同时，对九曲景观建设中所存在的有关问题提出建议，也有对以讲故事的形式阐述九曲歌的研究。②

其次是九曲歌中的生态思想研究。栗谷的性理学思维体系与生态学相通之处颇多。有些研究将《高山九曲歌》视为一首生态诗，探究其生态认识，以其四时循环和主客调和中显现出的共生、联系、循环为基本原理，研究其生态意义。③ 美学领域学者也将九曲视作朝鲜朝士林的理想乡，对其艺术表现予以研究。④ 其中最为印象深刻的是李相柱的有关构建九曲文化观光特区的主张。李相柱主张，将九个九曲集中于一处的忠清北道达川江流域整合为"九曲文化观光特区"，开发其山水观光和文化观光事业。

那么，九曲研究的今后课题有哪些？其实朝鲜朝的九曲文化一开始就以对武夷九曲的效仿为特征出现，这主要源于退溪李滉的主张。这种不同于高丽时期的形态，主要表现在深度揣摩朱熹的想法，以开放性的姿态理解《武夷棹歌》这一点上。效仿武夷九曲，按其形制构建本土九曲，这种想法对生活在不同时期、不同国度的退溪李滉而言可谓极为自然，是他让朱子的武夷九曲在朝鲜国度重新获得了崭新的生命。那么，现如今的我们，是不是应该向退溪李滉学习这种思维方法呢？我们有责任从已成为传统的九曲中发现和挖掘新的生命意义，这就需要我们思考如何使九曲在日常生活当中具有更多的现实意义。

首先，为了达到对九曲的整体认识，需要学界间的通力合作研究。文学界或美术史界，因强调对文本的依赖性而容易导致对田野调查的忽略，而建筑学界或者是造景学界，因较难运用文献资料而容易错过对九曲相关历时性

---

① 南昌根：《朝鲜中期精舍建筑之空间特性研究》，清州大学校，2001年；金娜来：《17世纪士林阶层的建筑倾向——以尤庵宋时烈的精舍经营为中心》，京畿大学校大学院硕士学位论文，2002年；江胜元：《绍贤书院反映出来的栗谷之建筑美学研究》，明智大学校大学院硕士学位论文，2003年。

② 卢在贤：《运用骊山九曲歌的马耳山胜景故事讲解策略》，《韩国传统造景学会志》27—1，韩国传统造景学会，2009年。

③ 金相津：《高山九曲歌之性理学生态意识》，《时调学论丛》，韩国时调学会，2004年。

④ 闵柱植：《朝鲜朝士林的美的理想乡——以武夷九曲之艺术表现为中心》，《美学》，韩国美学会，1999年。

脉络的把握。[①]

其次,着眼于九曲之当下意义,在兼顾九曲周边生态保护的基础上,多角度设计九曲的活用方案和可持续发展设想。

其三,现如今,遍布全国各地的九曲早已成为我们生活的一部分,早已是我们再熟悉不过的空间和景观,即便湾道不一定是九个,我们愿以九曲相待。因此,我们应该放弃自然景观和人文景观相互分离的近代思维模式,以共时性视角看待九曲,使之成为思考我们生存意义的场所和空间。

其四,九曲空间作为朝鲜朝士林独特的行动样式之表现,现如今如何投影至我们当下的生活方式当中?如何使这种投影成为当下国民理应追求的行动样式?为此,应该如何进一步挖掘和深度阐述这种投影的现实意义?这些问题值得我们深层次的思考和研究。

其五,组建九曲文化研究学会,集结各方研究力量,以期扩大研究范围。

其六,编撰九曲相关资料集。不仅要将各种资料按不同时期、不同地域、不同性质编辑成册,还要对现有的资料加以系统化、体系化,并附上适当的注释予以出版。

四、结　　语

寒江郑述在其《武夷志跋》中,称朱熹为"我朱夫子",在他眼里,朱子不再是外国人;星湖李瀷在《武夷图跋》中云"图其写真,诗便是画像赞,纤悉无遗",表现出在九曲图和九曲诗中寻见活生生的朱子的愿望。由此可见,九曲文化直接促使朱子学之朝鲜化,通过九曲文化的进一步展开,朱子成为朝鲜的朱子。

此文以走马观花的方式,梳理了目前为止在学界取得的有关九曲的研究成果,将其整理成概要,介绍争论焦点,以期寻找今后可研究的新课题。

本文未尽之处也不少。首先,是对围绕《武夷棹歌》的解释产生的论证,未能从共时性和历时性的视角予以把握。这可谓是一大憾事。其次,未能系

---

① 金水津、沈右京的论文《寒江郑述的武屹九曲经营与理想乡》(《韩国庭院学会志》,韩国庭院学会,2008 年)中,就有明显的错误,将寒江郑述的《武夷棹歌》次韵诗误认为是《武屹九曲诗》,并且将该诗与武屹九曲联系起来予以解读。为了防止类似错误的重复出现,学者间的共同研究和成果共享尤为显得急迫。

统阐述李滉至李野淳时代对陶山九曲创建的诸般过程。其三，也未能为九曲文化研究团体构建提出更为合理、科学的建议。在众多开发与保护的相争当中，艰难生存的九曲文化而言，可持续发展是当下面临的迫切命题，而未能就此提出行之有效的对应方案可谓笔者之能力有限所致，希有志之士进一步的探讨和指正。

退溪的自然哲学与诗作中的自然观①

◎ 李东翰

（韩国忠北大学名誉教授）

一、序　　言

众所周知,现代科学文明存在否定性一面是不可否认的客观事实,而这种否定性产生的思想背景是什么？本文的主旨就在于阐述这种思想背景。所谓现代科学文明之否定性一面,与其说是科学文明之本身,不如说是科学文明牢牢种植于现代人心目中的二元化思维方式和生活态度。具体而言,将"我"和"客观（自然）"视为具有相对意义的想法和生活态度导致自然环境、生态秩序的破坏和异常气候的发生等等。本文之目的就是为铲除这种否定性的一面来拯救地球,并寻求与之相应的哲学思想。而这种哲学思想之一就是退溪道学。在万物一体思想为基础的退溪道学,主张实践的内外一如（"内"为我,"外"为自然）和学行一如（学问和日常如一）,并加以生活化就是退溪的自然哲学,出于这种自然思想的生活方式就是退溪道学之特征。为此,本文将探讨以下五个方面的问题:首先,是探讨退溪哲学之最——《圣学十图》的自然哲学脉络;其次,了解万物一体思想的历史渊源,阐述宋代道学者们的自然思想;其三,退溪诗作中表现出来的有关自然思想和道学洋相;其四,退溪《武夷棹歌》次韵诗中表现出来的对自然的感兴;其五,退溪自然思想对我们

---

① 一般意义上的自然哲学是指运用对自然实体的形而上学的方法进行的本质探究,此时的人类被除外。但是本文所言自然不仅是客观自然事物,而且是包括人类的自然。

日常生活的启示。

二、《圣学十图》之自然哲学脉络

退溪将十句儒家至理名言收录在一起,取名《圣学十图》。《圣学十图》不是退溪的言论,更不是随意选择的儒家言论,这里蕴含着退溪的自然哲学思想。退溪以"敬"为核心,对哲学言论进行排序,给各幅图加以要点解释。

(一)《圣学十图》之体系渊源

《圣学十图》表现出的自然哲学脉络始于"无极而太极"命题开始的宇宙循环。

(1)《太极图说》

无极的爆炸成为宇宙变化的根源,因此取名太极。生命移至宇宙,宇宙移至无极;无极移至太极,太极移至万有;万有又移至太极,太极又移至万有。这种循环往返可谓完备。宇宙从无开始循环不断。

(2)《西铭图》

宇宙的所有存在(本质)自成为存在者(现象)开始,就成为宇宙的有机体,由此理一分殊和万物一体的哲学命题予以成立。

(3)《小学图》

狭义上的人间集团——个人和家庭,以克己复礼作为存在者的有机性本质意义。

(4)《大学图》

广义上的人间集团——社会和国家,以日进思想为基础结成,以和平和均衡与宇宙运行进行协调。

(5)《白鹿洞规图》

人类存在者的有机性中,理所当然地存在五伦和五教等道德力学。

(6)《心统性情图》

道德力学并非因外部干涉或压力而存在,是人类内心存在的意识之结果,这就称作敬。敬是主一无适和不容一物的矛盾体,更是相即的绝对化的心态,是至上意识。

(7)《仁说图》

敬的生活化就是居敬,这是从内省察自己,从外尊敬一切存在物,其根为仁,仁就是天地万物之心。

(8)《心学图》

将仁认识为根的至上意识——敬中,存在多种心相。

(9)《敬斋箴》

(10)《夙兴夜寐箴图》

日常生活中的居敬将空间化了的惟情惟一和时间化了的虚明静一作为心性的本质加以完成。

如上所述,《圣学十图》以《心统性情图》为中心,向上说明敬的背景,向下列举敬的现实体现。心主宰一身,至上意识——敬主宰一心,敬使个人个别化了的性情普遍化,最终形成与宇宙秩序相协调的均衡。

(二)《圣学十图》之体系归纳

退溪的敬工夫集中体现在《圣学十图》第九之《敬斋箴图》和第十之《夙兴夜寐箴图》:

敬斋箴图

(1)正其衣冠,尊其瞻视,潜心以居,对越上帝。

(2)足容必重,手容必恭,择地而蹈,折旋蚁封。

(3)出门如宾,承事如祭,战战兢兢,罔敢或易。

(4)守口如瓶,防意如城,洞洞属属,罔敢或轻。

(5)不东以西,不南以北,当事而存,靡他其适。

(6)弗贰以二,弗参以三,惟心惟一,万变是监。

(7)从事于斯,是曰持敬,动静弗违,表里交正。

(8)须史有间,私欲万端,不火而热,不冰而寒。

(9)毫厘有差,天壤易处,三纲既沦,九法亦斁。

(10)于乎小子,念哉敬哉,墨卿司戒,敢告灵台。

夙兴夜寐箴图

(1)鸡鸣而寤,思虑渐驰,盍于其间,澹以整之。

(2)或省旧愆,或紬新得,次第条理,了然默识。

(3)本既立矣,昧爽乃兴,盥栉衣冠,端坐敛形。

(4)提掇此心,皦如出日,严肃整齐,虚明静一。

(5)乃启方册,对越圣贤,夫子在坐,颜曾后先。

(6)圣师所言,亲切敬听,弟子问辨,反复参订。

(7)事至斯应,则验于为,明命赫然,常目在之。

(8)事应既已,我则如故,方寸湛然,凝神息虑。

(9)动静循环,惟心是监,静存动察,勿贰勿参。

(10)读书之余,间以游泳,发舒精神,休养情性。

(11)日暮人倦,昏气易乘,斋庄整齐,振拔精明。

(12)夜久斯寝,齐手敛足,不作思惟,心神归宿。

(13)养以夜气,贞则复元,念兹在兹,日夕乾乾。

综合分析上述两个部分的内容,《敬斋箴》为空间意义上的敬工夫,而《夙兴夜寐箴图》则是时间意义上的敬工夫。敬工夫进行到一定程度,自然会做到对内进行省察、对外珍惜万物,最终可达到万物一体的境界。这种境界的到达并不是随着知识的积累得以完成,而要靠修炼心性才得以完成。

三、道学者的万物一体观和中道

人类靠饮食生存,饮食是宇宙之产物,故此人类也是宇宙之产物,而宇宙中的所有存在也是宇宙之产物。从这个意义上,宇宙中的万物均为一体。这种逻辑,无须引用硕儒大师的言语也能自证。即便如此,在平常生活当中,我们常常把"我"和"客观"分离开来理解。这是正确的吗?不过,也有脑子里是认为"我"和"万物"为一体,但是实际行动却是另外一套的人。下面介绍对韩国道学产生极大影响的中国宋代程颐、程颢、张载、邵雍四人的相关观点:

明道程颐(1032—1085):

医书言,手足痿痹为不仁,此言最善名状。仁者以天地万物为一体,莫非己也。认得为己,何所不至?若不有诸己,自不与己相干。如手足不仁,气已不贯,皆不属己。故博施济众,乃圣人之功用。仁至难言,故止曰:"己欲立而立人,己欲达而达人。能近取譬,可谓仁之方也已。"欲令如是观仁,可以得仁之体。

伊川程颢(1033—1107):

圣人之心,未尝有在,亦无不在,盖其道合内外,体万物。

须是合内外之道,一天人,齐上下,下学而上达,极高明而中庸。

横渠张载(1020—1077):

天地之寒体,天地之帅,吾其性。民吾同胞,物吾与也。

世人之心,止于闻见之狭。圣人尽性,不以闻见梏其心,其视天下,无一物非我。

合内外平物我,此见道之大端。

天人异用,不足以言诚;天人异知,不足以言明。所谓诚明者,性与天道不见乎小大之别也。圣人之诚,天德也,故与天无异用。圣人之明,天明也,故与天无异知在圣者。性也,在天者。天道也,无小大之别也。

康节邵雍(1011—1077):

一物其来有一身,一身还有一乾坤,能知万物备于我。

圣人之所以能一万物之情者,谓其能反观也。所以谓之反观者,不以我观物也。不以我观物者以物观物之谓也,既能以物观物,又安有我于其间哉!

天人之际岂容针,至理何烦远去寻。

朱熹继承儒、佛、道相融合的思想潮流,特别是直接继承了二程(程颐、程颢)的思想,把自然、社会、人生、思维等方面的问题熔于一炉,构建其以"理"为最高范畴的思想体系……朱熹哲学的"理"是一个有多层含义的哲学范畴……朱熹哲学是我国古代哲学发展的最高峰……朱熹的"理"与道教的"元"一脉相承,他的"敬"字工夫和"灭人欲"思想,同道教的修心去欲、"主静""坐忘"有密切联系。由于朱熹以儒学为主体而融合佛、道,所以他的理学体现了儒、佛、道在理论上的进一步融合,因而可以说,朱熹理学的产生,是魏晋以来儒、佛、道融合的思想潮流发展的最高峰。[①]

乐山乐水是儒学大师们的普遍做法,朱熹也不例外,在《精舍》一首中朱熹吟道:

琴书四十年,几作山中客。一日茅栋成,居然我泉石。

这种物我一体、天人合一等思想,在退溪思想中表现为"理""气"合一的哲学上的中道概念。退溪理气论的思想背景也是万物一体说。"心合理气统性情"所言就是我们在日常生活当中理应遵守且付之于实践的中道。有理就有气,有气就有理,即理气为一,非二。不可以把理气二元分化,这是不可分割的一体,两者只是为了表述之便各自称为"理"和"气"而已。因此不能偏废其中任何一方,理应合二为一,退溪所言"理发而气随之,气发而理乘之"就是这个道理。

---

① 《朱子一生》,第63~72页。

四、退溪诗歌和生涯

笔者阅读王苏著、李章佑翻译的《退溪诗学》一书之后，写下如下感想：

退溪先生一生创作 2013 首诗歌，其诗歌创作从 15 岁开始到 70 岁去世为止一直持续着。退溪先生广泛学习和涉猎魏晋唐宋各时期的大量诗歌，其诗歌以陶渊明的诗情、杜甫的格律作为榜样，其思想继承朱熹的思想，其伟词和丽句则以苏轼为榜样。退溪诗歌具有四美：近体诗和古诗的形式美、平仄押韵的音乐美和声律美、丰富的内容美以及潇洒的风格美。退溪诗歌可分为六大类：表现思想意愿的言志诗、表现情感世界的述怀诗、表现乐山乐水之情和对事物的感怀的感事诗和以花卉、树木等自然物为描写对象的咏物诗。尤其是退溪的咏梅诗在其咏物诗中占据重要份额，故另分为一类。退溪的诗歌还有一个作用，那就是教育意义。具有这类作用的诗歌可分为直言哲理的理言诗、表现宇宙和人生真理的理趣诗、表现冥想世界的超越诗。

总而言之，退溪是通过自己的诗歌向人们展示他的"道"，从这个意义上，诗歌就是退溪生活的重要组成部分。退溪坐着有坐的时候的诗，站着有站的时候的诗，听的时候有听的诗，看的时候有看的诗。无论在睡眠中还是醒悟，他都有诗陪伴。所谓"语墨动静一切处均有诗"，诗歌与退溪是无法分开的一体，离开诗歌无法想象退溪。但是我们不能评价为"退溪是诗人"，因为他写诗不是为了传诗作给后人，而是生活本身就是诗，生活本身就是道，只是把生活、道表现为诗歌而已。退溪是以诗明道，因此将退溪诗歌作为研究其哲学思想的窗口是再恰当不过了。

五、退溪诗中的自然观

高令印云：退溪既是一位道学家，又是一位大诗人。"退溪留下的诗歌超过杜甫、李白，乃至朱子等著名诗人的诗歌。"[①]王苏在其《退溪诗学》一书中也云："退溪擅长诗歌，但是始终未以诗人自居，因为其高远的志向，不想以艺留

---

① 《李退溪与东方文化》，第 178 页。

名。退溪生前很少教人诗歌创作,也极少言及诗歌理论。"

不过,退溪的诗歌装载的是他的一生、他的思想、他的喜怒哀乐。下面选取几首退溪创作的诗歌,阐述其思想和自然观:

马 上

朝行俯听清溪声,暮归远望青山影。

朝行暮归山水中,山如苍屏水明镜。

在山愿为栖云鹤,在水愿为游波鸥。

不知符竹误我事,强颜自谓游丹丘。①

这首诗,写在退溪出任丹阳郡守期间。退溪对大自然的热爱到了"泉石膏肓"和"烟霞疾"的程度,表现愿与大自然融为一体的迫切愿望。

退溪在 49 岁那年的 9 月,向监司提交辞去丰基郡守一职的辞职书,但未能获准,退溪不顾这些,毅然决然地回到故乡溪山,下面的《退溪》就是这时候创作的诗:

退 溪

身退安愚分,学退忧暮境。

溪上始定居,临流日省省。②

此诗很短,但却反映退溪的一生,最后一句乃是退溪心学之核心描述。最后一句中的"省"即"省察",其中"省"指"内查","察"指"醒悟";"省"指内查眼下这一瞬间我之心的动静,"察"则指有意识地感觉我之心的活动方向。省察眼下这一瞬间我之心的动静,就是对心性的左之右之的过程,而这种心统性情,正是通往性理学心学目标之路,这种"省"也是退溪一生研磨的心性工夫。

退溪每天早上早起,洗脸、整齐衣冠之后,进入冥想。儒家称冥想为静坐,退溪的一天就是从这一静坐开始。对此,《退溪先生言行录》有载:

平居未明而起,静坐一室,竞存研索,有若泥塑。然及学者有问毫分缕析,洞然无疑,虽至愚之人,皆有所感发而兴起焉性传。③

据《退溪先生言行录》记载,退溪一天静坐时间很长,其余时间大部分用于读书和弟子们之间的对话,他极其克制睡眠时间,一有时间就静坐。退溪

---

① 《退溪文集》卷一。

② 《退溪文集》卷一。

③ 《退溪先生言行录》卷二。

一生 70 年就是寸阴贵千金,其庞大的著作就是很好的例证。

净友塘

物物皆含妙一天,濂溪何事独君怜。

细思馨德真难友,一净称呼恐亦偏。①

任何事物都有个性,都有各自的世界和存在的意义,这就是万物平等之意。换言之,任何存在均为宇宙之重心。我们应该注意上述诗句当中的"妙一天"之"妙":"妙一天"乃"共一天"和"各一天"之合成。"妙"乃老子好用之概念,是具有哲学意味的反概念。上述所言"平等"并非普通意义上的"平等"。具体而言,万物存在于一个宇宙之内(共一天),但它又是各自具有自身的世界(各一天),表面上它们各自为各一天,但在本质上它们是共一天。

在这个意义上,退溪唯恐一个"净"字导致"偏",故此将起句和结句各自写成"物物皆含妙一天"和"一净称呼恐亦偏"。这就是退溪是平等思想。这种平等不同于普通意义上的平等,理应称之为"而平等",即"但平等"之意,就是现实世界中是不平等,但(而)本质上是平等的意思。

周敦颐号濂溪,酷爱莲花闻名,其《爱莲说》云:

……予独爱莲之出淤泥而不染,濯清涟而不妖,中通外直,不蔓不枝,香远益清,亭亭净植,可远观而不可亵玩焉。予谓菊,花之隐逸者也;牡丹,花之富贵者也;莲,花之君子者也。……

同样,退溪也在陶山书堂开挖莲塘,种植莲花,取名"净友塘",该塘现在还在陶山书院一角。上述《净友塘》乃退溪为此塘所写,与上述绝句《退溪》一同,可谓退溪"敬哲学"的诗意的表现。诗中表达了"在内不断省察自己,在外尊敬一切存在"的敬思想,表达了敬所蕴含的省察、觉醒和仁爱、平等,以及关爱他人的"恕"。

夜

月映寒潭玉宇清,幽人一室堪虚明。

个中自有真消息,不是禅空与道冥。②

这是《山居四时各四吟·共十六绝·右秋四吟》之第四首《夜》,其中"禅"和"空"为佛教的代表性思想,"冥"意味着道教。从这个意义上,"真消息"可以理解为佛教或者是道教方面的消息。有些论者将其解释为"绝对不是禅空

---

① 《退溪文集》卷一。

② 《退溪文集》卷一。

与道冥"，这种解释语法意义上的解释的正确，但是如此解释就变成"唯我正确、他人均错"的偏激结果。若论退溪平日里的人品和一贯的思想，这种绝对性的解读未免有些牵强，是不是应该将诗句中的"不是"解释为"是不是"更为合理？世界上的逻辑无数，为什么一定是"唯我正确、他人均错"呢？这是退溪的一贯主张。

山寺暮钟

薄暮禅居隐翠峰，钟声来自有无中。

倩工欲画烟钟景，其奈声声入太空。①

《山寺暮钟》是《次韵集胜亭十绝》之第二首。在去世时的 70 岁那年，退溪共创作 88 首诗，上述《山寺暮钟》正是其中之一。其中"钟声来自有无中"的"有无"既不是"有"，也不是"无"，让人联想起佛教"缘起法"的氛围。钟声并非固定不变，在集钟、敲钟人、听钟人等众多条件为一处的前提下，钟声作为客观现象才能存在。但是当上述诸条件缺一时，这种客观现象不复存在。在这种意义上，钟声并非永恒不变，这就是佛教的缘起法。

岩栖读启蒙示诸君·二首(二)

七十居山更爱山，天心易象静中看。

一川风月须闲管，万事尘埃莫浪干。②

诗中诗人写到：大自然的奥秘应该努力去学习和体会，但大可不必"万事尘埃莫浪干"，我 70 岁人生，可谓世上万事皆空，唯有大自然才最真实。这首诗在其意境上，与退溪 19 岁时创作的《野池》颇为相似：

野　池

露草天天绕碧坡，小塘清活净无沙。

云飞鸟过元相管，只恐时时燕蹴波。③

对比阅读这两首诗，我们就可发现贯穿退溪一生的对大自然的关注和热爱，这种关注和热爱可谓一如既往。18 岁到 70 岁，这可是跨度很大的岁数，但退溪对大自然的关注未曾减退，充满要节制"人欲"和涵养"本性"的追求，因为人的过度欲望无非是虚无如梦。

① 《退溪文集》卷三。
② 《退溪文集》卷五。
③ 《退溪文集》卷一。

次友人寄诗求和韵·二首

岁月仍迟暮,风尘几往回。亲朋非有问,怀抱讵能开。

我愿长闲得,君思渐退来。古人犹尚尔,况复最非才。

性僻常耽静,形羸实怕寒。松风关院听,梅雪拥炉看。

世味衰年别,人生末路难。悟来成一笑,曾是梦槐安。①

岁月如梭,人生如梦。昨天已经过去,自然如梦,明天还没有到来,自然如梦。实实在在存在的唯有今天,但今天也在马不停蹄地流逝,可谓光阴不待。在退溪诗中,经常出现类似于人生如梦的诗语,但他认为无法放弃这种梦,梦里生活、梦里死亡,梦是不可避免的,因此应该有梦,为了某一瞬间竭尽全力,然后从梦中醒来,不要留恋于梦中境界。退溪在信中对向他诉说世俗痛苦的南时甫如此说:

> 其治药之方,公所自晓。第一须先将世间穷通得失荣辱利害,一切置之度外,不以累于灵台。既办得此心,则所患盖已五七分休歇矣。如是而凡日用之间,少酬酢,节嗜欲,虚闲恬愉以消遣。至如图书花草之玩,溪山鱼鸟之乐,苟可以娱意适情者,不厌其常接,使心气常在顺境中,无咈乱以生嗔恚,是为要法。②

一生贫穷的退溪对自己的梦也倾尽全力,从中找到生命的意义,但又不限于此,努力超越这些:

寒粟潭

瘦马凌兢越翠岑,俯窥幽壑气萧森。

清游步步皆仙赏,怪石长松满碧浔。③

这是一个"幽壑气萧森"的世界,因此"清游步步"时,自然"皆仙赏",退溪在这首诗中描述的是洛东江上游的一处景观,这里的"满碧浔"的"潭"周边处处都有"怪石"、"长松"。

弥川长潭

长忆童时钓此间,卅年风月负尘寰。

我来识得溪山面,未必溪山识老颜。④

---

① 《退溪文集》卷三。

② 《退溪自省录》。

③ 《退溪文集》卷一。

④ 《退溪文集》卷一。

被世俗诸事缠绕已有三十余载,故退溪担心"我来识得溪山面",而溪山"未必识老颜"的窘境的发生,退溪希望的是眼前的大自然也如同自己一样了解自己。

月澜台

高山有纪堂,胜处皆临水。

古庵自寂寞。可矣幽栖子。

长空云乍卷,碧潭风欲起。

愿从弄月人,契此观澜旨。[①]

在此诗中,退溪成为自然的一员,欣赏自然,包括我自己在内的一切就是大自然,我和大自然成为一体。

白云洞,旧呼船乎知,乃乡音之误也

青山绿水已超氛,更著中间白白云。

为洗乡音还本色,地灵应许我知君。[②]

秀丽的山水让人忘记世俗的烦恼,在这大自然中,我和生命的根源——大自然共同呼吸、共同思考,从此我抛弃人欲,进入天理,地灵和人灵原本就是一体。

丹砂壁

下有龙渊上虎岩,藏砂千仞玉为函。

故应此境人多寿,病我何须劚翠巘。[③]

大自然给我们"多寿",损毁大自然的景观如同"病我"一般,大自然原本的样子就是她们固有之美。

葛仙台

丹砂南壁葛仙台,百匝云山一水回。

若使仙翁今可见,愿供薪水乞灵来。[④]

葛仙台的景观可谓秀丽无比,致使退溪若"今可见""仙翁",就"愿"向"仙翁""乞""葛仙台"。

---

① 《退溪文集》卷一。

② 《退溪文集》卷一。

③ 《退溪文集》卷一。

④ 《退溪文集》卷一。

游太子山盘石

数层莹净石成洼，寒水粼粼縠漾波。

绿树两边遮白日，幽香时度隔溪花。[①]

大自然就是我，终日坐在盘石之上，感受如同在家，怎会有回家的想法呢？我身上的波长和宇宙的波长相互协调，最早达到无我境界。

约与诸人游清凉山，马上作

居山犹恨未山深，蓐食凌晨去更寻。

满目群峰迎我喜，腾云作态助清吟。[②]

山是人，林也是人，这是因为山、林的心性和人的心性相同的缘故，因此"满目群峰迎我喜"，同样我也难以抑制迎接"满目群峰"时的喜悦之情，"游清凉山"的"诸人"和大自然成为物我一体之境界。

六、武夷九曲次韵诗

退溪的武夷九曲次韵诗十首，创作于47岁时的4月。退溪未曾亲临武夷山，但是仔细品读这首组诗，我们可以体会到退溪对武夷山诸景的真切感受：

闲居读武夷志次九曲棹歌韵十首

不是仙山诧异灵，沧洲游迹想余清。

故能感激前宵梦，一棹赓歌九曲声。

我从一曲觅渔船，天妍依然瞰逝川。

一自真儒吟赏后，同亭无复管风烟。

二曲仙娥化碧峰，天妍绝世靓修容。

不应更觊倾城荐，闾阖云深一万重。

三曲悬崖插巨船，空飞须此怪当年。

济川毕竟如何用，万劫空烦鬼护怜。

四曲仙机静夜岩，金鸡唱晓羽毛毵。

此间更有风流在，披得羊裘钓月潭。

当年五曲入山深，大隐还须隐薮林。

---

① 《退溪文集》卷一。

② 《退溪文集》卷一。

拟把瑶琴弹夜月,山前荷蒉肯知心。

六曲回环碧玉湾,灵踪何许但云关。

落花流水来深处,始觉仙家日月闲。

七曲撑篙又一滩,天壶奇胜最堪看。

何当唤取流霞酌,醉挟飞仙鹤背寒。

八曲云屏护水开,飘然一棹任旋洄。

楼岩可识天公意,鼓得游人究竟来。

九曲山开只旷然,人烟墟落俯长川。

劝君莫道斯游极,妙处犹须别一天。①

七、结　　论

　　客观存在的大自然和我们人类不是二元化的存在,是合二为一的一体。这是贯穿朱子理学和退溪敬学的共同思想。认为客观存在的大自然和我们人类是二元化的存在,主要源自人类自身的主张,而其本质始终是二为一的一体。在我们人类的主观意识当中,"我"的存在始终有别于"大自然",故此形成二元对立的结构。但是从存在的实际来看,作为"内"的"我"和作为"外"的"大自然"是无法分离的一个整体,所谓的"内外一如"就是这种意思。这种观点,朱子在《小学》中也有阐述:"穷理修身,斯学之大。明命赫然,罔有内外。"②即便如此,日常生活中的我们,常常不顾这些,常常认为"我"和"大自然"是二元化的存在,常常生活在主观和客观相互分离的世界。

　　其实,"我"和"大自然"成为合二为一之后,我们的生活原本也应该成为一元化的世界。但是结果并非如此,人们对世界的认识还是停留在二元世界的层面,故此地球各地所发生的种种环境污染的事实也是不可否认的现实。我们生存的地球不再是"我"和"大自然"相互分离的二元世界,这个地球就是"我"的身体,是"我"的心性。对这种世界,如果不从物理学和哲学的角度加以分析,即便认识到"物我一体"境界的重要性也很难有具体的实践,我们生活还是按照"我"和"大自然"相互分离的二元世界的轨迹运转。从这个意义

---

　　① 不少学者将《武夷九曲诗》的意境解读为"入道次第"之境界,但退溪对弟子们云,武夷九曲诗就是对武夷九曲秀美景观的描写。《退溪文集》卷一。

　　② 《小学图》,《圣学十图》第三。

上，我们不能继续沿着科学文明一边倒的方向前进，应该以万物一体思想武装自己。

有关万物一体的思想，只靠体会远远不够，应该努力在日常生活当中将其日常化。为此，我们不应该单单注重知识和学问为主的学习，更应该注重身心修炼乃至生活化，做到"学行一如"，这正是退溪道学精髓所在之处，也正是"居敬"①工夫所在。

① "居敬"：从内时时刻刻省察自己的存在（心身之动静），从外尊敬一切存在物。这种概念是笔者在学习《圣学十图》的研究中得出的结论。

建设实践儒学儒教文化圈的构想和建议

◎ 朴璟焕
（韩国国学振兴院首席研究员）

一、世界化时代的文化

现如今，我们生活的时代是在政治领域和经济领域，国家与国家之间、地区与地区之间的一体化日益加速的时代。随着电子通信技术的高度发展和网络的迅速普及，我们所处的时代成为越来越被普遍性所支配的时代了。欧盟的出现正是这种趋势一个很好的例证，我们日常使用的"地球村"一词也从另一方面很好地说明了这一时代具有的共同特征。

不过，在这种一体化和普遍性的潮流中，有一种领域的存在引起了我们的注意，那就是对固有性和特殊性的重视。文化就是属于这一领域。一个地区或者是集团的文化均具有其固有性，这种固有性不仅是形成同一文化圈的整体性和连带感的基础，还可为加强各种文化产业领域的差别化竞争提供有力支撑，因此备受人们的关注。

我们常常称自己为文化民族，而这个世界上不存在没有文化的民族。论我们韩国的地理位置，自古就位于大陆中国和海洋日本之间。我们在保持自己的固有语言和习俗的同时，未曾被这些国家文化同化。我们从中国接受众多文化，再对其进行改变和本土化。从这个意义上，具备了可以称其为韩国佛教或韩国儒教的思想体系和文化体系，且将此传输至日本，影响日本。

《3·1独立万岁宣言》云："我们发挥丰富的独创力，在这片春意盎然的土地上盛开民族文化之花。"这段是该宣言的结束语，表现出以人本主义传统为基础的文化昌达的愿望。一生奉献民族独立的金九先生，在国家独立之后，将国家建设目标设置为国民的文化修养达到最高境界的国家，而不是富国强兵。民族危难时期，先贤们所具有的民族自豪感成为文化之重心。

正如他们的预言，现如今已经是各自以其特有的文化特征进入普遍化了的竞争世界当中，因此文化的重要性比任何时期都显得尤为重要，可谓已进入文化时代。传承我们的传统文化，凸显其精神价值，高度发展丰富的物质生活，实现精神和物质和谐共存的社会共同体成为历史赋予我们课题。我们的先辈们为了洗刷亡国之耻，建设让人自豪的文化国家贡献出一生，现在轮到我们交给先辈们一个满意答卷的时候了。

二、传统文化的意义

对文化或者传统的讨论，自 20 世纪 90 年代以来一直持续展开并成为一种潮流。目前为止，有关文化或者传统的讨论，主要集中在文化的实用价值或者是文化的换金性，由此我们可以把这时期有关文化或传统的讨论用"文化产业"一词来予以概括。文化产业这一概念，是以物质价值（经济价值）看待文化时才成立的概念。文化和产业的结合，源自如下认识：

> 电影、唱片、游戏等产业，是因其强大的市场性而具有高附加值的产业，其成功的关键乃是它们所具有的独创性，这种独创性出自其特定的文化土壤，因此它所具有的文化内容尤为显得重要。

有些人愿意做这种对比，如《指环王》或者《哈利波特》等系列电影的收益远远超过国内某汽车生产商的出口量等。这种对比常常在强调文化产业的时候被引用，这也是视文化为推动经济的工具或创造物质价值工具的典型观点。但是有关文化，尤其是有关传统文化的讨论，不应仅仅停留在创造经济价值的这种表层上，有必要进行更深层次的讨论。当然，就《世界儒教文化庆典》主办方而言，如何将地方儒教文化遗产产业化，以此来促进地方经济的发展，为地方民众提供更为丰富的物质条件也是重要的活动目标之一。从这一点上，文化的换金性可谓很重要，但是有必要思考文化所具有的深层意义。

如果要摆脱换金性的束缚，我们可以把目光放远一些，就会发现文化如同我们村口的守护神树。众所周知，家中再缺柴火也不会有人将村口的守护神树当柴烧。在这棵守护神树下面，村里人或恢复一天的劳累，或聚集纳凉，或商讨村中大小事宜。传统文化也如同这棵守护神树，尽管不具备经济上的效用,但它给我们带来的是心灵的慰藉、身心的依靠。

近代开始,在急速发展的西方产业化影响之下,效用性和经济性成为唯一而绝对的标准,而作为精神资产的传统文化却被当作无用的、可废弃的对象看待。不过,从 20 世纪 90 年代开始,电子通信技术的高度发展所带来的普遍化和世界化之风,反而让我们对传统文化所具有的独特性和固有性有了重新的认识。即便如此,以产业价值和效用、现实中的功利意义作为传统文化的丈量标准的现象还是相当严重。

离开产业价值的产出这一视角对待传统文化,最主要的问题就是传统文化的现在化、大众化和日常化。传统文化如果游离于大众生活、成为少数专家研究对象时,就无法传承真正意义上的传统文化。我们现有的传统文化是通过过去特定时期担持者们的讨论、理解和创造性的变通得以传承。我们都负有对如此传承过来的传统文化加以继承、消化,生产出符合当下时代特征的、有意义的传统再传给后人的义务。

我们有必要对传统文化进行产业竞争力的计算,但是比这更重要的则是让传统文化融入我们的日常生活,使之符合当下的价值观,使之成为能够体现我们的整体性和归属感的精神资产。

为此,就必须将传统文化从陈旧的仓库里搬出来,超越少数特殊阶层的专有物或研究对象的界限,使其成为真正意义上的大众的文化。

三、传统文化的宝库——儒教文化圈

曾几何时,儒教文化是支配东亚人的文化根基,但是到了现代,这在大部分国家已经成为历史。尤其是在儒教文化的发源地——中国,自从五四运动以来,随着近代化进程的加速、随着对传统的否定和清算、随着新中国的成立、随着新的理念和社会体制的确立、随着"文化大革命"的狂风暴雨,传统文化消失殆尽。尽管程度有所不同,但曾经隶属儒教文化圈的日本和越南的遭遇也相差无几,传统文化在这些国家仅作为标志性的建筑遗存。其余的国家我们勿说,中国作为孔子和孟子的诞生地和儒教的诞生地、朱子的诞生地和性理学即新儒学的诞生地,可谓儒教的原产地。但是在这个国度,儒教已经不复存在。为此,中国不少学者焦虑万分,羡慕与此相反状态的韩国。

对韩国而言,无论是儒教文化的正面意义还是负面意义,均为现在进行时,由此而论,韩国可谓是世界儒教文化之中心。儒教文化早已渗透至韩国国民的日常生活当中，成为韩国固有的文化遗产。我们之所以在此讨论韩国儒教文化，就是出于这种考虑。

韩国儒教的杰出成果一大半出自在野士林。所言在野士林就是不居住京城而居住在乡村地区的士林。在野士林一直履行将儒学理念贯彻到日常生活当中、根据生活当中的实际经验设立儒学理念、修正生活文化的重任。

在号称儒教国家的朝鲜一朝，儒教文化覆盖韩国各地，处处都是儒教文化遗迹，而庆尚北道北部地区又是韩国儒教文化重心之重心，因此韩国政府实施的"儒教文化圈观光开发事业"也是以该地区为中心展开，为地区经济的均衡发展起到了一定的作用。从这个意义上，李重焕的《择里志》称庆尚道地区为"注重伦理和义气、重视道学之地"，又云该地区"即使是地处穷乡僻壤也传出朗朗读书声，即使是衣着褴褛不堪也不忘道德和伦理。"庆尚道的这种氛围，首先与该地区的自然环境、经济条件、历史渊源有关，更重要的是与儒学教化有着密切的联系。

实际上，建立在17—18世纪（光海君—正祖）的全国书院和祠宇中，庆尚道所在的书院和祠宇从数量上占据全国之首：如庆尚道257所、全罗道142所、忠清道101所、京畿道43所等，庆尚道的书院和祠宇数量占据全国724所书院、祠宇的30％。不仅是书院和祠宇，这一地区是乡射礼、乡饮酒礼、亲迎礼、乡约等儒教理念仪式实行最为广泛的地区。

庆尚道这种儒教文化传统在其北部表现尤为突出。庆尚道北部地区作为退溪潜心学问之根据地，由此形成以血缘和学脉为主的广泛的关系网。在此过程中，以同姓村庄为主，在仪礼、学问、交友等诸多方面形成全方位的、深层次的儒学文化，且维系几百年。

建立在庆尚北道各村的书堂、书院、精舍、斋舍、楼亭均为教育之场所，而在祠宇、亲戚、交友等过程联系起来的人脉则又构成退溪学学脉。这种纵横交错的人脉，最终构筑了庆尚北道各个家族同姓部落的氏族共同体，且祖祖辈辈传承下去。

氏族共同体既是精神和心性和共同体，也是生产经济共同体，更是教育共同体、道德共同体和学问共同体。从这个意义上，这些共同体寻求共同体发展之路是一种自觉的行为，是对儒教文化传统的执着固守。概而言之，庆尚北道北部地区是最为典型的由朝鲜朝在野士林共同完成的儒教共同体，保留下来的遗迹也最为完整。

随着国际间交流的日益频繁，前来庆尚北道探访的外国人，尤其是东亚地区的外国人数量也急剧增加,他们最为感兴趣的部分正是这些儒教文化圈的现实性。在他们的国家早已成为空心标本、仅存于文献记录或博物馆中的这些文化,在庆尚北道地区却是作为活生生的现实文化展现在眼前。

四、传统儒教文化的精髓与记录遗产

韩国国学振兴院位于庆尚北道,从该院所藏的记录遗产即可知道该地区作为传统文化之宝库具有无可替代的文化价值。至 2011 年末为止,韩国国学振兴院受托收藏 33.5 万余件散落于民间的记录文化财。这些文化财记录着朝鲜朝时代人们的意识结构和生活洋相,记载着传统社会方方面面的内容。

这些文化财大部分是原来由庆尚北道儒教文化圈里的宗家保管。这些宗家历经几百年的风风雨雨,历经无数的历史事件乃至战争,都不曾丢失这些记录,用生命捍卫这些记录,以致这些记录相传至今。保存记录数百年,实际上意味着传统文化价值的保存和传承,因为这些记录均为对传统价值的阐述和记录。例如,文集中的信件、记文和杂文等均记录着作者丰富多彩的人生足迹。尤其是记文,详细记载了隶属于儒教文化圈的楼亭、宗宅、书院等建筑物的创建由来和过程;杂著中的多种文章记录着观赏植物、动物、奇特器物等,表现出当时儒学家们的风韵和趣味。

还有一些日记类文献内容极为丰富:以政治或社会悬案解决为目的的奏折,与书院建立或祭祀有关的日记,出使过程中对外交动向的考察和异国风貌的记录,战乱时期义兵活动的记录等,都是官方文献中查询不到的内容,均为了解当时时代状况的有意义的资料。奏折一般内容简约,只记录包括何地的何人因何事递交奏折等大致情况。但是韩国国学振兴院所藏奏折类文献对这类信息的记载可谓详细之至,如奏折的主体、奏折撰写者、所用费用和费用来源、署名经过、送至宫中的路径和为送达奏折所用的方法等等,均做了详细记载。

古文书中的教书类主要记载在野士林进入中央政权全过程的资料;明文类文献记载了当时乡村社会实质性的经济活动;帐籍类文献向我们展示特定地区的人口变化趋势等,是各种历史性统计数据的基础性资料;分财记类可以让我们认识传统时期有关家庭的诸多事项和与之相应的经济要素;所志类则记载了朝鲜朝时期地方普通民众多姿多彩的生活方式,是一个生活史研究报告书；简札类则是能够让我们考察当时民众深层次生活洋相的活态资料。

我们有必要关注用韩文写成的简札类或者是祭文。这些记录阅读对象主要是女性，或者是撰写者本身就是女性。这就告诉我们，我们的韩文通过这些女性之手加以发扬光大，乃至传承至今。其中贞夫人安东张氏所写的《饮食知味方》和金绥所撰《需云杂方》均为介绍饮食烹饪方法的书，这些书籍不仅是对传统饮食文化方方面面的介绍，同样也是韩食世界化的参考文献。

由此可见，我们地区传承下来的传统记录遗产涵盖了经济、政治、行政、学问、教育、仪礼、饮食等各个方面，可谓包含了传统文化构成之方方面面的所有信息。现如今，这些不仅是提高文化产业附加值的来源，对我们生活指明了正确方向。

五、实践儒学之探究

近几年，关注地方的有形或无形文化财，以此来推动地方经济发展已成为一种潮流。首先是由韩国政府牵头的儒教文化圈开发事业，这一事业以构建以地方文化遗产为观光为主要内容，以期发展地方经济。由此，开始对位于各地市郡的书院、宗宅、楼亭进行整修的同时，推进与地方观光相适应的硬件设施的建设。最近，这一儒教文化圈开发事业作为国家三大文化圈开发事业之一，在构建各种硬件设施的同时，开发相关软件，宣传相关主题也成为热门话题。

在"敬人爱天"口号下，从 2010 年开始的世界儒教文化庆典则以凸显地方儒教文化价值、体现精神和物质资产为目的。这一庆典是国内前所未有的一个庆典，已经跨越了同属于该文化圈的 9 个市和郡的地理境界。在已经成功举办两次庆典的基础上，本庆典为创建文化财团和加强儒教文化的实用化，继续推进各个方面的工作。

韩国国学振兴院和陶山书院附设士林文化修炼院，则从另外一个角度加强各种工作力度，如以改变我们日常生活方式为目的，进行传统儒教的学习和体验，进行人性涵养教育等。

各地推进的各种各样的探索和实践，有些是凸显精神性价值、有些是凸显物质性价值，尽管其目的各不相同，但均有一个共同点，那就是根据当下的价值观，如何解释历史上的儒学及其价值，使之重新焕发青春。

儒学的真理、教育的意义原本如此。它没有高高在上的理论，也没有抽象难解的概念,它存在于我们日常生活当中,教会我们在日常生活当中如何与他人、他物建立良好关系,并加以实践的道理,所言"日用事物之道"就是这个意思。我们理应追求的真理(道)不在高远处,而在我们衣食住行当中。如四书之一的《中庸》所云:"道也者,不可须臾离也,可离非道也。"正是这个意思。儒学的真理在于生活在此地的我们如何认识自己的人生?如何积极对待人生?为此,我们应该做些什么?这些问题的回答,哪怕是孔子和退溪重新活过来到此地还是会追问的问题。

六、儒学价值的核心——仁

作为儒学遗迹,书院、宗宅、楼亭等有形儒教文化遗产的价值核心是什么?若将孔子的诞生以及具体活动作为儒学的起始,儒学已经经历了 2500 年的漫长的时间。其间,儒学培养了大量的学者,这些学者撰写的著作形成庞大的书籍群。如此庞大的著作中,这些学者留下了无以计数的至理名言。那么,这些学者通过其庞大的著作和名言,教育后人的核心内容是什么?在回答这些问题之前,现查看韩国儒学的发展史。儒学传入韩国是三国时代。从此,儒学或作为现实政治的基本原理,或作为人生哲理作用于韩国社会的方方面面。朝鲜朝的建立为儒学提供了其在韩国的政治、经济、社会、伦理各个领域成为指导性原理的契机。从这个意义上,朝鲜朝成为人们的人生价值中儒学价值体现最为浓重的时期。

韩国儒学的历史由众多士林予以完成,被深深刻上这些士林坚实的生命步伐:其中有依据新的儒学理念建立国家架构的三峰郑道传;铲除勋旧大臣们的种种弊端、推进政治改革的静庵赵光祖;往返于朝廷和乡里之间,努力改变扭曲现实的退溪李滉和栗谷李珥;民本思想的倡议者——茶山丁若镛;高喊"斥邪卫正"的口号,以献出自己生命的代价来拯救祖国于亡国之命运的朝鲜朝最后的士林等。这些士林的共同点就是自身安逸和既得利益的不顾、对待不义时的道德勇气和大义凛然、为此他们不惜自己的宝贵的生命。

早已成为历史的这些儒学者们的一生,我们同样在韩国现代史中可以发现,如在民族和正义面前,视自己的生命为草芥的 20 世纪 80—90 年代的烈士和义士正是典型代表。他们以其正义的理念和强烈的反抗意识为我们展现出知识分子理应具备的优秀品质。尽管 20 世纪 80—90 年代的烈士和义士们的思想基础不同于传统士林的思想理念,但是这两者的思想基础则是我们共同传承下来的遗传因子——儒学价值观。

这种儒学价值意识的本质是什么？回答这个问题之前，我们有必要对孔孟时代的问题意识进行追问。儒学形成和具体化的时期，即孔孟生活过的时期，则是在东洋历史上称其为乱世的春秋战国时期。春秋时代是周朝王室的天子和诸侯国之间用血缘关系结成的封建制度加速崩溃的时期。随着天子绝对权力的不断削弱而导致的力量真空，最终导致诸侯国之间的霸权争夺战。这种争霸战凸显了适者生存、弱肉强食的逻辑，撼动了既有的价值体系和秩序体系，打破了人们的安定而平和的日常生活秩序，导致社会的整体性混乱。

老子认为导致春秋战国时期社会混乱的根本问题就在于人类自然本性的彻底损毁，但孔子却认为导致该时期社会混乱的主要原因是人类善心（道德心性）的彻底丧失。孔子认为"仁"就是人类天生具有的道德心性，由此主张道德心性的实践，即通过道德修养完成自我完善，实现关系协调的理想社会。这就是孔子提出的终结当时社会混乱的解法。

孔子所言善心——"仁"，并非已经实现，它如同一粒种子一样具有诸多可能性和潜在性，因此应该通过后天的修养使之发芽，继之为之倾注浇水、除草等诸多努力。最终，刻苦努力之人成为善心之人，不勤奋怠惰之人成为恶人或者是普通人。由此可见，最为重要的是后天的努力，这种努力就是修养，通过这种努力就会完成道德人格。

但是道德修养的核心在于克服利己之欲望。举一例，我们刚刚结束繁忙的一天，拖着劳累的身躯乘上回家的巴士。等待许久之后，好不容易找到一个空位坐下了。正在这时，有一位老奶奶上车站在我座位旁边。这时我们的内心就会产生斗争，怎么办？我也很疲倦，装着睡觉吧；不！年轻的我坐着，怎么让老人站着呢？这是错误的！在这种内心斗争中，欲望战胜良心，我们就会继续闭着眼睛睡觉，良心战胜欲望，我们就会站起来把座位让给老人。

尽管存在大小差异，我们平时遇到的道德状况主要是肉体欲望和关怀他人之间的对决，以及能不能将其付诸实践之间的抉择。小到上述巴士上的选择，大到国家命运的抉择，在本质上其道德理念是一致的。因此，儒学将利己欲望的克服视作道德修养和协调人类关系的关键。

从这个意义上，孔子将"仁"视为自己思想的核心，将其解释为"克己复礼为仁"，孔子所言"己所不欲，勿施于人"正是对上述核心思想的进一步阐述，其余的"志于仁"、"唯仁者能好人，能恶人"、"苟志于仁矣，无恶也"等主张都是对这种核心价值的进一步的解释。而"忠恕"就是仁的具体运用,"夫子之道,忠恕而已"。由此可见,孔子的儒学就是"仁学",孔子之后的儒学,则是对孔子"仁"的具体阐述和实现方法的进一步阐明,是对"仁"的研究和实践的历史。

七、儒学价值的日常价值化

很多人因庆尚北道北部地区为韩国儒教文化圈之中心地而感到自豪,各地政府也将"士林精神"或"精神文化"作为自身固有的文化特征加以宣扬,将宗宅、书院等有关儒教文化遗迹和人物作为地区名片加以宣传。在此基础上,中央政府指定此地为"儒教文化圈",支援开发和利用。

从上述方方面面,我们可以发现儒教价值在某一地区文化中显示出的意义。因此我们在不知不觉当中以为我们拥有与其他地方的人们不同的生活,过得非常"儒学"、非常"士林",而其他地区的人们也会对我们有这种印象。

笔者移居安东已 10 年,某种意义上,对"既是安东人,又不是安东人"的笔者而言,该地区的文化洋相非常混乱。当然,我们地区的崇祖意识、血缘纽带、对传统文化和学问的尊崇、保护传统的热情、不计其数的小规模集会等确实不同于其他地区,具有我们这一地区独有的文化特征。值得一提的是,我们地区实实在在存在的一些问题,如封建思维方式、以血缘或学缘为中心的封闭性人际关系、过分注重名分或面子的虚礼仪式等等,都是存在于我们当中的儒学文化之阴影。还有常常被我们说三道四的"匿名性"大都市或无传统的工业都市的浅薄、浮薄、常识缺位、颓废性等负面洋相,同样存在于这一地区,只是不那么赤裸裸地显示出来而已。从这个意义上,我们很难强调我们所处地域的独特性,也很难主张眼下拥有的生活以及我们的地方社会拥有的儒学营养比其他地方更多。

当下的我们,很难做到视古代的士林为君子、学习圣人的日常生活为自己的日常生活,很难拥有圣人般的生活态度和理想人格。但是我们都希望在日常生活当中,与周边人保持和谐关系,都向往快乐、丰富的精神生活。我们能不能将这种向往和精神生活的丰富源泉从我们地区固有的儒学文化价值当中寻求呢?

如上所述,儒学价值之核心在于对自身欲望的节制和对他人的关怀,我们可以将其核心价值作为我们当下的人生价值予以实践。在此实践过程中,我们应该清醒地知道，儒学之真理就在于解决我们日常生活时常遇到的问题，就在于将目光投射到时代的具体状况和条件所需的具体要求上。

我们可以关注一下与此相关的退溪和朱子的言论。退溪就潜心学问的方法曾言到："道近在咫尺，只是人们难以察觉而已。离开日常生活中的事物，哪有道可存之理？"①朱子将礼看作是对理的践履，主张礼应该与时俱进，云："礼，时为大。使圣贤有作，必不一切从古之礼。疑只是以古礼减杀，从今世俗之礼。"②以上述理论为切入点，现今传统价值的现实化和实用化的课题，就是将传统价值作为反映当下时代要求的日常道德实践环节予以进一步的解释和实践。传统价值的日常化道德实践就是将儒学价值之核心——"仁"作为具体行为之实践原理，适用于我们一切日常活动领域中的人际关系中。下文中有关"仁"的解释可谓精到而有趣，特节录于下：

> 仁不仅是孝道和恭顺，它已经成为使爱、正义、智慧、文化、信赖等均变为可能的规则中的规则，换言之，仁使一切规则能够成立为规则，为其赋予生命的绝对价值。孝道和爱是仁的子女，仁是一切道德价值之母。如果觉得这种飞跃会产生理解上的困难，那么，我们想象一下恋爱中的男女吧。两个人打电话互相问候，一同吃饭、看电影，一同逛街，和朋友们一同去夜总会……将这种行为压缩为一句话，或者有人问你这几天是不是变得怪怪的，我们将如何回答呢？我们只能回答"我们相爱了"或者是"我们陷入爱河了"。如此这般，人支配一切行为和意识一样，仁则支配道德和存在之世界。③

在杰出的儒学家言行录中，我们往往可以发现类似的言论，如退溪言行录：

> （退溪先生）面对学生如同尊贵的客人一样……学生上前请教时和蔼可亲，训诲引进，不厌不倦，自始至终无不通晓。④

> 先生二十一岁，娶进士许瓒之女，恭敬如宾。⑤

> 问兄弟有过则可相言之否。先生曰：此是最难处事，但当致吾诚意，

---

① 《退溪先生言行录》。
② 《朱子语类》。
③ 《21世纪东洋哲学·仁》。
④ 《退溪言行录·起居语默之节》。
⑤ 《退溪言行录·律身》。

使之感悟,然后始得无害于义。若诚意不孚,而徒以言语正责之,则不至于相疏者几希矣。①

上述几段引文中,退溪针对的主要是日常生活中可遇到的无数情况中有关弟子、夫人、兄弟之间的情况。而这种情况分析同样适用于父母、亲戚、邻居乃至家中奴仆、单位下属等诸多情况,只是大同小异而已。我们从中可以看出在多种多样的日常生活中,无论地位高低,处理各种人际关系时的退溪的心态和仁爱之心。基于仁爱的退溪的心态和心性,为相处在一处的所有人带来快乐和幸福,而对方的愉快和幸福同样给退溪带来无尽的快乐和幸福。

这就是孔子或者是儒学所追求的理想社会的实现方案之核心钥匙,同样也是无论我们地区还是国家整体均可适用的实效性很强的不变之智慧。我们的坐骑、饮食、衣物、住房等生活条件和环境,随着时代的变化而变化,但是在人际关系当中感受到的喜怒哀乐和产生喜怒哀乐的缘由不会随着时空的变化而变化。

正如《大学》所言,现代人的日常活动领域可分为家庭、地域、国家、世界四个部分,也可以对其再予以更细化的分类,如多种多样的职业等。现代人的日常关系可分为夫君与妻子、父亲与子女、店主与顾客、邻居与邻居等无数类型。

这种日常生活中,我们心中的幸福感一般来自于我内心的满足,一般来自于他人对我的关怀,这些我们可以通过我们的经验得以认知。在日常生活中,我们所经历的失望、不快、痛苦、愤怒等不幸的感觉主要源于他人对我的无视、排斥、蔑视等。这种不幸的感觉,在家庭中的夫妻关系或父子关系、开车途中、学校授课、公务员对我的态度、店主对我的态度、作为荣州市民对待绍修书院访客等多种多样的情况下,让我们常常感觉得到。

减少这种不幸感,提高幸福感的方法和方式可谓不言而喻,就是在日常人际关系中,以真心、仁爱之心对待他人。这种可付诸实践的仁爱之心正是孔子所言"己所不欲,勿施于人"。

我们应为我们所处地区为儒教文化圈而感到自豪,为此,在努力满足丰富的物质需求之外,还要根据仁爱原则和"己所不欲,勿施于人"的原则,在制定儒教文化圈共同实践纲领的同时,要制定各领域、各单位的行动纲领,将其

---

① 《退溪言行录·居家》。

予以实践。实践主体或为青年儒道会，或为乡校，或为儒林团体，或为陶山书院，或为绍修书院，或为儒教文化财团，或为地区原有的文化团体，无所不可。

八、结　语

从古至今，历史典籍的传统保管方法就有"居风"和"暴晒"之法。这些方法主要是为了防止古籍因虫蛀和湿气产生物理损伤和化学变质。自古以来，我们地区传承下来的儒学文化和价值，也需要这种"居风"和"暴晒"。首次的"居风"和"暴晒"，应该将散落于各处的无形或有形的历史遗物通过相关专家技术人员予以研究和保存处理，为公众阐明其意义。

但是仅限于此远远不够。上述这些文化遗产所蕴含的儒教文化和价值应该走进我们的日常生活之中，让它抚慰我们的人生，成为我们守护身心的守护神，成为引导我们对外人际关系的指导方针。作为传统文化，让儒学文化和价值，为生活在这一时代和这一地区的平常百姓的感性和智性乃至价值世界的生成发挥其作用。

作为传统文化，当儒学的价值走出少数研究专家或专家为中心的世界、成为我们日常生活中建立良好的人际关系且相互作用时，它才能被赋予现实意义和实用意义。在这种被赋予的过程，又是认识和感悟传统价值的过程，从中儒学价值也能够得以新的生命。这就是第二次"居风"和"暴晒"，是我们地区儒学从过去的价值儒学走向现在的实践儒学之路，在这条道路上，儒学价值也同样被赋予新的意义和作用。

朱子学/退溪学
与书院文化

书院对于宋明理学的重要意义

◎ 李存山

（中国社会科学院哲学所研究员）

书院的传统可以上溯至先秦时期由孔子开创的私人讲学，以及汉代经学家的"精舍"或"精庐"。与宋明理学密切相关的"书院"，按照学术界一般的理解，其肇始于唐末五代，而兴盛于两宋，以后随着理学的发展而传衍，直至清末的学制改革而终结。仅从时间的跨度上说，书院的历史就是与宋明理学的兴起和流变伴随始终的；而其对于宋明理学的重要意义，更是学术界一直研讨的问题。

钱穆先生曾论两宋学术云：

> 宋学精神，厥有两端：一曰革新政令，二曰创通经义，而精神之所寄则在书院。革新政令，其事至荆公而止；创通经义，其业至晦庵而遂。而书院讲学，则其风至明末之东林而始竭。[1]

我一直认为，钱穆的这段话对于理解"宋学精神"乃至宋明理学的精神是非常精辟、十分重要的。他说"宋学精神"之所寄在于书院，也就是说书院是宋学乃至宋明理学的精神载体。从"形神"关系上说，"形者神之质，神者形之用"，"形具而神生"，而"神"又处于主宰形体之"天君"的地位。书院与宋明理学的关系，即书院对于宋明理学的重要意义，确实可以用"形神"关系来说明。

我对于书院没有专门的研究，以下只是参考学术界对书院的一些既有研究成果，谈四点看法。

---

[1]　钱穆：《中国近三百年学术史》，北京：商务印书馆，1997年，第7页。

一、宋初的书院与宋代新儒学的兴起

朱熹在《衡州石鼓书院记》中说:"予惟前代庠序之教不修,士病无所于学,往往相与择胜地,立精舍,以为群居讲习之所,而为政者乃或就而褒表之。"①这是说的唐末五代时期的情况。

吕祖谦在《白鹿洞书院记》中说:"国初斯民,新脱五季锋镝之厄,学者尚寡,海内向平,文风日起,儒先往往依山林、即闲旷以讲授,大师多至数十百人。"②这是说的宋初时的情况。

因为唐末以来作为官学的"庠序之教"式微,而宋初的统治者虽然崇文尊儒,但"新脱五季锋镝之厄",亦来不及兴办学校,所以宋初的一些学人往往寄居在僧舍道观中学习儒书,而他们之成长起来则多有赖于从唐末五代延续至宋初的书院。如清代王日藻在《嵩山书院记》中所说:"五代日寻干戈,中原云扰,圣人之道绵绵延延,几乎不绝如线矣,而书院独繁于斯时,岂非景运将开,斯文之未登,已始基之欤!"确实,从唐末五代延续至宋初的书院,对于宋代新儒学的兴起有着建"基"的重要意义。

我认为,范仲淹是"宋学精神"的真正开创者③。他21岁时寄居在长白山醴泉寺(今山东邹平县南)刻苦读书,23岁时感愤自立,佩琴剑径趋南都(今河南商丘),入应天府学,即睢阳书院,在此苦学五年,乃"大通六经之旨,为文章论说,必本于仁义孝弟忠信"④,于宋真宗大中祥符八年(1015年)登进士第。虽然自宋代以来有"四大书院"或"六大书院"等不同的说法⑤,但睢阳书院实为宋代新儒学兴起的最重要发祥地⑥。

据《宋元学案·高平学案》,睢阳书院由五代时杨悫首建,杨悫依附后晋

① 《晦庵集》卷七九。
② 《东莱集》卷六。
③ 李存山:《范仲淹与宋代儒学的复兴》,《哲学研究》2003年第10期。
④ 《范文正公年谱》。
⑤ 李才栋:《中国书院研究》,南昌:江西高校出版社,2004年,第1页、第58页。
⑥ 元代吴澄在《儒林义塾记》中说:"余考前代义塾之设,睢阳为首称,学舍四五百间,好义之家所自为,而不属于官府,其后遂冣天下四大书院之号。五季衰乱之余,上无教,下无学,而士之读诵传习犹幸不废者,其功为多。"(《吴文正集》卷四一)关于睢阳书院为北宋"四大书院"之首,参见李劲松:《北宋书院研究》,华东师范大学博士学位论文,2009年。

将军赵直,遇疾不起,以家事托付戚同文。杨悫病卒,戚同文主讲学舍,赵直"复厚加礼待,为筑室聚徒,请益之人不远千里而至,登第者五六十人……皆践台阁,而高平范文正公亦由之出"。戚同文"纯质尚信义。人有丧者,力拯济之。宗族闾里贫乏者,周给之。冬月多解衣裘与寒者。不积财,不营居室。或勉之,辄曰:'人生以有义为贵,焉用此为!'由是深为乡里推服"。

戚同文去世后,睢阳书院一度中断。宋真宗大中祥符二年(1009年),应天府民曹诚以三百万钱在书院旧地"建学舍百五十间,聚书千五百余卷",欲广聚生徒,聘师执教。宋真宗于此年"诏应天府新建书院,以曹诚为助教……令同文孙舜宾主之……并赐院额"。①

范仲淹入南都府学,即在宋真宗赐书院额之后的大中祥符四年(1011年)。在此苦读三年后,范仲淹作《睢阳学舍书怀》有云:"瓢思颜子心还乐,琴遇钟君恨即销。"②这是宋代新儒家③首次表达"孔颜之乐"的话题。此后,范仲淹在担任陕西经略安抚副使时又曾教导张载"儒者自有名教可乐"④范仲淹晚年知杭州,"子弟以公有退志,乘间请治第洛阳,树园圃,以为逸老之地",范仲淹说:"人苟有道义之乐,形骸可外,况居室乎!"⑤

范仲淹所表达的"瓢思颜子心还乐,琴遇锺君恨即销",与后来周敦颐教导二程"每令寻颜子、仲尼乐处,所乐何事"⑥,以及周敦颐所说"志伊尹之所志,学颜子之所学"⑦,在价值取向上是完全一致的。"孔颜之乐"的价值取向,正是宋代新儒学为当时的士人提供的一个不同于佛老的、儒者自身的安身立命之地,这就是既超脱个人的功利追求,又把"内圣"与"外王"、"道义之乐"与"忧患意识"(社会的责任感)结合在一起的境界。这一境界正是宋代新儒学之兴起的核心价值与精神原动力。

---

① 《玉海》卷一六七,《应天府书院》。

② 《范文正公集》卷三。

③ 钱穆曾指出:"理学兴起以前,已先有一大批宋儒,此一大批宋儒,早可称为是新儒";"而北宋之理学家,则尤当目为新儒中之新儒。"参见钱穆:《朱子新学案》第一册,台北:联经出版事业公司,1998年,第10页、第18页。

④ 《宋史·张载传》。

⑤ 《范文正公年谱》。

⑥ 《程氏遗书》卷二上。

⑦ 《通书·志学》。

"孔颜之乐"的价值取向,原本于孔子所说的"君子义以为上"[①],"饭疏食,饮水,曲肱而枕之,乐亦在其中矣。不义而富且贵,于我如浮云"[②],"贤哉回也,一箪食,一瓢饮,在陋巷,人不堪其忧,回也不改其乐"[③],以及孟子所说的"反身而诚,乐莫大焉"[④],"乐以天下,忧以天下"[⑤]。自汉代以后,"孔颜之乐"的话题很少有人谈及,亦可谓"几乎不绝如线矣"。而范仲淹所说的"瓢思颜子心还乐"或"道义之乐",既是上承先秦儒学,又当与其在睢阳书院所受的教育,特别是戚同文"不积财,不营居室。或勉之,辄曰:'人生以有义为贵,焉用此为'"有着密切的关系[⑥]。似乎可以说,宋代新儒学的价值取向是由戚同文的"人生以有义为贵"一言启之也。

宋仁宗天圣三年(1025 年),范仲淹在《奏上时务书》中提出"救文弊"、"复武举"、"重三馆之选,赏直谏之臣,及革赏延之弊"等主张,强调"先王建官,共理天下,必以贤俊授任,不以爵禄为恩"[⑦]。这既是宋代古文运动的发端[⑧],又是宋学之"革新政令"精神的首次表达;更重要的是,范仲淹在这里率先提出了宋儒与君主"共理(治)天下"的思想,此即宋儒"政治主体意识的显现"[⑨]。

天圣五年(1027 年),晏殊留守应天府,延聘范仲淹执掌南都府学(睢阳书院)。《范文正公年谱》记载:"公常宿学中,训督学者,皆有法度,勤劳恭谨,以身先之。由是四方从学者辐凑,其后以文学有声名于场屋朝廷者,多其所教也。"《宋史·晏殊传》记载:"(晏殊)改应天府,延范仲淹以教生徒。自五代以来,天下学校废,兴学自殊始。"所谓"兴学自(晏)殊始",实即宋代兴学自范仲淹执掌睢阳书院始。

---

①　《论语·阳货》。

②　《论语·述而》。

③　《论语·雍也》。

④　《孟子·尽心上》。

⑤　《孟子·梁惠王下》。

⑥　范仲淹对于睢阳先生戚同文的尊崇,见于其所作《南京书院题名记》,《范文正公集》卷七。

⑦　《范文正公集》卷七。

⑧　范仲淹提出"救文弊",比以后尹洙、欧阳修、石介等投入古文运动"至少要早十年"。参见漆侠:《宋学的发展和演变》,石家庄:河北人民出版社,2002 年,第 193 页、第 285 页。

⑨　此后,文彦博在熙宁四年(1071 年)对宋神宗提出君主"为与士大夫治天下"。(《续资治通鉴长编》卷二二一)余英时将"同治天下"视为宋儒"政治主体意识的显现"。参见余英时:《朱熹的历史世界》,北京:三联书店,2004 年,第 210 页。

在执掌南都府学的同年，范仲淹写了万余言的《上执政书》，系统地提出了"固邦本，厚民力，重名器，备戎狄，杜奸雄，明国听"等改革主张，其中尤其重要的是"固邦本者，在乎举县令，择郡守，以救民之弊也"，"重名器者，在乎慎选举，敦教育，使代不乏材也"①。此后，范仲淹主持的庆历新政就是以整饬吏治为首要，以改革科举、兴办学校、砥砺士风、培养人才为本源，兼及军事和经济等领域。

范仲淹在南都掌学期间，收留了四举进士不第、贫困"索游"的孙复，补以学职，"授以《春秋》"，"孙生苦学不舍昼夜，行复修谨，公甚爱之"。一年之后，范仲淹调任中央，孙复辞归，"后十年间，泰山下有孙明复先生，以《春秋》教授学者，道德高迈，朝廷召至，乃昔日索游孙秀才也"②。因为有了范仲淹与孙复的这段因缘际会，所以才有了此后的石介在泰山拜孙复为师，以及胡瑗"往泰山与孙明复、石守道同学"③。

景祐二年（1035 年），范仲淹知苏州，聘请胡瑗"为苏州教授，诸子从学焉"④。此后，胡瑗应范仲淹好友滕宗谅之邀，任湖州教授。由此，胡瑗在范仲淹的教育思想指导下，"以明体达用之学授诸生"，于是有了"苏湖教法"⑤。在庆历新政推行时期，"诏州县皆立学"，"建太学于京师"，"取（胡瑗）先生之法以为太学法，至今著为令"⑥。

如研究者指出，范仲淹"主持的'庆历新政'实际可看作是宋初八十年以睢阳（应天府、南京）书院为首的书院讲学推动的成果……是宋初政治权力与学术权力良性互动的必然结果之一方面，另一面则是由于'庆历新政（包含兴学）'涵盖了对宋初书院成就的高度肯定，对'新政'后的书院发展反而是一种巨大鼓舞，否则不会出现'庆历、嘉祐之际，人才辈出，讲治益精'的盛况"⑦。

"庆历之际，学统四起"⑧。在此"学统"中包含着以后成为大宗主流的道学或理学。如朱熹所说：

---

① 《范文正公集》卷八。
② 魏泰：《东轩笔录》卷一四。
③ 《宋元学案·安定学案》。
④ 《宋元学案·安定学案》。
⑤ 李存山：《范仲淹与胡瑗的教育思想》，《杭州研究》2010 年第 2 期。
⑥ 欧阳修：《胡先生墓表》。
⑦ 李劲松：《北宋书院研究》，华东师范大学博士学位论文，2009 年，第 84 页。
⑧ 《宋元学案·序录》。

　　本朝道学之盛……亦有其渐,自范文正(仲淹)以来已有好议论,如山东有孙明复,徂徕有石守道,湖州有胡安定,到后来遂有周子、程子、张子出。故程子平生不敢忘此数公,依旧尊他。[①]

范仲淹和"宋初三先生"(胡瑗、孙复、石介)是宋代理学"亦有其渐"的先驱。在肯定他们对宋代理学兴起所起的作用时,亦应肯定宋初的书院对于宋代新儒学的兴起有着建"基"的重要意义。

二、书院与理学的兴起和流变

　　北宋时期有两次"革新政令",即范仲淹主持的庆历新政与王安石主持的熙宁变法;有三次官方"兴学",第一是庆历兴学,第二是熙宁兴学,第三是宋徽宗时期蔡京主持的崇宁兴学。这三次"兴学"对于书院以及理学发展的影响,亦是书院研究中所关注的问题。没有疑问的是,在南宋时期书院大兴,而理学亦大兴,特别是朱熹借助书院的讲学,集宋代理学之大成,宋学的"创通经义","其业至晦庵而遂"。虽经"庆元党禁",至宋理宗时期,程朱理学终成为官学的正统。以后,随着理学的发展,书院在元、明、清三代一直传衍。

　　以往的书院研究中,有"庆历兴学"之后官学兴而书院衰之说,此说受到明代王祎在《游白鹿洞记》中所说"宋初天下未有学,惟有四书院……当时学者数百人,至崇宁末乃尽废"[②]的影响。许多研究者根据对北宋书院的数据统计,已证明此说之误[③]。事实上,"庆历兴学"大大推动了教育的普及,如袁燮在《四明教授厅续壁记》中所说"国朝庠序之设,偏于宇内自庆历始……庆历兴学之后虽陋邦小邑亦弦诵相闻……"[④]此时官学兴而书院亦继续发展,仁宗与神宗两朝实乃北宋书院发展的高峰期[⑤]。"庆历之际,学统四起",北宋的理学亦是在此高峰期伴随着官学与书院的互动而形成的。

　　周敦颐作为宋明理学之开山,在《宋元学案》中被列为"高平讲友"。景祐

---

①　《朱子语类》卷一二九。

②　《王忠文集》卷八。

③　李才栋:《中国书院研究》,南昌:江西高校出版社,2004年,第95页。

④　袁燮:《絜斋集》卷十。

⑤　邓洪波:《中国书院史》,上海:东方出版中心,2004年。按:宋英宗在位仅四年,在此短期内新建书院的数量必然很有限,故北宋书院的发展在仁宗与神宗两朝的高峰期之间,英宗朝为"陡落"的观点不能成立。

四年(1037年)周敦颐21岁,"母郑氏卒,葬于润州丹徒县龙图公(郑向)之墓侧"[①],周敦颐在此庐墓三年。与这段时间部分重合的是,范仲淹在景祐四年徙知润州(今江苏镇江),宝元元年(1038年)冬十一月徙知越州(今浙江绍兴)。周敦颐约有一年多的时间与范仲淹同在润州,就范仲淹在当时的地位、声望及其在润州建郡学而言,周敦颐是不可能不受其影响的[②]。康定元年(1040年),周敦颐任洪州分宁县(今江西修水)主簿,在此建书院讲学,后人称之为"景濂书院"。庆历元年(1041年),周敦颐又以分宁主簿监税袁州萍乡县芦溪镇,在此"立书院以教授",后人称之为"宗濂书院"。庆历四年(1044年),周敦颐改任南安军(今江西大庾)司理参军,两年后二程受学于周敦颐,其教导二程"寻颜子、仲尼乐处",此境界当在数年之前已涵泳于周敦颐心中,盖受范仲淹的影响,故其为"高平讲友"。后人将周敦颐教导二程处称为"道源书院"。庆历六年(1046年),周敦颐调任郴州(今湖南郴州)郴县县令,"至县,首修学校以教人",作有《修学记》。嘉祐元年(1056年),周敦颐改任合州(今四川合川)判官,"士之从学者众",作有《养心亭说》。嘉祐六年(1061年),周敦颐以国子监博士通判虔州(今江西赣州),路经江州(今江西九江)时"爱庐山之胜,有卜居之志,因筑书堂于其麓"。熙宁五年(1072年),周敦颐致仕,退隐庐山,"榜其书堂为濂溪"[③]。

黄庭坚在《濂溪诗序》中评价周敦颐"人品甚高,胸中洒落,如光风霁月"[④]。潘兴嗣在《濂溪先生墓志铭》中说周敦颐"为治精密严恕,务尽道理","每从容与言,可仕则仕,古人无所必;束发为学,将有以设施可泽于斯民者"[⑤]。由此可见,周敦颐的人品、境界和价值取向是延续了庆历时期的"砥砺士风"和"明体达用之学"的。当然,他之能成为理学的开山,不仅是因其人品、境界,而是因其作有《太极图说》和《通书》,经过朱熹的诠释,其书成为理学的"理、气、心、性"思想体系的开山,这是理学与此前之新儒学的区别。尽管如此,理学的价值取向及其思想体系的形成,确实与"庆历兴学"以后官学与书院的互动密切联系在一起。

---

① 茅星来:《近思录集注·附说》。

② 度正:《周敦颐年谱》记载:"是岁居润,读书鹤林寺。时范文正公、胡文恭诸名士与之游。"《程氏遗书》卷三亦记载:"许渤在润州,与范文正、胡宿、周茂叔游。"

③ 《周敦颐年谱》。

④ 《山谷集》卷一。

⑤ 《周元公集》卷四。

张载是理学中关学的创始人。他"少喜谈兵",21岁时上书范仲淹,范"一见知其远器,乃警之曰:'儒者自有名教可乐,何事于兵!'因劝读《中庸》"①。此即《宋元学案·序录》所说"高平一生,粹然无疵,而导横渠以入圣人之室,尤为有功"。张载于嘉祐二年(1057年)与程颢、苏轼、苏辙、曾巩等同登进士第。此年,张载与二程"共语道学之要"。在中进士之前,文彦博"以故相判长安,闻先生名行之美,聘以束帛,延之学宫,异其礼际,士子矜式焉"。在中进士之后,京兆尹王陶亦闻知张载之名,"尝延至郡学,先生多教人以德,从容语学者曰:'孰能少置意科举,相从于尧舜之域否?'学者闻法语,亦多有从之者"②。这说明张载在与二程"共语道学之要"的前后,都与当时的官学(长安郡学)有着密切的关系。熙宁二年(1069年),吕公著推荐"张载学有本原,四方之学者皆宗之,可以召对访问",宋神宗授张载崇文院校书。因与王安石政见不合,张载"谒告西归",回到其家乡郿县横渠镇,"终日危坐一室,左右简编,俯而读,仰而思,有得则识之,或中夜起坐,取烛以书,其志道精思,未始须臾息,亦未尝须臾忘也"。《正蒙》一书就是如此用了约七年的时间写成的。与此同时,张载讲学授徒,"学者有问,多告以知礼成性、变化气质之道,学必如圣人而后已,闻者莫不动心有进"③。《正蒙·乾称》篇的首尾两段被称为《西铭》和《东铭》,据《程氏外书》卷十一:"横渠学堂双牖,右书《订顽》,左书《砭愚》。伊川曰:是起争端,改之曰《东铭》、《西铭》。"此"横渠学堂"即是张载讲学的横渠书院。

二程早年受学于周敦颐,"遂厌科举之业,慨然有求道之志"(《程氏文集》卷七《明道先生行状》)。嘉祐二年,程颢登进士第。同年④,程颐写了《上仁宗皇帝书》,上书不报,乃"闲游太学,时海陵胡翼之先生方主教导,尝以《颜子所好何学论》试诸生,得先生所试,大惊即延见,处以学职"⑤。此即程颐得交于胡瑗,胡对程颐"知契独深","伊川之敬礼先生亦至,于濂溪虽尝从学,往往字之曰'茂叔',于先生非'安定先生'不称也"⑥。程颐在太学期间,"吕希哲原明

---

① 《宋史·张载传》。

② 吕大临:《横渠先生行状》。

③ 《横渠先生行状》。

④ 朱熹作《伊川先生年谱》将"嘉祐二年"误为"皇祐二年"。参见李存山:《范仲淹与胡瑗的教育思想》,《杭州研究》2010年第2期。

⑤ 《程氏遗书》附录《伊川先生年谱》。

⑥ 《宋元学案·安定学案》。

与先生邻斋，首以师礼事焉"，这是程颐收的第一个学生，此后"四方之士从游者日益众"①。宋英宗治平二年（1065 年），程颢任泽州晋城令，兴办学校，使"诸乡皆有校"，"暇时亲至，召父老而与之语；儿童所读书，亲为正句读；教者不善，则为易置。俗始甚野，不知为学。先生择子弟之秀者，聚而教之。去邑才十余年，而服儒服者盖数百人矣"②。这是程颢在任内把"兴学"普及到诸乡。宋神宗熙宁元年（1068 年），程颢任监察御史里行，上《请修学校尊师儒取士札子》，主张"讲明正学"，"其道必本于人伦，明乎物理"，"既一以道德仁义教养之，又专以行实材学升进"③。熙宁二年，议行新法，程颢与刘彝、苏辙等八人一同"行诸路察农田、水利、赋役"④。这说明二程的洛学不仅是在"庆历兴学"之后兴起的，而且在熙宁之初也同样主张"兴学"，亦如后来朱熹所说"新法之行，诸公实共谋之，虽明道先生不以为不是"，但是在王安石主持下颁布"以理财为急务"⑤的青苗法、均输法之后，则引起朝臣党争，"王氏排众议行之甚力，而诸公始退散"⑥。

熙宁五年后，二程退居洛阳，"日以读书劝学为事……经术通明，义理精微，乐告不倦，士大夫从之讲学者日夕盈门"⑦。在居洛期间，二程曾先后到嵩阳书院讲学。元丰元年（1078 年），程颢知扶沟县，兄弟二人"方以倡明道学为己任，设庠序聚邑人子弟教之"⑧，谢良佐、游酢、吕大临等先后来学。元丰三年，程颐入关中讲学。元丰四年，杨时以师礼见二程于颍昌，"及归，（明道）送之出门，谓坐客曰：'吾道南矣。'"⑨元丰五年，文彦博赠程颐"小庄一址，粮地十顷"，"以为著书讲道之所"，此即后来的"伊皋书院"。元丰八年（1085 年），神宗死，年幼的哲宗嗣位，神宗之母宣仁太后垂帘听政，司马光、吕公著入朝

---

① 《伊川先生年谱》。

② 《明道先生行状》。

③ 《程氏文集》卷一。

④ 《宋史纪事本末》卷八。

⑤ 宋神宗甫即位就提出了"当今理财最为急务"（《宋史全文》卷十一），此后王安石也说"臣以理财为方今先急，未暇理财而先举事则事难济"（《续资治通鉴长编》卷二二〇）。与庆历新政不同，熙宁变法的实质是"以理财为急务"，这是引起新旧党争的根本原因。参见李存山：《王安石变法的再评价》，《博览群书》，2006 年第 9 期。

⑥ 《朱子语类》卷一三〇。

⑦ 《程氏遗书》附录《门人朋友叙述并序》。

⑧ 《宋元学案·鹰山学案》。

⑨ 《程氏外书》卷十二。

组阁,召程颢为宗正寺丞,未及行而病逝。元祐元年(1086 年),程颐被授西京国子监教授、崇政殿说书。一年后,程颐受弹劾,罢崇政殿说书。绍圣元年(1094 年),哲宗亲政,起用新党。绍圣四年,党论起,"辅臣因历数元祐言者过当",哲宗"怒颐为甚",诏"放归田里人程颐送涪州编管"①。元符三年(1100 年),哲宗死,徽宗立,程颐由涪州返洛阳,常到伊皋书院讲学。崇宁元年(1103 年),蔡京任宰相,将司马光以下 309 人打入"元祐奸党",刻"党人碑"立于端礼门,程颐被隶党籍。崇宁二年,"言者论其(程颐)本因奸党论荐得官,虽尝明正罪罚,而叙复过优,今复著书,非毁朝政,于是有旨追毁出身以来文字,其所著书,令监司觉察"②,又有旨"以元祐学术政事聚徒传授者,委监司举察,必罚无赦",程颐乃逐生徒,"迁居龙门之南,止四方学者曰:'尊所闻,行所知,可矣,不必及吾门也。'"③

崇宁初年的"元祐党案"实际上使当时的"学术政事"陷入一片恐怖之中。在此期间的"崇宁兴学",不同于前两次的"庆历兴学"和"熙宁兴学"。"庆历兴学"从整体上促进了官学与书院的良性互动,故"庆历之际,学统四起";熙宁变法虽然引起了党争,但亦从反面刺激了理学和书院的发展,故神宗朝仍是书院发展的高峰期;"崇宁兴学"伴随着"元祐党案",使"学术政事"陷入恐怖之中,此时期虽然不能说书院"至崇宁末乃尽废",但这必然是理学和书院发展的一个低落时期④。北宋书院发展的盛衰,不是取决于官学所占的比重,而是更被熙宁以后党争和党禁的政治形势所决定的。

在北宋灭亡前夕,钦宗黜去蔡京、童贯等宠臣,解除元祐党禁,追表范仲淹、司马光等旧臣,"罢王安石配享孔子,从杨时之请也"⑤。虽然以后南宋的高宗、秦桧等仍沿用宋朝"异论相搅"的"家法",欲借王安石新学压制理学,但南渡之后王安石新学的衰落,理学伴随着书院的繁兴而发展,已成为不可阻挡之势。

在宋代的几大书院中,睢阳书院和嵩阳书院属于北宋,岳麓书院、白鹿洞书院、石鼓书院等虽然在北宋有其渊源,但其真正的繁兴则是南宋以后"书院

---

① 《续资治通鉴长编》卷四九三。

② 《伊川先生年谱》。

③ 《续资治通鉴》卷八十八。

④ 陈傅良在《潭州重修岳麓书院记》中说:"熙宁初行三舍之法,颇欲进士尽由学校,而乡举益重,教官之选,举子家状,必自言尝受业某州教授,使不得人自为说。崇宁以后,舍法加密,虽里闾句读童子之师,不关白州学者皆有禁。"(《止斋集》卷三十九)

⑤ 《宋史全文》卷十五。

与理学的一体化"，或"理学家掀起的书院运动"①。如岳麓书院之兴是与湖湘学派的胡安国、胡宏、张栻以及朱（熹）张（栻）会讲联系在一起，白鹿洞书院之兴则有赖于朱熹知南康军时对白鹿洞书院的修复，石鼓书院之有盛名亦得力于朱熹曾在此讲学并作有《衡州石鼓书院记》，其他重要的还有吕祖谦讲学的丽泽书院、陆九渊讲学的象山书院等等。

朱熹之能集宋代理学之大成，是被以下几个重要的因素所决定的：

第一，朱熹继承了杨时、罗从彦、李侗的"道南"学脉，占居南渡以后二程洛学传承的正宗主流。

第二，以岳麓书院为中心，朱熹在与湖湘学派的学术交往和思想交流中，提升了对周敦颐之濂学和张载之关学的认识，所谓"不遇无极翁，深衷竟谁识"，"昔我抱冰炭，从君识乾坤"，所谓"中和旧说"和"中和新说"，朱熹不仅用二程的理本论重新诠释了濂学和关学，而且用濂学和关学深化、扩充、完善了洛学，从而将濂、洛、关学综合于一，这个综合的"一"就是朱熹的闽学，于是"濂洛关闽"的理学谱系得以形成。

第三，朱熹热衷于书院的创建和修复，通过书院的建立学规、讲学、会讲和刻印书籍等学术活动，使理学有了广泛传播的基地，亦形成了人数众多的考亭学派。如陈荣捷先生指出："朱子及其门人，在推行书院制度上，在宋代较之任何其他学团，更为积极与活跃。"②据学者考证，与朱熹直接相关的书院有 40 所，其中创建书院 4 所，修复书院 3 所，曾在 20 所书院讲学，为 7 所书院撰记、题诗，为 6 所书院题词、题额。朱熹在其创建的寒泉精舍、武夷精舍、考亭书院的门人达 276 人③，若加上其他书院及书信问学的弟子，留有姓名的朱门人共计 493 人④。众多的书院、门人以及私淑弟子不仅为朱熹本人的学术活动提供了条件，而且也为朱熹去世以后程朱理学被确立为官学正统做出了贡献。

第四，朱熹的许多重要著作都是在书院完成的，其中最重要的、几乎倾其大半生的精力来完成的就是《四书集注》。这标志着宋学的"创通经义"，"其业至晦庵而遂"，而其所作《四书集注》成为元代以后科举考试的标准教科书，统治了元、明、清三代的学术和教育。

---

① 邓洪波：《中国书院史》，第 66 页。
② 陈荣捷：《朱子新探索》，台北：学生书局，1988 年，第 111 页。
③ 方彦寿：《朱熹书院与门人考》，上海：华东师范大学出版社，2000 年，第 224 页。
④ 邓庆平：《朱子门人与朱子学》，中国人民大学博士学位论文，2011 年，第 28～29 页。

朱熹晚年在"庆元党禁"中被诬为"伪学之魁",而在朱熹去世后的嘉定二年(1209 年)被追谥为"文公",到了理宗时期诏令周、张、二程和朱熹从祀学宫。随着理学成为官学的正统,书院在南宋末年的理宗、度宗时期迎来了发展的高峰①。虽然南宋很快就亡于元,但在元代以后,理学、书院、科举已经密不可分地联系在一起,稳固地占据了学术的统治地位。

三、书院作为"学术团体"与东林书院的启示

学校本为教育之地、养士之所,由于唐末五代和两宋时期的特殊历史环境,遂有宋代的官方学校与民间书院的良性与非良性的互动;南渡以后的书院,不仅是理学传播的基地,而且亦形成了理学的"学术团体"。

从政治文化上说,在南宋时期,"皇权、理学集团与官僚集团是当时最重要的政治力量……理学集团与官僚集团的力量虽远不能与皇权相比,却也各有一定程度的自主性,并非完全听命于皇权"。理学集团之所以能成为一种"政治力量",是因为他们具有了继承儒家"道统"和与君主"共治天下"的自觉意识,也因为书院为这种意识的凝聚和发挥作用提供了一种社会组织形式。从这个意义上说,书院有似于在家庭、乡社与国家政权之间处于中介位置的"民间社会"或"公民社会"(civil society)的团体组织。

两宋时期因有皇权、官僚集团与士大夫集团的矛盾,遂发生了"元祐党案"和"庆元党禁"。明代中后期,士大夫集团与皇权、官僚集团以及宦官集团的矛盾尖锐化,出现了"外论所是,内阁必以为非;外论所非,内阁必以为是"的争执;为了与内阁或朝廷争是非,士大夫群体中有所谓"党社运动",这就是以书院为依托,其卓著者为东林党人及其凝聚力量的东林等书院。在东林党失败之后,皇权或阉党便"把东林、关中、江右、徽州、首善各书院全行拆毁"。

明清之际的黄宗羲,正是从宋代的"伪学之禁"和明代的"书院之毁"中吸取历史教训,提出了使学校成为教育兼议政的机构,即所谓"必使治天下之具皆出于学校,而后设学校之意始备……天子之所是未必是,天子之所非未必非,天子亦遂不敢自为非是,而公其非是于学校"。笔者认为,这是中国政治文化"从民本走向民主的开端"。

---

① 邓洪波:《中国书院史》,第 62 页。

四、书院的历史局限及其在现代教育体制中的新生

从唐末五代至宋初，民间的书院本是弥补官学的"庠序之教不修"。至"庆历兴学"，范仲淹和胡瑗等人的本意是要改革科举、兴办学校、砥砺士风、培养人才。此时的兴办学校，与书院的发展没有任何矛盾；而改革科举、砥砺士风、培养人才，就是要改变士人的"功名思苟得"，"仕者浮于职"，代之以"孔颜之乐"的境界，"以教化为心，趋圣人之门，成王佐之器"，故而有"明体达用之学"或"苏湖教法"。

"熙宁兴学"本也是沿着这一方向的发展，但熙宁变法"以理财为急务"，王安石又要以其《三经新义》来统一学术，这样就引起了新旧党争，以及官学与书院（特别是理学家所办书院）的矛盾。自熙宁以后至南宋的理宗时期，理学家都处于边缘或在野的地位。受熙宁变法"以理财为急务"和熙宁以后的科举亦成为功名利禄之学的刺激，理学家格外重视"义利之辨"，而朱熹的《白鹿洞书院揭示》就是强调了"正其义不谋其利，明其道不计其功"，重视了儒家之"明体"，而没有把"达用"（"治事"）的内容列入教育之内。这在当时处于在野地位的书院自有其针对性，但并非朱熹完整的教育思想，故而朱熹晚年有《学校贡举私议》，主张"立德行之科以厚其本……分诸经、子、史、时务之年以齐其业"。

然而，元代以后的科举只立"德行明经科"，"非濂洛关闽之学不讲"，把朱熹的《白鹿洞书院揭示》作为无论官学还是私学的普遍教规，加之以八股文取士，这就有很大的历史局限。中国近代的学制改革，吸取了西学的分科教育，而胡瑗的"苏湖教法"和朱熹的《学校贡举私议》在其间起了促进的作用。笔者认为，书院在现代的新生，必与现代教育体制的分科教育结合在一起。而如何把"明体"与"达用"结合起来，这仍是我们现在需要解决的问题。

朱熹兴复白鹿洞书院的理论贡献

◎ 吴长庚

（江西上饶师范学院朱子研究所教授）

　　宋代是书院教育极为发达的时代,但惟有白鹿洞书院的兴复,才具有划时代的意义。朱熹修复白鹿洞书院有明显的办学目的,就是弘扬儒道以对抗佛道。他请吕祖谦作记,而自作赋,又亲订洞规。他综合儒学之精要,摘其大端,条为学规,使白鹿洞书院成为全国书院的典范。《白鹿洞书院揭示》后经宋理宗下诏,颁行太学,使该学规成为天下读书人共同遵守的教条,且远播日本及东南亚各国,成为全世界所共有的文化精神。

一、朱熹修复白鹿洞书院的目的是弘扬儒道以对抗佛道

　　白鹿洞本是唐李渤读书处。贞元中,渤与其兄涉均隐庐山,蓄一白鹿,甚驯,渤行则随之,故人称白鹿先生。长庆中,渤为江州刺史,乃就其地创台榭,引流植花,遂以白鹿名洞。书院历史悠久,始于南唐,盛于南宋,衰于近代。颜真卿尝寄居郡之五里牌,其裔孙颜翊率子弟三十余人授经洞中。南唐昇元中,即其地聚徒建学,命国子监九经李善道为洞主,号曰"庐山国学"。宋初乃置书院,与睢阳、石鼓、岳麓三书院并名天下。学徒常在数十百人。太平兴国七年(982 年)置南康军,遂属焉。历朝增修学舍十余间,以教其子弟。书院后毁于兵,淳熙中已废置不用。淳熙六年(1179 年),朱熹受命知南康军(即今江西九江星子县),这年十月,他行视陂塘,经樵夫指点,他在李家山找到白鹿洞书院旧址,乃报请朝廷批准,令军学教授杨大法、县令王仲杰负责修复事宜。至第二年三月,白鹿洞书院很快修复,朱熹自任洞主,于是一所崭新的书院问世了。

朱熹修复白鹿洞书院的目的非常明确，就是要弘扬儒道以对抗佛道。

朱熹不止一次地谈到这个目的。吕祖谦《白鹿洞书院记》中记载了朱熹对同僚的话，义愤之声，溢于言表。庐山本佛教净土宗的祖庭之地，早在东晋太元六年（381年）释慧远入住庐山，肇建东林寺，在此启坛讲经，历30余年，座下弟子3000余众，已使庐山声名远播，历久不衰，成为与长安遥相呼应的南方佛教中心。时人有诗云："庐阜招提三百所"、"僧屋五百住庐峰"，可见其盛。朱熹来南康后，看到南渡兵燹之余，破败的丛林梵宇都得到修复，唯独书院，庐山仅此一家，反而得不到修复，他说："中兴五十年，释老之宫圮于寇戎者，斧斤之声相闻，各复其初；独此地委于榛莽，过者叹息，庸非吾徒之耻哉！"当他发现白鹿洞故址时，又说："窃惟庐山山水之胜甲于东南，老佛之居以百十数。中间虽有废坏，今日鲜不兴葺。独此一洞，乃前贤旧隐、儒学精舍，又蒙圣朝恩赐褒显，所以惠养一方之士，德意甚厚。顾乃废坏不修，至于如此，长民之吏，不得不任其责。"①大有批评官员失职之意。直至两年后，面对朝野讥笑责难之声，朱熹奏对延和殿，还愤然陈词："讥笑者之言，殆必以为州县已有学校，不必更为烦费耳……今老佛之宫遍满天下，大郡至逾千计，小邑亦或不下数十，而公私增益，其势未已；至于学校，则一郡一邑仅一置焉。而附廓之县或不复有，其盛衰多寡之相绝至于如此，则于邪正利害之际亦已明矣。今有司非徒不能有所正于彼，而反疑臣之请于此，臣不能识其何说也！"②

佛教从公元初传入中国，经过一千多年的经译传播交流，至唐代已经汉化为中华传统文化的重要组成部分。历史上三武一宗灭佛，多出于政治或经济方面的原因。韩愈谏迎佛骨，仅引孔子"敬鬼神而远之"为训，以断佞佛之惑，尚不能从理论上予以批驳。只有到宋朝，宋代知识分子在排佛兴儒过程中，认识到佛教久排不去的症结，在于排击佛道不得其法及儒学自身的内在缺陷，意外地发现了孟子那里蕴藏着契合他们急需的思想资源，又认识到佛老不断地自我改造、完备的思想体系、精深的理论思维和清晰的代代相继的祖统，这些大大刺激了宋儒重构儒学的焦虑，他们迫切希望把儒学粗浅、素朴的理论形态，改造成在理论的深刻性和思辨的抽象性上胜过佛老的、具有强大生命力的、新的完备的儒学理论形态。于是他们采取两种方式：一从中国传统儒学思想资源中寻找新的思想资源即孟子思想，二从佛道中汲取不违儒

---

① 朱熹：《白鹿洞牒》，《白鹿洞书院古志五种》，北京：中华书局，1995年。

② 朱熹：《辛丑延和奏札七》，《朱子文集》卷一三。

家基本旨趣而高明于儒家的思想因素加以改造,构建足以抗衡佛老的新儒学体系。这个过程经过了周敦颐、二程、张载、邵雍等几代人的努力,至朱熹才集其大成。因此,中国思想界只有到理学体系构建成熟以后,才具有反对佛学的思想理论武器。因此,程朱理学家们一方面吸收佛教心性哲学的理论内涵,借鉴了禅林制度对学问、修养的强调和自由讨论的教学方法,一方面又担任着反对佛、道的角色。

朱熹对抗佛道,是以弘扬儒道为实践手段的。他修复白鹿洞书院,不是供人瞻仰观赏,而是发挥实际办学功能。

书院修成后,有学舍二十余间。乃招收新生二十余人,奏请朝廷赐额赐书,置建昌东源庄田为学田,以为赡养之资,朱熹亲任讲席,为诸生讲授《大学》、《中庸》、《论语》、《孟子》等课程。《朱子文集》卷七四有《白鹿书堂策问》,就是朱熹引导学生思考,孟子是如何继承圣学传统的,周、程又是如何继承道统的。显然,朱熹是要学生清楚认识周程圣学传统,不被朝中执政者既反对王(安石)学、又反对程学的立场所迷惑。

二、朱熹为白鹿洞书院制作的洞记、洞赋、洞规

朱熹兴复白鹿洞书院,做了大量实际工作之外,还创作了不少诗文,他请吕祖谦写作了《白鹿洞书院记》,又自作《白鹿洞赋》,又亲自制定了《白鹿洞书院学规》。这些重要文献,从不同的角度为朱子书院教育留下记载的史料。

《白鹿洞书院记》是吕祖谦的精心之作。文章先述朱熹行视陂塘,得获白鹿洞书院废址,慨然顾叹,下令修复,嘱为作记之事。继而历数宋代理学的源流,指出"国初斯民新脱五季锋镝之阨,学者尚寡,海内向平,文风日起,儒先往往依山林即间旷以讲授,大师多至数十百人"之盛况,继而至"庆历、嘉祐之间,豪杰并出,讲治益精。至于河南程氏、横渠张氏,相与倡明正学,然后三代孔孟之教,始终条理,于是乎可考"。但在熙宁年间,王(安石)学方兴,二程建白学制之议遂寝。"建炎再造,典刑文宪,浸还旧观。关洛绪言,稍出于毁弃剪灭之余",晚进后生,未能窥程、张之门庭,而浸染于王学之幕下。正是在这样的学术风潮之下,书院的兴复,才具有更为深远的意义。有了这所书院,此邦之士才能"相与揖先儒淳固确实之余风,服大学离经辨志之始教,由博而约,自下而高,以答扬熙陵,开迪乐育之大德,则于贤侯之劝学,斯无负矣!"很清楚,从吕祖谦的叙述中明白地揭示,朱熹兴学的本意,除了与佛教争夺教育

传播领域之外，还在于传播二程、张载等先贤之学，以取王学而代之。

《白鹿洞赋》是朱熹诸多白鹿洞诗文作品中的精品之作。它通过文学的形式，抒写了书院数百年兴废、今兹修复的过程、修成后的喜悦，表达了作者对莘莘学子寄予的殷切期望。

若按韵而分，全赋可分五章，前四章皆十六句八韵。其一用下平声阳唐韵，叙其驾乎山之塘，陟李氏崇冈，得颓址于榛荒，知为昔人之隐处，昇元中变塾为庠。也即找寻到白鹿洞书院旧址，知其草创庐山国学之事。其二用去声问恨韵。引《宋会要》及《庐山记》，叙周述因请朝廷赐九经于白鹿而得拔擢登进，孙冕归老白鹿、其子建书堂办学之事，而叹息熙宁间之荒废。其三用上平声鱼模韵，叙兴复书院，各方支援，教事悉心，阅月而成。其四用入声缉韵，叙学子来集，希望端正学风，明诚两进，敬义偕立。束景南以为，这两句就是"敬知双修"，是白鹿洞书院兴建的根本宗旨①。赋的结尾有"乱曰"十二句，用下平声尤幽韵。朱熹高兴地唱道："德隆业茂，圣泽流兮。往者弗及，余心忧兮。来者有继，我将焉求矣。"他感到书院的兴复，使得圣贤之学，德泽流衍，往者弗及，吾心常忧，今来者有继，吾复有何求？

《白鹿洞赋》既经问世，先在书院吟诵传唱，继而家传户诵，历代追和。宋时即有方岳次晦翁韵为白鹿洞后赋，至明代，有林俊、祁顺、高公韶、吴章德、舒芬、汪玄锡、朱资、高赐、唐龙等人均次其原韵而和。在元代，虞集在《朱文公白鹿洞赋草跋》中就说过："度他日请使善工摹之，而勒诸石，以补洞中之阙，庶后之览者有所观感。"但事未成。直至嘉靖间，知府张纯、同知杨侃、教授李资元，及白鹿洞主陈汝简才将此赋刻于碑上②，以广其传。清乾隆重视儒学与书院，特赐诗和赋一首，又制历代赋选，将朱子之赋及明人唱和之赋选入，编入四库全书。这些都对《白鹿洞赋》的传播与影响，发挥了重要作用。

《白鹿洞书院学规》则是白鹿洞开展书院教育的纲领性文件，包涵了"敬敷五教"以明"先王之道"的最高教育目标，"学、问、思、辨、行"，将"穷理"与"笃行"紧密结合的为学之序，以及修身、处事、接物的基本要求。体现了朱熹以德育为中心的教育理念，也即谓教育的根本目的在于育人，在于成人，教育要培养的是具有儒家理想人格的、能治国平天下的"人"。

---

① 束景南：《朱子大传》，福州：福建教育出版社，1992 年，第 413 页。
② 张纯：《跋白鹿洞赋后同知杨侃刻于石屏》，见赵所生等编：《中国历代书院志》，南京：江苏教育出版社，1995 年，第 454～455 页。

南宋绍熙五年(1194 年),朱熹将《白鹿洞书院揭示》带到了岳麓书院,称之为"朱子书院教条"。朱子逝世后,乡人于"鹅湖之会"旧地建四贤堂,不久改为鹅湖书院,《白鹿洞书院揭示》很自然地成了鹅湖书院的办学纲领。淳祐元年(1241 年),也就是朱熹逝世 41 年后,宋理宗赵昀御书《白鹿洞书院揭示》,赐给太学生,使该学规成为天下读书人共同遵守的教条。13 世纪中后期,朱子学传到日本,直至今天,日本的一些学校还保留了诵读《白鹿洞书院揭示》的习惯。由此可见,《白鹿洞书院揭示》不仅代表着整个宋代理学家之书院教育教学思想,成为以后绝大多数书院,乃至各地官学的标准范式与办学指导思想。而且远播日本及东南亚各国,成为全世界所共有的文化精神。

三、《白鹿洞书院揭示》的理论来源

1.《白鹿洞书院揭示》的基本内容,散见于先儒经典论述,朱熹把它们构架为一体,形成书院教育的根本原则。考察《揭示》的理论来源,我们可以发现,它主要是从《四书》中概括提炼而来的。如"五教之目",原出《尚书·虞书·大禹谟》:"帝曰皋陶……命汝作士,明于五刑,以弼五教"《尚书》之"五教",或称"五典"、"五品",后世称"五伦"。五教的内容,朱熹却采用了孟子的说法,《中庸章句集注》云:

> 所谓五典,孟子所谓"父子有亲。君臣有义。夫妇有别。长幼有序。朋友有信"是也。

查《孟子·滕文公上》有云:"后稷教民稼穑,树艺五谷,五谷熟而民人育。人之有道也,饱食、暖衣、逸居而无教,则近于禽兽。圣人有忧之,使契为司徒,教以人伦:父子有亲。君臣有义。夫妇有别。长幼有序。朋友有信。"可见,朱熹首列人伦之教,是从国民教育这个大前提来考虑的。所以,五教之序中,已与《中庸》将"君臣"置于"父子"之前的排序有所不同。

2. 关于"为学之序",亦出自《中庸》。《中庸》有云:"凡为天下国家有九经,所以行之者一也。"朱熹注曰:"一者,诚也。一有不诚,则是九者皆为虚文矣,此九经之实也。"《中庸》以"诚者天之道也;诚之者人之道也。诚者不勉而中,不思而得,从容中道,圣人也。诚之者,择善而固执之者也。"朱熹解释说:"诚之者,未能真实无妄,而欲其真实无妄之谓,人事之当然也。圣人之德,浑然天理,真实无妄,不待思勉而从容中道,则亦天之道也。未至于圣,则不能无人欲之私,而其为德不能皆实。故未能不思而得,则必择善,然后可以明善；未能不勉而中，则必固执，然后可以诚身，此则所谓人之道也。"朱熹承二程之学，以"诚"为实行天下国家大治的根本道德原则。九经及九常，指为政者修身、尊贤、亲亲、敬大臣、体群臣、子庶民、来百工、柔远人、怀诸侯之九目。朱熹认为，要实行上述目标，最根本的是要有一颗诚心。圣人不学而诚，而普通人未达圣人境界，不能无人欲之私，为德不能皆实，未能不思而得，所以须通过教而学，使之达到"诚"。"诚之者"即通过教而使之诚。"诚之者"涵两方面：择善，固执。择善指学知以下事，固执指利行以下事。而其基本程序，那就是："博学之，审问之，慎思之，明辨之，笃行之。"

朱熹强调说："学、问、思、辨，所以择善而为知，学而知也。笃行，所以固执而为仁，利而行也。"由此可知，朱熹的"为学之序"是从为天下国家培养行仁可用的人才的角度提出来的，他的"为学之序"，理论上并不是孤立的，而是在他的整体理论构架之中的。

3. "修身之要"中"言忠信，行笃敬"一语出自《论语·卫灵公第十五》：

> 子张问行。子曰："言忠信，行笃敬，虽蛮貊之邦行矣。言不忠信，行不笃敬，虽州里行乎哉？"

子张所问之行，朱熹解释为"犹答干禄问达之意"[①]，显然是指行政实践的施行。孔子说，只要做到言忠信行笃敬，即使在蛮夷之邦也能实行。"惩忿窒欲"、"迁善改过"分别出自《周易》之《损》、《益》二卦。

> 《损》象曰："山下有泽，损，君子以惩忿窒欲。"

> 《益》象曰："风雷益，君子以见善则迁，有过则改。"

《损》卦下兑上艮，艮为山，兑为泽，故为山下有泽之象。《益》卦上巽下震，巽为风，震为雷，故为风雷相益之象。朱熹说："熹看来，只是惩忿如摧山，窒欲如填壑，迁善如风之速，改过如雷之烈。"[②]朱熹曾经在《己酉拟上封事》中，大胆地向皇帝提出这个问题，他说："臣闻古之圣贤穷理尽性，备道全德。其所施为，虽无不以操存省察，犹未尝少有自足之心。是其平居所以操存省察，而致其惩忿窒欲、迁善改过之功者，固无一念之间，断及其身之所履。有大变革，则又必因是而有以大警动于其心焉。所以谨初始而重自新也。"朱熹之意是圣贤尚且如此，况他人乎？朱熹将以上组合在一起，作为行政者的修身之要，是具有深意的。

---

① 《论语集注》卷八。
② 《文公易说》卷八。

4．"处事之要"两句话，来源于《汉书·董仲舒传》："正其谊不谋其利，明其道不计其功。"朱子引其言，则讲的是求仁行仁而不计功利之意。在《论语精义》卷九下，朱熹有非常清楚的表述：

> 董子曰："仁人者，正其义不谋其利，明其道不计其功。"善乎其言，始可与言仁也已矣！盖仁人之用心，惟仁所在而已。仁之所在则从之，不论所以也。仁在于去，则去之而不愧，微子是也。仁在于不去，则为之奴而不辱，箕子是也。仁在于死，则就死而不悔，比干是也。岂顾利害祸福，而易其求，仁之志哉。故伯夷之清，伊尹之任，柳下惠之和，皆仁也。伯夷辞为孤竹之君，而饿于首阳之下，由众人观之，其利害固殊绝也，而彼独以是求仁焉。以是求之，以是得之，既以遂其志矣，夫何怨之有？宰我曰：仁者虽告之曰井有仁焉，其从之也。宰我之意盖曰仁者之志，惟求仁而已，功利非所计也。

朱熹之意，仁者用心，惟仁所在；以仁为志，罔顾祸福；以仁为求，虽死无怨。就像微子、箕子、比干、伯夷、伊尹、柳下惠等古人。任何功利，皆非所计。这与今世学者学为干禄，迥然不同。所以，朱熹将此条作为书院学子不求名利的处事之要。

5．"接物之要"两层意思分别出自《论语》、《孟子》。"己所不欲，勿施于人"见于《论语·颜渊第十二》：

> 仲弓问仁。子曰："出门如见大宾，使民如承大祭。己所不欲，勿施于人。在邦无怨，在家无怨。"

接物，是指处理我与他人的关系问题。在这个问题上，孔子"己所不欲，勿施于人"是从反向角度而言，还有"己欲立而立人，己欲达而达人"则从正向角度而言，都说的是我与人的关系，而包含在仁心的范畴之内。子贡曾问孔子，博施济众是不是仁？孔子回答说：那就不止是仁，而是圣了。

> 夫仁者，己欲立而立人，己欲达而达人，能近取譬，可谓仁之方也已。

朱熹引程子言解释说："夫博施者，岂非圣人之所欲？然必五十乃衣帛，七十乃食肉。圣人之心，非不欲少者亦衣帛食肉也，顾其养有所不赡尔，此病其施之不博也。济众者，岂非圣人之所欲？然治不过九州。圣人非不欲四海之外亦兼济也，顾其治有所不及尔，此病其济之不众也。推此以求，修己以安百姓，则为病可知，苟以吾邑已足，则便不是圣人。"朱熹的意思是，博施济众是难以达到的，因为养有所不赡，治有所不及。我们只能近取诸身，以己所欲比之他人，知道他人所欲亦是如此。然后推其所欲以及于人，这就是忠恕之道行仁之方了。但博施济众是更高的要求，推此而言，"修己以安百姓"，任重道远，困难可知。然若满足于"吾邑已足"，不及他人，那便不是圣人。

"行有不得，反求诸己"，语出《孟子·离娄章句上》：

> 孟子曰："爱人不亲，反其仁。治人不治，反其智。礼人不答，反其敬。行有不得者皆反求诸己，其身正而天下归之。"

朱熹解释说："我爱人而人不亲我，则反求诸己，恐我之仁未至也。智、敬仿此。……不得，谓不得其所欲，如不亲、不治、不答是也。反求诸己，谓反其仁、反其智、反其敬也。"[①]大意是说自己的行动没有得到预期的结果，回过头来思考自己，是否仁未至，智未达，敬未诚，而有所增益。考《中庸》引孔子之言曰："射有似乎君子，失诸正鹄，反求诸其身。"是说射者发而不中，反而求其不中之因。《周易·蹇》象曰："山上有水，君子以反身修德。"是讲遇到困厄而反身修德。儒家思想强调个体修身，而后推己及人，以齐家治国平天下。而"反求诸己"正是考虑了推己及人过程中的异常情况而做出的应对。可知，朱熹的接物之要，既是行为规范，也是思维规范，同样立足于仁，行的是忠恕之道。

6.《白鹿洞书院揭示》后面还有一段跋文，着重提醒书院学子，古昔圣贤所以教人为学的根本目的，惟在讲明义理，以修其身，然后推以及人，并非务记览词章，钓声名利禄。而今人为学已相反了。但圣贤教人之法还具存于经典之中，有志之士当于经典熟读深思而问辨之，知理之当然，责身之必然。而不是靠规矩禁防来约束。所以，他声明，这里只不过摘取"圣贤所以教人为学之大端，条例如右，而揭之楣间"，希望大家相与讲明遵守，责于自身，行于教学过程之中。

三、朱熹兴复白鹿洞书院的时代意义

通过上面的分析可知，朱熹在《白鹿洞书院揭示》中提出了与其理学、经学思想密切相关的教育思想。以明人伦也即明理为根本的教育目的，以立诚行仁为目标、认识与实践相统一的为学之序，学、问、思、辨是学而知，属于认识，而他所标定的"修身之要"、"处事之要"、"接物之要"，属于"笃行"的方面，

---

① 《孟子集注》卷七。

即如何达到修身的目的。《大学》具列了儒家学者人生进德之途,有格物、致知、正心、诚意、修身、齐家、治国、平天下八条目,且云:"自天子以至于庶人,一是皆以修身为本。"可见,八条目中修身是根本的,自格物至修身同样属于认识,《白鹿洞书院揭示》从儒家教育的角度,体现出儒家的政治理想。

在教育高度发展的现代社会,我们该如何理解和结受传统的教育思想?去肯定它的历史意义和现实意义?笔者并不赞同把传统的东西统统归于封建礼教,尤其是不同社会条件下的人文礼教。中国是礼仪之邦,礼教资源极为丰富,秦汉时代已有"三礼"之书,以后历代传承,内容都有很大的变化,不能以"封建礼教"一言而概之。人文礼教流衍千年,它是人们在长期的社会实践过程中,不断积累和认同的人与自然、人与社会、人与人之间和谐的关系和规范的行为。孔子讲仁义礼智信,孟子讲仁政,《周易》讲"自强不息"、"厚德载物",朱熹讲格物致知、明理修身,都不是封建礼教,而是人文礼教。

以这种眼光来看待《白鹿洞书院揭示》,它至少有三方面值得借鉴。

(一)改造复兴了一所新型学校

白鹿洞书院招收四方学子入院学习,用《揭示》所规定的新的教育理念,也即人文礼教育人。不为干禄,不为科举,有一流的学者施教,有自由论辩和广泛交流的学术风气,这与当时的官学是不同的。宋代官学教育事业隆盛,是在科举制度的刺激下出现的,自"庆历新政"以来,官学经过"庆历兴学"、"熙丰兴学"、"崇宁兴学"三次兴学活动,其发展取得了前所未有的成就。但伴随着科举制度的改革,也由此产生了一系列矛盾和弊端。欧阳修主持科考,为推行诗文革新,曾痛惩"轻薄子";王安石主政,加强政府在官学中的思想强化,以《三经新义》统一学生思想,又为科举作"范文"六篇,逐渐形成"八股"雏形。同时,也逐渐加强了政府对民间办学(书院)的渗透与控制。朱熹既批评"时文",也批评"古文",他复兴的白鹿洞书院,虽属官办而兼有私家讲学性质。他以极大的热情复兴了荒废的书院,完善了学规和教学制度,并引起朝廷和社会各界的注意,成为书院学规的典范,以致于由皇帝下诏,将他的《学规》颁行全国,影响到全社会教育事业的发展。

(二)总结归纳了一套新的教育理念

《白鹿洞书院揭示》虽然理论来源于儒家经典,但都经过朱熹乘时改制,有他自己的理解和解释。尽管其理论来源甚古,先儒所释,也不尽相同,而朱熹却归纳极简，选择极精。即如五教之目，经典中，多为君臣、父子、夫妇，或朋友，或兄弟，或上下，或长幼，朱熹独取孟子说。为学之序出自《中庸》第二十章，内容丰富，朱子独拈出此五句为说。"修身之要"、"处事之要"、"接物之要"在儒家经典中均有很丰富的内容，而朱子只择其大端而列之。教以人伦之道为根本，明乎学、问、思、辨、行五序，规之修身、处事、接物三要，此即《揭示》之精要也。

（三）实践形成了新的教育方法

按照朱熹所释，白鹿洞书院总体教学指导思想是在穷理与笃行的结合上培养人。学、问、思、辨属于认识，通过这四个环节，以达穷理之境。而笃行，属于实践，"修身"、"处事"、"接物"，也都是"笃行"的不同方面。"修身之要"、"处事之要"、"接物之要"就是对实践提出的基本要求。所以，朱熹提倡认识和实践的结合，并把它贯彻到教育全过程中，这在宋代教学思想中，是全新的。在今天，也是具有充分借鉴价值的。

李滉对朱熹书院教育思想的继承和发展

——以《白鹿洞书院揭示》为例

◎ 张品端

（宋明理学研究中心研究员）

  中国与韩国隔海相望,由于两国所处的地理原因,韩国自古与中国友好往来,关系密切,许多文教制度都模仿中国。早在公元 372 年,朝鲜半岛的高句丽、百济、新罗三国相继设太学,教授儒学经典。7 世纪,新罗统一朝鲜半岛,开始派遣贵族子弟赴唐留学,培养儒学人才。公元 958 年,高丽(918—1392)正式实行科举制度,考试内容以儒学为中心。成宗九年(990 年),高丽开始设立书院于西京,"令诸生抄书史籍而藏之"①。这时高丽的书院只是一种整理收藏图书的机构,与中国唐代集贤书院和丽正书院相似,还不具备教学的功能。韩国书院具有教学功能,是在朝鲜李朝时期,是朱子性理学传入后,朱熹《白鹿洞书院揭示》在朝鲜产生影响的结果。

  朱熹是中国古代著名的哲学家和教育家。在哲学上,他构建了以"理"为核心的宇宙、心性、修养相互关联的哲学体系,把中国古典哲学推向了一个新的高峰。作为著名的教育家,朱熹在半个多世纪的教育实践中,不断探究教育的本质问题,在教育理论、教学方法和教学风格等方面都有杰出的建树。他的书院教育思想深刻地影响了当时及后来东亚的书院教育发展。李滉是韩国朝鲜时代杰出的哲学家和教育家。他"博观经传兼通性理诸书",一生服膺朱子之学,钻研勤苦,造诣甚深,是当时朝鲜朱子学的主要代表。由于他热心教育事业,故既能重视继承和运用先哲成功的教育思想,又能注意积累和总结自己的教学经验,形成其独自完整的教育观。朱熹的书院教育思想,特

---

① 郑麟趾:《高丽史》卷三。

别是其《白鹿洞书院揭示》对李滉的教育思想的形成和发展产生了很大的影响。

一

中国古代书院始于唐代，玄宗皇帝设丽正书院为皇室修书，始有书院之名。北宋时期，书院向教育方面发展。到了南宋时期，书院形成了独特的办学和治学风格。朱熹为南宋书院教育的发展做出了巨大贡献。

南宋淳熙六年（1179 年），朱熹（1130—1200）知南康军（治所星子县，今江西省九江市星子县）。他以教育为己任，修复了著名的白鹿洞书院，并为该书院制定了《白鹿洞书院揭示》（亦称《白鹿洞书院教规》）。全文如下：

父子有亲，君臣有义，夫妇有别，长幼有序，朋友有信。

右五教之目，尧舜使契为司，敬敷五教，即此是也。学者学此而已。

而其所以为学之序，亦有五焉。具列如左：

博学之、审问之、慎思之、明辨之、笃行之。

右为学之序。学、问、思、辨，所以穷理也。若夫笃行之事，则自修身以至于处事，接物亦各有要。具列如左：

言忠信，行笃敬；惩忿窒欲，迁善改过。

右修身之要。

正其义不谋其利，明其道不计其功。

右处事之要。

己所不欲，勿施于人。行有不得，反求诸己。

右接物之要。

熹窃观古昔圣贤所以教人为学之意，莫非使之讲明义理，以修其身，然后推以及人，非徒欲其务记览、为词章，以钓声名，取利禄而已也。今之为学者，既反是矣。然圣贤所以教人之法，具存于经，有志之士，固当熟读深思而问辨之。

苟知其理之当然，而贵其身以必然，则夫规矩禁防之具，岂待他人设之而后有所持循哉！近世于学有规，其待学者为己浅矣，而其为法又未必古人之意也。故今不复以施于此堂。而特取凡圣贤所以教人为学之大端，条列如右而揭之楣间。诸君其相与讲明遵守，而责之于身焉，则夫思虑云为之际，其所以戒谨而恐惧者，必有严于彼者矣。其有不然，而或出于禁防之外,言之所弃,则彼所谓规者必将取之,固不得而略也。诸君其亦念之哉!

朱子在《揭示》中提出的"五教之目""为学之序""修身之要""处事之要""接物之要"教条,正是把对儒家理想人格的塑造,化为言简意赅但又指导明确的日常行为准则。这种突出"知行并重"、强调"知行合一"的教育理念,由外入内、由浅入深、循序渐进的学习规程,以及自强不息、刚健不懈的笃行精神,无疑都是书院教育应该遵循和提倡的读书问学之道。

《白鹿洞书院揭示》是书院精神的象征,成为后来各地书院共同遵守的准则。绍熙五年(1194年),朱熹应召知潭州(今湖南省长沙市),重振著名的岳麓书院,又将该学规移录其中,史称《朱子教条》。朱熹逝世后,其门人刘爚(时为国子监司业)于嘉定五年(1212年)奏请宁宗皇帝,"请刊行所注《学》、《庸》、《语》、《孟》以备劝讲,正君定国……又请以熹《白鹿洞规》示太学,取熹《四书集注》刊行之"①。宁宗许之,朱子《揭示》即成为太学的学规。淳祐元年(1241年)正月,理宗皇帝赵昀在视察太学时,"亲书朱熹《白鹿洞规》赐焉"②,这个《揭示》作为御颁的学规,成为全国各类学校共同遵行的教育指导方针。它不仅对我国宋末及元、明、清时期的民族教育产生了极大影响,而且对邻近的韩国书院教育也产生了深刻的影响。

二

韩国书院教育的兴盛,是朱熹性理学及其《白鹿洞书院揭示》东渐,在朝鲜李朝产生影响的结果。13世纪末,朱子学传入高丽,并由普及到逐渐成为朝鲜李氏王朝的官方哲学。此后,朱熹的《白鹿洞书院揭示》也被朝鲜的书院教育奉为佳臬。李朝(1392—1910)世宗元年(1419年),敕令"凡儒士私置书院,教诲生徒者,启闻褒赏。"③据《世宗实录》卷八十六记载:"世宗二十一年(1493年)九月甲申,初兼成均馆主簿宋乙用上书,请令各官学校明立学令,命下礼曹与成均馆议之。成均馆议曰:谨按朱文公(朱熹)淳熙间在南康请于朝,作白鹿洞书院学规,其略曰:父子有亲,君臣有义,夫妇有别,长幼有序,朋

---

① 《宋史·刘爚传》,北京:中华书局,1985年。
② 《续文献通考》卷四九,《学校考》,杭州:浙江古籍出版社,1988年。
③ 《世宗实录》卷二。

友有信,右五教之目。……"李朝鼓励民间办书院,并诏令各官学效法朱熹《白鹿洞书院学规》办学。全国各地以设书院为荣,一种以奉祀先贤与教育子弟的书院相继建立。

李朝中宗三十八年(1543年)五月,丰基郡守周世鹏依朱熹修复白鹿洞书院的规例,在高丽著名性理学家安珦读书的兴竹溪白云洞创立了白云洞书院,以代替当时不能发挥正常作用的乡校(官办地方教育机构)。据《中宗实录》卷九十五载:"世鹏于珦之旧居为建祠宇,春秋享之,名曰白云洞书院,左右有序,以为儒生栖息之所,储谷若干,存本取利,使郡中凡民俊秀者聚食而学焉。"又据《明宗实录》卷十载:"丰基白云洞书院,黄海道观察使周世鹏所创立,其基乃文成公安珦所居之洞,其制度规模,盖仿朱文公之白鹿洞也,凡所以立学令,置书籍田粮供给之具,无不该尽,可以成就人才也。"韩国学术界普遍认为,周世鹏在丰基郡兴竹溪创办的白云洞书院,是韩国真正具有教学功能的第一个书院。

韩国书院教育的发展,除了官方倡导外,还得力于韩国性理学者的努力。朝鲜李朝时期,朱子学集大成者李滉(1501—1570,号退溪),把朱熹的《白鹿洞书院揭示》作为书院教育的基本理念,极为推崇。他与朱熹一样,对民族教育具有强烈的"忧患意识"。李滉了解当时朝鲜地方官学(即乡校)已有"环境上的非教育性"和"教育上的非自律性"等缺点。他认为,民间创办的书院与官办的学校相比,则有它的优越性,书院有幽静的读书环境,可专心"讲道肄业",而不汲汲于功名。但"国学乡校,在朝市城廓之中,前有学令之拘碍,后有异物之迁夺者,其功效岂可同日而语哉!"[1]在教学的方法上,国家乡校也远不如书院。当时,官办的学校往往"徒设文具,教方大坏,士反以游于乡校为耻"[2]。因此,李滉认为"惟有书院之教盛兴于今日,则庶可以救学政之缺"[3]。又因为学校是"风化之源,首善之地"[4],因而书院必须树立正派的道德院风,"知重道义,尚礼让,彬彬乎习于士君子之风,此书院之所以贵也"[5]。

---

① 《退溪书抄》卷一,《答闵判书》。
② 《李退溪文集》卷二十,《拟与丰基郡守论书院事》。
③ 《退溪书抄》卷一,《上沈方泊》。
④ 《李子粹语》卷四,《增补退溪全书》第5册,韩国成均馆大学校大东文化研究院,1978年。
⑤ 《李退溪文集》卷二十,《拟与丰基郡守论书院事》。

　　李滉认为,书院学习不是为了应付科举。他明确指出当时科学制乃阻碍人才的发展,"世间无限好人才尽为科举坏了"。[①] 他想在没有"学令"的束缚和科举弊端的书院实施教育活动。他于1548年继任丰基郡守时,公务闲暇即到白云洞书院讲学。他自谓"滉自到郡以来于书院一事,未尝不欲其心焉"[②],认为书院的宗旨是"志于学",是"乐育人才之地也"[③]。这里值得一提的是,李滉在白云洞书院讲学时,发现柱子后有一位偷偷听课的青年学子,便悄悄叫过来问明事由。其人回答说是本地铁匠裴纯,因铁匠身份是贱民,没敢插到士大夫们中间去听课,只能躲在柱子后面偷听。李滉有感于裴纯的好学,顶着周围的非难,接收他为正式弟子。李滉这一做法应该是受到朱熹教育思想的影响。朱熹在强调大学教育时说:"及其十有五年,则自天子之元子、众子,以至公、卿大夫、元士适子,与凡民之俊秀,皆入大学,而教之以穷理、正心、修己、治人之道。"[④]

　　李滉遵循朱熹《白鹿洞书院揭示》中教人的"为学之序",注重在教育上的循序渐进。他说:"大抵儒者之学其升高必门下,其陟遐而自迩,夫自下自迩故其迂缓,舍此又何自为高且遐哉!"[⑤]人的知识是有一个由浅而深的积累过程,由起初的"未晓"而达到逐渐的"悟解"、"专心致志,研究精深,虽有未晓处,毋遽舍置,时时细绎,游意玩味,久久渐熟自然悟解,正欲不得也"[⑥]。凡学习上急于求成则适得其反,"读书有妨者,此欲速之心所使,故以此为患也,欲速不惟不暇温故,而方读之书亦不暇精熟,意者匆匆常欲有所迫逐,本欲广读诸书卤莽遗忘,厥终与初不读一书者无疑"[⑦]。 这种违反学习规律,必然失败。退溪认为,古代的圣贤如颜回、曾参、子贡,他们也都是遵照循序渐进的方法,而没有什么捷径可走。"学非一蹴可到……此事乃终生事业,虽到颜曾地位,犹不可言已了,况其下者乎?"[⑧]读书不能贪多,"看书勿至劳心,切忌多看,但

---

①　《退溪书抄》卷十二,《与甲启叔》。

②　《退溪书抄》卷一,《上沈方伯》。

③　《退溪书抄》卷二,《拟与荣川守论绍修书院事》。

④　朱熹:《四书集注》,长沙:岳麓书院,1987年,第1页。

⑤　《李子粹语》卷一。

⑥　李退溪:《自省录》,《答黄仲举白鹿洞规集解》。

⑦　李退溪:《自省录》,《答黄仲举白鹿洞规集解》。

⑧　《退溪书抄》卷八,《金而精问答》。

随意而悦其味，穷理须就日用平易明白处看破，教塾……积之之久，自然融合而有得"。① 因此，读书贪多则嚼不烂，浮光掠影则无所得，"历览诸书，匆匆涉猎，看过不能记忆，与不读无异"②，所以在给学生讲授时，要按照订立的教程进行教学，根据学生的接受能力逐步施教，"程课须严立，志意须宽著，所谓严立非务多也，谓量力立课而谨守之也，所谓宽著非悠泛也，谓虚心玩绎而无急促也"。③ 其所谓"量力立课"是很有道理的。

为了便于学者了解朱熹《白鹿洞书院揭示》的教育理念，李滉撰写了《白鹿洞学规集注序》，还将《白鹿洞书院学规》绘成图。他在《答金而精》中说："公亦尝闻朱先生白鹿洞规乎？滉以为欲治五病，在此一规。盖其为教也，本于明伦，而以博学、审问、慎思、明辨为穷理之要。自修身以至于处事接物，为笃行之目。夫学问思辨而物格知至，则理无不明，而学术可造于精微矣。修身主于忠信笃敬，而补之以惩窒迁改，则行无不笃，而心虑不至于躁杂，行已不至于颠倒矣。处事以正义明道，接物以行恕反己，则笃行又见于事物，而浮妄非所忧，泛忽非所虑矣。"④李滉把朱熹《白鹿洞书院学规》归结为"明人伦"，"穷理力行，以求行夫心法切要处"⑤。"心法"即传心养性的方法。他为学一生，身体力行。晚年，李滉将《白鹿洞规图》收入《圣学十图》（第五图），并由十个圣图把其思想和践履工夫糅合成一个整体，构成他的完整思想体系。他于68岁时向李朝宣祖进献《圣学十图》，受到宣祖皇帝的推崇。后来，《白鹿洞规图》成为朝鲜书院所标示的人格教育的蓝本。

李滉依据朱熹修复白鹿洞书院的先例，上书朝廷要求承认丰基郡白云洞书院为正式的教育机构。据韩国《增补文献备考·学校考》记载："明宗庚戌（1550年），文纯公李滉继莅本郡，以为教不由上则必坠废，以书遗监司请转闻于上，而依宋朝白鹿洞故事，赐额颁书给田土臧获，俾学子藏修。监司沈通源从其言，启闻，赐额绍修书院，命大提学申光汉作记，仍颁《四书五经》、《性理大全》等书，书院赐额始此。"明宗采纳了李滉的建议，特亲书"绍修书院"匾额赐之。朝鲜书院史上，有皇帝赐额的书院叫"赐额书院"。后来，这种赐额书

---

① 李退溪：《自省录》，《答南时甫》。

② 《退溪书抄》卷十，《上完伯问答》。

③ 《退溪书抄》卷九，《答许美叔》。

④ 《增补退溪全书》第2册，第91页。

⑤ 《进圣学十图·白鹿洞规图》，《增补退溪全书》第1册。

院发展到 269 所，占朝鲜书院总数的 40％以上。① 李朝皇帝的倡导大大推动了朝鲜书院的发展。至李朝高宗八年（1870 年），书院多达 679 所，几乎一县超过 2 所。②

<h1 style="text-align:center">三</h1>

书院兴起以后，为了进一步整顿好书院的院风，退溪要求书院的"山长"要有尊贤礼士的气度，而同时也不放松对书院诸生严格的约束、不允许"傲物凌人，短于谨言，疏于检身"③，指出"其无实而妄自高者最为心术之害"④。所以，学生必须"为学趋向正当，立志坚确为贵……更须志气坚定不为浇俗所移夺，刻苦用功久而不辍"⑤。正确的学习态度，勤奋的学习精神是学生必须具备的条件。求学的目的不能只为了获得功名利禄，凡沉湎于名利则难于自拔，"可忧者声利海中易以溺人，若非在我者硬着脊梁，牢着脚跟，鲜不堕落于坑堑之中矣"。⑥ 因此要"必常有不可夺之志，不可屈之气，不可昧之识见。而学问之力日淬月锻，然后庶可以牢着脚跟，不为世俗威风所掀倒也"。⑦ 能做到既不迷恋于功名，也不为身处贫困的环境而动摇求学的决心，"苟志于学不以穷苦而废，穷而废学，初非去学者为耳"⑧。

李滉以朱熹《白鹿洞书院揭示》为蓝本，结合自己的教育实践和朝鲜当时的具体情况，在创办的伊山书院制订了《伊山院规》（共十二条）。其第一条就明确规定：以四书五经为本原，以小学家礼为门户。这里所说的"小学"、"家礼"，就是朱熹的《小学》和《家礼》。《伊山院规》鼓励学生"立志坚固，趋向正直，业以远大自期，行以显义为归者为善学"，对那些"诡经反道，丑言辱亲，败群不率者，院中共议摈之"，要求"诸生常宜静处，各斋专精读书，非因讲究疑

---

① 《增补文献备考》卷二一〇。
② 武夷山朱熹研究中心编：《朱子学新论》，上海：三联书店，1991 年，第 637 页。
③ 《退溪书抄》卷四，《奇明彦问答》。
④ 《退溪书抄》卷十，《上完侄问答》。
⑤ 《退溪书抄》卷九，《答李宏仲》。
⑥ 《退溪书抄》卷十二，《与韩永叔》。
⑦ 《退溪书抄》卷九，《答奇明彦》。
⑧ 《退溪书抄》卷九，《答琴闻远》。

难，不宜浪过他斋虚谈度日，以致彼我荒思废业"。① 后来，《伊山院规》成为朝鲜书院教育史上的典范。李退溪的门人李珥(1536—1584，号栗谷)亦依据朱熹书院教育思想，制订了《隐屏精舍学规》(共二十二条)。其第十一条规定，非圣贤之书，性理之说，则不得披读于斋中。若欲作科业者，必习于他处。可见，朝鲜李朝时期书院教育重视性理学，凡《小学》、《家礼》、《近思录》、《性理大全》和《四书集注》等，皆为书院教材。

李滉从 51 岁时开始直到 70 岁，都在故乡礼安创办的陶山书堂讲学著述。这时期，他培养出 300 多名弟子。在 300 多名的门人中，有许多是当时有代表性的学者。他们以李滉的故乡礼安及邻近的安东和荣川(今为荣州)为中心，开展学术研究，著书立说，形成了韩国性理学史上著名的退溪学派。这与朱熹晚年定居考亭，形成著名的考亭学派有点相似。

在陶山书堂讲学时，李滉平等对待每个门人弟子，不允许按身份定座次。当时，在乡校或书院这类教育机构中，排位是身份高的人坐在前排、身份低的人坐在后排，寄宿时也是身份高的儒生住东厢，身份低的儒生住西厢，这已是不成文的惯例。李滉的门人乌川七君子在创建的易东书院落成典礼时，在确定出席宾客的座次时，李滉认为应当按照先贤"乡党莫如齿"②的教诲，依年龄顺序入坐。但主持建立书院的乌川七君子却坚持要按照当时的惯例，依身份定座次。李滉对弟子们作了严肃尖锐的批评。李滉晚年弟子李德弘记录这一事件说："金富弼、富仪、富仁、富伦、富信、琴应夹、应壎佩酒以谒先生。先生论乡坐分贵贱之分，只当以古齿坐。金富弼曰：'古今殊异，不可如是。'先生厉声肃气，终日极辨，诸上舍略不回头。……先生答赵振书曰：'乡党序齿，以年之长少为座次也，若分贵贱，则是序爵也，岂序齿之谓乎？。'"③这里所说的金富弼、金富仪、金富仁、金富伦、金富信、琴应夹、琴应壎等七人即为李滉的门人乌川七君子。他们由于家中富裕、侍仆众多，常表现出身份歧视的现象。李滉倡导书院门生人人平等的思想，对退溪学派的士大夫产生了极大的影响，为韩国书院的发展，树立了良好的院风。

在韩国书院教育发展史上，朱熹具有重要地位。正如韩国学者金相根先生在《韩国书院制度之研究》中指出："自书院制度发达以后，学者则改书院为

---

① 《李子粹语》卷四，《增补退溪全书》第 5 册。
② 《孟子·公孙丑章句下》。
③ 李德弘：《民斋先生文集》卷六，《溪山记善录》(下)。

乐园,舍政界而归书院,专心修治,使学术脱离政治而独立发展。结果,培育出徐敬德、李彦迪、金麟厚、李退溪、曹植、奇大升、李珥、张显光等优秀的儒学家,而确立朝鲜儒学的体系。尤其他们受朱学的影响最大,对性理之论,树立空前绝后的成绩。故后人认此期为朝鲜儒学之黄金时代。"朝鲜书院依中国书院奉祀朱子的制度,对朱子香火膜拜。朝鲜八个道中的七个道,有 25 所书院,皆奉祀朱子。其中,京畿道有临漳书院;忠清道有云谷、忠贤、宗晦、道东、晦庵等书院;金罗道有三川、紫阳和谷川等书院;庄尚道有新安影堂;黄海道有绍贤、白鹿洞、飞风、龙岩、正源、鹭峰、景贤、凤冈、道东和风岩等书院;平安道有新安、朱文公等书院。①

　　韩国书院教育历时四百多年,是韩国朝鲜时代特有的教育形式。它的发展是在朱熹《白鹿洞书院揭示》东传及其影响下,才具有真正的民间教育的价值。李滉是朝鲜时期书院教育思想的集大成者,对韩国民族的教育发展作出了巨大的贡献。

---

① 《增补文献备考》卷二一〇。

清代福建正音书院研究

◎ 金银珍

（福建武夷学院朱子学研究中心教授）

一、序　论

作为矫正乡音机关，正音书院是中国书院史上独有的一道风景，更是清初福建书院最富特色之处，其兴衰集中体现了书院与科举的密切联系。它既不是儒学大师讲学之处，也不是供奉先师之祭祀之所，更不是储藏书籍场所，所以通过这一风景的解读，我们可以从一个侧面了解到非传统意义书院的另一种风貌。

正音书院之"正音"就是矫正乡音，由此可见，其存在意义十分明确而专一，那就是正乡音而习官话，这种单一的存在意义也就决定了它不是研究、传播传统的学术文化与知识，而是专科的语言语音研究与教学，而且首先是教学。本文要探讨的是一场由清政府倡导兴起，并持续数十年之久，在粤闽等较大范围之内展开的官话运动。官话，即今日之普通话，是中国的标准化语言，当年它即由正规的语言学校—正音书院子以推广。

二、从"禽声鸟语"到"雅言正语"

按《说文》已云，闽人禽声而鸟语。至今将二千年，虽名儒继起，文化大隆，而乡音相习，终不可改，诚使常遵圣谕，书院不废，则化导渐渍，纵不能人人尽改，而胶庠之士，何至尚贻鸱舌之消哉！乃生斯地者，狃于旧俗,官斯土者,视为具文,上负圣天子化民作人厚意,良可惜也![①]

这是旅居福建长达十四年之久的晚清文人施鸿保(? —1871)在其《闽杂记》中的一段记载。施鸿保于道光四年(1824 年)考中秀才后,考进士却屡试不第,遂往江西、福建做幕僚。前后寓居福建十四个年头,最远到过福建闽北的光泽县。他用手中一支笔,以非闽人新颖目光和独特视角,将自己的所见所闻及时搜集、记录,为我们提供了八闽之地的丰富的风俗民情和稗官野史的相关文字资料。

上文中,尤为印象深刻者,无疑是闽人之"禽声而鸟语"。闽人亦即汉族、闽人居住之八闽之地亦即华夏一隅,理应处处"雅言正语",何谓"禽声"、"鸟语"? 更有甚者,此"禽声"、"鸟语"并非施公创意,而是迄今已有"二千年"之前的《说文》转引而来。照此逻辑,八闽之地无论如何"名儒继起、文化大隆",但其"禽声"、"鸟语"式的"乡音",却是代代相习、"终不可改",终究还是"禽声"、"鸟语"之闽人而已。

对这种"禽声"、"鸟语"式的闽语,清康熙、雍正二帝都早已发现,他们可以听懂绝大多数汉方言,唯独闽粤两省官员乡音最重,几不可晓。于是,康熙时便有设正音书院之说,而雍正皇帝则第一个发出"雅言正语"式的修正命令。这位满族皇帝大发感慨于福建、广东两省人士操乡音而"不可通晓"的现状,认为其面对天下独尊的"朕"尚且如此,推及其为官则难传旨意,为民不解圣训,得出了语言不通不利其统治的结论,于是干脆谕令福建、广东两省各府州县,设立正音书院,教习"官话",雍正六年(1728 年)八月甲申,谕内阁:

> 凡官员有莅民之责,其语言必使人人共晓,然后可以通达民情,熟悉地方事宜,而办理无误。是以,古者六书之制,必使谐声、会意,娴习语音,皆所以成遵循之风,著同文之治也,朕每引见大小臣工,凡陈奏履历之时,惟有福建、广东两省之人仍系乡音,不可通晓。夫伊等以现登仕籍之人,经赴部演礼之后,其敷奏对扬,尚有不可通晓之话,则赴任他省,又安能宣读训谕,审断词讼,皆历历清楚,使小民共知而共解乎? 官民上下语言不通,必使吏胥从中代为传述,于是增饰假借,百弊丛生,而事理之贻误者多矣。且此两省之人,其语言既皆不可通晓,不但伊等历任他省不能深悉下民之情,即伊等身为编氓亦必不能明白官长之意。是上下之

---

① 施鸿保:《闽杂记》,福州:福建人民出版社,1985 年,第 42 页。

情扞格不通，其为不便实甚。但语言自幼习成，骤难改易，必加训导，庶几历久可通。应令福建、广东两省督抚转饬所属各府、州、县有司及教官，遍为传示，多方教导，务期语言明白，使人通晓，不得仍前习为乡音。则伊等将来引见殿陛，奏对可得详明，而出仕地方，民情亦易通达矣。特谕。①

对此，俞正燮（1775—1840）的《癸巳存稿》之"官话"条也有记载：

雍正六年，奉旨以福建、广东人多不谙官话，着地方官训导，廷臣议以八年为限。举人生员巩监童生不谙官话者不准送试。②

一个把满语视为国语和民族标志的满族皇帝，破天荒下的这道正音上谕，其政治背景是无非是获取民心、整顿吏治、加强专制、重塑帝王形象等等，是适应满族汉化，官话流行，语言文化融合趋势的结果，是清朝前几任统治者对汉语语言规范措施的继承和发展，是加强东南边陲统治的措施之一。毫无疑问，正音上谕对当时日益落寞的书院吹来一股清风的同时，传统书院普遍性的性质和功用也得到了一定程度的挖掘和有益的补充。不仅如此，正音上谕一定程度上加速官话的流行来促进了科举改革和一定范围内的汉化加速；一定程度上提高了官员的语言素质，便利了官员与群众的联系和交流。大约在雍正正音上谕颁布之后的 200 年，整个中国社会，从中央到地方都被汉语同化，汉语成为中国政府官员使用的正统官方语言。

这样的雍正正音上谕，传至部议，一班朝臣拟定具体实施措施，下达闽粤，并通令"凡有乡音之省，一体遵行"，其议全文如下：

……应令该督抚、学政，于凡系乡音读书之处，谕令有力之家，先于邻近延请官话读书之师，教其弟子，转相授受，以八年为限。八年之外，如生员贡监不能官话者，暂停其乡试，学政不准取送科举；举人不能官话者，暂停其会试，布政使不准起文送部；童生不能官话者，府州县不准取送学政考试，俟学习通晓官话之时，再准其应试。通行凡有乡音之省，一体遵行。③

据此部议可知，为保证闽粤两省推广官话的效果，朝廷规定掌握官话作

---

① 铁玉钦主编：《世宗实录》卷七二，《清实录·教育科学文化史料辑要》，沈阳：辽沈书社，1991 年，第 345 页。

② 俞正燮：《癸巳存稿》卷九，《官话》，沈阳：辽宁教育出版社，2003 年，第 269 页。

③ 陈谷嘉、邓洪波主编：《中国书院史资料》（中），杭州：浙江教育出版社，1998 年，第 1415 页。

为参加科举考试的前提条件,对生员贡监、举人和童生三种人提出了不同的条件:八年之后,对生员贡监而言,如果还是"不能官话者",不仅停其乡试,还有"学政不准取送科举";对举人而言,如果还是"不能官话者",不仅停其会试,还有"布政使不准起文送部";对童生而言,如果还是"不能官话者","府州县不准取送学政考试,俟学习通晓官话之时,更准其应试。"这一秩序井然的规定使正音书院生来就与科举制度有联系。

乾隆元年(1736 年)议准:

> 粤东乡音不可通晓,近令有力之家,延请官话读书之师,教其子弟。如八年之外,不能官话者,举人、贡监、生童俱暂停其考试,遵照在案。但偏方土子溺于士俗,转瞬限满,而问以官话、多属茫然。请于八年之期,再为展限,以俟优游之化。现在闽省业经奉行,粤东亦废准其展限三年。倘嗣后仍延乡音教书之师,不肯学习官音、则三年之后、师生皆停考试,以示明罚。①

此"议"是上述"雍正六年议"之延伸和扩展,即在规定八年内仍"不能官话者",可以再延长三年,要求不能官话者继续学习。如果通过展延期学习仍不能讲官话者,"师生皆停考试,以示明罚"。② 这进一步强化了正音书院通过语言教学为士人获得参加科举考试资格的必要性与限制性。

雍正皇帝的正音上谕和部议,作为推行官话的正式官方文件下达到各省,闽粤两省分别以"奉文设立"正音书院、正音书馆、正音社学等来应中央之令,一场正乡音、习官话的"普通话"运动遂将迅速展开。正音令下,福建即于雍正七年(1729 年)在"省城四门设立正音书馆,教导官音。但通省士民甚多,一馆之内仅可容十余人,正音固难遍及",③因而巡抚、学政又联合下文各府州县,令其另设场所,以教官音。

> (乾隆十年)又议准:闽省士民不谙官音,雍正七年间,于省城四门设立正音书馆,教导官音。但通省士民甚多,一馆之内仅可容十余人,正音固难遍及。况教习多年,乡音仍旧,更觉有名无实。应照乾隆二年裁撤额外教职之例,将四门正音书馆裁汰,仍责成州县教职实力劝导,通晓官

---

① 陈谷嘉、邓洪波主编:《中国书院史资料》(中),杭州:浙江教育出版社,1998 年,第 1416 页。
② 陈谷嘉、邓洪波主编:《中国书院史资料》(中),杭州:浙江教育出版社,1998 年,第 1416 页。
③ 陈谷嘉、邓洪波主编:《中国书院史资料》(中),杭州:浙江教育出版社,1998 年,第 1416 页。

音，毋使狙于积习。①

延续二千年之久的闽人的"禽声"、"鸟语"能否真正被"雅言正语"替代，让人拭目以待。

三、漫漫正音之路——福建的正音书院

清代福建书院发展过程当中，需要关注的是雍正朝普及全福建（还有广东）境内的正音书院。

据同治《重纂福建通志》卷六十二至六十六、清人王胡《天下书院总志》卷十一，以及福建各府州县志统计，福建各地先后建有正音书院 103 所（不计台湾），可谓盛矣。

福建正音书院一览表

院	址	名　称	创建时间	备　注
福州	福州	正音书院	雍正七年（1729 年）	在省城四门；每馆可容纳生徒十余人；乾隆二年（1737 年）奉部议裁汰
		正音书院	雍正七年（1729 年）	
		正音书院	雍正七年（1729 年）	
		正音书院	雍正七年（1729 年）	
福州	长乐	正音书院	雍正七年（1729 年）	县城东
	福清	正音书院	雍正七年（1729 年）	县东明伦堂左奎光阁
	罗源	正音书院	雍正七年（1729 年）	县城南
	闽侯	正音书院	雍正七年（1729 年）	闽县法海寺
		正音书院	雍正七年（1729 年）	闽县华林寺
		正音书院	雍正七年（1729 年）	侯官共学书院
		正音书院	雍正七年（1729 年）	侯官文儒坊
	连江	正音书院	雍正七年（1729 年）	县城朱文公书院内
	永泰	正音书院	雍正七年（1729 年）	原永福县文昌祠内
	闽清	正音书院	雍正七年（1729 年）	文昌阁内；后改为鼎峰书院

---

① 陈谷嘉、邓洪波主编：《中国书院史资料》（中），杭州：浙江教育出版社，1998 年，第
1416 页。

续表

院址		名 称	创建时间	备 注
厦门	同安	正音书院	雍正七年(1729 年)	朱文公祠内
莆田	莆田	正音书院	雍正七年(1729 年)	兴化府正音书院;附在莆田县学内
		正音书院	雍正七年(1729 年)	改县义学而设
		正音书院	雍正七年(1729 年)	城厢万寿宫
		正音书院	雍正七年(1729 年)	黄石临清铺
		正音书院	雍正七年(1729 年)	涵江紫阳书院
	仙游	正音书院	雍正七年(1729 年)	万寿观西边
		正音书院	雍正七年(1729 年)	连江里上堡
三明	大田	正音书院	康熙四十一年(1702 年)	城西察院旧址
	将乐	正音书院	康熙间 (1662—1722)	雍正元年(1723 年)奉诏禁革停办; 雍正七年奉文复办于西门
	沙县	正音书院	雍正七年(1729 年)	改义学而成
	永安	正音书院	康熙四十一年(1702 年)	即义学,有北门和东门义学田两片,租谷共 20 石 5 斗
	建宁	正音书院	雍正七年(1729 年)	县城东门内义学左
	明溪	正音书院	雍正七年(1729 年)	改城内义学而成
	宁化	正音书院	雍正七年(1729 年)	县城南关外
	清流	正音书院	雍正七年(1729 年)	法海坊(今文化街)
	泰宁	正音书院	雍正七年(1729 年)	城内三贤祠左
泉州	安溪	正音书院	雍正七年(1729 年)	在考亭书院内;城隍庙东
	惠安	正音书院	雍正七年(1729 年)	县学明伦堂后
	晋江	正音书院	雍正七年(1729 年)	城内百源庵
		正音书院	雍正七年(1729 年)	城南奉天寺
		正音书院	雍正七年(1729 年)	城西奉圣铺
		正音书院	雍正七年(1729 年)	城内铁炉铺
	永春	正音书院	雍正七年(1729 年)	凤翥山麓
		正音书院	雍正七年(1729 年)	文昌阁
		正音书院	雍正七年(1729 年)	文公祠
	南安	正音书院	雍正七年(1729 年)	丰州武荣铺
	德化	正音书院	雍正七年(1729 年)	县城东门外

续表

院 址		名 称	创建时间	备 注
漳 州	诏安	正音书院	雍正七年(1729年)	县城西文公祠内
	龙海	正音书院	雍正七年(1729年)	龙溪县朱文公祠
		正音书院	雍正七年(1729年)	龙溪县十一都南坡大庵
		正音书院	雍正七年(1729年)	龙溪县二十一都双路口
		正音书院	雍正七年(1729年)	龙溪县二十一都翁建大庵
		正音书院	雍正七年(1729年)	龙溪县二十五都山兜庵
		正音书院	雍正七年(1729年)	龙溪县二十七都浦头
		正音书院	雍正七年(1729年)	龙溪县二十八都港尾庵
		正音书院	雍正七年(1729年)	海澄县县城南门内二保
	漳浦	正音书院	雍正七年(1729年)	县城
		正音书院	雍正七年(1729年)	
		正音书院	雍正七年(1729年)	共4所:在乡下
		正音书院	雍正七年(1729年)	
		正音书院	雍正七年(1729年)	
		正音书院	雍正七年(1729年)	
	南靖	正音书院	雍正七年(1729年)	县城内仓前街
	长泰	正音书院	雍正七年(1729年)	县城南朱文公祠
	平和	正音书院	雍正七年(1729年)	县城常平仓前
南 平	南平	正音书院	雍正七年(1729年)	道南书院
	邵武	正音书院	雍正七年(1729年)	北门宝严坊邵公祠;有师生35名
	建瓯	正音书院	雍正七年(1729年)	建溪书院
	建阳	正音书院	雍正七年(1729年)	景贤书院
	武夷山	正音书院	雍正七年(1729年)	崇贤书院
	浦城	正音书院	雍正七年(1729年)	县西登瀛坊;改天主教堂为之
	顺昌	正音书院	雍正七年(1729年)	县城;改义学为之
	光泽	正音书院	雍正七年(1729年)	县城华山殿
	松溪	正音书院	雍正七年(1729年)	县城南石壁庵
	政和	正音书院	雍正七年(1729年)	星溪书院

续表

院 址		名 称	创建时间	备 注
龙岩	龙岩	正音书院	雍正七年(1729 年)	城东门内
		正音书院	雍正七年(1729 年)	在原宁洋县城西门内文昌宫
	长汀	正音书院	雍正七年(1729 年)	汀州府书院;在府城隍庙左清风楼;乾隆十四年(1749 年),知府曾曰瑛捐俸,延师以教子弟之贫者;同治间(1861—1875)改为长汀县设学,易名森玉书院
		正音书院	雍正七年(1729 年)	在福寿坊东
	武平	正音书院	雍正七年(1729 年)	县城
	连城	正音书院	雍正七年(1729 年)	上庙前
	上杭	正音书院	雍正七年(1729 年)	共 12 所:在城乡各地
		正音书院	雍正七年(1729 年)	
		正音书院	雍正七年(1729 年)	
		正音书院	雍正七年(1729 年)	
		正音书院	雍正七年(1729 年)	
		正音书院	雍正七年(1729 年)	
		正音书院	雍正七年(1729 年)	
		正音书院	雍正七年(1729 年)	
		正音书院	雍正七年(1729 年)	
		正音书院	雍正七年(1729 年)	
龙岩	上杭	正音书院	雍正七年(1729 年)	共 12 所:在城乡各地
		正音书院	雍正七年(1729 年)	
	永定	正音书院	雍正七年(1729 年)	共 8 所:在城内 3 所,在乡下 5 所
		正音书院	雍正七年(1729 年)	
		正音书院	雍正七年(1729 年)	
		正音书院	雍正七年(1729 年)	
		正音书院	雍正七年(1729 年)	
		正音书院	雍正七年(1729 年)	
		正音书院	雍正七年(1729 年)	
		正音书院	雍正七年(1729 年)	
	漳平	正音书院	雍正七年(1729 年)	县城龙门书院内

续表

院 址		名　称	创建时间	备　注
宁 德	福安	正音书院	雍正七年(1729年)	紫阳书院内
	寿宁	正音书院	雍正七年(1729年)	城南"江西堂"
	霞浦	正音书院	雍正七年(1729年)	福宁府书院；府城西隅
		正音书院	雍正十二年(1734年)	城西隅；后迁城南明伦堂崇圣祠右
	屏南	正音书院	雍正十二年(1734年)	县城内
	宁德	正音书院	雍正七年(1729年)	朱子祠；经费不足"不旬日而废"
	古田	正音书院	雍正二年(1724年)	一保玉堂坊左

雍正帝层次分明的"谕旨"足令八闽之地的各级官员诚惶诚恐，尤其是其中对"正音"未达标者"皆停考试，以示明罚"之举措，更令他们紧张万分，因为科举制度完全成为知识阶层仕进的惟一阶梯的科举时代，如不遵奉此谕，努力限期"正音"，这就意味着与中举及第无缘。

上述福建各地 103 所正音书院基本上都是奉上述雍正六年上谕，于雍正七年而设，其中只有 6 所所建时间或前或后，康熙间(1662—1722)建的有将乐 1 所、康熙四十一年(1702 年)建的有大田、永安二县 2 所、雍正二年(1724年)建的有古田 1 所、雍正十二年(1734 年)建的有霞浦、屏南二县 2 所，共6 所。

在这"官音统一天下语言"的过程当中，担任教习"官话"、矫正"乡语"之教职者，则是至关重要的。据《福建省志·教育志》记载，教师问题主要是用临近省份调入和省内调配的两种方法来予以解决。临近省份主要是指江西、浙江两省，福建全省从这两省前后调入 24 名正音教师入闽，[1]如永春州城正音书院建于乾隆元年(1736 年)，延请浙江仙居县贡生郑先行主教；这些教师信奉是"每人每月束金 8 两，年需银 2304 两"[2]。不过，随之问题也不断出现，首先是这些入闽教师不懂闽地方言，师生之间的交流艰难，正常教学受阻；再则是人数不够分配，这 24 名教师对全省上百所正音书院，可谓杯水车薪。第二种方法"省内调配"，则是从闽江上游各县调一些会讲官话的教师到下游及

---

① 福建省地方志编纂委员会编：《福建省志·教育志》，北京：方志出版社，1998 年，第 37 页。
② 福建省地方志编纂委员会编：《福建省志·教育志》，北京：方志出版社，1998 年，第 37 页。

闽西、闽南各县补充任教。不过,这也同样存在不懂当地方言的困难。

纵观福建各地 103 所正音书院,没有一所使用新建建筑物,而是改建或附设于已有建筑物。已有建筑物中,最多的是书院、县学、义学,其次是各种寺、庙、祠、观、庵,甚至还有天主教堂、铁炉铺等。之所以如此,其原因是显而易见的,既然各地正音书院是奉谕而设,这一"八年为限"的"正音"又是"凡有乡音之省,一体遵行",那么,各地官员无暇选址建馆,也在情理之中。

单看闽北地区的正音书院便可知。南平、建瓯、建阳、武夷山,以及政和的 5 所正音书院,均为改原有书院而建。而成为正音书院基础的这些书院,其最大的共同点是它们或者规模较大,或者历史悠久,或者位于城区等,在当地都是举足轻重的大书院,可谓优质资源充分利用。所谓的"举足轻重的大书院",其实是一个非常宽泛的概念。因为在书院发展史上,不可能存在举足轻重或无足轻重之分,况且我们对很大一部分书院都缺乏较为详实准确的佐证材料,来判断该书院办学规模、设施经费等物理性指标。但是我们无法回避某一书院在某一范围、某一时段,或某一城市中的重心作用。尤其是面对成为正音书院基础书院的这些书院,从某种角度上,可以判断出时任官员选择这些书院作为正音书院基础书院的理由了。

南平正音书院附设书院——道南书院是时任知府欧阳铎兴建于明正德年间(1506—1521)的一所官办书院,到了雍正朝,少说也有 200 余年的办学历史了。在这期间,书院且圮且建,除了一些儒学精英的贡献外,主要还是得益于历届政府官员的大力支持。这也是南平所在书院的共同特点。

建瓯的正音书院是建安、欧宁两县共同奉文设立在建溪书院内。这所建溪书院,康熙之前一直叫建安书院,比起上述南平道南书院,历史更久、规格更高。之所以称其为"规格更高",主要是建安书院是时任知县王埜奉宋理宗之命,于嘉熙二年(1238 年)创建的钦定书院。可谓建瓯历来书院之佼佼者。

建阳的正音书院,则是改建阳县学的补充学校景贤书院而建。位于原建阳县城关的景贤书院,创建于康熙五十五年(1716 年)。雍正七年(1729 年),建阳县奉雍正之命建立正音书院,教授清朝官话,景贤书院随之被改为正音书院。到乾隆年间,原来的书院已经破旧,重修书院后,正值朝廷对开始放松正音教育,书院又改回景贤书院。景贤书院建筑宏大,规制较高。大门外留空旷的坪地以显威武开阔,空坪上建有 12 级宽敞的台级更显大气端稳。拾级而上,迎面为大礼堂。左是用于祭祀文曲星以求菩萨保佑高中功名的文昌阁和山长宿舍;右是朱子祠和小花园。

武夷山的正音书院是改崇贤书院而建。崇贤书院位于原崇安县城西门外，由明代金宪俭张俭建于嘉靖十年（1531 年）；明亡后，顺治十七年（1660 年），知县韩士望在西门旧址重建崇贤书院。如果仅此介绍，我们很难弄清楚时任官员偏偏选择崇贤书院作为正音书院的真正理由了。为弄清楚其原因，我们不妨用康乾时期的"崇安县志之图"来加以说明。图中古城，非常像一只卵型坚果。如果说厚实的城墙是它坚固的外壳，那么城内密集的宫馆楼台，就是那坚壳庇护着的古代文明之仁。城内的参差宫阙，默默诉说着古城曾经一时的繁荣与昌盛。图中有一条彩带般的纹线穿城而过，将古城一分为二，它就是建于北宋的著名水利工程——清献河。清献河东区，俨然为"政治中心"。城图略夸张地突出了县治府衙的恢宏规模。府衙坐北朝南，为一组轴对称的宫苑式建筑，分别由照壁、牌楼和一个硕大庭院组成。宫墙四合的庭院内，依次建有亲民堂、瑞莲堂和济献楼。院中植梅树，称作梅园。院墙外，东西对称地建有旌善亭和三丈祠（祀三位彭姓开邑鼻祖。现今武夷山市图书馆的蹬道旁卧有一石匾，上镌"作邑彭氏三丈祠"，即为幸存的该祠遗物）、巡捕房和囚狱房、军粮厅和架阁库。府衙东边，还建有永安铺（古代驿馆）、东察院与进士坊。从中不难看出，当时从政者至少在形式上深怀济世亲民的政治理念与儒雅风骚的文化涵养，同时对"司法"与军事（西区及城外另有教场、住防署、仓廪等图标多处）的相当重视。与"政治中心"相对应的，是清献河西区的"文化中心"。在西区有限的地界内，仅图中标注的"精神教化"建筑便达 18 座之多。如社稷坛、护国寺、光化寺、城隍庙、文公祠、清献祠、宝林庵、九峰祠、崇贤书院、胡文廷公祠、冬宫（文庙、学宫）、忠义祠、白云观、节孝楼、关帝庙、遗爱祠、山川坛、西林寺等。[①]"精神教化"场所如此之多，着实让人称奇。除了反映当年崇安文化的足够兴盛外，也间接说明了康乾时期崇安经济之较高水准。没有充分的经济剩余，何以建设并济养如此众多的祠庙宫观？只有在政治稳定、经济富庶与生活闲适的社会和谐环境下，人们才有兴致、资财与时间去筹建这些精神建筑，参加这些文化活动，接受这些信仰教化，以此愉悦身心，升华灵魂。在祠庙宫观如此密集的"精神教化"之地，"奉文设立"正音书院，理所当然是顺理成章之事了。

政和的正音书院是附设在星溪书院。星溪书院是宋宣和五年（1123 年），

---

① 据朱燕涛：《发现与解读古〈崇安县治之图〉》一文加以整理。

时任县尉朱松创办,是政和有史以来第一所书院。明代学者林雍的《星溪书院记》是这样记载星溪书院:朱松"……建书院于星溪之南正拜山下,以供职事之余,读书观理,以养其高大之趣,于以风化邑人子弟,使之向学。……建以成仰止之心,以待夫学古有志之士"①。朱松建书院,一是在"建藏修之所";二是在"供职事之余,读书观理,以养其高大之趣";三是以"建书院"来"风化邑人子弟,使之向学"。从这个意义上,星溪书院不同于之前许延二创建的私塾性质的梧峰书院,它既是藏修之地,又是读书之处,更是讲学之所,是真正意义上的完整书院。由此看来,星溪书院在政和历史上具有举足轻重的地位,在此,"奉文设立"正音书院,也是顺理成章之事了。

这样,延平、建瓯、建阳、武夷山、政和的五所正音书院,都是改建原有教育系统的官学书院而为之,而顺昌的正音书院则是改义学而建,这些原来的书院、义学转用于正音书院,则是一种旧瓶装新酒的文化现象,其脉络是息息相通的,根本不存在角色大转换的理念上的困难。而对于宗教机构来说,情况就没有那么简单,我们注意到正音书院之于寺、庵、宫、观,是在其内或其中,而对于天主堂则是"改",如《浦城县志》载:

> 清雍正六年(1728 年),朝廷命闽、广正乡音,各县设书院教习。次年,将西隅里登瀛坊天主堂改为正音书院,将朱文公祠的祠田拨入正音书院,朱文公祠废,正音书院不久亦废。②

在长期的文化交流中,儒与佛、道之间已经产生了相融相亲性,而对明清之际开始东渐不久的西学与儒学之间,却难免存在相斥性。书院之改天主堂而为之,而不是附于其中或设其内,所揭示的是一种清初中西文化交流中的冲突现象,反映出这两种文化间还缺少必要的了解。

那么,福建各地的时任官吏们不甘落后、积极地"奉文设立"正音书院的主要原因,首先是有"文"要"奉",在官本位的封建时代,皇帝的圣谕谁敢违抗?不过,除了这种由上而下的行政命令之外,还有一股强大的推动力,那就是中央政府有关正音书院的政策。如上述雍正正音上谕所定,以八年为改正乡音而习官话的期限,若八年还不能讲官话音者,举人贡监生童等所有士人

① 林雍:《星溪书院记》,康熙《建宁府志》卷四四,《艺文志》,上海:上海书店出版社,2000年。

② 浦城县地方志编纂委员会编:《浦城县志》卷二十九,《旧式教育·书院》,北京:中华书局,1994 年。

皆得暂停其科举考试,八年之限后来加上三年,放宽到十一年。科举时代,士人唯有通过科场考试才能进入仕途,停其科考即断其入官之路,此举可谓凌急厉害,既有力又有效。

然而,之后的中央政府难免一些政策上的失误,如撤销设立不久的"正音教职"等,给人以朝令夕改之感觉。加上这场运动的直接发起人——雍正帝早已千古,府县对正音书院逐渐撒手,视为不急之务,漠然置之,膏火也常常不继。致使书院时停时办,处于朝不虑夕、风雨飘摇之中。总之,中央政府的失误和朝代的更迭,最终导致这场由官府发起的正音运动无果而终。

据南平知县陶敦和的《道南书院碑记》记载,南平的正音书院曾经是"……屋颇宏邃,诸生辈皆迁寓其中。由是道南书院,反成虚置",[1]原本"正音书院教职薪水,银九十六两",却是"乾隆二年派给,乾隆三年裁"。[2]

建阳的正音书院也如此。雍正七年(1729 年),建阳县奉文所建正音书院,到乾隆朝,原来的书院已经破旧,重修书院后,正值朝廷对开始放松正音教育,于是书院又改回景贤书院。改天主教堂而建的浦城的正音书院,原本由知县以行政命令将文公祠祠田拨入正音书院中,但此时也在"奉裁","将田还祠",如光绪《浦城县志》卷十三《祭祀·朱文公祠》载:

> 雍正七年,知县张秉纶将(祠)田拨入正音书院,祀事遂废。后书院奉裁。乾隆十六年,延建邵道来谦鸣询祠,询之裔孙之珩,备悉前事,谕将田还祠。

遍及八闽之地的各式各类的正音书院,尽管没有达到理想的效果,甚至可以说是以失败告终,但随之而来的正音书院及其所从事的语言语音教育事业却不容忽视,作为一项前所未有的事业,正音运动将我国普通话教育的历史向前推进了二百余年。作为推广"官话"的首倡者,雍正帝为后来的张之洞等提出"官音统一天下语言"的思想和举措奠定了基础。

正音运动最终以失败告终,其原因是多方面的,既有政治理念方面的深层次的原因,也有具体的政策措施方面的技术性原因,分析如下。

其一,不具备广泛的社会性。方言的矫正、官话的普及应该是一项平民教育,而不是贵族教育,单靠设立几所书院或书堂等官方机构来打开局面、实现预期目标本身就是白日做梦,其重点应该对准平民,而不是几位官吏或者

---

① 吴栻等修:民国《南平县志》卷一五,《艺文志·记》,江苏:江苏古籍出版社,2000 年。
② 民国《南平县志》卷五,《田赋志第八·耗羡原派续裁款目》。

一批士林。而包括雍正帝在内的王公贵族,因其与生俱来的政治理念的缺失和所处的时代环境的局限,难以、也无法认识到平民教育的重要性。清政府把"禽声鸟语"矫正为"雅言正语"的初衷,论近虑是想办法解决乡音的隔阂给各级统治带来的不便;道远忧自有获取民心、整顿吏治、加强专制、巩固东南边陲统治、重塑帝王形象等政治背景衬托,但是如果缺失广泛的社会性,使之附属于政治活动和政治手段,这种近虑也好,远忧也罢,统统都是缺少根基的空中楼阁,早晚会轰然倒塌。高高在上的雍正帝看到的只是乡音的隔阂给统治带来的不便,而没有深入分析乡音的隔阂给广大民众带来的不便,因而这场正音运动缺乏普及性,其措施缺乏持久之动力。这是正音运动最终失败的根本原因所在。

其二,理论基础的缺失和实施方法的不到位。"禽声鸟语"的矫正、"雅言正语"的实现,宏观而论是一项文化运动,微观而论是一种教育实践,雍正帝在没有分析闽粤两地方言的发展历史、自身特征、变换规律,因而缺乏正确的理论基础,贸然推行正音谕令,尽管附有限考限试的强有力的行政措施加以推动,但是无法做到有的放矢,实行真正的"正音",因而即使上谕后的措施再有力也难以收到实质性的效果。

其三,满族王朝的满语和"雅言正语"的汉语之间的对峙。清代满语被定为国语。满文、满语在这个时期也被称为清语,清文。八旗子弟、皇亲国戚都要学习"国语骑射",清朝政府同外国缔结的条约及国内颁行的重要文告、文件都有满文文本,满族封疆大吏及朝臣要员向皇帝报告军机大事及官场民情,为保密起见,多用满文缮折启奏。尤其在清代前期,大多用满文发布诏、诰等,成为奏报、公文、教学、翻译和日常生活中使用的主要文字,满语文成为中西文化交流的重要载体,当时西方的传教士多半积极学习满语文来向西方介绍中国。此后的很长一段时间里,满语文仍是国外了解中国的途径之一。尽管可和汉字并行使用,但可以说从天命到乾隆七朝,一朝比一朝重视满语,而非真正重视汉语。他们除了为统治为数巨大的汉人而在有些地方推行汉语外,在他们内心深处,是对汉语的排斥和对满语统治地位的维护。即使雍正本人,他在正音运动过程中也是内心充满矛盾的,一方面要保证满语的"国语"地位,另一方面又要推行"官话",显然对满语作为国语中心地位的强调和维护对官话的推行产生了反作用力。

四、唱到最后——邵武的正音书院

福建省内 103 处正音机构中，所办时间最长的正音书院则是邵武的正音书院。邵武的正音书院把"正音"之歌唱到最后。

邵武的正音书院，雍正七年（1729 年）于北门宝严坊创建，书院"延师教习正音"，即延聘语音正确、学问宏博者担任教官，教授当地士子规范的官话，为当地士子能够顺利应试铺路，也为本籍士子培养今后出省做官通晓官方语言、顺利办理公务的相应能力。

据《邵武市志》载，邵武正音书院草创初期，共有师生 35 名。[①] 邵武正音书院所招邵武生源主要是童生和生员。所谓童生即文童之别称，根据明清时代科举制度，凡是习举业的读书人，不管年龄大小，未考取生员（秀才）资格之前，都称为童生；生员俗称秀才，是中国古代科举制时代，在太学等处学习的人的统称，唐代指在太学学习的监生，明清时代指通过最低一级考试，取入府、县学的人。据此，我们可以判断，邵武正音书院的办学目的就是扫除应试障碍。如前所述，按照"以八年为限"，"举人生员巩监童生不谙官话者不准送试"[②]的话，那么，应试童生或生员，如若"不谙官话"，则"不准送试"，谙晓"官话"成为通往科举考场的必要条件，否则就会遭到"一票否决"、"十年功夫"将为化为乌有。

与其他正音书院相比，邵武的正音书院亦无二致，经历了初创、发展、衰落等诸多时期。创办初期的邵武正音书院，因其也系"奉文设立"，动用官银维持日常开销，国家每年按师生名额核拨膏火，因此创办伊始，成绩斐然。到了乾隆后期，各地纷纷裁撤正音书院，建阳的正音书院面对朝廷对正音教育的日益放松，于是决然而然地改头换面，又改回景贤书院了；改天主教堂而建的浦城的正音书院，此时也在"奉裁"，将拨入正音书院的朱文公祠的祠田，如数奉还于祠。南平、武夷山、政和等地的正音书院，同样经历了大致相同的命运。这样，到了乾隆后期，各地纷纷裁撤正音书院，各地府县视正音非急务，漠然置之，膏火常常难以相继。

---

① 卓朗然主编，邵武市地方志编纂委员会编：《邵武市志》，北京：群众出版社，1993 年，第 39 页。

② 俞正燮：《官话》，《癸巳存稿》卷九，沈阳：辽宁教育出版社，2003 年，第 269 页。

邵武并非真空地带,这种裁撤之风不可能不影响邵武,同样也面临触礁命运。不过,可喜的是,时任官员和乡绅邑民们不断努力,不停地为邵武正音书院注入生命力,使之一次一次地起死回生、延续命脉。《邵武市志》"清代普通话的专门学校——正音书院"①等,都记载了邵武正音书院历来的校舍修建、经费增拨,及其大致的变化情况,现按时间顺序排列如下:

乾隆十七年(1752 年),知府刘嗣孔改为邵公祠堂;

乾隆四十二年(1777 年),知府申大年"始复旧制",仍教官音,并拔樵川书院部分田租以供正音师生之膏火;

乾隆四十六年(1781 年),生员魏邦泰捐田租三百三十八石、庄屋二所以供经费,膏火始丰;

乾隆四十七年(1782 年),知府廷毓作《捐助正音书院膏火记》记之;

嘉庆、道光年间,已不习正音,而"改课制艺";

咸丰八年(1858 年),毁于兵乱,董士曾华勋等旋复前厅,移祀文昌神位,附祀邵公;

光绪三年(1877 年),县令王金城从全县税契中以每契价一两提取一钱二分(即 12%)的办法筹集资金,书院赖以复兴;

光绪十三年(1887 年),知府刘锡金移刘公简公祠于书院后厅;

光绪十七、十九年(1891—1892)皆有兴复,此时虽盛,"按月课士",但已不复正音。

据此记载,邵武正音书院风风雨雨、跌跌撞撞的运营到光绪十七、十九年(1891—1892)间,只有"正音"之名,已无"正音"之实了。乾隆四十三年邵武知府廷毓的《捐助正音书院膏火记》,记得更详细:

> 书院所以佐学校之不逮。古者八岁入小学,人才之兴,端目幼学始,此邵郡正音书院所为樵川书院而设也。正音之义,延师训迪,范以官音,率邑之秀者,童而教之,长而成习,俾知语言文字间不可拘于其方,小为谐声属对之资,大为敷奏颺言之本,其意至美,其法至良。然自雍正七年奉文创建迄今,历有年所,旋举旋废,效不及于久远,揆其所以,皆由膏火无资。故乾隆十七年郡守刘公嗣孔改祀邵公像于其内,并附金、宋二令神主,以时祭享。相沿既久,数典忘初,后之人若惟知邵公祠者,盖正音

---

① 政协邵武市文史资料研究委员会:《邵武文史资料选辑》第 7 辑,1986 年,第 125 页。

之废久矣。乾隆四十二年,前郡守申公大年有意作人,欲复旧制,尝以椎川书院地租厘为两院膏火。而以彼移此,卒难久行。戊戌秋,余奉简命来守是邦,与诸绅士相接见,询及正音书院源委,急思修举为樵士乐育地,而下车未久,随监司泉南,亦遂不果。意者,废久难以遽兴,而兴之者,抑将有待耶?

阅二载,岁在辛丑,魏生郑泰为膏火计,请于官,愿以己租三百三十八石有余,庄屋二所,一并助入正音书院,请立章程,斟酌至善,期与樵川书院并垂久远。经县令李源据请通详各宪,俱蒙褒嘉,饬府从优议奖。秋抄,余适旋郡,接奉宪檄,更为加意,复详抚藩二宪,宪重其请,旌以额曰"佐兴文教"。噫,有待而兴,其即待魏生也欤!

夫见义必为,人尽可勉,而每阻于意之不坚,与为之不力。今正音书院已废数十年,而一旦兴复,不惜千金之产为诸生费,非勇于好义者不能也。魏生此举,为不朽矣! 樵之人士固多秀良,而又兴复旧制,仿古小学之意,正其蒙养,将长有成于樵川书院者,幼已有造于正音,而人文丕振,士风愈隆,彬彬焉,和其声以鸣,国家之盛,必在乎此。余守兹土,与董其事,既幸魏生之贤之能勇于为善,而又喜其嘉惠来学,有裨文教,而余并相与有成也,于是乎书。[1]

根据廷毓所记,我们大体上可以把握邵武正音书院从雍正七年奉文创建到乾隆四十七年之间的发展过程:邵武正音书院创建之后,也不是一帆风顺,而因为"膏火无资","旋举旋废";

为了挽回这种局面,乾隆十七年(1752 年),郡守刘嗣孔"改祀邵公像于其内",结果"相沿既久",后人只知道"邵公祠",而正音书院却被人早已淡忘;乾隆四十二年,时任郡守申大年有意恢复旧制,尝以樵川书院地租厘为两院膏火,但是这种"以彼移此",同样"卒难久行"。如此反反复复,到了廷毓写此记的乾隆四十七年(1782 年),邵武正音书院"已废数十年"。所幸本地士绅魏邦泰"愿以己租三百三十八石有余,庄屋二所,一并助入正音书院",书院这才"膏火始丰"。

为了立碑表彰魏邦泰义举,时任邵武知府廷毓亲写碑文,大呼"魏生此举,为不朽矣!"不过,这类"义举",也只能维持一时,不可能维持一世。之后

---

[1]　陈谷嘉、邓洪波主编:《中国书院史资料》(中),杭州:浙江教育出版社,1998 年,第 1789 页。

的几十年,书院时衰时荣、曲曲折折,难以尽述。至道光年间,闽省各县的正音书院均已相继停办,唯邵武的书院尚存,但也已改为教习诗文了。"正音"名存实亡。咸丰八年(1858年)太平军陷城,正音书院被焚。太平军走后,书院虽得以重建(用西塔丈昌宫倾塌后的旧料),然苦于膏火不孚(田租短少),无法恢复。至光绪三年(1877年),县令王金城从全县税契中以每契价一两提取一钱二分(即12%)的办法筹集资金,才将书院再度扶起,一直坚持到清王朝的最后一年。其间于光绪十九年(1893年)知县高淑勖还捐助了自己的薪俸。邵武正音书院历一百八十多年的兴衰坎坷,终于完成了其历史使命。

五、结　　论

正音运动最终以失败告终,但随它而来的语言语音教育事业却不容忽视,作为一项前所未有的事业,正音运动将我国普通话教学教育的历史向前推进了两百余年。遍及整个八闽之地的各式各类的正音书院,尽管没有达到理想的效果,但还是有一些积极作用和影响,作为推广"官话"的首倡者,雍正为后来的张之洞等提出"官音统一天下语言"的思想和举措奠定了基础。

书院精神于通识教育的启发

◎ 黄柏翰

（福建武夷学院朱子学研究中心副教授）

一、前　言

朱熹被视为是书院制度的建立者、书院传统的开创者、书院精神的奠基者。朱熹重视书院教育,有大部分原因是源于对当时官学教育的失望。自汉唐以来,官学一直是儒家学术传播的主要机构。可是到了朱熹的时代,官学教育却丧失了儒家的教育理想,求取功名成为官学系统存在与运作的首要目的。朱熹提倡书院教育,正是对于此种现象的反省与改革。书院学规是书院教育的精神象征,也是中国文化重视人文精神传统的最佳写照。今日的大学教育,过度倾向以职业考虑为主的专业分科模式,往往忽略了人文素质的培养。有鉴于这样的倾斜,通识教育近来成了两岸热门的高教议题,目的在于挽救大学日渐丧失的人文精神。对于人文精神的重视,是书院精神与通识教育的共同关怀。传统的书院精神,对于当前的通识教育能给出什么样的启发呢? 这是本文探讨的主要内容。

二、书院精神的意义与形成背景

在朱熹的时代,官学教育已经丧失了儒家的教育理想,求取功名举业成为官学系统的主要教育目标。这从朱熹对当时地方官学的评述可以看出一些概况:

郡县之学,官置博士弟子员,皆未尝考其德行道艺之素,其所授受,又皆世俗之书,进取之业,使人见利而不见义,士之有志于为己者,盖羞言之。是以,常欲别求燕闲清旷之地,以共讲其所闻。[①]

或《潭州重修岳麓书院记》所载,地方州县之学仍是"文具胜而利碌之意多,老师宿儒尽向之"。[②] 事实上,这种现象不仅存在于地方官学,连中央官学也是如此。

所谓太学者,但为声利之场,掌其教事者,不过取其善为科举之文,而尝得售于场屋者耳。……间相与言,亦未尝开之德行道义之实,而月书季考者,又只以促其嗜利苟得,冒昧无耻之心,殊非国家所以立学教人之本意也。[③]

从朱熹的评述来看,当时的太学已成为追名逐利的场域,师生之间的教学、互动,以及学习上的考核,也未能扣紧国家立学教人的初衷。主事者不仅未能把握太学的精神,反而助长这种不良的风气,使太学成为声利之场。官学对于学员德行等综合素质未能详加考核,教学内容也仅限于世俗之业,这样的学员素质和教学内容,自然培养不了高素质的人才,这样学术机构自然不受社会尊敬和学者青睐。

朱熹对当时整个教育体制及其对社会带来的不良影响作出如下的总结:"此邦学政其弊久矣,士子习熟见闻,因仍浅陋,知有科举而不知有学问。"[④]仅知有科举,而不知有学问,这是朱熹对官学系统最大的感慨。另一方面,也由于没有良好的学术机构和优秀的师资来引导学子,导致学子见识浅陋,这也怪不得学员。在这种背景下,书院教育成为朱熹承传儒家学术以及与培养人才的方式。虽然,书院的教育模式并非朱熹所独创,但朱熹却是做得最成功的。

相较于官学系统的运作,朱熹的学院教育充满了人文精神,这可从书院

---

① 朱熹:《衡州石鼓书院记》,陈谷嘉、邓洪波主编:《中国书院史资料》,杭州:浙江教育出版社,1998年,第111页。

② 陈傅良:《潭州重修岳麓书院记》,陈谷嘉、邓洪波主编:《中国书院史资料》,杭州:浙江教育出版社,1998年,第109页。

③ 朱熹:《学校贡举和议》,孟宪承等:《中国古代教育史资料》,北京:人民教育出版社,1980年,第217~218页。

④ 朱熹:《晦庵集》卷八〇,《信州州学大成殿记》,《文渊阁四库全书》第1145册,第663页。

的学规看出来。学规是书院的精神象征，在南宋书院的学规当中，最早的是吕祖谦的《丽泽书院学规》，而最著名的则是朱熹的《白鹿洞书院揭示》。[①]（《白鹿洞书院揭示》又称《白鹿洞书院学规》，或称《白鹿洞书院教条》。）

《白鹿洞书院揭示》是朱熹于宋淳熙七年（1180 年）知南康军时所制定。揭示中确定五教之目为"父子有亲，君臣有义，夫妇有别，长幼有序，朋友有信"；为学之序为"博学之、审问之、慎思之、明辨之、笃行之"；修身之要为"言忠信，行笃敬，惩忿窒欲，迁善改过"，处事之要为"正其谊不谋其利，明其道不计其功"；接物之要为"己所不欲勿施于人，行有不得，反求诸己"。

人文精神是指关心人，以人为本，重视人的价值。从《白鹿洞书院揭示》中可以看出朱熹希望透过书院的教育来建立一种不同的人生观，一套不同的价值观，希望以人文精神作为教育核心，借以提振沉沦的学风，扭转学子们仅知有科举而不知有学问，知有利害而不知有道德的现状。

朱熹的教育理念在当时也获得普遍的认同，并成为各大书院共同的学规。宋明时期的书院，其目的在于承传、发扬道学。除了知识的学习之外，更注重人格价值彰显与实践，这是书院教育的独特之处，亦是书院精神之所在。对于书院设立的宗旨，南宋袁甫指出："书院之设，为明道也。"[②]被誉为"虔诚的儒门守护者"——苇杭书院山长杨汝清也强调中国书院的主要功能在于守道和弘道。他以"学在民间，道在山林"勾勒出书院的灵魂。这里所说的"道"，比较接近价值观的建立，而非纯粹客观知识的吸取。[③] 岳麓书院的院长朱汉民亦认为，中国书院教育的特色就在于重视学生价值体系的建立。[④]

"大学之道在明明德，在新民，在止于至善。"此乃教育之目的，明德者开发人类之内在价值，新民者促使社会脱胎换骨。明道、守道、弘道都是书院的人文精神，重视学子价值体系的养成，而非纯粹客观知识的吸取。这也是宋代新儒学的学术精神所在，钱穆先生对此亦有评述：

> "此学术"正宋儒所以自立其学，以异于进士场屋之声律，与夫山林释老之独善其身而已者也，……自唐以来之所谓学者，非进士场屋之业，

---

① 邓洪波：《朱子的书院实践与理学书院观》，张品端主编《东亚朱子学新论》，厦门：厦门大学出版社，2012 年，第 286 页。

② 袁甫：《蒙斋集》卷一三。

③ 林孝信：《中国书院制度会再生吗》，《通识在线》第 38 期，2012 年，第 51 页。

④ 林孝信：《中国书院制度会再生吗》，《通识在线》第 38 期，2012 年，第 51 页。

则释、道山林之趣,至是而始有意于为生民建政教之大本,而先树其体于
我躬,必学术明而后人才出,题意深长,非偶然也。①

宋明的书院教育的模式确实影响深远,在学案里处处可见学者们于心性
修养,工夫论用心,用力颇深者。道学已成为其读书,讲学,涵养乃至于成为
其生命的一部分。对于书院教育的作用与影响,近人杨家骆先生有以下的
评述:

> 近世之世,少有严肃有守之操,令坚贞不移之节,肥身鬻国,至有腼
> 颜事而不为耻者,朔其成因,则三十年学校偏重知识传授而忽视人格之
> 陶冶,盖亦不能辞其责焉。书院之设,以培植特立独行为士,以药苟且贪
> 冒之风。试观南宋节烈,晚明遗憝,多由书院讲学所至。②

由这些高风亮节的人物,可以看出书院教育的教化力量。不同于知识性
的教学与讲授,书院教育具有一种人格陶冶的教化作用,这是当前高等教育
较为缺失的一环。关于教化的概念,朱人求有以下之分析:

> 教化在教之外还有化,即把外在的事物转化为内在的精神养份,成
> 为受教育者自身生命的一部分。教化意味着人的精神的转变……。教
> 化主要指德性的培养,是人的内在精神的整体性生长。教育的目标是获
> 得某种知识……。教化是对心灵的培育,教化的目标是按照心灵的内在
> 本性提升心灵的质量。教化还是一种实践的智慧,它重视知行合一,强
> 调知识的获得要与身心修炼结合起来。③

钱穆说过:"中国古代不言教育,而常言教化。……西方教育与宗教分
离,偏在人文。中国则言教化,一天人,合内外,更重自然方面。孔门四科首
德行,德本于性,则人而通天,由人文而重归自然。此乃中国文化教育一项重
大目标所在。"④从钱穆的观点来看,教化的作用有一天人,合内外,能使人文
与自然不致割裂。朱人求则强调教育除了知识的学习之外,还有变化气质的
部分。人格的转化有赖于实践,学习者不仅只是诵习这些知识,也要能将这
些知识与自己的性灵结合,能将这些知识内化成生命的一部分,并在生命的

① 钱穆:《中国近三百年学术史》,北京:商务印书馆,1997年,第3页。
② 杨家骆:《书院缘起与特点》,《东方杂志》第37期,1940年。
③ 朱人求:《南宋书院教化与道学社会化适应——以朱熹为中心的分析》,张品端主编《东亚朱子学新论》,厦门:厦门大学出版社,2012年,第300页。
④ 钱穆:《晚学盲言》(上),桂林:广西师范大学出版社,2004年,第263页。

实践过程中逐步开展。

环绕着教化为核心的书院教育活动，呈现出一种不同于官学教育系统的形态。对于书院的教育模式于是有着如下的描绘："以诗书为堂奥，以性命为丕基，以礼义为门路，以道德为藩篱。"①相较于官学系统，书院的教育更富有文化内涵与重视人格修养的陶冶。

三、当代高等教育的流弊与通识教育的提出

为什么要提倡通识教育呢？主要原因在与高等教育逐渐丧失了人文精神。②过度朝向学科专业化的发展，这使得大学教育未能坚守其使命，致力于实现高等教育的理念。这样的发展主因是知识经济时代的来临与大学经营方式的改变。

（一）知识经济时代的来临

根据经济合作暨发展组织的定义，知识经济是指建立在知识的生产、分配及使用上的经济行为。而知识则包括人类所创造、累积的全部知识，最重要的部分为科学技术、经营管理，和行为科学的知识。知识经济的内涵主要包括两个部分：第一部分是制造业中的高科技工业，包括计算机、电子、航天、生物等产业；第二部分则是知识密集的服务业，包括教育、通讯及信息服务等产业。③

知识经济时代的来临，使得大学朝向科系专业化的发展，这是一种时代的趋势与要求。在全球进入知识经济时代的同时，企业的竞争由过去以资源为主的竞争，转换成以创造力以及知识为主的竞争。从前，商品的价值来自于原料的稀缺性和质量良好的加工过程，只要找得到充沛的原料、劳力以及具备加工技术的优势，很容易就能赚得经济利润、带动经济的发展。然而，在全球竞争日益白热化的今日，这种经济模式很容易就会被人力成本更低的国家所取代，保有的竞争优势和获利的时间很短暂。取而代之的是娱乐产品、

---

① 王会厘等：《问津院志·艺文·问津书院赋》。
② 例如，复旦大学校长杨玉良认为大学当前最大的问题是人文精神的丧失。见其于香港中文大学之演讲——"大学的人文精神与通识教育"，2009 年 9 月 7 日。
③ 袁建中：《科技管理》，台北：联经出版公司，2004 年，第 76 页。

3C 软硬件设备等,成为经济发展的新动力。此一转变,意味着人类社会正由工业经济过渡到知识经济的时代。知识成为经济发展的关键要素,知识也成为未来财富的来源。知识的创造、知识的应用能力与应用效率,也将决定国家经济发展的质量与优势。

为了因应知识经济的发展,大学科系对知识的要求也日益专业化与市场化。专业化的要求也使得高等教育产生知识面过于狭窄的弊病;市场化的要求则使大学对学生的培养偏向于就业考虑。

美国当代研究通识教育的学者布鲁姆(Allan Bloom),即批评过大学教育过度专业化的问题,他认为完全以就业导向考虑的大学教育,正侵蚀着大学的精神。布鲁姆认为,以就业考虑的专业培训只培养没有理想的技术专家而无以培养高贵、完整的人,根本就背离了大学理念的初衷。针对上述种种的难题与危机,布鲁姆也提供一套对治方案,即通识教育。而通识教育的主要的进行方式就是引领学生阅读经典,让他们有机会得以与伟大的心灵进行交流,并从中领略知识的菁华、陶冶个人品格,使心灵得以向真、善、美的理念世界开放。[①]

这种过度专业化与市场化的教育模式,除了窄化学习视野之外,更大的弊病在于过度的工具化的问题。工具化的问题牵涉到价值的问题,即人类求知不仅仅只是追求知识以及经济发展而已,更重要的是人格的培养与人生价值的引导,而不是将学生训练成执行经济发展的专业"工具"。

(二)大学经营方式的改变

在资本主义、市场化和全球化的时代潮流冲击下,各国大学的因应措施引进资本主义的主导概念,其中主要有以下几点特征:一是引进跨国企业的

---

① 艾伦·布鲁姆教授所著《走向封闭的美国精神》(Allan Bloom, The Closing of the American Mind)主要的内容是讨论 20 世纪 60 年代以来的美国大学教育。美国 20 世纪 60 年代学生运动风起云涌之际,布鲁姆教授当时正任教于康乃尔大学,他目睹了大学生对校园的攻击事件,并对逐渐走向专业化的美国高等教育略有不满。《走向封闭的美国精神》一书是布鲁姆教授对高等教育问题的深刻反省,由于布鲁姆教授在书中反省的问题,至今读来仍发人深省,也突显出《走向封闭的美国精神》一书中思考的问题所具有的普遍意涵,值得我们一再思考。见艾伦·布鲁姆著,缪青等译:《走向封闭的美国精神》(Allan Bloom, The Closing of the American Mind, *New York*: *Simon and Sehuster*, *Inc.*, 1987),北京:中国社会科学出版社,1994 年。

管理模式，以投资报酬率和绩效制度作为校务领导和评价的方式；二是知识商品化、选修课程放任校内市场化操作；三是学生选读科系以未来就业为导向；四是具有市场需求的应用专业，取代了学术性知识的创新发展；五是学生成为顾客，教师成为知识的贩卖者与销售者。

这些要求就经济发展与学生就业的层面来考虑是无可厚非的，但仍旧有些弊端。为了符合这种符合市场化要求的评鉴标准，从大学的体制到各个科系的课程，都必须配合调整，以至于所有的课程都面临着改弦更张的压力。首当其冲的便是人文学科的衰微。如追求人类思维本质、认识限度、幸福生活等等问题的哲学思辨，宣告终结。许多人认为这些都是无用的，不需要专门训练，哲学系被改造成应用哲学的领域，哲学问题可由专家提供答案，而非精炼问题。文学系取代哲学发问的任务，但在大学转型的压力下，却又不断削减民族文学的研究项目，走上"英语与比较文学"，再转向"文化研究"，彻底取代有关思想的观念史、思想史的研究。而在职业学校中，因为增强跨学科发展的概括性意义的泛人文科系；包含传媒、通讯、人文、社会学科的跨学科发展，使得人文学科更加零碎化、浅薄化，而走上的衰颓的道路。

这些现象使得大学教育逐渐空洞化。美国通识教育学者 Bill Readings 于 1996 年出版《废墟中的大学》一书，便以大学的"废墟化"来批评这种现象。Bill Readings 反省了资本主义、全球化、市场化的现象，对于各国传统文化的冲击。长久以来，大学便扮演着国家文化传承与发展的重要角色。人类社会最上层的、形塑民族文化共同意识形态、主导民族国家历史进程、担负传统文化存续、知识批判与创新，这是现代大学教育应有的理念与功能。①

德国哲学家雅斯贝尔斯（Karl Jaspers）曾说，大学是学术勃发的场所，也是教育新人成长的场所。② 若从雅斯贝尔斯的观点来看，大学是积淀文化的场域，特别是人文精神的积淀与传承，大学保存了人类在世界上创造的所有优秀文化，学生最能从中获得文化的滋养与熏陶，也是人文化成的最佳场域。大学应成为社会思想和文化传统的中流砥柱。

专业化和市场化的要求是难以逆转的时代趋势，但是大学教育应该思考的是，如何避免过度地倾斜，而适度保有人文精神的理念、发挥高等教育应有

---

① 参见 Bill Readings, *The University in Ruins*, Cambridge, Mass.：Harvard University Press, 1997；孙长祥：《当前大学体制的危机与转机》，《通识在线》第 35 期，2011 年 7 月。
② 雅斯贝尔斯著，邹进译：《什么是教育》，上海：三联书店，1991 年。

的使命与理念。

四、书院精神于通识教育的启发

在高度专业化的时代,高等教育的狭隘化、单向度化,缺乏人文精神的陶冶,正是各国高等教育共同面对的难题。对于这个问题,中国传统的书院精神正好可以发挥作用。教育不只是贩卖知识,人格的培养、价值观的建立等是更为重要的教育功能,而这些都可以从中国传统书院精神当中得到启发。

江西师范大学的胡青教授归纳出中国书院的三个主要功能:教学、藏书、学术创新。这三者其实相当于今日大学的知识教授、文化传承以及学术研究。学术创新的功能常为人们所忽略,其实在书院发展最为蓬勃的宋、明两代,当时的学术创新多半出自书院。朱熹、陆象山、周敦颐、王阳明等宋明理学主要开创者都在书院讲学。[①]

林孝信指出,在探索通识教育的深化发展,有两个方向引起人们的注意:(1)通识教育与书院制度的关系。通识教育有别于专业教育,主张以人为本、重视教学、讲究学习过程,强化师生互动等等。牛津和剑桥大学将通识教育与书院制度结合,并成为这类教学模式的典范。目前两岸都有学校推行书院制度,并普遍被认为这种教学模式有助于深化通识教育。(2)通识教育与传统东方文明的关系。全世界的高等教育制度都是从欧美国家的大学体制移植而来。20世纪90年代以来,开始有人思考其他文明的高等教育,是否也有值得借鉴之处。例如,中国在过去也有相当发达的教育体系,只是在列强的侵略下,因为自信沦丧而匆忙抛弃。随着东亚经济起飞,华人自信心逐渐恢复,在进行高教改革时,自然会回头思考,由东方文明孕育而生的教育体系,是否有值得深化通识教育改革的参考之处?[②]

中国文化强调知行合一、修身成仁的学术传统,对于过度强调专业化与知识化的当前高等教育现况而言,可以起着补偏救弊的作用。和通识教育的目的与功能一样,书院制度的提出,也是针对当时教育制度所作出的反省与补救,两者在精神理念上有相通之处。通识教育的理念发展于西方国家,比较多的是针对西方文明所做的思考,他们的见解有许多是值得我们学习的地

① 林孝信:《中国书院制度会再生吗》,《通识在线》第38期,2012年1月,第51页。
② 林孝信:《中国书院制度会再生吗》,《通识在线》第38期,2012年1月,第51页。

方，但毕竟文化传统不同，我们更需要的是一套根源于自身传统文化价值的通识教育理念。而这套理念，笔者认为，书院精神是一个很好的起点。

除了个人涵养的提升之外，高等教育的社会责任也是一个需要注意的面向。大学的经费来自于人民的纳税钱，大学教育必须符合公共利益，而不只是满足一己之私的职业教育。以笔者所任教的武夷学院为例，从2007年升格为本科大学，至今约有五个年头，承传了八百多年前朱熹武夷精舍的文化传统，比其他大学来说，多了一份骄傲，也多了一份文化承载的责任。作为朱子文化的传承者，若能将书院的精神落实于本科教育中，不但能发展校园本位的教学特色，也不负文化使命，让更多的年轻学子传承老祖宗的智慧结晶。

在时间与语言文字的隔阂下，年轻人渐渐和传统文化脱节，失去了传统文化的引导，取而代之的，就是日渐西化的价值观与生活态度。朱子在八百多年前提出格物致知的治学方法，是一套修身成德的功夫理论，从今日的眼光看来，这是一套相当具有科学精神的方法论。在这套工夫论里，朱子区分了殊理和共同之理，借由工夫论可以由殊理通达共同之理。意思就是，仔细明辨个别事物背后的原理，久而久之就能够将这些原理融会贯通。在求学的过程当中，通过个别知识的学习与累积，而达到深度的统合与提出创见，这也可以说是一种格物致知的精神。

格物的目的在于明心，即能明此心之大用，也即致知的完成。掌握贯通之理，而又能知万物殊别之理，一方面内可成己，另一方面外可成物。对朱熹来说，求学的意义最终必须回归到内心的体证，这方面正好呼应了高等教育彰显人文精神的理念。高等教育的作用，若只满足于专业化与市场化的要求，很容易沦为一种职业价值导向的教育。在这样的教育氛围下，人往往以社经地位与收入的高低作为衡量成功与否的标准，教育成为追求经济发展的工具，同时人也被工具化了。从个人的角度来看，幸福的人生应该不能被化约为收入与职业；从社会的层面而言，过度功利化的价值观，将不可避免地导致竞争与冲突，未必能够增进整体社会的福祉。

朱熹所提出的格物致知，不是一套可望而不可即的玄学理论，而是一套既能贯穿义理，又切实可行的做人处世的道理和方法。格物致知的功夫不是一种知识上的辩证，而是一种人格修养的实践与内心的自我省察。这也是一套修身成德的功夫论，从人格的涵养与陶冶中，透过自我辩证而对人生经验得出的总结，从中找到自我的价值与人生的意义。

修身成德的功夫可以从礼仪教育开始落实。"凡学于此者必严朔望之仪,谨晨昏之令。居处必恭,步立必正,视听必端,言语必谨,容貌必庄,衣冠必整,饮食必节,出入必省,读书必专一。谢子必楷敬,几案必整齐,堂室必整洁。"书院教育是要将学生融入礼仪的次序世界中,使他们自然成为文质彬彬的君子,而且书院中的师生都是身体力行来履践。不像今天礼仪教育,顶多让学生背背学生守则,而对学生的日常行为则是睁一只眼闭一只眼,直到学生走上了社会才想起要开设礼仪课程。[①]

透过这种日常的礼仪实践,时间久了,自然受到熏陶,变化气质自然不在话下。然而,除了仪式之外,更重要的是礼仪教育的内涵。对于礼仪来说,最重要的是"敬"的实践和体认,若没有这样的内涵,仪式只是流于形式而已。是否能把"敬"的精神贯穿到仪式的每一个步骤?借由秩序感来校正我们内心是否保持诚敬?此外,这种"敬"的精神,能否在日常生活中延续?进而能够变化气质、涵养心灵。如果忽略了"敬"的精神,徒留礼仪的形式,礼仪教育将成为徒具形式的束缚而已。

在古代书院的教学方式中,升堂讲说、生徒自我钻研、分斋教学、优游山水间等教学方式,是相当具有特色的。升堂讲说的教学方式在庐山国学时就开始了。据记载,朱弼是庐山国学最后一位洞主,他"每升堂讲说,座下肃然"。老师除了讲课外,还要回答生徒提出的各种问题。据说,朱弼"每升堂讲释,生徒环立,各执疑难,间辩锋起,弼应声解说,莫不造理。虽题非己出,而实事联缀,宛若宿构。以故诸生诚服,皆循规范"[②]。升堂讲说这种简单而庄重的仪式,能够提振学生的学习精神,进而培养对学问的尊重,养成勤勉的学习态度。反观今日的大学教育,在自由开放的学风影响下,课堂上学生是非常自由随兴的。自由与开放的氛围是相当好的,但若缺严谨认真的学习精神,则容易养成散漫或狂傲不羁的学习态度。古代的书院教育也倡导开放的论学精神,在这方面,我们可以从中得到一些启发。

本文谨就高等教育日益偏向学科专业化和市场化的现象及衍生的流弊,指出书院精神可以提供给通识教育发展的参考。当代高等教育若想要深化通识教育的人文精神,应该从中国文化的根源着手,这可在书院文化当中汲取丰富而宝贵的资源。除了本文提到的学规和仪轨之外,传统的书院精神还

---

① 尹莉:《古代书院与通识教育》,《海峡两岸通识教育与高等教育创新》,第 384 页。

② 尹莉:《古代书院与通识教育》,《海峡两岸通识教育与高等教育创新》,第 384 页。

具有非常丰富的文化内涵，也是中国人文精神的最佳写照。因为篇幅的关系，在此只是简单地提出一些个人的见解。关于中国文化与通识教育的接轨，还有待更多志士仁人的投入与推行。

陶山书院的理念及其展开

◎ 金钟锡

（韩国国学振兴院首席研究员）

一、视角及方向

退溪李滉(1501—1570)在明宗五年(1550年)担任丰基郡守时,为郡内的白云洞书院申请了赐额,从此作为朝鲜最初的赐额书院——绍修书院诞生了。绍修书院作为朝鲜时期书院教育的先河,此后成为在全国建设众多书院的契机。退溪不仅在学问上是朝鲜儒学的巨匠,而且也可称作是书院教育的鼻祖。对他来讲,书院不仅是单纯传授知识的场所,而是为了实现自己哲学理想的思索与实践的空间。

本研究旨在考察和分析退溪对书院教育的立场,并且研究这种思路是怎样通过陶山书院的实际运营并以何种方式进行的。随着退溪在16世纪以后的朝鲜儒学史中确立地位,陶山书院不仅作为退溪学派,还为朝鲜儒学的中心发挥了作用。

关于陶山学院如何在历史中体现了退溪的书院教育理念,则记载于10788件陶山书院资料中。具体由1026种4605册的古册,2128件古文书,59种4014块木板,其他41件组成,现委托韩国国学振兴院进行管理。本稿以退溪亲自对自己书院教育的抱负和理念进行收录的伊山书院院规、根据这种精神记载陶山书院具体运营内容的陶山书院仪节,还有各种书册置簿记及古书、古文书等记录资料为中心,考察陶山书院的书院教育理念及其展开。

二、退溪的书院教育理念

退溪对书院教育的理念和哲学很好地体现在他编写的伊山书院院规中。伊山书院作为明宗十三年（1558 年）在庆尚道荣川建立的代表性初期书院之一，在时间上早于退溪亲自建立的陶山书堂（1560 年）。伊山书院从建立初期开始就由退溪深入参与，并亲自编写了院记和院规。退溪参与建立伊山书院的直接理由是，在讨论设立学院的当时退溪曾经是担任过成均馆大司成的程度，在学界的地位很稳固，还因为荣川是岳家的故乡，可能与地区士林的关系也很密切。

但是比这个更重要的理由是退溪对士林教育的期待与抱负。通常的观点认为退溪可能在 50 岁左右决定放弃对政治的留恋，并决心以教育度过余生。接连不断的士祸让他目睹了士人们的死亡，还经历了家兄瀣在士祸中牺牲的伤痛。而且在他 53 岁时（1553 年）作为成均馆大司成，向四学发送通文嘱咐勤学，但是未取得成果，所以只担任了几个月后就辞职了。① 此后，他曾经透露过不仅是四学，连作为朝鲜最高教育机构的成均馆斋生也是学风浮浅，只为取得官职而热衷于科举工夫而不懂得为己之学，因此难以教化。②

退溪根据这种经验深切体会到扶持国家社会的关键在于确立正确的士风和开展能够教导真正学问的教育运动的必要性。这种想法在申请白云洞书院赐额时，在交给庆尚监司的信中很好地体现出。

> 其视国学乡校在朝市城郭之中，前有学令之拘碍，后有异物之迁夺者，其功效岂可同日而语哉。由是言之，非惟士之为学，得力于书院，国家之得贤，亦必于此而优于彼也。……滉窃见今之国学，固为贤士之所关，若夫郡县之学，则徒设文具，教方大坏，士反以游于乡校为耻，其刑敝之极，无道以救之，可为寒心。惟有书院之教，盛兴于今日，则庶可以救

---

① 朝鲜时期在汉城的中、东、南、西部地区设立了中学、东学、南学、西学等四学。四学与成均馆相比，规模小并且教育程度低，但是教育内容和制度类似于成均馆的官学。当时朝廷认为四学的学风不振现象很严重，因此将退溪任命为大司成以改善学风，但是他的努力未得到斋生的支持。

② 《退溪言行录》卷三《类编》："壬子秋，升堂上为成均大司成，先生见士习益媮难以教化，未几辞免。乙卯春，以病辞职，径出国门，虽朝中士友常所往来者，亦皆不知也。"（郑惟一）

学政之缺,学者有所依归,士风从而丕变,习俗日美,而王化可成,其于圣治,非小补也。①

要之,只着重于形式上的科举工夫而受到各种繁杂法令羁绊的官学制度无法建设朝鲜所梦想的儒教理想社会,而且要积极思考能够实践儒学真正学问的方法——"为己之学"的方案。他认为这不仅是为了学问,而是为了国家的前途也应该这么做。士风得到大的变革并且风俗越来越美丽才是作为儒教国家的朝鲜达到国家目标的捷径。

白云洞书院申请赐额,从某种角度上看可以看作是作为郡守履行"兴学"这一职务。但是作为学者,从设立初期开始进行参与并直接制定院规的机会是从伊山书院得到的。因此,伊山书院的院规是典型地反映了退溪对书院教育哲学和理念的资料。后来退溪生前建立了陶山书堂,并且提议设立易东书院,但是未制定院规。而且在退溪死后,地区士林以陶山书堂为基础建立陶山书院后也未另外制定院规,可能直接运用了伊山院规。虽然现在还留着以易东院规名义的古文书,但是内容却与伊山院规完全相同。

退溪的伊山书院院规与栗谷李珥(1536—1584)隐屏精舍的学规是代表朝鲜时期院规的典范。② 后来在朝鲜时期的很多书院直接运用这些学规或即使制定新学规也会借鉴相当部分的内容到自己的学规上。③ 那么,从现在开始以伊山院规为中心去探讨其中包含退溪对书院教育的理念和哲学。

(一)培养道德人才

退溪明确了书院教育的目的是通过"为己之学"培养道德人才。这是他担任大司成并目睹了官学教育惨败后,投身书院教育时确立的信念。这点明确地记录在伊山院规的首要部分。

> 诸生读书,以四书五经为本原,小学家礼为门户……皆务为躬行心得明体适用之学。其诸史子集,文章科举之业 亦不可不为之旁务博通,

---

① 《退溪集》卷九,《书·上沉方伯通源(己酉)》。

② 栗谷于宣祖十年(1577年)辞去官职时,在黄海道海州的石潭设立了隐屏精舍,并致力于研究学问和培养后辈。而伊山书院所在的庆尚道荣州和隐屏精舍所在的黄海道海州恰好是退溪和栗谷两位贤人的岳家所在的地方。

③ 朴钟培:《朝鲜时代的学令及学规》,《韩国教育史学》第28卷第2号,2006年10月,第225页。

然当知内外本末轻重缓急之序。①

要之，书院教育的目的在于培养"躬行心得，明体适用"的真正学者。并且教材也选择了可以明示本质的《四书五经》和可作实践指南的《小学》、《家礼》，以追求言行一致的为己之学。退溪认为书院独立于官学存在的理由是通过为己之学培养真正的士人，只有这样才能够挽救 16 世纪朝鲜的混乱政治。

值得关注的一点是，伊山院规中有"文章与科举功课在某些方面相通"的内容，开启了可以进行科举功课的通道。如果只看院规的表面内容，就可能认为伊山院规允许科举功课的举动与培养道德人才的宗旨相矛盾。实际上，栗谷的隐屏精舍学规上有"学习科举功课请去别处"的规定，②这个部分经常与伊山院规进行比较。但是考虑到朝鲜时期的现实情况为儒学者通过学问实现抱负的唯一道路就是科举及第时，从根本上禁止儒学者进行科举功课的行为是不现实的。实际上，不管采用了怎样的形式，人们还是进行了科举功课，校方也只能允许。③ 从退溪的人品与退溪学的学风上看，大体上具有包容现实与人情的特点。因此，这种倾向也可能反映到院规上了。

但是为己之学和科举功课有着内外、本末、轻重、缓急的关系。因此明确提出两者是具有先后与本末的关系，并且从始至终都要以"为己之学"优先。而且为了达到这种教育目的，做学问的姿态也要不同。即正确的学问姿态是"诸生立志坚苦，趣向正直，业以远大自期，行以道义为归者，为善学。其处心卑下，取舍眩惑，知识未脱于俗陋，意望专在于利欲者，为非学。"④这说明在现实的角度上只能认可科举功课，但是专心于此则是错误的学问姿态。⑤

---

① 《退溪集》卷四一，《杂著·伊山院规》。

② 《栗谷全书》卷一五《杂著二·隐屏精舍学规（戊寅）》："非圣贤之书，性理之说，则不得披读于斋中。（史学则许读）若欲做科业者，必习于他处。"

③ 退溪的弟子月川赵穆因没有经费而要放弃科举考试时，他曾经赠予经费并劝导其参加科举考试。甚至儿子不专心学习科举功课时，还曾经训斥过他。

④ 《伊山字规》。

⑤ 退溪深入参与的易东书院也直接运用了伊山书院的院规。而在易东院规的末尾写着"遵川谷道南书院规，禁居接及乡校居接之供事"。"居接"作为准备科举考试的聚会，与作为讲解纯粹学问的聚会——"讲会"不同。如果从易东书院和陶山书院的密切关系考虑，那么在陶山书院也很可能有相同的观点。

（二）朱子学式教育原理

退溪设立了以书院的教学课程——《四书五经》、《小学》、《家礼》为中心的正统朱子学式教育课程。并且规定为"自余邪诞妖异淫僻之书,并不得入院近眼,以乱道惑志"①。这一点对于朝鲜时期性理学的发达具有非常重要的意义。因为,作为代表朝鲜时期朱子学者的退溪本人首次接触《朱子大全》的时期为中宗三十八年（1543 年）,②当时还未广泛地普及朱子学。在这种情况下,在明宗十三年（1558 年）建立的伊山书院院规中,以朱子学为中心树立了教育课程。这个事实从朱子学向朝鲜普及的侧面上看,具有重要的意义。并且之后建立的大部分书院都以伊山院规和隐屏精舍学规为模板编制了教育课程,从这一点上看时更是如此。

伊山院规不仅在教育课程上,还在运营方针上具有继承朱子学正统的倾向。即提出了儒生们平时要遵守的方针指南,这就是程子、朱子、陈柏的箴训。

> 泮宫明伦堂,书揭伊川先生四勿箴,晦庵先生白鹿洞规十训,陈茂卿凤兴夜寐箴,此意甚好。院中亦宜以此揭诸壁上,以相规警。③

虽然退溪提倡了书院教育,但这不等于否定朝鲜政府的教育方针本身。这一点在伊山院规中表现为"立院养士,所以奉国家右文兴学,作新人才之意,人谁不尽心"④。在这种立场上适用了作为朝鲜最高国学机关成均馆的先例。他只是在作为解决"汉城四学和地方的乡校等教育机构的荒废、士风堕落"的对策而提倡书院教育的。

退溪的基本理念为继承白鹿洞规的教育原理,并且通过伊山院规来完善当时朝鲜的时代状况。尤其朱子的《白鹿洞规十训》和陈柏的《夙兴夜寐箴》是书院实际运营的主要方针指南,后来还编入退溪的代表性著述《圣学十图》第五图和第十图。因为《圣学十图》是献给国王宣祖的,如此看来《圣学十图》可以说是将退溪的书院教育原理运用在帝王教育上。他在第五图《白鹿洞规

---

① 《伊山院规》。

② 《退溪集》卷四二《序·朱子书节要序》:"嘉靖癸卯中,我中宗大王,命书馆印出颁行。臣滉于是始知有是书而求得之,犹未知其为何等书也。"

③ 《伊山院规》。

④ 《伊山院规》。

图》的解说中指出："且帝王之学，其规矩禁防之具，虽与凡学者有不能尽同者。然本之彝伦，而穷理力行，以求得夫心法切要处，未尝不同也。"①即《圣学十图》虽然是献给帝王的，但是其中包含的人性教育的原理同样适用于普通人。退溪平时在教育弟子时，非常喜欢《白鹿洞规》中的博学、审问、慎思、明辨、笃行、惩忿窒欲等语句，这些刻成大字的木板至今还保存着。

（三）集体寄宿学习

在伊山学规中占有最多项目的内容是进行集体生活所需要的规则。退溪将书院教育的目标放在为己之学上。为了实现这个目标，他认为有效的学习方法是"群居讲学"，即集体寄宿学习。他如此倡导寄宿学习是因为当时有关朱子学方面的专家或专业书籍不足，个人很难研习。但是最根本的原因是为己之学本身不是观念性或理论性学习，而是在生活中形成的为人之道的教育。

为达到此目标，最重要的是如何保持勤学氛围。首选对于"性行"超出正常的范围而嘲笑礼法或侮辱圣贤的人，他认为不具备学生基本的品德，因此通过讨论后逐出书院。② 他重视作为集体学习优点的互相学习和变化，使学生之间致力于"相观而善"，学生和有司之间恭敬和信赖并"敬信相待"。

> 无故无告，切无频数出入，凡衣冠作止言行之间，各务切偲，相观而善。

> 诸生与有司，务以礼貌相接，敬信相待。③

相观而善与敬信相待，从"儒学将集体与关系看作不可避免的前提"上看，可称作最好地体现儒学学问特点的学习方法。

与集体学习有关的又一个引人注目的一点是，对东、西斋寄宿的"寓生"的规定。退溪对此规定为"寓生，不拘冠未冠，无定额，成才乃升院"④。这样的开放姿态，意味着书院在地区社会中作为学问和教育的中心应该承担公共机构的作用。但是在传统社会，大多数书院的财政情况非常薄弱，所以在促

---

① 《退溪集》卷七，《札·进圣学十图札并图》。
② 《伊山院规》："如有性行乖常，非笑礼法，侮慢圣贤，诡经反道，丑言辱亲，败群不率者，院中共议摈之。"
③ 《伊山院规》。
④ 《伊山院规》。

进这种集体寄宿学习的方面具有局限性。因此出现了居斋、居家的儒生约好时间后聚集在一起学习的"讲会"方法。

如前所述,退溪在伊山院规里包含了道德人才培养、朱子学的教育原理还有集体寄宿学习的哲学。这不仅是为了书院运营的便利而制定的规定,还是退溪教育哲学的表现。而且伊山院规不以祭祀功能为主,而是以讲学功能为主并组成。有些研究人员还将这一点看作退溪的书院教育观的特点。① 这种性质在以后随着祭祀功能的强化出现变质的倾向,但是陶山书院没有另行制定院规,而是以伊山院规为准运用了。但是伊山院规的内容非常简洁而且不够具体,因此在实际运用上可能会有诸多不便。

在这种背景下制定的就是陶山书院的仪节(丙辰年)。虽然不知道正确的制定年代,但是包含着处理长期以来根据伊山院规运营陶山书院时发生的多种实务问题的指南。因此,分析陶山书院的仪节就可以得知陶山书院的事情是如何具体进行的。这在陶山书院是以何种方式体现了退溪的书院教育理念的方面上,提供了重要的启示点。

三、儒生的选拔和培养

就像退溪主张书院教育的最重要的原因在培养真正的士人一样,陶山书院的仪节为了实现这个目标而详细规定了选拔士人的步骤。首先在陶山书院所在的礼安地区 7 个面各自推荐儒生,然后以此为基础再加上乡中的儒生名单,并在对他们彻底保密的情况下,具有推荐权的 7 个面的代表进行点标(选拔),而收到 4 个标以上的人成为选拔对象。②

还有一种方法就是,具有推荐权力的公事员聚在一起,将乡中年龄超过30 岁并且具备"文行"的儒生名单记在竹筒上,然后把这个竹筒滚动到出席的公事员面前,而公事员看到记在竹筒上的名字后,将可推荐的名单放进筒内。有时他们会通过这种步骤选拔出得到一定数量的推荐人。这个方法是参考

---

① 丁淳睦著:《朱晦庵与李退溪的书院教育论比较》,《人文研究》第 8 卷第 2 号,岭南大学人文科学研究所,1987 年,第 292 页。

② 《陶山书院仪节·取士》:"礼安七面,面各一执荐,收乡中儒生名单,合书为八部。执荐各取一部,分坐各房门外,布灰以禁人出入,各点标后,有司乃取一部,进于上室,次第以一执荐所点,移点于一部,而辄洗本草。七既毕,以准点参榜(七为准,四为参),书于游院录。"

了寒冈郑述在道东书院"取士"的方法。① 如此，朝鲜时期书院选拔士人的过程没有官方介入，一律都是自主进行的，只有儒林社会的定评和公论才是选拔的标准。

这样选拔士人的步骤以每 3 年实行一次为原则，选拔人员大概在 15 名至 20 名左右。由此可知，原来伊山院规"只要具备才能的人就不限制人数"的规定，后来变成 15 人至 20 人。他们的名字将记录在"游院录"里，而不在"游院录"名单里的人既不能担任书院的职位，也不能参与书院的事情。

为了运营陶山书院，设置了上有司、斋有司、句管都监、公事员、别有司、别库有司、修理所有司、坛所有司等职责，并都严格规定了任期和职责，对他们的任免都遵循公论和步骤。任命他们职责的标准是"具备年龄和兼具德行和声望者（上有司）"②，"品行端正，清廉勤勉，有文者（斋有司）"③，"众人推崇并服从者（句管都监）"④，"公正而周到地处理者（公事员）"⑤，"严谨并具有办事能力者（别有司）"⑥等。这个不仅是有效和具有公理的标准，更是忠实于培养道德性人才目标的标准。从有司的选拔标准上看，取士也可能是以这种标准进行的。

有趣的一点是，公事员聚集在一起选拔人选的过程中采用了滚动竹筒的方法。在仪节中规定，滚动竹筒时出席的所有人不能说话，也不能侧视。⑦ 由此可知，选拔是在严肃的氛围里进行的。也许这是添加了些许幸运要素的同时，又为了排除公事员之间有可能发生的合作等的装置。

由此可知，通过正式的过程选拔的儒生的地区范围，实际上未脱离陶山书院所在的礼安地区。但是陶山书院仍然作为朝鲜时期代表岭南的书院产生作用是因为陶山书院作为赐额书院，不仅得到国家层面的关心，而且继承了退溪学派的后辈在全国范围内形成了学派，并在朝鲜的学术界和政界进行

---

① 《陶山书院仪节·取士》："公事员十人，开座典教堂，择乡中儒生，年三十以上有文行者，曹司书其名于竹筒，轮于诸公事员，诸员以标纳之筒中，既毕，封其口，就院长前开视，以准点参榜（十为准，五为参），书于游院录。"（取郑寒冈先生道东取士法）

② 《陶山书院仪节·荐望》："上有司，乡道间，齿德俱存者。"

③ 《陶山书院仪节》："斋有司递代……行修廉谨有文者，一人呼荐。"

④ 《陶山书院仪节》："句管都监，堂会时，原任中，众所推服者，荐望。"

⑤ 《陶山书院仪节》："公事员，堂会时，斋任前啣中，公正周遍者，择定。"

⑥ 《陶山书院仪节》："别有司，堂会时，斋任前啣中，详密有干能者，择定。"

⑦ 《陶山书院仪节》："轮筒时，满座，言不出口，目无流眄。"

活动。他们形成了人际关系并且随时访问了陶山书院。现今保留在陶山书院的"寻院录"就记录了这些来访者的名单。

"寻院录"中记录着来访者的籍贯、姓名、访问日期等。[①] 他们之中也有路过时单纯访问的情况,但是也有住宿在此并参拜祠堂、在现场体验退溪的学问精神、通过书册学习等形成一种学问上的"私淑"关系的情况。在肃宗三十六年(1710年),开创朝鲜后期"近畿实学派"的星湖李瀷(1681—1763)访问了陶山书院,将当时体验的内容写成《谒陶山书院记》。他在此文章中仔细描写了在陶山书院内的陶山书堂[②]受到了莫大的感动。他表示"故短墙幽扉,细渠方塘,依然朴素遗制,而无不羹墙焉如见也"[③],而且还说:"吁先生之一言一动,无不为后之范则,而慕之如祥云瑞日,仰之如泰山北斗。"[④]虽然这种士人不是直接在陶山书院选拔并培养的,但是可以称作广义上的陶山学团中的一员。

四、教育课程和内容

关于陶山书院的日常教育课程具体是如何进行的,现在很难去掌握。但是通过留存的一部分讲学和讲会的记录,可以掌握大概的情况。退溪死后,主导设立陶山书院的月川赵穆(1524—1606)的《年谱》中表示"会诸生于陶山,讲学",还表示"与乡中同志,约以朔望相聚谒庙,仍讲诸生所读书,遂为院规"。[⑤]

从这个记事中可以得知,当时引导了陶山书院的有司们成为中心并定期进行讲学的情况。但是不知道持续到哪种程度,也许对他们来说是日常事务,因此未留下详细的记录。讲学的内容就像伊山院规中提及的,大体上以《四书五经》及《小学》、《家礼》等作为中心。而且除了日常和定期进行的讲学之外,还有称作讲会的形式。

---

① 此内容参考韩国国学振兴院所藏的陶山书院成册0067《寻院录》。
② 陶山书堂由退溪直接设计,是在61岁那年(1561年)完工的建筑。在《谒陶山书院记》中可以得知,虽然只是三间房的建筑,但是在陶山书院中超越了建筑物的范畴,起到了精神支柱的作用。
③ 李瀷:《星湖全集》卷五三,《谒谒陶山书院记》。
④ 李瀷:《星湖全集》卷五三,《谒谒陶山书院记》。
⑤ 《月川集·月川先生年谱》,"八年庚辰"(先生五十七岁)条。

当陶山书院认为有必要自行对本派的学说导出重要的共识,或者别的学派对退溪学说提出重要的提问或异议,使退溪学团内部有必要导出公论时,会召开讲会。① 代表当时退溪学团的人物被聘请为"讲长",参与的大部分儒生也是当时有前途的新秀学者,如果浏览讲会出席者名单就可以猜测到当时以陶山书院为中心的地区儒学界的形势。从现存的讲学相关资料中,将探讨正祖十九年(1795 年)"乙卯讲会"②,哲宗五年(1854 年)"甲寅讲会"③的相关资料。

召开乙卯讲会的直接契机是,对岭南儒生具有特别感情的正祖在 1794 年向陶山书院赏赐了《〈师门手简〉御制跋文》1 册与《经书》1 帙,次年(1795 年)再次赏赐了《御定朱书百选》3 册。陶山书院为了响应君主的特别关怀而召开了讲会。"噫,书院之作,定为讲学而设,而此事之不行久矣,今幸值我圣上右文颁书之会,敢不一聚讲读以对扬休命之万一乎。"④这句话包含着很多意义。

首先可以得知,讲会因多种理由而不能经常举办的事实。虽然不清楚具体的理由,但可能主要是因为财政上的问题。参加乙卯讲会的人士为,除"山长"(院长)——前参奉李龟书之外,还有生员金台翼作为"讲长"出席,主倅朴献源和其他 5 名作为听讲"出席",而幼学金洛儒和其他 43 名等作为"讲生",总共出席了 60 多名。因此讲会由山长之外的讲长、听讲、讲生构成。

讲长是引导讲会的学问上的元老。而讲生是登记在游院录的儒生,他们自行发表所学的学问并得到了讲长的指导。其中很特别的是听讲,从朴献源是当时领导邑县的长官考虑时,可能是地方的绅士或元老以参观的形式出席的。

"乙卯讲会"的另一个重要的一点是,在中央政府和地方书院的关系中,讲会是显示政治功能的代表性事例。上述提到的"敢不一聚讲读以对扬休命

---

① 丁淳佑:《退溪的讲学活动和陶山讲会》,《2011 年韩国国学振兴院所藏资料深层研究论坛研究报告书》。

② 《讲会录》,载檀国大学退溪学研究所编:《陶山书院古文书(Ⅰ)》,檀国大出版部,1994 年,第 109 页。

③ 《讲会日记》,檀国大学退溪学研究所编:《陶山书院古文书(Ⅰ)》,檀国大出版部,1994 年,第 110 页。

④ 《讲会日记》,檀国大学退溪学研究所编:《陶山书院古文书(Ⅰ)》,檀国大出版部,1994 年,第 109 页。

之万一乎"包含着很多意义。在"乙卯讲会"召开的 1795 年前后,朝鲜发生了几个重要的事件。那就是全罗道珍山的士人尹持忠加入天主教,拒绝为去世的母亲举行祭祀并且火烧牌位的"珍山事件"(1791 年)和当时朝鲜的知识阶层之间流行的、将"稗官杂文"或小说文体还原成"醇正古文"的"文体反正"政策。

正祖将这种趋向视为威胁国家根基的重大事件,想从岭南的士人身上寻找不被杂学污染的纯正的正学。正祖向陶山书院赏赐《四书三经》和《朱书百选》并且举行"陶山别试"就是出于这种意指。而乙卯讲会就是为了迎合君主意指的行动。

相对而言,19 世纪中叶召开的"甲寅讲会"是为了陶山书院儒林的自我反省和讲学而决定的。这从"本院讲会,盖因朱夫子白鹿洞规,行之已久,而挽近以来,积废不举,诚有所慨然者矣"。① 这句话中可以知道。首先以各邑县的童蒙到 40 岁为止的儒生为对象,每月初一在"私塾"自行举办讲会,然后在其中选拔优秀的人,年底去陶山书院参加"大同讲会"。② "甲寅讲会"就是根据这个计划,自 1854 年 12 月 15 日到 17 日在陶山书院举办的大同讲会。

首先从"甲寅讲会"日记中可以知道讲会的进行步骤。首先,在讲会开始的前一天有司提前到达书院,在"光明室"找讲会上要使用的教材并准备。当时的教材是《四书六经》、《心经》、《近思录》、《朱子书》及《退溪书》。当天上午首先选出"时到有司"与"直日",实际上讲会从远处的儒生到达的下午开始进行。讲会开始后,首先进行了"庭揖礼"。诸生在"典教堂"院子落下排序站立后,作为东、西斋代表的"东班首"与"西班首"立于台阶,随着提倡白鹿洞规进行庭揖礼。庭揖礼结束后在作为院长室的"闲存斋"设置讲席,诸生上讲台上讲述自己读书的感想,是按照先朗读再讲述其意义的方式进行的。

如果只看进行的步骤,就可以认为儒生将自己所学的内容在学界元老面前发表,并且在此得到对其内容的检验。但是当时引导讲会的训长李希淳、

---

① 《讲会日记》,檀国大学退溪学研究所编:《陶山书院古文书(Ⅰ)》,檀国大出版部,1994年,第 110 页。

② 《讲会日记》,檀国大学退溪学研究所编:《陶山书院古文书(Ⅰ)》,檀国大出版部,1994年,第 110 页。"自童蒙至于年四十,每月朔使之讲于私塾,及其岁底,择乡之秀者,大同会讲于本院之意,先期轮告。"

前承旨李汇宁、前参判李孝淳、前牧使李汇载等人是当时地区儒学的实际代表人，[①]因此社会影响力也非常大。实际上在"甲寅讲会"举办的次年（1855年），由1万多人的儒林参与的"万人疏"在陶山书院编写。能够进行如此大规模"上疏"也是因为平时通过讲会而实现的儒林社会在思想方面的结合。

五、书籍的收集和管理

从展开教育理念的侧面上看，书籍的收集和管理只能成为陶山书院的核心功能。因为书籍是在传统时期的教育方面作为最重要的道具。所以退溪也曾经在伊山院规中规定"书籍不能带出书院之外"[②]。陶山书院继承了这种精神，严格地制定和遵守了相关规定。首先了解陶山书院的书籍通过何种途径收集，就可以整理如下。[③]

首先陶山书院成为赐额书院时，国家还下发了"内赐本"。在朝鲜时期，向书院赐额时肯定也赏赐奴婢和书籍，因此赏赐到陶山书院的内赐本就成为陶山书院整体书籍的基础。内赐本主要是《朱子大全》、《朱子语类》、《性理大全》等，以性理书和四书三经为主流。[④] 之后在宣祖二十一年（1588年），宣祖二十三年（1590年），正祖十七年（1793年），正祖二十二年（1798年）经常进行了赏赐。这些内赐本至今还保持着良好的状态。

其次，由退溪的弟子或后辈担任长官的地方官衙送来的图书也不少。例如龟岩李桢在明宗九年（1554年）将自己担任牧使的清州发行的《延平答问》送给陶山书院，明宗十七年（1562年）将庆州府发行的《伊洛渊源二录》送给了陶山书院。

并且还有附近地区的书院或家门发行后捐赠给陶山书院的情况。星州的桧渊书院、安阴的龙门书院、泗州的龟岩书院、山阴的西溪书院、荣州的伊山书院等赠送了自己发行的书籍，而书院赠送的书籍主要是儒学者的文集。

---

① 《讲会日记》，檀国大学退溪学研究所编：《陶山书院古文书（Ⅰ）》，檀国大出版部，1994年，第110页。"十二月十五日，定讲会于本院，训长、洞主、幼学、李希淳，前承旨、李汇宁，前参判、李孝淳，前牧使李汇载。"

② 《伊山院规》："书不得出门，色不得入门，酒不得酿，刑不得用。"

③ 金钟锡：《陶山书院古典籍的形成与管理》，《古典籍》第4辑，韩国古典籍保存协议会，2008年，第93～96页。

④ 《陶山书院书册录》。

到了朝鲜后期,随着岭南地区退溪的学问地位稳固,还有每个家门之间的文集争相发刊,赠予到陶山书院的书籍也急速增加了。

但是在陶山书院的典籍中,最重要的还是自己发行的。其中最为重要的部分是退溪文集的手写本及发刊本和发刊过程中发生的各种日记、通文等相关资料。为了发刊退溪文集,具备了严谨的准备过程和各个阶段的手写本及校正本,不仅重刊本和补刻本的保存和内容比较明确,甚至在多次重刊中最重要的庚子复刻本(1600年)和甲辰重刊本(1724年)还具有模板,这种情况在国内的朝鲜时期文集刊行中是很少见的,可称作一个模范事例。

如果将陶山书院所藏的书籍按照内容分类,以四书三经和程朱性理书为主的正统性理学书籍为主,而阳明学、佛教、道教等所谓异端学有关的书籍和小说、杂书等是不存在的。这肯定是反映了作为彻底的朱子学者和辟异端论者的退溪的思想倾向。退溪已在伊山院规中表明"自余邪诞妖异淫僻之书,并不得入院近眼,以乱道惑志"[①]。

为了保存和管理收集的书籍,陶山书院调动了所有的力量。陶山书院能有许多贵重典籍保存至今的原因就是早先开始制定严格的规定并管理的结果。陶山书院对作为书库的光明室的开关做出了如下规定:

> 必三任具位或堂会时,一二人不得,若有不得已之事,则有司禀于时原任句管。[②]

主要原则是"三任"都聚在一起时才能出入"光明室",如果遇到不得已的情况,则向"时任"或"原任"禀报后才能出入。三任是指上有司、斋有司、别有司。并且书院有新书引进,就必须记录到书籍目录中。

> 书册目录,新入册子,一一记入。[③]

管理陶山书院书籍的账簿大体分为"书册录"和"传掌记"。在初期书册录会单独制作,但是到了后来,传掌记可能兼具书册录的功能了。初期制作的书册录是以陶山书院的藏书来历为标准整理的。即列出图书名称后,记录为"内赐","某某监司于某时所送"等。对于自行采购的书籍记录为"贸得"或者"买得",对于发刊书籍的书院或家门捐赠的写为"某某书院所送"或者"本

---

① 《伊山院规》。

② 《陶山书院仪节·总则》:"必三任具位或堂会时,一二人不得,若有不得已之事,则有司禀于时原任句管。"

③ 《陶山书院仪节·文簿》。

家所送"。对于《通鉴纲目》则记录为"送册纸印来",可能是指提供纸张后印刷的。

如果陶山书院更换有司时,最为重视的就是所藏书籍的交接工作。《仪节》中对交接书籍进行了如下规定。

> 书册别置一簿,而光明室一二人不得开关,故只以目录考阅署名着衔,待曝晒或堂会时,一一考准。①

当进行新任有司和原任有司业务交接时,会单独制作书册账簿。当交接业务时首先确认账簿,然后在进行堂会或曝晒时直接进入光明室,边看实物边对照并确认。陶山书院有着数十本"传掌记",而大部分的传掌不是在"堂会",而是在曝晒时整理的。在确认实物方面,曝晒时可能比在堂会更容易掌握。根据高宗二十七年(1890 年)6 月制作的传掌记记载,当时拥有合计 2991 册的交接记录,这些都是在原任与现任及会员出席时制作的。②

六、结 论

退溪李滉认为确立正确的士风可以矫正 16 世纪混乱的国家社会。并从朱子的白鹿洞书院中寻找可以进行改革的新教育运动的模型。而且书院的教育原理也继承了以宋朝性理学为基础的朱子学说,将目标放在培养"躬行心得"和"明体适用"的真正的士人上。

陶山书院继承着退溪的书院教育理念,并且使具体的书院运营符合当世的地区实情与环境,其中最重要的是儒生的选拔和培养、教育课程的运营、图书的收集和管理等方面不受国家和官方的干涉,彻底依照地区儒林的参与和公论进行。

陶山书院拥有朝鲜时期的首要书院地位,其中退溪在朝鲜儒学界中占据的位置和对退溪学派的成长做出的贡献很大。但更重要的是与此同时,陶山书院本身是依据地区儒林的参与和公论运营,并从中酝酿了自己的力量。虽然陶山书院的士人应对着时代的多样变化,但是从未放弃对退溪学的信心。能使地区儒林集结到陶山书院的最重要因素就是退溪的学问与人品。虽然在政治上未能避免以栗谷学派为中心的老论政权的攻势,但是在思想上一直坚持着退溪学

---

① 《陶山书院仪节·传掌》。
② 《光明室传掌记》,庚寅六月二十六日。

派的正统并发展了以退溪学为基础的独特的地区文化。到了近代，对抗外来势力的"义兵斗争"、"爱国启蒙运动"、"儒教改革运动"等都以陶山书院和退溪学派为中心活跃地展开。而且到了现在，陶山书院也未停留在文化遗迹上，为修习士人文化、人性教育等现代人所缺乏的精神文化而做出贡献，这也是坚持不懈地保持和发展了自己的价值观和本体性的结果。

作为朱子学的退溪学与独立的退溪学

◎ 李相虎

（韩国国学振兴院责任研究员）

一、引　论

本论文要在展开朱子学的过程中观察退溪学形成的背景，并以此为基础确认区别于朱子学的学问体系"退溪学"的可能性，而且将通过这个讨论来观察退溪学在性理学①的传播发展史上所处的位置。

实际上对于"退溪学"的讨论由来已久。称李滉（1501—1570，号退溪）的学问作"退溪学"被研究了很长一段时间，对于作为单一理论体系的"学

---

① 这里所指的性理学不仅限于朱子学，还包括在唐末宋初兴起并由朱熹集大成之后，王守仁大为变革的、一直流行至明代的儒学。这样的立场与只以性理的问题将朱子学按照性理学看待的立场不同。此立场作为尹丝淳教授的立场，论述者使用的性理学概念也遵循这个立场。详细内容请参考尹丝淳：《尹丝淳教授的韩国儒学思想论》，首尔：艺文书院，1997年，第13页下文。朴璟焕在其博士学位论文中将宋明性理学的一般思维体系整理为七大类：第一，"在现实中通过道德性的实践完善自我"强调"人道"问题；第二，天道论和人道论结合的思维体系；第三，根据特殊性中存在普遍性，确立性本善的人性论；第四，为解决关于"恶"的问题设置气质之性；第五，以性善论为依据共享性本善的"恢复"之修养论；第六，提出对于修养的具体方法与尊德性、道问学等内外方法并行。虽然此论因质疑心学的存在与否而导致无法贯穿宋明性理学全程，但是由于心学也是从批判这个开始的，所以不可否认有着一定的影响。最后，第七点是对于拥有理想人格的圣人有着新的诠释。这可以说是从宋代至明代过程中对性理学的一般性规定。具体内容请参考朴璟焕：《张载的气论之天人合一思想研究——天道论和人道论为中心》，高丽大学博士学位论文，1997年，第2～3页。

说"——"退溪学"的提问更是从 21 世纪初开始探讨至今。[①]

作为区别与朱子学或阳明学的"退溪学"是否具有可能性成为辩论的焦点,并以此为基础形成了各种关于"退溪学"的规定。其中最具代表性的立场就是作为"心学"的"退溪学"。虽说是心学,但是却不像批判朱子学而形成的象山学或阳明学所说的心学,而是吸收了作为理学的朱子学之后变换成心学的学问。此项讨论现已进行到在性理学发展的过程中退溪心学可以像阳明学一样,作为另一类的学问体系也可以存在的事实。

这个论文就处于这样的讨论基础上。本论文不是研究李滉的"四端七情论争"或以其他理论为中心研究李滉哲学的论文,而是作为单一学术体系的角度考虑"退溪学"存在的可能性。实际上直到现在为止规定退溪学的性质时,在前文所提及的"心学之退溪学"的主题出现之前,一直将焦点聚焦到"朱子学之退溪学"或者"理学之退溪学"也是事实。因此,与其说焦点集中在与中国朱子学的区别,不如说更倾向于集中在阐释朱子学的传播过程显现出的退溪学特征上。因此,我们并没有真正关注过退溪学在朝鲜社会起到了怎样的作用以及形成区别于中国的、仅限于韩国的性理学结构的过程是怎样的。

然后此项研究试图同时观察以下两个观点。首先,确认作为朱子学展开局面的退溪学所具有的特点和基本立场。因为退溪学从根源上属于朱子学的展开过程,而李滉本人也承认自己继承了朱子学。然而,李滉所选择的朱子学处于怎样的展开过程,而且有必要通过对退溪学的形成产生了怎样的作用来观察朱子学和退溪学的关系。并且以此为基础,就像阳明学和朱子学作为不同的体系使用"学"一样,退溪学也要观察是否有这一点。如前所述,这将是通过退溪学区别于朱子学的结构,确认是否脱离"朱子学范畴"的确认工作。退溪学从根源上讲,不可否认只能局限于朱子学的框架里进行讨论。但是在这样的基础上,如果存在有别于朱子学体系的、李滉独创的思维模式的话,我们就有可能认为它是区别与朱子学的一种概念的退溪学。尤其要从是否改变着朱子学体系并形成独创的理论为中心,从而确认"退溪学"的可能性。

通过此项研究,正如即使阳明学与朱子学存在很多关联,但还是能够形

---

① 最具代表性的是在艺文东洋思想研究院进行的退溪诞辰 500 年,退溪学研究 50 年特辑(专辑)中对于"退溪学特点"的提问。此后还产生了多种讨论并提出了多种立场。参考艺文东洋思想研究院:《当今的东洋思想》第 4 辑,2001 年,特辑(专辑)部分。

成与朱子学完全不同的结构，我们将会确认退溪学中是否也有此类要素。通过此项讨论，我将从根本上确认韩国性理学独有的特殊性，并观察在性理学领域内的退溪学所处的地位。

二、朱子学的形成及其志向

朱子学的形成是汉朝灭亡以后，要将混乱时期失去了存在意义的儒学得到复兴的努力结果。中国在汉朝灭亡以后，直到新的统一王朝隋、唐登上历史舞台为止一直经历了急剧的王朝交替，在这个过程中百姓的生活因战争和混乱而渐渐荒废。汉朝时曾经登上国教地位的儒学，经过了这样的时期后丧失了其统治意识形态性功能。而当时失去依靠的民间，佛教与道教作为民众信仰深深扎根于此了。这样的历史背景下，重新建立的统治王朝需要一个新的统治意识形态。在此过程中，儒、佛、道三教不管是从政治角度还是理论角度都只能是对立的存在。

在唐朝统一前，儒学在长时间的混乱期失去了原本以"成为圣人"为目标的本原精神，而贵族们进行文字游戏的词章学形成了主流。在残酷的生存现实中，儒教与带来"来世的解脱"这种希望的佛教和以平等、神仙思想武装深深扎根于民间的道教是不同的。[①] 特别是佛教，在起到作为宗教本身作用的同时，它的理论和当时只是"乡党哲学"的儒学区分开来，形成了从宇宙普遍秩序角度阐释人类的普遍哲学。唐宋时期儒学复兴运动试图"恢复儒学本来精神"和形成与佛教能够对立的普遍哲学的理由就在于此。[②] 就像以解脱为目标的佛教，试图恢复"成为圣人"作为目标的儒学本来精神，并且试图成立能与佛教抗衡的普遍理论体系。

有句话说"恨谁却偏偏像谁"，儒学与佛教在理论的对立过程中，却只能以佛教理论为模板。[③] 尤其佛教是根据世间存在的普遍原理设定世界的运行

---

① 关于新儒学形成过程中佛教或道教产生的影响，参考洪显植：《宋学和异学——以宋学形成的背景为中心》，《凡韩哲学》第 2 辑，凡韩哲学会，1987 年，第 103 页。

② 金教斌、李孝杰、洪元植：《中国的宗教和思想》，首尔：韩国广播通讯大学出版部，2002 年，第 194 页。

③ 荒本见悟著，沈庆昊译：《佛教与儒教——性理学，穿儒教衣服的佛教》，首尔：艺文书院，2000 年。

原理,然后强调在这样的运行原理中森罗万象的存在都是有规律的。"人类"也是在这样的运行原理中存在并生存着,而且认为正确的人生成就了这一规律。通过"佛性"实现解脱的过程,如果从大的框架上看,就能够对"世界"的进行理解。先设定一个普遍概念,并通过这个概念原本地呈现出了阐释世界普遍哲学的特点。[1]

朱子学只能引荐这样的佛教理论模板。如果说原始儒学是局限于"人"和"社会"的哲学,那么朱子学的形成就是先确立将世界和森罗万物阐释为一的理论框架,并以此来强调人类也是属于这样的原则中的存在。这样一来,朱子学就找到了能够阐释世界合一的普遍概念。朱子学的先驱周敦颐(1017—1073,号濂溪)是通过《太极图说》设定"太极"这一普遍概念,并以此为中心提出世界依据合一根源的立场,[2]朱子学则直接继承了这一点。

张载(1020—1077,号横渠)以中国传统的"气"哲学为基础,试图以"气"为中心阐释"穷极的原理"和"变化的形态"。当然,朱子学并不接受张载的"气"哲学本身,但能接受试图以"气"为中心达到天道和人道合一的想法。[3]朱子学通过这样的过程用太极和"理"这个概念设置了宇宙运行原理和理气合一。程颢(1032—1085,号明道)和程颐(1033—1107,号伊川)兄弟指出"实有是理,是实有是物"[4],以及朱熹依据"理者,实也,本也"[5],这句话提出的"有是理,便有是气,但理是本"[6],也是因为这种原因。

在这样的基础上,朱子学试图通过"气"来阐释世界多种多样的形态。我们对"理形而上者,气形而下者,自形而上下言,岂无先后"[7]这句话不难理解,说明原本只能依赖"理致"才能存在的"理"通过"气"这种形而下者体现出多种多样的事物形态。就像这样,朱子学先设定"理"和"气"的普遍概念,然后

---

① 李相虎著:《为"成为圣人"的儒学企划以及其哲学发展——从原始儒家到性理学》,《东洋社会思想》第 16 辑,东洋社会思想学会,2007 年。

② 周敦颐著《太极图说》:"无极而太极,太极动而生阳,动极而静,静而生阴,静极复动。一动一静,互为其根,分阴分阳,两位立焉……"

③ 关于试图将天道和人道合一的张载的立场的论辩,请参考朴璟焕的论文。

④ 程颢、程颐:《中庸解》,《河南程氏遗书》卷八。

⑤ 程颢、程颐:《论道》,《河南程氏遗书》卷一。

⑥ 《朱子语类》卷一。

⑦ 《朱子语类》卷一。

对于"理"和"气"的关系指出"以本体言之,则有是理,然后有是气"①,来同时说明世界的普遍性和多样性。

朱子学中将"理"和"气"的关系设定为"既不相离,也不相杂"的状态②,因此说明了宇宙万物都有同一个框架。尤其是用来阐释本然的"理"在各自事物中是如何内在的"理一分殊"③,就是向着森罗万象中所有事物都存在于一个法则的环节之一。通过这样的立场,朱子学聚焦于证明包括人类在内的所有存在都是作为其根本理致的"理"以及将它呈现出来的"气"形成的事实上。"理也者,形而上之道也,生物之本也。气也者,形而下之气也,生物之具也。是以生物之生,必禀此理然后有性,必禀此气然后有形。"④从这句话中我们可以看出朱子学试图阐释通过"理"万物都有了共同的原理,通过"气"阐释其多样性的用心良苦。以朱熹的天人合一为理论依据的《礼记》中的《中庸》提拔为单一经典范例之四书中的一本书即《中庸》的理由也以此为鉴。

这种解析为宇宙和万物为一体之形而上学的构建,今后会用于阐释所有的存在。朱子学的基本目的显然与所有儒学一样就是成为"圣人",它以理气论为中心,不仅阐释人类而且通过适用于宇宙法则的具体方法阐释"为什么要成为圣人"的理由。⑤ 首先将宇宙的法则设定为"理",然后宣称也适用于人,强调人生的轨迹就是要遵循宇宙法则,接着又将这种理气论直接适用于儒学本质问题之"心"和"学"中。

对于"心"的理解也可归纳为"理"和"气"的结合,即"心"是理之性和气之情的结合。⑥ 正如世上万物都是"理"和"气"的结合,"心"也是"理"和"气"的结合。站在这样的立场,认为"理"赋予"心"的同样是赋予所有人的"人之

---

① 朱熹:《孟子或问》卷八。

② 这是对"理"和"气"的关系之一般立场。"理"和"气"的关系通常被设定为不相离和不相杂,对此详细内容以及引用的朱熹话语请参考大滨皓著、李炯性译:《作为范畴的朱子学》,首尔:艺文书院,1997年,第139页。

③ 关于此句最具代表性的是朱熹著《朱子语类》卷九四,"一实万分,万一各正,便是理一分殊处。"关于理一分殊的详细内容请参考陈来著,李钟兰译:《朱熹的哲学》,首尔:艺文书院,2001年,第81页。

④ 朱熹:《朱文公文集·答黄道夫》。

⑤ 李相虎:《为"成为圣人"的儒学企划以及其哲学发展——从原始儒家到性理学》,《东洋社会思想》第16辑,东洋社会思想学会,2007年。

⑥ 《朱子语类》卷二〇,"性其理,情其用。心者,兼性情而言,兼性情而言者,包括乎性情也。"

性",又通过"情"体现了"心"的作用。这种朱熹的基本思想更加凸现为注重如何才能阐释"心"的本体之"性"和体现作用之"情"之间是怎样相互作用的这一点上。朱熹曾说过:"心是包得这两个物事,性是心之体,情是心之用。"①也是在这一立场上提出的。

朱熹认为人的本性即天赋予的"人道之理",对此,他提出:"仁义礼智,性也,体也。恻隐羞恶辞让是非,情也,用也。统性情该体用者,心也。"②即将仁义礼智和"道德本性"设定为人性,确定实现这个的过程就是人道。加上仁义礼智因为"心"的作用显现出来就是四端,意味着"善良情感"。③ 确立"仁"就是包括上天给予人的本性和作为在其作用下显现的情感之恻隐之心的统称就是"心"。"心"将存在论设定为中心,以此为基础强调"天"赋予"人"的善之本性的事实和需显现为四端的事实。在这个过程中能看出,事实上作为曾经在朝鲜朱子学界最大纷争的四端七情其实不是什么大问题。与其说朱熹当时关注的是四端和七情的关系,不如说他更关注"理之性"和"气之情"之间的关系。即更重视体现"理"和"气"在心性论中仍然在起作用这一点,并且聚焦于"性"和四端之间的关系上。

这样的立场也适用于工夫论。朱子学的工夫论分为对于"理"之工夫和可将它实现的"心"之工夫。当然,这也只是在从理论上划分的,通过"行之正"达到圣人的工夫。朱熹首先强调"对法则的正确理解",事事物物的"理"是针对宇宙万物的原理和理致的。然而如果它适用于人就可以说是"多种多样的情况下需具备的正确行为之法则"。通过对各种情况的工夫,在任何情况下都能达到"行之正"法则的工夫。这种工夫是观察以往的圣人在各种情况下是如何具体行动的,其结果就是使学习圣人留传下来的经典成为可能。并且对于理致的工夫转换为解读经典的"读书工夫",通常被称为"道问学工夫"。

这样对"理"的认识就要做到"心"随"理"行,所以对于心无私欲的工夫很重要。因为知"理"后才能使心"气"随之作用。因为在"理"中突出"气"才是"行之正"。因此,强调"心"工夫的就是"尊德性工夫"。这种尊德性工夫分成

① 《朱子语类》卷一一九。
② 朱熹:《朱文公文集》卷五六。
③ 关于将四端阐释成"善的情感"的见解,参考李相虎:《细读四端七情》,坡州:字瓮出版社,2011 年。

由"心"生的"性"之态工夫即"敬"还有为正确引导"性"生"情"的过程即"诚"工夫组成。不给私欲介入的余地，由天赋予的本性原原本本体现的善之情感的工夫。

朱子学首先设定阐释宇宙的理论体系，然后以此为基础过渡到"心"和"工夫"的阶段。这是在与佛教的理论竞争过程中直接套用其理论模板的结果。从这种角度去观察，可以说朱子学原本是"理"为中心的哲学，①学问的目的本身就是建立形而上学体系的和以此为基础强调道德本性。因此，工夫的过程也会强调"理"，"心"工夫就是为实现这种人生的基底。对"理"工夫和"心"工夫不同的设定，提出对支离或仅限于读书工夫而没有做本该保证实践的"心"工夫的批判。这是因为朱子学的方向点和目的本原以在当时时代背景下被明确设定的。

三、朱子学的发展轨迹与退溪学形成的背景

确立"理气论"的框架，并欲通过对理的理解来驾驭人的道德行为的朱子学，在其工夫论上亦秉承了这一思想，划为"对理的理解"和"心性的修养"两大领域。前者指对道德理致的工夫，以"格物致知"和"道问学"思想为代表；后者指心性的修养，以"居敬涵养功夫"和"尊德性功夫"为代表。朱子学理论同时强调对理学和心性的工夫，将这二者喻为"鸟之双翼"、"车之双轮"。② 但与当前的儒学相比较而言，朱子学以更加强调"真知"为特征，从这点来看，朱子学带着鲜明的"重知主义倾向"。③ 在追求儒学"圣贤"的道路上，朱子学将"真知"和"行动"置于同等重要地位，这也是后来朱子学发展史上重要的分水岭。

如同所有学说在其发展和弘扬过程中所经历的，尽管朱熹强调"知"与"行"并重，但其弟子代在传承时难免会更加侧重其中一个方面，同时对此发

---

① 鉴于此，虽然理由不够充分，但仍有学者提出朱子学应定性为"理一元论哲学"。参见洪元植：《程朱学之居敬穷理说研究——以"知行转移"为重点》，高丽大学博士学位论文，1991年，第89页。

② 朱熹对此有很多著述，此处仅引用具有代表性的一句，即《朱子语类》卷九："涵养穷索二字不可废一，如车两轮，如鸟两翼。"

③ 洪元植：《程朱学之居敬穷理说研究——以"知行转移"为重点》，高丽大学博士学位论文，1991年，第50页。

生批判则迅速与之形成对立面。朱子学也随之被划分为完全墨守朱熹的基本立场并强调道问学的一方和主张"为要圣人的心性工夫"即强调尊德性的一方。墨守朱子学的一派和心学先驱象山学派的对抗,碰撞出了比朱熹更加强调尊德性理论的思想。其中,产生深远影响的就是朱熹和陆九渊(1139—1193,号象山)之间的"鹅湖之争"。"鹅湖之争"源于陆九渊对朱熹相对更重视"格物致知"的道问学而非心性工夫的批判。① 换言之,"鹅湖之争"的焦点是关于道问学和尊德性的争论。

朱熹之后,尽管朱子学在发展过程中派生出很多学派,但大体上分为重视道问学工夫的学派和重视尊德性工夫的学派。诚然,前文所指重视道问学工夫并不应单纯理解为只强调道问学,只是从保持道问学和尊德性工夫均衡发展的角度而言,指更侧重道问学工夫。

重视道问学工夫的学派有浙江省金华为中心发展起来的金华朱子学派。该学派是朱子学嫡传弟子黄榦(1152—1221,号勉斋)②任临川县令时求学于其门下的何基(1188—1269,号北山)在金华一带讲学时形成的学派。何基的学问,此后经王栢传播到金履祥和许谦,他们以墨守朱熹理学要素为特征,被誉为传承朱子学精髓的代表人物。③ 金华朱子学派差异于象山学派的是,一方面积极肯定朱子学的道统说,提出宗法道统论,④同时在黄榦的"理一分殊说"基础上开展对朱子学"体用论"和"理一分殊"的多角度研究,传承了朱子学的理学特征。⑤

同为嫡传弟子,陈淳(1153—1217,号北溪)对朱子学的传承从弟子时期相比理论研究就更加侧重于实现领域。虽然在与象山学派的门户之争中,陈

① 参见中国哲学会:《历史中的中国哲学》,首尔:艺文书院,2006年,第300页;洪元植:《陈北溪的心性论》,《宋代心性论》,首尔:图书出版arche,1999年,第237页。

② 关于黄榦的叙述参考圃隐思想研究所:《元代性理学》,首尔:圃隐思想研究所,1993年,第31页;池俊镐:《关于朱子学思想的分流及传承发扬的研究》,《韩国哲学论集》第23辑,韩国哲学史研究会,2008年等。

③ 参见《北山先生学案》,《宋元学案》卷八十二;不同的哲学立场参见徐远和:《理学与元代社会》,北京:人民出版社,1992年,第134页。

④ 参见池俊镐:《关于朱子学思想的分流及传承发扬的研究》,《韩国哲学论集》第23辑,韩国哲学史研究会,2008年,第331页;圃隐思想研究所:《元代性理学》,首尔:圃隐思想研究所,1993年,第118页。

⑤ 池俊镐:《关于朱子学思想的分流及传承发扬的研究》,《韩国哲学论集》第23辑,韩国哲学史研究会,2008年,第335～336页。

淳与黄榦站在相同的立场强调正统的朱子学思想,但哲学观念上的重心却逐渐从存在论转向了人间心性的问题。① 这种倾向后被黄榦思想的继承人饶鲁、吴澄等继承发扬,由于他们的活动地点以江西为中心,又称江西学派。其中,吴澄与北方的许衡被誉为"北许南吴"②,黄宗羲和全祖望在其编纂的《宋元学案》中评价吴澄为"朱陆和会"③思想的奠基人。

事实上,"朱陆和会"思想仍有值得商榷的部分。因为《宋元学案》的作者黄宗羲是《明儒学案》的著书人,《宋元学案》是黄宗羲在追溯"阳明右派"哲学根源的过程中著成的,④而黄宗羲本人即为阳明右派哲学家,⑤认为阳明右派是象山学的继承和发展,因此将吴澄视为"朱陆和会"。思想家可能仅是出于黄宗羲的个人倾向,不能简单地将吴澄的哲学思想归纳为综合象山学和朱子学的"朱陆和会思想"。⑥

需要特别关注的是,饶鲁、吴澄等学者相比宇宙本体论更注重休养心性,侧重圣贤本心。吴澄的哲学思想强调尊德性功夫论,因此也被后世评价为"朱陆和会思想家"。⑦ 至于吴澄的思想究竟是强调"简易"还是注重"本心学问",在朱子学理论体系内也可以得到阐释。⑧ 但是,吴澄在朱子学理论体系的框架内更强调尊德性,还是不难看出其侧重点在本心以及心性的休养上。

---

① 洪元植:《陈北溪的心性论》,《宋代心性论》,首尔:图书出版 arche,1999 年,第 257 页。
② 徐远和:《理学与元代社会》,北京:人民出版社,1992 年,第 103 页。
③ 《宋元学案》卷九二《草庐学案》:"草庐出于双峰,固朱学也,其后亦兼主陆学。盖草庐又师程氏绍开,程氏常筑道一书院,思和会两家。"
④ 参见李相虎著:《明儒学案及阳明右派哲学》,《中国哲学》第 12 辑,中国哲学会,2004 年。
⑤ 关于阳明右派哲学家黄宗羲的资料来源于李相虎:《郑齐斗阳明学之阳明右派的特征》,启明大学博士学位论文,2004 年。
⑥ 参见洪元植:《朱陆和会论及退溪学的心学化》,《当下的东洋思想》,艺文东洋思想研究院,2003 年。
⑦ 事实上,吴澄本人与象山学派保持着一定的距离,但在朱子学理论体系内,吴澄思想的显著特征是强调尊德性胜于道问学。源于这个原因,洪元植提出《宋元学案》、侯外庐的《宋明理学史》中对吴澄的评价有偏颇的观点。由于《宋元学案》是在探寻心学渊源的过程中出现的,因此洪元植认为应考虑特殊的背景因素。尽管吴澄主张尊德性,但从吴澄撰写的《三礼考注》和其他著作来看,吴澄的思想仍然有别于象山学。详见洪元植:《朱陆和会论及退溪学的心学化》,《当下的东洋思想》,艺文东洋思想研究院,2003 年,第 69 页。
⑧ 徐远和:《理学与元代社会》,北京:人民出版社,1992 年,第 122 页。

从这一点来看,虽然与象山学也有差异之处,但依然有别于同时推崇道问学的金华朱子学派。在尊德性思想流派中,相比格物致知的观点,该学派也是更加倾向于"敬论"或"诚论",是朱子学体系中的尊德性学派。该学派另辟蹊径,开启了"心学化"的先河,区别于对"理一分殊"的理解与对此的功夫并强调道问学的金华朱子学派。

那么,流传到朝鲜的朱子学又是怎样的呢?元朝建立统治地位以后,元世祖忽必烈确立了性理学统治思想,通过可设科举广泛选拔人才,金华朱子学派及江西朱子学派均有学者被吸纳进官方学术界。如吴澄就当过国子司业,作为他的高足,虞集和元明善等人也出入万卷堂。性理学传播到高丽的时期,李齐贤(1287—1367,号益斋)在万卷堂与诸多朱子学思想家交流的过程中,极有可能与尊德性学派思想家交流密切。[①] 尽管到了高丽末期朱子学传入朝鲜之后,安珦、李穑、李毂等思想家究竟吸纳了那些具体的朱子学思想无从考证,但只要留意他们的主张,就不难推出哪些学派对朝鲜朱子学的形成产生了影响。

朝鲜开国时期涌现出的郑道传、权近、李穑、郑梦周等思想家就是最能体现那一时期朱子学特征的代表人物。总的来说,他们主张的朱子学思想可以说是重视心性修养的尊德性朱子学。李穑、郑梦周、郑道传、权近等人选择朱子学主要是因为该思想与日常生活伦理直接相关。[②] 圣人之道不应脱离现实而应从现实生活中领悟的思想,也契合了高丽末期对佛教思想的强烈批判意识。从而,其思想也更注重修心性而非探究理气论。由此得知,李穑虽然承袭了朱子学天人合一的普遍思想,但实际主张的却是"敬论"。尤其,他提出修己的根本在于"遏人欲,存天理",以"主敬"为其方法论。[③] 继而道问学采纳为实践尊德性的方法论。

郑道传和权近的观点也不外乎以上立场。其中,郑道传作为朝鲜的开国功臣,立足朱子学的立场,对佛教进行了猛烈的批判。他在哲学史上留下了《佛氏杂辨》、《心气理篇》、《心问天答》等具有重大影响力的著作,而著书的目的就在于站在朱子学的立场来批判佛教。这些批判总体上是针对佛教中违背伦理的一面,目的在于赋予易姓革命正当性的同时巩固朱子学作为官方学

---

① 圃隐思想研究所:《元代性理学》,首尔:圃隐思想研究所,1993 年,第 126 页。

② 文喆永:《高丽儒学思想新探索》,首尔:庆世院出版社,2007 年,第 171 页。

③ 尹丝淳:《尹丝淳教授的韩国儒学思想论》,首尔:艺文书院,1997 年,第 35～36 页。

说的地位。以此为出发点，郑道传试图以朱子学理念为基础安定民生，实现王道政治。① 源于此，郑道传的思想特别强调了王应以仁治为重，加强自身修养。

如果说郑道传的思想立足于赋予朝鲜建国的正当性、旨在构建以朱子学为基础的政治框架，那么权近则致力于完善性理学理论。权近在朱子学领域造诣颇深，曾尝试以"理"为主阐释世间万物之共同性，通过构成世间万物的"气"之差异来阐释万物之别。② 这说明在朝鲜初期就形成了对朱子学有了正确的认识。但是，权近重视并强调的是"人心"与"道心"的问题，从存"天理"的方法论出发，提出通过"主敬"加强修养的必要性。他的"主敬"修养理论贯穿在朝鲜性理学中，与其整体的发展方向保持一致。③

综上可知，朝鲜初期占据主流的朱子学思想并非是墨守旧说强调道问学的金华朱子学派，而是强调心性工夫的尊德性学派。高丽末期至朝鲜初期的朱学学者们尤其强调"居敬涵养"，特别重视学习以实践为主的《小学》，尽管朱子学在中国的传播过程《小学》并未得到多大的重视。④ 通过这些可以看出，高丽末期至朝鲜初期的朱子学承袭了尊德性学派的思想，朝鲜时期的朱子学也可以理解为随着主流思想从宇宙本体论向心性修养发生转变，承袭了尊德性学派的思想。

退溪学可以说是对尊德性朱子学学派的传承和发扬。尽管后来士林派哲学思想与高丽末、朝鲜初期新进士大夫（注：具有性理学思想并推动改革的势力）主张的朱子学存在差异，但不可否认朝鲜朱子学整体的趋向是重视"心性"和"修养"。以朱子学为基础形成的退溪学亦承袭了朱子学重视"心性"和"修养"的特征。李滉自身也从最熟知的角度去理解朱子学，他所信奉的朱子学同属于尊德性学派。由此可知，退溪学并不像阳明学说那样彻底推翻朱子学而创建新的学问体系，它一方面与中国性理学从宇宙本体论向心性论转变

① 高丽大学民族文化研究院韩国思想研究所编著：《资料与解析：韩国的哲学思想》，首尔：艺文书院，2001年，第416页。
② 高丽大学民族文化研究院韩国思想研究所编著：《资料与解析：韩国的哲学思想》，首尔：艺文书院，2001年，第423页。
③ 高丽大学民族文化研究院韩国思想研究所编著：《资料与解析：韩国的哲学思想》，首尔：艺文书院，2001年，第424页。
④ 参见李相虎：《岭南学派重〈小学〉折射的哲学特征及其教育意义》，《国学研究》第18辑，韩国国学研究院，2011年。

的发展趋势保持一致,另一方面在充分肯定朱子学理论的基础上形成了"心"与"行"并重的哲学思想,使退溪学在朱子学体系中占据了一席之地。

四、与朱子学作为略分学问体系的退溪学

难道说退溪学不过是朱子学发展史上的一个阶段的学问而已吗?正如前面所述,朝鲜朱子学受到注重"心"工夫的尊德性系列的影响,比宇宙、本体问题更加注重为现实"修己"而进行的"心"工夫。虽然士祸时期《小学》是禁书,但是朱子学引进初期开始,朝鲜朱子学者们就显现出了通过《小学》重视"实践躬行"的态度。然而,把退溪学归结于在如此单纯的尊德性学派的展开而已的观点存在着当时朝鲜时代背景下独特的理论特性,这与朱子学的基本理论还是有区别的。本章主要试图通过这一点来观察退溪学的特征。

朝鲜引入了注重"心"工夫的尊德性系列的朱子学,这种朱子学又溶于朝鲜独特的社会背景产生了"退溪学"。众所周知,朝鲜建立在引入朱子学的新进士大夫创立的朱子学式理念之上。由于高丽末期贵族阶层和佛教的道德堕落当时极其混乱的社会,[①]有着朱子学式修养的新进士大夫试图改革这一现象。但是这样改革的具体方法分为两个立场,分别是通过建立新王朝强调革命的立场和遵循所谓"不事二君"的朱子学理念维持高丽王朝并逐渐改革的立场。朝鲜的建立归功于前者立场中的人物们,而后者立场中的人物们都是像郑梦周那样被处于死刑或被中央政界逐出了局。

在被逐出的人物中最具代表性的人物就是吉再(1353—1419,号冶隐)。他还乡以后仿照伯夷和叔齐在龟尾金乌山下建了一个亭子取名为采薇亭,全身精力都投入于培养弟子上。吉再曾在洛东江中流的善山教学,其门下无数名弟子都顺着洛东江出师,历经 100 年后这些儒生繁枝叶茂,故取名为"士林"。他们用遵守不事二君而牺牲的郑梦周节义精神武装头脑,将"实践躬行"作为目标集中于《小学》工夫。对于他们《小学》不是为了完成对朱子学的"格物致知"工夫而进行的工夫,而是为了赋予行动的提高实质性修养的书,

---

① 参考崔尚勇:《思考政治家郑道传》,《再论政治家郑道传》,首尔:庆世院出版社,2004年,第 19 页。

即"心"工夫之书。①

朝鲜建国近百年以后这些用节义精神武装的士人们进入了中央政界,因此急进改革派的后裔之勋旧势力和稳健改革派的后裔之士林势力再次交锋。当时勋旧势力们如同高丽贵族们一样成为又一个改革对象,士林强烈批判这一点并高喊复兴"道德政治"力求改革。无数士林在此过程中牺牲,尤其是四次士祸造成了大规模的牺牲。郑梦周之后再次经历了涌现出的具有节义精神的人们牺牲事件,朝鲜朱子学陷入了深渊和学问性沉默阶段。退溪学正是在这样的历史背景下诞生的。

李滉(1501—1570,号退溪)亲身经历过最后士祸,他试图通过改革有必要把曾经想实现儒学之善的士林惨祸转换成对"无造作和无计度"等词代言的"理"之善的基本认知,因而需要用"善"来更加积极地遏制"恶",并且需要有支配现实的统治力量。他认为"宇宙本体论"所述的"理"和"性"无法解决现实问题,其结果只能成为导致如士祸一样的惨痛后果的背景。正因如此,李滉试图确立既可以除恶有可以统治的善之理论,在这过程中形成了"退溪学"区分与朱子学的特殊性。

这种特殊性主要通过退溪学的"理气论"突显出来。正如前面所提到的朱子学的"理气论"是为了阐释宇宙本体角度世界合一的普遍概念而设定的。这里的"理"只限于法则的意义,其他所显现出来的样子和运动以及状态都是"气"的领域。所谓"理"的一般性和"气"的特殊性相结合形成了另一种存在。所以作为一般的"理"只能限于法则的意义,不能直接运动或以状态起作用。至少"存在论"的角度看"理气论"是这样的。朱熹提出运动之"理","谓太极含动静则可(以本体而言也),谓太极有动静则可(以流行而言也),若谓太极便是动静,则是形而上下者不可分,而易有太极之言,亦赘矣。"②也是谬说,之所以提出此观点就是这个原因。这个立场说明"理"包含了动静的法则或其中有动静的法则是事实,但太极本身并不能动静。

但是退溪学的出发点是先肯定"理"的直接发现。而且还是在对辩论"四端"和"七情"的关系的"四端七情"争论的过程中肯定的。它提出《朱子语类》

① 参考李相虎:《岭南学派的重视"小学"所具备的哲学特性和教育意义》,《国学研究》第18辑,韩国国学研究院,2011年,第49页。
② 朱熹:《答杨子直一》,《朱文公文集》卷四五。

的一句话"四端理之发,七情气之发"①来认可"理发"。此句当然是朱熹自己说的,这可以说是朱子学也认定"理发"。但是接上句有记载:"四端是理之发,七情是气之发。"问:"看得来如喜怒爱恶欲,却似近仁义。"曰:"固有相似处。"②阐明了"七情"则如果遵循道德则同"仁或义为同一道德本性",与四端无别的立场。如此看来就不难理解前面说述的"理发"正是"理"直接显现为"情",而"七情"显现为"气"的立场了。即,其实是欲阐明"理"包含"善",而很难阐释为肯定了"理"的直接发现。

与此相比,李滉提出:"四端非无气,而但云理之发,七情非无理,而但云气之发。"③试图认可"理的直接发显"。这样的立场在后来通过"但四则理发而气随之,七则气发而理乘之耳"④这种说法固定于"理气互发说",而在这里李滉也始终都没有否认"理"的能动性和积极性。那么,他所说的"理发"意味着什么呢?

> 是知无情意造作者,此理本然之体也,其随寓发见而无不到者,此理至神之用也。向也但有见于本体之无为,而不知妙用之能显行。殆若认理为死物,其去道不亦远甚矣乎。⑤

本来朱子学中"理"本身就是"体",随之的"用"则是"气"。但是李滉则认为"理"中也有"体"和"用",以此理解从"发现"转变到"能动"则就是"理"的"用"。这意味着"理"并不是像朱子学中所说的那样是"无为"的存在,而是可以通过"妙用"而体现的。这样才不会是"理"成为"死物"。李滉主张"四端也有"气"但是由"理"而发",说及其理由他则提出"一则理为主,故就理言,一则气为主,故就气言"⑥,意味着控制和发现"气"的能力。当然这也说明即使"理"不可移动也具有可以控制"气",使得"气"可以随着"理"而动的能力。这并不能通过朱子学的"理"概念体现。

---

① 齐大升《高峰集·两先生四七理气往复书上》"四端是理之发,七情是气之发"一句直接引用了《朱子语类》卷五三《孟子三·公孙丑上之下》:"四端是理之发,七情是气之发。"《高峰集》里将四端七情论辩时来往的书信全部都按顺序整理并编辑好了,所以和"四端七情"相关的李滉立场也就直接引用与此。上书中按照目录整理的李滉语录全部由此而来。

② 《朱子语类》卷五三,《孟子三·公孙丑上之下》。

③ 《朱子语类》卷五三,《孟子三·公孙丑上之下》。

④ 《朱子语类》卷五三,《孟子三·公孙丑上之下》。

⑤ 李滉:《退溪集》卷一八。

⑥ 齐大升:《高峰集·两先生四七理气往复书上》。

　　李滉为何要谈及"理发"，甚至误解朱子学的基本概念？如前面所说朱子学中的"理"概念是把儒学设立为普遍哲学的过程中所树立的。但是李滉"理"比普遍的概念更注重"以善为本"并"实质内容"。在退溪学中重视"理"是因为"理"以善为本，是实现善意的主体。这就是为何李滉的"理气论"在"四端七情"论争中最为深度讨论的对象的理由。对"理"的讨论范围，不是体现在"理气关系论"或者"理一分殊"等形而上学上，而是转移到"心性论"中。"理"不是显示在"存在论"的上，而是转变成"心性论"式的层面。

　　此处我们不难理解退溪学所指的"理"是为了确立心中之善的依据而"提出的概念"。根据"心性论"理论结构改编了"理气论"的基本概念。如果"理气论"只限于"存在论"的范畴进行论辩，那么"气"显现于"理"之法则，因此"理"本身就没有必要具备"发出"或能动性了。但"理气"的概念被调换为能够决定善恶的价值观问题是就可设定"理为善"、"气为恶"的依据。为了突显"善"，此刻也成为除去并控制恶之根源的"气"并发挥"理"的正能量的开始。李滉为什么提出"理发"的概念有了答案。如果他试图将朱子学的"理气论"直接引用过来设定"心性论"的话，退溪学就是能知晓根据"心性论"的需要适用"理气论"的要求之概念的紧要关头。

　　这样的立场更加突显了"理气"的关系上比"不相离"更强调"不相杂"。朱子学从原论上显示出尽可能同时认可"不相离"和"不相杂"，所以李滉也从原论上认可这两个观点。朱子学是在阐释"存在"时会在"不相离"的前提下认可"不相杂"，而李滉则彻底在"不相杂"的前提下认可"不相离"。事实上，以"存在论"中心的"理气论"作为"理"和"气"的关系，从原论上"不可分离的关系"才对。当然，这并不是说"理"和"气"得存在要完全一样，但从存在的生成和构成的角度看正是如此。

　　然而如果说阐释"善"和"恶"之关系的"心性论"里所提到的"理气论"，"善"和"恶"只能是"不可混为一谈的关系"。"理"和"气"如果转换成"善"和"恶"的问题，"理"自然属"善"，所以"恶"的可能性只存在于"气"中。如果只是简单地将其调换，那么"理"和"气"的关系则变成"善"和"恶"的关系，所以不可将它们混为一谈。如果说"心性论"中最重要的问题就是致力于区分

"善"和"恶"并从中只确保"善",那么说明"理"和"气"自然而然就只能是对待关系。① "无论如何都要区分'理'和'气',一定要通过'人欲'确立'天理'的优越性"。② 四端就是为确立"善"而强调"理"的能动性并削弱"气"的拘束力的情况。③ 这也是李滉在"四端七情"论辩的过程中将"理"和"气"的关系"不相杂"设定为中心的理由。

站在这个立场上看,正如前面也提及过的退溪学与预先设定宇宙本体的问题而后再适用于心和工夫上的朱子学不同,我们可以把它归结为先设定为了确立"善"而抑制"恶"的"心"问题,然后为其确立"当为"提出宇宙、本体的问题这种哲学特性。④ 朱子学把"理气论"应用于"心性论"的过程中,朱子学只限于注重"性(理)"和"情(气)"及其适用之"性"和"四端(情)"的关系而不怎么去论辩善之情感(四端)和一般情感(七情)之间的关系。⑤ 相对于此,朝鲜的朱子学更加深入地关注"四端"和"七情"的关系,这也是以后对此论辩历时八载导致学派分离的根据。其中"善之确立"显得尤为重要。退溪学的"理发说"是四端的依据,即试图设定善之情感的依据区别于恶的可行性之一般情感的过程中出现的。这样一来,"理发"不是在朱子学的"存在论"范畴可以阐释的,而是在"心性论"即"善"和"恶"的伦理含义中才能阐释。⑥

退溪学的这一特征亦可理解为对尊德性学派的发展,因为如前文所述,

---

① 齐大升:《高峰集·两先生四七理气往复书上》:"然而所就时而言之不同,则亦不容无别,从古舌根年限,有论及二者,何尝必滚合为一物,而不分别言之耶?"此句为四七论争中李滉对奇大升所言。

② 尹丝淳:《退溪哲学研究》,首尔:高丽大学出版部,1995年,第121页。

③ 李滉强调四端与七情的"所从来",主理与主气因情况不同而有所异。例如,他在四七论争中曾说,"因其所从来,各指所主与所重而记,则谓之某为理某为气,何不可之有乎?"意味着当依靠其所从来的时候,可能分为主理与主气。详见齐大升:《高峰集·两先生四七理气往复书上》:"二者虽曰皆不外乎理气,而因其所从来,各指其所主与所重而言之,则谓之某为理某为气,何不可之有乎。"

④ 也正因为如此,洪元植将退溪学归入"心学"领域,认为退溪学是人间学而非世界学。笔者基本赞同这一观点并站在相同的立场寻找退溪学思想中"学的可能性"。详见洪元植:《退溪学存在于何处》,《当前的东洋思想》第4号,艺文东洋思想研究院,2004年,第48页。

⑤ 事实上,在《朱子语类》全卷中直接并列提出四端与七情的地方尚不足10处。相比而言,大部分的说明是围绕"性"与"四端"的关系或"性"与"情"的关系进行阐述的。李相虎:《四端七情详解》,坡州:字翁出版社,2011年,第121页。

⑥ 笔者也曾站在相同的角度提出过李滉的"理发说"仅具备"伦理学意义"的观点。详见李相虎:《退溪学派的理发说及其伦理含义》,《退溪学论集》,岭南退溪学研究所,2010年。

退溪学本身就是对朱子学尊德性学派的继承和发展。而我们要关注的是在退溪学中既有理论的重心和目的在发生变化。如果说朱子学是以"存在论"为核心的学问，对人的阐述及圣人之道的正当性也是建立在"存在论"的基础之上，那么退溪学就是彻底穿凿善与恶的问题。这对朱子学的存在论学说进行了全新的阐释和变化。尽管退溪学认同朱子学的基本观点，李滉也自认为尊崇朱子学，但在理论的基本方向和阐释上退溪学形成了以"心性论"为基础，包括存在论的"人间学"。与彻底推翻朱子学观点企图重归孟子"心性论"的阳明学相同的是，退溪学也承袭了孟子的"问题意识"，以人为核心重塑世界和宇宙的普遍秩序。阳明学批判朱子学并拒绝接受形而上学的观点，其理论体系自成一脉，而退溪学则将朱子学的形而上学理论适用在自身的"心性论"之中，从这一点上退溪学虽与阳明学有差异，但二者从"心学"角度来看又有相似之处。因此，正如阳明学作为与朱子学相对立的学术体系被赋予学术地位，退溪学也成为与朱子学区分开来自成一脉的学问体系。

五、结　论

到此为止，我们从朱子学到退溪学展开了简略的分析，观察了退溪学在朱子学学术体系中分离出来后在学术地位上有无一席之地。为此，我们在这个大框架中分析朱子学之退溪学，即朱子学发展过程中的退溪学所具备的特征和朱子学是否具备不同结构的退溪学。经过整理后如下：

性理学是在儒教的复兴运动与佛教在政治、理论的竞争过程中产生的。特别是佛教所具有的普遍性哲学与儒教的乡党哲学相比较具有相当的魅力。在这个过程中，儒学的思想亦是向普遍哲学靠拢。朱子学的诞生就是在这个过程中产生的。朱子学以宇宙本体为最核心的问题，它可以适用在所有的事物，其中包括人类本身。所以早期的性理学只能是理学。儒学的目标就是通过努力修习成为圣人，为了这个目标"心性论"就彻底以"理气论"为基础上进行阐释，形成了与"心统性情"相同的理论构成。对于"心"，朱子学不顾自身实践或伦理论辩的对象，基本从对"心"的存在论式开始进行阐明。这在工夫论中也是一样的。存在的原则（理）和为实践（气）而分了工夫的领域，以此为基础分出了"道问学"工夫和"尊德性"工夫两个领域。相比以现实为基石的工夫理论更加注重对工夫的存在论性阐释上。之后，朱子学走上"心学化"之路的理由及遭到阳明学的强烈批判均源于此因。

退溪学凌驾于朱子学之"心学化"倾向上。金华朱子学在展开朱子学过程中重视"道问学"并一直墨守朱子学,它的理论没有大的进展。相反,重视尊德性派系们将朱子学之"心学化"直接继承了下去。高丽末年朝鲜初年引入韩半岛的朱子学就是同尊德性派系的立场。这一点高丽末年新近士大夫选择儒学的理由和通过他们所走过的历程能够确认。退溪学可以说就是在朱子学尊德性派系的基础上形成的学问。

不过,有必要论辩一下退溪学仅仅是和尊德性派系中的朱子学相同,仍然是附属于"朱子学的范畴"里的学问还是已经脱离了它的范畴。性理学之"心学化"过程中,中国从朱子学过渡到阳明学,这意味着性理学脱离了"朱子学范畴"过度到了新的"阳明学",那么退溪学依旧是属"朱子学的范畴"的学问吗?还是像阳明学那样是一种脱离了"朱子学范畴"的学问呢?

当然李滉自认为是彻底学透了朱子学的人物,试图将朱子学原本的精神加以充实。为此,他欲以朱子学为依据判断理论的对与否,甚至对于脱离了朱子学的学问称之为异端。但是我们想知道的是就因为如此是否就可以断定退溪学依然俯属于"朱子学的范畴"。关于这一点,论者的立场是:虽然与从根本上批判朱子学的阳明学不同,但是退溪学从朱子学的基本方向及立场角度看已经"充分"地脱离了朱子学。

如果说朱子学所逢的时代背景是要提出"普遍哲学"时期,那么退溪学所逢的时代背景就是要确立"善之能动性"的时期。用节义精神武装并欲实现"正"的士人所经历的士祸造成了善不能停留在被动地位的认知。试图从朱子学内部找出能作为有着"善之能动性"的强烈热情和后盾的"新理论"。这也对"朝鲜朱子学的形成"起到重要的影响。退溪学就是在这样的问题意识上形成的。

这样基础上的朱子学与退溪学最大的差别是:朱子学是以"存在论"为中心的哲学,而退溪学是以"心性论"为中心的哲学思想。如前所述朱子学中"理气论"为中心的普遍哲学,心理问题也是以"存在论"的层面来说明,甚至设立了工夫论。但是对于朱子学的"存在论",退溪学只是基本肯定的,李滉重视的是实际上的"善之确立",特别是这种"善"不是被动的而是通过抑制人欲,通过"四端"来能动的达到至善。在这个过程中朱子学的"存在论"最终能够出现的"理的实际发现","理"能够主动控制"气"。"理"和"气"的关系不是要说明"存在",要理解为善与恶的根据,他们是"不相杂"的。

如果说朱子学是先设定"存在论"以后将此适用于"心性论"的哲学，那么退溪学就显示出了为确立"能动之善"的情感并以此为根据提出"理气论"的特性。设定以"心性论"为中心的理论，为阐释此理论重新设定了差异于朱子学的"理气论"。将退溪学归结为"心学"的依据就在于此，这样的"心学"与阳明学区别于朱子学的大致分类概念一样，退溪学不是单纯指朱子学展开过程中的隶属于朱子学的退溪学，是同阳明学一样经历了整个性理学的心学化过程的独立学问体系的退溪学。如此说来，性理学就是由直接继承了朱子学的理学并将其心学化过程的退溪学和将其批判并心学化的阳明学组成的。退溪学在整个性理学史上所处的位置亦于此。

朝鲜时期书院的发展与地区的特征

——陶山书院与石室书院

◎ 郑在熏

（韩国庆北大学名誉教授）

一、序　言

朝鲜时期的书院是供奉先贤、教导儒生的私学教育机关。书院与乡校或者成均馆等官学教育机关相比，是在朝鲜中期新登场的私学。在朝鲜建国的200 年以来，随着官学的发展低迷，私学作为解决此事的方案而出现了。

在朝鲜中期，这种书院与士林（由士人组成的政治势力）的政治前途紧密连接。朝鲜的士林以性理学为精神支柱来维护家族、形成朋党，并以此参与政治。位于地方的士林——士族选举出德学超群的人供奉在书院里祭拜，并以此为楷模。并且在书院里研究和教导性理学，此外还制造公论和形成学派。因此，书院是朝鲜时期士林的教育机构和公论的发源地，也是进一步参与政治的踏板。

在朝鲜中期，士林的朋党政治变得很活跃，作为士林根据地的书院的作用与功能更加活跃了。因为书院与士林的家族或舆论、教育和政治有着紧密的关联，所以书院的数量也呈现几何级数增长了。书院开始遍布于全国各地区，其中，庆尚道地区和京畿道地区与其他地区相比较，有着活跃而数量众多的书院。

在政治上庆尚道地区是南人的根据地，而京畿道地区是西人的根据地。因此这些地区书院的发展就意味着西人与南人的势力与关联加深。在这些书院中，我将通过比较具有代表性的书院——庆尚道安东的陶山书院与京畿道杨州的石室书院来观察朝鲜时期书院的地区性特点。

二、朝鲜中期书院的成立与发展

"书院"这个名称原是从中国传来的。唐朝时期曾在宫里设置了一个编纂和保管书籍的"丽正殿书院"（丽正殿书院后来改名为集贤殿书院）。后来在宋朝出现了供奉先贤、学习经文的书院。那时士大夫们在地方的各处私下建立书堂并培养了后辈，后来由国家收容并赐予书院的名称、进行了奖励。随着北宋初期的白鹿、石鼓、应天、岳麓等 4 大书院的建立，书院开始名声远扬。后来在南宋时期朱熹重建的江西省白鹿洞书院进行活跃的讲学活动下，书院得到了广泛的普及。[①]

在朝鲜中宗三十七年，鱼得江提出了设立书院的建议。[②] 后来实际的书院设立是中宗三十八年（1543 年）首次由周世鹏设立的白云洞书院。在白云洞书院建立以前，已经以书院的名称于 1461 年在丹城设立过道川书院，在 1543 年扶安设立过道洞书院。但是这些书院只是供奉先贤的地方。与此相比较，白云洞书院是丰基郡守周世鹏在高丽末期为了供奉最初引进性理学的安珦，而在安珦的住所遗址建立祠堂进行祭祀，并且为了教育士人子弟而建设的。

后来，在明宗五年（1550 年）上任的丰基郡守李滉收到"赐额"后将白云洞书院更名为绍修书院。赐额是指国王亲自书写书院名称后赏赐的匾额，在这种情况下通常还赏赐土地和奴婢，甚至还给予免税或免役的特殊恩惠。因此，接受赐额就意味着国家认可书院为合法，并且可以得到经济上的支援。就像现如今的私立学校的设立主体大都是私人组成，而进入了公共教育体系就会得到国家的支援。

在书院成立的背景中，直接的原因与官学衰退和朝鲜中期的士林以新的改革势力登上历史舞台有关。15 世纪末，平民为了躲避军役而涌向乡校，士族便嫌弃乡校而导致官学更加衰退。随着朝鲜前期的体系动摇，旧势力变成"既得权势力"（保守势力），对此持有批评态度的士林批判了旧势力。结果士林被旧势力攻击并受到了政治上的灾祸——"士祸"。

---

① 丁淳睦：《中国书院制度》，文音社出版社，1990 年，第 13~15 页。
② 《中宗实录》卷九八，中宗三十七年七月乙亥。

士林在受到"士祸"后感悟到,仅有政治的运动是不足以引导社会变化的。因此,为了更彻底地改变朝鲜而更换了路线。士林从此开始在地方开设书堂,研究学问和教导学生,并探索能够从根本上改变朝鲜的新思想。在这个过程中,士林对当时在中国流行的最新学问——阳明学进行了彻底的研究。不仅如此,还对北宋的性理学和南宋的朱子性理学进行了全面的了解与研究,甚至被视为"异端"的佛教也成为再次考虑的对象。①

在这个过程中,士林重新发现了朱熹的性理学,并以此作为改变朝鲜现状的工具,即反省了朝鲜前期的性理学过于倾向于制度与文物或词章。在这个过程中,也开始关注朱熹的白鹿洞书院。但是书院的发展从开始并不是就一帆风顺的。

周世鹏设立了安珦的祠堂,并在前面设立书院,取名为白云洞书院,想要在此教育士族。他为了嫌弃乡校的士族,将书院作为科举考试的首要准备机构,想要通过书院教育来拉拢这些以"留乡所"或"司马所"为中心进行活动的士族,②但是丰基的士族并没有对这种书院做出多少回应。③

后来由李滉领受赐额后,将白云洞书院改为绍修书院。地方的士族也开始积极地参与到书院的运营中了。这时李滉提出"书院的学规与教科内容、运营等事项交由地方士林自行处理,而官方只提供经济上的支援"。而国家也期望书院能够产生官学的作用,因此允许了此项要求。李滉在之后自行参与了十几处书院的设立,为后来的朝鲜书院发展提供了典型。之后书院以学问和教育的外表避开了各邑县长官的牵制,树立了乡村的秩序,并且履行了集结乡村社会的士族——士林势力的功能。④

成立书院带来的社会意义可以概括为以下三点:第一,士族自主地将地区的舆论进行公论化,并且自行对道学模范人物进行祭祀,为士林的存在赢得本体性。第二,通过书院的讲学活动,使各地区成立学派并且得到再发展,以此成为性理学繁荣的契机。第三,在地区社会内,以书院为中心集结士林的公论,可以确立或维持士族支配体制。进而使与书院有联系的山林(注释:

① 关于16世纪中期士林探索新性理学的过程,参见郑在薰:《朝鲜前期儒教政治思想研究》,第2部,16世纪新帝王学的探索,太学社出版社,2005年。
② 郑万祚:《朝鲜时代书院研究》,集文堂出版社,1997年,第23～32页。
③ 郑万祚:《朝鲜时代书院研究》,集文堂出版社,1997年,第166～168页。
④ 郑万祚:《朝鲜时代书院研究》,集文堂出版社,1997年,第40～41页。

大多隐居在山林深处的民间政治势力，有着深厚的文学造诣或德高望重）登场，以道学为武器，甚至还能够影响到中央的政界。

在李滉之后的宣祖时期，士林掌握了中央的政界后，地方也自然地确立了士族的支配体制。这时形成了追随士林公论的朋党政治，而各朋党也很自然地与学派联系。因此曾经聚集了士林并且将士林的舆论公论化的书院数量急剧增长。仅在宣祖时期就在全国设立了60多处。在这以后书院的数量仍然在增加，最终成为乡村社会内士族的中心机构之一。此外还承担了连接中央和地方舆论的通道作用。

在设置书院的地方可以发现几个特点。首先，书院设立在与其主要功能——祭祀和教育有关的人物的故地。例如作为与从祀人物有关的地区，绍修书院设在曾经引进性理学的、与安珦有关的地区，顺天的玉川书院是为了追思"戊午士祸"时被发配到顺天的金宏弼，还有龙仁的深谷书院是为了追思"己卯士祸"时牺牲的赵光祖而设立的。

而且还有将曾经被从祀的先贤生前设立的书堂作为书院的。安东的陶山书院是李滉生前在那里教导弟子的地方，连山的遁岩书院是金长生曾经设立书堂教导弟子的地方。除此之外，供奉曹植的晋州德川书院、供奉柳成龙的安东屏山书院、供奉宋时烈的槐山华阳书院都属于这种类型。

设立书院的地方大多是山水秀丽的地方或者是宁静的山脚下。但是书院的位置却不算偏僻，比较考虑了交通方面的因素，因此不少书院的位置是交通比较便利的地方。[①] 还有像绍修书院一样运用衰败的寺庙或像玉山书院一样还设置了隶属的守护寺的书院。[②] 这种现象还是可在一个空间里见证从佛教转向儒教社会的例子。

书院的分布大体上与士族的分布重叠，士林势力比较强盛的下三道的安东、尚州、晋州、罗州、南原、清州的附近集中了占整体数量70%以上的书院。例如岭南的安东、礼安一带有20家相邻的书院，尚州也有十几家书院。而朋党根据地性质较弱的全罗道，出现了岭南的南人与湖西的西人相争的现象，

---

① 对于书院的设立地点，总是有着过于强调秀丽景色的倾向。如果寻找保留至今的书院时可以发现大部分位于既清净、偏僻，又景色秀丽的地方。但是随着深入了解书院可以得知，设立在江边或附近等容易来往的地方或朝鲜后期的大路边等交通便利的地方也不少。因为今天的偏僻位置不等于在朝鲜时期也是落后地区。

② 李树焕：《朝鲜后期书院研究》第三章"书院和寺院的关系"，潮阁出版社，2001年。

而与首尔较近的京畿与黄海道的特点是赐额书院的比例非常高。

朋党政治不断深化，党争越来越激烈时，供奉与朋党有关人物的书院逐渐增加。这又是一个令人关注的现象。即在书院成立初期，供奉的是安珦或崔冲或郑梦周等全国范围内有名望的人物。这种原则一直持续到17世纪初，像李滉或曹植、李珥等在朝鲜中期为了创新性理学而做出贡献的人物就供奉在赐额书院。

但是随着朋党之间的对立变得激烈，为了反映或强化各党派的政治立场而供奉相关人物的情况增加了。属于南人系统的书院供奉了李滉、曹植、郑逑、柳成龙、金诚一等，而属于西人系统的书院则供奉了李珥、成浑、金尚宪、金长生、宋时烈、尹拯等，并同时供奉了"壬辰倭乱（日本侵略战争）"或"丙子胡乱"时殉职的人物。党派色彩与学缘、地缘紧密地联系，因此也很自然地产生了在特定地区供奉特定人物的倾向。李滉与郑逑被供奉在庆尚道，李珥被供奉在黄海道，宋时烈大多被供奉在忠清道就是这个原因。

三、书院的组织和运营

书院的组织由"院任"与"院生"构成，这也根据党派色彩各有差异，而"院任"的构成或资格、任期或职位、"院生"的资格等也各有不同。大体上岭南南人系统的书院是院长——有司体系，而西人系统的书院则是院长——掌议——有司体系。院长还称作"山长"、"洞主"，是书院的精神支柱和代表。除此之外还有讲授性理学的"讲长"与书斋的"斋长"、担任实务的"色掌"或"直月"、"直日"等。

对于南人系统的书院，由院长实质性地管理书院的情况较多。大部分的院长从乡中的人士中选拔，在极少数情况下则由道内的人士担任。① 虽然对院长没有特别的资格规定，但是大体上由郡县的"生员"或进士及前职官僚担任的较多，任期在1年至2年，可以连任，但是几乎没有兼任的例子。

与此相比较，西人系统的书院院长则按照高官或宰相的资格选定。当书院方面的想法与中央官僚自派势力的扩大相符时会进行推选，兼任是常态，任期也是终身制，因此带有名誉职位的性质。这时院长对书院的重修或追加

---

① 李树焕：《朝鲜后期书院研究》，潮阁出版社，2001年，第106～107页。

供奉等重要事项行使影响力，并提供咨询。而书院的实质性事务则由"掌仪"主管。掌仪分为"缙绅"和"儒林"，缙绅掌仪大体上由当地或邻乡的守令兼任。在这种西人系统的书院中还设置了在职官僚在首尔的职位，即设置了"京掌议"、"京有司"，有效地保持了官权首尾的关系。

因为书院是教育机构，所以作为被教育者的院生是组成书院的另一个重要人力要素。这些人在17世纪中叶以后，由避役人作为院生进入书院，他们还称作儒生。从绍修书院对院生的规定中可以得知，书院的格调比乡校高，以生员、进士或初试合格者作为首轮选择对象，不符合这些条件的需要经过士林的同意。

对于在书斋寄宿的院生名额原定为10人，但是后来增加到30人左右。因为书院的泛滥，到了肃宗时期，对院生的数量规定为赐额书院20人，一般书院15人。但是因为这与"良役"（普通百姓需要负担的徭役或军役）有关，所以对于士族并没有达到制约的效果。岭南的南人系统书院从17世纪以后规定"中人，庶人即使属于大科、小科，也不能写在名簿里"来提高资格，因此逐渐变得保守。与此相比较，西人系统的书院大体上是"不分贵贱"的，因此保持了比较开放的立场。产生这样的分歧可能是因为仁祖时期以后，南人与西人两个势力逐渐分为执政势力与失势的在野势力。①

在运营书院的方面，南人与西人也具有差异。岭南南人系统的书院是以李滉的书院观为根本，并作为乡村的自治机构来运营，因此书院成为乡村社会的首要关心对象。与此相比较，直到17世纪初为止，一直以书院为媒介进行乡村社会的运营或政治方面处于劣势的西人系统为了挽回劣势，由中央官僚直接介入书院的设立与运营，因此政治色彩非常强烈。但是随着在政治逐渐集权化而掌握了成均馆以后，对书院的关心可能比南人少了。

运营书院是需要财政上的支援的。书院的经济基础主要是土地和奴婢，还有现有财物。对于当时来讲，土地是重要的财源，国家会对书院支援"书院田"。明宗赏赐了绍修书院匾额，并赐予土地和奴婢，之后赐额书院开始具有3结（一种古代的测量单位）的田地与奴婢及免税与免役的特权。

但是这种土地并不具有所有权。除此之外还有地区的有志之士赠予的"愿入田"，为了免役而缴纳"免役田"，自行购置的"买得田"。有时供奉人物

---

① 李树焕：《朝鲜后期书院研究》，潮阁出版社，2001年，第130～155页。

们的子孙会赠予土地，而且书院的奴婢死后没有子嗣时，他们的土地会归到书院。对于这种土地，书院是具有所有权的。

对于赐额书院，国家会赐予 7 名奴婢，非赐额书院会赐予 5 名。奴婢的数量也因为买进、寄进或避役者的委托而增加。到了正祖时期，根据相关记载，一个书院的奴婢甚至达到 50 名至 60 名。① 有时为了降低军役的负担还出现以"院保(向书院交税)"的方式"投属(寄托)"的情况。"院保"比一般"军保(献财物来减轻军役)"的负担小很多，而且还有助于书院的财政。

而且各书院的周边有书院村落，在这里不用向官厅缴纳粮食、参加军役、杂役等，而是守护书院的祠堂，在经济上负担祭祀所需、书院儒生的饮食等。这个书院村可以享有地方守令也不能随意控制的治外法权。书院甚至还运营"殖利"，即高利贷。这种现象甚至普及到由官厅提供的程度。而且藉于书院的权位与势力，可以稳定的运营。大体上，南人系统书院的财政中心是土地和奴婢，而西人系统书院却在权力的庇护下介入各种利权，比土地或奴婢更重视现货供给。

在书院的功能中最为重要的祭祀和教育中，初期以李滉的书院观为基础，强调教育，即讲学的功能。在书院通过高质量的讲学和自由的讨论而形成了较高水准的性理学教育。院生们以这种性理学作为基础，探索了万物的道理和人类的本性，以实践的方法研习了儒教的义礼。所读的教材，则按照朝鲜后期通常的读书顺序，以《小学》、《大学》、《论语》、《孟子》、《中庸》、《诗经》、《书经》、《周易》、《礼记》、《春秋》等的顺序进行讲学。院生的成绩通过定期的考核分为 5 个等级，分为大通、通、略通、粗通、不通。附属于书院的书堂，还以少年为对象实行初等教育。

进行祭祀的地方是书院的祠堂，除此之外还供奉牌位与影帧，使院生直接瞻仰先贤的尊容，并以此为榜样。在每年的春天和秋天，文人和地区的士林聚集在一起进行大规模的祭祀。这时通过供奉忠贞的人物来宣扬忠孝，并且供奉族中著名的祖先，强化在乡村社会里的地位。

书院通过祭祀和教育来确保乡村社会内的基础，随着朋党政治的深化，逐渐使南人系统书院的南人之间与西人系统书院的西人之间互相形成组织网。即书院的组织网成为士林形成和流通朋党的公论的组织网。这种例子

---

① 《正祖实录》卷四七，正祖二十一年七月十四日(辛巳)。

可以从南人系统的"岭南万人疏"中看到。从庆尚道的代表性书院——陶山书院发起，并且通过书院和乡校的联络网，由数千名书生联名上疏，把自己的意见反映到中央的政治。属于西人系统的、像宋时烈这样的"山林"也是通过在书院进行活跃的讲学活动而得到名声，并通过书院的组织网聚集自派的士林，形成山林后得以引导朋党的政治。

但是到了 17 世纪后期，产生了新的变化。即在乡村内有新兴的势力成长，随着官僚主导的领导权的强化，士族之间的竞争变得激烈，使"乡论"分裂。而士族在乡村社会也失去了主导权。作为对此的解决方案，士族利用党派色彩或将家门的基础与书院的祠堂连接起来，以此要维持自己的地位。随着书院成为扩充家门的基础和强化支配力的手段而泛滥时，书院变质为争夺家门地位的对象或社会经济的基础。

书院设立过多的最重要原因是士林之间的政治对立。开展"礼讼（南人和西人之间的论争）"的显宗时期，书院的增加趋势加倍，导致对有些供奉人物的资格产生疑问。并且在肃宗时期随着党争深化，书院成为确认学问正统性的尺子，并且随着士族的家门基础的连接，导致书院爆发性地增长。

因此，从显宗初期开始，直到禁止重复建设书院的肃宗三十九年（1713 年）为止，在 50 年间成立了 210 个书院，其中占 70% 的 155 处集中在庆尚、全罗、忠清的下三道。赐额也达到 134 处，但是在此期间设立的赐额书院为 60 多处，与之前相比数量减少很多。这是因为供奉的很多人物与已有的书院重复，而新的人物也脱离了选定原则，书院沦落为家门的家庙。

将一个人物供奉在多处的重设书院的增加，与西人（老论）的得势有着很深的关联。在 5 个以上的地方被供奉的人物为 44 人，供奉在 10 处以上的情况也有 13 人。① 随着设立的泛滥，书院逐渐与只进行祭祀的祠堂混淆了。在上述期间，祠堂也在全国范围内建设了 168 处，如果加上书院和祠堂一共有 378 处。禁止重复建设书院后，建设泛滥的现象转移到祠堂，直到英祖末期，与 47 家书院相比较，祠堂多设了 166 处。

乡村的家门活动大体上集中在书院和祠堂的建设活动上的情况较多。但是以家族为基础滥设书院和祠堂，是因为士族比以往郡县的"乡权"竞争更重视具有稳定基础的家门和村落。有时会有凝聚力差的 2 个至 3 个家门合

---

① 13 人是宋时烈、李滉、李珥、郑述、赵光祖、李彦迪、宋浚吉、郑梦周、赵宪、金长生、金尚宪、金宏弼、朱熹。

作建设或追加供奉始祖、中始祖的现象。到18世纪后期以后,还出现按照家族或派别建设书院和祠堂并且追加多名供奉人物的现象。随着书院的泛滥和祭祀的功能被强调,书院的设施也从讲学设施转移到祭祀设施,到了19世纪,已经几乎成为祠堂和讲堂的单纯形态。

在书院泛滥的现象中,其主体是后代子孙或门人或者乡人。他们在维持贵族社会的方面具有一致的利害关系,因此为了设立书院而聚集了力量。文人或子孙在书院变为供奉为主的状态下,将书院作为显示师傅或家族权威的手段了。

四、陶山书院和石室书院的作用和地位

能够显出书院地区特点的代表性例子,是岭南地区的庆尚道陶山书院和京畿道的石室书院。这些书院既是代表各地方的书院,同时又是作为地方政治势力的南人与西人的代表性书院,在这一点上具有代表性。因此,本人要以这两个书院为中心,通过观察各书院功能的共同点和地区性差异来研究两个书院的地位。

首先,陶山书院是供奉退溪李滉的书院。李滉的书院论为后世产生了很大的影响,但是陶山书院却是李滉死后建立的(宣祖七年,1574年)。此书院是在李滉建设陶山书堂并教授后学的地方设立的。这与岭南地方的书院建立的一般性倾向一致。即以"一道"士林的公论为基础,作为供奉者的门人或乡人、后代子孙合力建设的一个例子,是依据门人和"同乡"士林的公论进行的。

原先在陶山书院所处的礼安地区首先建立的书院是易东书院。这个书院是供奉高丽时期著名人物禹倬的书院,是当年李滉在世时礼安士林为了掌握乡村社会而作为据点的地方。但是随着陶山书院的设立,易东书院的作用渐渐萎缩。而且"在一个县里有两个书院"成为一个存在的问题被提出,随着陶山书院的院长"上有司"兼任易东书院的"上有司",易东书院就成为陶山书院的附属了。①

之后陶山书院就成为礼安的代表书院,同时还通过供奉李滉而成长为代

---

① 李树焕:《朝鲜后期书院研究》,潮阁出版社,2001年,第322~324页。

表庆尚道的书院。但是其过程却是不容易的。首先，因为书院是士林聚集并且交换公论的、乡村社会的主要据点，因此集权势力并没有忽视对此的关注。陶山书院也未能从中摆脱。

例如在光海君时期，在李滉的弟子中只将赵穆供奉在陶山书院是因为政治的影响。即礼安出身的赵穆虽然与同门柳成龙是竞争关系，但是与北人的关系很亲近，而且在金诚一和柳成龙死后处于领导士林的位置。因此，包括郑仁弘在内的北人政权通过供奉赵穆，是为了比南人更优越地培养北人势力的目的下促进的。[①]

这时被扶植的礼安的北人势力，虽然在"仁祖反正"（1623年）事件之后被淘汰，但是在西人掌权时也曾经与官方起过冲突。在仁祖四年（1626年）五月，发生了陶山书院的院长李有道与庆尚监查元铎冲突的事件。事件的始末是庆尚监查元铎在处理诉讼的过程中，提审了这个事件的相关人员李有道进行了审问，并以言语不恭冒犯"道主"为由，对其加以刑讯致死。事件发生后，他的儿子们愤怒地诉冤，而且他们的亲戚李弘重以陶山书院为靠山，向道内的各邑县分发了通文以声讨监查。

而朝廷认为地方人民不能随意驱逐国王派遣的道臣，并逮捕了通文的主要发起人。郑经世等南人官僚对此进行了反抗，几乎要达到西人和南人之间政治争斗的地步。后来仁祖进行调节，释放了为首的儒生并罢免了元铎，问题才得以解决。[②]

虽然有过这些曲折，陶山书院仍然发展为礼安甚至岭南的代表性书院。在这种背景下，走向中央的政治出路被阻的岭南南人以乡村社会为中心，对书院的关心也越来越多，出现了在乡村社会的主导权下建设书院或祠堂、精舍等的现象。这种现象的出现是以强化的亲属意识为基础的、家门的种族性纽带作为后盾的。

进而陶山书院因供奉了作为岭南学派和南人精神支柱的李滉而成为南人的本寺（根源地），形成了绝对的影响力。虽然在西人和南人之间的政治斗争激化，并且西人占了上风，但是在南人之间对李滉的尊重变得更神化，影响

---

① 李树焕：《17—18世纪安东地方儒林的政治社会技能》，《大邱史学》第30期，1988年，第202页。

② 《仁祖实录》卷一二，仁祖四年五月二十八日（己巳）；郑万祚：《朝鲜时代书院研究》，集文堂出版社，1997年，第192～193页。

力更大了。18 世纪之后在书院供奉的人物都未能摆脱党派的范围,但是李滉是具有超越党派色彩的、在全国范围内具有知名度的名人,因此陶山书院的地位会越来越高。

石室书院是为了追思金尚容与金尚宪的忠节而在孝宗七年(1656 年)设立的书院。这两人都是在"丙子胡乱"中自杀或被押送到官厅的人物,是象征正义的人物。因此在金尚宪死后 2 年的孝宗五年,被建议设立书院。而且通过宋时烈等山林的支持,在显宗四年时收到了"石室"赐额。

原来的京畿地区既是在中央的政治舞台活动的、政治势力的根据地,也是有着宗亲基础的地方。有势力的士族不仅在京城设立了府邸,而且为了应对政治上的失势而在京畿道的多处经营了别墅。京畿道的书院与这种情况有关,最初建立在京畿道的书院即是明宗十九年(1561 年)建设的利川雪峰书院。之后在宣祖年间设立了坡山书院、道峰书院、忠烈书院等 6 处书院。这些书院随着士林形成朋党政治,还与政治势力有关联。

"仁祖反正"事件后在京畿地区设立的书院大体上与西人系统的官僚或山林学者有关。石室书院供奉了金尚容与金尚宪,而抱川的花山书院供奉李恒福是供奉官僚的例子,安城的道基书院供奉金长生是供奉学者的典型事例。在京畿地区最有知名度并且供奉赵光祖的道峰书院,虽然追加供奉了宋时烈,但是因南人"少论派"的反对而被取消。

但是石室书院正式地崭露头角是在肃宗时期。西人势力超过南人的"甲戌换局"(肃宗二十年,1694 年)以后,在肃宗二十三年开始供奉金寿恒与闵鼎重还有李端相。这些供奉人物都像金寿恒与闵鼎重一样,是宋时烈的弟子或像李端相一样属于老论派系统,这些人都是肃宗时期老论派的核心人物,都是代表安东金氏、骊兴闵氏、延安李氏的人物。[①]

后来石室书院在首尔、京畿地区主导了以宋时烈为代表的义理论的树立。主管此事的人物是李端相的学生金昌协与金昌翕。金昌协帮助宋时烈进行《朱子大全嗤疑》的注释工作,在老论派的立场上主导了整理"道统"的工作。金昌翕也整理了父亲金寿恒的业绩,还与宋时烈的"义理论"进行了关联。

之后,在景宗至英祖年间,也经历了取消供奉人物的事件,但是大体上石

---

① 赵峻皓:《朝鲜肃宗—英祖代近畿地域老论学派研究》第 2 章,国民大学博士学位论文,2003 年。

室书院承担了将首尔在内的近畿学风引导为西人(老论)为主的中心作用。在 17 世纪以来,以首尔为中心的地区,随着逐渐扩大自身的功能,出现了政治权力或经济功能聚集的现象。即随着"贵京贱乡"的风潮,"京华士族"的势力登场,引导了首尔的都会面貌,产生了有别于地方的文化。伴随着这种变化,对首尔为中心产生的京乡分歧的对策引起了社会广泛的关注,并反映在金昌协与金昌翕兄弟的学问中。石室书院为金昌协兄弟的这种学风向首尔学界的扩散产生了重要作用。石室书院的位置在首尔的周边并位于汉江江边,因为属于京畿圈而处于容易沟通的地区,这也有助于这种作用。结果在当时的老论学界内,在围绕着新的变化进行的"湖洛论争"中,以"洛论"引导了首尔地区的老论,最终成为老论的主流。

在英祖年间,石室书院的影响力也未减少。以金元行为代表的这个时期的石室书院,基本对英祖的"荡平政策"持反对立场。虽然石室书院出身的文人进入了政界,但是这种基本流向没有变化。这种政治倾向在英祖四十年(1764 年)朴世采对"文庙从祀"的批判过程中明显地显现出来了。对于提倡"皇极荡平"而成为英祖荡平政策源流的朴世采,金元行批判了他的行为与学术。①

这种石室书院的学风与影响力逐渐扩散到各地区。首尔的名门子弟往来于石室书院,而且地方的士人也参与讲会,与他们进行交流。以此为背景,包括金元行在内的石室书院的意见对地方也产生了影响。例如金麟厚在湖南提出"文庙从祀论"也是这种例子。即通过金元行的门生黄胤锡与金麟厚的子孙,金元行转达了自己的意思,并且要使他们在笔岩书院的讲会上发表金麟厚的"从享论"。虽然这个想法未实现,但是可以看出以金元行为代表的石室书院的影响力。

金元行的门生中有他的长子金履安和洪大容、朴胤源、黄胤锡、徐滢修等。在这些人中,洪大容通过燕行(清朝),达到了提出"北学论"的开放境界,这都是基于石室书院的培养。

---

① 赵峻皓:《京畿地域书院的政治性格——以石室书院为中心》,《国学研究》第 11 期,2007 年,第 17~18 页。

五、结束语

书院是朝鲜时期供奉先贤,教导儒生的私学教育机关。源于中国的书院在朝鲜中期出现的原因是以乡校或成均馆为代表的官学的衰退。随着朝鲜前期的秩序崩溃,追求新改革的士林势力认为通过书院这样的私学形成新学问并成为改革的发祥地,要比扶持崩溃的官学要好得多。

作为这种书院的白云洞书院在庆尚道设立,而且是史上最初收到赐额。从中可以得知,在岭南地区初期的建设活动比较活跃。而且李滉对此明确表示了支持,为书院以后的发展带来了巨大的影响。仅在宣祖时期,就在全国范围内设立了60多家书院,因此书院在乡村社会内成为士族的中心机构。即士族以学问为媒介形成公论的同时,履行了能够实现乡村社会自治的功能。

虽然这种书院设立在寺院应有的空间,象征着从佛教转向性理学,但是大多数书院建设在交通便利,景色秀丽的地方,表明在地区社会中占有中心位置。书院的分布大体与士族势力的分布一致,在士林势力强盛的忠清、庆尚、全罗的下三道集中了70%以上,其中岭南的安东、礼安一带和尚州一带特别多。与此相比,京畿和黄海道的特点是赐额书院比较多。

随着朋党政治的深化,各书院反映了各朋党的政治立场,而且供奉与此相关人物的情况增加了。在南人系统的书院供奉李滉、曹植、郑述、柳成龙、金诚一等,而西人系统的书院则供奉李珥、成浑、金尚宪、金长生、宋时烈、尹拯等,并且还一起供奉了"壬辰倭乱"或"丙子胡乱"时殉职的人们。党派色彩与学缘、地缘紧密联系,也很自然地产生了在特定地区供奉特定人物的倾向。李滉与郑述大多被供奉在庆尚道,李珥大多被供奉在黄海道,宋时烈大多被供奉在忠清道就是这个原因。

依据政治倾向而分化的书院,可以在书院的组织和运营中找到线索。大体上岭南的南人系统的书院是院长—有司体系,而西人系统的书院则是院长—掌议—有司体系。在南人系统的书院,由院长实质性地管理书院的情况较多。大部分的院长由乡中人士担任,在极少数的情况下由道内的人士担任。与此相比较,西人系统的书院院长则以高官或宰相的资格选定。这是因为书院方面的理解符合中央官僚的自派势力的扩大而被推选,兼任是常态,任期也是终身制,因此带有名誉职位的性质。

在运营书院的方面，岭南南人系统的书院是以李滉的书院观为根本，并作为乡村的自治机构来运营，因此书院成为乡村社会的首要关心对象。与此相比较，西人系统的书院由中央官僚直接介入书院的设立与运营，因此政治色彩非常强烈。但是随着在政治上的集权化和掌握了成均馆以后，对书院的关心可能要比南人少。

另外在 17 世纪以后，书院以几何方式增加。书院增加的背景是因为乡村内的新兴势力增加，而且随着领导权的强化，乡村内的士族失去了主导权，因而出现了强化家门的现象。书院或祠堂成为扩充家门基础的手段。继而曾经在供奉或教育上具有公共性质的书院随着供奉自己家门人物的"家门书院"（家族书院）的出现，其意义大为褪色。

作为各地区代表的书院，庆尚道的陶山书院与京畿道的石室书院既代表各地方，同时也是代表南人与西人政治势力的书院。陶山书院是文人和乡人继承李滉曾经讲授"后学"的陶山书堂而设立的书院。原来在陶山书院所在的礼安，首先设立的书院是易东书院。但是随着陶山书院的影响力扩大，易东书院逐渐成为陶山书院的附属。

但是，陶山书院在政治上也没有实现自由。在北人集权的光海君时期，有时会供奉与北人相近的赵穆，而且礼安还有北人势力渗透。而且在仁祖时期，李滉的子孙—陶山书院的院长李有道和庆尚监查元铎产生矛盾，还发生了李有道受到刑讯致死的事件。

虽然如此，陶山书院仍然是礼安，甚至是整个庆尚道的代表书院。这个书院在 18 世纪以后，进入中央的政治出路被阻的岭南南人以乡村社会为中心竞争主导权，并对书院、祠堂的关心提高。陶山书院就在这种情况下，随着对李滉的尊崇越来越高的现象，更加稳固了其地位。

与此相比较，京畿的石室书院是孝宗时期为了追思金尚容与金尚宪的忠节而建立的书院。原来在京畿道，有明宗时期最初建设的雪峰书院和宣祖时期设立的坡山书院、道峰书院、忠烈书院等 6 家书院。之后随着士林的朋党政治全面开展，在与政治势力的联系的过程中书院的作用被突出，石室书院也是一样的。

肃宗时期，石室书院正式与西人连接在一起，并供奉了金寿恒、闵鼎重、李端相一样的老论界的核心人物。之后石室书院在首尔、京畿地区主导了宋时烈的义理论。金昌协与金昌翕成为中心而引导的趋势与当代的首尔集中化现象连接在一起，使石室书院成为京华士族的代表性书院。

　　既是首尔的周边地区还位于汉江江边,在京畿道的任何一处都可以容易往来的石室书院,在当时老论学界围绕新的变化而进行的"湖洛论争"中引领了"洛论"的论指。在英祖时期,以金元行为中心批判了"荡平论"源流的朴世采,书院一直未脱离学问与政治中心。这种石室书院的学风与影响力还扩散到地方。进而通过金元行的门生洪大容等,还对"北学思想"带来了影响。

　　综上所述,朝鲜时期的书院随着时代的走向具有不同的作用,并且带来的地位上的差异也不小。朝鲜时期的书院反映了地区性的特点,而且通过庆尚道的陶山学和京畿道的石室书院,可以得知朝鲜时期的书院既反映地区的特点,还与各地区的政治作用与地位有着很深的关联。

17 世纪陶山书院与礼安乡校的比较

◎ 朴贤淳

（韩国首尔大学奎章阁教授）

一、序　言

　　朝鲜建国后，在全国的所有郡县设立了作为官学的乡校，进行儒学教育。乡校在朝鲜初期为儒学的普及做出了巨大贡献。但随着时间的流逝，儒学的知识阶层增加，对儒学的理解也更加深刻。这时乡校已不能再满足知识阶层的学问需求了。结果在 16 世纪中叶，作为解决官学教育问题的对策，开始设立了书院。

　　初期设立的书院以承担地区士族阶层教育的地方讲学所方式设立。随着以性理学为基础的学派成立，书院也开始具有学派色彩了。后来，能够显耀祖先与家族的家门书院也开始活跃地建设了。到了 17 世纪，书院扩散到全国，后来在一个郡县就有三四家书院的情况比比皆是。

　　随着书院的扩散，作为官学的乡校地位大为降低。但是在书院扩散的同时，对乡校也进行了重新修建。因此，17 世纪可以称作乡校的复兴时期。那么书院和乡校具有哪种关系呢？

　　中国的书院自元代以来，具有官学化的倾向；①但是朝鲜的书院和乡校的功能区分得很清楚。笔者将以比较庆尚道礼安县的陶山书院和礼安乡校为

---

　　①　对中国教育制度是通过此书籍了解的。邓洪波：《中国书院史》，上海：东方出版中心，2004 年。

中心,探讨两者的关系。

二、乡校与书院的运营

(一)乡校与书院的建立

朝鲜自建国后,在全国的所有郡县设立了作为官学的乡校,进行儒学教育。国家对每个乡校规定了校生(即学生)数量,并以提供学田(即土地)的方式支援了运营费用。这个内容收录在作为朝鲜基本法典的经国大典。其框架是从中国宋朝的地方官学制度中模仿的。

关于乡校的教官,政府向州府派遣从六品的教授,向郡县派遣从九品的训导。派遣教官的理想人选是在大小科举考试中合格的人。作为乡校学生的校生,在乡校内寄宿并且每日听讲,每月参加两次作文考试。而且每 6 个月都统计一次成绩,年末综合并实行了赏罚制度。教材为《小学》、《家礼》、《四书》、《五经》、《性理大全》、《史书》等,而教育课程是以科举合格为目的。对于校生,国家给予免除军役的优惠,如果学业不合格会作为惩罚,履行医生、律生、岁贡使等低等差役。

乡校的设立为朝鲜初期儒学的扩散做出了巨大的贡献。但是随着儒学的扩散,也暴露出其局限性。首先是教官资质不足的问题。当初国家想要派遣科举出身的人作为教官,但是因为教官是无俸禄的官,很难确保有资质的人才。结果,16 世纪的训导大多由科举未合格的幼学充当,[①]而且还将校生任命为中央官署的书吏等待遇很差的职位。因此士族阶层的子弟不愿意成为乡校的校生。由此,乡校逐渐脱离当初的理念,不能正常地履行学校的功能了。

到了 16 世纪中叶,作为补充官学教育方面问题的对策,开始设立书院。最初的书院是在庆尚道丰基地区设立的白云洞书院。国家为此书院赏赐了称为绍修书院的匾额,支援了书籍和土地以运营书院。绍修书院除了丰基地区之外,还是周边地区儒生们的讲学处,辈出了很多科举合格者。由此,附近地区建设书院的例子增多了。

---

① 幼学是指科举考试未合格的儒生。

为初期书院的建设带来巨大影响的李滉认为,书院要成为性理学的"藏修处"(即专心治学之处)。但是当时的人们只将书院当作补充官学的地方讲学处。因此,对于初期的书院,后者的性质较强,一般由官府支援建设费用与营运费用。

(二)陶山书院的建立和运营

礼安县也和其他地区一样,有朝鲜初期设置的乡校。而且礼安乡校也和其他地区一样,在教育方面未能履行自身的功能。李滉在 1568 年与弟子们一起设立了易东书院。易东书院的设立过程或性质与其他书院没有多少区别。如果有区别的话,那就是李滉曾在此处专心讲解、讨论、研究过性理学。

李滉去世不久后,弟子们建设了供奉师傅的陶山书院。这时易东书院的成立时间仅有 5～6 年。但是陶山书院和易东书院在性质上是不同的。与易东书院具有"地方士族阶层讲学所"的普遍性质相比,陶山书院作为供奉李滉的书院,作为退溪学派讲学所的性质很强。从此以后人们普遍认为,书院是区别与官学的、研习"为己之学"的藏修处。但是从礼安县作为根基的角度上,陶山书院和易东书院是相同的。

后来在礼安又成立了以家门为中心的清溪书院(1663 年)和汾江书院(1700 年)。此后礼安县就有四个书院存在了。但是陶山书院的院长兼任了其他书院的院长,而且院生也只在陶山书院进行选拔。所以,实际上由陶山书院主导了全体书院的运营。

书院的运营由院长担任。对于院长的选任标准为"品行端正,懂得事理并得到众人信服的人"或"不拘儒生们而推荐有声望的人",①这里并没有提出有无官职或及第与否的具体资格条件。一般由前任院长反映到乡村的论议后推举一人,有时还由院会准备三个候选人后按照圈点的方式选任。

但是观察 17 世纪为止担任过院长的人选时,可以发现在礼安县内继承了李滉学问的特定家族或出身的人轮流担任院长的事实。虽然陶山书院的院长职务与退溪学派的传承有着密切的关联,但还是未脱离地区性质。院生也是同样的情况。

---

① 《陶山书院院规》:"以有行义识事理,众所推服者,为院任。"《庚申三月节目》:"勿拘儒绅,必荐众望所归者。"《辛未腊月报旧债后完议》:"乡中公清自爱之人。"《陶山书院仪节》:"乡道间齿德俱存者。"

书院本来的功能是祭祀与讲学。祭礼与乡校一样,在每月初一和十五定期进行一次,在春天与秋天进行了两次相当于释奠的祭祀。虽然为了讲学经常进行"讲会"或"会讲",但是没有定期的课堂或评价。书院的讲学目的是为了院生各自读书并研究学问。

陶山书院得到了官方的支援和保护。但是学院作为供奉朝鲜性理学鼻祖李滉的士林藏修处,从理念上独立于官方。在陶山书院,连中央政府的官员或地方官也自称为士林中的一人,不能要求官员待遇。相反,如果有官僚疏于保护书院或对书院的态度不恭,还会受到有辱儒者风度的批评,有时中央政界知道了甚至还会罢免他。陶山书院具有的独立地位还是制约地方官统治力的因素。

(三)礼安乡校的重修和运营

随着书院的扩散,作为官学的乡校地位下降了。书院院生的学术水平要比作为官学的乡校校生高超得多,院生的社会地位也明显高贵。但是随着书院的扩散,乡校也迎来了复兴期。地区的士族阶层随着书院的建设,同时对官学的整顿投入了力量,在各地重修乡校的建筑并整顿了组织。礼安地区设立了易东书院后,在不久的 1572 年重修了乡校。

礼安地区根据文庙制度和成均馆的规定整顿了仪礼,任命生员和进士 2 人作为"上斋"负责运营并准备了"校任制度"。① 这时制定的《条约》中,有关奉行释奠的条款很多。由此可知这是为了通过祭礼恢复乡校的正常功能而做出的努力。

而且通过强调对教官的礼遇,禁止役使校生担任杂役,提高教官与校生的地位,以谋求乡校稳定的运营。② 这是为了挽回"因训导的收入不足,使有资质的人士逃避训导职业或者因为役使校生担任低等的岁贡生徒等,致使士族阶层不入乡校"而采取的措施。

乡校的重修努力取得了相当大的成效。到了 17 世纪前半期,庆尚道的

---

① 朝鲜的生员和进士与中国不同,是指称各自在生员考试和进士考试中合格的人。生员考试和进士考试作为一种资格考试,合格者将给予成均馆进修的资格。与中国的科举考试一样选拔高级官僚的考试称作文科。

② 琴辅:《梅轩集·乡校重修立约序》:"一、官家遇校官必以礼貌,如廪料支供并令察之,不至于薄 …… 一、校生非其职事,官家毋得任使。"

士族阶层成为乡校校生的情况比较普遍了。所以庆尚道乡校还得到了具有邹鲁遗风的称颂。

但是在重新成立乡校地位的过程中，有一个重要的变化。那就是在壬辰倭乱时期前后开始停止了教官的派遣。朝廷还模仿了中国明代的"提学官制"，派遣了巡查道内的提督官或教养官。但是这个制度又马上被撤销了。从此国家派往乡校的教官也消失了。

教官的派遣停止后，乡校的士族阶层自律地选任了师长。礼安设置了上斋1人与下斋2人（掌议1人，斋任1人），并以上斋为中心运营了乡校。①

上斋又称为"上有司"，这个人选必须从生员或进士中推选或者通过圈点方式选任。② 乡校虽然与书院不同，具有官学的特点，但是在运营方面和书院一样，士族阶层具有自主权。

礼安的乡校进行讲学的具体情况鲜为人知。但是通过1632年扬名全国的玄风乡校学规可以推测一部分内容。在这个学规中简单提及了讲学的情况。校规的主要内容为，每月的初一和十五由守令进行"谒圣礼"，然后《小学》和校生正在学习的经、史、子、集之中选出一本并进行背诵和评论，由校生三人轮流进行。由此可知，在朝鲜初期实施的每日讲义被废除了，只进行了每月初一、十五的讲义，进而校生的寄宿义务也消失了。

朝鲜后期的乡校教育方式可以说是平时由校生自觉读书并评论的方式。但是地方官实施的评价是怎样定期进行却没有明确的记载。也许只是将学籍寄放在乡校，以个人独自学习的方式进行。从这一点上，乡校与书院的讲学方式没有大的区别。

三、乡校与书院功能的差异

（一）乡校校生与书院院生的差异

乡校与书院在地方士族自主运营或儒生自觉读书为主的方面，有类似的

---

① 上斋与下斋是源于中央成均馆寄宿制度的称谓。在成均馆，生员和进士居住在上斋，不是生员和进士的人居住在下斋。从此以后，上斋用于代指生员和进士，下斋代指不是生员和进士的儒生。

② 如果不是生员或进士的人成为师长，则称作"都有司"，以示区分。

性质。但是乡校作为官学,具有执行国家所有政策的行政机构的性质;而且这种特点尤其在 17 世纪,具有两个方面的主要意义。

首先,必须作为乡校校生才可以参加国家实行的考试并合法地免除军役。[1] 并且登记到乡校,才通过地方官的确认而参加科举考试。[2] 即必须登记到乡校才可以在行政上得到儒生地位的认可。

在朝鲜初期编纂的《经国大典》中,记载着对乡校的校生名额有限定。但是到了 17 世纪,国家通过乡校管理儒生后,想要成为校生的人数大为增加。国家对此实行了尽量减少人数的政策,因此成为校生的竞争也变得激烈。结果在各地方制定了选拔校生的原则。

礼安县以身份和年龄、学问水平为标准来限制校生的资格。首先对士族阶层以年龄作为标准。刚开始限定为 20 岁~55 岁,但是随着人员持续增加,最终限制为 20 岁~45 岁。这个年龄段的士族阶层都可以成为校生。

与此相对的是非士族阶层的庶子或庶人必须得到学业的认可才能成为校生,所以只有极少数才符合要求。因此是否成为乡校校生变成区分士族与否的标准。[3] 到了 17 世纪后期,礼安乡校的校生人数超过了 100 人,并呈现持续增加的趋势。

关于书院的院生,会在礼安县的士族阶层中选拔一部分。这与只要是士族就都可以成为校生的情况有差异。关于陶山书院院生的选拔,大概 1 年~3 年不定期选拔一次。而且在正月初五的“正谒礼”或 2 月的祭祀时,院会对推荐的 16 岁以上的候选人进行圈点方式的选拔,如果得到一定数量以上出席人员的同意,就可以成为院生。[4]

实际上,对院生的选拔进行得非常严格。1688 年时,在 20 名出席人员

---

① 17 世纪的朝鲜定期以乡校校生为对象,实施考核《小学》的考试,合格者可以免除军役。因为军役的负担很重,并且是区分士族阶层和非士族阶层的重要标准,因此为了维持士族身份,只能成为校生并应对考试。

② 在中国的明清时期,只有在童试、院试中合格才能参加乡试。但是朝鲜没有乡校入学考试,只要登记为乡校校生,就都可以参加乡试。

③ 士族阶层为了回避“校生”称呼,有时还会使用“儒生”、“别儒”、“青衿”等其他名称,还编制了“儒生案”或“青衿录”等名簿。但是在法律上的地位仍然是乡校校生。

④ 《陶山书院仪节·取士》:“礼安七面,面各一执荐,收乡中儒生名单,合书为八部,执荐各一部,分坐各房门外,布灰以禁人出入,各点标后,有司乃取一部,进于院长室,次第以一执荐所点,移点于一部,而辄洗本草,七既毕,以准点参榜,(七为准,四为参),书于游院录。”

中，要得到18名的同意才能成为院生。到了1710年，则对90名候选人，以圈点方式彻夜圈点后选拔10名。[①] 因此家长为了子弟入院，在院会当天还会动员亲戚朋友或进行"加划"等不正当行为。[②] 因为院生的选拔如此严格，所以17世纪院生的人数与乡校校生不同，一直保持了稳定的人数。

如果从可比较的1680年代到1760年代的资料进行比较时，礼安乡校的校生人数达到1125名，而陶山书院的院生为481名，在数量上具有很大的差异。而且在481名院生中，除了71名之外，410名全为校生，占整体人数的85.2％。因为院生如果不是官员或不是科举合格者，那么为了免除军役并且参加科举考试就只能登记为校生。与此相反，在校生1125名中成为院生的人数为410人，比例只占整体的36.5％。只要是士族就可以成为校生，但是院生是只有一部分人才能得到的资格。

从法制的侧面看，院生不享受特权。但是社会上对院生和校生的认识大为不同。院生与校生相比较，人们认为院生不仅出身背景更好，而且学问方面的成就和水平也更高。因此，国家为了免除军役而实行考核时，有时还对院生免除考试。与此相反，人们认为校生是为了躲避军役而将学籍放在乡校的群体。因此，院生有着校生的地位，称作不是校生的院生。

在乡校的实际运营上，院生比校生担任了更重要的角色。作为乡校师长的"上斋"和代表校生的"斋任"都由院生出身的人担任。并且礼安乡校在限制校生数量时，甚至也有首先考虑院生作为校生的规定。即乡校的运营方面，与校生相比，院生是优先考虑的对象。

（二）乡校与书院的功能差异

关于朝鲜后期的乡校与书院的材料，社会、经济、活动方面的资料要比讲

---

① 金纯义：《果轩日记》，1688年7月25日"乃得取人，会员二十人，以十八点为规，得参者二十人"；1710年1月5日，"夜取人出荐者近九十人，点者二十八人，人各四十点，以二十五点为限，鸡三四鸣后始毕，得十人"。

② 金坽：《溪岩日录》，1633年1月6日，"昨日院会……大多为其所切入院而至也。入院者……申梡等而其父兄及所亲私嘱曲请，极力为图故，滥杂至于如是，吾乡事事，无复形样，可叹可叹，自今以后，勿论如何，直列名于院录，何必以举荐为言哉"；1638年1月5日，"李嵓以斋任欲进其所私者，李长亨之子文彬，为当甥女夫，圈点计划之际，弄术潜增一，入于参类，毕竟发觉，无不骇然，是时长亨亦来，而亦为骇愕，此荐弃不用，后当更为也"。金文楗：《默斋日记》，1638年2月13日，"以荐儒时增划事，论罚李嵓、李希干"。

学方面的材料更多。乡校和书院的社会、政治活动活跃就是朝鲜后期乡校、书院具有的重要特点。在这方面,朝鲜的书院和乡校比中国的明清时期更接近宋朝。

乡校与书院作为学校进行了祭礼和讲学活动,但是因为渊源不同,所以组织结构或功能都不相同。但是作为儒生阶层联络网的士林的一员[①],有时还形成互助关系。以下将观察乡校与书院的功能差异与相互关系。

朝鲜后期的士林通过中央的成均馆和四学及地方的乡校和书院的网络进行了活动。如果在国家的层面上发生儒生需要提供改进意见的事情,就由成均馆和四学向乡校通报这个事情,而乡校向区域内的书院转达此事。通过这样的网络,全国的儒生集结成一体,以"儒疏(儒生上诉)"的方式将儒生的意见向国家提出。有时在地方也会自行提出儒疏,这时也由发起者通知各地区的乡校并鼓励参与。

由此可知,乡校与书院处于不同的位置。即许多地区的儒生联合起来进行政治活动时,必须通过乡校取得联系。这表明乡校作为官学,且有代表地区儒生组织的属性。

到了朝鲜后期,在各郡县各有1所乡校,但是书院却有三四所的情况比比皆是。而且在全国范围内地位高的赐额书院也很多。但是书院是在理念上"具有与地区无关的普遍性"的私学。因此,即使像陶山书院这样地位高的赐额书院也不能代表地区。这就是作为官学的乡校和私学书院的根本差异。

当儒生以郡县为单位进行某种活动时,乡校与书院一般都会互助。但是活动的正式主体总是乡校。组织义兵或施行儒生自己的惩罚——"儒罚"时的情况就是典型的例子。

朝鲜以"壬辰倭乱"为契机,当发生战乱或丙乱时,一般会由儒生组织义兵。17世纪前半期发生"丁卯胡乱"或"丙子胡乱"时,也是由全国各地的儒生成为主体组织了义兵。

这时在礼安也组织了义兵,过程如下:首先由乡校在境内发送通告,组织乡会。在乡会上,则由乡校的上斋与书院的院长及斋任选出由乡校1人、书院1人组成的公事员2人。公事员推荐3名大将候选人以后,出席者通过圈

---

① 儒生阶层在开展政治活动时自称为士林。士林是指以性理学为出发点形成公论的主体。

点方式选举出大将和副将，并决定义粮与义兵的筹集方法。①

礼安的义兵是通过乡校和书院的互助并经过乡会组织的。即实际上是由乡校和书院一起参与后组织义兵的。但是从发起到组织的行政业务都由乡校担任了。

在实行儒罚时，发起者也会向乡校转达意向。乡校的上斋与院长及儒生们讨论或召开乡会并决定惩罚与否。如果决定了惩罚就会将相关文件保存在乡校。②这时的实际过程也是由乡校和书院一起参与，但是召集会议或保管相关文件等行政业务则由乡校担任。就像国家通过乡校管理儒生一样，乡校担任了区域内儒生的监督管理。

根据以上的过程可知，乡校作为儒生们正式的所属地和代表地区，担任了儒生的管理。在实质性的过程中，书院的影响力更大。而乡校在担任行政性业务方面的能力更强。由此可知，乡校与书院各自有着自己固有的功能。

但是在处理与儒生阶层无关的郡县案子时，过程就与之前的情况不同了。为了处理赋税或处理案子时召开乡会，就属于这种情况。这时"作为士族的代表来辅助守令业务的行政机构"——留乡所会成为主体。在留乡所召开乡会时，必须邀请乡校的上斋与书院的院长。而主持乡会的公事员则分为儒生和品官进行选任。这时的乡校和书院以同等的地位参与乡会。因为乡校与书院的功能不同，所以各自具有代表性。

观察礼安县儒生的决策结构时可以发现，作为官学的乡校具有代表性，而书院仅作为地区私学之一进行参与。正因为这样的属性，朝鲜后期的书院尽管很发达，乡校仍然可以保持固有地位。但是陶山书院在礼安具有绝对的权威。如果说礼安地区内儒生阶层的活动实际由陶山书院控制也不算过分。从这个角度上看，作为官学的乡校在儒生组织内作为行政机构的性质较强。

四、结束语

朝鲜是以性理学为理念的国家，朝鲜初期的乡校和书院制度、甚至科举

---

① 金坽：《溪岩日录》，1636年12月25日，"校院上任及斋任，议出公事员，公事员出将荐三人圈点，院长以志以首拟为之，其次而实为副将"。
② 金坽：《溪岩日录》，1629年2月28日，"今日，乡中大会……会者，七十余人，书其罪状，削迹黜乡，会者皆署名，一件告官，一件藏之学宫"。

制度都以宋朝的制度为模板。因此,朝鲜时期的学校制度与明清时期相比更接近宋朝的情况可以在各处发现。但是因笔者对宋代史的理解不足而不能对两者进行比较,在此文章中只通过17世纪礼安县书院和乡校的比较来观察朝鲜时期学校运营的特点。

书院与乡校基本上有着私学和官学的差异,但是因为17世纪朝鲜史的特殊性,也出现了几种共同点。两者都以当地地区为根基。书院和乡校的师长或学生都由当地居民组成,而且对作为官学的乡校停止派遣教官后,两个机关都由士族阶层自主运营,讲学也依靠学生们自觉读书进行。

但是从社会功能方面上看,书院与乡校的差异也很明显。乡校根据国家政策,将地区儒生们登记为校生并进行监督管理。乡校作为代表地区儒生的行政机构性质很强。与此相比较,书院是由选拔的少数头面人物组成的组织,对地区儒生的决策产生了实质性的影响。由此可知,17世纪朝鲜的乡校与书院是并行的,而且结成了通过书院形成的儒生阶层的意见通过乡校执行的结构。

退溪学/朱子学与地域文化

新安理学：朱子学的地域化

◎ 解光宇

（安徽大学中国哲学与安徽思想家研究中心研究员）

新安理学是朱子学在宋明中国徽州的重要分支，而新安理学又是徽州地域文化的核心。程洵、汪莘、程大昌、吴儆、倪士毅、朱升、赵汸、郑玉、汪循、范涞等，是新安理学的重要代表。新安理学在理气学、性理学、易学、宇宙自然哲学、宗法思想、儒家经注以及"和会朱陆"等方面多有建树，不仅可以看到朱子学在徽州发展的状况，同时还可以领略到新安理学继承和发扬传统儒学中的求实求真精神和经世致用的务实态度，特别是对"理"的诠释，体现了对朱子学继承和发展的统一、坚持和创新的统一。

一、新安理学时间跨度

新安理学派的起始时间应是绍兴二十年（1150年）。该年春，"朱子二十一岁始归婺源省丘墓宗族"。这次回徽，就收授程洵、滕磷、程先、程永奇、吴昶等弟子。朱熹在世时曾三次回婺源省墓，每次都逗留数月，收授弟子，从事讲学活动。朱熹以及朱熹的徽州讲友（如程大昌与吴儆）和朱熹徽州的及门弟子，成为新安理学的早期创始人。

新安理学的终结是在清早中期，是以戴震对"理"的批判以及徽派朴学兴起为标志。即是说，新安理学从南宋时期形成一直到清早中期衰落，共经历600多年的历程。

二、新安理学地域跨度

新安理学的活动与影响范围,主要是宋元明清徽州所辖婺源、休宁、歙县、绩溪、祁门、黟县,这与该地区的自然地理环境有关。徽州在万山之中,相对封闭,从而形成相对独立的稳定的环境。在这样的环境里,新安学者主要以书院为依托,进行教育与学术活动。如歙县的紫阳书院、斗山书院、师山书院、天都书院、岑山书院等;休宁的还古书院、天泉书院、竹洲书院、西山书院、海阳书院等;绩溪的桂枝书院、槐溪书院、颖滨书院、二峨书院等;祁门的东山书院、白杨书院、全交馆、全交精舍、梧冈书院等;黟县的碧阳书院、松云书院、集成书院、南湖书院等。

除了书院的正常讲学传授外,还制定讲会制度,即"六邑(六县)讲会"。讲会即是学术交流与研讨。讲会有力地推动徽州地区的学术发展。

徽州的书院教育与讲会,促进该地区的学术繁荣。以《皖人书录》记载为例,宋代徽州有著述传世者 131 人,而同时代安徽其他地区共计 113 人,尚不及徽州一地。故徽州有"程朱阙里"、"文献之邦"之美誉。

三、新安理学特质

新安理学在其六百多年的发展过程中,大体上经历了四个历史发展时期。在其发展的不同时期,虽呈现出不同的阶段特征,但奉朱熹为开山宗师,以维护继承、发扬光大"朱子之学"为宗旨的学术旨趣却基本未变。由于各阶段历史背景不同,面临的学术环境各异,因而形成了各自的特色。

第一个时期为南宋新安理学形成时期。朱熹在世时,曾三次回婺源省墓,每次都逗留数月,从事讲学活动,阐述自己的思想。朱熹去世后,其门人弟子和学友,均以研习传播朱子理学为己任。朱熹的讲友程大昌与吴儆,学术造诣高,影响大,与朱熹往来密切,学术交流甚笃。总的说来,南宋时期是新安理学形成时期,新安学者环护在朱熹周围,精研性命义理之学,重在阐发"朱子之学"的学派宗旨。主要表现在三个方面。

一是传承与弘扬朱熹理学。在朱子学中,"理"是其核心概念,早期的新安学者特别是朱子才入门的弟子,对"理"的认识并不深刻,后在朱子的指教下,入理学圣堂。如程洵对理有一个由浅入深、由片面到全面的认识过程。

在这个认识过程中，朱子对其指教起了很重要的作用，以至程洵能够认识理的本质，认为"四时行矣，百物生矣"，其背后的主宰都是"天命"、"理"，自然界的发展、运动、变化以及人类社会的发展、运动、变化都有其自身的规律，"不为言之有无而损益"，即不以人的意志为转移。人们认识的任务就是认识、体会"道"或"理"，也就是认识规律。程洵将"理"看成是自然界和人类社会的本源，"理"涵盖一切，并且"理"是客观存在的。在朱子的影响下，程洵成为新安理学大家之一，以至于"凡登程洵之门如出文公之门"。

程大昌的学术特色是坚持理学方向，奉程、朱为正统，在宇宙观、修养论、历史观等理学的根本问题上与程朱相一致。程大昌比朱熹年长数岁，两人常以书信讨论学术问题，感情甚笃。程大昌发挥朱熹的理为万物之源、太极为众理之总的观点，建立了太极生万物的宇宙观，并且在易学研究方面有很深的造诣，尤其研究宇宙生成问题，坚持理学，援道入儒。

吴儆在学术本旨上坚持理学方向，奉程朱为正统，在天道观、历史观、人性论、格物致知等理学根本问题上与程朱相一致。

汪莘初对"文词"有兴趣，后在朱子的指教下，研究儒学与理学，成为朱子在徽州的"高第弟子"。汪莘关于宇宙是有限与无限相统一的思想以及天地交泰的思想，代表了南宋自然哲学的最高成就。

二是注重事功，主张积极入世，这在程大昌和吴儆身上表现更为突出。程大昌注重事功，主张积极入世、参政议政。程大昌强烈的关注社会现实和民众的生活，对南宋黑暗的现实和困苦的民生等各个方面都极为关注，对吏治、狱治、军事、财政、农业、教育等各个方面都进行了深入的思考和不懈的探索，不仅在理论上取得了成功，更是以身作则，积极入世，以其非凡的才干，在各个方面都做出卓绝的贡献。此外，程大昌的整个学术特点是平实、朴素。除易学思想之外，涉及政治、历史、地理等领域的思想，都与程大昌的亲身经历有关，都立足于现实和根据具体情况而发，不作形上抽象的思辨，不作玄远空洞的虚论。但这并没有使程大昌的思想显得粗陋，相反，他的思想由于立足于对现实的深入观察上，又从理论上和理学思想相结合，既切中时弊，又具有理论深度，这使得他和专言事功不言心性的永康、永嘉等事功学派又有所区别。

吴儆的思想以理学兼事功，基于内圣而强调外王。吴儆强烈地关注现实与民生，从恢复大计到吏治、狱治、军事、财政、教育等，都进行了认真的思考和艰辛的探索，不仅取得理论上的成果，更以其非凡才干，不畏艰难，以身作则。吴儆的思想与行为间的一致性使吴儆的学术具有一种"知行合一"的色彩。此外，吴儆的整个学术具有平实、朴素的特点，无论是理学还是政治、教育领域的思想，都是吴儆根据现实问题和具体情况而发，既切中时弊，又具理论深度，至今仍有现实意义。

三是排佛老，捍卫儒学的正统地位。朱熹理学深受佛老影响，但为了捍卫儒学的正统地位，必须排斥佛老。朱熹不仅经常批判佛老，而且经常告诫弟子佛老之弊，远离佛老。

朱子在给弟子《答汪太初》书中批评佛老："然间尝窃病近世学者不知圣门实学之根本次第，而溺于老、佛之说，无致知之功，无力行之实，而尝妄意天地万物、人伦日用之外别有一物空虚玄妙、不可测度，其心悬悬惟徼幸于一见此物，以为极致；而视天地万物本然之理、人伦日用当然之事皆以为是非要妙，特可以姑存而无害云尔。盖天下之士不至于学，则泛然无所执持而狥于物欲，幸而知志于学，则未有不堕于此者也。"①

朱子弟子滕璘曾一度"所喜释氏之说"，朱子在《答滕德粹》之五指出："释氏之说，易以惑人，诚如来喻。然如所谓若有所喜，则已是中其毒矣。恐须于吾学有进步处，庶几可解。不然，虽欲如淫声美色以远之，恐已无及于事，而毒之浸淫侵蚀日以益深也。"②针对滕璘所喜释氏之说，朱子批评其"已是中其毒矣"，如不立即警觉，"虽欲如淫声美色以远之，恐已无及于事，而毒之浸淫侵蚀日以益深也"。

滕璘也曾一度读庄周书，认为"读庄周书，泛观无害，但不必深留意耳。"对此，朱子给滕璘书信指出："向来相聚，见德粹似于此理见得未甚端的，且尚不能无疑于释子之论。今若更以庄周之说助之，恐为所飘荡而无以自立也。"

由于新安理学学者具有排佛老的传统，故佛老之教在徽州一直不得势。正如许承尧所云："此地不尚佛老之教"，其原因是徽州为"文公道学之邦"，"其教泽入人深哉"！③

总之，学宗朱熹、发扬光大朱子理学这是当时新安地区的普遍学风。但南宋时期的新安理学虽推崇朱熹理学，却无门户之见，对其他学派的学说能持宽容乃至接纳态度。如吴儆理学思想既与朱熹理学有渊源关系，也与张栻

---

① 《答汪太初》，《朱文公文集》卷四十六，北京：北京图书馆，2006 年。
② 《答滕德粹》，《朱文公文集》卷四十九，北京：北京图书馆，2006 年。
③ 程曈：《陈定宇墓志铭》，《新安学系录》卷十二。

湖湘学派及吕祖谦金华学派的理学有师承关系,这多少反映出新安理学在其形成过程中对其他学派理论成果有所吸收与借鉴。

第二个时期为元明新安理学发展时期。南宋以降,朱子学被朝廷立为官方哲学,居于显赫的地位,成为士人获得功名的敲门砖。但就朱子学本身发展来说,"朱子既没,天下学士群起著书,一得一失,各立门户,争奇取异,附会缴绕,使朱子之说翳然以昏然"①。故元明的新安学者治学重心是努力探寻朱学本旨,致力于维护朱子学的纯洁性。同时,不满足于一味地墨守门户,致力于学风的转变,力倡独立思考,于是提出了"求真是之归"以及"和会朱陆"的口号,即要求真正明了儒学、朱子学的真谛,发展儒学、朱子学,而不是人云亦云,附声唱和。这一时期的新安理学家大多是朱熹的再传弟子,代表人物有程若庸、陈栎、倪士毅、朱升、郑玉、赵汸、汪循、范涞等。

程若庸建立的理学范畴系统"宗朱"是显而易见的。他对范畴的解释是源于朱熹对范畴的解释,以朱熹的理学思想为宗旨。另一方面,朱熹的理学思想本身具有集前人理学思想大成的特点,对程若庸的理学范畴系统分析可以看出,程若庸对很多范畴的解释,是综合了朱熹及张载、二程等人的思想,字字精要,概括全面,诸如"命"、"心",以及"心"、"性"、"情"三者的关系等等。对少数范畴的解释,程若庸甚至提出同朱熹不一样的看法,来阐释范畴概念,如"道"、"器"范畴。朱熹反对以"形上"和"形下"来区分"道"、"器",程若庸则赞同二程的观点作了"形上"和"形下"的区分。在他的造化篇中,程若庸不仅吸收了《易》中的思想来阐释其中的范畴,他还引用了《老子》"一生二,二生三,三生万物"的宇宙生成模式来表达他自己对宇宙生成过程的理解,用易学的思想改造了老子的宇宙生成论。他的哲学思想是"不尽同于朱子"的,表现出了对朱子学的继承和发展的统一。

陈栎学宗朱子,排斥异端,返朱子学本来面目,著述颇丰,阐明性理,有功于朱子学,并影响其后的新安理学家。

倪士毅编著的《四书辑释》,是新安理学发展到元代的重要成果,它全面反映了元代新安理学的基本风貌。《四书辑释》一书主要是通过对《大学章句》、《中庸章句》的重点分析,《论语》、《孟子》的简要分析,纠正诸儒异说,来传承朱熹思想。"惧儒家之说,乱朱子本真",目的就是为了捍卫朱子学的纯

---

① 许承尧:《歙风俗礼教考》,《歙事闲谈》第18册。

洁性。

朱升是朱熹的五传弟子,不仅是明朝的开国功臣,同时在学术上也有独特的建树。政治上,朱升从战略高度提出"高筑墙、广积粮、缓称王"的创基立国之策;学术上,作诸经旁注,凸现儒学真谛,返归元典儒学,求真是之归。尤其是提出理是"脉理、纹理",摒弃程朱理学和陆九渊心学关于理的神秘性和主观性,赋予理的客观规律性,更是对先哲思想的超越

赵汸作为朱子再传弟子,致力于著书立说、教书育人、传播朱子理学思想,为徽州地区培养了大量的理学人才,从而丰富和发展了新安理学,为新安理学的兴盛做出了积极的贡献。其思想反映了新安理学对朱子学的传承,同时体现了元末新安理学流派的典型特征。赵汸重视治经,其原因是元代朱子学在发展过程中出现弊端,尤其是在当时新安学者中严重存在盲目迷信的风气,促使赵汸提出新的治经主张,即"一切以实理求之"。

郑玉治经以义理为旨归,宗朱取陆,不执门户之见,兼采诸儒之长。善于就史事立论,不尚空谈义理,以致用为目的。郑玉解《春秋》有如下特征:一则经传并用,以经为重,兼采诸儒之说;二则宗朱子而不拘执,自成一家之言;三则以经明理,以致用求治。郑玉还比较客观公正地分析朱、陆之学各自的利弊,认为学者应汇两家之长,打破门户之见。郑玉"和会朱陆"的观点影响了当时及后代学者,为理学内部阵营的统一做出了一定的贡献。

汪循作为"休宁理学九贤"之一,不仅在政治上有所作为,而且在学术上、思想上也有独特的建树。面对内忧外患,汪循向朝廷提出"外攘内修十策";学术上,极力反对王阳明"妄诋朱子",与阳明"数相辩论",以捍卫朱子学说。

范涞是明朝中后期著名的新安理学家,在"理气论"方面,范涞继承了朱熹"以理为本"的宇宙论思想,坚持了"理在气中"的观点,并且认为"气"是沟通"形上之理"和"行下之物"的中间环节。范涞的"心性论"也基本上继承了朱熹的观点并有所发挥。

此外,在"和会朱陆"的历程中,徽州学者做出了重要的理论贡献。虽然有少数学者如程瞳认为朱、陆之学"早异晚异",互不相容,但大部分学者都主张"和会朱陆"。朱升认为,朱、陆所分别主张的"道问学"与"尊德性"的关系是动、静关系,"动而道问学,静而尊德性",二者是相辅相成,"如寒、暑、昼、夜之更迭而无间",缺一不可;郑玉认为,朱、陆之学各有优劣,应取长补短;赵汸认为,朱、陆思想"合并于暮岁";程敏政提出"早异晚同"说。徽州学者的这些观点直接影响了王阳明及其后学。

第三个时期是晚明心学兴盛时期。晚明时期，白沙心学和阳明心学在徽州曾兴盛一时，形成晚明徽州心学思潮。

心学在徽州有一个发生、发展的过程。元末明初，徽州学者致力于"和会朱陆"，同时也表明陆九渊心学在徽州有一定的影响，如郑玉、赵汸、朱升等，就对陆九渊心学有所研究，主张"和会朱陆"；明代徽州学者程敏政主张朱陆"早异晚同"，具有明显的心学倾向。尤其是到陈白沙、王阳明心学的崛起，以及晚明白沙后学湛若水与阳明高足邹守益、王畿等，纷纷赴徽州讲学，培养弟子，形成徽州特有的讲会，心学大有压倒朱子学之势，成为这个时期徽州学术的主流。最近新发现的传抄本《新安理学先觉会言》，可见心学在徽州繁荣之一斑。《新安理学先觉会言》为明代韩梦鹏所辑。据《安徽通志·艺文考·子部提要》说，该书有明刻本，但暂无从考，现仅发现民国时期安徽通志馆传抄本一册。

《会言》共二卷，卷一为新安同志会约之序，因当时心学与阳明学盛行，郡有郡会，邑有邑会，乃至一家一族亦莫不有会。而为会约作序者，大都是鼓吹心学的大家，如王守仁、湛若水、邹守益、王畿、刘邦采、祝世禄、潘士藻等。

卷二为主会诸先生之所讲论，如湛若水、罗汝芳、王畿、刘邦采、耿定向、洪垣等。他们或拈四书五经以彰大义，或揭性命天道以阐微言，以弘扬儒学和阳明学。从该书出现的人物以及讲论的内容来看，反映了16世纪中期心学尤其是阳明心学在徽州的传播和兴盛的状况，说明心学是当时徽州学术的主流，这对于研究这个时期徽州的学术走向，是一份难得的宝贵资料。

第四时期为清初新安理学终结时期。晚明的新安理学，因受"心学"的冲击，阐释朱子学不力，整个学派出现萎靡不振的衰落迹象。清初虽出现过复兴朱子学的局面，但也是短暂的。而陆、王心学讲求内省，空谈心性，特别是明亡以后，王学末流被抨击为空谈误国，心学在徽州也无市场。随着清初汉学的兴起，清代的学术研究开始向以求实切理、名物训诂，并崇尚朴实无华的考据学方向发展，即是学术史上的所谓"朴学"。而徽州的学者则是"朴学"的主力，站在这股学术浪头之上的则是徽州休宁人戴震。戴震是徽派朴学的集大成者，他不仅在声韵训诂、名物制度、经籍考证、天算地理研究等方面取得了重大成就，而且创造性地阐发了义理之学，在解构程朱之"理"的过程中，闪耀着启蒙思想的光芒。以戴震为代表的新安学者之所以对理进行解构，是他们继承和发扬了传统儒学中的求实求真精神和经世致用的务实态度，尤其是戴震目睹理学被充当统治者的"忍而残杀之具"，并阻碍徽商经济发展，故必须对理进行解构,还理本来的面貌。新安理学派在对理进行解构的过程中,还体现了对朱子学继承和发展的统一、坚持和创新的统一。

随着戴震等徽州学者对程朱理学的批判,以及清初学术界由"宋学"转为"汉学"这股潮流影响,"徽派朴学"的创立标志着新安理学向徽派朴学的转型,新安理学终被徽派朴学所取代。

总之,宋明徽州的新安理学,是朱子学地域化的典范。朱子学引导着新安理学,而新安理学丰富和发展了朱子学。同时,新安理学在发展过程中,更彰显徽州地域文化的特色,从而使徽州文化具有理性内涵。

朱熹与闽南文化

◎ 张品端

（宋明理学研究中心研究员）

朱熹（1130—1200）是我国古代杰出的思想家、哲学家、教育家。他于绍兴十八年（1148 年）登进士，二十一年春铨试授泉州同安县主簿，二十三年赴任同安，至二十七年冬离开同安。三十多年后，年逾花甲的朱熹又出知漳州，时间一年，因长子朱塾病卒，治理丧葬，离任奉祠。朱熹在泉、漳地区为官五年，对闽南文化的发展起过重要的作用。

一、朱熹与闽南地区教育事业的发展

闽南频海，远在南陬，文化教育相对落后。朱熹在《同安县谕学者》一文中说，县学"诸生晨起入学，未及日中，而各已散去"；州学则"教养无法，师生相视，漠然如路人，以故风俗日衰，士气不作"①。可见，当时闽南地区州、县学存在许多弊端。朱熹任同安主簿兼学事时，以教育为先，一连发布了《谕学者》、《谕诸生》、《谕诸事》等文告。并着手整顿同安县学，将学舍由两斋（日新、汇征）扩充为四斋，重新命名为志道、据德、依仁、游艺，又分别作四斋铭文："'不志于道，独罔罔其何之'，'惟其厚于外而薄于内，故天地以崇之'，'为仁由己而由人'，'礼云乐云射御教书，俯仰自得'。"②大书高揭，以明其意。他挑选品学兼优的学生充当斋长、斋谕，又延聘本县进士徐应中、王宾为学宾，官给厨馔，以表率学者。聘请长于经学、行年五十的进士柯翰为直学，专任讲

---

① 《朱文公文集》卷八○，四部丛刊本。
② 朱熹：《大同集·四斋铭》，宋陈利用编刻，清陈胪声重刻本，现存中国国家博物馆。

经之事,以加强师资。为了充实生员,朱熹还允许校外士人通过补试入学。朱熹以经义为主,设置课程内容,由学直柯翰讲授《礼记》,自己亲自讲授《论语》。他认为,南宋人心败坏,世风日下,不在于人们不识孔子为己的仁学,而在于对这种仁学知而不行,诵习而不践履,所以他要用《礼》来补充《论语》,弘扬儒家失落的实践理性,为诸生建立起一种实践的儒家仁学。在县学,朱熹还开辟讲座,以问答讨论的方式解决教学中的疑难。他总是引导学生切己思考,如何修身养性,以无愧于为人。同安县学的官书自南渡以来已散落殆尽,朱熹从福州安抚司请到 985 卷图书,并在县城文庙大成殿后兴建经史阁,将同安官府残存的 6 种 191 卷,募民间所藏书得 2 种 36 卷,一并藏于经史阁中。

他还致力编修官书,亲自作序。经朱熹大力整顿,县学规模初具,焕然改观,士人纷纷向学。于是,朱熹在文庙明伦堂左建教思堂,"选秀民充第子员,一时从学者众"①。当时好学善问者即有许升、王力行、陈齐仲、徐元聘、戴迈、林峦、吕俶、杨宋卿等人。朱熹曾称赞道:"高阁富文史,诸生时往还。纵谈忽忘倦,时观非云悭。咏归同与点,坐忘庶希颜。尘累日以销,何必栖空山!"②同安一县之学以拘守章句到精研义理、从习词章到重经学的转变,就是朱熹仕同安主管县学时开的风气,奠下基石。

在朱熹任职同安的南宋时代,厦门、金门同为同安属邑(厦门时称嘉屿,金门古称浯洲)。据《大同集》和金门最早的方志《沧海纪遗》记载,朱熹任同安主簿兼学事期间,曾到嘉和屿和浯洲采风劝学,推动两岛文化教育的发展。朱熹还经常奉檄行役奔走于泉、漳之间,在同安文辅书院、晋江鳌头精舍(后改为石井书院)、南安杨林书院、九日山书院、泉州小山丛竹书院、漳州丹霞书院等讲学,并与名士硕学广泛交游,致力倡导书院教育。

绍熙六年(1190 年),朱熹以垂暮之年再度出宦闽南,知漳州。此之前,他在南康军任上,曾修复了全国著名四大书院之一的白鹿洞书院,并为之制订了《白鹿洞书院教条》,使该书院名扬遐迩。接着,他又创办了武夷精舍(后改为武夷书院),学子云集,形成了"当今道在武夷"之盛况。这次,他出知漳州,已是一个教育经验丰富的知名学者。任职期间,他不论公事多忙,每一旬中逢二日下州学,逢六日下县学,巡回督学,并亲自为诸生讲说释疑。他的《小

---

① 乾隆《泉州府志》卷二九,《名宦》,1984 年影印本。

② 朱熹:《大同集·县学教思堂作示同志》,宋陈利用编刻,清陈胪声重刻本,现存中国国家博物馆。

学》与《四书集注》成了州县学最好的讲义。朱熹特别注意培养士子的廉洁气节,询访经明行修的正人端士树为诸生的表率。绍熙二年(1191年)正月二日,他发布了一则《漳州延郡士入学牒》,延请黄樵、施允寿、石洪庆、杨易简、杨士训、李唐咨、陈淳、徐寓八人入学,并荐举黄樵为州学正录兼同主管县学教导。经朱熹大力整顿,学政一新,远近士人前来问学者不绝于道。莆田县的郑可学、方大壮,仙游县的朱鲁叔,同安县的王力行,晋江县的杨至、杨履正,南安县的李亢仲,永春县的陈易等一大批学子都涌到了漳州受教。为便于学者攻读理学,朱熹还重刊了经考辨整理的四经,即《尚书》、《诗经》、《易经》、《春秋》,以及附有音释的四子书(即《大学》、《论语》、《中庸》、《孟子》)。此外,还印刻了《小学》、《近思录》和《伊川与方道辅贴》等十多种书籍。这些书成了他用来在闽南传播理学文化最简便的经学之书,在学者士人中广泛流传。

朱熹重教兴学思想影响闽南文化教育发展历七八百年之久。朱熹逝世后,泉漳士人思其教,纷纷办学建书院,振兴教育。在漳州,朱熹弟子陈淳创办书院讲学,"漳泉士人争师之"①。南宋宝庆六年(1225年),漳州郡守危稹建龙江书院(后改名芝山书院),以"成夫子之志"。绍定二年(1229年),漳浦县周申建丹诏书院,聚徒讲学。《龙溪县志》在描述漳人向学时云:"邑俗在唐习王氏浮屠之教,而民好佛。在宋为朱子之所过化,而民好儒……塾师巷南北皆有之,岁科应童子试额二千有奇,他邑不及也。其魁垒者举子业之外,旁及诗古文词,往往有闻于世。世族多藏,……素封之家,牙签玉轴,灿然荚笥中。"②即使是比较偏僻的漳州平和县,民间读书风气也相当兴盛。《平和县志》云:"唐以来重僧,宋以后崇儒,紫阳(朱熹)之化也。士尚气节,读书无论贫富。岁首延师受业,虽乡村数家聚处,亦各有师。"③明代江南世家出身的王世懋,看到漳郡各地读书风气,大为感慨地说:"闽上游诸郡人皆食山自足,学举子业不求甚工。漳穷海徼,其人以业文为不赀,以舶海为恒产,故文则扬葩吐藻,几埒三吴,武则轻生健斗,无事不令人畏。"④在泉郡,书院教育亦蔚然可

---

① 《宋史》卷四三〇,《陈淳传》,北京:中华书局,1985年。
② 光绪《龙溪县志》卷十,《风俗》。
③ 康熙《平和县志》卷十,《风土》。
④ 王世懋:《闽都疏》,转引自陈士兴主编《泉州学研究》,福州:福建教育出版社,2002年,第225页。

观,南宋咸淳三年(1267年),晋江赵宗正建泉山书院,明初曾将其改为晋江县学,祀朱熹于明伦堂。元至正十年(1350年),同安知县孔公俊建大同书院、文公书院,黄元渊在金门建浯州书院。明代,同安名宦林希元继承朱子兴学遗风,于梵天山创办紫阳书院、鳌江书院;正德十六年(1521年),安溪知县龚颖建风山书院(又称朱文公书院);晋江建清源书院、南塘书院、新山书院、体山书院;永春建文公书院等。清代,著名的朱子学家李光地归乡出资修复泉州学宫,并在安溪建考亭书院(以"考亭"命名,表明后学李光地对朱熹的尊崇)。此外,泉州属邑同安建玉屏书院,南安建丰州书院,晋江建宝海书院等。所以,清代任士林说:"朱子既殁,凡所居之乡,所仕之邦,莫不师尊之","故书院为大盛。"[①]可见,朱熹重教兴学对闽南地区的文化教育影响深远。

二、朱熹与闽南人文化素质的提高

朱熹在泉、漳地区五年时间,为闽南文化的发展造就了一批学有所成的弟子。据林振礼《朱熹与泉州文化》一书考定,泉州朱熹门人二十人[②];刘树勋主编《闽学源流》一书考定,漳州朱熹门人九人[③]。在闽南地区这些朱子门人弟子中,有著名的学者和志行高洁的地方官吏。例如,陈淳(字安卿,号北溪,龙溪人)一生未应科举,亦未做官(南宋嘉定十年,授安溪县主簿,未上任而辞世),长期从事讲学和学术研究活动。乾隆《安溪县志·宦绩》记载陈淳讲学于泉州、莆田,"信从者众"。陈淳"居乡不沽名徇俗,怡然退守,若无闻焉,然名播天下"。其弟子"馆陈北溪于家,笔授《字义》行世",称其学"体论精实","评说而反约"。[④]陈淳学术醇正,造诣精深,在阐发师说时,能博采众说,达到融会贯通的地步。清张伯行在《陈北溪文集序》中云:陈淳"朝夕研穷,于以探心法之渊源,究性学之奥赜"。[⑤]他的代表作《北溪字义》,(又称《四书性理字义》)是阐述程朱理学的重要著作,被当代学者侯外庐编著的《宋明理学史》评

---

① 任仕林:《祠院历记·重建龙津书院记》,《朱子文集大全类编》,四部丛刊本。
② 林振礼:《朱熹与泉州文化》,福州:福建人民出版社,1999年,第53页。
③ 刘树勋主编:《闽学源流》,福州:福建教育出版社,1993年,第565页。
④ 林振礼:《朱熹与泉州文化》,福州:福建人民出版社,1999年,第60页。
⑤ 张伯行:《正谊堂文集·续集》卷三,四部丛刊本。

述说："在朱学的传统中，某些思想家的论点具有唯物主义倾向，这种情况值得注意。"①傅伯成（字景初，号竹隐，泉州人）少从学朱熹，隆兴元年（1163年）登进士第。他出知漳州时，推熹意而行之。后来，他以集英殿修撰知建昌府，为朱熹高弟蔡元定（建阳人，庆元三年流放道州，后死于谪所）诉冤，使蔡氏得以归葬。傅伯成笃信朱子学说，为官有较好的政绩，在籍能为乡里办事，有较高的名声，是地方上颇有影响的人物。他与杨炳、李訦被尊为温陵三大老。

由于朱熹的授经讲学活动，在泉州很快涌现陈易、杨至、杨履正、刘镜、张巽、李亢宗、黄谦和高禾等一群弟子，形成"清源别派"。所以，《宋元学案补遗》记载曰："时朱子之学大行于泉州，如杨至、陈易辈称清源别派。"②这些朱子门人改变了泉郡专经者泥于章句，业文者竞浮华、析理者驾玄虚的学风。在漳州，以李唐咨、陈淳为中心，亦形成了朱熹弟子群。他们以朱熹"知行统一的持敬致知"之学，根除漳郡士子参禅虚静之习。这一学风的转变，成为朱熹在漳州引导南陬士子的文化基调。还值得一提的是，在朱熹的众多闽南门人中，他们的学术兴趣，从业倾向和才干类型等都受到朱熹的明显影响。从中可以窥见朱熹对提高闽南弟子的文化素质是用心良苦的。

朱熹对闽南人的文化素质的影响，还表现在下面三方面。其一，中举人数之多。朱熹之后，闽南地区的文化发展，出现了空前的盛况。就晋江而言："吾温陵人文之盛，晋江一邑与海内诸名邦相抗衡。……岁科试晋邑儒童卷可万余，县送府七八千人，府送道亦二三千人，入泮百五六十人。"泉州其他县亦是如此："泉郡人文之盛，甲于全闽，人占毕而户弦歌……经学之儒彬彬辈出，党塾子弟年方髫龄，多有能诵十三经者。"③林振礼先生曾对晋江县安海镇科举情况做了一个统计对比，他说："绍兴二十六年前100年（1056—1156）和绍兴二十六年后100年（1156—1256）的科第人文，前百年进士17名，后百年进士32名。可见朱熹而后，科第远盛于前。"④从林氏这个对比数字可以看出，朱熹仕泉之同安后，安海这个小镇中举人数几乎增加近一倍。朱熹曾任职过的同安县科举在朱熹之后更是喜人。据乾隆《泉州府志·选举》载，宋代同安登进士第者41人，而明代中进士人数达到92人，翻了一倍多。就连开

①　侯外庐：《宋明理学史》上册，北京：人民出版社，1984年，第516页。

②　冯云濠、王梓材：《宋元学案补遗》卷六九，四明丛书本。

③　乾隆《泉州府志》卷二〇，《风俗》。

④　林振礼：《朱熹与泉州文化》，福州：福建人民出版社，1999年，第40页。

发较晚的偏僻山区安溪县,"近县数都,彬彬业繡"。①明代,安溪中举士子60余人,到了清代初年至乾隆二十二年(1757年)止的百年间,安溪高中举人的人数多达150余人,翻了一倍半。② 在这批中举人仕当中,有一些成了清王朝的名儒重臣,在全国范围内负有盛名。如康熙朝担任大学士的李光地,担任翰林院编修的陈万策、官献瑶等人,都在政务和文章等方面做出了贡献。

其二,出现了从祀文庙人物。从春秋末立庙祀孔始,至清溥仪宣统三年(1911年),两千多年先后从祀文庙者共152人。宋朝以后44人,其中福建13人。在福建13人中,朱熹之后有6人(黄榦、蔡沉、陈淳、真德秀、蔡清、黄道周)。这六人都是朱熹的门人和其后学。在这六人中,陈淳(清雍正二年从祀)、蔡清(清雍正二年从祀)、黄道周(清道光五年从祀)是闽南人。晋江的蔡清和漳浦的黄道周是福建在元明清三代唯一从祀文庙的人物。可见朱熹之后,闽南人文化素质达到相当高的层次。

其三,学者著述之多。由于闽南学者辈出,其著作极为丰富,仅晋江在南宋、元、明、清时期就有七八十人著《易》,有《易》著一百多种③,时称"今天下言易者皆推晋江"。宋元明清时期,漳浦解《诗经》的著作亦有近百种。此外,还有很多传世不朽之作。如南宋梁克家的《三山志》、何乔远的《闽书》和马欢的《瀛涯胜览》等。

宋末元明清时期,闽南人才辈出,不仅反映了闽南的文化水平已跃居全省先进行列,有些领域还达到全国先进水平,而且为闽南地区开展文化创造活动提供了丰富的人才资源。可以说,这与朱熹及其门人、后学的努力是联系在一起的。

三、朱熹与闽南文化学术的深入发展

朱熹和其闽南弟子以及后学写成了大量的论著,提出了许多有价值的观点,为闽南文化学术的发展做出了贡献。朱熹不仅自己孜孜不倦地进行学术研究,撰写、编次、注释和校勘了大量著作,而且循循善诱其门人进行文化学术创造活动。如陈淳初授学时,朱熹告诉他功夫大要,以"根源"二字诀传授,

---

① 乾隆《安溪县志》卷四,《风土志》。
② 乾隆《安溪县志》卷六,《选举》。
③ 高令印、陈其芳:《福建朱子学》,福州:福建人民出版社,1986年,第579～581页。

还强调说："穷究根源来处，直要透彻。又且须'敬以直内，义以方外'，此二句为要"，并要他"为源头处用工。"①实际上，朱熹对陈淳提出的从"根源"上下工夫，也是他对整个漳泉地区士子提出的一条朱子理学的文化尺度。当时，闽南地区佛教之风炽盛，士子们普遍沉迷于一种好静坐的通病。在朱熹看来，只有知行统一的持敬致知才是根除泉漳士子虚静之习的最好良药。十年之后，陈淳又前往建阳考亭拜见朱熹，述其所得。朱熹听后说："如公所学，已见本原，所阙者下学之功尔。"②在朱熹的指导下，陈淳的学业大有长进。他写成的《北溪字义》是探索程朱理学的入门之书，流传甚广（今有韩、日、英等各种版本）。该书选取性、命、道、理、心、情、意、志、诚、敬、中等 25 个范畴，逐条加以疏释论述，阐发了朱熹《四书集注》的理学思想。后来，陈淳提出"浑沦太极（理）"，用浑沦释理，含有唯物主义因素，发展了朱子学。张巽（字子文，称锦溪先生，惠安人），早年从学湖湘学派的张栻（号南轩），因所得闻于朱熹者，未能释然。于是，他又前往武夷问学于朱熹（时朱熹在武夷精舍讲学），得"中和"之旨。临别时，朱熹告诉他说："南轩记岳麓，某记石鼓，合而观之，知所用力矣。"③在这里，朱熹示意张巽要以张氏的《岳麓书院记》和他于淳熙十四年四月所作的《衡州石鼓书院记》用功互参。张巽回乡后，力践"养其全于未发之前，察其几于将发之际，善则扩而充之，恶则克而去之"④的师教，涵养体察，久益明净。

闽南朱子门人极力传承朱子学，接引后学。后继者潜心著书立说，扩大了朱学研究的范围，开辟了学术研究的新领域。元代，丘葵（字吉甫，号钓矶，同安人）一生未仕宦，以朱子学为依归，杜门励学，撰写了《易解义》、《春秋通义》和《四书日讲》等著作。明朱衡在《丘公葵》中说，丘葵"风度端凝，如立鹤鹭"⑤。还有漳州龙溪的林发，都是元代知名的闽南朱子学者。

明代，闽南理学极盛，出现了不少著名的朱子学家。如陈真晟（字剩夫，漳浦人）未应科举，不愿做官，贫穷治学。他认为："程朱之学，入道有门，进道

---

① 黎靖德编：《朱子语类》卷一一五，北京：中华书局，1986 年。
② 《宋史》卷四三〇，《陈淳传》，北京：中华书局，1985 年。
③ 朱衡：《道南源委》卷四，丛书集成初编本。
④ 《朱文公文集》卷七九。
⑤ （明）朱衡：《道南源委》卷一。

有阶,升堂观奥,皆有明辙,惟此最为要法,诚不可先讲而力求者也。"①陈氏一生用力于理学研究,把理、气、心、性等范畴糅合为更加切实致用的严密思想体系。他在《心学图》中提出"主一即敬"的命题。他认为,敬或主一,就是诚心诚意专心于人伦道德之规定。陈氏还主张把知行糅合为一。他认为:"若真知,行在其中矣。盖以知之真,则处善安,循理乐,其行甚顺。"②陈真晟把朱子学概括为治心之学,发扬朱子学践履之义。清人张伯行在讲到陈真晟时说:"吾儒之学……以穷理为端,以力行为务,体之于身,而实推之于国家天下而无不当。"③蔡清(字介夫,号虚斋)于成化二十年(1484年)中进士,历官史部主事、礼部主事、南京文选郎中、江西提学副使。他深研朱熹的"四书"学和易学,著有《四书蒙引》、《易经蒙引》和《太级图解》等。蔡氏的理气合一说,知行统一观,是对朱熹学说的继承和发展。清人李光地说:"虚斋先生崛起温陵,首以穷经析理为事,……自明兴以来,尽心于朱子之学者,虚斋先生一人而已。"④蔡清患病家居时,在泉州水陆寺设讲堂,从学者众。他的门人及后学中,以陈琛(泉州人)、林希之(同安人)、张岳(泉州人)、史于光(晋江人)、苏竣(晋江人)、王春复(晋江人)等最为著名。他们以"四书"、《易经》为学术研究中心,阐发朱熹《四书集注》、《周易本义》等的思想,提出了许多新观点。蔡清和其门人及后学写出了许多著作,形成了他们的思想体系,建立了著名的清源学派。该学派的易学、"四书"学等思想,代表了那个时代的学术水平,在朱子学史上占有重要地位。黄道周(字幼元,号石斋,)一生仕途坎坷,毕生精力主要用于授业讲学和学术研究。他在漳浦紫阳学堂讲学时,学者有120多人。后来,其弟子在城东门为他专门建一座讲舍,名为"明诚堂"(后改为文明书院)。这时,他的讲学规模达到高峰,听讲的人最多达到404人。⑤ 黄道周著有《六十四卦要说》、《易象正》、《三易洞玑》、《儒行集》和《春秋轨》等。黄道周的学术特点,其学生洪思说:"黄子学善朱子,素不善文成良知之说。"⑥他受朱子学象数派思想影响,提出"天命为理,气数为数"的命题。黄道周的思想

---

① 黄宗羲:《明儒学案》下册,北京:中华书局,1985年,第1092页。

② 《程朱正学纂要》,转引自高令印、蒋步荣著:《闽学概论》,香港:易通出版社,1990年,第92页。

③ 《陈剩夫文集》卷首,《序》,四部丛刊初编缩本。

④ 《蔡文庄公集》卷七,《附录》,四部丛刊初编缩本。

⑤ 侯真平:《黄道周纪年著述书通考》上册,《前言》,厦门:厦门大学出版社,1995年。

⑥ 陈寿祺编:《黄漳浦集》卷二一,旧排印本。

还偏向"修己以敬,躬行履践,是个知行一致的朱子学者。他的思想对闽南地区学人影响很大,李兆民在《明清福建理学家之概况》中说:"石斋为明代闽学之殿将,影响后学甚大。迨满清入主,……然二百余年犹有数人继承先世余绪,若蔡世远、蔡新、雷𨥁宏、林赞龙等,其最著者也。"①此外,黄道周还写有《诗序正》、《诗撰》、《诗表》等解《诗经》的著作。与陈敬的《诗经讲义》、汪环的《诗经衍义》、王志道的《诗经疏》何楷的《诗经世本古义》一起,成为明代全国闻名的《诗》学著作。

清代,李光地(字晋卿,号榕村,安溪人)一生笃信朱子学说,是清初著名的理学家。清人唐鉴在谈到李光地时说:"安溪李先生光地……谈经讲学,一以朱子为宗。其所以学朱子者,曰诚、曰志敬、曰知行。"②他据御旨,主编《性理精义》、《朱子大全》和《周易折中》,自撰《周易通论》等著作,使朱子学成为清代的官方思想。在学术思想上,他不完全固守朱熹旧学,提倡要有创新。他在许多问题上和朱熹有所不同,例如,李光地不同意朱熹改本《大学》和增加《格物补传》,而仍用古本《大学》。李氏以"知"为格物第一要义;论《易》兼采象数则是对朱子学说的发展。在《性理精义》一书中,李光地把朱熹的《易学启蒙》收编入书并加以评论,提出了他自己一些新观点。此外,李光地还主张"经世致用",注意使朱子学研究与当时社会实际结合,强调敦实,反对那些空言性理之士的浮躁学风。因而他"学以致用"的观点深得康熙帝的赞扬。蔡世远(字闻之,号梁村,漳浦人)为李光地的高第门人,曾和李光地一起参与御纂《性理精义》。他写有《朱子家礼自纂要》、《古文雅正》等著作。蔡氏的学说,以立志为始,以孝悌为基,以读书穷理、克己躬行为终,形成以诚义为主干的志气学说。蓝鼎元(字仁庵,号鹿洲,漳浦人)与李光地、蔡世远都是清初朱子学的复兴者。他的主要哲学著作有《棉阳学准》。他提出理产生天地民物,并用天地民物是理气相结合的观点来说明人性问题。蓝氏说:"仁者,生人之理也。此理与生俱来,岂客一日去之。一旦不仁,则生理灭绝,纵使幸生亦不可谓之人。"③他认为:"仁义礼智信为吾性中所自居之理。"④从而他进一步论

① 李兆民:《明清福建理学家之概况》,《福建文化》第 4 卷第 24 期。
② 唐鉴:《清学案小识》卷六,转引自陈支平等主编《儒家文化现代透视》,厦门:厦门大学出版社,2002 年,第 417 页。
③ 蓝鼎元:《蓝鹿洲全集》卷一一,《棉阳学准》。
④ 蓝鼎元:《蓝鹿洲全集》卷一一,《棉阳学准》。

证道心人心、天理人欲的问题。蓝鼎元也十分注重反身切己,学以致用。

闽南学者的这些学术观点,大都为朱熹言而未祥而祥之,为朱熹之后的新论说,丰富和发展了朱熹创立的闽学思想体系,并成为闽南文化乃至福建文化的主流。

四、朱熹与闽南社会风俗的转变

朱熹在泉、漳两郡任职五年来,对闽南地区的社会风俗有很大影响。宋代,泉属各邑地处偏远的海滨地区,文化教育相对比较落后,致使"民俗强悍,民风不醇"。据史料记载,同安这个地方"无婚姻之礼",有"引伴为妻"的习俗。就是泉州也有"郡城内多淫祠,画地为境,境有无赖少年,谓之闾棍,每遇迎神,辄与邻境互相格斗。其在乡村,大族聚族而居,睚眦之怨,率族持械,虽触法不率"。① 朱熹认为这种社会风气是"乖违典礼,渎乱国章"。为教化百姓,扭转这种社会风气,从根本上改变这种陋俗,朱熹在同安孔庙大成殿后建教思堂,向县民士子灌输"父子、君臣、夫妇、长幼、朋友各尽其道"。朱熹还运用当地的乡土教材,把道德高尚,学问渊博,足以表率后人的苏颂(同安人,北宋丞相,著名科学家)作为典型,在县学内建造祠堂,安放苏颂画像,每年定时举行祭祀,以弘扬先贤,振兴社会风气。朱熹认为,礼仪有关风俗教化,意义重大。他参考《周礼》、《仪礼》、唐《开元礼》及宋朝《绍兴祀令》,画成礼仪、器用、服饰等图,详加注释,广为宣传,使县民士子熟悉其事。朱熹与泉州诸弟子和朋友书信往来中经常谈到礼教问题。他在《管陆子寿》中说:"先王制礼,本缘人情。吉凶之际,其变有渐。故始,死主用事生之礼,既卒,哭附庙,然后神之。"② 他在与柯国材讲《礼记》时说:"君子博学以文,约之以礼"、"礼之为义,不其大哉?然古礼非必有经,盖先王之世上自下达闾巷,其仪品有章。"③ 朱熹这些重视风俗礼教的主张和措施,使得同安"礼义风行,习俗淳厚。去数百年,邑人犹知敬信朱子之学……祭奠俱用朱文公家礼"④。朱熹仕时,还曾数次到过金门。《沧浯琐录》曰:"朱子主邑簿,采风岛上,以礼导民,浯(金门)

---

① 乾隆《泉州府志》卷二〇,《风俗》。
② 朱熹:《大同集·答陆子寿》。
③ 朱熹:《大同集·柯国材讲礼记》。
④ 民国《同安县志》卷二二,《礼俗》。

既被化，因立书院于燕南山，后曰燕南书院。自后家弦户诵，优游正义，涵泳圣经，则风俗一巨变也。"①足见朱熹的"教化"工作是不遗余力的。民国《同安县志》称同安为"正简（苏颂）流风，紫阳过化，海滨邹鲁，文教昌明"之邦。就连安溪这个偏僻的小县，由于"朱子过化"，素有"重礼教、崇信义、守勤俭，勇进取"的淳朴民风，一切民间节规、礼仪多循泉俗。宋《本志》载："安溪、泉支邑也。土沃人醇，俗尚朴野。"《泉州府志》亦云："有教化而后有人心，有人心而后有风俗。泉自唐以来，席相、常衮倡导于前，蔡襄、王十朋诸贤激扬于后，重以紫阳（朱熹）过化之区，薪传不绝，乡先生遗泽，类足以陶淑后辈，海滨邹鲁之称有由也。"②泉郡这种古文明与朱熹的耕耘是分不开的。

绍熙六年（1190年）四月，朱熹以花甲之年知漳州。时漳州号称"佛国"，多有私创庵舍出家，又多是女道士充住持，以修道为名，男女杂居，尤伤风化。朱熹认为，人之大伦，夫妇居一，之纲之首，理不可废。应该男各有分，女各有归，有媒有娉，以相配偶。若尽信异端邪说，出家修道，则不出百年，便无人种。天地之间，莽为禽兽之区。今不婚之男无不盗人之妻，不嫁之女无不肆为淫行，犯者已多，风俗日败。③ 对此，朱熹发布《劝在道还俗榜》，严禁立私庵，朝岳拜佛，并劝谕所有女道士，当趁其年龄尚小，容貌未衰，令其还俗，各归本家，公行媒聘，从便婚嫁。朱熹针对漳州各邑民风凶狠，强者欺弱，壮者凌衰，内则不顾亲戚骨肉之恩，外则不恤闾里邻里之好，甚至咆哮聚众，持杖相殴。朱熹发布《揭示古灵先生劝谕文》，宣谕纲常伦理，劝人弃恶从善，依分守法。同时，朱熹根据漳州民间伤风败俗之事，发布《劝谕榜》，规定十条礼教风化之令，劝民人人遵行。朱熹还严革丧葬嫁娶陋俗，劝谕"子女婚嫁费用要随家丰俭"，办丧事要节俭，不得"齐僧供佛广设威仪"，"乡邻亲知来吊送，可协力资助"，但不得"责其备供饮食"。并劝谕"遭丧之家及时安葬，不得停丧在家及寺院"，如"有停寄棺枢灰凼，限一月安葬"，"如违依仗一百，官员不得注官，士民不得应举"。④ 漳州词讼浩繁，期间多有为一些小钱米田宅之事相争，以致互相诬赖，遂成仇人，尽失乡邻之欢。也有自称进士学生，宦族子弟，所诉乃不顾廉耻，甚至忘骨肉之恩，失上下之分。所讼或人数众多，或地里遥

① 道光《金门志》卷一五，《沧浯琐录》。
② 乾隆《泉州府志》卷二〇，《风俗》。
③ 朱熹：《朱文公文集》卷九八，《劝在道还俗》。
④ 光绪《龙溪县志》卷十，《风俗》。

远,或事不干己,而唆使告讦,以泄私愤;或无中生有,多诬罔不实之词。朱熹为制止这股词讼风,颁布《晓谕词讼教》,劝谕诉讼人当自深思,如所诉不实,或并无大利害,希望平心息气,两相商量,自行解决,不必经官,以复忠厚醇朴之俗,革顽嚣偷薄之风。对"其间官吏违法扰民,事理彰著者,遵依送狱据法。"此外,朱熹还上状请求褒录靖康中与陈东一起上书反对和议,后被秦桧迫害至死的漳州人高登,以为天下忠义之劝,激励郡人爱国爱乡之情。

朱熹的教化与厉治冲击了漳郡陋俗,受到后人称赞:"龙溪自晦翁过化以来,民知冠婚丧祭之礼;士习尧舜周孔之学……天下称之。"由于朱熹的"过化",漳郡逐渐由"俗未知礼"而成为"礼义之邦"。

总之,朱熹对闽南文化影响是多方面的。上面笔者仅就较为显著的四个方面作了一些叙述,还有诸如他对闽南刻书业的影响等,这里就不一一具论。

自我境界的提升

——朱熹敬畏伦理思想研究

◎ 李永杰

（中共福建省委党校哲学教研部副教授）

敬畏是一种心理状态，是收敛身心、提升自我境界，是使自己惺惺然的一种持守方式，这不仅仅是一种内在修养，也是社会秩序的重构，其外在发用是社会道德的提升，有助于社会秩序的建设。以程朱理学为代表的宋明理学试图以这种自我修养来引导世道人心，以重构礼崩乐坏的社会秩序。对敬畏伦理的强调是朱熹功夫论的重要方面，这里笔者试图以《朱子语类》卷十二"持守"为主要文本依据，阐述朱熹敬畏伦理思想。

一、何为敬畏伦理

但凡社会都有秩序，无秩序就没有社会。秩序的一个重要根源就是伦理道德，伦理道德之不同于法律之处在于，它不是靠外在的强制去维系，而是靠内在良知来支撑。与法律自外而内的约束机制相反，伦理道德的约束机制则是自内而外，从内在的自我良知推出遵守规则的意识，是人为自己立法。这种道德自律是法律的基础，如果没有对法律的信仰和敬畏，人们便不会有自觉遵守法律的意识，如果缺少这一点，即便法律再严密，人总是能够找出其漏洞的。而伦理道德的根源何在呢？古今中外的思想家们一直在追问这个问题，虽然观点各异，但有所敬畏是伦理道德的基础，这一点则是学者们的共识。马克斯·韦伯认为："禁忌的合理化最终导致一种规范体系，根据此一规范，某些行为永远被视为宗教性罪恶，必须接受制裁，违反者有时甚至被处死，免得由于个人的宗教性罪恶使邪恶的巫术危及整个团体。以此，即出现了一种伦理制度，而禁忌则为其最终保护。"①禁忌最终演变出规范，有所忌惮，人们的行为才会不敢过于放纵。这种消极的不敢放纵经过长时间的内化，可以逐渐演变为人们的自觉意识：如果放纵反而觉着心理不安，只有"规规矩矩"才觉着心里舒坦，这就成为社会的伦理道德状态了。敬畏是一种心理状态，"敬"是恭敬、尊敬、敬重、虔诚、笃信的意思，是一种由衷的、发自内心地对某种东西(或者是物品，或者是规则)的心理趋附，在所敬重的物品面前，自我显得如此之卑微。"畏"即畏惧、害怕的意思，敬和畏相近，敬中也包含着畏。敬畏说到底是对某种超越自我的东西的虔诚敬重。敬畏是伦理的基础，社会中的人应该有所敬畏。这种敬畏可能是宗教，可能是某种规范，也可能是风俗习惯，无所敬畏则道德衰落。陀斯妥耶夫斯基说过，没有信仰，人什么事都敢干。没有敬畏，人们也就缺乏道德意识。新教相信，上帝并不仅仅驻留在教堂，人们只有到教堂祈祷，上帝才能听到。相反，上帝常驻每个人的心灵深处，既然神常驻每个人的心灵深处，那么每个人的言、听、视、动都会被万能的上帝所发觉，不仅举动，而且即便你有个做恶的念头，上帝也能觉察。一旦你做恶了(包括作恶的念头)，上帝会秋后算账，等到死后，你的灵魂要接受审判，决定上天堂还是下地狱。在宗教畏心理的支配下，人们自然选择道德的行为。不单单是宗教，对风俗习惯等各种规范的敬畏也可以起到维系伦理规范的作用，比如我国民间俗语"头上三尺有神灵"，意即一个人的善恶，都会被神明看在眼里，人们要凭着天地良心说话，否则要遭天谴，天打五雷轰，这就是一种敬畏心理。可惜转型期的中国，资本逻辑肆虐于社会，拜金主义为祸日猖，在拜金主义的驱使下，很多人对那些该敬畏的东西失去了敬畏之心，或者说，敬畏心理和强烈的利益诱惑比起来似乎苍白乏力，虽然人们口头上还在说着"天地良心"、"举头三尺有神灵"等话，但是由衷地、发自内心的虔诚敬笃的敬畏之情没有了，所以社会道德问题层出不穷，诚心危机、道德滑坡、食品安全等等成为转型期我国的重大社会问题。

我们不一定有宗教信仰，但应该有敬畏之心。每个从业人员应该敬畏自己的职业，有职业神圣感，只有这样，这个人才会做好他的工作。比如，公务员应该敬畏法律，敬畏民意，敬畏权力的边界；教师应该敬畏自己"灵魂工程师"的职业；医生应该敬畏"救死扶伤"的职业精神，等等。敬畏之心生发工作

---

① ［德］马克斯·韦伯著，康乐、简惠美译：《宗教社会学》，桂林：广西师范大学出版社，2005年，第47~48页。

热情,生发对社会的激情,所以任何社会都应该有敬畏之心。

朱熹虽然没有直接论述过敬畏伦理,但是他的众多论述都是在讲敬畏,而且朱熹所集大成的程朱理学也是为了解决世道人心的问题,重构伦理秩序,所以朱熹的学说中有着深刻的敬畏伦理思想。

二、朱熹对敬的诠释

朱熹的敬畏伦理集中体现在朱熹对敬的诠释上,敬虽然是由二程(尤其程颐)所"拈"出的,但这个字却得到了程朱理学家们的一致重视,尤其是朱熹。朱熹在很多场合下论述过敬,我们这里将其敬的思想归纳为如下几点。

第一,敬,降伏人心也。敬是一种心理状态,所以最要紧的是要降伏得住人心。朱熹说:"人只有个心,若不降伏得,做甚么人。"人之所以为人而区别于其他动物,关键是人有人心,人心支配着人行善事,但人也是动物,人之超越动物之处就在于人心能超越动物的本能,能够用仁义礼智来规范自我,人也能堕落,也有诸多本能的欲望,关键要降伏得住人心,使人向善。"圣人千言万语,只要人不失其本心";"古人言志帅、心君,须心有主张,始得。"①人要成其为人,就要管教主自己的心。《论语·为政》有言:"吾十有五而志于学,三十而立,四十而不惑,五十而知天命,六十而耳顺,七十而从心所欲,不逾矩。"圣人可以随心所欲而不逾矩,这是长时间修炼的结果,连圣人都有一个志于学、而立、不惑、知天命、耳顺、随心所欲不逾矩的过程,普通人就更是需要做长时间的修养功夫了,只有修养达到一定程度后,才能将行善作为自然而然的行为。这需要长时间地做修养身心的功夫,"人精神飞扬,心不在壳子里,便害事";"未有心不定而能进学者。人心万事之主,走东走西,如何了得"②。所以要约束人心,降伏人心。

第二,敬、专一也。朱熹晚年高弟陈淳在《北溪字义》中对"敬"的注解有这样的归纳,"所谓敬者无他,只是此心常存在这里,不走作,不散慢,常惺惺地惺惺,便是敬"。保持收敛身心,注意力集中专一于一件事情上,"主一只是心主这个事,更不把别个事来参插。若做一件事,又插第二件事,又参第三件

---

① 黎靖德编:《朱子语类》第一册,北京:中华书局,1986年,第197页。
② 黎靖德编:《朱子语类》第一册,北京:中华书局,1986年,第197页。

事,便不是主一,便是不敬"。专一于一件事,就是敬,"敬者,一心之主宰,万事之根本"①;"虽无人境界,此心常严肃,如对大宾然,此便是主一无敌意。又如人入神祠中,此心全归向那神明上,绝不敢生些他念,专专一一,便自不二不三,就此时体认,亦见得主一无敌意分晓。"②陈淳还指出,敬字与诚字不相关,但却与恭字相关,恭是从容貌上来说的,敬则是从心上来说的。"敬,功夫细密;恭,气象阔大。敬,意思卑曲;恭,体貌尊严。"③陈淳对敬的诠释可谓尽得乃师真传。朱熹也有诸多关于专一的阐发,"敬,莫把做一件事看,只是收拾自家精神,专在此。今看来诸公所以不进,缘是但知说道格物,却于自家根骨上煞欠缺,精神意思都恁地不专一,所以功夫都恁地不精锐。未说道有甚底事分自家志虑,只是观山玩水,也煞引出了心,那得似教他常在里面好!如世上一等闲物事,一切都绝意,虽似不近人情,要之,如此方好"④。做持敬功夫的大敌就是缺乏定力,心驰骛于外物,受外在影响巨大,时而悲,时而喜,心为物欲所隔塞,放纵、浮躁的心难以被约束。人心昏昏,则不明,不明就难以提升自我德性,自我应有的慧根也难以充分发挥施展。在朱熹看来,不仅要能够保持敬的内在状态,还要坚持这种状态,使得自己长久地保持这种不放纵的状态。"人心常炯炯在此,则四体不待羁束,而自入规矩。只为人心有散缓时,故立许多规矩来维持之。但常常提警,教身入规矩内,则此心不放逸,而炯然在矣。心既常惺惺,又以规矩绳检之,此内外交相养之道也。"⑤为了保持这种惺惺然的心理状态,需要经常做这种持守功夫。

第三,敬,惺惺也。《宋元学案》中有关于"惺惺"状态的解释,"'惺惺'乃心不昏昧之谓,只此便是敬。心若昏昧,烛理不明,虽强把捉,岂得为敬"。⑥朱熹论敬的地方很多,但敬却并非他的最终目的,毋宁说,敬只是达到目的的一种手段,最终目的是境界的提溦,德性的超拔,"敬,德之聚也"。这也是儒家"内圣外王"之道在宋明理学的体现,敬强调内修,但内修之目的是开出外王,提升社会理论道德的水准。

第四,敬,收敛身心也。收敛身心,常使自我保持警醒和觉解,这是敬畏

---

① 陈淳:《北溪字义》,北京:中华书局,1983 年,第 35 页。
② 陈淳:《北溪字义》,北京:中华书局,1983 年,第 36 页。
③ 陈淳:《北溪字义》,北京:中华书局,1983 年,第 37 页。
④ 黎靖德编:《朱子语类》第一册,北京:中华书局,1986 年,第 215～216 页。
⑤ 黎靖德编:《朱子语类》第一册,北京:中华书局,1986 年,第 200 页。
⑥ 黄宗羲:《宋元学案》第二册,北京:中华书局,1996 年,第 1548 页。

伦理的内在要义之一。朱熹说:"人常须收敛个身心,使精神常在这里。似担百斤担相似,须硬着筋骨担。"要经常保持如担重担一样,保持自我内心的高度警觉。"学者须常收敛,不可恁地放荡","才高,须着实用工,少见许多才都为我使,都济事。若不细心用工收敛,则其才愈高,而其为害愈大";"学者为学,未问真知与力行,且要收拾此心,令有个顿放处。"①

第五,敬体现在应事接物上。朱熹说:"平日涵养之功,临事持守之力。涵养、持守之久,则临事愈益精明";"存心不在纸上写底,且体认自家心是何物。"②持敬不是纯粹的理论推演,它更多的道德实践,它更多地体现在日常的应事接物上,在日常生活中理论自我道德意志。

三、朱熹由敬而开出的敬畏伦理

伦理规范存在的目的之一就是约束人心,鼓励善行,鞭笞恶行,要人们有所为,有所不为,尤其是对恶行的鞭笞和约束,构成了伦理规范所要调整的重要对象。敬畏伦理是对神圣性规范的觉解,进而约束自己身心的伦理规范,它是人类"自我立法"(康德语)的重要方面。朱熹敬的思想关涉到了敬畏伦理的核心问题。

第一,敬畏的对象令人肃然起敬,且产生畏惧感。在朱熹那里,敬的存养功夫,不管是默坐澄心,还是切己体察,目的都是为了体证天理。杨时、罗从彦、李侗这一"道南学脉"更加注重默坐澄心,体验"未发"之处,"未发"是什么呢?就是性,性即理也。宋明儒家所孜孜以求的就是体认天理,天理是一种纯粹的理,是一种客观精神。天理具有必然性,神圣性,在浩渺的天理面前,人类显得无比的渺小,在天理面前,人类所能够做到的事情就只有顺从,按天理来行使。"存天理,灭人欲"就是人在天理面前应有的态度。对神圣的崇敬乃是人自我提澌的重要方面,正因为人类无法改变这种东西,人们才不得不畏惧,畏惧而产生神圣感,进而不敢违抗。学者郭淑新说:"敬畏伦理就其本质而言,是人类对自身终有一死之命运的反思,亦是人类解决自身生存焦虑的一种文化方式,更是人类面对各种困境而产生的生存智慧。如果没有人的'向死而在'性,没有人因'恐惧'、'敬畏'而产生的自我意识,人类就不会去敬

---

① 黎靖德编:《朱子语类》第一册,北京:中华书局,1986年,第201页。
② 黎靖德编:《朱子语类》第一册,北京:中华书局,1986年,第204页。

畏生命,去追问生命的价值和意义;也不会去构建'敬畏伦理'这种有利于人类自身发展的文化形式。"这是敬畏伦理,朱熹所为的敬畏天理也类似这个敬畏。生命之于人既神秘,而又有必然性,任何人都无法和生命的自然规律相抵抗,这令人敬畏,天理也是这样,人无法回避,但又难以认识,需要人们花费巨大的时间和精力去体认和证悟,这必然令人敬畏。

第二,敬的存养是敬畏伦理实践的基本方式。一种伦理规范之所以能够发挥作用关键在于人们实践它、落实它,而要做到这一点,历练坚定的道德意志是关键因素,所以经常性的教育实践是非常必要的。在朱熹的存养思想中,人们要经常性地做默坐澄心,切己体察的持存功夫,人不可一时放纵自我,要时时刻刻警惕自我内心,要降伏自己的内心,要收敛身心。人心有很多欲望,一些符合社会伦理规范的当然可以满足,而不符合伦理道德规范的就不应该满足,但这些非理性的欲望总是会蠢蠢欲动、跃跃欲试,一个有道德的人要能够降服得住这些欲望,就需要有坚定的道德意志,而经常性的持守历练是保持道德意识自觉的重要方面。朱熹在涉及敬的很多方面,都是要人反复做这些存养功夫,而不是一次性达到道德自觉就行了,要反复存养,反复警醒自我。实际上敬畏伦理境界的提渐是没有终点的,只要人们经常性地做修养持存功夫,其境界会在提高的基础上再提高,百尺竿头,更进一步,没有终点。从这个意义上说,朱熹强调存养功夫要反复做,要经常性地默坐澄心、虚心涵泳,提升自我境界,保持内心的警觉,消除昏昧。

第三,持敬的目的是人格的提升。朱熹虽然强调默坐澄心,体认天理,但成熟时期的他坚决反对佛教的禅定,他不是叫人坐禅,他叫人做这些持守功夫的目的是为了培育具有儒家品格的人,培育具有挺拔人格的人才是最终目的。敬畏伦理虽有畏,但它并不试图让人们生活在恐惧之中,而是力图让人们由畏而生发出神圣感、崇敬感,在神圣感和崇敬感的涵养下,形成挺拔的人格,儒家所谓的"三军可夺帅也,匹夫不可夺志也"、"士可杀不可辱"等志气是儒家伦理的重要体现。但原始儒学的勃兴在东汉末年逐渐开始衰弱,道教和外来的佛教开始发展壮大,尤其到了唐朝,中国大有变为佛教国家的趋势,按照梁启超先生的说法,当时一等的人物都沁润于佛家,道教和佛教都有出世情怀,难以担当中华文化主干的重任,所以有唐以降,逮至宋初,这一段时期内,人格挺拔的人较少,相反朝三暮四,缺乏人格的人却比比皆是,这是中华主干文化不昌的结果。礼崩乐坏的现实要求重振中华主干文化,宋明理学就是这一任务的落实者。宋明理学的一个重要特征就是注重内在境界的提渐,它们这样做的目的就是重构儒家的内圣文化,用内圣来支撑人的内在人格,应该说,宋明理学是成功的,有宋以降,众多人格挺拔的例子流芳百世。而朱熹就是宋明理学的集大成者,他对敬的重视,培育出了人的伦理人格。

《论语集注》的"集注"体例及其意义

◎ 周元侠

（福建省社会科学院哲学所助理研究员）

从注释体例看,《论语集注》与义疏体《论语》注的不同在于摆脱了经、注、疏三层结构,直接注释经文,避免了义疏体的繁琐。从朱熹一生注释《论语》的过程来看,先著《论语集解》,再著《要义》、《口义》、《精义》、《集义》,最后成《论语集注》。其中《要义》、《精义》、《集义》都是大量采用宋儒,特别是理学家对《论语》的解说,基本不掺杂个人意见。只有《论语训蒙口义》例外,不仅参考宋以前的训诂、音读,而且加入朱熹的个人见解,所谓"本之注疏,以通其训诂;参之《释文》,以正其音读。然后会之于诸老先生之说,以发其精微。一句之义,系之本句之下;一章之指,列之本章之左。又以平生所闻于师友而得于心思者,间附见一二条焉。"①《论语集注》继承了《口义》的编写体例,既吸收了宋以前的训诂、音读,又博采宋人的义理解说,同时加入大量个人按语。由于朱熹经过长期注释《论语》的资料积累,《论语集注》所引用的注释较《口义》和《精义》的总和还要多。据统计,《论语集注》征引注释共有三十五家,比《论孟精义》多出数倍,而且《精义》(或《集义》)中所收十余家之说多未被编入《集注》,即便二程语也被删去不少。如果说《论语要义》、《精义》等主要表达了朱熹对《论语》的理学认识,那么《论语集注》作为朱熹在《论语》上的最终著述,则反映出朱熹对其基本定位是"经注",而不是独立于《论语》之外的理学著作,因而广泛引用汉魏古注,大量删去《精义》中的理学家解说,而且朱熹在《论语集注》中的按语也不同于一般理学家在《论语解》、《论语说》中的理学议

---

① 《论语训蒙口义序》,《文集》卷七十五。

论，主要是对经文本身以及所引注释进行补充说明。

就《四书》篇幅而言，《孟子》的字数最多，但就《四书章句集注》的引用人数和总数来说，朱熹所集之注最多的不是《孟子集注》，而是《论语集注》。《大学章句》、《中庸章句》作为"章句"，主要是朱熹自己的注释，引用前人注释较少。《论语》、《孟子》作为"集注"，主要是集合诸家之注，引注超出朱熹自己的注释。尽管《孟子》的篇幅是《论语》的三倍，但是《孟子集注》所引的人数和总数却没有超过《论语集注》。据陈铁凡统计，《孟子集注》共引三十四家三百一十九处，《论语集注》引用共计三十五家五百七十四处。[①] 具体地说，三十五家分别是何晏、二程子、谢良佐、尹焞、杨时、胡寅、洪兴祖、游酢、吴棫、张敬夫、范祖禹、马融、李侗、周孚先、吕大临、陆元朗、服虔、皇侃、李郁、赵伯循、黄祖舜、苏轼、孔安国、张载、侯仲良、刘聘君、刘安世、晁说之、刘敞、邢昺、王安石、曾几、扬雄、靳裁之。其中服虔和皇侃注是指《八佾篇》中的两处"或曰"，经金履祥考证为服虔和皇侃注。三十五家注囊括了汉、魏、唐、宋等各朝代各学派的注释，"论语集注"的称谓实至名归。

《论语集注》对所引注家的称谓存在一定规律，对理学前辈称"子"，如程子指二程、张子指张载。对程门弟子多称某氏，如谢氏、尹氏、杨氏、吕氏、游氏、侯氏、周氏等。对宋代非理学人士也多称某氏，如范氏、苏氏、王氏、邢氏、吴氏、洪氏等。对同辈注家则称其姓名或字，如张敬夫。除"子"、"氏"之称，又有称官职的，如"刘侍读"、"刘聘君"等，又有称谥号的，如"刘忠定公"。引用宋以前的注家多称某氏，如马氏、何氏、陆氏等，但也有称其姓名或字的，如赵伯循、扬雄等。由于《四书章句集注》成书时间较长，流传版本各异，导致上述规律不能严格遵守，比如一人可能存在数种称谓，如李侗在《论语集注》中称为"师"，在《孟子集注》中称"李氏"。这就导致"某氏"指代不明确，如"李氏"到底指李侗，还是指李郁；"胡氏"到底指胡寅，还是指胡安国；"张氏"是张载，还是张栻，抑或第三人，等等。这在一定程度上表明朱熹虽在内容上对

---

① 陈铁凡：《〈四书章句集注〉考源》，《论孟论文集》，台北：黎明文化事业股份有限公司，1981年，第39～67页。陈铁凡的统计略有偏差，在第39页统计《论语集注》所引注家为三十五家，在第61～63页的表格里却在三十五家之外增加了郑玄2条，遍检《论语集注》并无郑注。笔者依中华书局1983年出版的《论语集注》重新统计，结果为：陈铁凡统计杨氏为49条，实际为50条。胡氏为38条，实际为42条。陆氏引3条，实际为4条。晁氏为5条，应为6条。洪氏7处，实为8处。苏氏为13条，实为12条。马氏为8条，实为7条。所以引用注释的总条数应为578条。

《四书章句集注》极尽完善,但他在生前可能未对注释体例,特别是所引注家的称谓予以统一,当然也可能由于《四书章句集注》在朱熹反复修改的过程中不断遭到印书者的盗印,进而以讹传讹造成的。下面就分析三十五家注的主要内容和特点。

一、宋以前的八家古注

《论语集注》中的三十五家根据所属朝代及其学派归属,可分为三大阵营:第一阵营是宋代之前的经学家,这些注释在当时具有普及性,所以朱熹在《论语集注》中常常不明确标注姓名,而是直接将古注略作修改或简化,放在经文之下。缘于此,《论语集注》明确引用的古注所占比例较少,共有21处,但这些注释遍布各个朝代,汉有孔安国、马融、服虔、扬雄,魏有何晏,南朝梁有皇侃,唐有陆德明和赵伯循。

从注释内容看,朱熹对古注的引用主要集中在字词训诂、名物制度以及句意说明等方面。如引马融注以说明词意、句意:马氏曰:"所因,谓三纲五常。所损益,谓文质三统。"(《为政》)又马氏曰:"文王既没,故孔子自谓后死者。言天若欲丧此文,则必不使我得与于此文;今我既得与于此文,则是天未欲丧此文也。天既未欲丧此文,则匡人其奈我何?言必不能违天害己也。"(《子罕》)引何晏注用来解释字义、句意,如,何氏曰:"滥,溢也。言君子固有穷时,不若小人穷则放溢为非。"(《卫灵公》)又何氏曰:"患得之,谓患不能得之。"(《阳货》)《集注》引陆德明注多用于说明《论语》异文,如在"十世可知也"下,朱熹引陆氏曰:"也,一作乎。"(《为政》)在"瓜祭"下,又引陆氏《鲁论》瓜作必"(《乡党》)等。在"禘自既灌而往者,吾不欲观之矣"下引赵伯循曰:"禘,王者之大祭也。王者既立始祖之庙,又推始祖所自出之帝,祀之于始祖之庙,而以始祖配之也。成王以周公有大勋劳,赐鲁重祭。故得禘于周公之庙,以文王为所出之帝,而周公配之,然非礼矣。"(《八佾》)这既是对"禘"字的训诂,也是对禘礼的考据。古注中亦有少数说理的注解被朱熹采纳,如扬雄曰:"观乎圣人则见贤人。是以孟子语夷、惠,亦必以孔子断之。"(《微子》)《集注》中还有一处引用杨时批评扬雄的说理,曰:"扬雄谓孔子于阳货也,敬所不敬,为诎身以信道。非知孔子者。盖道外无身,身外无道。身诎矣而可以信道,吾未之信也。"(《阳货》)总起来说,朱熹明确引用的古注偏重于字词训诂、制度考证等方面,这与所引宋注有明显区别。

二、宋代九家非理学人士之注

第二阵营是宋代非理学人士。两宋时期学派林立，人才辈出，关于《论语》的解说不计其数，朱熹在《论语集注》中大量引用了理学之外的《论语》注释。按照引用数量多少，依次是范祖禹54条，苏轼12条，吴棫12条，洪兴祖8条，晁说之6条，王安石、刘安世、刘敞、邢昺各1条，共计9人96条，较第一阵营多出数倍。从所属学派来看，范祖禹、刘安世均为司马光弟子，晁说之因仰慕司马光之为人，自号景迂，吴棫与晁说之的学术倾向相似，故《景迂学案》将之列为"景迂同调"。这四位均与司马光的朔学有直接或间接的学术渊源。苏轼是蜀学的领军。王安石是新学的领袖。刘敞是欧阳修的弟子，所著《七经小传》引领了宋初疑经思潮。邢昺是宋代经学家的代表，奉命撰写《论语正义》。在这一阵营中，范祖禹显得异常突出，《集注》引用范氏说超过谢良佐、杨时，由此可见，朱熹在选择注释上具有兼收并蓄，广搜博采，摒除门户之见的胸怀。

从注释内容上看，朱熹所引宋代非理学家的注兼具字词训诂和义理引申的特点。宋儒不仅普遍以说理见长，而且因其怀疑精神而在《论语》的字词、版本校勘等方面屡有创见。朱熹所引邢昺、王安石、刘敞、刘安世、吴棫、洪兴祖等人的注释多集中于《论语》文本的字形、字义、词意、句读、分章、句意等方面。如对"加我数年，五十以学易"句，朱熹引用刘安世语指出"五十"是字形错误，朱熹曰："刘聘君见元城刘忠定公自言尝读他论，'加'作假，'五十'作卒。盖'加'、'假'声相近而误读，'卒'与'五十'字相似而误分也。"（《述而》）朱熹引用吴棫注主要用于注释或勘误《论语》文本，如吴氏曰："亡，古无字，通用。"（《八佾》）在"恭而无礼则劳"章，引吴氏曰："君子以下，当自为一章，乃曾子之言也。"（《泰伯》）在"柴也愚"章，引吴氏曰："此章之首，脱'子曰'二字。"（《先进》）类似的例子还有"闵子侍侧"章，朱熹引洪氏曰："《汉书》引此句，上有'曰'字。"（《先进》）在《季氏十六》篇名之下，引洪氏曰："此篇或以为齐论。"（《季氏》）以上都着眼于《论语》文本的异文、分章、版本等方面，反映了宋儒解经不仅偏重于义理解说，而且兼有校勘文字、版本等传统经学工夫。

朱熹所引宋注也不乏对经文字词、句意的解释性说明，如在"予有乱臣十人"下，朱熹引刘敞语解释"十人"，曰："刘侍读以为子无臣母之义，盖邑姜也。九人治外，邑姜治内。"（《泰伯》）在"仍旧贯，如之何？何必改作"下，朱熹引王安石注曰："改作,劳民伤财。在于得已,则不如仍旧贯之善。"(《先进》)这都是对文本的解释性说明。在"山梁雌雉"章,朱熹将邢昺疏进一步简化,曰:"梁,桥也。时哉,言雉之饮啄得其时。子路不达,以为时物而共具之。孔子不食,三嗅其气而起。"(《乡党》)在解释"梁"、"时哉"以及句意之后,朱熹接着又引用了晁说之和刘勉之的注释,对"嗅"字予以注释,晁氏曰:"石经'嗅'作戛,谓雉鸣也。"刘聘君曰:"嗅,当作臭,古阒反。张两翅也。见《尔雅》。"最后又加"愚按",表达对所引三家说的看法,曰:"如后两说,则共字当为拱执之义。然此必有阙文,不可强为之说。姑记所闻,以俟知者。"(《乡党》)

宋代非理学人士在注释《论语》时,除注释字词、句子外,常常依据已知史料进行推理,以便于深入解释经文或历史事件。如在"子钓而不纲"章,朱熹引洪兴祖语曰:"孔子少贫贱,为养与祭,或不得已而钓弋,如猎较是也。然尽物取之,出其不意,亦不为也。此可见仁人之本心矣。待物如此,待人可知;小者如此,大者可知。"(《述而》)洪氏并不局限于解释字面意思,而是对经文本意的引申和发挥。在"季氏将伐颛臾"章,洪氏曰:"二子仕于季氏,凡季氏所欲为,必以告于夫子。则因夫子之言而救止者,宜亦多矣。伐颛臾之事,不见于经传,其以夫子之言而止也与?"(《季氏》)这里洪氏是根据常理进行大胆推测。在"孔文子何以谓之文也"章,朱熹引苏氏曰:"孔文子使太叔疾出其妻而妻之。疾通于初妻之娣,文子怒,将攻之。访于仲尼,仲尼不对,命驾而行。疾奔宋,文子使疾弟遗室孔姞。其为人如此而谥曰文,此子贡之所以疑而问也。孔子不没其善,言能如此,亦足以为文矣,非经天纬地之文也。"(《公冶长》)这里是依据已知史实解释子贡存在疑问的原因,而不限于解释文本的字面意思。

宋儒普遍关注人性、气质等话题,《集注》所引宋代非理学家的注释也体现了这一时代特点。如在"狂而不直"章,朱熹引苏氏曰:"天之生物,气质不齐。其中材以下,有是德则有是病。有是病必有是德,故马之蹄啮者必善走,其不善者必驯。有是病而无是德,则天下之弃才也。"(《泰伯》)苏轼运用气质解释《论语》,非常具有时代新意,即使朱熹对气质的看法与苏轼有别,但就注释"狂而不直"章来说,朱熹还是引用了苏轼的气质之说,这反映出《集注》在引用他注时更多考虑的是符合经文本意,而非学术倾向。宋儒普遍喜欢点评《论语》中的人物,其中不乏褒贬孔门弟子之处,如在"贤贤易色"章,朱熹引吴氏曰:"子夏之言,其意善矣。然辞气之间,抑扬太过,其流之弊,将或至于废学。必若上章夫子之言,然后为无弊也。"(《学而》)在"大德不逾闲"章,引吴氏曰："此章之言，不能无弊。学者详之。"（《子张》）此等评论在清儒眼里视为朱熹贬抑圣人的明证，然而《集注》所引吴说都是在圈外，属于引申义，主要为了启发读者深思。况且在《集注》之外，朱熹对吴氏《论语》解说特点一直有清醒的认识，他说："建安吴才老作《论语十说》……其功浅，其害亦浅。又为《论语考异》，其功渐深，而有深害矣。至为《语解》，即以己意测度圣人，谓圣人为多诈轻薄人矣！"[①]

在第二阵营当中，最为瞩目的当属范祖禹，他的注释遍布《尧曰》以外的各篇。范说普遍侧重于义理阐发，表达个人意见。如范氏曰："凡礼之体主于敬，而其用则以和为贵。敬者，礼之所以立也；和者，乐之所由生也。若有子可谓达礼乐之本矣。"（《学而》）又如范氏曰："是曰是、非曰非、有谓有、无谓无，曰直。圣人观人于其一介之取予，而千驷万钟从可知焉。故以微事断之，所以教人不可不谨也。"（《公冶长》）再如范氏曰："听讼者，治其末，塞其流也。正其本，清其源，则无讼矣。"（《颜渊》）由此三例可知范祖禹注经偏重于对经文的深入引申，这种深入说理的方式有利有弊，朱熹评价说："范氏一个宽大气象，然说得走作，便不可晓。"[②]

三、宋代十八位理学家之注

《论语集注》所引注家的第三大阵营当属宋代理学家，其中又以二程说为最，共205处，其次便是程门弟子，尹焞66条，杨时50条，谢良佐47条，共163条，二程及其弟子之和占到引注总数的百分之六十以上。游酢、周孚先作为程门弟子，引用较少。吕大临初从学张载，在张载去世后又从学二程，思想融合关学和洛学的特点。张载是关学的创始者，也是二程的讲论好友，他的《西铭》与周敦颐的《太极图说》是朱熹理学体系的重要理论来源。侯仲良初从程颐学，再向周敦颐问学，后游荆门，深得胡安国重视，著有《论语说》、《侯子雅言》等。朱熹在隆兴二年与张栻会面时曾借到侯仲良的《论语说》，成为撰写《论语精义》的材料之一。李郁是杨时的弟子，又是杨时的女婿。李侗是杨时的再传弟子，又是朱熹的老师，全祖望说："朱子师有四，而其所推以为得

《朱子语类》卷十九。
② 《朱子语类》卷十九。

统者,称延平。"①刘聘君即刘勉之,私淑程学,曾向谯定学习易学,又请业于刘安世、杨时。朱松去世后,朱熹受学于刘勉之、刘子翚、胡宪。刘勉之对青年朱熹影响很大,所谓"文公之得道,自先生始"②,《集注》共引胡寅注42条,位列第五。胡寅是胡安国之兄之子,既是湖湘学派的传人,也是杨时的弟子。胡寅著有《论语详说》,也是朱熹注释《论语》的参考资料。曾几从刘安世谈经论事,又从胡安国游。靳裁之少闻伊洛程氏之学,胡安国以师事之。黄祖舜从叶廷珪游,著《论语讲义》,叶廷珪在《武夷学案》中列入武夷讲友,也是湖湘学的同道中人。总起来看,这十八家与二程有直接或间接的关系,都属于理学阵营,所以这些引注的内容普遍以义理解说为主,与朱熹自注共同构成《论语集注》中最具时代特色的注解。

十八位理学家虽同属于理学阵营,但注释风格各异。由于朱熹与他们都有直接或间接的学术渊源,所以能够对他们的注释风格做出客观评价。他评价二程解经曰:"明道说道理,一看便好,愈看而愈好。伊川犹不无难明处,然愈看亦愈好。"③尽管如此,朱熹也不讳言二程解经的不足:"程先生《经解》,理在解语内。某集注《论语》,只是发明其辞,使人玩味经文,理皆在经文内。"④朱熹说出了程朱解经存在的差异,"理在解语内,是解者自说己理,乃解者之自有发明。此可谓之是理学。理在经文内,此非解者自持己理,特玩味经文而有得,为之发明其辞,理皆经文之理,非解者自持之理,此可谓之是经学。……故朱子之《论孟集注》,实乃朱子当时从程门理学转入《语》《孟》经学一大转手也"⑤。因此,《论语集注》虽然大量引用二程注,但在编排次序上往往放在引申文义的圈下位置。

试举一例说明程朱解《论语》的不同:在《雍也篇》"居敬而行简"章,《集注》曰:"言自处以敬,则中有主而自治严,如是而行简以临民,则事不烦而民不扰,所以为可。若先自处以简,则中无主而自治疏矣,而所行又简,岂不失之太简,而无法度之可守乎?"最后朱熹在圈外引程子曰"子桑伯子之简,虽可取而未尽善,故夫子云可也。仲弓因言内主于敬而简,则为要直;内存乎简而简,则为疏略,可谓得其旨矣。"又曰:"居敬则心中无物,故所行自简;居简则

---

① 《宋元学案》卷三九。
② 《宋元学案》卷四三。
③ 《朱子语类》卷十九。
④ 《朱子语类》卷十九。
⑤ 钱穆:《朱子新学案》,成都:巴蜀书社,1986年,第1366页。

先有心于简，而多一简字矣，故曰太简。"对于此注，有人提出疑问：

> 问："注言'自处以敬，则中有所主而自治严。'程子曰：'居敬则心中无物，故所行自简。'二说不相碍否？"先生问："如何？"曰："看《集注》是就本文说，伊川就居简处发意。"曰："伊川说有未尽。"①

面对程朱注"居敬而行简"章的差异，朱熹直言"伊川说有未尽处"，所谓"未尽"有两方面含义：一是指其未尽《论语》本文原意，即《朱子语类》载：

> 问："伊川说：'居敬则心中无物而自简。'意觉不同。"曰："是有些子差，但此说自不相害。若果能居敬，则理明心定，自是简。这说如一个物相似，内外都贯通。行简是外面说。居敬自简，又就里面说。看这般所在，固要知得与本文少异，又要知得与本文全不相妨。"②

> 居敬行简，是有本领底简；居简行简，是无本领底简。程子曰："居敬则所行自简"，此是程子之意，非仲弓本意也。③

朱熹认为，程子注不能完全符合《论语》文本本意，也没有说出仲弓的本意，而是表达了自己的看法，这便是所谓"程先生《经解》，理在解语内。某集注《论语》……理皆在经文内"的显著例子。然而，朱熹认为，对待程子注的正确态度是"固要知得与本文少异，又要知得与本文全不相妨。"这代表了朱熹对所有圈外注的基本态度，在他看来，理学家对本文的引申和发明义自有其价值，所谓"虽非经意，然其说自好，便只行得。大凡人看解经，虽一时有与经意稍远，然其说底自是一说，自有用处，不可废"④。

"伊川说有未尽处"的另一层含义是指程子说本身存在片面性。据《朱子语类》载，叔器问："《集注》何不全用程说？"曰："程子只说得一边，只是说得敬中有个简底意思，也是如此。但亦有敬而不简者，某所以不敢全依他说。……圣人所以说'居敬行简'，二者须是两尽。"⑤考《论语或问》卷六中云："程子之说得之矣。"又曰："程子之言，盖已曲尽其旨，熟考而深思之可也。"可知《论语集注》最初全录程子说，后来由于认识到程子注存在的问题，于是做了删节。朱熹在挑选他家注释时所持的严谨态度由此可见一斑。对待二程说

---

① 《朱子语类》卷三十。
② 《朱子语类》卷三十。
③ 《朱子语类》卷三十。
④ 《朱子语类》卷七十六。
⑤ 《朱子语类》卷三十。

尚且如此，更遑论乎他人。

在程门弟子当中，朱熹高度评价尹焞的注释，认为与二程一样平实，他说："《论语》中，程先生及和靖说，只于本文添一两字，甚平淡，然意味深长，须当子细看。要见得它意味，方好。"①又说："尹氏语言最实，亦多是处。"②与此相反，谢良佐注的语言则很华丽，虽有感染力，却有过高之嫌。朱熹说："胡侍郎尝教人看谢氏《论语》，以其文字上多有发越处。"③又说："上蔡过高，多说人行不得底说话"；"谢氏之说多华掞"；"上蔡《论语解》，言语极多。看得透时，它只有一两字是紧要。"④

客观而言，朱熹对注家的评价都是从注释本身出发，杜绝掺杂学术偏见，因此他批评张栻说："南轩只说五峰说底是，致堂说底皆不是，安可如此！致堂多有说得好处，或有文定五峰说不到处。"⑤又说："向见张钦夫殊不取其说（胡寅说），某以为不然。他虽有未至处，若是说得是者，岂可废！"⑥由于杜绝门户偏见，朱熹在《论语集注》中引用胡寅注高达 42 条。更为可贵的是，即便是《集注》只引用一处的注释，朱熹对其作者和著述也不仅限于简单了解，比如曾几注虽在《论语集注》中只出现一次，朱熹却对曾几及其《论语解》有着独到的见解，他说："其中极有好处，亦有先儒道不到处。某不及识之，想是一精确人，故解书言多简。"⑦

仅从引用人数和数量上来说，《论语集注》中所引注释以理学家为主，这就决定了《论语集注》的内容必然带有理学的时代特色。必须注意的是，朱熹在引用宋注时，很多义理解说被放在圈外，作为本文的引申义对待，而不是本文本意。再者，与其他理学家的《论语说》、《论语解》相比，朱熹的《论语集注》大量引用了汉魏古注，体现出兼顾训诂、音读等传统经学的特点。要之，无论是古注和宋注，由于所有的引注都经过了朱熹的反复揣摩、精心编排，这些注释本文脱离了原注释者的著述，转而为朱熹解释《论语》服务。这些引注与朱熹自注、按语一起解释《论语》本文，同时又与《论语》本文一起构成一个有机

---

① 《朱子语类》卷十九。
② 《朱子语类》卷十九。
③ 《朱子语类》卷十九。
④ 《朱子语类》卷十九。
⑤ 《朱子语类》卷二十。
⑥ 《朱子语类》卷十九。
⑦ 《朱子语类》卷十九。

整体。从"集注"这一注释体例上看，朱熹把《论语集注》定位为经注，是服务于《论语》本文的注释之作，而从朱熹所引三十五家注释的学派、内容以及编排次序来看，《论语集注》自觉地融合了传统经学和宋代理学的长处，丰富和加深了《论语》本意，因而能够超越所引三十五家注，成为后世注释《论语》的超越时代的经典。

乡约:退溪先生之理想世界

◎ 郑震英

（韩国安东大学史学科教授）

一、朝鲜朝儒学者的理想社会

　　朝鲜朝儒学者希望在现实社会中实践自己学到的东西。这种实践从日常生活当中的细小事情到王道政治,可谓丰富多样。这种实践则以"儒教理想世界的建设"这么一句话来予以概括。当然,其具体洋相就是重现中国三代王道社会,但适用于此的方法可谓多种多样。

　　对主导和参与朝鲜朝建国的政治势力而言,当务之急的事情就是新王朝的制度构建和文化遗产的保护。故此他们更为关注的是有助于现实政治的词章学和社会经济各个方面,而性理学的义礼和名分则被置于其后。从他们的立场上来看,理想社会应该是臣权能够适当牵制住王权的社会。为此,比起强有力的王权,更为合理的制度结构就是六曹等行政部署负责政治和行政运行的宰相负责制,但是这种宰相为主的政治体制随着郑道传的倒台付之东流。相反,勋旧派势力和戚臣势力在持续不断的政变中掌控实际权力,他们安于现状的同时,勾结王权,独断专行。对早已丧失理想的他们而言,最感兴趣的则是如何满足自身经济上的贪恋和私欲。

　　而未曾参与朝鲜朝建国的政治势力则以乡村社会作为自己的阵地,开始主导乡村社会的诸般领域,后人称为"在野士林"。他们重视性理学,主张在"治人"之前,首先应该修身养性。在追求道理和名分的前提下,他们将道学视为至高学问,主张只有具有道德的正当性和名分,才能做到"治人"乃至平天下。

在野士林猛烈抨击勋旧派势力的独断专行和强取豪夺,而对乡野专注于学问和修身的士林而言,道德性是至强武器,他们以学问和道德为武器,自从成宗时期开始,进入中央管理层。从国王的立场上看,在勋旧派和戚臣势力在日益强大的当时,士林的对他们的攻击和牵制是迫在眉睫的事情。但是士林对勋旧派和戚臣势力的攻击,立即招致政治镇压,"戊午士祸"和"甲子士祸"正是这种镇压之结果。由此可见,士林进入政界展示其政治抱负、实现其政治理想还是势单力薄、为时过早。

士林势力能够展示其政治抱负和社会理想的时期是中宗执政期间。被功臣扶上王位的中宗,同样利用士林势力牵制功臣势力、摆脱功臣势力的包围,以此来强化自己的王权。

在此背景下,以赵光祖(1482—1519)为首的士林势力企图通过中宗来实现自己的道学政治。若言以追求道德、端正心性为基础,实践"道"的学问称为道学,那么,所言道学政治就是将上述学问作为政治与教化之根本,实现性理学的王道。

实现道学政治的第一前提就是圣君的存在。圣君必须首先修身养性。为此,这些士林不停地要求中宗成为圣君。其实,成为圣君不是一件容易的事情,面对士林的持之以恒的要求和干预,中宗非常希望能够撂下圣君这一沉重的负担,他感觉很吃力,感觉很不舒服,但是又苦于没有名分,他在等待名分和机会,他内心在期待着。

但是士林势力将这种中宗视为自己坚实的后盾,继续全身心地投入到对勋旧势力特权和非理的批判和攻击。这是正义的批判,也取得了一定的成绩。在此基础上,士林势力为了从根本上铲除勋旧势力、掌握政治主导权,进一步提出"伪勋削除"的问题。所言"伪勋削除",主要是要求削除在中宗反正中无功却被封为"靖国功臣"的76人的功勋。这对勋旧势力而言,可谓是致命的打击,因此勋旧势力的反击也异常强势。在国家权力还掌握在勋旧势力手中的当时,对中宗而言,"伪勋削除"也是一个难以担当的难题。为此中宗将勋旧势力的"诬告"当作"奇货",突然改变政治立场,开始了对士林势力的大范围镇压。这就是历史上的"己卯士祸"。在这一镇压过程中,最后的胜利者就是中宗,他在一方面安抚勋旧势力的立场的同时,也还清了把自己拉上王位的功臣们的债。

通过"己卯士祸",士林势力在又一次的重创当中,总结了不少教训,认识到自己的学问还没有达到完熟的境界。己卯年,赵光祖仅为 38 岁,与他一同遭横祸的金净、金湜、韩忠、奇遵等人均为 20 岁～30 岁的年轻学者。年轻说明政治年轮之短暂,他们的改革步伐过于急促和激进,相反他们的政治基础又过于薄弱。尽管他们想通过乡约的实行来打造他们掌控的乡村社会的势力基础,但是没有国家权力和官权支持的这种基础只能在更强势的权力面前遭遇土崩瓦解。士林势力的失势还有一个重要的原因就是他们对中宗的过度依赖。他们不管中宗有无圣君潜质、是否为人贤明,不停地要求中宗成为圣君。士林势力想通过国王实现的道学政治,实际上其方法论上存在巨大的缺陷,这种缺陷最终导致士林派的失败和挫折。

当然,士林势力也并不是单靠中宗来对决勋旧势力,他们也采取了一些与之相应的基础性政策,来加强自己的势力范围,实现自己的理想政治。士林势力认为,产生当时社会矛盾的根本原因在于统治阶层的奢侈和放荡不羁的生活,铲除这些弊端的主要方法就是加强对社会风俗的教化。为此,士林势力大力推行《朱子家礼》等儒教生活习惯,开展了《小学》实践运动和乡约普及运动。

《小学》是刚刚入门儒学的孩童必须学习和熟悉的日常规范,是性理学学习和修养的重要课程。当时,《小学》早已是科举科目之一。到了 16 世纪,对《小学》的学习,早已进入积极实践的阶段。赵光祖等 16 世纪士林大量刊行《小学》,无论身份高低,积极拓宽其受教范围来普及面,使之成为真正意义上的教化之根本内容,以此来确立生活规范。

除此之外,中宗时期的士林还开展了乡约普及运动。这一运动作为中宗时期岭南地区士林势力推进的改革运动,替代了留乡所重建运动。岭南士林为了在乡村社会建立自己的势力根基,从太宗六年(1406 年)开始,进行重建已废除的留乡所运动,终于在成宗十九年(1488 年)成功完成这一计划。不过,颇费周折得以重建的留乡所,到头来反而被勋旧势力掌控。①

在中宗时期,该运动转换方向,也是一件迫不得已的事情,只能废除留乡所实行乡约。当时士林推行的乡约主要是《朱子增损吕氏乡约》(以下简称《吕氏乡约》)。士林通过该乡约的推行,准备构建以他们为中心的乡村社会。乡村自治就是他们梦想的理想社会的一面。但是这种梦想和努力随着他们

---

① 李泰镇:《士林派的留乡所重建运动——朝鲜朝前期性理学定型的社会背景》(上、下),《震檀学报》34、35,1972 年、1973 年。

政治势力的轰然倒塌而付之东流，成为泡影。这也是将全部希望寄托于王权和国家权力的方法论上的巨大缺陷。士林梦想中的理想社会的到来，还需要一个较为漫长的时间。

尽管失败与挫折交错，士林派推行的乡村政策以其顽强的生命力维系至朝鲜朝晚期。这主要源于16世纪中后叶开始登上政治舞台且主导国家政治的士林势力的存在，更是乡村政策或者是乡村自治本身就是性理学理想社会的体现。乡约尤为如是。

二、《吕氏乡约》及其接受过程

《吕氏乡约》由西安市蓝田县道学家"蓝田四吕"为教化乡民而制定，主要包含德业相劝、过失相规、礼俗相交、患难相恤等四个内容。乡约是邻里乡人互相劝勉共同遵守，以相互协助救济为目的的一种制度。《吕氏乡约》设置"善籍"和"恶籍"，以内部定期聚会的形式，使乡人之间相亲相爱，淳厚风俗，在聚会中还进行公开赏罚，"遇聚会，则书其善恶，行其赏罚"。

朱子对此乡约进行进一步修改、增补之后，被称为《朱子增损吕氏乡约》。这一乡约被收录于《小学》和《朱子大全》之后，就成为儒教或性理学理念为基础的乡村社会自治规约。

朱子乡约在高丽晚期与性理学一同传入我国，而对这一乡约进入士林视觉范围则是性理学的研究进一步深化的16世纪之后。这一时期又是作为政治势力成长起来的在野士林在中央形成士林派的时期。16世纪是士林对性理学的理解和研究进一步深化的时期，也是士林势力作为政治势力全面登上中央政治舞台的时期。正是在这种背景下，士林对乡约的关注度也随之大大提高。这之前，朝鲜朝士林早已在乡村进行了多方面的乡村自治实验，下面将梳理这一过程。

随着朝鲜朝的建立，在野士林希望自治运营乡村社会，为此他们以各郡县为单位开始建立留乡所。但是这一举措却与包括国王在内的中央政府官僚层所推进的中央集权制相左。在这种情况下，在野士林建立的乡村自治组织——留乡所于太宗六年（1406年）被废除。而士林势力一登上中央政治舞台，就强烈要求重建留乡所。在士林势力的一再要求下，留乡所终于在成宗十九年（1488年）得以重建。不过事与愿违的是，当初在士林势力强烈要求下得以重建的留乡所，在重建之后，被官权和勋旧势力掌控，到头来，为了削弱勋旧势力,士林势力处于要求废除留乡所的地步。这从另一个方面说明在野士林势力政治上的不成熟。

留乡所的重建目的——乡村自治运动终以失败告终,士林派在乡村自治运动中所采取的策略仅停留于通过舆论来弹劾勋旧势力的程度,因为他们已经认识到只要是勋旧势力掌控中央政权,自己的乡村自治运动则难以实现,加之,勋旧势力对乡村的侵虐也继续变本加厉。士林派的这种政治主张,最终导致勋旧势力对士林势力的直接的政治报复——燕山君四年(1498年)的"戊午士祸",沉重打击了士林派乡村自治运动的势头。

在此后的岁月里,士林派乡村自治运动曾经一度销声匿迹,直至中宗十二年(1517年)迎来转机,由咸阳儒生金仁范所提交的奏折开始实行的《吕氏乡约》得到国王的好评,被评价为更具有实践性的乡约。①

由上述金仁范的奏折开始实行的乡约的实行,历经众多议论,最终归结为《朱子增损吕氏乡约》的全国范围内的全面普及,但这并不意味着士林派的政治势力的强化。以此为前提,乡约的全面普及直至金仁范的谚解本普及之后的中宗十三年之后才能得以实现。之后,《吕氏乡约》在全国各地处处得以普及和实行,这种普及和实行不仅是士林派的大力推广的结果,同样也因中央官僚阶层和中宗的积极努力才变为可能。中宗不仅下旨给全国八道,奖励乡约,还任命金安国为全罗道监司促进《吕氏乡约》在全罗道的实施,嘱咐为教化社会风俗做出贡献。在这种氛围下,乡约在全国范围内以自上而下的态势强制推行。

即便如此,乡约普及运动因勋旧势力一手策划的"己卯士祸"无法成功只能搁浅,最终难免全面废除之命运。重提《吕氏乡约》普及的是20多年之后的中宗三十八年(1543年)。但是这一时期有关乡约的话题的展开早已背离了原有的轨迹,乡约的实行由原来的在中央政府主导下的全国范围内的强制实施变成个别乡村的自律实行。这种对乡约普及和实行的讨论一直延续至明宗时期。至此,明宗时期对乡约的讨论发展到对《吕氏乡约》的朝鲜化,认为乡约的普及和实行,不应该是对《吕氏乡约》生搬硬套,应该根据我国的具体风俗适当减少其内容、简化其程序。

乡约作为乡村自治规约,历经中宗时期的普及阶段和明宗时期加以修改

---

① 韩相权:《16、17世纪乡约的机构和性格》,《震檀学报》58,1985年。

和接受的本土化阶段。这种发展主要与这一时期的士林对性理学的深化理解和政治上的成熟存在着直接的因果关系。由此,朝鲜化了的乡约的出现可谓必然趋势,《退溪乡约》正是通过这种过程得以出现。

三、《吕氏乡约》:中国和韩国之异同

中宗年间,士林派推行的乡约普及运动始于对《吕氏乡约》的谚解和普及。从这个意义上,士林们的解读对象自然是《朱子增损吕氏乡约》,[①]但是在其具体实行和运用方法上与中国大不相同。

首先,实行对象之不同。中宗时期的《吕氏乡约》的实行则以个别乡村的士大夫为对象实行。但是中宗时期的乡约则根据朝廷政令,以郡县为单位,对全部乡民予以实行。换言之,无论是士大夫还是乡吏、平民,甚至的贱民和奴婢均成为乡约规范之对象。以全部乡民作为乡约的实行对象,主要是出自士林势力通过乡约之实施将全部乡民纳入自己直接支配权下的考虑。

其次,《吕氏乡约》和中宗时期乡约之间的差异就在于对过失者和违约者的惩处力度上。《吕氏乡约》规定:"小则密规之,大则众戒之,不听则会集之日,直月告于约正,约正以义理诲谕之,谢过请改则书于籍以俟,其争辩不服与终不能改者,听其出约。"[②]具体而言,惩罚之最高措施为"出约",不存在"笞罚"或"告官治罪"的措施。但是中宗时期实行的乡约则具有强有力的惩罚权,乃至超越地区官员的权限,导致滥用职权之嫌。[③] 中宗时期乡约实行过程中显示出的强有力的惩罚权不同于中国。韩国不仅将所有乡民纳入实施对象,还要通过乡约的实施来统治朝鲜朝初期开始已经具有强有力土豪基础的豪强势力,因此这种在乡约实施过程当中的强有力的惩罚权是不可避免的必然结果。

其三,乡约实行的主体不同。《吕氏乡约》实施的主体是乡村社会中的士大夫。所言自治,就是在乡约运营过程中防止国家权力的介入。《吕氏乡约》的实施主体主要由约正、副约正、直月等构成,从根本上彻底排斥了国家权力

---

① 李成武:《吕氏乡约与朱子增损吕氏乡约》,《震檀学报》71、72,1991 年;李根明:《朱熹的〈朱子增损吕氏乡约〉与朝鲜社会——以朝鲜乡约的特性为中心》,《中国学报》45,2002 年。

② 《杂著·增损吕氏乡约》,《朱熹集》卷七四。

③ 《中宗实录》卷三八,十五年正月癸巳条。

的干预。在保甲制中,甚至连村庄的都、副正这一最末端职务也不得干涉。①
但是中宗时期的乡约则是由朝廷派遣的监司或者首领予以实行,明明白白是
朝廷政令之推行。中宗时期乡约的实行在强有力的行政支援下自上而下地
推行这一现象本身说明乡村社会士大夫地位的不稳定,若没有官府的介入,
单靠在野乡村士大夫之力很难遏制豪强们的跋扈。

其四,中宗时期,乡约的实行首先重视实行对象的年龄,而不是身份贵
贱。这一点,从乡约反对派所提出的"下凌上"和"贱蔑贵"等所谓最为重要的
问题上可见一斑。② 当然,这并不意味着身份问题从未提出。这一时期,身份
差别依然存在,性理学主张的乡村自治就是以身份确立为前提的。尽管《吕
氏乡约》只有年龄的区别,未曾提出身份差异,但是这一乡约在朝鲜朝针对所
有乡民作为对象予以实行时,自然会导致身份秩序的混乱。从这个意义上,
乡约实际推行过程中,身份可不是忽略不计的问题,只是当时的士大夫们更
为重视的是如何将下层民众纳入自己的支配范围内、对抗勋旧势力的问题,
而不是身份秩序的确立。③

"己卯士祸"之后,包括乡约在内的有关乡村自治运动的讨论,直至 20 余
年之后的中宗三十八年(1543 年)才重新被提出来。此时的首倡者为检讨官
金麟厚,建议与《小学》一同,共同实行乡约。为此,中宗也下旨讨论如何在包
括汉城在内的各地实行乡约。从这个意义上,中宗三十八年,在乡约的讨论
和实行具有特殊的意义。这不仅意味着乡约讨论的重新开始,还意味着乡约
实行方向的转换,由原来自上而下的强制实行转换为以个别乡村为单位的自
律实行。

到了明宗之后的宣宗时期,有人一度提出通过洞契或者是香徒组织实行
乡约的建议,建议乡约的实行不应该仅停留于《吕氏乡约》之实行,应该根据
我国的风俗习惯对其加以适当的简化。总而言之,若言中宗时期为对《吕氏
乡约》的接受时期,那么,宣宗时期则是在性理学的深层理解的基础上,《吕氏
乡约》朝鲜化的时期。另外,从通过洞契或者是香徒组织实行乡约的建议来
看,朝鲜化了的乡约的出现成为乡约实行过程之必然结果,而退溪李滉

---

① 《杂著·增损吕氏乡约》,《朱熹集》卷七四。
② 《中宗实录》卷三八,十五年正月癸巳条。
③ 郑震英:《朝鲜时代性理学乡村自治体制的展开与推移》,《韩国儒学思想史大系·4》,
韩国国学振兴院,2008 年。

（1501—1570）制定的朝鲜化乡约正是这种结果的集中表现。

四、退溪乡约的成立及其内容

所言《退溪乡约》，则是收录于《退溪文集》中的《（礼安）乡立约条》。明宗十一年（1556年），退溪在自己的居住地——礼安实行此乡约，故此在该乡约前特加“礼安”一词。朝鲜时期实行的乡约，大部分不是以包括贵族、平民、贱民在内的全部乡民作为对象，而主要针对贵族和士族作为对象予以实行。从这个意义上，《退溪乡约》可理解为乡规。

乡规不同于乡约。所言乡规，就是对留乡所乡员为对象的规范和细则，而留乡所乡员就是指在乡村贵族名簿备录在案的乡员。所言乡约是指在郡县或者是乡里，包括贵族、平民、贱民在内的全部乡民作为对象进行人伦道义和教化实践教育。从这个意义上，乡规与乡约之间存在明显的不同。尽管在其具体实施过程中，两者在一些内容和特征上存在难以区别之处，但是两者的功能和目的却是一致的。《吕氏乡约》乃朝鲜乡约之范本，但也是地区上层集团的规约。从这一点上，我们完全可以认定《退溪乡约》为乡约。当然，退溪从未将其称之为乡约，但是其弟子门生将其理解为乡约，收录年谱时也将其名之为乡约，并将其作为完整的乡约加以继承和发展。

无论是认定退溪的《乡立约条》为乡规还是乡约，它无疑是一条关于上层士族的规范条约。退溪云：“教化应该自上而下地进行，唯有如此，教化之树才能扎根茂盛，才有旺盛的生命力。”[①]可见，退溪的《乡立约条》向我们揭示的不是乡约的一般特性，不是对下层民众的直接支配和统治，他揭示的是士族的率先垂范和自我约束。退溪的《乡立约条》在历经金圻的乡约，成为岭南乡约之母体，士族的率先垂范和自我约束成为岭南乡约之基本特征。[②]

退溪在乡约中之所以仅针对贵族设置规约，第二个原因就与当时已经普遍化了的洞邻契的存在不无关系。16世纪时，洞邻契的存在非常普遍，乃至“于内都下，于外乡曲，均有洞邻契或香徒会，私设约条，相互检摄”[③]，“凡中外

---

① 李滉：《陶山全书·戊辰经筵启札前（1568年）》，韩国国学振兴院刊，第187页。
② 郑震英：《乡村问题与在野士族的应对——以乡立约条为中心》，《民众文化论丛》7，1986年。
③ 《宣祖实录》卷七，六年八月甲子条。

乡邑坊里,皆作契以相纠检"①。当然,退溪也在其居住地——温溪洞实行洞契,故此,对退溪而言,没有必要再制定针规范下层乡民的条约。

因此,《退溪乡约》应该涵盖以留乡所士族为对象的《乡立约条》和以村落为单位的所有村民为对象的《温溪洞契》。从这个意义上,将《乡立约条》和《温溪洞契》分述于下:

首先是《乡立约条》:

极罚:

1. 父母不顺者。

2. 兄弟相阋者。

3. 家道悖乱者。

4. 事涉官府,有关乡风者。

5. 妄作威势,扰官作私者。

6. 侵暴小民,私门用杖者。

7. 乡长凌辱者。

已上极罚上中下。

上罚告官司科罪,不通水火。

中罚削籍不齿乡里。

下罚损徒不与公会。

中罚:

1. 亲戚不睦者。

2. 正妻疏薄者。

3. 邻里不和者。

4. 侪辈驱骂者。

5. 不顾廉耻,污毁士风者。

6. 恃强凌弱,侵夺起争者。

7. 无赖作党,多行狂悖者。

8. 公私聚会,是非官政者。

9. 造言构虚,陷人罪累者。

10. 患难力及,坐视不救者。

11. 受官差任,凭公作私者。

---

① 李晬光:《芝峰类说》卷二,《风俗》。

12. 婚姻丧祭,无故过时者。

13. 不有执纲,不从乡论者。

14. 不服乡论,反怀仇怨者。

15. 执纲殉私,冒入乡参者。

16. 知旧离任,故不饯送者。

17. 多接人户,不服官役者。

18. 不谨租赋,图免徭役者。

已上中罚。

中下从轻重施罚。

下罚:

1. 公会晚到者。

2. 袭坐失仪者。

3. 座中喧争者。

4. 空坐退便者。

已上下罚。或面责施罚。

1. 元恶乡吏。

2. 人吏民间作弊者。

3. 贡物使滥征价物者。

4. 庶人凌蔑士族者。

已上随闻见摘发告官,依律科罪。

如上所述,《乡立约条》共有 33 条,除最后 4 条之外,均为针对上层士族的规约。具体而言,《乡立约条》主要包括了家庭成员和乡党成员相互理应遵守的儒教伦理规范和相扶相助的原则,以及有关留乡所运营规定等,全方位涵盖了乡村自治的相关内容。当然,也有关于士族的乡村自治权限或关于下层乡民的内容,如对官府说三道四、"受官差任"却"公作私"、知旧官离任却无故不饯送、对下层民众的侵虐等方方面面做出了详尽的规定;还对"元恶乡吏"和"贡物使滥征价物"、"凌蔑士族"的"庶人"等现象做出了全面规定。

对违反上述诸条的乡员,在采取"告官司科罪"措施的同时,在一般情况下,则采取"不通水火"或"削籍"、"损徒"或"面责施罚"等措施予以惩戒。

最后 4 条针对的不仅是"元恶乡吏"和他们的非法行为,还包括了下层乡民的惩戒,但是针对身份在士族以下的这一部分人员的规范不够详细。这主要是因为这一部分人员的规范不是通过在野士林的自治,而是通过官权得以完成。①

其次是《温溪洞契》:

一、本主他主无礼不逊者,笞五十倍。

一、父母不顺者,同。

一、兄弟相阋者,笞五十加三。

一、奸淫者偷盗者,同。

一、斗殴相伤者,笞五十加二。

一、亲戚不睦者、邻里不和者,同。

一、墓山防火者、起田者,同。

一、元居人招引者,同。

一、夺耕者、曲防者、禾谷刈者,同。

一、墓山伐木者、不跟人许接者,笞五十加一。

一、群饮醉乱者、川防伐木者、田上流沙者,笞五十。

一、牛马放牧者,笞三十

上述规定,在其他的洞契或洞约中也有所表现,说明洞契或洞约所涉及的范围不限于村落社会的相扶相助,而其范围广至村落社会有可能发生的一切。这些《洞令》涉及的范围有:有关家庭或村落的伦理规范、对村民移居的限制、农业用水、山林的利用和开垦等,涵盖了乡民乡里生活的方方面面。其中尤为引人注目的是对"本主"或"他主""无礼不逊"的奴婢和对"父母不顺"的士族的惩戒力度均等这一点。这就从另一个侧面告诉我们,16世纪的在野士林最为关注的事情就是奴婢的管制。当时,奴婢是构成乡村社会的重要组成部分,也是士林赖以生存的生活基础。因此对在野士林而言,对奴婢的确实有效的管制不能不是非常迫切的现实问题,上述洞契或洞约就是企图通过这种规范来确立乡村社会的身份秩序。为此,洞契或洞约以"公论"的方式,共同应对"情可怒者"和家族奴婢,换言之,这种应对不是个人对个人的局部的应对,而需要士族共同体群策群力的应对。②

① 郑震英:《16世纪乡村问题与在野士族的应对——以乡立约条为中心》,《民众文化论丛》3,1986年;郑震英:《16—17世纪在野士族的乡村支配及其结构》,《历史与现实》3,1990年。

② 郑震英:《16世纪安东地区之洞契》,《峤南史学》创刊号,1985年。

但是对这种阶级之间的概念理解，士林作为自治主体，无法对下层民众进行强制性的规范。由于贵族地主阶层的经济或者非经济性的掠夺是客观存在的，由此而导致的下层民众的生活艰辛也是客观存在的，随之而来的反抗意识也是不能小觑的。这就需要与之相应的一系列政策的支撑。故此，《温溪洞契》规定：不能抢夺租种土地、不能侵责佣人、不能对系中之人犯下非理等。这些都是为了保护下层民众于贵族阶层的经济、非经济性掠夺而进行的具体探索。

但是单靠贵族阶层的自觉，很难保障和保护下层民众，威胁他们生存的重要因素还有自然灾害和疾病等等。不过，解决这种问题的相扶相助的方案，在退溪的《温溪洞契》中没有体现出来，而在金圻的乡约中加以具体化，如死丧时要资助财物予以帮助，因水灾、火灾、盗贼、疾病等致使无法继续耕种，则提供劳动力支援等。这种相扶相助的规定比朱子乡约更为具体和积极。这正是朝鲜乡约具有的代表性意义所在，也是乡村自治的重要内容。

五、退溪乡约之局限和意义

退溪《年谱》对退溪的《乡立约条》难以实行的原因作了如下解释："丙辰十二月草乡约；在时，国有香徒之令，先生草约，因事不果行。"[①]究竟何为"香徒之令"，我们无从知晓，但是琴兰秀（1530—1604）的《退溪先生乡立约条后识》为我们阐述了退溪的《乡立约条》未能实行的真正理由：

> 退溪先生闷乡风之渝薄，著成约条，送乡射堂挂壁。而其时乡人有议论不一者，先生还取而藏之。今于先生文集，传写揭于乡射堂，以遂先生遗意云。[②]

由此可见，"乡人有议论不一"是退溪《乡立约条》难以实行的最主要原因。那么，导致《乡立约条》难以实行的"乡人有议论不一"又是什么？对此我们可以做如下推测：这可能就是《乡立约条》的种种自我规范针对的是士林，而作为当地豪族和地主，这些士林在 16 世纪早已确保了自身在乡村社会中的经济基础和身份特权，由此导致"乡人有议论不一"和士族之间的矛盾也是必然结果。这也正是在退溪身后编撰《退溪文集》时，《乡立约条》中的两条

---

① 《退溪全书·年谱》卷一。
② 琴兰秀：《惺斋集·退溪先生乡立约条后识》，宣祖三十一年（1582 年）。

(24 条、25 条)有关士林自我规范的条款被删除的主要原因。①

之后,退溪《乡立约条》则由其弟子金圻(1547—1603)加以完善,他重新整合退溪的《乡立约条》和《温溪洞契》,使之进一步体系化,成为日后岭南乡约之基本构架。金圻的《乡约》主要由德业相劝、过失相规、礼俗相交、患难相恤四个部分组成,在阐述具体制定过程时,其云:

> (《退溪乡约》)其法令非不尽美,而近世莫之或行,岂不惜哉！但古今不同,详略各殊,不揆鄙劣,妄加删定。四约则略仿吕氏,罚条则专用退溪先生。……其他吉昏吊庆,患乱相救,春秋讲信,亦邦国人民风俗所通行。……其本意未尝不在正人心厚风俗云尔。②

《金圻乡约》成为崔兴远(1705—1786)推进的大邱《夫仁洞乡约》和朝鲜朝晚期在岭南地区实行的大部分乡约和洞约之范本。

《退溪乡约》的意义则在于向乡村社会支配集团提出率先垂范和自我节制的要求这一点上,这不仅是朝鲜朝时期,至今也是所有社会领导集团理应具备的最基本的道德要求。没有率先垂范,其言论和主张只能成为虚伪的谎言、只能招致更多的不信任。退溪希望通过士族对乡村社会的自治,实现自己的政治理想,这种理想社会就是领导者们的率先垂范和自我克制、普通民众之间的相扶相助。退溪梦想的理想社会应该是上下身份秩序的确立、地主佃户制度的完善、人人追求儒教伦理道德的乡村社会。但是他的梦想只能作为理想存在于历史的长河之中。

---

① 郑震英:《16 世纪乡村问题与在野士族的应对——以乡立约条为中心》,《民众文化论丛》3,1986 年。

② 金圻:《北崖集·乡约》。

成就今日安东的思想背景

——退溪的性理论

◎ 黄昞起

（韩国国学振兴院责任研究员）

一、引　言

一位文化大师的社会影响力是巨大的。各地实行地方自治政策的现如今，很多地方注重的是文化大师创造出的经济价值，但是笔者主张应该超越这种经济价值，更加重视这些大师创造出的情感价值。退溪李滉作为朝鲜朝中期学者、政治家，由他产生的地域社会乃至整个国家和社会文化的影响是不可小觑的。

退溪的影响力可分为理论和实践两大部分，且此两大部分比例较为均等，这在其他文化大师当中还是较为少见的。有人或侧重理论，有人或侧重实践，在这个意义上，退溪可谓知行并进之人。

若论朝鲜朝性理学的基本概念，"理"对"气"占据绝对上位。如果将人类的本性和行为二分为理性和感性，性理学中的理、性、天、道、命、道心等概念隶属于理性范畴，气、情、欲、器、人心等概念隶属于感性范畴。以现代化概念予以置换，二者可用合理性与非合理性、理性与非理性、抽象性与具体性、绝对性与可变性、善与恶、道德与非道德、公与私、形而上与形而下等概念言之。在这种框架下，理性可谓是绝对的善，非理性可谓是善与恶兼而有之。但是绝对的善无法独立存在，它一定要依附于非理性才能存在。换言之，抽象世界在逻辑上是先于具象世界，但这仅仅是逻辑上的存在，现实生活当中并不存在这种先后顺序。我们可以在具体的气的世界中感知得到理，即使存在朱熹所言"理先气后"的抽象世界,也就是神的世界,这种世界如果不与具体世界共存,那它也只能是一种空虚的世界,即便它是一个绝对的善的世界,对我们而言,就会变得毫无意义。由此就会产生出我们应该在具体世界当中如何生活的问题。

在东洋人的世界观中,不曾存在绝对世界中的恶的概念,这一点与西洋人的世界观存在明显差异。西洋人的世界观中先天性的既有善的概念,也有类似于撒旦的恶的概念,但是在东洋人的思维世界没有给这些善与恶留下空间,因为东洋人的精神世界中善就是绝对的概念存在的。恶是绝对的善——理性,与非理性交叉的过程中产生。换言之,理是绝对的善,但情是善恶的相互交叉。表现在人身上的理就是性,故此,性也只能是善的。

退溪主张,四端出自绝对之善的理,七情出自善恶混合体之气,这就是理发气发论。退溪并不是主张宇宙这一空间真实地存在理,而是主张人类的善应该出自善良之心。不仅如此,退溪相信当理具有发显性和运动性的时候比不具有的时候成为更加完整和绝对的存在。当然其前提就是理作为绝对的善。

退溪将四端和七情视作理发和气发,在这个意义上,公平无私的情感就是理发,即理性;私心和个别化的情感就是气发,即非理性。退溪认为,这种非理性的情感应该是被理性加以节制和克服的对象。

二、理发论之理论化:确保人本性的道德价值

退溪之所以在朝鲜朝学术史乃至东洋学术史占据一席之地,最基本的契机应该是与高峰奇大升之间的历经 8 年之久的以四端七情为主题的书信往来。四端七情之论争始于退溪为郑之云(1509—1561)撰写于 1553 年的《天命图说》修改语句一事。退溪将郑之云的"四端发于理,七情发于气"一句修改为"四端理之发,七情气之发"。由此,郑之云重新修改《天命图说》。退溪的这一修改,在当时学界产生极大的震动。

朝鲜朝创建于 14 世纪末,尽管在创建初期早已提出性理学为国是,但是历经一个多世纪,性理学还没有扎根于社会。这种局面到了 15 世纪末,作为以性理学武装起来的学者群体——士林进入中央开始有了变化。而退溪对上述郑之云的《天命图说》中的两个语句的修改引起当时学界的关注,说明性理学历经一个世纪的研讨已然普及至全国范围了。

郑之云的《天命图说》一书是图加若干说明的方式构成，是在1538年左右，原本为其弟郑之林简便易学性理学的核心理论而撰写。1553年10月，郑之云拜见时任成均馆大司成的退溪就该书进行咨询，退溪则修改上述语句之后，将该书刊行。1558年8月，为了科考应试前往京城的奇大升在途中拜见住在长城的河西金麟厚（1510—1560）和住在泰仁的一斋李恒（1499—1576），共同探讨周敦颐的《太极图说》。在此过程中，第一次接触到《天命图说》一书。这恰好可以说明当时《天命图说》一书已经传播到全罗道士林手中。由此，奇大升去郑之云居住的高阳探讨《天命图说》一书。在同年10月的大考中，奇大升荣登文科乙科榜首，继之前往住在京城的退溪家中访问，并对修改语句提出异议。过两个月之后的1559年1月5日，退溪给奇大升写第一封信。据此书信的具体内容来看，奇大升当时提出来的逻辑性很强的观点具有一定的说服力。

奇大升小退溪整整26岁，但是退溪写给这位小辈的信可谓谦和之至。这样，两位大师之间的书信往来一直持续了8年的时间、前后13次。在此漫长的书信往来中，退溪始终没有放弃的就是理发论，始终主张理的发显性和能动性。最终在部分接受奇大升主张的前提下提出的著名论断就是"理发而气随之，气发而理乘之"。

从自然科学的角度论，我们的认识范畴之中只有具象的现实世界，未曾经验的世界无法进入我们的认识世界之中。气的世界就是我们所处的现实世界和经验世界，而理是一个非经验的世界，故此，离开了气，凭借我们的认知能力绝对无从感知理。如果理真实地存在且能够感知，那么，这就需要宗教式的跳跃。由此而论，四端和七情均为显现在现实世界中的情感。四端是指恻隐之心、憎恨之心、是非之心、谦让之心，是我们经验世界中能够予以表现出来的情感。从这个意义上，奇大升的主张是正确的。奇大升不曾放弃的一点就是无论四端是何种情感，它是七情（人的所有情感）中的善的情感而已。

东洋思想史中的理可谓是古老的概念，一直以来这个理当作天道、天理等概念使用，如同四季循环反复和昼夜自然交替一样，它是作为一个自然界的法理来被我们理解和使用的。魏晋时期的王弼也曾经论过理，但是他所论的理具有原理的意思，朱熹也一样。佛教中的"理事无碍"也是把理当作原理来解释。朱熹主张理有三种性格，即无情意、无造作、无计度。可见，上述解释中的理是固定而不动的。从这一点上，朱熹的理学和退溪的理学是完全不同的两个体系,二人共用一个词语并不等于表达同一个意思。按中国人的语言习惯,理这一字无法跳跃原理的意思。理如同玉的肌理,每块玉都有各自特有的肌理,树也一样有肌理,眼神好、经验丰富的人一看就知道玉的名字和树的名字。同样,人也有自身的肌理,区别于牛或狗的人的肌理就是人理和人性。理发是退溪独一无二的独创,他将之前解释为没有活动性的法则、原理、规范的理解读为活动的理。理发这一概念在中国或日本无从找寻,是朝鲜朝独有的概念。

一种理论反映一个时代,与现实问题之间也存在紧密联系。退溪理学正是反映他存活的 16 世纪的朝鲜。那么,退溪面对的是一个怎样的现实世界呢? 在高丽晚期传入的朱熹性理学,在朝鲜朝成为新兴士大夫集团的营养。作为学者官僚集团,这些士大夫既是学者,又是政治家。这些士大夫作为建国主导势力,性理学也就自然而然地成为了朝鲜朝的建国理念。但是性理学所追求的为己和治人两大核心目标被这些士大夫侧重为治人为中心,通过自身修养达到圣人之境的为己这一性理学的理想目标却成为一句空泛的口号。相反,在野士大夫高举基于人伦的道德规范的旗帜,为实现性理学的两大目标而努力。这类士大夫在 15 世纪称其为士林。士林的目标非常明确,那就是实现通过内心修养的为己之道。故此,他们喜欢将自己的学问称其为道学,道学成为士林与主持政坛的勋旧派斗争的武器,成为集结在野士林的思想武器。

道学在金宏弼(1454—1504)开始逐步成为体系,其鼻祖为高丽末、朝鲜朝初期的郑梦周,其道统为吉再、金淑滋和金宗直,他们共同之处就是将性理学的理念适用于现实世界之中。但是在 15 世纪末、16 世纪初,与中央勋旧势力的斗争中开始产生显著差异。尽管他们主张的性理学基本理念的框架是一致的,但是开始出现各种不同的方法论,其政治哲学和出仕观等方面也产生诸多不同,主理论或者是主气论的出现就是这种分化的具体表现,如徐敬德(1489—1546)和曹植(1501—1572)二人各自主张极端的主理论和主气论,李滉(1501—1570)和李珥(1536—1584)二人各自主张中性的主理论和主气论。这些学者根据自身对性理学的不同的解释表现出不同的世界观。

道学者们的共同之处就是将理和气视作构成这一世界的两大要素。但是随着将重点放在理与气二者当中的哪一点,理论解释和具体实践将产生很大的差异。主理论倾向的道学者无论是极端的还是中性的,均朝着严格遵守理原本具有的原理方向予以实践,他们对现实社会中的矛盾和不合理进行彻底的批判,并拒绝妥协,是典型的原则主义者。而主气论倾向的道学者则不同,他们将现实社会中的矛盾和不合理视作不可避免的结果,予以包容和妥协。无论是极端的还是中性的,均主张应该将气原本所具有的运动性、可变性运用于现实生活当中,包容可变的现实,并朝着折中主义方向加以实践。

我们主张退溪的性理学是在极端追求主理和主气目标的前提下,在理的绝对性这一点上往后退一步,以此来提高理的道德价值的中性立场。之所以称其为中性,主要是针对曹植而言。曹植曾经甚至主张"濂洛以后,著述辑解,阶梯路脉,昭如日星",故此,"程朱以后,不必著书"。按照他的主张,有关理气性情的理论已经在朱子手上予以完成,剩余的就是如何实践的问题。他主张应该以严格到苛刻的标准铲除恶、完成善。曹植视理气为相互对立的关系,并将其连接到善恶,从价值论的观点解释主理论,并且其本人也因性格刚直闻名。这种观点将现实世界分为君子和小人两大阵营,为了实现君子之政治,理应铲除小人之辈。这种极端的分类将其推进极端实践的境地,在解决社会问题时,只能采取极端的方式方法,结果在光海君时期形成了南冥学派主导的一党专制的政治格局,最终以失败告终。

退溪非常警惕曹植这种极端的治国处方。不过需要说明的是郑之云的"四端发于理,七情发于气"和曹植的"理发为四端,气发为七情"以及朱熹曾言及一两次的"四端是理之发,七情是气之发"与退溪的"四端理之发,七情气之发"其实都是一个意思。那么,退溪为何成为"理发"一词的著作权者了呢?当然,与当时天才学者奇大升之间的书信助退溪一臂之力是客观存在的理由,但是更为重要的是退溪的理论和实践兼备的学问体系是造就退溪的最为根本的要素。宋代朱熹的理发论在《朱子语类》中仅出现一两次,是难以形成理论体系的点滴主张。相反,郑之云和曹植的理发论各自或者拓展为退溪的理发论,或者成为构筑北人政权的巨大基石。郑之云隐居草野未曾出仕,曹植则在己卯士祸之后返乡隐居,在培养后学的同时,专心于实践。可见,理论和实践兼备的学者唯有退溪。

值得注意的一点是郑之云和曹植均为岭南人。作为政治派别,岭南学派内部尽管存在北人和南人之微妙的区别,但是在退溪之后两派均归为退溪门下,可谓大而统的一个学脉。郑之云曾经在占毕斋金宗直(1431—1492)的弟子金安国、金正国兄弟门下学习性理学,是金宗直的三传弟子,也是赵光祖的同学。金宗直是一生致力于建构在野士林主导下的性理学政治秩序的士林派始祖。朝鲜朝成立之后,传承性理学的是吉再和权遇,而作为士林派首次进入政界的学者是郑梦周和权近。但是在世祖之后大举进入政界的则是金宗直和他的同僚及其弟子们。因此，金宗直是真正意义上的士林派始祖。1533年，退溪的成均馆时期关系密切的有金麟厚和庐守慎，而庐守慎乃赵光祖的弟子李延庆的门人，退溪受赵光祖之影响则是通过庐守慎。同年，辞职返乡途中，退溪遇见金安国相互探讨圣人君子之理。可见，退溪通过庐守慎→李延庆→赵光祖→金宗直的顺序间接地接受这一学脉的影响。曹植也理应属于同一学脉，在己卯士祸当时，其叔父曹彦卿被当作赵光祖一派被处死，父亲曹彦亨也遭罢职后不久于人世。遭遇这些横祸之后，曹植立即返乡隐居，可见他也隶属于金宗直→郑梦周这一学脉。

退溪极力抨击没有学问基础的现实改革论，他认为扎实的学术理论和政治哲学作为基础的政治才能获得成功，这集中反映了在深入研究性理学的理气心性论基础上，保持理的真正价值之后，根据该价值才能予以实践的出仕观。

从纯真的本性中寻找人的尊严和道德价值，将这一纯真本性作为道德之主体，给这一主体赋予能动的力量，这就是退溪理发论的目的。在善恶皆存的现实世界中，提高纯真本性的相对价值，以此来保持对气的约束力。在具体的现实世界中，君子和小人的对立是不可避免的。为了建设由道德水准相对高的君子领导的社会，给理赋予发显性和能动性。君子和小人之间的矛盾对立，不仅要靠政治上的途径予以解决，更要靠道德价值来寻找突破口。退溪以此来力求完整保持性理学之价值，缓和曹植理发论的极端之弊病，同时警惕奇大升气发论（四端七情均为气之显现）可能会导致的道德价值之松懈或者是混沌。

三、理发论之社会化：确保社会之公共性

退溪的理发论传承高丽晚期郑梦周以来重视原则的道学传统，退溪之后，这也成为岭南学界一贯的道统。宣祖时期，士林被分裂为东人和西人两大派系，不久又分裂为南人和北人两大派系。其中，南人一派主要由退溪学派为主，而北人一派的学统和渊源构成较为复杂，但基本上是以曹植门下为主组成。在壬辰倭乱之前，朝鲜朝政局一直由柳成龙为中心的南人主导，而壬辰倭乱之后因南人一派主张亲和政策为理由，被主张主战政策的北人一派扳倒，政局转换为由北人一派主导的局面，由此，南人一派在宣祖时期和光海

君时期几乎全部被边缘化。之后，在西人一派的主导下光海君下台、仁祖反正成功，南人在有限的范围内重新踏入政界。在西人主导的政局当中，南人一派的影响力无法扩大，但是为了躲避政治迫害而自称退溪门下的原本为曹植门下学者逐步增多，南人一派的势力开始统一集结。这种南人一派附着在西人一派政治势力的局面一直维系到肃宗二十年的甲戌换局，在此事件中弱化至命悬一线。进入政局的南人一派的命运如此这般摇摇欲坠，但是在野的南人一派还是保持旺盛的政治生命力，岭南士林通过奏折改变政局就是典型一例。正祖十六年，南人一派为思悼世子申冤提交的奏折参与人数多达 1 万余人，史书称其为《岭南万民疏》。

那么，退溪之后的退溪原理主义义理发论在岭南乃至安东地区所产生的影响，我们可以在壬辰倭乱时期的义兵活动中可见一斑。不过，将壬辰倭乱时期的义兵活动视作退溪之影响范围之内难免有些牵强的部分，应该将这种义兵活动的渊源上溯到郑梦周至退溪的义理精神可能更为合理。义兵在壬辰倭乱中所起的作用是巨大的，但是在壬辰倭乱结束之后，随着朝廷重点优抚护从宣祖避难的护从功臣，这些全身心地投入义兵活动的宣武功臣的功劳被这些护从功臣遮蔽住，如著名的义兵将领郭再祐未能进入在功勋名册之中等等。这种局面到了光海君时期得到改观，因为这时登上政治舞台的大北政权中，不少人是曾经的义兵将领。对这些义兵将领的评价到了仁祖反正之后得到进一步重视，并且在之后的历史长河中不断被历史认可。尤其是到了肃宗时期建立不少书院和祠堂来奉祀这些义兵将领和卫国捐躯的英雄。

义兵将领大多为国勇于献身的忠臣，这一点尤其受到高度评价。其后裔也是身为义兵将领之后裔这一点受到社会的极大尊敬。因此，到了 17 世纪后半叶，这些直系后裔被准许将自己的先祖奉为不迁位祭祀，另立门户。这种社会氛围给整个社会带来绝对是正能量，之后面对类似于壬辰倭乱的国难，大家自然学习先祖，毫不犹豫地做好为国家奋不顾身的一切准备。在英祖时期发生的李麟佐的戊申之乱时，安东地区的士林所采取的行动就证明了这一点。当时的《通文》称："安东乃岭南之根基，是唯一一个保持士林起兵传统之处。"故此，起兵救国刻不容缓。换言之，发扬安东地区壬辰倭乱义兵将领的光荣传统，发扬安东地区重学习、重义理的光荣传统，保家卫国。那么，《通文》所称的安东为"岭南之根基"、"保持士林起兵传统之处"的深层含义是什么？这里的"岭南"也好，"士林"也罢，绝非单指岭南的南人一派，而是泛指退溪精神，是对退溪学统的高扬。努力保持当下社会的公正性，这就是退溪巨大影响力所在。

这种精神自然延续至旧韩晚期的义兵运动。1895年,权世渊在安东起义兵,其檄文云:"即便没有君王的号召,我们按捺不住心中的忠诚之心,为此我们起兵! 武器是戊申之乱时候保存下来的武器,组织和纪律均遵壬辰倭乱时期。"由此可见,旧韩晚期的义兵运动是壬辰倭乱和戊申之乱时期为保家卫国奋不顾身的安东士林的忠心之延续。国难当头之时,不顾一身之安危,为国赴汤蹈火的这些义兵将领,韩国国民至今也心怀无尽的敬佩之意。

19世纪晚期,当举国处于亡国危险境地之时,安东地区的义兵抗争和独立运动尤为惨烈,其义理精神的基础构件也是在该地区早已根深蒂固的退溪的性理学价值观。

在旧韩晚期的抗日运动中,安东地区是士林的参与尤为凸出的区域,因此光复之后,安东地区成为全国范围内独立运动有功者数量最多的地区。在抗日斗争中,安东地区的士林将自身对祖国的爱,以武装抗争、自靖殉国、儒教改革运动、爱国启蒙运动等形式予以表现。对安东地区的士林在韩国独立运动史上所占据的比重和作用,安东大学校的金熙坤教授曾经撰文云:

> 首先,韩国独立运动始于庆北地区的士林。其次,庆北地区是在全国范围内独立运动有功者数量最多的地区,而这些有功者中,士林所占比重最大。目前国家颁布的独立运动有功者名单中共收录13000多人(含外国人),其中,庆北人最多,共有2000多人。而庆南、忠清、京畿的独立运动有功者只有1000人左右,可见庆北人的热血和义理。上述2000多独立运动有功者中,士林所占比重最高。其三,面对亡国之难,自靖殉国者最多之地也是庆北。目前能够确认其籍贯的自靖殉国者共有70人,其中18人为庆北人,而这18人中,绝大部分都是士林。其四,士林的抗日运动持续时间最久的地区也是庆北,这一结果我们可以通过第一次和第二次的儒林团义举得以确认。这种现象是庆北儒林精神世界中早已牢牢扎下根的强烈的义理精神在国难当头之时迸发出来的结果。韩国的独立运动整整持续了51年的漫长时间,其始源就是义兵运动,而全国性的义兵运动则以庆北安东地区的甲午义兵作为起点予以展开。①

如上所述,庆北地区或者是安东地区确实存在历史悠久的区域精神,笔

---

① 黄晒起等:《庆北儒学与士林精神》,韩国国学振兴院,2012年。

者愿将从退溪是性理论中寻求其答案。

退溪的学问和精神则以朱熹的性理学为母体重新创造为朝鲜的性理学。在此过程中，退溪不仅使朝鲜的性理学具有完备的体系，而且其精神世界也注入了退溪自身的精神。而这种精神世界引起安东地区乃至整个岭南地区士林的共鸣，最终成就了在精神世界中与退溪成为一体的境界。这一点如同宗教，如果对某一个人的理论和精神世界引起宗教般的敬畏之心，其中必定有理由，并且应该兼备理论和原则性实践。退溪学正是具备了上述两大要素。

与退溪学处于对跖点的奇大升和李珥的气中心论，注重的是气的可变性，以一种可包容的姿态，对现实社会中存在的多样性坚持一种顺其自然的态度。相反，退溪学以原则主义姿态，对现实社会中的种种矛盾采取批判的态度。因为他认为纯善的理作为人的本性原本就是具有运动性的道德主体。这种解读根本不同于将人的本性解释为气质之性的世界观。本性如果是落入气质中的天理之显现，那么，此时的气质之性已经兼备了善与恶，故此只能处于善与恶的紧张对峙当中。但是即使天理落入气质之中还是保持原有的性，那么，这时候的本然之性就不同于气质，显示出泾渭分明的善与恶。"心统性情"作为性理学的大前提，主张本性和感性是相互区别的，因此为了本性的道德优势理应进行自我节制。相反，如果从四端一样的本性（若借用退溪的表述方式）是七情之一的观点出发，我们的本性成为善是偶然的结果，是在适度调整情感的过程中派生出来而已，并不是以宗教般的信念（按照退溪之语，即"敬"）坚守的对象。退溪的理发论要求人们将遵守理当作义务的内在理论结构。

不过，如果没有所属组织的支援，士林对退溪的宗教般的敬畏可能仅限于某些弟子对恩师的敬仰，由此可能停留于师生关系。为了贯彻自身的理论，退溪有意构建一系列组织机构。退溪可谓是自发的导师，也是精明的领导。为了实现至治，为了纯化人心，他需要培养士林的书院。当时，退溪正好被任命为丰基郡守，他把握好这一机会，开始经营书院。首先，他让自己的门人掌握周世鹏创建的白云洞书院的运营权，把书院一带建设成为自己学问的根据地。紧接着退溪得到对该书院的国家认可。为了将这所书院名扬天下，退溪奏请朝廷赐予书院匾额和经济上的支援，在退溪的提请之下，最终朝廷赐予了"绍修书院"的匾额。此时的退溪，已经辞去丰基郡守一职返回家乡，开始以亲自创办或派遣门人支援的方式参与迎凤书院、伊山书院、研经书院、易东书院等诸多书院建设。到明宗时期为止,全国共有 22 所的书院中,退溪与其中的一半的书院有着很深的关联。《书院十咏》就是这时期创作的一组组诗。在后来的书院遭遇各方批判时,人们常常以此《书院十咏》来证明书院之重要性,这从另一个角度说明退溪对书院所倾注的心血。退溪之所以如此热衷于书院建设,有其非常重要的原因。曾几何时,赵光祖等人以从上到下的方式,通过君主来推进至治之理想,却最终以失败告终,退溪从中感悟到培养乡村社会中的士林阶层的重要性。

不仅如此,退溪热心于一些地方自治规范和乡约编撰,如安东的《乡立约案》和温溪里的《温溪洞规》等。他警惕权力过于集中在中央和王室,希望通过一些公共据点的建设来集结地方势力和百姓之力,以此来维持权力之均衡,建设以地方为单位的民本政治之基础。

退溪的理论和实践兼备的学问体系是基于理发气发,即理气互发的理论;为了保持道德本性的价值优势,将其提升到实现至治之阶段,并以书院和乡村为中心,构筑区域道德共同体和学问共同体,以此作为实践自身理论的根据地和支援平台,其中乡约成为区域的伦理规范,书院成为以退溪为中心集结在野士林的场所。

四、结　语

本论部分探讨了退溪理论和实践相联系的学问体系和这一体系对后世所产生的影响。退溪的实践是基于其理论的实践,他提出理气互发理论,确保了人的道德本性之价值优势,最终将其升华为实现至治之高度。不仅如此,为了自身理论的具体实践,在所在区域组建了能够长期支援这种实践的组织机构。修订乡约,构筑区域共同体,以此来完成乡村士林乃至乡民的组织化和体系化。退溪修订的乡约不同于朱熹的《吕氏乡约》,没有"德业相励"、"礼俗相交"、"患难相恤"等条款,只有"过失相规"条款,但是其所具有的地方自治性质的约束力是巨大的。退溪所创建或参与建立的书院成为学问共同体,这些书院培养出来的士林群体,成为与中央政治势力相互抗衡的在野政治势力,书院成为以退溪为中心的球心组织体。退溪创建书院或参与书院建设的初衷则是为了将性理学大师作为精神领袖加以推崇,但是最终自身成为被后世推崇的对象。这些一系列的措施,单靠一些小恩小惠是做不到的,只有退溪这般伟大的理论家和崇高精神世界的所有者才有可能。凡此种种,正是让我们这些后来者们对退溪抱有宗教领袖般敬畏之心的根本原因所在。

参考文献

郑万朝等著:《陶山书院和知识的诞生》,文字坛,2012 年。

任世权等著:《正确认识安东文化》,韩国国学振兴院,2007 年。

韩亨朝著:《为什么的朝鲜儒学》,文学村,2011 年。

黄晒起等著:《庆北儒学与士林精神》,韩国国学振兴院,2012 年。

薛锡圭著:《朱熹·李滉之理学世界观与现实对应姿态》,《安东学研究》5,韩国国学振兴院,2006 年。

金泰昌著:《公共人物——李退溪》,《公共哲学》14,2012 年 2 月。

退溪的主体礼学和安东的祭礼文化

◎ 金美荣

（韩国国学振兴院责任研究员）

一、退溪对岭南礼学方向的主导

退溪李滉（1501—1570）在礼学中所占的比重远没有其性理学中所占的比重大，这可能源于退溪未曾留下礼学专著的缘故。但是退溪在与弟子门生之间的对话和书信中，通过质疑、答疑等形式，给我们留下了以礼为中心的丰富资料，在此过程中显示出的退溪有关礼仪的见解被弟子加以传承，对后世产生极大的影响。

在朝鲜朝，士林初期最为关注的对象是《朱子家礼》，其关注度远高于《小学》，但退溪对《朱子家礼》的重要性几乎未曾言及。在退溪这种学问态度的直接影响下，岭南士林更为关注的是《心经》和《仪礼》，而不是《小学》和《朱子家礼》，这对古礼指向性岭南礼学的特征形成产生了重要影响。而畿湖学派的李珥强调祖先祭礼理应遵循《朱子家礼》，因此继承其学统的沙溪金长生也将《朱子家礼》作为礼仪之根本，视作符合时代特征的普遍礼法、视作从帝王将相至士林庶人均应遵守的"通礼"加以推广。

而岭南学派则认为，《朱子家礼》未曾明示礼仪的详细方针和解释，故此无法将其视作完备之书，只能是一种"未成之书"，这也是岭南地区发行大量礼书的主要原因。晚年的退溪尽管关注礼学，但还是不重视《朱子家礼》，其礼学体系也不限于《朱子家礼》，将其他礼法广泛纳入其中。

尤其是退溪与弟子之间的《问解》中，经常使用的"且与有识人相究讨"，正是不限于《朱子家礼》，将其他礼法广泛纳入其中的礼学倾向的有力证明。因此，退溪的弟子们也评价恩师的礼学云："好礼慕古，但不弃时王之制。"所言"古"就是《仪礼》和《礼记》，所言"时王之制"就是包括朝鲜朝的《国朝五礼仪》和《经国大典》在内的明代的《大明律》、《大明会典》等。这种倾向主要是针对畿湖学派的一种做法。畿湖学派视《朱子家礼》为符合时代特征的常礼，援引古礼——《仪礼》，排斥包括《国朝五礼仪》在内的"国制"，而退溪的这种做法明显与畿湖学派形成对比。

二、退溪礼学的一般性特征

退溪礼学具有广泛的混合特性。退溪礼学在遵行《仪礼》、《礼记》和《朱子家礼》的基础上，同样重视对《国朝五礼仪》等《时王之制》的遵守，在行礼过程中，细心顾及"人情"和"情谊"，广泛接受俗礼，这就是退溪礼学的混合特性。鉴于此，有人将退溪礼学表述为折中主义、稳健主义、合理主义、现实主义等。下面分三个部分，将退溪礼学的特征分述于下。

首先，在不违背古礼的前提下，退溪礼学倾向于重视人情的立场。只要不违背礼仪之根本精神，根据人情可以对礼仪进行加减。这说明退溪将古礼放在首位，只要古礼和人情不相冲突，那么可以兼顾人情，使礼仪具有一定的弹性。

在论及庶孽服制时，退溪云："嫡庶之分，差于分殊处，然庶孽乃骨肉之惠，无以分殊。"作为儒教的家庭理念，嫡庶之分当时严格适用于社会各个阶层，但是退溪的这种主张源于对出生前的情理，反对差别对待。退溪从"礼宜从厚"的原理出发，比原则更重视人情。对此，当时的社会文化脉络也起到不少作用。退溪活动的 16 世纪中叶，性理学还没有完全定型，对《朱子家礼》的理解也未曾达到深层理解的程度。在这种背景下，以人情，即情谊为基础的礼仪的弹性运用也变得可能。

其次，退溪礼学的另一个特征是对俗礼所采取的宽容、稳健的态度，换言之，在礼仪过程中，退溪允许接受民间习俗。《礼记》云："礼，时为大。"可以解释为礼仪不是一成不变的，应该根据时代的发展与时俱进。其中的"时"狭义为行礼时的"时"，广义为所处的时代状况。这就是我们所说的"时宜性"，就是俗礼，也就是世俗中实行的现在进行时习俗。

在中国古礼中，对俗礼的借用始于司马光，其《书仪》对当时流行的习俗做了大量介绍。朱子也是对司马光的"时宜之礼"采取肯定的立场,云:"温公之说亦适时宜,不必过泥古礼。即且从俗,亦无甚害。且从温公之说,庶几寡过。大抵今士大夫家,只当且以温公之法为定。"可谓对司马光理论的积极接受。朱子采取"不必过泥古礼"之"从俗,亦无甚害"之立场,这就说明《朱子家礼》中就有不少俗礼的部分。

由此可见,退溪有关俗礼的包容态度受朱子影响的可能性很大。更有意思的是退溪对俗礼的包容性倾向成为超越《朱子家礼》的一个契机。下面的一段《问解》就是很好的说明:

> 问:"醋楪,只是醋和酱,然某常代以酱,至合用醋处,对设,不知其可也?"

> 答:"然凡饮食之类,古今有殊,不能必其尽同。以今所宜言之,盐不必楪设,各就其器而用之,酱则恐不可不设也,所谓像平日用酱代之者,得之。"

退溪态度的根据就是礼仪的"时宜性",礼仪应该与时俱进。古今不同,不能根据规范(《朱子家礼》)生搬硬套,也有不能照搬的时候,即便是没有依据,俗礼如果已经广而行之,那么理应尊重。

退溪礼学当中经常出现的"国俗"、"东人之俗"、"我国人俗"等表述,就是退溪在接受俗礼的过程中,为了和中国习俗(大明之俗、中国俗、中原人俗)加以区别而使用的词汇,并以此作为礼仪规范的根据。如就祭祀过程中"当立"不"当立"的问题,退溪云:

> ……祭时当立,据礼文无疑。但国俗,生时子弟无侍立之礼。祭时不能尽如古礼。如墓祭、忌祭,皆循俗为之。惟于时祭,则三献以前皆立,侑食后乃坐,此家间所行之礼也。未知令意何如?

尽管"祭时当立"乃"据礼文无疑",但是"国俗"却"无侍立之礼",因此理应遵循国俗成为退溪的结论。退溪对俗礼的这种包容性倾向,源自礼仪具体实践的必然结果。即使是《国朝五礼仪》中有明示的规范,若与现实相互冲突,就应该尊崇俗礼:

> 问:"祭礼考五礼仪,则祭馔器数,自卿大夫至士庶人,各有其品,品数之外,断不可越否?"先生曰:"祭者之名位有分,祭礼亦随其品,可也。但五礼仪亦有难从者,馔品、脯醢果则最多,而鱼肉之膳极少。人家鱼肉,随所得,犹可易备,脯醢果则岂能常畜之多乎?愚意不必尽从其礼。虽称家有无而祭之,恐亦无妨也,但不至僭越,可也。且器数不可极烦,

烦则渎，又不能致洁耳。"

因"五礼仪亦有难从者"，故此"不必尽从其礼"，而"尽从其礼"的标准就是"不至僭越"。退溪主张不要将难以遵循的礼仪强制执行，应该根据实际情况加以变通，这才是最为合理而切实可行的礼仪。

但是，退溪也并不是无条件地包容俗礼，对俗礼的包容则以古礼为基本依据，应该选择能够"时俗通行"之礼仪。下面的问答就是退溪在 46 岁时的 1546 年给儿子李寯和李寀的信，在此信中，退溪对儿子谈继母安东权氏葬礼云：

> 丧主于哀，每事考家礼，兼问时俗通行之宜，勉力操心，勿取讥议于人，至可至可。况汝等，皆不及行汝母之丧。此丧即汝母之丧。以此为心，则自不容于不谨矣。或云与亲母有间，此乃无知率意之论，陷人于非义，不可听也。今京中士大夫丧礼，虽未尽合礼，亦多可观。汝等若不及于古，而又取讥于今，则其何以立身乎？但毋使过用气力而至于生病耳。以一节言之，凡吊客至，则丧主及哭婢皆哭而待之，及发引时，哭不绝声等事，皆今俗之合礼者也。如此等事，以类推之，问人而行之，千万毋忽毋忽。

上述"每事考家礼"、礼"不及于古"就是在行礼过程当中理应以《朱子家礼》为先之意。与此同时，要求儿子们还做到"兼问时俗通行之宜，勉力操心，勿取讥议于人"，强调俗礼之重要性。退溪曾经就"昭穆之礼"和"时俗之礼"之间的回答值得一提：

> 问："朱子尝叹昭穆之礼久废，作家礼，却徇时俗之礼，何也？"
>
> 先生曰："时王之制，岂可轻改？且礼者，天下之通行者也。举世不行，则虽成空文何益。"

退溪认为，"举世不行"之礼仪则为对当下没有任何意义的"空文"。退溪的这种主张就是强调现实生活当中实行可能的礼仪，强调礼仪的实践意义。这主要源自退溪"古今文采本质所在，应适时加减，不必过泥古礼"的主张。对此，退溪云：

> 温公书仪，已不能尽依古，朱子家礼，酌古礼书仪，而又简于书仪。

今俗又异于朱子时，安得一一依得？

其三，退溪将礼仪视作为人之最基本的条件。退溪将礼仪视作实现道德正当性的手段和规范一个人社会活动的标准，以此来构建道德社会之秩序。鉴于此，退溪非常警惕违背礼仪的人情和俗礼。

　　退溪将礼仪当作实现人的基本道理的根本、维持人之美的最为优先方法来对待,因此退溪非常重视蕴含在礼仪之中以人为本的理念。退溪就是希望通过礼仪的实行,实现社会等级的划分,因此在《乞勿绝倭使疏》中云:

　　　　夫夷狄亦人耳,乃比于禽兽者,非固甚言之也。为其不知礼义,无君臣上下之分,而其为生也蚩蚩蠢蠢,冥顽不灵,殆与禽兽无异,故取类而并称之尔。

　　尽管野蛮的"夷狄"也是人,但是因其"不知礼义"、"无君臣上下之分",最终只能是"蚩蚩蠢蠢,冥顽不灵,殆与禽兽无异"。与此同时,退溪也主张为了宗法秩序之确立,应该对血统之宗支区分予以严格遵守,云:

　　　　节祀时享,虽祁寒盛暑,非疾病则必往,奉楪奠物,不令人代之。若得节物或异味,则或干或醢,遇节祀享祭则荐之。盖先生支子也。未得行荐献礼于家庙。故如此。

　　家庙祭祀意味着宗族的继承,根据宗法,只有宗子才有可能承祀家庙。因此退溪主张由宗子承祀家庙,而作为支子的退溪也无法承祀家庙。宗法制度的核心意义在于宗族的确立和永久的传承,对此《退溪先生言行录》云:

　　　　先生家庙在温溪里,宗子无后,侄子进士完当承祀,而已定居于他处。先生反复晓谕,完令其子宗道还居以奉宗祀。先生犹以为喜,出其财力,经纪其家,凡所以周恤安集者,靡所不至。

　　退溪《答郑道可述问目》也云:

　　　　宗子成人而死则当为之立后。朱子答李继善之书,可考。今尊堂欲为长子立后,甚合礼义,两君极宜赞成之,一举而百事皆顺矣。

　　为了宗族的永久传承,在宗子无后时,理应以"立后"的方式予以承重。而这一"立后"之人也有严格的资格条件,长子无后,应立次子之子立后,妾室所生不能立后,以此来明确嫡庶有别,完成嫡统之传承。

　　在宗族的传承问题上,退溪尤为重视古礼之实行,凡是违背古礼的任何俗礼均不可介入至礼仪当中。退溪认为,礼仪作为体现天理的最基本的理念,应该明确体现其价值体系来予以完成。

三、退溪礼学与祖先祭礼、多样性、主体性

（一）重视家法——礼仪修改之慎重性

退溪有关礼仪的答辩中，较常出现的是"吾门亦尝如此"这一句，而"吾门亦尝如此"就是家中实行的家法。代表性案例如下：在祭礼过程中，当设蔬果酒馔结束之后，就有迎接神主的"出主"仪式。这时最争论不休的则是承祀的祖先设位问题，即单设承祀一人的神位，还是合设承祀夫妻二人神位的问题。《朱子家礼》则明确表示只设一位。对此，陶庵李縡在其《四礼便览》中做如下说明：

> 忌辰之合祭考妣，本于人情虽未忍遽废。若论礼之正则只设一位是也。某人家数世所行，既得其正。今以奉来祧位之曾前合祭，难于异同。有此疑问，是虽若嫌于援尊，然废其正而从其失，其可乎？以祧位论之，前后祭仪之不同，固似未安，而合设与单设，惟奉祀者所处如何尔，恐不必为疑也。

如上所述，包括《朱子家礼》在内的大部分礼仪书籍均主张，祭祀乃"丧"之延续，理应单设承祀一人的神位合理。对此问题，退溪则答云："我也是这样想。只是中古时代也有合设之说，但无碍。我家也根据代代相传的规例，合设两个人的神位。"退溪的态度非常柔和，认为单设是合理的礼仪，但是合设也无妨。尤为让人关注的是"我家""代代相传的规例"，也"合设两个人的神位"这一点。

另外，对"合设神位"时的"并祭考妣"的问题，退溪回答道：

> 先生曰："人于忌祭时，常并祭考妣，甚非礼也。考祭祭妣，犹之可也。妣祭祭考，岂有敢援尊之义乎。吾门亦尝如此，而非宗子，故不敢擅改，只令吾身后，勿用俗耳。"

沙溪金长生则与退溪持相反观点，主张"祭祀并祭考妣，并非朱子之意，然我国先祖早已如此，栗谷也称'并祭考妣心安'，则不必在意援尊之嫌"。

由此可见，包括《朱子家礼》在内的中国大部分礼仪书籍中实行单设原则，但是在礼仪实践当中，则有可能实行合设。现如今，安东地区50个不迁位宗家中的38个宗家实行的也是神位合设，这些宗家强调之所以实行神位合设，主要是遵循先祖前辈的一贯做法。

重视家法的传统,至今也被退溪宗家完整地传承下来,这一点从中脯的陈列方式上可见一斑:

> 很早就守寡的退溪孙媳安东权氏,膝下无子。20 多年来,她一直供奉夫家曾祖父和祖父的祭祀。摆放祭祀用品完毕、敬酒之时,身上的衣襟总是将放在桌角的中脯碰掉地下,无奈,孙媳将中脯移至桌子中间。这一移动传承至今。

安东权氏是退溪的孙子蒙斋李安道(1541—1584)之妻。公公李寯和丈夫李安道相继去世时,权氏夫人膝下只有三个女儿,却没有儿子,故一人负责全家的大小祭祀。退溪为兄弟 8 个中最小的一个,早已分家单过,故此夫家曾祖父退溪和夫人安东权氏、退溪继室金海许、公公李寯夫妻、夫君的祭祀均由她一人操办,等家中立后之后,将祭祀诸般事项交由养子操办。之后家中祭祀均有男人主管,现如今更是由数十名后孙操办,但是退溪孙媳安东权氏移动中脯之举早已成为惯例延续至今。

退溪强调俭朴,留下遗言不要在祭祀中使用油炸的油蜜果,因此现在的退溪宗家在祭祀时还是不使用油蜜果等药果。真城李氏家族中,退溪宗家是唯一在祭祀中使用牛肉萝卜汤的一家,其他周村宗家和老松亭宗家则用豆芽萝卜汤。对此,这些宗家异口同声地说"我家代代相传的家法"。对家法的重视,同样在安东其他姓氏家族中也有表现,如丰山柳氏不迁位宗家、忠孝堂等等存在不同的祭祀方式,而对各自的不同,这些宗家均异口同声地称其为"我家代代相传的家法"。

由此可见,这些礼仪方式连同《朱子家礼》,对当时乃至今天的祭祀产生深远的影响,那么,退溪为什么如此真实重视家法呢?对这一问题的答案,我们可以从退溪和金就砺之间的信函中寻找答案,退溪在《答金而精》(而精为金就砺之字)中云:

> 前年公来此日,问家礼所疑及今所宜行,此非浅陋所及,而辄答云云,实有未安。今复蒙寄疑问一册,则又非前问之比。将家礼丧祭两门,本朱子之仪,参诸儒之说,准时制、明俗失,附以己意、考订辩论,欲得从违可否之宜,以至矫弊处变之道,靡不致详。欲令滉一一商酌裁定,以成一部礼书,意若以是率一世而传后来。呜呼!此何等重事,而吾二人敢为之哉?

从信件的内容来看,金就砺想依据《朱子家礼》,参考儒学家的学说,对照当时流行的各种礼制,纠正俗礼之错误。对此,退溪以"此何等重事,而吾二

人敢为之哉"的理由予以郑重拒绝。退溪继而言之:

> 正俗失反古道,固君子之事。然亦有未可率意轻作者,非但避祸,道理有所当然者。子曰:"愚而好自用,贱而好自专,生乎今之世,反古之道,如此者,栽及其身者也。非天子,不议礼,不制度,不考文。"

如上所述,退溪对俗礼的取舍采取非常谨慎的态度,下文对其理由做了较为详细的说明:

> 滉固知公之孝谨诚笃,尽心于慎终追远之事,乃以馈奠余力,读礼功深,有所感发而出此计也。其为计非不善也,而在吾二人分上,真庄子所谓太早计者耳。何者? 自公而言,则学未成而名未显。

此段中的"学未成而名未显",则为上段中的"非天子,不议礼,不制度,不考文"的延续和拓展。退溪认为自己修改礼仪,工夫不到、学问过浅,这与退溪一贯的生活作风非常相通。由此可见,先代传下来的礼法即便是脱离了规范的轨道,但在这种思想的支撑下,得以继续延续和传承。

(二)重视现实性——对神人同性观的解释

退溪礼学的另一个重要特征是在礼仪实践过程中,将神和人视作同样的存在,这一点可谓礼仪之现实性。当有人向退溪提出祭祀时汤配筷子的理由问题时,退溪回答道,这没有关系,因为古人就是用筷子吃有蔬菜的汤,如:

> 问:"祭时,正箸于羹,何如?"
>
> 曰:"古人羹有菜者,用箸以食,上箸于羹,不妨。"

这就意味着具体情况具体论,也就是祭祀中完全可以照顾我们平时生活习惯的意思。对此,沙溪金长生却认为祭祀时"正箸,正之于羹器,恐未然,恐正之于匙楪中也",主张这种"正之于羹器"的做法源自中国。若言将筷子放在匙楪中是源自中国的习俗,那么,将筷子"正之于羹器"则是我国传统礼仪的做法。当然,很少有人用筷子喝汤,但是在我国的传统饮食习惯中,饭碗和汤碗一定是成双成对地出现在饭桌上的。从这个意义上,退溪允许祭祀时将筷子即"正箸""正之于羹器",而不是勺子。现如今韩国各地的侑食祭仪上,普遍存在将勺子插入饭碗、将筷子放在匙楪上的做法,而安东地区却将筷子横放在汤碗上,这可能就是源于退溪的这种主张。

退溪礼学对现实性的重视,同样在"祭时""陈馔"的左右方位的设置上:

> 问:"祭图,陈馔尚左,而扱匙则西柄,似有尚右用右手之义,何也?"
>
> 答:"祭馔尚左之说,恐未然。盖食以饭为主,故饭之所在。即为所

尚，如平时陈食，左饭右羹，是为尚左。而祭则右饭左羹，是乃尚右。所谓神道尚右者然也。而今云尚左，非也。扱匙西柄，果如所疑。人之尚左，食用右手，则神之尚右，似当用左手矣。然尝思得之，所谓尚左尚右，但以是方为上耳，非谓尚左方则手必用右，尚右方则手必用左也。故虽陈馔以右为上，而手之用匙依旧，只用右手，何害焉？……窃以东西分昭穆，既非古，又非今。创作此制，恐多碍难行，而得罪于先王之典也。"

如上所述，对人的礼仪和对神的礼仪各不相同是当时普遍的想法，因此在"陈馔"时就会出现"人之尚左"和"神道尚右"截然不同的陈列方法。这种想法源自人之尚东、神道尚西的以西为上的认识。故此，祭祀时将高位神主放在西侧、低位神主放在东侧。这种理由同样适用于"饭羹"的"左右"方位的设置上，对人则是左饭右羹，相反，对神位则是右饭左羹。

对这种做法，退溪做出不同的解释，他认为"尚左尚右"只是"以是方为上"，并非"尚左方则手必用右，尚右方则手必用左"，因此"陈馔"虽"以右为上"，但是和生前一样"依旧""手之用匙""用右手"有何不可呢？退溪以"右饭"的做法出自神主"尚右"的主张，阐明"神人异性观"的认识，却以"匙"等餐具的摆放方位应该遵循生前的生活习惯的主张提出"神人同性观"的观点。这正是退溪礼学的现实性所在。

退溪礼学的现实性的基础主要以对神主的关怀为主，而不是对人所处的具体情况的面面俱到的顾及。退溪所言"凡饮食之类，古今有殊，不能必其尽同。以今所宜言之，盐不必楪设，各就其器而用之，酱则恐不可不设也，所谓像平日用酱代之者，得之"中的"像平日"就是指神主生前的平常生活习惯。退溪这种"神人同性观"就是《论语·八佾》中的"祭如在，祭神如神在"的具体阐释。

据载，"祭四代"作为一个争论不休的敏感话题延续至朝鲜朝中后期。高丽王朝时期的1390年规定：大夫以上"祭三代"、六品以上"祭二代"、七品以下乃至普通百姓则仅祭父母一代。

换言之，祭祀则按身份等级需分等级高低。进入朝鲜朝之后，颁布于成宗十六年（1485年）的《经国大典》则规定：文武官员六品以上的祭祀包括父母、祖父母、曾祖父母在内的"祭三代"，而七品以下是"祭二代"，庶人仅祭父母一代。从这个意义上，晦斋李彦迪（1491—1553）所著的《奉先杂仪》中就有从父母至曾祖的三代神主像。对此，李彦迪解释云，自己无法无视朝鲜朝国法——《经国大典》的六品以上官员只能"祭三代"的规定。李彦迪之所以如此这般地加以说明,主要原因是朝鲜朝的这种规定与《朱子家礼》中的"立为祭四代之礼"之礼向左。即便如此,李彦迪也无法违反文武官员六品以上"祭三代"的国法规定,只得按照当时的规定"祭三代"。

自《经国大典》颁布的15世纪后半叶至16世纪后半叶,"祭三代"的规定作为当时祭礼的普遍性礼仪存在。但是这种按照身份差别对待的祭礼等级规定,与《朱子家礼》中的"因程子说而立为祭四代之礼"之礼仪存在巨大差异。鉴于此,朱子学信奉者中,也有遵循"祭四代"之人,在朱子学研究中心——岭南地区,尤其是在安东地区的士林,普遍采用无论身份差异一律实行"祭四代"的立场。直至18世纪,随着《朱子家礼》在士大夫阶层和庶民阶层的普及,差别化祭祀逐步退出历史舞台,无论身份差异一律实行"祭四代"成为一种超越身份的普遍礼法加以推广。

退溪也是同样的立场,他说,"祭三代"为"国制",而"不敢违",但是这种"视子孙爵秩之高下"的祭祀是没有道理的。他认为,我们对祖先祭祀,不仅仅是一种仪式,更是一种侍奉父母的延续,因此超越身份的"祭四代"礼仪理应加以推广。

其实在安东地区很多宗宅祭礼中,常用神主生前喜爱的饮食来"陈馔":如义城金氏鹤峰宗宅的"陈馔"中就有神主平日里爱吃的"生麻",而丰山柳氏西厓宗宅则有神主平日里爱吃的油炸糕点——"中桂"。但是对这种做法持反对意见者也有,如退溪对"祭酒用清酒,用醴酒,或用平生所尝嗜,何如"的问题答曰:"用平生所嗜,恐未安。屈到嗜芰,遗言要荐,君子有讥。"退溪所言"屈到嗜芰"典故出自《国语》。据《国语》载:屈到嗜芰,有疾,召其宗老而属之,曰:"祭我必以芰。"春秋楚康王时的屈到嗜芰,他临死前,召其宗老嘱咐说:"我最爱吃芰,祭我的时候必须用芰。"他的儿子屈建却不同意用芰来祭祀他的父亲,原因是这不符合楚国的祭祀礼仪。屈建主张,当时楚国规定的祭品是,对国君要用牛来供奉,对大夫要用羊来进献,对士人用猪、犬,对庶人要用鱼炙。他认为不能以自己父亲的私欲而破坏了国家规定的祭祀制度,终于没有遵照他父亲的遗言办事。与屈到之子屈建持有同样观点的学者就是葛庵李玄逸,他认为:"祭礼不同于平常之礼,不要区别对待神主平日喜欢或不喜欢的东西。自古至今中或有不爱饮酒之人,那么因为他不喜欢饮酒,祭礼就不用酒可以吗?"他在此强调祭礼所用"馔"理应符合规范。

那么,我们应该如何理解上述几个宗宅的做法呢?这大概要从常礼和变礼的角度加以理解。所言常礼就是在正常情况下理由遵循的正礼,那么,变礼则是在特殊情况下发生的例外礼仪方式。应该注意的是在变礼的实行过程当中,不应该损毁常礼的本质,与其相互抵触。在这个意义上,城金氏鹤峰宗宅的"生麻"和丰山柳氏西厓宗宅的"中桂",是在其后孙们认为这种做法与常礼的本质不相互抵触的情况下才得以实行的,也是对孔子的"祭如在,祭神如神在"理论的具体实践。

四、退溪礼学的价值和意义

退溪礼学的特征可以归纳为:对人情的重视、对俗礼的包容态度、对家法的重视、对祖先的关怀(礼仪之现实性)等方面,而多样性和主体性是这几大特征所具有的共同特征。众所周知,退溪将《仪礼》和《礼记》等古礼作为研读和参考对象,将《国朝五礼仪》和《经国大典》等"时王之礼"作为根本,将《朱子家礼》作为遵循前提,将情理、俗礼和家法广泛纳入于自己的礼仪体系之中,建构了符合朝鲜礼仪的礼仪规范体系。

畿湖礼学主张,《朱子家礼》为具有实用意义的普遍标准,应该严格遵循。而退溪的上述学问态度与畿湖礼学存在巨大差别。退溪重视礼仪的通用性,因此退溪礼学可以构建出符合当时时代状况的、形态多样化的礼仪方式。尤其需要关注的是,在事大主义横行的朝鲜朝,退溪礼学所具有的主体性。在对待中国礼仪时,退溪不因其不符合当时的朝鲜国情,便加以适当裁剪变通运用,而是细心体会礼仪过程理应具有的对祖先的情感等要素,并将其广泛纳入礼仪实践当中。退溪礼学是对《朱子家礼》传入朝鲜朝之前行之于朝鲜本土的民间各种俗礼予以认真研究的集大成,是对祖祖辈辈传承下来的家法的重视结果,是一部彻底贯彻民族主体性的朝鲜化礼学。

也有人将退溪礼学表述为折中主义、稳健主义、合理主义、现实主义等,但是这些表述只注重其形式的一面,未曾抓住退溪礼学的本质性特征。形式主义注重的是祭礼的格式、过程等外在规范,而退溪礼学追求的是礼仪的实际性的通用。这种追求归根究底表现在礼仪实践过程中的多样性,积极接受不同层面的不同民俗,将其纳入自己的体现之中,而贯穿这一过程的就是民族的主体性。上述多个宗宅传承乃至实行至今的诸多礼仪,深受退溪礼学之影响,因此与其将礼仪的多样性当作"家家礼",不如将其视作礼仪的主体性认识更为合理。

门中：联结乡民与乡村的儒教共同体

◎ 金明子

（韩国国学振兴院责任研究员）

一、世界化、地区化和门中

我们称 21 世纪为世界化的时代。世界化以发达的交通、通信技术，将我们的生活圈扩大至地球的各个角落，而在政治、经济、文化等诸多领域，因频繁的国际交流，各国早已超越国家之界限，环境、和平等方面存在的诸多问题早已被世界各国纳入共同解决的范畴之中。这些将有利于消除因国家间差异而导致的不合理的差别，有利于经济领域的相互发展，将人类的移动和灾害的移动也随之变得容易。

但是世界化的否定性作用也不能小觑，如文化的世界化使地区文化失去多样性，资本、劳动、市场、消费等方面的世界化将资本和劳动暴露至无限竞争状态，使我们每个人变得更加孤立和荒废。部分学者希望通过共同体的恢复来解决这些问题，这种希望引起了对构建共同体的最小、最基本的单位——地区的独特性和多样性的关注。总而言之，世界化和地区化被放置于不可分离的关系当中。

根据所属范畴，地区可有多种分类方法。若以道为单位区分，韩国则可分为岭南和湖南两地；若按市郡为单位，就可分为安东、庆州、尚州等。这些以市郡为单位的地区，曾经在韩国三国时期为实现政府的中央集权化，圆满推行政府相关政策而划分之结果，现如今，其名称又是变化，但还是基本保持原有的区域界线。

另一方面,地区以村落为单位构成。村落是人类历史上构成时间最早的共同体,至今延续其命脉。村落不像道或集镇人为划分的单位,是根据生活需要自然生成的共同体。在传统的农耕社会,由于移动人口的稀少,可以很好地保持村落的整体性。当然,随着生产力的不断发展,形成更多的村落,也根据政治、社会、环境的因素最终造就各个村落的兴旺和盛衰。

尤其是在朝鲜朝晚期,随着子承父业式的家族的日益普遍化,同姓村落开始出现,而这些同姓村落则通过门中组织运用村落。门中是一个以血缘、地缘、共同财产、共同体意识为媒介的氏族集团。据日本强占时期的调查材料,全国共有同姓村落15000多个,其中庆尚北道1901个,安东183个。安东拥有全国最多的同姓村落,这就意味着安东同样具有最多的门中和士族。那么,安东拥有全国最多的门中和士族的原因是什么?他们为什么组织如此多的门中?这些门中都进行了哪些活动?在世界化不断推进的当下,对这些门中的考察具有哪些意义?

二、安东士族社会与门中的形成

(一)朝鲜朝时期以期的安东

三国时期的安东,曾经一度隶属于高句丽国版图,但是大部分的时间则隶属于新罗国版图。据朝鲜朝安东私家邑志《永嘉志》载,三韩时期的安东叫古陀耶。到了统一新罗景德王时期,重新整顿郡县制度,改称古昌郡。高丽时代则有安东→吉州→福州等多个名称,但是高丽晚期至今,一直沿用安东一名。

位于新罗边境地区的安东,随着高丽王朝的兴起逐步成为区域中心,打下了独特地方文化的根基。这种根基主要借助于"9·30"之后发生在安东的瓶山战斗的影响。统一新罗晚期,割据于地方的豪族势力形成各自为政的地方势力,开始威胁中央政权。这种势力最终形成以旧高句丽为基础的王建的高丽、以旧百济为基础的甄萱的后百济、以庆州为中心的新罗三大势力,进入后三国时代。

后百济的甄萱军和高丽的王建军之间的战斗在安东打响。两支军队均将安东当作战略要地加以争夺。在此次战役中,王建率领的高丽军战胜甄萱率领的后百济军。由此,后三国的政治主导权落入高丽人之手。高丽军乘胜追击,最终统一后三国。当时,王建率领的高丽军之所以能够取得战争胜利的决定性的原因就是安东豪族金幸(即权幸)、金宣平、张吉的鼎力协助。为了感谢这些豪族,王建赐名"安东",寓意"东部地区之安宁"。

自从高丽国建国以来,安东一直对高丽中央政府采取协助的立场,安东出身的人士也开始任职于中央政府。由此,安东作为庆尚道北部地区的代表性区域,下辖3个郡、11个县。安东所辖郡县至高丽晚期为止,一直是未开发地区,但随着从中国引进包括施肥法和移秧法在内的江南耕种法之后,逐步打下坚实的农业基础。

(二)士族主导的乡村社会

朝鲜朝时期的上层阶级由贵族、士大夫、士族组成,其中的士族含有"士林家族"之含义。在按照家族为单位决定身份地位的朝鲜朝时期,这一"士族"通用于社会各个阶层。士族主要是前、现任官僚或知识分子组成,从这个意义上,士族作为知识分子进入政界可谓是前所未有的事情。

16世纪乡村社会的主导力量是士族。随着高丽晚期政治的昏暗,开始出现多种前所未有的官职,曾经任职于中央政府的地方豪族乡吏开始来地方任职成为一种趋势。他们组建留乡所,制作乡案,以此来维持自己的政治地位、排斥异己,至此,乡吏的后代分化为朝鲜朝时期的士族和隶属于中人阶层的吏族。

士族在留乡所、乡校和书院构建族群内部的紧密纽带,在包括地方长官在内的官权的一定妥协下,主导郡县及其村落社会。这种秩序称其为"士族支配体系"。

前近代社会的上层阶层均居住在城市的中心地带,但是朝鲜朝时期的士族却居住在辖属郡县和乡村地区。安东辖属郡县有丰山县、一直县、吉安县、甘泉县、临河县、奈城县、春阳县、多仁县、才山县,部曲则有皆丹部谷、小川部谷等。其中甘泉县隶属于今日的醴泉郡,奈城县、才山县和小川部谷隶属于今日的奉化郡,多仁县隶属于今日的义城郡。

上述诸郡县的区域界线不同于今日的安东,各个地区代表性姓氏如下:

安东府主要有固城李氏、原州边氏、英阳南氏、清州郑氏、兴海裴氏、真城李氏等。

临河县主要有义城金氏、安东权氏和全州柳氏等。

吉安县主要有安东权氏、安东金氏等。

一直县主要义城金氏、英阳南氏、韩山李氏等。

丰山县主要有光山金氏、顺天金氏、安东权氏、安东金氏、丰山金氏、丰山柳氏等。

甘泉县主要有安东权氏。

奈城县主要有安东权氏、义城金氏等。

而才山县、春阳县、皆丹部谷、小川部谷等地,在17世纪之前未曾形成一定规模的村落。

作为安东本地土姓,安东权氏、安东金氏、安东张氏、丰山金氏、丰山柳氏等,以安东府和丰山县为中心形成居住地。尤其是丰山县作为安东地区最大的平原地区,成为豪族最早的居住之地。其余诸姓,则在辖属郡县和部谷形成自己的居住之地,开垦了未开发之地。

那么,外部家族移居安东的理由是什么?

首先,在高丽晚期至朝鲜朝时期,安东是农业发达地区,主要邻接洛东江上游,便于水稻生产。高丽晚期开始,从中国引进包括施肥法和移秧法在内的江南耕种法,尤其是其中的移秧法对生产力的提高所做出的贡献是巨大的。包括安东在内的庆尚北道地区多条溪流,在大规模灌溉工程设施不够发达的当时,这些溪流为水稻种植提供了天然条件。这就是外部家族移居安东的最为重要的原因。

其次,高丽晚期至朝鲜朝初期,政局的混乱和外寇的入侵也是外部家族移居安东的一个不可忽视的原因。高丽时期,安东权氏和安东金氏出任中央政府官职时,与其结成亲戚关系的一些外部家族,在王朝交替期为了避免混乱的政治,移居安东的妻府或外祖家。这些外部家族,一开始居住在安东权氏和安东金氏居住的丰山县,逐渐移居到周边为开发地区。在高丽晚期,往北就也红巾贼的入侵、西海岸则有倭寇的掳掠。为了免于战争之苦,这些外部家族移居至更为安全的内陆地区也成为一种趋势。这种情况同样发生在壬辰倭乱和丙子胡乱时期。朝鲜朝前期的实学家李重焕在其《择里地》中云:"安东为神赐之吉地,可避祸之地。"在当时的人们来讲,安东是最佳避难之地。

安东作为内陆盆地,极少有外敌入侵的安全之地,加之洛东江之水和多条支流贯穿其中,有利于水稻生产,使这些移居家族在经济上容易安定。由此,移居安东的外部家族以安东为新的转折点,在巩固经济基础的同时,或进军中央政界,或潜心学问。而安东乡村社会的主导权则由这些能够培养出中央官员或著名学者的家族掌控。

(三)宗法的接受和门中的形成

尽管性理学成为朝鲜朝的统治理念，但是朝鲜朝前期还延续着高丽时期的诸多生活习俗，当时实行的男方住在女方家的"男归女家婚"的婚礼制度就是一个很好的说明。随着性理学的不断普及以此为基础的社会秩序普遍形成，家族制度也随之改变，开始实行婚后女方随男方生活的"女归男家婚"制度，家产也开始由儿子继承。

宗法是家族制度改变的基础。宗法是以宗家为中心，聚集旁系亲属的古代中国的亲族制度。《礼记·大传》载："宗"有大宗和小宗，大宗则是"有百世不迁之宗"、小宗则是"有五世则迁之宗"，具体而言，"百世不迁之宗者，谓大宗也，云有五世则迁之宗者，谓小宗也。"宋代则是士大夫阶层主导社会的时期，他们将宗法适用范围限制在高祖以下、小宗为止的亲族。这些均在朱熹综合的《家礼》、《小学》和《近思录》中有所反映。

宗法传入韩国是在高丽晚期，但是影响士族的日常生活经历了漫长的时间。在岭南地区，以金宗直为首的士林带头接受和实践了宗法，在16世纪中叶，安东地区广泛接受宗法过程中，退溪起到了决定性的作用。在退溪李滉的关注和努力之下，其弟子门生开始理解朱子学，积极接受和实践了宗法。

中宗三十八年(1543年)，退溪李滉在负责印刷、收藏图书的校书馆工作时，中宗颁布了《朱子大全》。当时，李滉也曾经看到此书，但因业务繁忙，无暇研读。等到退出官职、安居礼安时，李滉才有时间精读此书，由此感悟到朱子学之深奥。明宗十年(1555年)，李滉准备选取朱子学中的主要内容编撰《朱子学节要》一书，也曾经多次向弟子门生讲解朱子学。

宣祖六年(1573年)，李滉的弟子柳云龙父亲去世，其葬礼按照《朱子家礼》诸般规范予以进行，在此基础上，编撰祭祀礼仪规范集，将祖先家谱和父亲一生整理成册。柳云龙和弟弟柳成龙一同，共同推进祖先追慕事业。宣祖二十五年(1592年)柳成龙联合亲族，起草了关于重新整修位于安东金溪的祖宗坟墓的方案——《金溪墓山守护立约文》。过了约半个世纪之后，丰山柳氏家族又起草了一份认真履行该条文的《完议》。而《完议》是韩国历史上第一次使用"门中"一词的文稿。在"士族支配体系"下，士族以建立乡案的方式维护其生活地位，那么在17世纪之后，士族则开始以登记"族案"的方式，建立血缘关系为中心的新的共同体意识。

朝鲜朝晚期的门中,不仅是父系为主的血缘组织,更是追求共同体利益的社会组织。其理由有三:首先,甲戌换局之后,安东南人的政治上的孤立。仁祖反正之后,南人和西人之间的政治对决越演越烈,政权一步步被西人掌控,而南人逐步被排斥在中央政权权力范围之外。在肃宗初期,安东出身的官僚和汉阳、京畿道出身的南人相互提携,能够顺利进入中央管理层。但是甲戌换局之后,中央管理层中的南人开始走下坡路,安东出身官僚无法寻找合作伙伴,最终成为被孤立的在野势力。在这种情况下,他们只能将目光转向乡村社会的变化和主导权掌控上。

其次,无法做到以经济利益为目的的扩大再生产。士族财产增值的方法主要有继承遗产、开垦荒地、销售收入三项。从 16 世纪开始,安东地区全面建设水利灌溉设施,而这些设施大量建设在义城金氏和全州柳氏等家族世代居住的临河县;韩山李氏等家族世代居住的一直县;丰山柳氏、安东权氏、安东金氏等家族世代居住的丰山县等地。这说明农业生产方式的天翻地覆的变化,极大地影响了农业生产力的提高,原先可以靠开垦荒地来积累财富的这些士族失去了财富聚集来源。到了 17 世纪中、后半叶,安东和所属郡县的荒地早已开垦完毕,加上政局失利,进入中央管理层也成为泡影。

其三,士族整体数量的扩大和膨胀。朝鲜朝前期为止,父母的财产部分儿女均等分配继承,这种遗产继承成为士族积累财富、扩大数量的重要途径。仅举义城金氏川前派男性为例予以说明:16 世纪中叶,鹤峰金诚一兄弟 5 人,而第 21 代则 10 人,第 22 代 27 人,第 23 代 52 人,第 24 代 104 人,增加态势可谓为翻倍。士族数量的猛增只能导致其地位的下降。

政治上的孤立、经济上的限制、士族数量的猛增严重影响安东士族共同体的主导地位,日益加剧的士族间的竞争,将士族的目光转向"门中",士族集团开始以同姓村落门中为中心,运营村落,守护士族威望。

三、门中活动内容

(一)祭祀

在朝鲜儒教社会里,一切以孝为先,而对过世祖先尽孝的方法就是祭祀。祭祀乃子孙对先祖的追思表现形式,对此朱熹也多次予以强调。子孙通过祭祀尽孝来完成和先祖的合二为一,通过祭祀沟通,再将这类经验传至后代,共同构建共同体意识。这种认识加以具体化的组织就是父系血缘集团——门中，而门中最为核心且重要的仪式就是祭祀。

朝鲜朝初期儒学家主张将儒教形式的祭祀付诸实践，但是当时具有宪法性质的《经国大典》则规定：文武官员六品以上的祭祀包括父母、祖父母、曾祖父母在内的"祭三代"，而七品以下是"祭二代"，庶人仅祭父母一代。换言之，祭祀规模按官职和身份等级分为三五九等。而《朱子家礼》则规定"因程子说而立为祭四代之礼"，主张"祭四代"。因此到了朝鲜朝中期，作为新的政治势力走上政治舞台的士林派则不遵守国家之法，却按照《朱子家礼》之规定举行祭祀。相反，朝廷则以《经国大典》和王室为中心，将《国朝五礼仪》之规范，进一步扩大至社会的方方面面。为此，在勋旧派和进入中央管理层的士林之间为祭祀实行方式展开矛盾，最终士林派应该按照《朱子家礼》诸般规范进行祭祀的主张被视《国朝五礼仪》为主体规范、视《朱子家礼》为辅助规范的勋旧派打压，由此导致的各种士祸就是其政治化结果。

士祸导致士林退出中央政局，他们只能在乡村以个别家族为单位实践《朱子家礼》。但是朱子和士林所处的社会、政治、经济环境均为不同，因此无法原封不动地实践《朱子家礼》。由此，各家各户适用《朱子家礼》的方式和方法均有一定的差异，而祭礼规范的统一乃至实践成为各个家族需要完成的课题保留了下来。

这种在家礼实践过程中遇到问题，成为日后士林撰写礼仪书籍的契机，岭南地区以金叔滋和金宗直为首、李彦迪等人开始编撰礼仪书籍。李滉尽管未曾编撰礼仪书籍，但他的礼仪理论对当时的学者产生了相当大的影响，以其门生弟子为中心，也开始编撰礼仪书籍。士林主张的礼仪是"时王之制"，因此士林各自的想法和主张在各自的具体实践当中占据很大的比重，礼仪在各家各户的实践过程当中同样存在很大的差异。

在具体实行"祭四代"过程中，对结束"祭四代"的先祖进行墓祭。墓祭需要墓地。朝鲜朝前期为止，韩国各地实行男方住在女方家的"男归女家婚"的婚礼制度，祭祀也是子女不论男女轮流举办，因此没有过几代，普遍存在墓地消失的现象。随着父系家族秩序的建立，士族开始努力寻找遗失的祖坟。李滉首先开始搜寻各种信息，寻找高祖父、安东入乡祖李云侯的墓地。但是李滉生前最终未能找到祖坟，直至过了100多年之后才找到。而真城李氏为寻找始祖坟墓，花费60—70年的时间。士族们为寻找祖坟历经几代，可谓不遗余力。但是这种努力成为泡影的现象也大量存在，这时，他们就设坛举行"望祭"。

为祭祀有关联的诸多事项当中,门中花费很多心血的事情就是先祖,尤其是派祖供奉为"不迁位祭祀"。原先的祭祀只是祭拜到高祖父,即四代祭祀,过了第四代的长辈就不再拜祭。但是如果能供奉为"不迁位祭祀",过了四代也可以祭祀奉祀。

"不迁位祭祀",是对国家有重大贡献或者声望很高的人们,国家会允许其牌位永远不被挪移。供奉不迁位祭祀是家族的光荣,也是一种权威的象征。据《经国大典》载,"功臣之位,几代不迁位,位于别室。"这就意味着不迁之位可设庙,可百世不迁。按照《经国大典》规定,谥号一开始仅限于功臣,但是后来其范围逐步扩大。英祖三十三年(1757 年),配享于文庙的儒贤均为不迁之位,这直接反映在编撰于正祖九年(1785 年)的法典——《大典通编》之中,有名的儒贤均被赐予谥号。

随着请谥规定的逐步放宽,安东地区的请谥活动也开始升温。作为退溪学脉之中心地,安东地区的大部分门中纷纷将退溪学脉中的杰出人物视作派祖予以奉祀。在此基础上,这些门中为其奉祀的派祖请谥,因为其先祖一旦有了谥号,就意味着可祀奉为不迁位,意味着其门中的宗宅名分也一同被官府正式认定。

性理学礼仪实行初期,士族根据《朱子家礼》中"祭四代"的相关条例,将小宗视作可遵循的规范,但是随着时代的更替,越来越指向祀奉不迁位的大宗。不迁位祭祀不仅有门中成员参与,还有地区的儒林也参与,这对内强化门中集结力、对外提高门中威望无疑起到了巨大的作用。

(二)儒教文化景观的形成

性理学世界观同样反映在日常生活空间,门中构建的宗宅、先茔、斋室、书院、书堂、亭子等诸多儒教文化景观,就是性理学世界观的集中表现,也是门中经营过程中必不可少的支撑。

门中最为代表性的空间为宗宅。宗宅由宗孙居住,但绝非只为宗孙存在的空间。同姓家族的入乡祖或者是不迁位的祀奉均在这一空间举行,是一个举行正式礼仪的门中公共场所。宗宅均选择风水宝地和儒教身份秩序能够完美结合之处建构,其周边由支孙们的府邸围绕。

若言祠堂为祭祀而建,那么斋舍则为墓祭而建,祭祀参与者的住在此处不说,祭祀用品和祭服的制作,以及望祭也在此举行。对此,李滉言,之所以斋舍如此发达，主要是因为祠堂祭祀唯宗子参与，而其余的支子只能在斋舍和宗子一同参与祭祀的缘故，这种发达的墓祭，促使斋舍之大建。

书院由后学为纪念其恩师之学养而建。到了18世纪，后学奉祀先祖的门中书院也得到迅速发展，而不少原来的书院也随之变为门中书院。这与门中活动有着密切的联系。朝鲜时期，随着士林政权的确立，所有的政治和社会行为均以公论即舆论为基础，在这个意义上，我们将士林政治称之为公论政治。这种现象直接反映在门中活动之中。门中成员将有关门中的所有问题均付诸公论，采用少数服从多数的方法予以取舍。18世纪之后，门中已经具备了社会组织性质，所以书院的公论成为门中运用的依据。

作为修养和讲学空间，书堂、讲堂、亭子、精舍等建筑都很好地反映出儒教的自然观。这些建筑均坐落于山水秀丽、视野开阔的江边或丘陵地带。国家或者地区儒林对实现忠、孝、烈等儒教理念的人物予以奖励，为他们构建旌忠阁、旌孝阁和旌闾阁等，这些建筑均位于村口或者是人来人往之处。礼安李氏的同姓村落——丰山邑下里就有各有一座旌忠阁和旌孝阁，其中的旌忠阁建于顺祖十一年（1811年），是为了纪念义兵将领李兴仁（1525—1594）而建，旌孝阁则建于1812年，是为了奖励李汉伍（1719—1793）的孝行而建。

门中独特的儒教文化景观尽管不同于村落的儒教文化景观，但其功能和性质却大同小异。安东地区门中的大部分先祖均隶属于退溪学脉，由此构成安东地区儒教文化景观的整体性。

（三）门中组织的运用

为了共同体的共同利益极大化，门中组建了很多组织，有奉养老人的养老所、帮助门中子弟学习的赡学所、为婚礼和葬礼的相扶相助所建的洞别所等。这些组织分别具有各种的经济基础，而养老所、帮赡学所和洞别所反映的是共同帮助门中成员摆脱困境的共同体意识。

有些门中组织起源于某种特殊的原因，河回丰山柳氏门中的"义庄所"就是其中之一。河回的柳弘春（1753—1792）作为执讲负责按时收取村民的上缴税金上交官衙。但因故无法将其收上来的税金上交到官府，被官府抓去下狱。历任参判的柳台佐，在给他的从兄弟的信件中云：柳弘春因悲观失望而命归黄泉，其妻丰山金氏大呼夫君冤情而自绝身亡，16岁的儿子上京上诉冤情，但无法将诉状送达宫中。朝鲜朝晚期的老百姓最为痛苦的是粮食的减产导致的课税的增加。作为国民，理应遵守国家大法，但是课税作为沉重的负担死死地压在贫穷老百姓的身上，这也是不争的事实。鉴于此，由主管河回门中的柳相祚、柳台佐和柳喆祚等人牵头，创建了未交不起税金的门中之人的救济组织——义庄所。就义庄所的组织背景，柳台佐说，违背官府之法无义理，宗族之间不和睦也无义理，到官府大吵大闹更无义理。义庄所最初的建立，主要是为了给交不起税金的门中之人解燃眉之急，但后来在门中大小红喜白事所需费用也出自义庄所，这种运用模式一直维系到日本帝国主义强占朝鲜的那段日子里。朝鲜朝晚期的门中组织不仅为了提高门中在乡村社会中的威望而存在，更是当出现他们中的某些人难以面对的社会问题时，以集体的名义和力量给予力所能及的帮助，体现出社会共同体的潜在意义。

（四）刊行文集和族谱

在庆尚道，安东地区是刊行文集最多的地方，而最初刊行的文集就是《退溪文集》。退溪的弟子门生极力推进退溪的文庙从祀，如果退溪得以在成均馆和乡校奉祀，那么，退溪学派将名正言顺地成为正统学派，政治上的名分也顺理成章地得以保障。在审核文庙从祀资格时，平时的著述占有很大的份额，因此文集的刊行成为首当其冲的要务。

《退溪集》刊行之后，其他学派也随之刊行自己学派的文集，退溪学派的其他学者也一样开始刊行自己的文集了。尤其是礼安在内的安东诸地作为退溪学派的根据地，退溪的弟子门生特别多，留下了诸多文章。这些文章被其后孙细心保管，最终将其以文集形式加以刊行。现如今，安东地区之所以保存如此众多的古书和古文书，就是后孙对先祖们遗留下来的文章珍爱的结果。

文集的刊行严格按照门中公论。和当年的士林一样，现在门中同样严格执行门中公论。后孙刊行文集不仅是纪念先祖、宣传先祖的一种方式，同样也是加强门中凝聚力的手段，对外则是提高门中学术地位和社会地位的有效途径。门中刊行的文集广泛流通于地区士族集团和门中与门中之间，加强了地区门中之间的共同体意识，对外则成为宣传门中各种学术成果的有效工具。

门中还积极刊行各种族谱。安东地区的族谱在门中形成之前早已开始刊行，现传的最早族谱为安东权氏家族的《成化谱》。刊行于成宗七年（1476年）的该族谱刊载人数为9120人，而其中967人为安东权氏，其余均为外孙，说明这是一部典型的母系族谱，反映了朝鲜朝初期母系血缘意识。但是到了

18—19 世纪则发生明显变化,记录了"派"的分支,记录了同姓之派祖,而村名则按派别予以记录,反映了父系血缘意识。

1758 年刊行的《丰山柳氏细谱》序文载:"曾祖之前的亲族均比邻而居无需刊行族谱,但随着后孙的不断增加,这些亲族也开始分散居住,平日里的相聚也逐渐减少,故此特刊行族谱。"

朱子/退溪与工夫论

朱子的修身功夫论体系

◎ 赖功欧　雷　扬

（江西省社会科学院哲学所研究员）

在朱子的修身功夫论体系中，把格物致知作为其积学明理的立基之本，集义养气作为其诚意正心的入德之门，由静而敬作为其修养日进的取径之法，这是一个较为完整的方法论体系。在朱子看来，通过这一修身方法论体系，可达到"成圣"的目的。此诚如朱子所言："知事理之当然，见道义之全体而身力行之，以入圣贤之域也。"①这一修身功夫论体系的揭示，曾使理学家们充满自信地认为，只要通过努力，人人都可成圣。

一、格物致知作为积学明理的立基之本

儒家的格物致知、积学明理，从来都不是一种独立的认识论，而是道德理想主义中修身立德系统中的有机组成部分。从理学开山周敦颐到集大成者的朱子，无不注重自明而诚的德性修养之道。周敦颐虽没有具体的格物致知之论，但他对德性之知是极为看重的。这不仅可从其修养至圣的基本观念表现出来，而且在他的"师友"之道，"诚几德"之义理，"志学"之修养中都可见出他对学问日增、修养日进的关系及境界的强调。周敦颐强调"志伊尹之所志，学颜子之所学"。程颐在受到周子这种教导后，曾写过《颜子所学何学论》，认为凡学之道，不过是正心养性而已。周敦颐之所以要以伊尹、颜渊为标准，就是要人们不断努力，学识日增，修养日进；这样的治学目标完全与修养至圣之

---

① 《朱文公文集·书临漳所刊四子后》。

目标一致。朱子注曰:"虽志于行道,若自家所学,元未有本领,如何便能举而措之天下? ……然亦必自修身始,修身齐家,然后达诸天下也。"朱子确看重"学"的本领并与修身结合起来。对此,清代孙奇逢说得极为中肯:"志从学来。"张载曾言:"气质恶者,学即能移。"①学即能移有一个过程,这就是积学明理,涵养德性达到变化气质的过程,因此称之为"大益"。应该说,承认人的气质可通过学习而变化,这是张载的理论贡献。程颐认为:"自一身之中,至万物之理,但理会得多,相次自然豁然有觉处。"②这里有两点值得注意,一是通过求理的积累过程,逐步达到"自然"省悟的境界,这几乎在所有理学家都是一致的;二是格物穷理不光从事物上研究,还要从自身去"理会"。程颐也特别重视这点,所以又说:

> 致知在格物,格物之理,不若察之于身,其得尤切。③

足见,他的格物穷理要在知得"切",而知得切则须察之于身,也就是要从自身来体会。所以他力主"默识心通",这对积学明理来说是最为关键的。"大凡学部,闻之知之,皆不为得。得者,须默识心通。学者欲有所得,须是笃,诚意烛理。"④如果把以上两段话结合起来看,便可知程颐之用意并不在一般日常知识,而主要在道德涵养,有关德性的知识才能在直接作为修身之基础,所以就需要超越经验知识与逻辑的直觉体验——默识心通,而只有诚意笃知才能在本质上"烛理",从而内在地把握整体之理。察之于身的重要性即在此。

朱子的格物致知而积学明理说集儒家之大成,而又有其独特之处,这就是他极端重视真与善的高度统一。朱子首在以格物致知而积学明理,作为提高人的道德境界的修养方法,同时也作为其知识论中的求知方法。前者统驭后者,尊德性统驭道问学。这点在其整个思想体系中亦显得十分重要。朱子之所以要尖锐指出"自秦汉以来,士之所求乎书者,类以记诵剽窃为功,而不及乎穷理修身之要。"⑤是有其深刻的道德方面的理由的,其矛头直指那些汲汲乎功名而不关心穷理修身的士人。所以朱子力主"读书只是要见许多道

---

① 张载:《经学理窟》。
② 《二程集》,第181页。
③ 《二程集》,第175页。
④ 《二程集》,第178页。
⑤ 《朱文公文集·徽州婺源藏书阁记》。

理",而"以心体之,以身践之"。

朱子十分讲究为学明理的秩序与功夫,为的是自然而然地达到"通透"之境界,所以他主张先从处理会:

> 学者须先理会那大底,理会得大底了,将来里面小底自然爱透。今人却是理会那大底不得,只去搜寻里面小小节目。①

要注意的是,这种说法多少与理学中的自然主义思想有内在关系,如果理学家们追求把"自然"作为一种功能性的境界学说,那么它必定要体现在积学明理的修身理论中,一切讲究自然而然,天道即是如此,人道何以能排除以外?朱子所以讲究方法,要人先从大处理会即为此意。

光有个大处理会的纲要是无从下手的,对此,朱子曾十分慎重地考察研究了具体的为学方法,并细致到初学者的入学门径。"六经语孟皆圣贤遗书,皆当读,但初学且须知缓急。大学、语、孟,最是圣贤为人切要处。然语、孟便易入。后面功夫虽多,而体已立矣。"②四书五经皆为道德修养的必学之书,但其为学仍有个先后缓急的秩序,这看起来似乎不甚重要,但实际上就像某种功夫要达到高深之境界需要拾级而进的基本功那样,这全然是讲究自然的思想所致。所以朱子进而论道:"然亦各有次序,当以其大而急者为先,不可杂而无统也。"③朱子所谓"大底",实质是道理之源头,"识得道理源头,便是地盘,如人要起屋,须是先筑教基地坚牢,上面方可架屋"④;"须就源头看教大底道理透,阔开基,广开址"⑤。朱子决不一味讲"大底",他同样深感另一问题的重要性——切己,这才是理学中取得共识的德性修养之最紧要处:

> 今人将作个大底事说,不切己了,全无益。……切己思量体察,就日用常行中着衣吃饭,事亲从兄,尽是问学。

> 不过是切己,便的当。此事自有大纲,亦有节目。常存大纲在我,至于节目之间,无非此理。体认省察,一毫不可放过。理明学至,件件是自家物事,然亦须各有伦序。⑥

---

① 《朱子语类》卷八。

② 《朱子语类》卷一三。

③ 《朱子语类》卷八。

④ 《朱子语类》卷八。

⑤ 《朱子语类》卷八。

⑥ 《朱子语类》卷八。

在朱子看来,修身为学虽先须"立得根脚阔",但更要切实于己,在日常道德行为的践履中认真体会反省,一毫不放过,这当然有一个积学明理的过程。通过这一知行统一之过程,才能达到理明学至的境界——件件是自家物事,这就是儒家道德学说中的"自得"。自得之不易,是因道理都要从自己切身体会中着见出,而不是间接得到的。可见,理学中的积学明理格物致知基本是从属于修身论的。

然而朱子同时也认识到,既要做到知行统一、真善统一,就切不可忽视"知'的重要性。他统一了程颢恢复自心达于自然而显天理和程颐主张研究外物之理的观念,主张即物接物以穷理,亦为格物的基本精神。"大学所以说格物,却不说穷理,盖说穷理则似悬空无摸处,只说格物,则只就那形而下之器上便寻那形而上之道,便见得这个元不相离。"①朱子此说,在其天道自然观中多有陈述,他一直强调要从形而下之器物中寻求形而上之道。当然,朱子所谓"物",范围极广,天地间自然及人事都可属被格之"物"。"凡天地间,眼前所接之事,皆是物。"②且"乾坤无言物有则"③,故朱子主张要"逐一做功夫",要于分殊中事事物物都理会其当然之处,而对待事物逐一加以研究的话,就需要有方法,才能真正懂得理本一贯。朱子说:

> 若其用力之方,则或考之事为之著,或察之念虑之微,或求之文字之中,或索之讲论之际。便于身心性情之德、人伦日用之常,以至天地鬼神之变,鸟兽草木之宜,自其一物之中,莫不有见其所当然而不容己与其所以然而不可易者。④

这里的"所当然而不容己"与"所以然不可易者"包容了道德与日常事物两方面之真知,将明善与求知统一起来了。朱子的深刻之处也就在从具体事物中追求最根本之理。如果人伦为所当然之则,鸟兽草木为所以然之则,那么他的"理明学至"的格物致知也就是在追求包括天道人道的事物规律,探索事物本质的学说。当然这一切仍有天道自然观的基础,因为朱子的大前提是

---

① 《朱子语类》卷六二。
② 《朱子语类》卷五七。
③ 《朱子文集·紫阳琴铭》。
④ 《朱子语类》卷二。

"其所以然，则莫不原于天命之性"①"当然之性，必有所从来，知天命是知其所以然也"②。正是由于这样一个前提性基础，所以对朱子来说，求善与求真并不矛盾，目的在善，但求真有补于求善。

朱子反对格一物而贯通一切的阔论，"天下岂有一理便解万理皆通？……须是逐旋做将去，不成只用穷究一个，其他更不用管"③。这样，就必然存在一个功夫问题。积学才能明理，诚如朱子所言："积学既多，自当脱然有贯通处。乃是零零碎碎凑合将来，不知不觉自然醒悟，其始须用力，及其得这也，又却不假用力。"④由积学到自然贯通，这才是朱子真正所重视的。理一分殊，既要大处立足，识得"理一"之理，更要小小心心，踏踏实实，逐一穷究，自然贯通。

朱子对格物致知的认识论意义之强调，有时似使人以为他的这一学说并不是修身论的一部分，其实并非如此，相反，认识论意义强化了价值论意义而丝毫不妨碍朱子学说的道德终极目标，这就是通过积学明理格物致知以透视道德是非，达到修身目的："须穷极事物之理到尽处，便有一个是，一个非。是底便行，非底便不行。凡自家身心上，皆须体验得一个是非。"⑤必须在穷究事物之理到尽处，才能辨明是非。事实上，"是非"观在中国古代思想中有相当深刻广泛的研究，中国人喜欢在根底上追究并评品人物、历史、事件之是非，所以是非观甚至可作为中国哲学中的一个独立范畴。不过许多理学家是强调通过"反求诸己"的道路来明辨是非。而朱子则认为切己虽重要，但并不能解决一切问题，仍要首先通过认知的道路。"若知有未至，则返之而不诚者多矣。安得直谓能反求诸如身则不待求之于外，而万物之理皆备于我，而无不诚哉！况格物之功正在即事即物而求其理，今乃反欲离去事物而专务求于身，尤非大学之本意矣。"⑥朱子本人曾认为他的这段话是把握了《大学》格物致知的本意即格物穷理的精神的。事实上，朱子是想把求诸己与求之于外两者结合起来，而反对专务求于身的单腿行路，那样反会导致"不诚者多矣"。只有认识深刻了，才有更明确的是非观。看来，在朱子的修身观念中，格物致

---

① 《论语或问》。

② 《朱子语类》卷二三。

③ 《朱子语类》卷一八。

④ 《朱子语类》卷一八。

⑤ 《朱子语类》卷一五。

⑥ 《中庸或问》。

知确可作为积学明理、明辨是非的立基之本。

二、集义养气作为诚意正心的入德之门

集义养气的思想来自孟子,孟子的浩然之气,即从集义养气而来:

> 敢问何谓浩然之气?曰:难言也。其为气也,至大至刚,以直养而无害,则塞于天地之间。其为气也,配义与道,无是馁也,是集义所生者,非义袭而取之也。[1]

气由义生,又必由义养,故孟子谓"善养",善养之功夫在所以养之者,所谓"直养",就是顺其所自生之理以养之,义理常积集于内,顺理直行,自然生发刚大之气。浩然之气,只有通过有目的培养才能发展出来,才能最终达到"上下与天地同流"。

宋代理学家唯程颐与朱子最重视孟子的集义养气论。程颐所持的有着极强道德目的论的养气说,就是要以义取代气质中的"私意",这样,作为人性修炼的养气过程,也就成为去私的过程。"有少私意即是气亏。无不义便是集义,有私意便是馁。"[2]对"气亏"者而言,尤其要强调志的作用;对多有"私意"者而言,尤其要强调"直内"。所以,"率气者在志,养气者在直内。"[3]此为二程极度重视者。因为二程要使养气论最终落实于"养气则在有所帅"[4]的志之理想中。

朱子论集义养气,在总体上与二程并无二致,如浩然之气为天地正气,积集众义所生,直养无害、内外交养等,都沿袭了二程之思路,此不赘论。唯朱子在知言集义养气与不动心的内在关系及其养气之过程与境界之自然上,有所发明。如其所说:"孟子则是能知言,又能养气,自然心不动。盖知言本也,养气助也。三者恰如行军,知言则其先锋,知虚实者;心恰如主帅,气则卒徒也。孟子则前有引导,后有推助,自然无恐惧纷扰,而有以自胜。……至于集义功夫,乃在知言之后。不能知言,则不能集义。"[5]把知言的首要作用强调得

---

① 《公孙丑上》。
② 《二程集》,第78页。
③ 《二程集》,第151页。
④ 《二程集》,第274页。
⑤ 《朱子语类》卷五二。

如此突出，这是朱子以前所没有的。而这正好形成了他的修身养气论的基本格调。他以知言养气心不动三者一气贯穿，"恰如行军"，是个极好的比喻。不知言无以集义，这才是真正重要的前提。朱子认为知言也就是知理，所以他再三指出："孟子论浩然之气一段，紧要在知言上。"①知言决非通常意义上的通晓之义，而是要深入到道德意义上的是非邪正、且要知得无疑才起作用。"孟子说养气，先说知言。先知得许多说话，是非邪正，都无疑后，方能养此气也。"②

程颐曾把集义当作心上的功夫，朱子因极为强调知言作为集义的准备，所以把集义完全作为行的功夫。"集义是行底功夫，只是事事都要合义。穷理则在知言之前，穷理是做知言功夫，能穷理，然后能知言。"③这样，穷理—知方—集义—生浩然之气，就成为一个完整的逻辑链。不过朱子知言要达到"义精而理明，所以能养浩然之气。"④与此密切相关的是"不动心"的另一线路。"养气一章在不动心，不动心在勇，勇在气，气在集义。"对朱子来说养气则"自然心不动"⑤，心不动其实正是浩然之气的一种体现。朱子认为这一系列的过程，都须真实而自然，以达自然心不动的境界。

朱子的这一理论确可视为自然生发论，不仅朱子强调自然，更在于朱子处处指出各个环节的自然，一脱离自然境界，便无以成之。所以他不仅说："自家知言集义，则此气自然发生于中。"⑥也说"自然心不动。"又说："只集义到充盛处，则能强壮，此气便自浩然。"⑦更要说："只是仰不愧，俯不怍，自然无恐惧，塞乎天地。今人心中才有疚愧，则此气自然消馁，作事更无勇锐。"⑧所为勇锐、无恐惧、不动心都是浩然之气生发过程的自然之境界，强调自然，必定反对不自然，在朱子，这不自然的一面即为"硬要充去"，"硬要浩然"，这全然是一种有意之"期待"。他在解释孟子的"必有事焉，勿正，心勿忘，勿助长"几句时说："勿正，是勿期必如此；勿助长，是不到那地位了，不可硬要充去。

---

① 《朱子语类》卷五二。
② 《朱子语类》卷五二。
③ 《朱子语类》卷五二。
④ 《朱子语类》卷五二。
⑤ 《朱子语类》卷五二。
⑥ 《朱子语类》卷五二。
⑦ 《朱子语类》卷五二。
⑧ 《朱子语类》卷五二。

如未能集义,不可硬要浩然。才助长,在我便有那欺伪之心……故助长之害最大。"①显然,助长与"硬要充去"都是一种反自然的做法,极为有害。只有积累功夫到家,才会生出自然境界。诚如他所说:"集义于此,自生浩然之气,不必期待也。"②连期待也是一种不自然之做法,此乃因期待之切必然要助长之。所以朱子再三告诫:"但勿忘,则自然长。助长,则速之如揠苗者也。"③

朱子在大谈自然境界时,又对浩然之气的勇猛、决烈、刚大、无恐惧大加赞赏,并认为有什么样的气魄,才能担当得什么样的事,"圣贤都刚果决烈,方能传得这个道理。若慈善柔羽底,终不济事"④。难怪他极为称颂孔子所言"不得中行而与之,必也狂狷乎"。基于此,他极力以各种形象形容浩然之气:

> 浩然之气,清明不足以言之。才说浩然,便有个广大刚果的意思,如长江大河,浩浩而来也。富贵、贫贱、威武不能移屈之类,皆低,不可以语此。

> 若浩然之气,却当从"吾尝闻大勇于夫子"之语看之。……其气浩然,天下大事何所做不得!⑤

天下大事何所做不得正是一种大丈夫气概,非浩然之气者莫能为之。这般典型的儒家思维方式下得出的结论。

朱子又十分注重从"合而有助"之义理上解说"配义与道"。他认为"配义与道,配从而合之也。气须是随那道义。如云地天,地须在天后,随而合之。"⑥此处仅言合,进而言之,则须以"有助"深入一步。"或问:'浩然之气,配义与道。'曰:'……且如配字,是将一物合一物。'义与道得此浩然之气来贴助配合,自然充实张主。若无此气,便是馁了。"又说:"配,合也,助也。若于气上存养得有所不足,遇事之际,便有十分道理,亦畏怯不敢为。"⑦朱子意在养成浩然之气以配道义,才能有助道义。不然,虽道义在眼前,其气慊怯,安能有当!故在朱子,配的"助"之义,是更为紧要的。显然,对于道义与气,不可偏废,虽有此道义,如果气不足以充其体,则歉然自馁。而如果以浩然了配助

① 《朱子语类》卷五二。
② 《朱子语类》卷五二。
③ 《朱子语类》卷五二。
④ 《朱子语类》卷五二。
⑤ 《朱子语类》卷五二。
⑥ 《朱子语类》卷五二。
⑦ 《朱子语类》卷五二。

道义,则道义之行愈为刚果,更无滞碍。进而言之:"气充,方合得那道义,所以说有助之意。"①朱子如此重视浩然之气的力量,归根到底,在于他深刻认识到:"若无此气,则道义亦不可见,世之理直而不能自明者,正为无其气耳。"这实在是一种极可怕的结果,因其已妨碍了理的存在!而没有理的世界将成何体统。中国成语中有理直气壮一语,朱子此言可为其作注脚。

应该说,浩然之气本为形象之语,难以验证,理学家从各种角度论述之,已属不易。而朱子又特别从日常事务的酬酢应接加以详述,实为更深入而具体之理论:

> 或问:"配义与道,盖人之能养是气,本无形声可验。唯于事物当然之理上有所裁制,方始见得其行之勇,断之决。缘这道义与那气厮合出来,所以'无是,馁也'。"……这个气底规模,如何下手?都由酬酢应接,举皆合义。人既如此俯仰无愧,所以其气自然盛大流行。②

从日常的实践行为上检验其是否合于义,从而证其有无浩然之气,此亦即从事上看理之所在,转换成从事上看气之面貌。诚为可贵之论,而"俯仰无愧,气自盛大"之论,更为经典之论;它显示了朱子修身养气学说的一种内在精神,此如朱子所言:"非有得于内,孰能如此其从容而有余乎!"③"酬酢应接,举皆合义"一说,更是充分显示了朱子在诠释《大学》"诚意、正心"之道时,所持道德价值理性绝对优先的根本原则。所以最终朱子如是教人:"天下莫强于理义。当然是义,总名是道。以道义为主,有此浩然之气去助他,方勇敢果决以进。"④诚哉是言!

进言之,诚意、正心之道,不仅是入德之门;亦是不可须臾离之道。然其总与集义养气——养"中和"之正性这个前提分不开。在方法论上,朱子是极讲究前提与次第的。

三、由静而敬作为修养日进的取径之法

朱子之前,二程已从理论上实现了从"主静"到"主敬"的演变。虽二程对

---

① 《朱子语类》卷五二。
② 《朱子语类》卷五二。
③ 《朱文公文集·四斋铭》。
④ 《朱子语类》卷五二。

静以修身多有论述,但思维指向却在"主敬"。程颢的主敬论与其天道人性说极其一致。他认为只要随万物本来固有的生生之性,便自然得其生成之道;各得其所,自然而然。所以他从天道易体说起:"天地设位,而易行乎其中,只是敬也。敬则无间断。体物而不可遗者,诚敬而已矣。"①这里的"敬"当然是一种存养和持守的修养功夫,然"诚敬"连用,必有其特殊用意,因诚是本体,敬是方法。"诚者天之道,敬者人事这本,敬则诚。"②以方法之敬实现本体之诚;而诚敬连用,则表明了诚是"即工夫即本体的"(牟宗三语)。重要的是,程颢又把敬与"无间断"联系起来。

朱子对静与敬的存养功夫有更多的辩证眼光,他认为静虽是收敛精神,使道理有凑泊处,但不能守在那里一味求静,而是要应接事物,顺理做去。"知这事当做,便顺理做去,便见动而静底意思。事物之来,若不顺理而应,则虽块然不交于物,心亦不能得静。唯动时能顺理,则无事时始能静。静而能存养,则应接年始得力。须动时做功夫,静时也做功夫,两莫相靠,莫使功夫间断始得。"③动而顺理,方能得静,静能存养,动则得力。动静相得,须兼做工夫,这已有些辩证意味,当然有一个关键的思维前提即"顺理",这点很重要,朱子常讲一"顺"字,都从"顺"其自然来,这点又颇有点类似程颢的自然应物的理论。颜习斋曾讥评朱子教人半日静坐,其实朱子自己亦未必真有半日静坐。朱子的原则是当做什么就做什么,因此他将静与敬统一起来,敬贯动静,静亦在敬的功夫之内;然而却不可把静说作敬,敬则静,即便静坐时也须静,如不能敬,则不能静。这种思辨的机智表明朱子对其关系的深刻理解。关键在于,他认定作为心性功夫的静,决非坐禅入定,断绝思虑,而是要收敛此心,达到自然专一的境界,从而能随事而应。静方能收敛,收敛亦即敬。"只收敛身心,整齐纯一,不恁地放纵,便是敬。"④"静坐而不能遣思虑,便是静坐时不曾敬。敬则只是敬,更寻甚敬之体。"⑤

朱子把敬提升到"圣门之纲领,存养之要法"⑥,说明他对这一修持方法的

---

① 《二程集》,第 118 页。
② 《河南程氏遗书》卷一一。
③ 《朱子语类》卷四五。
④ 《朱子语类》卷一二。
⑤ 《朱文公文集·答熊梦兆》。
⑥ 《朱子语类》卷一二。

高度重视,而由于其思路是以"理"为基点的,所以他将一系列修养论范畴统之于理中:

> 圣贤言语,大约似乎不同,然未始不贯。只如夫子言非礼勿视听言动,"出门如见大宾,使民如承大祭","言忠信,行笃敬"。这是一幅当说话。到孟子又却说"求放心","存心养性"。大学则又有所谓格物致知,正心,诚意。至程先生又专一发明一个敬字。若只恁看,似乎参错不齐,千头万绪,其实只一理。①

确实,当你把非礼勿视、听、言、动,求放心,正心诚意,存心养性,格物致知以至于敬,都看成一个道理,就能懂得儒家的修养功夫是一以贯之的,也就能懂得儒家道德价值绝对优先的原则到底是落实在个体之上的,修齐治平始于个体之功夫。由此,朱子再三赞叹程颐发明一个"敬"字。"因叹敬字工夫之妙,圣学之所以成始成终者皆由此。或曰:自秦汉以来诸儒皆不识这敬字,直至程子说得亲切,学者知所用力。"②"敬"字的贴切性使人有下手的工夫处,所以叹其为妙的同时又将其作一个重要范畴而赋予多方面含义,使其成为全面的修养方法。钱穆先生曾总结朱子之"敬"的诸种含义:一是敬略如畏字,二是敬为收敛,其心不容一物。三是敬为随事专一(主一之谓敬),四是敬须随事检点,五是敬为常惺惺(醒觉义),六是敬为整齐严肃。他还概括了朱子论敬与公和直,获与和,敬秘生意,敬与定,敬与笃厚等多种关系的内涵。③ 充分说明朱子关于敬的范畴有极其丰富的意义和内容。需要指出的是,朱子也把敬作为与"克己"功夫相伴随的功夫,诚如其所说:"敬如治田面灌溉之功,克己则是去其恶草也。"④实际上,在朱子眼中敬与克己之功夫占有重要地位,否则很容易落空。

朱子曾专门写过《敬斋箴》一文书于斋壁,系统阐述了居敬功夫的原理、过程与目标,其思维焦点体现于把敬作为穷理之本,"居敬穷理"二者不可偏废。其最终意义当然在使"天理灿然":

> 敬则天理常明,自然人欲惩窒消治。人能存得敬,则吾心湛然,于天

---

① 《朱子语类》卷一二。
② 《朱子语类》卷一二。
③ 钱穆:《朱子新学案·朱子论敬》。
④ 《朱子语类》卷一二。

理灿然,无一分着力处,亦无一分不着力处。①

实质上,这就是朱子持敬理论构建的目的所在,朱子要使天理常明,人欲克治成为通过修炼而达至理想的自然境界;从过程到目的一切要自然而然为好,当然达此自然境界须经严谨的方法次第。通观朱子理论,此为朱子深意所在,我们当细心体会才能有所得。

① 《朱子语类》卷一二。

"诚"是朱熹工夫论的最高境界

——以《大学章句》、《中庸章句》为中心的讨论*

◎ 乐爱国

（厦门大学哲学系教授）

朱熹的学术以《四书章句集注》为核心。在朱熹看来，"四书"以《大学》为纲领，以《中庸》为大本，所谓"《大学》是通言学之初终，《中庸》是直指本原极致处"①。然而，由于种种原因，学术界多以朱熹《大学章句》为依据，强调朱熹的格物致知论在其学术体系中的重要地位。为此，笔者曾在所撰《朱子格物致知论研究》中提出朱熹《大学章句》的格物致知论是其学术体系的出发点。②但是，朱熹的学术，不仅于此，朱熹《中庸章句》通过对于《中庸》"喜怒哀乐之未发谓之中"，"中也者，天下之大本也"，"诚者，天之道也；诚之者，人之道也"的诠释，把"中"与"诚"统一起来，把"诚"看作是《中庸》全篇的枢纽，达到了天人合一的"诚"的境界，从而构成了以《大学章句》的格物致知论为出发点、以《中庸章句》的"诚"为归宿的学术体系。

一、《大学章句》格物为先，以敬为本

朱熹《大学章句》"格物致知补传"讲"天下之物莫不有理"，③然而，朱熹又认为"心具众理"。《大学章句》在注"明明德"时指出："明德者，人之所得乎

---

　*　国家社科基金后期资助项目"朱熹《中庸》学研究"（12FZX005）；教育部哲学社会科学重大课题攻关项目"百年朱子学研究精华集成"（12JZD007）。

①　朱熹：《晦庵先生朱文公文集》卷四六，《答黄商伯》四，四部丛刊初编本。

②　乐爱国：《朱子格物致知论研究》，长沙：岳麓书社，2010年，第109页。

③　朱熹：《四书章句集注·大学章句》，北京：中华书局，1983年，第7页。

天,而虚灵不昧,以具众理而应万事者也。"①对此,《大学或问》解释说:"惟人之生乃得其气之正且通者,而其性为最贵,故其方寸之间,虚灵洞彻,万理咸备,盖其所以异于禽兽者正在于此,而其所以可为尧舜而能参天地以赞化育者,亦不外焉。"②朱熹还说:"明德是自家心中具许多道理在这里。"③又说:"能存得自家个虚灵不昧之心,足以具众理,可以应万事,便是明得自家明德了。"④显然,朱熹《大学章句》所谓"明德者,人之所得乎天,而虚灵不昧,以具众理而应万事者也",实际上就是讲心"心具众理"。朱熹较多地讲"心具众理"。他说:"心者,人之神明,所以具众理而应万事者也。性则心之所具之理,而天又理之所从以出者也。"⑤朱熹还说:"心虽是一物,却虚,故能包含万理"⑥;"心之全体湛然虚明,万理具足"⑦;"心包万理,万理具于一心。"⑧并且赞同门人李孝述所言:"心惟虚灵,所以方寸之内体无不包,用无不通,能具众理而应万事";"心具众理,心虽昏蔽而所具之理未尝不在。"⑨由此可见,朱熹《大学章句》讲"天下之物莫不有理",实际上同时也认为理具于心,"心具众理"。所以,朱熹《大学或问》在进一步解说《大学章句》"格物致知补传"时特别强调,格物致知并不是"不求诸心,而求诸迹,不求之内,而求之外",指出:"人之所以为学,心与理而已矣。心虽主乎一身,而其体之虚明,足以管乎天下之理;理虽散在万物,而其用之微妙,实不外乎一人之心,初不可以内外精粗而论也。"⑩

朱熹讲"天下之物莫不有理",并且说:"欲致吾之知,在即物而穷其理也"。⑪ 朱熹还说:"《大学》是圣门最初用功处,格物又是《大学》最初用功

---

① 朱熹:《四书章句集注·大学章句》,北京:中华书局,1983年,第3页。
② 朱熹:《四书或问·大学或问》,《朱子全书》第6册,上海:上海古籍出版社、合肥:安徽教育出版社,2010年,第507页。
③ 黎靖德:《朱子语类》卷一四,北京:中华书局,1986年,第263页。
④ 黎靖德:《朱子语类》卷一四,北京:中华书局,1986年,第265页。
⑤ 朱熹:《四书章句集注·孟子集注》,北京:中华书局,1983年,第349页。
⑥ 黎靖德:《朱子语类》卷五,北京:中华书局,1986年,第88页。
⑦ 黎靖德:《朱子语类》卷五,北京:中华书局,1986年,第94页。
⑧ 黎靖德:《朱子语类》卷九,北京:中华书局,1986年,第155页。
⑨ 朱熹:《晦庵先生朱文公文集·续集》卷十,《答李孝述继善问目》,四部丛刊初编本。
⑩ 朱熹:《四书或问·大学或问》,《朱子全书》第6册,上海:上海古籍出版社、合肥:安徽教育出版社,2010年,第528页。
⑪ 朱熹:《四书章句集注·大学章句》,北京:中华书局,1983年,第6页。

处"①;"格物致知是《大学》第一义,修己治人之道无不从此而出。"②强调"格物致知"在为学成人过程中的首要性。问题是,朱熹又讲"心具众理",那么,为什么不可以直接探究其心而要通过"格物"以穷天下万物之理呢?《大学章句》注"明明德",不仅讲"心具众理",而且还接着说:"但为气禀所拘,人欲所蔽,则有时而昏;然其本体之明,则有未尝息者。故学者当因其所发而遂明之,以复其初也。"③《朱子语类》载朱熹说:"明德是自家心中具许多道理在这里。本是个明底物事,初无暗昧,人得之则为德。如恻隐、羞恶、辞让、是非,是从自家心里出来,触着那物,便是那个物出来,何尝不明。缘为物欲所蔽,故其明易昏。如镜本明,被外物点污,则不明了。"④在朱熹看来,"心具众理",但是又为"气禀所拘,人欲所蔽",有时而昏。既然为昏,又如何明?所以,必须"即物而穷其理","至于用力之久,而一旦豁然贯通焉,则众物之表里精粗无不到,而吾心之全体大用无不明矣"。⑤

与此同时,正是因为"心具众理","格物"不仅仅只是"即物而穷其理"的工夫,所以,朱熹特别强调"格物"除了向外求理,更应当指向人的内心,必须以"敬"为本。朱熹认为,他的《大学章句》"格物致知补传"取自二程之意。⑥为此,《大学或问》不仅引述二程有关格物致知的途径和方法的言论,归结为十条,并指出"此十条者,皆言格物致知所当用力之地,与其次第功程也",而且还引述二程所言"格物穷理,但立诚意以格之,其迟速则在乎人之明暗耳";"入道莫如敬,未有能致知而不在敬者";"涵养须用敬,进学则在致知";"致知在乎所养,养知莫过于寡欲";"格物者,适道之始,思欲格物,则固已近道矣。是何也?以收其心而不放也",并指出:"此五条者,又言涵养本原之功,所以为格物致知之本者也。"⑦显然,在朱熹看来,"涵养本原之功"为"格物致知之本"。《大学或问》还说:"圣人设教,使人默识此心之灵,而存之于端庄静一之

①　朱熹:《晦庵先生朱文公文集》卷五八,《答宋深之》三,四部丛刊初编本。
②　朱熹:《晦庵先生朱文公文集》卷五八,《答宋深之》五,四部丛刊初编本。
③　朱熹:《四书章句集注·大学章句》,北京:中华书局,1983 年,第 3 页。
④　黎靖德:《朱子语类》卷一四,北京:中华书局,1986 年,第 263 页。
⑤　朱熹:《四书章句集注·大学章句》,北京:中华书局,1983 年,第 6 页。
⑥　朱熹:《四书章句集注·大学章句》,北京:中华书局,1983 年,第 7 页。
⑦　朱熹:《四书或问·大学或问》,《朱子全书》第 6 册,上海:上海古籍出版社、合肥:安徽教育出版社,2010 年,第 526 页。

中,以为穷理之本。"①显然,在朱熹看来,格物穷理要以"敬"为本。朱熹还明确指出:"持敬是穷理之本。"②"用诚敬涵养为格物致知之本。"③

然而,朱熹《大学章句》"格物致知补传"为什么只是讲"格物致知",而没有讲"敬"?《大学或问》说:"昔者圣人……于其始教,为之小学,而使之习于诚敬,则所以收其放心、养其德性者,已无所不用其至矣。及其进乎大学,则又使之即夫事物之中,因其所知之理,推而究之,以各到乎其极,则吾之知识,亦得以周遍精切而无不尽也。"④在朱熹看来,圣人之教分小学、大学两个阶段,小学"习于诚敬",以"收其放心、养其德性",大学则格物致知。另据《朱子语类》载,问:"'格物'章补文处不入'敬'意,何也?"朱熹曰:"'敬'已就小学处做了。此处只据本章直说,不必杂在这里,压重了,不净洁。"⑤所以,朱子认为,为学应当先为之小学,"习于诚敬",然后才进乎大学,格物致知;若是"不曾做得小学工夫,一旦学《大学》,是以无下手处";在这种情况下,就应当"自持敬始,使端悫纯一静专,然后能致知格物"。⑥

需要指出的是,朱熹《大学章句》"格物致知补传"虽然没有讲"敬",但并不等于大学阶段就不再需要"敬"。《大学或问》说:"盖吾闻之,'敬'之一字,圣学所以成始而成终者也。为小学者,不由乎此,固无以涵养本原,而谨夫洒扫、应对、进退之节,与夫六艺之教。为大学者,不由乎此,亦无以开发聪明、进德修业,而致夫明德、新民之功也。……敬者,一心之主宰,而万事之本根也。知其所以用力之方,则知小学之不能无赖于此以为始;知小学之赖此以始,则夫大学之不能无赖乎此以为终者,可以一以贯之而无疑矣。盖此心既立,而由是格物致知以尽事物之理,则所谓尊德性而道问学。"⑦因此,朱熹还说:"'敬'字是彻头彻尾工夫。自格物、致知至治国、平天下,皆不外此。"⑧

---

① 朱熹:《四书或问·大学或问》,《朱子全书》第6册,上海:上海古籍出版社、合肥:安徽教育出版社,2010年,第528页。

② 黎靖德:《朱子语类》卷一四,北京:中华书局,1986年,第150页。

③ 黎靖德:《朱子语类》卷一四,北京:中华书局,1986年,第407页。

④ 朱熹:《四书或问·大学或问》,《朱子全书》第6册,上海:上海古籍出版社、合肥:安徽教育出版社,2010年,第527页。

⑤ 黎靖德:《朱子语类》卷一四,北京:中华书局,1986年,第326页。

⑥ 黎靖德:《朱子语类》卷一四,北京:中华书局,1986年,第251页。

⑦ 朱熹:《四书或问·大学或问》,《朱子全书》第6册,上海:上海古籍出版社、合肥:安徽教育出版社,2010年,第506～507页。

⑧ 黎靖德:《朱子语类》卷一四,北京:中华书局,1986年,第371页。

朱熹特别强调"敬"对于格物致知的重要性。他说："能居敬,则穷理工夫日益密"①;"不持敬,看道理便都散,不聚在这里。"②甚至还明确指出："《大学》须自格物入,格物从敬入最好。只敬,便能格物"③;"'敬'之一字,万善根本。涵养省察,格物致如,种种功夫,皆从此出,方有据依。"④因此,除了讲"格物致知是《大学》第一义",朱熹还讲过"'敬'字工夫,乃圣门第一义,彻头彻尾,不可顷刻间断"⑤。《大学》"格物致知"为第一义是就工夫之先后而言,"敬"乃圣门第一义是就工夫之根本而言,这就是所谓"涵养须用敬,进学则在致知"。

二、《中庸章句》的"至诚"与"至圣"

朱熹所谓"敬"乃圣门第一义的思想,在《中庸章句》中得到充分的发挥。《中庸》之"中"兼"中和"而言。"中",即"喜怒哀乐之未发谓之中","中也者,天下之大本也";"和",即"发而皆中节之和","和也者,天下之达道也"。所以,天下之大本、天下之达道在于心的"未发"、"已发"之中。对于"喜怒哀乐之未发谓之中",朱熹说:"'喜怒哀乐未发谓之中',程子云:'敬不可谓之中,敬而无失,即所以中也。'"⑥又说:"未发之际,便是中,便是'敬以直内',便是心之本体。"⑦"只是常敬,便是'喜怒哀乐未发之中'也。"⑧认为要达到"喜怒哀乐未发之中"就必须"敬而无失"。对于"发而皆中节之和",朱熹说:"敬是'喜怒哀乐未发之中',和是'发而皆中节之和'。才敬,便自然和";"敬与和,亦只是一事。敬则和,和则自然敬。"⑨所以,朱熹要求把"敬"贯穿于"未发"、"已发"之中。他说:"当其未发,此心至虚,如镜之明,如水之止,则但当敬以存之,而不使其小有偏倚;至于事物之来,此心发见,喜怒哀乐各有攸当,则又当

---

① 黎靖德:《朱子语类》卷一四,北京:中华书局,1986年,第150页。
② 黎靖德:《朱子语类》卷一四,北京:中华书局,1986年,第151页。
③ 黎靖德:《朱子语类》卷一四,北京:中华书局,1986年,第269页。
④ 朱熹:《晦庵先生朱文公文集》卷五〇,《答潘恭叔》八,四部丛刊初编本。
⑤ 黎靖德:《朱子语类》卷一四,北京:中华书局,1986年,第210页。
⑥ 黎靖德:《朱子语类》卷六二,北京:中华书局,1986年,第1511页。
⑦ 黎靖德:《朱子语类》卷八七,北京:中华书局,1986年,第2262页。
⑧ 黎靖德:《朱子语类》卷九五,北京:中华书局,1986年,第2435页。
⑨ 黎靖德:《朱子语类》卷二二,北京:中华书局,1986年,第519页。

敬以察之,而不使其小有差忒而已。"①又说:"未发之前,是敬也,固已主乎存养之实;已发之际,是敬也,又常行于省察之间"②;"其未发也,敬为之主而义已具;其已发也,必主于义而敬行焉。"③所以,在朱熹看来,要在心的"未发"、"已发"之中把握天下之大本、天下之达道,关键在于"敬"。

《中庸》讲"诚者,天之道也;诚之者,人之道也",朱熹《中庸章句》从天道与人道合一的层面把"诚"界定为"真实无妄",又说:"诚者,实理之谓也。"④还说:"大抵'诚'字,在道则为实有之理,在人则为实然之心。"⑤朱熹还通过分析"诚"与"敬"的关系,认为"诚"比"敬"更为根本。他说:"'谨'字未如敬,敬又未如诚。程子曰:'主一之谓敬,一者之谓诚。'敬尚是著力。"⑥"诚,实理也;……实理该贯动静,而其本体则无为也。"⑦

正是在深入阐释《中庸》"诚"的内涵的过程中,朱熹明确提出"诚"是《中庸》全篇的枢纽,指出:"盖此篇大指,专以发明实理之本然,欲人之实此理而无妄,故其言虽多,而其枢纽不越乎'诚'之一言也。"⑧而且又认为《中庸》讲"中"与讲"诚"是统一的。他说:"中是道理之模样,诚是道理之实处,中即诚矣。"⑨还说:"中与诚……固是一事,然其分各别:诚是实有此理,中是状物之体段。"⑩同时,他又强调"诚而中",指出:"诚而中者,'君子之中庸'也;不诚而中,则'小人之无忌惮'耳。"⑪

在朱熹《中庸章句》看来,"诚"既是天道也是人道,"天理之本然也"⑫。就"诚"是天道而言,"天地之间,惟天理为至实而无妄,故天理得诚之名,若所谓

---

① 朱熹:《四书或问·中庸或问》,《朱子全书》第6册,上海:上海古籍出版社、合肥:安徽教育出版社,2010年,第563页。

② 朱熹:《晦庵先生朱文公文集》卷三二,《与张钦夫》四十九,四部丛刊初编本。

③ 朱熹:《晦庵先生朱文公文集》卷四〇,《答何叔京》二十九,四部丛刊初编本。

④ 朱熹:《晦庵先生朱文公文集》卷六一,《答林德久》七,四部丛刊初编本。

⑤ 朱熹:《晦庵先生朱文公文集》卷四六,《答曾致虚》一,四部丛刊初编本。

⑥ 黎靖德:《朱子语类》卷六,北京:中华书局,1986年,第103页。

⑦ 黎靖德:《朱子语类》卷九五,北京:中华书局,1986年,第2393页。

⑧ 朱熹:《四书或问·中庸或问》,《朱子全书》第6册,上海古籍出版社、安徽教育出版社,2010年,第595页。

⑨ 黎靖德:《朱子语类》卷六二,北京:中华书局,1986年,第1483页。

⑩ 黎靖德:《朱子语类》卷六,北京:中华书局,1986年,第104页。

⑪ 朱熹:《晦庵先生朱文公文集》卷六七,《养生主说》,四部丛刊初编本。

⑫ 朱熹:《四书章句集注·中庸章句》,北京:中华书局,1983年,第31页。

天之道、鬼神之德是也"①，朱熹还说："天地之道，可一言而尽，不过曰'诚'而已。不贰，所以诚也。诚故不息，而生物之多，有莫知其所以然者。"②就"诚"是人道而言，朱熹把"诚"看作比"五达道"、"三达德"更为根本，认为"父子有亲、君臣有义、夫妇有别、长幼有序、朋友有信"五者与"知、仁、勇"三者，"一有不诚，则人欲间之，而德非其德矣"③。因此，朱熹讲"凡事皆欲先立乎诚"④。同时，朱熹还特别强调，诚者，既能成己，又能够成物。他说："人之心一有不实，则虽有所为，亦如无有，而君子必以诚为贵也。盖人之心能无不实，乃为有以自成，而道之在我者亦无不行矣。……诚虽所以成己，然既有以自成，则自然及物，而道亦行于彼矣。"⑤

尤为重要的是，朱熹《中庸章句》进一步强调"诚"为圣人之德、圣人之心，指出："圣人之德，浑然天理，真实无妄，不待思勉而从容中道，则亦天之道也。"⑥又说："圣人之心为至实而无妄，故圣人得诚之名"⑦；"诚是天理之实然，更无纤毫作为。圣人之生，其禀受浑然，气质清明纯粹，全是此理，更不待修为，而自然与天为一。"⑧显然，在朱熹看来，"诚"与圣人之德、天地之道是一致的。

朱熹认为，《中庸》第二十二章从圣人"至诚"，而能"尽己之性"，进而能够"尽人之性"、"尽物之性"，直至"赞天地之化育"，"与天地参"，实际上是一个由内而外、"至诚"与"至圣"统一起来的过程；《中庸》第二十六章讲"至诚"而能"悠久"、"博厚"、"高明"，说的是"圣人与天地同用"，而"博厚配地，高明配天，悠久无疆"，则说的是"圣人与天地同体"。⑨这就把圣人之德与天地之道统一起来。

朱熹《中庸章句》特别强调"至诚之道"与"至圣之德"的统一，既展现圣人

---

① 朱熹：《四书或问·中庸或问》，《朱子全书》第6册，上海：上海古籍出版社、合肥：安徽教育出版社，2010年，第591页。

② 朱熹：《四书章句集注·中庸章句》，北京：中华书局，1983年，第34页。

③ 朱熹：《四书章句集注·中庸章句》，北京：中华书局，1983年，第29页。

④ 朱熹：《四书章句集注·中庸章句》，北京：中华书局，1983年，第31页。

⑤ 朱熹：《四书章句集注·中庸章句》，北京：中华书局，1983年，第34页。

⑥ 朱熹：《四书章句集注·中庸章句》，北京：中华书局，1983年，第31页。

⑦ 朱熹：《四书或问·中庸或问》，《朱子全书》第6册，上海：上海古籍出版社、合肥：安徽教育出版社，2010年，第591页。

⑧ 黎靖德：《朱子语类》卷六四，北京：中华书局，1986年，第1563页。

⑨ 朱熹：《四书章句集注·中庸章句》，北京：中华书局，1983年，第34页。

与天地同体、同用、同德的最高境界,指出:"惟圣人之德极诚无妄,故于人伦各尽其当然之实,而皆可以为天下后世法,所谓经纶之也。其于所性之全体,无一毫人欲之伪以杂之,而天下之道,千变万化皆由此出,所谓立之也。其于天地之化育,则亦其极诚无妄者,有默契焉。"①以为圣人至诚,因而在根本上与天地化育相一致,又进一步认为只有"至诚"才能达到"至圣",指出:"至诚之道,非至圣不能知;至圣之德,非至诚不能为,则亦非二物矣。"②并且认为"至圣"与"至诚"是表里关系,"至圣,是其德之发见乎外者","至诚,则是那里面骨子"③;"圣以德言,诚则所以为德也"④,强调"至诚"对于"至圣"的根本性。尤为重要的是,朱熹《中庸章句》还特别要求在"圣人之德而极其盛"之时,"用心于内,不求人知,然后可以谨独诚身,而训致乎其极"⑤,"至于'无声无臭'而后已"⑥。这显然已经超越了"涵养须是敬,进学则在致知"的工夫论层面,而达到了天人合一的境界。这不仅仅是一种道德境界,更是一种天地境界⑦,即朱熹《中庸章句》所谓"盖天地万物,本吾一体,吾之心正,则天地之心亦正矣,吾之气顺,则天地之气亦顺矣"⑧,《中庸》所谓"致中和,天地位焉,万物育焉","赞天地之化育"、"与天地参"。

---

① 朱熹:《四书章句集注・中庸章句》,北京:中华书局,1983年,第38~39页。

② 朱熹:《四书章句集注・中庸章句》,北京:中华书局,1983年,第39页。

③ 黎靖德:《朱子语类》卷六四,北京:中华书局,1986年,第1594页。

④ 黎靖德:《朱子语类》卷六四,北京:中华书局,1986年,第1595页。

⑤ 朱熹:《四书或问・中庸或问》,《朱子全书》第6册,上海:上海古籍出版社、合肥:安徽教育出版社,2010年,第604页。

⑥ 朱熹:《四书章句集注・中庸章句》,北京:中华书局,1983年,第40页。

⑦ 冯友兰说:"天地境界的特征是:在此种境界中底人,其行为是'事天'底。在此境界中底人,了解于社会的全之外,还有宇宙的全,人必于知有宇宙的全时,始能使其所得于人之所以为人者尽量发展,始能尽性。在此种境界中底人,有完全底高一层底觉解。此即是说,他已完全知性,因其已知天。他已知天,所以他知人不但是社会的全的一部分,而且是宇宙的全的一部分。不但对于社会,人应有贡献,即对于宇宙,人亦应有贡献。人不但应在社会中,堂堂地做一个人,亦应于宇宙间堂堂地做一个人。人的行为,不仅与社会有干系,而且与宇宙有干系。他觉解人虽只有七尺之躯,但可以'与天地参'。虽上寿不过百年,而可以'与天地比寿,与日月齐光'。"见冯友兰:《新原人》,上海:商务印书馆,1946年,第33~34页。

⑧ 朱熹:《四书章句集注・中庸章句》,北京:中华书局,1983年,第18页。

三、道统在于"心"

朱熹《中庸章句·序》认为，从尧、舜、禹至孔子、孟子的道统所传之"道"在于"心"，在于《尚书·大禹谟》所言"人心惟危，道心惟微，惟精惟一，允执厥中"，即所谓"十六字心传"，而《中庸》"乃孔门传授心法"。① 朱熹之所以作《中庸章句》也是为了接续这个以"心"为主轴的道统。因此，他把"诚"看作《中庸》全篇的枢纽，将"至诚"与"至圣"统一起来。

朱熹虽然没有明确把圣人的道统之学称为"心学"，但是，他的再传弟子真德秀撰《心经》并附赞曰："舜禹授受，十有六言，万世心学。"② 何基在解说朱熹诗句"大哉精一传，万世立人纪"时认为，此诗句"明列圣相传心学之妙，惟在一敬"，③ 显然是把朱熹《中庸章句·序》所谓尧、舜、禹至孔、孟的道统之学称为"心学"。朱熹门人黄榦认为朱熹以"居敬以立其本，穷理以致其知，克己以灭其私，存诚以致其实"④ 四者而存诸心，将朱熹学术列入道统之"心学"；陈埴甚至明确指出："格物致知，研穷义理，心学也。"⑤ 直接称朱熹的学术为"心学"。

与朱熹同时代的陆九渊，讲"宇宙便是吾心，吾心即是宇宙"⑥，这与朱熹《中庸章句》所谓"盖天地万物，本吾一体，吾之心正，则天地之心亦正矣"是相似的。陆九渊讲"人心至灵，此理至明，人皆有是心，心皆具是理"，⑦ 这与朱熹《大学章句》所谓"虚灵不昧，以具众理而应万事者也"是一致的。陆九渊讲"先立乎其大者"⑧，要求"先发明人之本心"，⑨ 这与朱熹《中庸章句》讲"凡事皆欲先立乎诚"是相通的。朱熹还明确把"尊德性"视为"大者"，而把"道问学"

---

① 朱熹：《四书章句集注·中庸章句》，北京：中华书局，1983 年，第 17 页。

② 真德秀：《心经》，文渊阁四库全书本。

③ 何基：《何北山先生遗集》卷三，《解释朱子斋居感兴诗二十首》，北京：中华书局，1985 年，第 20 页。

④ 黄宗羲、全祖望：《宋元学案》卷六三，《勉斋学案》，北京：中华书局，1986 年，第 2023 页。

⑤ 陈埴：《木钟集》卷八，《礼记》，文渊阁四库全书。

⑥ 陆九渊：《陆九渊集》卷二二，《杂说》，北京：中华书局，1980 年，第 273 页。

⑦ 陆九渊：《陆九渊集》卷二二，《杂说》，北京：中华书局，1980 年，第 273 页。

⑧ 陆九渊：《陆九渊集》卷三四，《语录上》，北京：中华书局，1980 年，第 400 页。

⑨ 陆九渊：《陆九渊集》卷三六，《年谱》，北京：中华书局，1980 年，第 491 页。

视为"小者",并指出:"不先立得大者,不能尽得小者。"①朱熹还说:"大抵人要读书,须是先收拾身心,令稍安静,然后开卷方有所益。"②这与陆九渊所谓"田地不净洁,亦读书不得",③大同而小异。

朱熹之后,王阳明接着讲道统"十六字心传",明确指出:"圣人之学,心学也。"④把圣人的道统之学称为"心学",同时还把陆九渊之学列入道统,指出:"陆氏之学,孟氏之学也。"⑤但是却把朱熹的"格物"误读为"析'心'与'理'而为二",⑥并指出:"析'心'与'理'而为二,而精一之学亡。"⑦把朱熹的格物致知论与道统"十六字心传"对立起来。事实上,朱熹虽然承认心之外有物之理的存在,但又认为,"心具众理",万物之理统一于心,尤其是,朱熹还明确讲"心与理一"。他说:"心与理一,不是理在前面为一物。理便在心之中。"⑧又说:"理无心,则无着处"⑨;"仁者心与理一,心纯是这道理。"⑩并以此与释家相区分,指出:"儒、释之异,正为吾以心与理为一,而彼以心与理为二耳。"⑪又说:"吾以心与理为一,彼以心与理为二,亦非固欲如此,乃是其所见处不同。彼见得心空而无理,此见得心虽空而万物咸备也。"⑫因此,在朱熹那里,"心"与"理"并不是对立的,不能认为朱熹是"析'心'与'理'而为二"。

王阳明虽然反对朱熹《大学章句》的格物致知论,但是却接受《大学章句》所谓"明德者,人之所得乎天,而虚灵不昧,以具众理而应万事者也",指出:

---

① 黎靖德:《朱子语类》卷六四,北京:中华书局,1986年,第1588页。

② 朱熹:《晦庵先生朱文公文集》卷六三,《答周深父》,四部丛刊初编本。

③ 陆九渊:《陆九渊集》卷三五,《语录下》,北京:中华书局,1980年,第463页。

④ 王阳明:《王阳明全集》卷七,《象山文集·序》,上海:上海古籍出版社,1992年,第245页。

⑤ 王阳明:《王阳明全集》卷七,《象山文集·序》,上海:上海古籍出版社,1992年,第245页。

⑥ 王阳明:《王阳明全集》卷二,《传习录中》,上海:上海古籍出版社,1992年,第44~45页。

⑦ 王阳明:《王阳明全集》卷七,《象山文集·序》,上海:上海古籍出版社,1992年,第245页。

⑧ 黎靖德:《朱子语类》卷五,北京:中华书局,1986年,第85页。

⑨ 黎靖德:《朱子语类》卷五,北京:中华书局,1986年,第85页。

⑩ 黎靖德:《朱子语类》卷三七,北京:中华书局,1986年,第985页。

⑪ 朱熹:《晦庵先生朱文公文集》卷五六,《答郑子上》十四,四部丛刊初编本。

⑫ 朱熹:《晦庵先生朱文公文集》卷五六,《答郑子上》十五,四部丛刊初编本。

"虚灵不昧，众理具而万事出，心外无理，心外无事。"[1]王阳明在《紫阳书院集序》中指出："君子之学，惟求得其心。虽至于位天地，育万物，未有出于吾心之外也。孟氏所谓'学问之道无他，求其放心而已矣'者，一言以蔽之。故博学者，学此者也；审问者，问此者也；慎思者，思此者也；明辩者，辩此者也；笃行者，行此者也。心外无事，心外无理，故心外无学"[2]，显然接受朱熹《中庸章句》注"致中和，天地位焉，万物育焉"所言"盖天地万物，本吾一体，吾之心正，则天地之心亦正矣"。王阳明甚至还说："夫人者，天地之心。天地万物，本吾一体者也。"[3]由此可见，阳明学讲"心外无事，心外无理"、"天地万物，本吾一体"在一定程度上是从朱熹《大学章句》、《中庸章句》中引伸出来的。甚至阳明所撰《朱子晚年定论》也自谓："自幸其说之不谬于朱子，又喜朱子之先得我心之同。"[4]

应当说，朱熹的学术，尤其是《中庸章句》具有丰富而深刻的"心学"内涵，与陆九渊一样，在根本上都认为"心与理一"、"心即理"，他们之间的差异属于大同而小异。[5] 然而，现代学者对于朱熹的研究，多以《大学章句》"格物致知补传"为依据，以为朱熹"析'心'与'理'而为二"，并且较多强调朱熹的"理学"，而忽略其更为根本的"心学"，似有偏颇之嫌。当然也有例外：

张岱年于1937年完成的《中国哲学大纲》虽然认为朱熹讲"性即理"为理学、陆王讲"心即理"为心学，但是又对朱熹的心说予以充分肯定，指出："秦以

---

① 王阳明：《王阳明全集》卷一，《传习录上》，上海：上海古籍出版社，1992年，第15页。

② 王阳明：《王阳明全集》卷七，《紫阳书院集序》，上海：上海古籍出版社，1992年，第239页。

③ 王阳明：《王阳明全集》卷二，《传习录中》，上海：上海古籍出版社，1992年，第79页。

④ 王阳明：《王阳明全集》卷三，《朱子晚年定论》，上海：上海古籍出版社，1992年，第128页。

⑤ 笔者认为，朱陆的差异在于朱熹既讲"天命之性"又讲"气质之性"，而陆九渊"不知有气禀之性"。《朱子语类》载朱熹说："陆子静（陆九渊）之学，看他千般万般病，只在不知有气禀之杂，把许多粗恶底气都把做心之妙理，合当恁地自然做将去。……看子静书，只见他许多粗暴底意思可畏。其徒都是这样，才说得几句，便无大无小，无父无兄，只我胸中流出底是天理，全不著得些工夫。看来这错处，只在不知有气禀之性。"（黎靖德：《朱子语类》卷一百二十四，北京：中华书局，1986年，第2977页。）此段文字为叶贺孙录，辛亥（1191年，朱熹62岁）以后所闻。1193年，陆九渊去世。朱熹《答郑子上》说："儒、释之异，正为吾以心与理为一，而彼以心与理为二耳。然近世一种学问，虽说心与理一，而不察乎气禀物欲之私，故其发亦不合理，却与释氏同病，又不可不察。"（朱熹：《答郑子上》十四，《晦庵先生朱文公文集》卷五十六，四部丛刊初编本。）此书信作于宋绍熙二年辛亥（1191年），这里所谓"近世一种学问"即指陆学。

后的哲学家中,论心最详者,是朱子。朱子综合张、程之思想,成立一精密周详之心说。"①又说:"朱子论心的话甚多,可总为四点:一,心之特质是知觉,乃理与气合而后有;二,心是身之主宰;三,心统性情;四,人心与道心。"②并且还说:"朱子之说,条理实甚缜密,乃张、程心说之大成。"③甚至还认为,"象山虽是心学开山,与朱子之为理学宗师相对立;但象山论心,实不若朱子之详备"④。

钱穆于1948年发表的《朱子心学略》开宗明义便说:"程朱主性即理,陆王主心即理,学者遂称程朱为理学,陆王为心学,此特大较言之尔。朱子未尝外心而言理,亦未尝外心而言性,其《文集》、《朱子语类》,言心者极多,并极精邃,有极近陆王者,有可以矫陆王之偏失者。不通朱子之心学,则无以明朱学之大全,亦无以见朱陆异同之真际。"⑤强调要从研究朱熹"心学"入手。接着,钱穆通过大量引述朱子所言,以证明朱子不外心言理,不外心言性,而且还说:"其明言心即理处尚多。"⑥该文最后得出结论:"我尝说,一部中国中古时期的思想史,直从隋唐天台禅宗,下迄明代末年,竟可说是一部心理学史,个个问题都着眼在人的心理学上。只有朱子,把人心分析得最细,认识得最真。一切言心学的精彩处,朱子都有;一切言心学的流弊,朱子都免。识心之深,殆无超朱子之右者。今日再四推阐,不得不承认朱子乃当时心理学界一位大师。"⑦

在朱熹看来,道统在于"心",作《中庸章句》是为了接续这个以"心"为主轴的道统,而这个"心"就是天人合一的"诚"。因此,如果将朱熹《大学章句》、《中庸章句》综合起来考察,那么便不难发现,朱熹的学术不仅讲"天下之物莫不有理",以格物致知论为出发点,而且还以敬为本,在"涵养须用敬,进学则在致知"的过程中,达到天人合一的"诚"的境界。这实际上正是朱熹对于道统"十六字心传"的一种延续。

---

① 张岱年:《中国哲学大纲》,北京:商务印书馆,1958年,第253页。
② 张岱年:《中国哲学大纲》,北京:商务印书馆,1958年,第253页。
③ 张岱年:《中国哲学大纲》,北京:商务印书馆,1958年,第256页。
④ 张岱年:《中国哲学大纲》,北京:商务印书馆,1958年,第257页。
⑤ 钱穆:《朱子心学略》,《学原》1948年第2卷第6期,第1页。
⑥ 钱穆:《朱子心学略》,《学原》1948年第2卷第6期,第1页。
⑦ 钱穆:《朱子心学略》,《学原》1948年第2卷第6期,第11页。

比较哲学视阈下的朱熹哲学工夫论

——以朱熹论"敬"的工夫为例

◎ 赵妍妍

（福建省社会科学院哲学所助理研究员）

简略说来，"工夫"一词指代的是一种自省性地自我提升、自我转化的实践方法。[①] 这在以实践精神为特征的儒家文化中理应居核心地位，宋明儒学家也大都倾向于以"工夫"一词作为先秦儒家成德之学的代称。有意思的是，"工夫（论）"一词却未见于先秦儒家文本。在先秦文本中，具有工夫论特质的（或者与"工夫"一词的意涵较为接近的）可能是"修身"这个概念[②]。"修身"概念在先秦儒家经典文本中频繁出现，且多与自身修养工夫相关（比如，《孟子》中将它作为立命之法[③]、不见用于世时尊德乐义之法[④]、君子操守之法[⑤]；《荀子》第二篇以"修身"为题、主旨在于教人以矫正本性之法；《大学》更以修身为

[①] 这里，需要指出两点：第一，工夫虽然有自省的成分，但是工夫并不局限于一种意识性的修为。笔者将在讨论工夫的目标问题时具体阐明这一观点。第二，从广义上说，儒家的工夫可能不仅涉及对自身的转化，而且涉及对于他人、政治、文化所可能做出的贡献，亦即劳思光所说的"世界转化"（劳思光：《对于如何理解中国哲学之探讨及建议》，《思辨录：思光近作集》，台北：东大图书公司，1996 年，第 18～19 页）。由于儒家思想中，自我转化与世界转化其实是一体两面（自我不能脱离世界而独自转化），笔者在行文中不会特别将工夫论中可能涉及世界转化的部分单独讨论。

[②] 严格说来，工夫论应当包括内圣（心性修养）和外王（文化创设）两个层面，而修身主要是指内圣层面。但就实际情况而言，儒家（尤其是理学家）的工夫论通常处理的是内圣层面的问题。鉴于内圣和外王有本质联系，儒家工夫论以内圣为主也是情理之中。

[③] "夭寿不贰，修身以俟之，所以立命也。"（《尽心上》13.1）。本文中所引《孟子》段落编号均参照杨伯峻：《孟子译注》，北京：中华书局，2010 年。

[④] "士穷不失义，达不离道……古之人，得志，泽加于民；不得志，修身见于世。穷则独善其身，达则兼善天下。"（《尽心上》13.6）

[⑤] "君子之守，修其身而天下平。"（《尽心下》14.32）

八条目之一;而《论语》中虽然未明确提出"修身"一词,却多次提及与修身有关的概念,如,自省①、正身②、修己③,等等),足见先秦儒家对成德工夫的重视程度。但是,从儒学史的发展来看,"工夫(论)"一词恐怕要到了宋代才逐渐出现于儒门典籍中,对工夫论的系统探讨也是到了宋代儒家那里才蔚然成风。其中,朱熹的工夫论就是宋儒系统探讨工夫论的代表。

本文旨在讨论朱熹工夫论在当代的哲学意义。由于朱熹文本中的工夫论无法摆脱朱熹(乃至理学)的核心概念群所特有的某种形而上学色彩,④而当代哲学语境的特点之一就是形而上学的逐渐势微,因此本文的工作其实是对朱熹工夫论中有当代意义的哲学元素予以发掘,而不是无限还原或贴近朱熹文本中的工夫论思想(虽然这种发掘工作仍需要以我们对朱熹文本的理解为基础)。要完成这个工作,我们可能需要以西方哲学中的相关讨论为参照(注意,这不仅仅是用现代语言重述朱熹工夫论)。问题在于,与理学中的"心"、"理"等概念相比,工夫论的核心概念所可能对应的西方哲学概念和思想在西方文化脉络中的位置似乎并不显著。管见所及,关于工夫论的比较哲学的研究成果为数不多,其中,以发掘工夫论当代意义为旨归的研究更是少之又少,且大多倾向以西方哲学的概念来分析和理解工夫论⑤。笔者认为,这种进路的最大危险在于可能流于表面的概念比附,而忽略了概念背后的文化脉络的差异,从而既无益于理解工夫论本身,又可能误读了西方哲学的相关

---

① "见贤思齐焉,见不贤而内自省也。"(4.17)。本文中所引《论语》段落编号均参照杨伯峻:《论语译注》,北京:中华书局,2009 年。

② "其身正,不令而行;其身不正,虽令不从"(13.6);"苟正其身矣,于从政乎何有? 不能正其身,如正人何?"(13.13)

③ "子路问君子。子曰:'修己以敬。'"(14.42)

④ 当然,这并不是在当代哲学立场上对朱熹工夫乃至朱熹哲学思想的一种批评。毕竟,在朱熹的时代里,形而上学是当时的主流话语系统。

⑤ 如陈来用 W. T. Stace,R. Otto 等人的内向型和外向型神秘经验之说,对理学家的静坐观进行分判(陈来:《儒学传统中的神秘主义》,《有无之境》,北京:人民出版社,1991 年);秦家懿对儒家与基督教的神秘主义传统进行了比较研究(秦家懿著,吴有能、吴华译:《儒与耶》,台北:文史哲出版社,2000 年),等等。当前学界关于工夫论的比较研究的另一种进路是,借助其他宗教或修炼传统的工夫论来理解儒家工夫论的内涵(这与正文中的主流比较进路的区别在于,主流比较进路中的西方资源主要是一些哲学概念和思想,而不是其他传统中的工夫论),其中,被用来作为参照的其他宗教或修炼传统以佛教和道教居多。如牟宗三用佛教的心性觉悟义来诠释理学的工夫论,又用佛教的顿、渐之说来解释他对儒家工夫论中逆觉和顺取二途的区分(牟宗三:《心体与性体》,台北:正中书局,1996 年)。

概念。与这种以西方哲学为参照、旨在贴近工夫论原意的主流比较研究进路不同,本文旨在发掘朱熹工夫论思想中具有当代意义的哲学元素,并与西方哲学的相关讨论互为借鉴,即一方面,西方哲学的相关讨论可以帮助我们注意到朱熹工夫论思想中有哪些哲学元素具有现代意义;另一方面,分析和理解这些哲学元素又可能对西方哲学的相关讨论有所帮助。

根据笔者了解,朱熹工夫论依其早年和晚年关注点的不同至少分为两个阶段。朱熹早年专注养心,"敬"与"格物""穷理"大致是此阶段的工夫重点。而到了中、晚年,在屡受病痛磨难之下,朱熹逐渐心仪养心与养生相结合、以养心为养生之方法的工夫体系①。囿于篇幅,本文以朱熹早期工夫论思想中的"敬"的思想为例进行一种尝试性的比较哲学探讨。以下,笔者将首先梳理"敬"的工夫在朱熹文本中的主要意涵及其与先秦文本的传承关系,继而在上述文本依据的基础上从以下三个方面展开对朱熹"敬"的工夫的当代意义的考察:第一,笔者将通过比较"敬"与 reverence、respect 这两个西方哲学中最类似"敬"的概念之间的区别,讨论"敬"的可能特色;第二,笔者将讨论"敬"的这些特色可能具有哪些道德修养论的内涵;第三,笔者将考察"敬"的上述工夫特色和道德修养论内涵可能为我们解决当代西方道德修养论面临的争议提供哪些新的视角。

一、文本中的敬的工夫

众所周知,敬的思想在朱熹工夫论甚至朱熹的整个理论系统中都是十分重要的组成部分。相关的文本例证有很多,比如,朱熹曾称赞二程以敬字教人既是秦汉以来一大贡献,也是最"有功于后学"处②,而朱熹本人也多次表示敬字是"圣学始终之要"③、"圣门第一义"、"真圣门之纲领,存养之要法"④,等等。以下,笔者将简要梳理朱熹敬论与先秦儒家文本的传承关系及意涵

---

① 比如,朱熹在晚年曾化名注《参同契》,并曾作《调息箴》,行文中充满了浓厚的道教意味,这些均透露出晚年朱熹对炼丹术的极大关注。

② 《朱子语类》卷一二,北京:中华书局,1985 年,第 207、208、210 页。

③ 《朱文公文集》卷四二,《朱子全书》第 22 册,上海:上海古籍出版社、合肥:安徽教育出版社,2002 年,第 1894 页。

④ 《朱子语类》卷一二,第 371 页。

沿革。

据笔者考证,先秦文本中的"敬"大致可分三类。第一类指涉对神灵或对人的态度,一般与让①、恭②连用,被认为是礼的精神所在(《孟子》直谓"恭敬"、"辞让"乃礼之端)。然而,"敬"的态度与"恭"、"让"的态度存在一定差异。"恭"和"让"均侧重于外在行为上表现出的态度,其中,"恭"侧重于在姿态、仪表、礼数等方面表现出尊重他人的态度③;"让"则侧重于谦卑的成分④,即,在行为上将荣誉或在日常标准中认为是善的东西归功于他人(当然,这并不等同于轻视自己,而更多的是一种自觉规避自我中心的态度)。⑤ 相比之下,"敬"则与内心的态度更为相关,主要指我们在与人相处时于心理上严肃认真、高度关注他人。这种精神高度集中意义上的"敬"也适用于我们对事物的态度,这是先秦文本中的第二类"敬"。这里所说的对事物的态度包含很多方面,如,对祭祀的态度⑥,对处事的态度⑦,对个人行为的态度⑧,对义的态度⑨,等等。以上这两类"敬"均有其对象(神、人、事),指代的是我们应事接物时的某种心理态度。与此相对的还有另一类"敬",它与前两种"敬"的区别在于,它没有具体对象,指涉的是某种持续的思想状态。但是,这个意义上的"敬"常与慎⑩、戒⑪连用,从而,这种"敬"与前两种"敬"一样涉及注意力的高度集中和心理上的严肃认真。值得注意的是,这种没有具体对象的"敬"通常明确与

---

① 如,"隆礼由礼,谓之有方之士;不隆礼、不由礼,谓之无方之民。敬让之道也。"(《礼记·经解》)

② 如,"子谓子产,'有君子之道四焉:其行己也恭,其事上也敬,其养民也惠,其使民也义。'"(《论语》5.16);"君子恭敬撙节退让以明礼"(《礼记·曲礼上》)

③ 如,"其行己也恭"(《论语》5.16);"孔子曰:'君子有九思:视思明,听思聪,色思温,貌思恭,言思忠,事思敬,疑思问,忿思难,见得思义。'"(《论语》16.10)

④ 如,"卑让,礼之宗也"(《礼记·昭公二年》)。

⑤ 如,"长者问,不辞让而对,非礼也";"凡与客入者,每门让于客"(《礼记·曲礼上》)。

⑥ 如,"祭思敬,丧思哀"(《论语》16.10)。

⑦ 如,"敬事而信"(《论语》1.5),"居处恭,执事敬,与人忠"(《论语》13.19),"事思敬"(《论语》15.38)。

⑧ 如,"言忠信,行笃敬,虽蛮貊之邦行矣"(《论语》15.6)。

⑨ 如,"凡奸人之所以起者,以上之不贵义,不敬义也"(《荀子·强国》)。

⑩ 如,"敬慎威仪,以近有德"(《诗经·大雅·生民之什·民劳》)。

⑪ 如,"既敬既戒,惠此南国"(《诗经·大雅·荡之什·常武》);"生在敬戒"(《左传·襄公二十二年》)。

修身工夫相联系，如，保持这种高度集中的思想状态有助于我们修身①、彰显自身内在价值②，等等。

乍看之下，似乎朱熹只是继承了"敬"在先秦文本中的用法③：一方面，他囊括了先秦文本中的上述三类"敬"的思想，如，他在谈及"敬"与"恭"的区别时强调前者"主事"、"主乎中"（说明"敬"有其对象）④；另一方面，他又多次强调"敬"是一种专注的心理状态（所谓"其心收敛，不容一物"），无具体对象⑤。但是，细读朱熹文本中的相关段落，我们会发现朱熹的敬的工夫论至少从以下两个方面发展了先秦的敬论。

第一，朱熹将先秦文本中的三种"敬"的用法统一起来，并阐明了它们之间的相互联系和相互作用。朱熹将前两类"敬"（有对象的"敬"）称作"偏言"之敬，而将第三类"敬"（无对象的"敬"）称作"专言"之敬⑥。与他对偏言和专言的一贯看法一致，朱熹反对将偏言之敬与专言之敬视为两个敬，而是认为它们是心在动（"已发"）和静（"未发"）时集中注意力的不同工夫形态⑦：心动意义上的敬对应"偏言"之敬，亦即有作用对象的"敬"；心静意义上的敬对应"专言"之敬，亦即没有特定作用对象的"敬"（朱熹在文本中至少讨论了两个

---

① 如，"修己以敬"（《论语》14.42）。

② 如，"君子敬以直内，义以方外，敬义立而德不孤"（《易经·坤·文言》）。

③ 日本学者吾妻重二持这种观点。他在《居敬前史》（《日本中国学会创立五十年纪念论文集》，东京：汲古书院，1998年）一文中强调，朱熹学乃至道学的"敬"忠于先秦以来"敬"的用法，并指出，认为"道学中的敬，从先秦表示对他者的敬意转换为意味着内在性状态的敬"的传统观点其实是错误的。但是，如果笔者在正文中的讨论是正确的，那么似乎还存在既不同于吾妻重二的观点又不同于他所谓的"传统观点"的第三种观点：一方面，先秦文本中的"敬"不仅涉及对他者的敬意、而且也涉及内在状态的敬；另一方面，朱熹学的敬并不仅仅是对先秦文本论敬的简单继承，而是有其特色讨论的。

④ "恭主容，敬主事。恭见于外，敬主乎中"（《论语集注》13.19），"恭主容，敬主事。有事着心做，不易其心而为之，是敬。恭见于外，敬主于中。"（《朱子语类》卷六，《朱子全书》第14册，第265页）

⑤ "敬，莫把做一件事看，只是收拾自家精神，专一在此。"（《朱子语类》卷一二，《朱子全书》第14册，第378页）；"这心都不着一物，便收敛"（《朱子语类·大学四或问上》，《朱子全书》第14册，第573页）。

⑥ "敬是主事。然专言，则又如'修己以敬'，'敬以直内'。只偏言是主事。"（《朱子语类》卷六，《朱子全书》第14册，第265页）

⑦ "盖心主乎一身，而无动静语默之间，是以君子之于敬，亦无动静语默而不用其力焉。未发之前，是敬也，固已主乎存养之实。已发之际，是敬也，又常行于省察之间。"（《朱文公文集》卷三二，《答张钦夫》）

层面的静。第一个层面的"静"是无动与之相对的、本然状态的静,亦即朱熹所谓"万理明澈之后,此心湛然纯一"①、"自作主宰"②的状态;第二个层面的"静"是与动相对的静,是在工夫的意义上说的,这个意义上的动静才是笔者上文所说的"敬"的工夫)。更进一步,朱熹强调,心动意义上的敬与心静意义上的敬虽在工夫形态上不同,却是相即不离的关系③:一方面,"静"形容的是心之未发或者无事时的静心工夫。通过这个工夫,心得以自作主宰。不过,朱熹反对佛老式的偏主虚静,所以强调敬的工夫静中有动,亦即不是"闭门独坐,块然自守"④,而是"思虑未萌而知觉不昧"⑤,做到物来能应。另一方面,在上述应物而"动"的敬的工夫中,我们又是动中有静,能看到"事物纷纠而品节不差"⑥,从而心有所主(自作主宰)而不累于物。在这种动静相即不离的关系中,朱熹还特别强调了在静上涵养"本源全体"的重要性,反对片面追求在动心之后方才察识收摄的工夫⑦(这与朱熹批评湖湘学派"先察识后涵养"的诉求相关,相关讨论涉及对胡宏等人的识心说的质疑,囿于篇幅,笔者不于此展开)。

第二,朱熹指明敬的具体目标及其可行性。⑧ 相比于先秦文本中单纯强调注意力的高度集中和心理上的严肃认真,朱熹通过"自作主宰"的心⑨的概念将敬的工夫的目标凸显出来。上文提到,朱熹认为实践敬的工夫就是为了让心不论在动中还是静中皆能自作主宰("心作主宰"的观点来自程颐,朱熹突出心"自"作主宰的能力,是为了规避湖湘学派识心说及佛家"常见此心光

---

① 《朱子语类·朱子十二·训门人三》,北京:中华书局,1985 年。
② 《朱子语类》卷一二,北京:中华书局,1985 年,第 210 页。
③ 参见《朱子语类·朱子十二·训门人三》;《朱文公文集》卷三二,《答张钦夫》。
④ 《朱子语类·朱子十二·训门人三》,北京:中华书局,1985 年。
⑤ 《朱文公文集》卷三二,《答张钦夫》。
⑥ 《朱文公文集》卷三二,《答张钦夫》。
⑦ 《朱文公文集》卷七三,《胡子知言疑义》。
⑧ 注意,这并不是说先秦儒家并没有给出完整的工夫论纲领(或者起码指明工夫的实践目标)。以《论语》为例。他提出工夫论的目标是求仁,并且给出了仁之"方",如克己复礼、能近取譬。但是,在先秦儒家文本中并没有以"敬"为工夫内容、阐述敬之实践目标的具体文本依据。从这个意义上说,朱熹的敬论还是有其贡献的。
⑨ 《朱子语类》卷一二,《学六·持守》,《朱子全书》第 14 册,第 371 页。

烁烁"之说所可能导致的"将一个心把捉一个心"的问题①）。但正如上文所言，朱熹承认，敬只是工夫，本身并不是上文中本然之静意义上的湛然纯一的心（相应地，朱熹也很反对"敬之体"或者敬之本体的概念②）。这就可能导致一个问题，即，敬的工夫在没有心的引导的情况下如何进行？这个问题在陆王心学那里显然不成问题：因为陆王心学肯认存在一个超越的道德本心，所以这派学者认为主敬工夫是在本心的指导下完成的。相比之下，在朱熹的文本中，笔者只是看到由敬摄心、以敬收心之类的提法，而没有心为敬之主的说法，这使朱熹敬的工夫看起来不及陆王心学那般有其根源和保证（牟宗三批评朱熹敬的工夫是"空头的涵养"，也是在这个意义上说的）。然而，朱熹本人其实意识到了这个问题，并给出了合理的解决方案：朱熹认为，我们之所以要用敬的工夫来收心、摄心，是因为心原本湛然澄明，但易散漫昏惰受私欲主导，"才明便昏了"③。而敬的时时警醒、收摄工夫能让我们回复心的本然状态。注意，这里所说的心的本然状态与陆王心学所提倡的心的本体不尽相同：后者是一种形上的实体性存在（一种超越的本体），而朱熹想要通过敬的工夫回复的心则是心的原初状态（一种状态描述，而不是一个超越的本体）。

进一步，朱熹还给出了无事和有事情况下通过敬的工夫回复心之原初状态的方法。无事时，朱熹主张默坐澄心（回复心之澄明）、保持精神的"专一、谨畏、不放逸"④，其辅助方法有静坐、调息等多种⑤（注意，在朱熹这里，静坐只是辅助敬的手段），帮助我们收敛身心、安定精神，这就与二程以至杨时、罗从彦、李侗等宋儒将静坐本身作为目的、作为内在自觉和省察本身的看法存在分歧），但朱熹又强调，无事时的敬的工夫并不是单纯地"终日无思虑"、"寂然不动"⑥（所以静坐只是敬的"辅助"手段），否则，就是将应事和无事时敬的工夫分作两截来看；毋宁说，他主张在无事时也不休置知觉闻见，而是随时准备

---

①《朱子语类》卷二〇，北京：中华书局，1985 年，第 477 页；《朱文公文集》卷三一，《答张敬夫》。

②"敬则只是敬，更寻甚敬之体？"（《朱子语类》卷一二，第 214 页；《朱文公文集》卷五五，《答熊梦兆》）。

③《朱子语类》卷一二，北京：中华书局，1985 年，第 208～209 页。

④《朱子语类》卷一二，《朱子全书》第 14 册，第 372 页。

⑤《朱子大全·答黄子耕》一文中，朱熹曾教人通过静坐（而不是修炼心性）来恢复身体健康、并提供了具体的静坐方法。而在《朱子大全》卷六三《答周深父》一文中，朱熹也论及了读书活动中静坐的必要性。

⑥《朱子语类·朱子十七》，北京：中华书局，1985，第 113 页。

应事接物(但这并不等于对物有个期待心)。而在事来之时,朱熹也认为我们应当通过敬的工夫保持心之澄明,这样才不会使心无所主而为物所累、蔽于一偏。朱熹曾描述了三种蔽于物的表现:物未来时,先行设定物的模样;应物之时,不见物之全貌而执于一偏;应物之后,又有放不下的执念①。相应地,以澄明之心应物也就至少有以下三方面表现:物未来时,不在心中先行描画(但这并不等于心没有做好随时应物的准备);物来之时,依心中照见物的原本模样自然做出回应;应物之后,不念兹在兹,心复归澄明之静。朱熹多次以明镜比喻澄明之心(或心之明德)②,以明镜照物比喻心应物的过程(类似的比喻还有止水之喻),这确实比较形象:在物未出现时,镜中不会出现物的影像;物至镜前,镜自然照物;物去,则镜中不会留下物之影像。

二、敬的工夫与道德修养论

那么,朱熹敬的工夫论对于当代的道德修养论可能有哪些贡献呢?上文提到,对这个问题的回答可能需要我们借鉴西方哲学的相关研究成果。首先,让我们考察一下西方哲学中可能与"敬"相对应的概念的使用语境。

最经常被用来翻译中文"敬"字的概念是 reverence 和 respect。其中,reverence 虽然与"敬"一样有精神上的端肃不懈之义,但 reverence 的这种端肃不懈多是有固定对象的,并且它的对象多是某种带有神圣性的物事,③从

---

① 《朱子语类·大学三·传七章释正心修身》,北京:中华书局,1985 年。

② 如,"要验学问工夫,只看所知至与不至,不是要逐件知过,因一事研磨一理,久久自然光明。如一镜然,今日磨些,明日磨些,不觉自光。若一些子光,工夫又歇,仍旧一尘镜,已光处会昏,未光处不复光矣。"《朱子语类·性理二·性情心意等名义》;"心不定,故见理不得。今且要读书,须先定其心,使之如止水,如明镜。暗镜如何照物!"(《朱子语类·学五·读书法下》);"心要精一。方静时,须湛然在此,不得困顿,如镜样明,遇事时方好。"(《朱子语类·学六·持守》);"明德是自家心中具许多道理在这里。本是丢明底物事,初无暗昧,人得之则为德。如恻隐、羞恶、辞让、是非,是从自家心里出来,触着那物,便是那丢物出来,何尝不明。缘为物欲所蔽,故其明易昏。如镜本明,被外物点污,则不明了。少间磨起,则其明又能照物。"(朱子语类·大学一·经上》,北京:中华书局,1985 年。)

③ 一个例外是 Frankena,他在论及 respect 与 reverence 的关系时曾经指出,reverence 并不仅仅是宗教意义上的膜拜,还有可能涉及对他人正面价值的肯定,从而可以被视为 respect 的一种。(Frankena, William. "The Ethics of Respect for Persons". *Philosophical Topics* 65 (2),1986,pp. 149~167.)

而，其使用语境多是宗教传统中对神的膜拜[①]、康德义务论中对于律则的纯粹尊重[②]，等等。由此反观工夫意义上的"敬"，它与 reverence 的区别至少有以下两方面。第一，在"敬"有具体对象的情况下，虽然"敬"与 reverence 都涉及针对具体对象的行为或态度，但是"敬"的语境更强调自身戒慎的态度，而不是因外在他者的神圣性而产生的敬意。第二，在"敬"没有具体对象的情况下，"敬"强调的是端肃不懈的心理状态的养成，从而是一种相对稳定的性格倾向，而 reverence 则只是涉及对具体对象的行为或态度，具有情境上的特殊性，这显然不具备"敬"的稳定性特质。

再来看 respect。当代西方伦理学大致有三类 respect 的概念[③]：第一种是"认同性的敬"（identification respect），强调我们从他人的视角考虑问题、并积极寻求增进他人利益[④]；第二种是"承认意义上的敬"（recognition respect），强调我们恰如其分地考虑（due regard）与他人相关的事实，并在我们采取的以他人为对象的行动中自觉受限于这些事实[⑤]；第三种是"评价性的敬"（appraisal respect），强调我们对他人优点或成就的理解与肯定[⑥]。在这三种 respect 概念中，"认同性的敬"似乎只是涉及 respect 的表现或结果，而不是 respect 的内涵本身（毕竟，增进他人利益似乎不是 respect 的核心内容，并且，从他人视角考虑问题更像是 empathy 的特征，而不是 respect 的题中之意）。至于后两种 respect，其共同特征在于，它们都涉及对他人的某种内在特质或价值的承认[⑦]（只是"评价性的敬"只涉及承认他人的正面特质，而"承认意义

---

① 如，Ren, Jiantao. "A Sense of Awe: On the Differences between Confucian Thought and Christianity", *Frontiers of Philosophy in China*, 5(1), 2010, pp. 126~133。

② 如，Kant, Immanuel. Groundwork of the Metaphysics of Morals, translated by H. J. Paton. New York: Harper Torchbooks Edition, 1964, pp. 69, 401.

③ 可参见 Cranor, Carl, "Limitations on Respect-for-Persons Theories", *Tulane Studies in Philosophy* 31, 1981, pp. 45~60；Atwell, John, "Kant's Notion of Respect for Persons". *Tulane Studies in Philosophy* 31, 1981, pp. 17~30。

④ Chan, Sin Yee. "The Confucian Notion of *Jing* 敬（Respect）", *Philosophy East & West* 56, 2006, p. 238.

⑤ Darwall Stephen, "Two Kinds of Respect". *Ethics* 88 (1), 1977, pp. 36~49。

⑥ Darwall Stephen, "Two Kinds of Respect". *Ethics* 88 (1), 1977, pp. 36~49。

⑦ 这一观点受到 Chan 的启发［Chan Sin Yee, "The Confucian Notion of Jing 敬（Respect）," *Philosophy East & West* 56, 2006, pp. 229~252］。但是，笔者并不同意 Chan 的结论，即，这种对他人内在价值的承认是儒家与当代西方伦理学中关于 respect 概念的共同点（对这一结论的详细讨论，可参见该文 pp. 244~245）。

上的敬"则承认他人包括正面和负面特质在内的所有内在特质)。由此反观朱熹的敬的工夫论,其与 respect 的区别至少有以下两个方面:第一,与之前提到的 reverence 类似,respect 并不涉及无具体对象的情形,而敬的工夫论则可以适用于无具体对象、形容端肃不懈的心理状态的情形。第二,在有具体对象的情形下,敬的工夫似乎也不相关于 respect 所强调的承认他人内在特质或价值。一个突出的例子是,朱熹在解释《论语·颜渊·章二》中"出门如见大宾,使民如承大祭"一句时,明确将之与敬的工夫联系起来(朱熹认为这一句说的是动处的主敬工夫,与静处的主敬工夫具有一致性和延续性)[①]。而这一句的语境明显不是说我们须依照他人的内在特质或价值对待他人;恰恰相反,这一句中的两个"如"字已经表明,我们把他人视作处在他们实际的内在特质或价值并未达到的高度,并在行动中贯彻这一视角("见大宾"、"承大祭")。

通过以上讨论,我们看到,"敬"与 reverence 和 respect 相比,至少有两方面道德修养论意义上的特色。首先,"敬"涉及我们自身端肃不懈心理状态的养成(或者心未应物时的涵养工夫),而不像 reverence 和 respect 那样仅涉及我们在面对具体对象时才发生的某种态度上的反应(或者心应事接物之际的反应)。在道德修养过程中,我们面对具体对象时的反应一般分为两个阶段:乍应物时的不自觉反应阶段和发挥道德原则作用对反应加以调整阶段,其中,前者不属于我们在发出当下可以控制的范围,后者则是对前者的应变和补救。也就是说,这是一种后发式的道德修养过程,旨在情绪发出之后加以应对和调整。相比之下,敬的工夫则是一种预见式的道德修养过程,旨在从源头处下手,避免不自觉反应在发出时偏离道德修养轨道。举例来说,一个人性格暴戾,常因失小利而动怒。当代西方的道德修养论者大概会认为这个人需要在怒意发出时及时加以遏止,冷静面对眼前事。而朱熹讲敬的工夫时,虽然也承认这种修养过程的重要性,但是毕竟会认为这个过程是在动怒之后的被动工夫,而如果此人能够先发制人地堵住怒气的根源(即,其暴戾性格),也就是在未发之时就能澄明内心,从而保持端肃不懈的态度或者如上文所说的镜明水止的状态,那么他在临事之时也就自然以此状态去应接,从而

---

① "或问:'出门使民之时,如此可也;未出门使民之时,如之何?'曰:'此俨若思时也,有诸中而后见于外。观其出门使民之时,其敬如此,则前乎此者敬可知矣。非因出门使民,然后有此敬也。'"(《论语集注》12.2)

不会在不当动怒之时产生怒气①。

其次,敬的发生与自身修养、而不是外在他者的特质更为相关。仍以动怒为例。当我们受到不公正待遇时,我们自然会有怒气。在 respect 的语境下,我们的怒气可能很大一部分源自我们把这种不公正看作是对我们自身价值的贬损②。相比之下,"敬"则没有这种特别关注个体价值的维度,而是强调我们内心需要足够澄明以至于我们能够纯粹依该事之是非曲直做出回应。从这个意义上说,实践敬的工夫可以帮助我们对不公正待遇保持相对冷静的态度,从而我们的怒气只会指向不公正待遇本身,视之为一个不合乎伦理规范的处境,而不会因为受到不公正待遇的对象有差异而在反应上有本质区别(比如,当受到不公正待遇的对象是我们本人时,我们就怒气冲天,而当他人受到不公正待遇时,我们就漠不关心)。同时,与 reverence 以对象为关注点的特点相比,敬的语境更有助于我们在反应时把关注点放在自己如何应对不公正待遇上(亦即,关注自身内在修养),而不是纠结于他人实施的不公正待遇是否针对我。

在此基础上,我们再来看朱熹的敬论对当代西方道德修养论的启示。以下,笔者以纽约大学心理学家 Martin Hoffman 对道德培养过程的讨论为例,介绍西方道德修养论的两个主要争议,再由此反观敬的工夫可能为解决这两个争议提供什么帮助。

Hoffman 认为,道德培养的最终目标是我们感到"与他人为一",而实现这种目标依赖于我们结合自身逐渐成熟的情感能力(主要是 empathy)和不断内化的道德原则(主要是关怀原则和正义原则):一方面,道德原则可以规导我们的情感能力,使情感的作用保持稳定。这首先表现为道德原则可以缓解我们过度关注自己内心感受而忽略他人的危险;其次,道德原则还可能帮助

---

① "圣贤当怒自怒,但不迁耳。"(《朱子语类·论语十二·雍也篇一·哀公问弟子章》,北京:中华书局,1985 年)

② 此处观点极大受益于 Shun Kwong-loi 的文章"On Anger:An Experimental Essay in Confucian Moral Psychology"。此外,当代伦理学家 P. E. Strawson 和 Gabriele Taylor 也有专文讨论西方语境中的上述"怒"的特点。Strawson 把这种意义上的"怒"称作 resentment,认为它是一种属己化的第一人称反应(a first personal response)(Strawson, P. F. "Freedom and Resentment,"Proceedings of the British Academy 48,1962. Reprinted in P. F. Strawson. Freedom and Resentment and Other Essays. Methuen & Co. Ltd.,1974,pp.1~25.)。Taylor 则把这种意义上的"怒"称作"深思熟虑的怒"(sophisticated anger)(Taylor,Gabriele. Deadly Vices,Oxford University Press,2006)。

我们摆脱情感的各个影响因素(我们与他人关系远近、时空距离)的作用。另一方面,情感赋予道德原则以驱动力,让道德原则具有"亲社会的热认知"。①

Hoffman 的论述中有两个方面值得注意。其一,他认为情感虽然较道德原则更为自然,但是情感本身有一些不可克服的缺陷(如,过度关注自己而忽略他人,受到一些因素影响而有区别,等等),而道德培养所可能达到的最理想状态就是运用道德原则纠正这些缺陷。其二,他认为道德原则本身缺乏驱动力,从而在每一个具体情形中,是情感给了我们运用道德原则的动力。

以上两个主张受到的挑战和质疑不在少数:对第一个主张的质疑比较著名的有 Bernard Williams 关于救妻的例子②,Williams 想用这个例子说明,道德原则(比如,我们应当做道德上正确的行为)可能违背我们的道德直觉(比如,我们的反应或行为应当出于我们对他人的爱),从而偏离了理想道德形态;而对第二个主张的质疑则见于哲学家们对于道德原则自身可能具有驱动力的论证③。但是,这两个主张所涉及的争论——即,道德原则本身是否具有驱动力? 情感本身是否有缺陷,如果有,是否能通过道德原则加以纠正? ——确实是当代西方道德修养论,乃至当代西方伦理学的主要话题。

那么,敬的工夫论如何区别于这两个争论、又可能为解决这两个争论提供什么资源呢?

首先,虽然不同的西方道德修养论对于道德原则在道德行为中的作用方式有不同的看法,但是它们一般都将道德原则视作一种我们需要加以遵守的、涉及道德"应该"的规则(比如,在 Hoffman 看来,道德原则是通过情感作用而不断内化、并最终在道德行为中发挥作用的,④从这个意义上说,驱动我

---

① Hoffman 2000:238—239,241.

② 对这个经典例子的具体描述,可参见 Frankena, William. "The Ethics of Respect for Persons". *Philosophical Topics* 65 (2),1986, pp. 149~167。

③ 如,Gibbs, John, *Moral development and reality : beyond the theories of Kohlberg and Hoffman*, London: Thousand Oaks, Calif. : Sage, 2003, pp. 113~116. 笔者本人对 Hoffman 的主张有一个不同于、但是联系于 Gibbs 的疑问,即,如果作为驱动力来源的情感本身无法摆脱 Hoffman 提到的那些缺陷,那么受到情感驱动的道德原则又如何保证理想道德形态不受那些情感缺陷的影响呢?

④ 当然,道德培养是一个漫长的过程。我们可能并不能一开始就自觉内化道德原则,而需要通过父母的帮助,比如,父母在孩子伤害他人之后,让他们想象自己或自己关心的人被伤害时有何感受,这种情况下孩子产生的内疚感可以帮助孩子认识到自己在今后碰到类似情形时"应当"如何行为。

们运用道德原则的其实是我们的情感而不是道德原则本身；而以理性主义者为代表的反对者则主张，我们对于道德原则的认识本身就足以驱动我们做出道德行为）。换句话说，各方对于道德原则在道德行为中的作用方式的争论其实是与这种对于道德原则本质的看法分不开的。相比之下，敬的工夫虽然没有明确提及道德原则，但是涉及了我们应当怎样行为：如上文多次提到的那样，敬的工夫强调我们需要保持心的澄明，从而物（事）来时心自然能应、自然知道应当怎样行为。从这个意义上说，我们并不将自己应当怎样行为的标准视为如西方道德原则那样外在于我们、需要我们刻意外求（不论是通过情感内化还是理性认识）才可以获得并遵守的东西；毋宁说，这种标准是自伊始就内在于我们的，我们需要做的只是去除障蔽它的东西、让它在不同情境下彰显自身而已（从而标准虽然不是一套生硬的规则，但是却具有内心的稳定性，同时又能根据具体情境的不同加以灵活应对）。如果我们能够从这个角度理解道德原则，也许关于道德原则驱动力的争论就能适当平息。

其次，西方道德修养论虽然在情感对道德原则的作用问题上有争议（比如，Hoffman 认为情感对于道德原则内化和发挥驱动力有重要作用，而反对者则认为道德原则的内化和发挥驱动力是一个纯粹理性过程、无需情感参与），但是它们一般都认为情感是独立于道德原则的。因此，关于情感作用的争议与情感与道德原则分立的预设有关。而在敬的工夫这里，"敬"所可能涉及的情感因素（谨畏、端肃）与"道德原则"（我们应当让澄明之心自然应物）是密不可分的、甚至可以说是相互蕴含的关系（我们让己心澄明自然应物的同时，我们在情感上也是谨畏端肃的，二者没有逻辑先后或者作用与被作用之分），从而，敬的工夫就不会涉及情感作用的争议问题。

进一步说，朱熹甚至暗示，当敬的工夫进行到一定程度时，我们可以达到某种超越工夫的境界，亦即超出了单纯的意识性修为的工夫过程[①]，而达到无作为、无意识的自然状态。在这种情况下，我们甚至无须有意识地时刻保持敬的工夫所需的情感态度（谨畏、端肃），但是我们的心在应物之时皆能自然地发而中节。与 Hoffman 等学者认为道德修养目标（或最理想状态）是能在意识中抑制情感负面因素相比，敬的修养目标显得更为自然和可欲。到了这个超越工夫的境界，关于情感与道德原则孰轻孰重的争议似乎更加没有意

① 从这个意义上说，本文开头所说的以自省性的自我提升过程为标志的工夫并非工夫的极致境界。

义,因为一切皆是自然而为,无须刻意区分何种元素是情感、何种元素是道德原则,更无须辨别哪个元素占主导作用。

三、总结及余论

本文是笔者从朱熹工夫论与当代西方道德修养论相互借鉴的视角探讨朱熹工夫论之当代意义的一种尝试。囿于篇幅,有许多有意思的讨论未能涉及或详细展开。比如,在讨论敬的工夫对于西方当代道德修养论所可能具有的贡献时,笔者倾向于简化陈述处理相关问题,而其实敬的工夫可能贡献的具体路径尚待细化之功。再比如,辅助"敬"的"静坐"工夫强调于人伦日用之内身心交关地修炼,这可能为西方的欲望治疗(the therapy of desire)传统过分强调与世隔绝的精神实践提供一些启示①。这些都将在笔者今后的讨论中得到进一步的展开和深化。

---

① 对于西方"欲望治疗"传统的介绍可参见 Nussbaum, Martha. *The Therapy of Desire: Theory and Practice in Hellenistic Ethics*, Princeton: Princeton University Press, 1994。

朱子涵养工夫略析

——以主"动"为中心

◎ 崔海东

（江苏科技大学人文学院副教授）

在朱子"静→动→敬"的涵养工夫格局中，"静（静坐）"、"敬（敬贯动静）"皆好安排，唯"动"常被误解。愚以为，此是由于这种主"动"的涵养未发工夫常与另一种主"动"的下学涵养工夫以及主"动"的小学教育相混淆①。本文便对此三者展开辨析，以还原朱子涵养未发的主"动"工夫之本义。

一、涵养在儒家工夫格局中的位置

为了下面的论述方便，先交待一下涵养之义及其在儒家工夫格局中的位置。

（一）何谓涵养

按儒家义理，凡庸工夫的标准过程如下：第一，在下学即洒扫应对、人伦日用中，求乎上达。第二，上达有三个阶段：首为惺觉心体（唤醒义，语出朱子《朱子语类》），次为反躬性体（返回义，语出《乐记》"不能反躬，天理灭焉"），末为对越道体（上达义，语出《诗经·清庙》"秉文之德，对越在天"）。第三，上达

---

① 如陈来先生认为其仅为"未发时""使心能够安定集中"，从而"为穷理准备主体的条件"，并断定"它自身并无独立的价值，也没有其他的体验功能"。（陈来：《朱子哲学研究》，上海：华东师范大学出版社，2000 年，第 63 页。）实际上，陈先生所指，仅为下学涵养而非未发涵养。又如牟宗三先生对朱子涵养批评甚多，因牵涉静、动、敬之整体涵养格局与心体性体，故另文再析。如未发涵养与下学涵养二者均冠以"涵养"之名，再加上小学教育此三者又常使用同一个核心概念"洒扫应对"，这些都会让学者平增混淆。

后即作心性之涵养。第四,在发用(践履)中重作省察,正则扩充,邪则对治,以备再度上达。此过程有三点要说明:一是此只是设定的标准过程,事实上凡庸在现实生活中或暗合,或自觉,各任机缘随时随处展开,不必循此。二是本体、工夫、发用三者之暂分只是理论说明之方便,现实中本体即是工夫即是发用。三是此过程在人的一生中不断循环,永无间断。此流程可以下图表之:

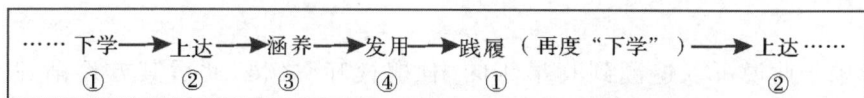

```
…… 下学 ——→ 上达 ——→ 涵养 ——→ 发用 ——→ 践履 （再度"下学"） ——→ 上达……
     ①        ②        ③        ④        ①                      ②
```

所谓涵养,涵者,浸渍滋润;养者,保养护卫,其主要就未发而言,已发则用省察。而未发、已发源自《中庸》"喜怒哀乐之未发谓之中,发而皆中节谓之和"。首先在本体上,所谓未发之中,乃指未与事接、喜怒哀乐未发时,吾人性体处在清宁和平、不偏不倚的体状,此即是中;已发是人心翕开,驭使人性,与外事交接,从而产生正当的喜怒哀乐之情感,此即是和。其次在工夫上,自伊川开始,认为这种未发之中不可强求[①],只能用涵养的方式去抵达。至于已发,则当随时省察以致和[②]。

(二)涵养之位置

涵养与上达不同,上达有两种途径:一是通过对外界物事之认知,以求分殊之一,透达理体;一是察识心之端倪,辨析苗裔,作向内向上的逆觉,以发见本体之清澈光明;合二者则物我天人合,方可参赞化育、峻及于天。而涵养则是对上达后已弘通的本体作贮养涵泳,以备向下向外的发用。凡庸对越道体——对上接通吾人心性之源头活水后,就可有孔子"不舍昼夜"之滔滔(《论语·子罕》),孟子"原泉混混"之"盈科后进"(《孟子·离娄下》),而后自作吾心性的润泽养护,以备践履发用。故此涵养在儒家工夫论中极其重要,我们

---

① 如《遗书》载:"或曰:'喜怒哀乐未发之前求中,可否?'曰:'不可。既思于喜怒哀乐未发之前求之,又却是思也。既思即是已发。思与喜怒哀乐一般。才发便谓之和,不可谓之中也。'"(程颐:《二程集》,北京:中华书局,2004年,第201页。)

② 当然,现实生活中,未发已发、本体工夫皆是一体之事,此只是为了说理清晰而作的强分。

借用《荀子》之语"涂薉则塞；危塞则亡"（《王霸》），它处于上达与发用践履的中间段，其就如同一个巨大的蓄水池，一方面对上面源头的冰川之水作积蓄养卫，一方面对下面的江河作调度控制。故凡庸若失去涵养一节，其践履日用必然气局狭小，易倾城而出、剑拔弩张，其结果又必然势不能穿缟素。

下面我们便开始分析三种主"动"之学。

二、小学教育之"动"

朱子此说可以追溯到其早年的"杜鹃夜啼"之悟，此后其方逐渐建立起"小学→大学"的为学次序。

（一）"杜鹃夜啼"之悟——洒扫应对的提出

绍兴二十六年（1156 年），朱子在同安主簿任中读《论语·子张》"洒扫应对"章①而有"杜鹃夜啼"之悟②。如后来《朱子语类》回忆："某旧年思量义理未透，直是不能睡。初看子夏'先传后倦'一章，凡三四夜，穷究到明，彻夜闻杜鹃声。"③按此章子夏本义，是说为学因主体圣庸不同而有先后本末之次序。朱子开始时不能理解伊川对此章之解读，伊川云："洒扫应对，便是形而上者，理无大小故也。"④朱子为此大惑不解："某向来费无限思量，理会此段不得。如伊川门人，都说差了。……解来解去，只见与子夏之说相反，常以为疑。子夏正说有本有末，如何诸公都说成末即是本？"后来看到了明道之解，方才释然。明道云："君子教人有序，先传以近者小者，而后教以大者远者。非先传以近小，而后不教以远大也。"朱子由此方醒悟很多学者"只是将上达意思压在头上，故不明子夏之意。但云君子之道孰为当先而可传？孰为可后而倦不

---

① 子游曰："子夏之门人小子，当洒扫应对进退，则可矣。抑末也，本之则无，如之何？"子夏闻之曰："噫，言游过矣！君子之道，孰先传焉，孰后倦焉。譬诸草木，区以别矣。君子之道，焉可诬也。有始有卒者，其惟圣人乎？"

② 束景南：《朱熹研究》，北京：人民出版社，2008 年，第 59～61 页。

③ 《朱子语类》卷一百四，《朱子全书》第 16 册，上海：上海古籍出版社、合肥：安徽教育出版社，2002 年，第 2615 页。

④ 程颐：《二程集》，北京：中华书局，2004 年，第 139 页。

传？'譬诸草木,区以别矣',只是分别其小大耳。小子之学但当如此,非无本末之辨"。① 因为学者与圣人有别,初学与终了有别,为学有本末大小之次序,不能本即是末、大即是小这样囫囵地说。当然伊川所言并不误,但他是在终了义上说的。对于普通学者而言,则要按先后难易的顺序,循序渐进,步步着实,而无躐等,则山由篑进,竹由节增,终有成功之时。所以后来朱子即将之发展为"小学→大学"的为学次序。

(二)小学教育的内容——以洒扫应对为方

作为教育程序的小学,与作为语言文学(包括文字、音韵、训诂等)的小学②是完全不同的,主要是童蒙之学。朱子参考了《曲礼》、《少仪》、《弟子职》等书,编写《童蒙须知》和《小学》,作为童蒙教材。在这中间,他将洒扫应对视为小学之方,《小学序》云:"小学之方,洒扫应对。入孝出弟,动罔或悖。行有余力,诵诗读书。咏歌舞蹈,思罔或逾。"③即以洒扫应对等日常生活、正常生活,来锄剪恶习、揠灭戾气,以端正作风、培拥正气。其来源于孔子所说"弟子入则孝,出则悌,谨而信,泛爱众而亲仁,行有余力,则以学文"(《论语·学而》)。

(三)小学教育之主体——幼儿

小学教育的主体是幼儿。这种对幼儿的设定,一则出于理想的、标准的教育次序——由幼儿而成人、由小学而大学;二则就人生来说,幼年时情欲未萌,且尚未被浊世所污,相当于人的未发状态,故于此际教育,早下工夫,可以收到良效,更易在生活自身中养出正确的生活方式。

(四)小学教育的特点——重视外在的规范与引导

小学教育极为重视以外在的规范来束缚、引导幼儿成长。朱子云:"古人初学,只是教他'洒扫应对进退'而已,未便说到天理处。……只是要他行矣

---

① 《朱子语类》卷四九,《朱子全书》第15册,上海:上海古籍出版社、合肥:安徽教育出版社,2002年,第1664~1665页。

② 黄侃先生云:"小学者,中国语言文字之学也。"黄侃述、黄焯编:《文字声韵训诂笔记》,上海:上海古籍出版社,1983年,第179页。

③ 朱熹:《小学》,《朱子全书》第13册,上海:上海古籍出版社、合肥:安徽教育出版社,2002年,第394页。

而著,习矣而察,自理会得。须是'匡之,直之,辅之,翼之,使自得之,然后从而振德之'。今教小儿,若不匡,不直,不辅,不翼,便要振德,只是撮那尖利底教人,非教人之法。"①此是认为育人譬如育树一般,匡、直、辅、翼,是指外在的、人为的约束与规范,匡、直即是束缚,辅、翼即是引导,以期习以化成。

（五）小学教育之地位——为大学打下基础

在朱子看来,小学学事,大学学理,大学的物格致知、诚意正心,是高级的学习,如云:"古者初年入小学,只是教之以事,如礼乐射御书数及孝弟忠信之事。自十六七入大学,然后教之以理,如致知、格物及所以为忠信孝弟者。"又云:"小学是直理会那事;大学是穷究那理,因甚恁地。"②故以洒扫应对进退为主要内容的小学教育,其目标是为下步的格物致知的大学教育打下基础。《小学·序》云:"古者小学教人,以洒扫应对进退之节,爱亲敬长隆师亲友之道,皆所以为修身、齐家、治国、平天下之本,而必使其讲而习之于幼稚之时。欲其习与智长、化与心成,而无扞格不胜之患也。"③"无扞格不胜之患"指的是,由于有了小学的学习,以后大学的配套就自然形成,不存在不合榫的情况。

三、下学涵养之"动"

朱子特别为初学者设立了下学工夫,其中"洒扫应对"之"动"即是重要之节目,其目标是为了涵养善端,以为上达做准备。

（一）下学涵养的内容——洒扫应对

朱子云:"古人只从幼子'常视无诳'以上、洒扫应对进退之间,便是做涵

---

① 朱熹:《朱子语类》卷四九,《朱子全书》第 15 册,上海:上海古籍出版社、合肥:安徽教育出版社,2002 年,第 1665 页。

② 《朱子语类》卷七,《朱子全书》第 14 册,上海:上海古籍出版社、合肥:安徽教育出版社,2002 年,第 268～269 页。

③ 朱熹:《小学》,《朱子全书》第 13 册,上海:上海古籍出版社、合肥:安徽教育出版社,2002 年,第 393 页。

养底工夫了。"①此是将洒扫应对提升为下学工夫之节目。所谓洒扫应对的下学工夫，泛指初级的、基础性的、不必籍理论而专门学习又为伦常生活所必需的一些实践性环节。就儒家来说，做工夫的目的绝不是要脱离生活，逃尘出世，则最好的也是唯一的方式，就是在生活中做工夫。只有以生活化的方式才能理解与把握生活。如游泳必须在水中。故下学工夫实是提供一个生活化的下手处，即以生活化的内容引导生活主体的成长，要人在生活之中，以生活化的方式，来理解、把握生活本身。

（二）下学涵养的主体——初学者

作为工夫节目，此下学不限于幼儿，很多时候是指初学者，那些处于自发阶段的凡庸，在工夫上没有过上达的体验，是下学工夫的主要受众，本质上，他们均是百善完备，但是未能心体自觉、发用自如，所以要做工夫。如对于上稍而自负之人，朱子亦警戒之必须做此工夫："奉告反复其词，又知贤者英迈之气有以过人，而虑其不屑于下学，且将无以为入德之阶也。夫人无英气，固安于卑陋而不足以语上。其或有之而无以制之，则又反为所使，而不肯逊志于学，此学者之通患也。所以古人设教，自洒扫应对进退之节，礼乐射御书数之文，必皆使之抑心下首，以从事于其间，而不敢忽，然后可以消磨其飞扬倔强之气，而为入德之阶。"②

（三）下学涵养的目标——涵养善端

下学工夫的目标是养出善端。朱子云："古人小学养得小儿子诚敬善端发见了。"③又云："古人只从幼子'常视无诳'以上、洒扫应对进退之间，便是做涵养底工夫了。……但从此涵养中渐渐体出这端倪来，则一一便为己物。又只如平常地涵养将去，自然纯熟。……盖义理，人心之固有，苟得其养而无物

---

① 朱熹：《朱文公文集》卷四十三，《答林择之》，《朱子全书》第22册，上海：上海古籍出版社、合肥：安徽教育出版社，2002年，第1980页。

② 朱熹：《朱文公文集》卷六十三，《答孙仁甫》，《朱子全书》第23册，上海：上海古籍出版社、合肥：安徽教育出版社，2002年，第3069页。

③ 《朱子语类》卷七，《朱子全书》第14册，上海：上海古籍出版社、合肥：安徽教育出版社，2002年，第269页。

欲之昏，则自然发见明著，不待别求。"①下学工夫就是通过洒扫应对进退这些生活的内容，来规范、扶正、引导以培养人的良好的习性，使心性自然中正，邪曲自然消遁，天长日久，根植于人心之天理自然透显出来，善之端倪亦自然分晓，如泉之始达，云之油然。

（四）下学涵养的功能——为上达做准备

但是我们要注意的是，此涵养善端与涵养未发之中完全不同，因为下学涵养主要执行的是上达之准备。朱子云："盖熹闻之，自昔圣贤教人之法，莫不使之以孝弟忠信、庄敬持养为下学之本，而后博观众理，近思密察，因践履之实以致其知。"②又云："圣门之教，下学上达，自平易处讲究讨论。积虑潜心，优柔餍饫，久而渐有得焉，则日见其高深远大而不可究矣。"③这里我们只要知道朱子置洒扫应对于"下学→上达"之格局即可，至于如此下学能否上达等等则非本文任务，不赘。

（五）小学教育与下学涵养之比较

由上可知，作为小学教育的洒扫应对之动，与作为下学工夫的洒扫应对之动，具有一定的相似性，如都是以初学者为实践主体，都是以基础性的生活项目作为主要内容等，而且在终了义上可以说二者是一样的，所以朱子有时也将小学视为下学，如朱子在《答胡广仲》中言："古人由小学而进于大学，其于洒扫应对进退之间，持守坚定、涵养纯熟固已久矣，是以大学之序，特因小学已成之功，而以格物致知为始。"又如在《答吴晦叔》中言："盖古人之教，自其孩幼而教之以孝悌诚敬之实，及其少长，而博之以诗书礼乐之文，皆所以使之即夫一事一物之间，各有以知其义礼之所在，而致涵养践履之功也。（此小学之事，知之浅而行之小者也。）及其十五成童，学于大学，则其洒扫应对之间，礼乐射御之际，所以涵养践履者，略已小成矣。于是不离乎此而教之以

---

① 朱熹：《朱文公文集》卷四十三，《答林择之》，《朱子全书》第22册，上海：上海古籍出版社、合肥：安徽教育出版社，2002年，第1980页。

② 朱熹：《朱文公文集》卷三十八，《答林谦之》，《朱子全书》第21册，上海：上海古籍出版社、合肥：安徽教育出版社，2002年，第1698～1699页。

③ 朱熹：《朱文公文集》卷三十，《答汪尚书》，《朱子全书》第21册，上海：上海古籍出版社、合肥：安徽教育出版社，2002年，第1307页。

格物,以致其知焉。"①此是认为大学是自觉地作工夫的阶段,包括心性控制、理论学习、政治实践等,这一切皆是在小学涵养的基础上进行的。但此二者毕竟在性质上还是有区别的,一为教育内容,一为下学工夫,此不可不明。

四、未发涵养之"动"

朱子之涵养,一定要放在其"己丑之悟"(1168 年)后本体、工夫的大格局下来看,这样才能清晰认识其地位与特点。

(一)朱子"己丑之悟"后本体、工夫的基本结构

就工夫而言,朱子首学延平,静坐以观未发气象,但是一直不能理解何为未发,故寻不到下手处。后来学五峰,得"先察识,后操存"之说,但是此工夫是针对已发而言,故朱子不能明白伊川之义,在"中和旧说"阶段颇费周折,直至"己丑之悟"后方真正理解中和本旨。兹引彼时《与湖南诸公论中和第一书》相关部分述之。

> 按《朱文公文集》、《二程遗书》诸说,似皆以思虑未萌、事物未至之时,为喜怒哀乐之未发,当此之时,即是此心寂然不动之体,而天命之性,当体具焉。以其无过不及、不偏不倚,故谓之中。及其"感而遂通天下之故",则喜怒哀乐之性发焉,而心之用可见,以其无不中节、无所乖戾,故谓之和。然未发之前,不可寻觅;已觉之后,不容安排。但平日庄敬涵养之功至,而无人欲之私以乱之,则其未发也,镜明水止;而其发也,无不中节矣。此是日用本领工夫。至于随事省察、即物推明,亦必以是为本。而于已发之际观之,则其具于未发之前者,固可默识。②

首先,来看心体的两个阶段及各自的特点与结果。一是喜怒哀乐未发之前。此时心体"思虑未萌、事物未至",性体尚未化为七情,故特点是"不可寻觅",因为一有寻觅之念即是已发。此阶段的结果是可能持中,或者相反。按《中庸》"喜怒哀乐之未发,谓之中"并不是说只要未发都是中,如此则无做工

---

① 朱熹:《朱文公文集》卷四十二,《答吴晦叔》,《朱子全书》第 22 册,上海:上海古籍出版社、合肥:安徽教育出版社,2002 年,第 1914~1915 页。
② 朱熹:《朱文公文集》卷六十四,《与湖南诸公论中和第一书》,《朱子全书》第 23 册,上海:上海古籍出版社、合肥:安徽教育出版社,2002 年,第 3130~3131 页。

夫之必要了。所谓未发之中，即喜怒哀乐未发时，道体直贯性体，为心体完整吞纳含化，此际心性合一，万理毕具，澄澈莹明，寂然不动。我们打一个比方，心体好比一个不倒翁，未发之中即如其未受力之前，持中充盈，蕴含向所有方向倾动的可能性，但又无一丝毫倾动。而不能持中，则与此相反，未发时七情萌蘖已是摇曳，大有泛滥之势，自己却丝毫未能察觉。二是喜怒哀乐已发之后。此时特点是"不容安排"，当你发觉心体已经发用后，又来不及重作妥当安排了，故其结果是可能致和，或者不能。所谓已发之和，即喜怒哀乐已发后，于人伦日用中动容周旋，无不中节。仍以不倒翁喻之，则已发之和即是其当受力则受力，所至恰如其分，且受力之后又可以随时调整恢复中态。不能致和则是所发过或不及，则七情必然酿成恶果。兹将上义表示如下：

两个阶段	特点	可能结果	
未发之前	不可寻觅	致中	未致中
已发之后	不容安排	致和	未致和

其次，来看心体的两节工夫。朱子工夫根据心体特点而定：未发不一定致中，致中不一定能保持，故须用涵养工夫，以求乎未发之中；已发不一定能致和，故须用省察，此包括反观与穷格，邪者反观，正者穷格：若其邪曲，则对治纠偏，并逆觉洄溯以求再度下发之和；若其苗蘖甚正，则当穷而格之、扩而广之。上述可以下表示之：

心体	性体		本体	工夫
	性	情	道、心、性合一	
未发→寂然不动	万理毕具		中	涵养→致中
已发→感而遂通		七情中节	和	省察→致和

涵养、省察本非二分，然省察非本文主题，故略去。且由上可知，朱子之涵养未发，明显是上达后的涵养。

（二）未发涵养的特点——不可椎凿用工

未发时心体没有有意识的活动，故不可以、也不可能用省察、上达那种有意识的工夫形式，关于此点，有门人认为"未发时当以理义涵养"，朱子答曰：

"未发时着理义不得,才知有理有义,便是已发。当此时有理义之原,未有理义条件。"①"未发时只有理义之原",即此时已是上接道体,性体饱满,但此时思虑未萌,即理义尚未进入思考施行阶段。故只有摈弃有意识的技术性的手段,不涉及认知理性的,或有意识的道德训练,在日常间加强对未发心体的涵养,使心中所蕴之性如镜明水止,如此一来,其发就易中节。故朱子又云:"养,非是如何椎凿用工,只是心虚静,久则自明。"②又云:"学者须敬守此心,不可急迫,当栽培深厚。栽,只如种得一物在此。但涵养持守之功继继不已,是谓栽培深厚。如此而优游涵泳于其间,则浃洽而有以自得矣。"③所谓不可急迫、栽培深厚,皆是反对有为与故作之心,要以一种非理性、无意识的方法来制服私欲之萌蘖,天理善端则渐养渐厚。

(三)未发涵养的任务——养守未发之中

涵养是致未发之中,朱子云:"如致中,则欲其无少偏倚而又能守之不失。"④又云:"养到极中而不失处,便是致中。"⑤则致中有两层:一是养到极中。前已以不倒翁喻心体,则未发时此不倒翁不能受到一点力,否则即自倾动。那么,能够影响未发心体——使此不倒翁晃动起来的力量为何呢?上引《论中和第一书》中朱子言"但平日庄敬涵养之功至,而无人欲之私以乱之,则其未发也,镜明水止",我们再引《答林择之》第二十一书,朱子云:"盖义理,人心之固有,苟得其养而无物欲之昏,则自然发见明着,不待别求。"⑥由此二则,可知此力量即私欲而已,当然,此处之私欲仅是七情邪曲尚未成灾。涵养即是发明本心,使道体与性体默然贯通,心体自作光明,则天理蕴集、良知饱满而

---

① 《朱子语类》卷六十二,《朱子全书》第 16 册,上海:上海古籍出版社、合肥:安徽教育出版社,2002 年,第 2045 页。

② 《朱子语类》卷十二,《朱子全书》第 14 册,上海:上海古籍出版社、合肥:安徽教育出版社,2002 年,第 364 页。

③ 《朱子语类》卷十二,《朱子全书》第 14 册,上海:上海古籍出版社、合肥:安徽教育出版社,2002 年,第 365 页。

④ 朱熹:《朱文公文集》卷五十五,《答李守约》,《朱子全书》第 23 册,上海:上海古籍出版社、合肥:安徽教育出版社,2002 年,第 2604 页。

⑤ 朱熹:《朱文公文集》卷五十五,《答李守约》,《朱子全书》第 23 册,上海:上海古籍出版社、合肥:安徽教育出版社,2002 年,第 2606 页。

⑥ 朱熹:《朱文公文集》卷四十三,《答林择之》,《朱子全书》第 22 册,上海:上海古籍出版社、合肥:安徽教育出版社,2002 年,第 1980 页。

私欲遁迹、清刚正大。二是守之不失。此是要排除偶然性的达中，通过一定的途径，使心体一直处于明澈状态。

（四）未发涵养之"动"的内容——人伦日用

朱子的涵养未发，以静（静坐）为始学工夫，以动（洒扫应对）为主要工夫，以敬（敬以直内）贯动静为大成工夫。在这样的格局下，我们来看其中的主"动"工夫。朱子云："且如洒扫应对进退，此存养之事也。"①但是未发之动，已不再限于洒扫应对这样的基础性工作，而是泛指整个人伦日用，其包括洒扫应对，更有修齐治平。朱子云："如《论语》所言'居处恭，执事敬，与人忠'，'出门如见大宾，使民如承大祭'，'非礼勿视听言动'之类，皆是存养底意思。"②所引皆非洒扫应对可比，是修齐治平之事。另外，朱子反对独任静坐，要求动静结合、以动为主也多次举例，《朱子语类》载："一之问：'存养多用静否？'曰：'不必然。孔子却都就用处教人做工夫。今虽说主静，然亦非弃事物以求静。既为人，自然用事君亲，交朋友，抚妻子，御僮仆。不成捐弃了，只闭门静坐，事物之来，且曰：候我存养！'"③此例甚众，不赘。

（五）未发涵养之"动"的承载形式——遁礼守常

前已说涵养的任务是制服私欲萌蘖，养心至中且守之不失，欲达此目的，朱子明确指出其方式乃是循礼，即在洒扫应对之人伦日用中，以礼格之。如云："涵养之则，凡非礼勿视听言动，礼仪三百，威仪三千，皆是。"④首先自制服私欲养心至中来看。一则未发之际，七情尚未成灾，惟其萌蘖波荡，有泛滥之可能性，故做工夫的作用就如治水一样，要限制、引导七情之发，辅其成长。二则涵养与省察不同，它不是有意识的辨别逆觉，即未发之际乃非自觉状态，不可著理义。故欲制服私欲之可能，惟有摒弃有意识的对治，转而遵守各种

---

① 朱熹：《朱文公文集》卷三十二，《答张钦夫》，《朱子全书》第 21 册，上海：上海古籍出版社、合肥：安徽教育出版社，2002 年，第 1419 页。

② 《朱子语类》卷十九，《朱子全书》第 14 册，上海：上海古籍出版社、合肥：安徽教育出版社，2002 年，第 664 页。

③ 《朱子语类》卷十二，《朱子全书》第 14 册，上海：上海古籍出版社、合肥：安徽教育出版社，2002 年，第 380 页。

④ 《朱子语类》卷十二，《朱子全书》第 14 册，上海：上海古籍出版社、合肥：安徽教育出版社，2002 年，第 364 页。

礼仪规章制度和主流的道德契约。以此天长日久，来塑锻性情。如此可见，涵养正是要在生活中，严格按照物化的德性——礼的规定，来压制、殄灭私欲之生长，以保持心体的空灵照彻、万理具备。其次自守之不失来看。在涵养中，欲长期地保持养心至中的状态，亦只有循礼一途。朱子云："颜子三月不违，岂直恁虚空湛然，常闭门合眼静坐，不应事，不接物，然后为不违仁也。颜子有事亦须应，须饮食，须接宾客，但只是无一毫私欲耳。"①

（六）未发涵养之"动"的对象——已学者

从前引涵养未发的内容来看，都不是针对幼儿而言，故可知，朱子涵养未发之中与下学涵养在内容上不一样，主体也不一样，一个是幼儿（初学者），一个是成人（已学者）。朱子云："明底人便明了，其他须是养。"故未发涵养不以年龄而以自觉程度分。处于自觉状态的心性澄澈无染之圣贤，一了俱了，一明俱明，无时不养，无处不养。然现实中，又有几人已臻圣贤？绝大多数人皆是凡庸，故均需涵养。且此是终身工夫，朱子云："持养之说，言之，则一言可尽；行之，则终身不穷。"②故涵养工夫实是庸众所必修的日常功课，一生之中皆当学此习此而不缀。

（七）两种主"动"的涵养工夫之比较

由于小学教育与下学涵养相似性较强，经过前文比较后，此即不论。下面我们集中比较下学涵养与涵养未发此两种涵养工夫。

其一，从工夫性质来看，下学涵养是在洒扫应对进退中养成良好的习性、善端，为下面的大学的格物致知打好基础；而由"己丑之悟"所得的涵养工夫，包括"静→动→敬"之格局，其中的动也包括洒扫应对等人伦日用，但它是一种涵养未发之中的高级工夫。此二者在现象上有类似，但性质上有很大差异。

其二，从工夫形式来看，二者都是动，都是通过承载于洒扫应对进退等生活内容，但是下学之动，更强调基础性的生活内容，讲不到修齐治平；而涵养

---

① 《朱子语类》卷三一，《朱子全书》第15册，上海：上海古籍出版社、合肥：安徽教育出版社，2002年，第1120页。

② 《朱子语类》卷十二，《朱子全书》第14册，上海：上海古籍出版社、合肥：安徽教育出版社，2002年，第364～365页。

未发的动，则包括人伦日用所有环节，自然有修齐治平，这是一个重要区别。

其三，从工夫的对象来看，二者都是针对心体未发而言，但这是两个不同阶段的未发。下学阶段的未发，是从未有过上达体验者，他的心体尚没有过豁然开朗之惺觉，如果有，他就能刹那间反躬性体直至对越道体了。而涵养阶段，则是针对上达以后的心体之未发。

其四，从工夫内容来看，二者都强调礼，但伊川云"中不可求"，表明致未发之中实际上是一种高级的工夫，如颜回的克己复礼，三月不违，是人心化于天理之中，是在养源头之活水。而在下学之中，这种外在的规范实际上有犯强求之嫌，与作为高级工夫的涵养完全不在一个层面上。

其五，从工夫的特点来看，二者都是强调非自觉、无意识，但不同在于被动与主动之分。处于下学阶段之人，其心体未开，如果被蒙上双目，大段漆黑，最多偶尔地窥见些许光亮而已，待到或因己悟，或因外缘，方才能彻见光明。他的无意识是不明所以的。而处于涵养阶段之人，其心体已开，只是涵泳于此光明之中而已，虽然也是无意识，但是主动的、自觉的。

其六，从工夫的主体来看，下学的动，主要针对初学者，甚至包括幼儿；涵养的动，主要针对已学者，多是成人。

其七，从工夫的目标来看，下学的动，主要是为了养出善端，以复其初，为上达作准备。而涵养的动，则是上达之后，为了养护心体之中正，为下一步的发用之和做准备。我们可以下图示之：

```
动：洒扫应对→小学（下学）→大学（上达）→……涵养未发：静（静坐）→动（人伦日用）→敬（敬贯动静）→……
```

正是因为这两种主动工夫有着一定的相似处，故朱子将二者都称为涵养（存养），这就造成了一名多指，加上朱子非常强调下学工夫，故容易使人产生错觉，以为朱子只有一种"主动"的涵养工夫。愚以为，对于这两种工夫，最好以不同名称来指代，不妨根据孟子"尽心知性知天、存心养性事天"（《孟子·尽心上》），将尽心之前的下学工夫称为涵养，而将尽心之后的针对未发之工夫称为存养，如此即无歧义。当然，以上的区分都是相对的，是为了判理清晰而设定的，在现实中，无论是小学教育或是下学工夫或是涵养未发都是浑然一体的，是为体用一如，本末不二。

朱子理学工夫论研究的现代意义

◎ 黄柏翰

（福建武夷学院朱子学研究中心副教授）

一、前　　言

　　朱子学说的影响力曾在华人社会盛行八百余年，至今仍是研究中国哲学不可绕过的重要思想家。然而，朱子学的研究具有什么样的现代意义？朱子的理论与思想是否仍适用于现代社会呢？对于这个问题，笔者是持肯定态度的。笔者认为朱子理学具有一种实用理性主义①的性格，适切地表达和规范了人类社会中相当重要的伦常关系与道德准则，其精神不仅通过中国历史漫长岁月的考验，许多重要元素仍符合现代社会的需求。特别是理学工夫论中所体现出的人格目标与心性修养，不仅志向高明，而且论述平实、融贯在日常生活之中，具有儒家入世、积极的实用理性主义精神。

　　当代的朱子学研究，如果只是一种历史学说的研究，那就有点可惜了。现今的社会氛围和时代思潮，会为朱子学的研究注入一些时代的共感与需求，而形成新的问题意识。有些规范与教条可能会随着时间而改变，但其核

---

　　① "实用理性主义"是笔者对于儒家文化精神的一种概括性说明。儒家具有强烈的道德信念，其信念是奠基在理性思辨以及一些具体的心理感受之基础上，不喜欢谈论空泛的哲理或不可感知的神祕体验，具有理性主义的一面。另一方面，儒家是强调实践的学问，尤其是人伦关系的具体实践，一切学问的价值取向也以道德理想的实现作为最终目标，在价值取向上表现出贯乎日常人伦的实用性格。

心价值却是不会变的，例如对于人性良善本质的信念与追求。这是儒学最为深刻，最为吸引人的核心要素。儒学所提出的道德理念，不但曾经感动过历朝历代的中国知识分子，这种感召力也会是跨越时代、跨越地域的。

人们有探索并充实精神世界的需求，儒学的深刻处在于贴近人性，从一些人们可普遍感知的心理感受当中，指出切合实际的价值与信念。儒学的理论不诉诸激烈的道德情感，或者寄托在非理性的宗教解释，它是一种理性的认识；它也不是空泛的哲理讨论，是可以落实于生活的实践工夫。这是因为它对于内在的精神世界有高度的认识与操持。历经了时代的发展与不同学理融入，在朱子的手上达到一个高峰。朱子提出了更为系统性的理论解释，也总结了许多具体可行的实践方法。在今日看来，朱子的理学工夫论仍然是相当贴切的，因此本文就以工夫论作为题目提出一些个人的看法与各位探讨。

二、儒家实用理性主义的性格

（一）人类具有扣问生命价值与人生意义的渴求

人之异于动物的独特之处在于他具有寻求价值与意义的渴求，以及创造价值与意义的能力，美国心理学家马斯洛（Abraham H. Maslow，1908—1970)把人类的需求分成五种层次：生理需求、安全需求、社交需求、尊重需求与自我实现的需求。[①] 其中，自我实现的需求一直被视为一个重要的需求，这个需求就是价值感与意义感的追求。价值感与意义感的问题不是科技文明所能解答的问题，这个问题一般都是放在哲学部门进行讨论。孔孟和朱子的学说之所以深刻，就在于他们解答了这个问题，正所谓"天不生仲尼，则万古如长夜"。

儒家的人性论就是对于人的意义与价值进行思辨和抉择，并确立了良善之性做为人之所以为人的独特本性。孟子提出小大之辩，主张面对不当的欲望和内心良知的冲突时，应该听从良知的声音（从其大体而摒弃小体），从诸多面向的人类天性之中确立了理性思辨与道德信念的价值。大体是心之官，

---

① Abraham Maslow, A Theory of Human Motivation, *Psychological Review*, Vol 50 (4), Jul 1943, pp. 370~396.

小体是耳目口鼻之官,在小大之辩的问题上要能够先立其大,以理性思辨与道德信念作为行为的准则,而不是盲目服从生理或心理的直觉反射。这个立其大的动作,就是要把重要的价值取向先确定下来,这样在面对良知与欲望的冲突时,才能够有一个明确的取舍,人的价值也能从中彰显。

这个问题公都子和孟子曾经有过一段经典的对话,讨论同样是人,在这个问题上为什么会有个别差异呢?

> 公都子问曰:"钧是人也,或为大人,或为小人,何也?"
>
> 孟子曰:"从其大体为大人,从其小体为小人。"
>
> 曰:"钧是人也,或从其大体,或从其小体,何也?"
>
> 曰:"耳目之官不思,而蔽于物。物交物,则引之而已矣。心之官则思,思则得之,不思则不得也。此天之所于我者。先立乎其大者,则其小者弗能夺也。此为大人而已矣。"[1]

事实上,作为良知的大体与作为耳目之官的小体,都是人性本具的一些客观存在。人心既有清明的时候,也有利欲熏心的时候,问题在于为什么要从其大而不从其小呢?从大不从小,展现出孟子的价值抉择,这是一种理性思辨之后的自我抉择。此处也反映出儒家所谈的"人性",是价值意义上的"人性",是经过拣择,能够反映出价值与意义的人性,而不是那个实然面向上所谓的"人性"。孟子的论述之所以容易被人接受,除了贴切的比喻之外,主要还是因为他强调出较为深刻的问题意识,以及经得起理性检验的合理说法。

除了温饱与短暂的心理快乐之外,人们总是会去寻找人生的价值与意义,相较于其他的需求,这是一个更为深刻的问题。除此之外,社会的运作也需要一种能够被普遍接受与遵循的道德公约,作为共同的价值与标准。对于价值与意义的解答,能够对我们的生活做出较好的指导并建立规范,这不仅在个人的层面有这个需要,就社会层面而言,也有同样的需求。

(二)奠基于共同心理感受的理性论述

先秦儒家将人性的光明面挑选出来,作为人生追求的信念,以及评价行为的价值标准,这是先秦儒家对生命价值与生命意义的解答。在这个面向

---

① 《孟子·告子上第十五篇》。

上,我们可说儒家是中国人的宗教。然而,儒家却又和宗教不同,儒家的信念是奠基在理性思辨上的,不诉诸超越的神或者不能普遍感知的神祕经验。儒家也和纯粹的哲学思辨不同,他的观察与说明经常是具体的、实在的心理活动,不是抽象的玄思,因此特别亲切易懂。此外,儒学是强调实践之学,要求能够融贯于日常生活,是可用个人生命去实践的理想与信念,并非以单纯的思辨为满足。

孟子提出的四端之心,是一种具体而微的心理感受,符合人们的普遍经验。

> 所以谓人皆有不忍人之心者,今人乍见孺子将入于井,皆有怵惕恻隐之心;非所以内交于孺子之父母也,非所以要誉于乡党朋友也,非恶其声而然也。由是观之,无恻隐之心,非人也;无羞恶之心,非人也;无辞让之心,非人也;无是非之心,非人也。恻隐之心,仁之端也;羞恶之心,义之端也;辞让之心,礼之端也;是非之心,智之端也。人之有四端也,犹其有四体也。①

孟子从这种可以共同感知的普遍经验中提出四端之心的解释,这是一种对于内心情感活动的觉察与反省,具有心理学式的理性精神。孟子所举出的例子总是那么贴切易懂,让人容易接受。

(三)将外在的社会规约转化为主动的道德信念

孟子所说的这种内在感受,是一种非关乎名利的直觉与冲动,我们可以把它称为是一种道德直觉。道德直觉促使人们不得不这么做,这是道德行为的内在动因。行为的产生,不是被动、强迫的,也不是为了其他的目的,是出于一种主动性,这才是一个伦理学意义上所谓的"道德行为"。

孔子答宰我"三年之丧"的论述也同样地表现出理性主义性格,以及内在的道德主动性。

> 宰我问:"三年之丧,期已久矣。君子三年不为礼,礼必坏;三年不为乐,乐必崩。旧谷既没,新谷既升,钻燧改火,期可已矣。"子曰:"食夫稻,衣夫锦,于女安乎?"曰:"安。""女安!则为之!夫君子之居丧,食旨不甘,闻乐不乐,居处不安,故不为也。今女安,则为之!"宰我出。子曰:

---

① 《孟子·公孙丑上第六章》。

"予之不仁也！子生三年，然后免于父母之怀。夫三年之丧，天下之通丧也。予也有三年之爱于父母乎？"[①]

孔子以"女安乎"这样一个心理的直觉感受，作为解释是否服从外在社会规约（守丧）的理由；并以"子生三年，然后免于父母之怀"的道理，说明三年之丧的合理性。把传统礼制的合理性奠基在亲子之爱这种普遍又日常的心理基础上，将原本是外在的、强制性的社会规范，转化为主动的、内在的追求，而成为一个比道德规约更具有约束效力的道德信念。同时，这样的说明与解释也是大家比较能普遍接受的。

孔子不是把人的情感和观念引向外在的崇拜对象，或者是不能共同感知的神秘经验，而是以亲子之亲和社会中各种人际关系作为基础而提出解释。作为行为准则的理由是出于主动的、也是满足现实生活需要的，既能满足个人情感，又能兼顾整体社群的利益与稳定，这是一种儒家式的实用理性主义的性格。也正是这种性格，形塑了中国人的精神样貌与文化基调——讲求情理结合与人我和谐的道德标准。

三、朱子对于先秦儒学的补充与工夫论的提出

儒学经过了历代的传承与发展，到了朱子手里，融合了包括道家与佛家在内的不同观点，将儒学做了进一步的整理，这是中国文化的一个高峰。延续着先秦儒学理性、平实的特点，朱子理学在理论上进行了更加系统性的论述，提出了细致周密的本体论，以及更为详备的工夫论。

（一）朱子学说的系统性

朱子学说有着比较系统性的理论陈述。例如，在关于人性的讨论上，朱子会系统性的展开并说明，而不是停留在内心的直观感受上。朱子说："大凡天之生物，各付一性。性非有物，只是一箇道理之在我者耳。故性之所以为体，只是仁义礼智信五字，天下道理不出于此。"[②]其中，"性非有物，只是一箇

---

① 《论语·阳货》。

② 朱熹：《玉山讲义》，《朱子全书》第 24 册，上海：上海古籍出版社，合肥：安徽教育出版社，2002 年，第 3588 页。

道理之在我者耳。"①,这是把"人性"这个问题分成两个层面来解释。朱子说明了儒家所举出的"人性",并非实然存在面向上所谓的"人性",②而是一种透过精神自省而感悟的道理,是价值意义上所谓的"人性"。这种判别正是伦理学讨论上所谓的实然与应然的区别,③显现出理论化、系统化的特征。

接着,朱子把原本较为笼统的人性说,系统性地展开成"仁、义、礼、智、信"五个面向,还分别从"体"、"用"两个层面来说。信是真实无妄的意思,同时也意指仁、义、礼、智是人的真切与实在的感受。在体的面向来说,仁是温和慈爱的道理、义是断制裁割的道理、礼是恭敬撙节的道理、智是明辨是非的道理,这四种素质都是真实无妄的,都是人的天性的一部分;在用的面向里,仁的表现是恻隐之心、义是羞恶之心、礼是辞让之心、智是是非之心。④ 这样的系统化特征具有哲学上的思辨精神,也增加了理论的解释力。

我们拿来和孔子论三年之丧的文献做比较。孔子以"女安乎"这样一个诉诸于个人体验的直觉感受作为解释,虽然具体而简洁,但是面对像宰我这样的学生,宰我认为自己并没有不安心的地方,孔子也只能说"女安! 则为之",而没有进一步的论证。这种直觉的感受,朱子将它展开成一个系统性的说明。"信"之一字表示这种直觉感受的真实性与实在性,以及道理的客观性。如同孟子所谓的"人之有四端,犹其有四体也",这是一种客观、实然的存在,不会因为自己是否感知到(或者是否愿意承认)而影响其存在的真实性。这种天性具有有仁、义、礼、智不同面相,而从体上来说,则是一种客观的

---

① 朱熹:《玉山讲义》,《朱子全书》第 24 册,上海:上海古籍出版社,合肥:安徽教育出版社,2002 年,第 3588 页。

② 例如,《人性是贪婪的》、《人性的弱点》、《人性的光明面》等心理学范畴讨论下所谓的"人性",这是无关乎善恶的人类心理属性,具有多种可能的特征。

③ 实然(is)和应然(ought)的区别是休谟(David Hume,1711—1776)提出的创见。实然指的是客观存在的事件,应然则是人们对此事件的评断。实然与应然之间并不存在逻辑上的蕴涵关系,故不能合理地由实然的前提推导出应然的结论。休谟的这种区分提醒后来的哲学家,价值判断的根源不在事件中,而坐落在人的内心。善与恶是一根源于内心的价值判断,蓄意谋杀这件事之所以为恶,并不是事件本身为恶,而是人将这件事判断为恶。以蓄意谋杀为例,休谟区分了事件本身和判断者,事件本身是一"实然"(is)的事实,价值判断则是关乎"应然"(ought)的,来自于判断者的内心。自休谟以后,伦理学家都知道,由实然的陈述无法直接推导出应然的价值判断。相关的讨论可见 David Hume, *The Treatise of Human Nature*, Oxford: Oxford University Press, (1739—1740)1978, pp. 468~469.

④ 朱熹:《玉山讲义》,《朱子全书》第 24 册,上海:上海古籍出版社,合肥:安徽教育出版社,2002 年,第 3588~3589 页。

道理。

我们之所以不安，是因为我们有羞恶之心，明辨是非之心，这让我们在做出不当行为时，或多或少地感受自己行为的偏颇。然而，这样的感受，为什么有时候会有因人而异，或者因时而异的不同？怎样才能保持客观公正，并时刻警醒？这就进入到工夫论的问题了。

(二)理学工夫论与心性修为的实践

朱子学不同于哲学之处在于，朱子的学说是一种在实践当中产生的体悟。如果说，朱子的心性论具有哲学般的理论系统特征，那么，工夫论则具有宗教般的修持色彩。①

工夫论体现了儒家修身成仁的核心价值，一般被归类到伦理学的研究范畴。然而，完全用西方伦理学的思路与方法对工夫论进行理解是行不通的。②工夫论是一种在生活当中实践而产生的智慧，其实是有点接近康德所说的"实践理性"，但是又和"实践理性"不同。康德"实践理性"是一个相对于"理论理性"而提出的概念，"理论理性"是认识功能，而"实践理性"关乎意志的作用。但是，这两种理性的认识都可以透过知识的理解而达成，但是工夫论的理解预设了身心的体验，并非全然能够透过知识讨论而理解的命题。工夫论的理解是一种在实践当中产生的感悟，这和知识的理解是两种本质上全然不同的思维方式。

工夫论浸润了佛、道思想，具有浓厚的修行意涵，是一种具有东亚地域文化特征的修身理论。在现今以西学训练为主的学术典范下，这是一种相当不同于西方的思考方式。这并非只是文化差异的问题，能够凭借着知识的理解而达成，还有赖一定的心性修为才能掌握。

我们可从《朱子语类》卷第一百三十七朱子对于战国汉唐诸子文章的品评中，看出心地修持对于为学把握的重要性。朱子认为，荀子言性恶，是因为

---

① "工夫"或"工夫论"是传统中国哲学的语汇，放在当代学术分类下考量，它的范围接近于哲学部门所谓的道德哲学或伦理学，也接近于宗教学的"灵修"领域。参见杨儒宾、祝平次编：《儒学的气论与工夫论》，上海：华东师范大学出版社，2008年，第1页。

② 杨儒宾先生指出，学术典范的转移让儒学研究面临"横材入灶，扞格难合"的问题。将理学的研究放置到哲学部门下讨论，"理学的实践方面落空了，当理学的'宗旨'转代为哲学的"命题"时，从传统儒学的价值体系来看，买椟还珠的情况就产生了"。杨儒宾、祝平次编：《儒学的气论与工夫论》，上海：华东师范大学出版社，2008年。

荀子在工夫处做得较粗，因此"不识道理"："如天下之物，有黑有白，此是黑，彼是白，又何须辩？荀扬不惟说性不是，从头到底皆不识。"提到韩愈时说："于大体处见得，而于作用施为处却不晓。"①从下列朱子批评韩愈的句子中可以看到，对于道理不能够看得真切明白，是因为没有能够在心性修为上下工夫：

> ［韩愈］只是空见得箇本原如此，下面工夫都空疏，更无物事撑住衬簟，所以于用处不甚可人意。缘他费工夫去作文，所以读书者，只为作文用。自朝至暮，自少至老，只是火急去弄文章；而于经纶实务不曾究心，所以作用不得。每日只是招引得几箇诗酒秀才和尚度日。有些工夫，只了得去磨练文章，所以无工夫来做这边事。兼他说，我这个便是圣贤事业了，自不知其非。②

韩愈在《原性》中提出"五性说"，以"仁、义、礼、智、信"说明"性"的问题，而为朱子所赏识。但是朱子认为韩愈只是识得大纲，至于精微之处说得并不深入、不透彻。③ 原因正是韩愈为学主要用功在文章上，并没有在心性上下工夫，对于心性问题并非真正识得，因此，不若孟子那般说得活活泼泼、精细明白。④ 心性的认识是需要在身心修养上下工夫的，否则聪明才智如荀子及韩愈，也不能理解个中奥义。至于批评韩愈为学"只是火急去弄文章"，不也提醒了当代的儒学研究，除了论文的研究与撰写，是否真的能够把握住为学的意义与目的。

---

① 《朱子语类》，《朱子全书》第 18 册，上海：上海古籍出版社、合肥：安徽教育出版社，2002 年，第 4236 页。

② 《朱子语类》，《朱子全书》第 18 册，上海：上海古籍出版社、合肥：安徽教育出版社，2002 年，第 4237 页。这段话虽是批评了韩愈的问题，但是朱子对于韩愈的综合评价并不低，这可从朱子对于韩愈的大量研究以及《梅溪王先生文集序》当中对于韩愈等"五君子"的正面评价当中得知。

③ "韩退之，欧阳永叔所谓扶持正学，不杂释老者也。然到得紧要处，更处置不行，更说不去。便说得来也拙，不分晓。缘他不曾去穷理，只是学作文，所以如此。"见《朱子语类》，《朱子全书》第 18 册，上海：上海古籍出版社、合肥：安徽教育出版社，2002 年，第 4262 页。

④ "问：'韩文公说，人之所以为性者五，是他实见得到后如此说耶？惟复是偶然说得着？'曰：'看它文集中说，多是闲过日月，初不见他做工夫处。想只是才高，偶然见得如此。及至说到精微处，又却差了。'言：'惟是孟子说义理，说得来精细明白，活泼泼地。'"见《朱子语类》，《朱子全书》第 18 册，上海：上海古籍出版社、合肥：安徽教育出版社，2002 年，第 4257～4258 页。

若不识得,则不能在要紧处把握,往往成为无头学问,不切中用,哪能够打动人心、切合时代需求。韩愈谓杨荀"大醇而小疵",程伊川认为韩愈"责人甚恕"。可是朱子却认为韩愈"不是责人恕,乃是看人不破"。韩愈若懂得"在自己上下工夫,立得本。本立则条理分明,不待辨";"须是有是物而后可践履。今于头段处既错,又如何践履? 天下事从其是"①。

学问指导实践,实践又帮助学问的理解,两者是相辅相成的。对于心性之学,若不能践履之、玩味之,则不能捉得此物藏在怀袖间,自然不能看得细致明白,也不能如孟子那般说得活活泼泼、真切而生动。

(三)工夫论的可操作性

对于很多人来说,心性是抽象的、不可捉摸的,所谓心性修为既无从理解,亦无从下手。也可能有这类疑问:"心性修为所为何事? 是否人好、心好即是?"其实朱子所言之"性",并不单纯满足于道德行为的说明与解释,而是一种对于人生道理的通彻理解。

朱子曾经从山上的海底化石当中推论出海洋隆起成为陆地的自然科学理论。虽然远在八百多年前,但是朱子是相当具有科学实证精神的。对于外在物理法则,现代科学可以给出客观、理性的分析;但是对于内在的精神世界,科学是否也同样能够给出令人满意的答案? 朱子的心性论,其实就是对于内在精神世界的理性认知,他所提出的工夫论,则是根据这份认知而做出的经验总结。工夫论是心性修为的实践方法,当中积累的经验法则,可以帮助我们从中学习到认识自己的方法,并将受到欲念污染的心恢复本来的清净面貌。

朱子以"去人欲"作为为学工夫的入手处和目标:

> 尧舜之生,所受之性亦是如是耳,但以其气禀清明,自无物欲之蔽,故为尧舜,初非有所增益于性分之外也。故学者知性善,则知尧之圣非是强为;识得尧舜做处,则便识得性善底规模样子。而凡吾日用之间,所以去人欲,天理者,皆吾分内当然之事,其势至顺而无难。②

① 《朱子语类》,《朱子全书》第 18 册,上海:上海古籍出版社、合肥:安徽教育出版社,2002 年,第 4236 页。
② 朱熹:《玉山讲义》,《朱子全书》第 24 册,上海:上海古籍出版社,合肥:安徽教育出版社,2002 年,第 3590～3591 页。

因为气禀清浊的不同,人与人之间在气质与习气上存在着个别差异。明白了人的本性以及气禀清浊的差异,若能去除物欲之蔽,而天理就能自然显现,遂有"复性"的需求。

"复性"是理学工夫论追求的主要目标,亦即回复人的本来之性、人的天性。在"复其初"的历程中,需借助有意识的工夫修为,将内在人格进行修炼与转化,进而体证本来面目。这是一个在实践当中逐步体悟的过程,因此不下工夫是不能有所体悟的。但是,若只知有工夫而不知本来之性,这样的工夫是空泛支离的。两者的关系是相辅相成的,对于本来之性要先有所理解,工夫才有下手之处,而这个理解,也会随着实践而有所证悟、有所增进。

所谓在心性上下工夫、在自己身上下工夫,就是强调了返回自己的内在精神层面下工夫,而且是非关乎外在名利愿望的满足。透过主静无欲的修养方法能够保持认知心灵的清明无蔽,排除非理性的情感绊缚,养成客观的认知态度。这个操持方法朱子其实是相当言简意赅的,不像佛教那般层次分明而复杂。朱子提出"主敬"的说法作为"静"的说明和补充。朱子"静"的概念,其中预设了濂溪"诚"的思想,这是理学工夫论不同于佛老静坐理论的地方。"诚"表现于外则显现出"敬"的思想与行为。在恭敬之中,可以对行为起到提点和约束的作用,而具有较好的操作性。

工夫论的作用在于,在静心澄虑之中,对于内在的精神与外在的事物会有一个客观清楚的认知。正确的认知是我们行动、判断的基础。

四、儒学与现代社会的关系

从汉武帝"罢黜百家,独尊儒术"开始,儒学曾经是两千多年以来中国传统社会的正统和主流思想。在20世纪的历史剧变下,中国人对于传统儒学开始产生许多正反不同的评价,儒学研究出现了"百家争鸣"的情况。这些评价常常反映出一种时代的焦虑与不确定的心理。儒家的精神会在现代文明当中逐渐退却,被扫进历史吗?或者儒学会像某些乐观者所言,将成为21世纪的文明解药,带领全人类走出工具理性的思维?又或者儒学研究将展现出其他我们意想不到的面貌?

(一)儒学研究在当代社会的现况与反思

潘朝阳先生曾对台湾当代新儒学的研究提出这样的描述:

台湾当代新儒学数十年来大体上只在学院中作为一种学术和思想而存在……整体儒家理想似乎尚未落实在台湾的社会和政治土壤中着根，尤其是从传统农耕社会转型为全球化工商业社会的都会文明型态之台湾，当代台湾儒学似乎象是漂浮于土地之上的飞尘，与人民之生活世界之间实际上存在着明显的鸿沟。①

这段描述相当符合当代儒学研究的景况。儒学研究在现代社会中，已经和一般人的生活越离越远，不再起着启迪心灵的作用，被视为一种文化史的研究。一般人对于儒学研究的漠视，其实也不能完全归咎于民族自信心的丧失而产生的文化不自信，最根本的原因还是——儒学研究是否能够切中时代的需求。

儒学之所以能在中国社会长存，是因为它切合传统社会的需要。若希望儒学能够继续延续，首先，它必须是符合时代需要的。因此，我们需要的是一个冷静、客观的学理研究，重新用当代的眼光对传统儒学进行理解，并在不带任何预设的前提下，理性地认识儒学的特质。

民族的不自信或者过度自信，常使得当代儒学研究面临了能否客观公正的考验。多元文化的社会情境和学术研究典范的转移则是当今儒学研究最大的困难所在。多元文化的涌入，以及学院中西学思辨方法的基础训练，这让中西文化的融合或消长成为一个很自然的景况。现在的社会情境不比从前，现代人所接受的文化熏陶也和过去的传统儒家不一样，人们总会自觉或不自觉地受到过去经验和先备知识②的影响，这些因素让我们看待传统学术的角度和眼光都不一样了。

结合当代的文化脉络与学术思潮，对儒学进行重新诠释，这是一种新型态的儒学研究，当代新儒家是其中的典型代表。对于这类型的研究，有些学者提出的看法很具有参考性。

五四以后，出现了以保守主义自居的新儒家，其对儒家价值的肯定，

---

① 潘朝阳：《战后台湾儒家研究的几个侧面：问题及其意义》，《东亚儒学研究的回顾与展望》，台北：台大出版中心，2005年，第446页。

② 先备知识（prior knowledge）是指过去知识的总和，也可以理解为背景知识。例如，我们在阅读的过程中，把书本上的文字和其所代表的意义联结起来，其实就是文字和先备知识的联结。在这个过程中，原本储存在大脑中的知识和经验被重新唤起，结合文本内容对文本进行解读。

不过就在于能从中引出西方那套普世价值来，至少，两种价值是不相矛盾的。可见，对新儒家来说，儒家价值的现实性，不过仅此而已。现在，当代的新儒家应该更向前推进一步，即重新强调自身价值的普世性，乃至数千年中国道路对于人类的普遍意义。[①]

他们认为，"儒家的基本价值"虽然是一个见仁见智的问题，但不应等同于西方那套主流价值，即自由、民主为代表的所谓普世价值。否则，儒家在我们这个时代的必要性何在？企图从儒家传统中引申出西方那套普世价值来，其实是降低了儒家的地位，更不能解释数千年中国道路的特殊性。[②]

笔者认为，新儒家的研究是有其时代意义的。如果儒家所提出的义理是正确的，那么，在不同的理论体系当中，它将经得起多方的检证或考验。在不同理论的交互参照当中，自然能展现出儒学的理念的普世价值。这就像月映万川的道理一样，不同的人来看，都能够根据自己的理解而感觉到合理，这也是儒学可以在中国社会被普遍接受的原因。这不也是一种"理一而分殊"吗？

西方学术研究的标准，已经成为现代学术研究的典范，这是一个现实存在的问题。以新的学术方法进行儒学的重新整理，应该不是一件坏事。在佛教传入中国之后，儒学并没有被取代，反而在朱子手中变得更加深刻。历史的进程，证明了儒学的生命力！然而，以西方的学术典范进行儒学研究，确实面临了"横材入灶，扞格难合"的景况。例如，前面提过的——工夫论的理解预设了身心修持，不同于西方的理解方式的问题。如何能够保留儒学的核心内涵，而不至于发生买椟还珠的遗憾，是一个值得我们深思的问题。

(二)关于普世性的省思

有些学者认为儒家维护了封建秩序，满足统治阶层的利益而受到统治者的推崇，才站上传统学术的统治地位。在这个问题上笔者有不同的看法。儒学之所以被中国社会长久地奉行，是因为它切合了中国社会的需要，而成为一种能被普遍认可的道理。朱子也并非只是单纯的学术整理，而是进一步加深了核心的问题意识，所以能够打动人、说服人。笔者认为这是儒学能够一

---

① 曾亦、郭晓东编著：《何谓普世？谁之价值？》，上海：华东师范大学出版社，2013年，第2页。

② 曾亦、郭晓东编著：《何谓普世？谁之价值？》，上海：华东师范大学出版社，2013年，第1页。

直居于学术正统地位的主要原因。

一个道德信念能够在历史的考验中被长久地遵循，并非单一的个人或者政治集团所能左右。儒学确实有助于社会稳定，在政治上是有利的，但不能以某个层面的作用来作为它能被普遍接受的原因。在历朝历代的政治变迁中，儒家所代表的道德信念，始终是中国社会内隐的道德罗盘。从历代的诗歌、散文等作品中，可以看到中国人对于道德理想人格的追求与歌颂，常常表现出一种令人动容的真挚的情感。这些，难道是政治力的干预所能产生的吗？从社会层面来看，儒家的主张保障了整体社群的最大利益。他不只是为了满足统治阶级的利益，而是在五伦的基础上，调和了每一个人的需求，这是大家都能共同接受的主要原因。从个人的角度分析，它满足了深层的人心需求—价值与意义的问题。再者，它说得合情合理、适切中肯，所以才能够打动人心。

儒家对于人性本质的掌握，从根本上解释了人的价值与意义，这样的说明是跨跨越不同社会、不同时代的。儒家所强调的"仁心之发用"，这一道理使我们明白"个人不能只考虑个人自己"——这是社会伦理的基础；"企业不能只考虑企业自己"——这是企业伦理的基础；"人类不能只考虑人类自己"——这是环境伦理的基础，这些考虑都是"仁心发用"的结果。

一个社会要能够长久合理地运作，必须要建立许多共同的制度与规范。这些外在的规范要能内化为社群成员的内在道德标准，才能具有持久并且有效的约束力。要建立出一套经得起理性的省察、合乎整体社群最大利益，并让所有人都满意的道德理论并不容易，往往需要千百年的时间逐渐磨合而成。儒家以五伦为基础的道德理论是情、理结合的，其信念与标准不仅使个人情感得到满足，也最大化了整体社群的利益，这是使得不同阶层的人都能共同接受的基础。许多规范与教条会随着时代的不同而改变，但是这种实用理性主义的精神却一直是中国文化的骨干，融合了其他文化而不曾消失，历经了中国社会千百年来的实践与雕琢，历久而弥新。

（三）工夫论研究对于现代社会的意义

在多元文化与多元价值并陈的当代社会，伦理学所面对的是更为复杂的道德争议、道德决策或判断。道德实践上的多元与分歧，往往需要透过公共辩论、立法或建立协商机制来决定，并非一家之言就能令所有人折服。面对这些新兴的伦理议题，传统的儒家的信念将遇到更大的挑战。例如我们前面所谈到的三年之丧，如果我们固执地以"三年"作为守丧的标准，在现代社会将滞碍难行。同样的，传统社会中的很多价值或理念，对于现代社会而言，也有很多格格不入的地方。

有些时候我们并不是需要别人告诉我们某些价值或信念，而是需要一个更好的方法，帮助我们从中做出正确的取舍。理学工夫论正是这样子的一套理论。工夫论是一种对于内在精神活动的认识与操持，这为正确的思维与判断打下基础。从心理学的角度来看，人的情绪、认知判断和价值的形塑是交互影响的。因此，内心的平静可以较大程度地保证认知的客观性与真实性，从而得到较为理性与明智的抉择。从这点来说，这种修养工夫是每一个人所必须具备的。

人与人之间的冲突大部分是欲望重叠和认同差异所形成的冲突。朱子强调的"主静"和"主敬"，有助于提醒我们保持认知心灵的清净无蔽，排除非理性成分的绊缚，形成客观、实在的认知态度。这种客观并符合实在的认知，是必须经过后天学习而逐渐养成的。在人的成长过程中，经验使他逐渐了解，外在的世界（包括客体的存在以及它们的变化规律）并不曾随着自己的主观意志而改变。在这种认识的基础上，人也会发现，唯有尊重这个事实，并且把这种尊重当作自己认知外在世界的基本原则，才最能符合自己适应环境与求取生存的需要。

"静"带来的作用就像心里有了一个训练有素的斥候，不时向它的司令官报告现下发生的状况，而不带任何判断与情感。同时，"静"的工夫可以强化内在的精神活动，我们可以在静心沉淀下来之后，更加清楚地觉知到自己的内心活动。我们的行为举止、内心的观念和想法，都是其来有自的，这些，在静心沉淀下来之后，会被更加清楚地意识到。这让我们有机会对此进行更进一步的反省和思考，并且重新抉择，而不是直接因着它们的影响而做出反应。

"主静"的概念可以广泛运用在各个地方，不论是在只有滴答钟声的家里安坐，或是在上千辆车流的高速公路上行驶，都一样适用。例如，当我们在进行谈判时，必须正确地认知纯粹的事件，尽可能地降低我们对挑衅言论的情绪反应。当然，我们还是持续了解谈话的内容，越平静就越深入。"静"能切断来自内外的扰动，帮助我们更快找到主旨、掌握重点。一位细心的思考者在考虑事情时，会试着去了解事实的组成与其间变化的特性，如此才能掌握事物客观实在的本来面貌。

恢复清净善良的本性是工夫论的最终目的。主静无欲是在这种清楚觉知的状况下,天然本性的自然呈现。这样的恢复不是勉强自己的结果,而是在静下来之后,一时的欲念与干扰逐渐退去,从而让较为持续的真我显现出来。孔子说:"吾七十而从心所欲,不踰矩。"到这样的境界,仁心的发用不带丝毫勉强,是一种自然而然的流露。

五、结　论

理学的核心问题,主要是本体与工夫。理学工夫论具有浓厚实践性格,其终极目标在于如何修身成德以优入圣境。从工夫论的观点来看,儒家学问的主要追求不在于理论知识,而在于实践知识。因此,是否能够笃行其习得的道理,是儒家评价一个人道德学问的判准。《论语·学而》:"弟子入则孝,出则弟,谨而信,泛爱众,而亲仁。行有余力,则以学文。"若要让儒家在实践表现和理论知识之间做一抉择,儒家会以前者为主。对于儒家而言,是否能够实践才是最重要的。

一个人要成为什么样子的人,有一部分原因取决于他怎么看待自己。同理,人类的未来,也取决于人类如何看待自己。笔者认为朱子理学思想的独特价值,在于它对于人性的洞见以及工夫论的提出。朱子学说之最终目的,主要在于"明吾心之全体大用"。本文也仅仅是根据兴趣与所学,提出一些心得和大家共同讨论,朱子学的真正内涵是更为广阔的。思想反映了时代的现实,还具有超越和引领时代发展的作用。一般人的思想反映的是短暂的现实;社会学家和经济学家则能反应长期的现实;未来的方向则主要取决于价值观,也就是我们一般人所谓的思想观。一套好的思想,除了要认清现实,亦应指出有益于全体人类的方向。笔者认为朱子的理学所代表的儒家精神,正是于属这一类的思想。

从朱熹的书信和作品中,可以看出其论学的内容都是扣紧着生活和个人经验的,是一种修身成德的实践之学。这种学说的研究若脱离实践层面,而仅仅是学理上的探讨,就失去其根本的价值和意义了。理学工夫论的价值在于对个人修为的要求,以及对于心性的认识与体会。它不仅留下了许多珍贵的讨论内容,也昭示出一种生命的态度。正是这种态度,对于崇尚物质文明的 21 世纪来说,是深具启发性的。

退溪李滉的工夫和自然环境

◎ 林宗镇
（韩国庆北大学哲学科教授）

一、儒学和工夫还有自然环境

孔子提到乐山乐水①,站在川边又说到"逝者如斯夫不舍昼夜"②。这些话不只是单纯表现对自然风光的感觉。透过对自然③深入的观察和思索,把人的本质或者真理(道)的本质,透过具体现象(自然)表现的。例如,儒学的道不是被包着神秘的伟大存在,而是随时与天地万物连在一起的。那么,天地万物(自然)就是道的具体发现。从窗外的蝉叫声,也可以听得到道的声音。所以朱子说到了如下句的话:

> 天地之化,往者过,来者续,无一息之停,乃道体之本然也。然其可指而易见者,莫如川流。故于此发以示人,欲学者时时省察,而无毫发之间断也。④

---

① 子曰:"知者乐水,仁者乐山。知者动,仁者静。知者乐,仁者寿。"(《论语·雍也》)。
② 子在川上曰:"逝者如斯夫,不舍昼夜。"(《论语·子罕》。)
③ 这篇文章中的自然不只是"自己"或者"自行"的描述性的含义,而是指物理对象世界的天地或者宇宙含义(李东哲等编:《21世纪的东洋哲学》,乙酉文化社,2005年,第207~214页)。想要使用其中以山水为中心的多一点狭窄的自然环境含义。
④ "天地之化,往者过,来者续,无一息之停,乃道体之本然也。然其可指而易见者,莫如川流。故于此发以示人,欲学者时时省察,而无毫发之间断也。《论语集注·子罕》第16章,朱注。

按照朱子的解释,孔子把道的本来面貌用水形象化的原因,就是包含明显地认知道的真面目的意思。可是为了对道的认知,袖手旁观只专心看水就可以吗? 当然不是。在此儒学与主张无为自然的道家不一样,与无念无想的佛教也走向不同的途径。儒学劝告在日常的平凡生活当中随时随地不断地学习。那么,孔子就是透过川水的流动,想要提醒工夫[1]的基本姿势。

儒学的工夫和自然环境紧密连接的倾向,透过孟子也可以知道的。孟子说了下一段话:

> 孔子登东山而小鲁,登太山而小天下。故观于海者难为水,游于圣人之门者难为言。观水有术,必观其澜。日月有明,容光必照焉。流水之为物也,不盈科不行;君子之志于道也,不成章不达。[2]

对这一段话,朱子说明了"此章言圣人之道大而有本,学之者必以其渐,乃能至也。"[3]在此我们所注目的是"孔子登东山而小鲁,登太山而小天下"部分。如朱子的说明一样也有"圣人的道庞大"的含义,但是也可以包含透过东山和泰山的自然,孔子对世界的认知带来了根本性转换的由头含义。

朱子(1130—1200)称得起"孔孟以后的魁首"的大儒学者。对他最具重要影响的自然环境,就是中国福建省最好的名山——武夷山。[4] 除了从他的父亲去死的 15 岁那年开始到当官的 9 年多的时间,生涯的大部分都住在福建省崇安县南边的武夷山山脚,专心研究学问。还有对后代影响较大的大部分著作都在此处完成。[5] 带着这样意义的武夷山,称得起"朱子学的摇篮"。朱子非常喜爱风光优美的"武夷九曲"及武夷的山水,54 岁时(1183 年)在第五曲附近建了武夷精舍,然后写了吟咏武夷精舍周边楼亭和地形的《武夷精舍杂咏》。而且到了第二年就完成了吟咏武夷九曲景观的《武夷棹歌》,其内容以自然描写为主,表现了学习道学有阶段的过程。[6] 想要隐居于自然的朱

---

① 这篇文章中工夫的含义非常甚广。学习"学"和这样学习的实践或者知和行,镇静内心的涵养省察和分辨事物理致的格物致知,涵盖这一切的含义。见李东哲等编:《21 世纪的东洋哲学》,乙酉文化社,2005 年,第 8~13 页。

② 《孟子·尽心上》。

③ 《孟子集注·尽心章句上》第 24 章,朱注。

④ 武夷山是中国的十大名山之一,1999 年 12 月被列为联合国教科文组织世界自然和文化遗产。

⑤ 钱发平著,崔盛钦译:《拿一本书读完的儒教》,散策者,2008 年,第 225 页。

⑥ 卢仁淑:《韩国诗歌研究》,国学资料院,2002 年,第 227 页。

子的愿望，在《云谷记》中明显地显示出来了：

> 然予常自念，自今以往十年之外，嫁娶亦当粗毕，即断家事，灭景此山。是时，山之林薄当益深茂，水石当益幽胜，馆宇当益完美，耕山、钓水、养性、读书、弹琴、鼓缶以咏先王之风，亦足以乐而忘死矣。[①]

朱子41岁时（1170年）在中国福建省建阳县的芦峰顶点附近的云谷建了晦庵草堂，这篇文章以这个地方为素材于46岁时（1175年）写成的。

二、退溪的生涯和自然环境

能最明显地概括显示被称为"东方的朱子"的退溪李滉（1501—1570）生涯的文章是什么呢？那篇文章可能是刻于退溪墓碑上的《自铭》。这篇文章是退溪自己用96字整理自己生活情况的一种自传。退溪亲自说过早就想要把自己的意愿记下来，先写作铭文。[②] 接下来，仔细查看这篇文章：

> 生而大痴，壮而多疾。中何嗜学，晚何叨爵。
> 学求犹邈，爵辞愈婴。进行之路，退藏之贞。
> 深惭国恩，亶畏圣言。有山巍巍，有水源源。
> 婆娑初服，脱略众讪。我怀伊阻，我佩谁玩。
> 我思古人，实获我心。宁知来世，不获今兮。
> 忧中有乐，乐中有忧。乘化归尽，复何求兮。

这篇文章中特别要注意看的第一个部分，就是"退藏之贞"。大多数的人都认为出窝儿奔忙着什么，这才是当然的真正的生活，退溪反而认为辞去休闲的时候，才是真正地过自己真实的生活。这篇文章中的"藏"，当然不只是呆着连一动也不动，就是含义生活当中一边保持内心的静寂，一边进行找出本来自我的真正修养工夫意义。46岁（1546年）的时候退溪归于故乡，位于安东温溪里的"兔溪"的东边建了养真庵。然后为了明确地表示想要辞去的自己心意，把"兔溪"的名称改成"退溪"，还用这名称当作自己的号。那么，称作"退溪"的自然，可以解释为退溪想要辞去意志形象化的空间。下面的《退溪》诗明显地显示出来了退溪这样的心情：

> 身退安愚分，学退忧暮境。

---

① 《朱子大全》卷七八，《云谷记》。
② 《退溪先生年谱》卷三，《墓碣铭》，《先生自铭》。

溪上始定居,临流日有省。①

其结果表现成"贞"。"贞"即是"正",可说明方正纠正和正直,或者是"固",可说明坚定只有和如一。所以"贞"可以解释成"始终如一正经地守护自身"的意思。在此,我们透过退溪自己说的这些话,可以确认一个事实。退溪就是找到自己的本来面貌,而追求真实生活的真正的道学者。

那么,退溪想要辞去的地方在哪儿?这问题的答案就在"有山巍巍有水源源"的表现当中。退溪把随时回去自己出生和成长的故乡安东"山水"的心愿,留下了这个句子里面。并且,表明了这样的自然环境中达成的自己的工夫不只是限于过去和现在,反而也有连接到未来的希望。这样,退溪的期待,透过他的《陶山十二曲》中的第 11 曲可以斟酌。

青山如何万古青青

流水如何昼夜不停

我等不停万古常青

并且,对退溪来讲,自然不只是带着单纯空间的意义。人群里受到伤害艰难的时候,拥抱安慰那个人的伤口的就是自然。把"忧中有乐乐中有忧",可以了解到显示人们生活的空间和自然之间的本来关系的表现。因此,退溪经常想要与自然生活在一起。透过连小小的陶山书堂里,也为了俱现自然造成池塘和庭院,还跟梅花常在一起,通过这些活动我们可以窥见这样的退溪的心情。

"乘化归尽",这句表现了与自然一起生活的终究模样"与自然合一"的含义。这样的情况之下,再也没有对世面的留恋和依依之感。"复何求兮"这一句话,就足够了。这句话只有诚实地踏下来人生旅程的人能说的话。联想到德国的哲学家康德留下来的最后一句话"Es ist gut[这就好了]"的表现。所以退溪认识了自然关闭的一个世界,而是有限无限疏通的一个打开的世界。至此,就显露出来了自然不是单纯物质的自然,而是宇宙自然的本来面目。到了这样终究境界的话,道德和自然不会分离。自然中可以发现道德,道德中也可以发现自然。

---

① 《退溪先生文集》卷一,《诗·退溪》。

三、退溪的工夫和自然环境

退溪初期工夫过程不可缺少的自然环境，就是位于安东陶山东北边不远的清凉山。退溪在这座山的清凉精舍，跟几个兄弟一起向季父松斋李瑀(1469—1517)学习。[1] 对这件事退溪在《周景游清凉山录跋》讲述："滉少小从父兄，负笈箇往来读书于此山，不知其几也。"[2]退溪一生当中一直保持对清凉山的特殊之情，还显露于以清凉山为主题的多数文学作品。并且，透过他使用称为"清凉山人"的号，又把清凉山称作"吾家山"[3]的情况，可以更清楚地看得到他对这座山的喜爱。

退溪把读书和游山相连，写了《读书如游山》，这也是跟对清凉山的特别关心不无关系。

> 读书人说游山似，今见游山似读书。
>
> 工力尽时元自下，浅深得处摠由渠。
>
> 坐看云起因知妙，行到源头始觉初。
>
> 绝顶高寻勉公等，老衰中辍愧深余。[4]

退溪认为从下面开始一步一步踏上去的，自己亲自体会的，安静地思考和透过实践领会的，这些就是游山和读书同样进行的方式。[5] 读书在性理学的工夫当中占了非常重要的地位。所以被称为"读书法"的独立名称。退溪认为读书和游山是类似的事情，涵盖了游山不只是单纯的物理运动，而是精神修养行为的含义。从这样的角度来看，清凉山对退溪来说不只是单纯的山，而是个陶冶心性的工夫空间。

在上文中，退溪曾经提到过，"退溪(兔溪)"就是表示致力于工夫的自然空间。但是，这样的退溪之意，开始具体实践的时期是再过几年之后的50岁(1550年)的时候了。退溪从50岁开始，住在兔溪西边的寒栖庵专心读书。这时候就开始了实际上的退休生活。可是寒栖庵容不下许多的门生，周边的

---

① 郑羽洛：《南冥与退溪之间》，景仁文化社，2008年，第12页。

② 《退溪先生文集》卷四三，《跋·周景游清凉山录跋》。

③ 《退溪先生文集》卷四三，《跋·周景游清凉山录跋》。

④ 《退溪先生文集》卷三，《诗·读书如游山》。

⑤ 琴章泰：《退溪的生涯和哲学》，首尔大学出版部，2001年，第32页。

环境只有安静,也不足心怀开畅的山水景色。① 所以退溪想找出适当的地点,终于在退溪南边的陶山里找到了中意的地方。这正是退溪 57 岁(1557 年)的时候了。退溪透过"溪南有陶山,近秘良亦怪"②的诗句,吟咏了发现这地方的欣悦之感。在退溪再过一道坎儿,洛东江边有一条小的峡谷,退溪把这条小谷描述了"前俯江郊,幽复辽廓,岩麓悄茜,石井甘冽,允宜肥遁之所"③。其后退溪 61 岁(1561 年)的时候,终于在此地建成了陶山书堂和陇云精舍。退溪不认为以陶山书堂为中心的陶山只是个讲学的空间。这里就是退溪的生涯和工夫总体实现的一个宇宙。生活在这里的退溪的形象充分展现于《陶山杂咏并记》中。

> 余恒苦积病缠,虽山居,不能极意读书。幽忧调息之余,有时身体轻安,心神洒醒,俛仰宇宙。感慨系之,则拨书携筇而出。临轩玩塘,陟坛寻社。巡圃莳药,搜林撷芳。或坐石弄泉,登台望云,或矶上观鱼,舟中狎鸥。随意所适,逍遥徜徉,触目发兴,遇景成趣,至兴极而返,则一室岑寂,图书满壁。对案默坐,兢存研索,往往有会于心,辄复欣然忘食。其有不合者,资于丽泽,又不得则发于愤悱,犹不敢强而通之。且置一边,时复拈出,虚心思绎,以俟其自解,今日如是,明日又如是。若夫山鸟嘤鸣,时物畅茂,风霜刻厉,雪月凝辉,四时之景不同,而趣亦无穷。自非大寒大暑大风大雨,无时无日而不出,出如是,返亦如是。④

这样的生活当中,退溪非常明白地认识了自己追求的性理学工夫终究所向的目标。

> 观古之有乐于山林者,亦有二焉。有慕玄虚,事高尚而乐者,有悦道义,颐心性,而乐者。由前之说,则恐或流于洁身乱伦,而其甚则与鸟兽同群,不以为非矣。由后之说,则所嗜者糟粕耳,至其不可传之妙,则愈求而愈不得,于乐何有。虽然,宁为此而自勉,不为彼而自诬矣,又何暇知有所谓世俗之营营者,而入我之灵台乎?⑤

不但性理学工夫而且儒学工夫也是一样,不像老庄思想那么玄妙高尚。

---

① 李相殷:《退溪的生涯和其人》,《退溪李滉》,首尔:艺文书院,2002 年,第 65 页。
② 《退溪先生文集》卷二,《诗·再行视陶山南洞,有作,示南景祥琴埙之闵生应祺儿子寓孙儿安道》。
③ 《退溪先生文集》卷三,《诗·陶山杂咏并记》。
④ 《退溪先生文集》卷三,《诗·陶山杂咏并记》。
⑤ 《退溪先生文集》卷三,《诗·陶山杂咏并记》。

反而，没有什么特别的，也没有什么新鲜的，在日常生活当中去找真理的工夫。因此，有的时候看起来没意思，有的时候看起来茫然的工夫。所以在儒学方面的话，孔子以来倒是强调了"乐"，能找出这乐趣的唯一对象，就是以"山水"代表的自然。对退溪来讲，这个山水就是陶山。仔细查看《陶山记·陶山杂咏并记》），就出现退溪把地基定在陶山，而不定于一直放在心上的清凉山的原因。

> 或曰："古之爱山者，必得名山以自托，子之不居清凉，而居此何也。"
> 曰：清凉壁立万仞，而危临绝壑，老病者所不能安。且乐山乐水[1]，缺一不可，今洛川虽过清凉，而山中不知有水焉。余固有清凉之愿矣，然而后彼而先此者，凡以兼山水，而逸老病也。"[2]

在此，我们可以了解到退溪纯粹的欲望，即是希望做一个具备以仁和智为代表的儒家德性的人。并且，退溪为了达成这项目标，选定了人生最后时期学习的地方，这地点就是陶山。有了陶山，才有像退溪的人生，又有这样的工夫。退溪来讲，陶山就是在自然中寻找自己和自己内心寻找自然的修道地方。"乐"是想要达到那样的人生和工夫的目标，也就是表现所达到的境界之辞。另一方面，退溪把"生活在陶山的乐趣"，升华成一件艺术品了。这样看来，陶山也就是一个写作的空间。但是，也会有批评大自然中寻找乐趣的声音。

> 曰："古人之乐，得之心而不假于外物。夫颜渊之陋巷，原宪之瓮牖，何有于山水。故凡有待于外物者，皆非真乐也。"[3]

孔子的弟子颜渊居住陋巷享受的乐趣，原宪居住带着一个陶瓷窗口的陋舍享受的乐趣，[4]他们享受的这些乐趣，都与优秀的山水没有什么关系。真正的乐趣就像这样缘于自己的内心，而不是依赖于如山水那样的外物。性理学的工夫上终究强调的就是与内心有关的工夫。退溪不是说过主宰我们身体的就是心，主宰这心的就是敬吗？在此，想知道对这些批评的退溪的答案是什么。

> 曰："不然。彼颜原之所处者，特其适然而能安之为贵尔。使斯人而

---

① 对"乐山乐水"的退溪的详细解释在《自省录·答权生好文论乐山乐水》。
② 《退溪先生文集》卷三，《诗·陶山杂咏并记》。
③ 《退溪先生文集》卷三，《诗·陶山杂咏并记》。
④ 《庄子·让王》。

遇斯境,则其为乐,岂不有深于吾徒者乎。故孔孟之于山水,未尝不亟称而深喻之。若信如吾子之言,则与点之叹,何以特发于沂水之上,卒岁之愿,何以独咏,于芦峰之巅乎。是必有其故矣。"[1]

在此,退溪明白地强调了自然对人的修养工夫的正面效应。孔子特别认定提到沂水的弟子曾点[2],朱子在芦峰吟咏自己的愿望[3],这些都是把自然对人的影响充分认识的结果。自然即便不是修养工夫的必要条件,也是具备了充足条件的资格。但是,对天生卓越素质的人物来讲只有必要条件就足够,反而对一般人来讲这样的充足条件跟必要条件一样仍然是一个重要的决定性条件。

如今,我们想了解退溪的工夫内容,唯一的方法就是读他留下来的著作而已。可是,退溪的著作中比较重要的,大部分退溪隐居于故乡,再过几年之后才开始完成。当然,斟酌陶山的生活,对退溪来讲著作不是一个本质,而是一个附随因素。然而,总之考虑对后代的影响,不可忽略著作的重要性。在这个意义上,分析退溪的生涯和写作著作时间的关系,可会具有一定程度的意义。其结果如下表:

49 岁以后退溪的去就和主要著作

年龄	在乡期间		留京期间		著述时期	著述内容
	归乡月	滞在期间	入都月	滞在期间		
49 岁	12 月	2 年 4 个月				
52 岁			4 月	2 年 11 个月		
53 岁					10 月	天命图说后叙
54 岁					7 月	延平答问跋 与卢守慎论夙兴 夜寐箴批注书
55 岁	2 月	3 年 7 个月			冬	清凉山游览诸诗

---

① 《退溪先生文集》卷三,《诗·陶山杂咏并记》。

② "莫春者,春服既成,冠者五六人,童子六七人,浴乎沂,风乎舞雩,咏而归。"《论语·先进》。

③ 芦峰是中国福建省建阳县境内的一座山,本来的名称是芦峰山。这座山的山顶附近称作云谷。朱子在 41 岁(1170 年)的时候,在此地建了晦庵草堂。《朱子大全》卷七八《云谷记》。

续表

年龄	在乡期间		留京期间		著述时期	著述内容
	归乡月	滞在期间	入都月	滞在期间		
56 岁					6 月	朱子书节要
57 岁					7 月	启蒙传疑
58 岁			9 月	5 个月	5 月	自省录序
59 岁	2 月	8 年 4 个月			12 月	宋季元明理学通录着手 古镜重磨方
60 岁					11 月	奇大升·四端七情论辨 始作
61 岁					11 月	陶山杂咏并记
64 岁					4 月	清凉山游山诸诗
					9 月	心无体用辨 赵静庵行状
66 岁					10 月	晦斋先生行状 心经后论 阳明传习录论辨
67 岁			6 月	2 个月		
	8 月	1 年				
68 岁			7 月	8 个月	8 月	戊辰六条疏
					12 月	进圣学十图札并图
69 岁	3 月	10 个月				
70 岁	12 月 辛丑日 终					四书释义

资料来源：李相殷：《退溪的生涯和其人》，《退溪李滉》，首尔：艺文书院，2002 年，第 53 页表 4 的退溪 49 岁以后的去就一览表，还有 70 页表 8 的陶山隐居时期退溪的著作。

透过这样的资料，我们可以再次斟酌对退溪来讲自然带着什么样的意义。因为这些著作，就是退溪隐居于自然才可以获得到的成就。

四、退溪以后的展开局面

重视工夫和自然密切关系的退溪的观点,后来对退溪的弟子们设立书院之时,留下了非常大的影响。陶山书院(庆北安东)、屏山书院(庆北安东)、道东书院(大邱达成)等退溪学派的代表书院,都位于山河配对的风光优秀地方。这可能是把人工的建筑结构形式和优秀的自然风光成为一体的事,看成具体体现性理学的精神。

并且,把山水(自然)认识为心性陶冶工夫的重要因素的退溪的想法,不但退溪以前的儒学历史期间,而且退溪以后的儒学历史期间,都是一个普遍的认识态度。例如,朝鲜性理学的人物当中,受到退溪的指教反而批评退溪的栗谷李珥(1536—1584)也是强调了自然和修养之间的密切关系。还有朝鲜后期主导实学潮流的茶山丁若镛(1762—1836)对性理学坚持批评的立场,反而对修养方面非常尊敬退溪。留下了这些心情的著作,就是《陶山私淑录》在此,能够确认强调自然生态修养的丁若镛的立场。有个兴趣的现象,修养方面强调自然作用的丁若镛"实学"的这些观点,与退溪"岭南学派"和栗谷"畿湖学派"的立场一脉相传。总而言之,强调修养和自然的紧密关系,可说是朝鲜儒学的一项普遍的立场。

从心学的观点来看退溪学的性理学

◎ 安永晳

（韩国安东大学伦理教育系教授）

一、绪　　论

本发表文章从心学的观点来检讨退溪性理学的内容，查明退溪学的结构特点和内容的一面。退溪可以说是个站在程朱理学系统的朝鲜性理学的代表学者。然而他的学问，经过研究，韩国学界相当多数的学者以溪学、心学的名称来表现他的学问上的本体性。但是这样的结果，提到了和思想的内在伦理与学问体系不同与陆王系列心学之间的差别性，还提出了跟退溪学的本体性有关的多种研究。① 这些研究的一个环节，本发表文章从心学的观点来考察他的性理学，查明他的学问特点的一面和内容。②

大体来看，退溪性理学的特点被认定为肯定理的运动性和发用性的理发

---

① 金钟锡：《退溪心学研究》，岭南大学研究所博士学位论文，1996 年；金世贞：《阳明心学和退溪心学的比较研究》，《东西哲学研究》第 43 号，韩国东西哲学会，2007 年；洪元植：《朱陆和会论和退溪学的心学化》，《今日的东洋思想》第 9 集，2003 年。

② 存在着许多对心学的定义，但是发表者认定，心学就是论理方面的思考以前，经过这样论理方面的思考或者使成为可能概念理解的心方面的体验，然后研究学问和思想。也就是经过对理学论理方面的思考或者概念的理解，然后研究学问和思想。这样看来程朱学也分明存在心学方面的工夫论(存养省察等的敬工夫)，还占据相当程度的比例，因此把程朱学只限定为理学，这是有问题的。理学和心学的这些概念，比使用指称学派的含义，更拖当使用指称学问特点的含义。本论文按照这样的观点来检讨推溪学的性理说内容的。

理动说,就是理气论中的理动说、四端七情论中的理发说、格物论中的理到说等。但是这样的退溪的学说,不是一开始就具备了理动说、理发说、理到说等对理有统一和综合的性理学形态。对物理方面的话,到了临终之前接受高峰的说法,订正自己的立场才完成理自到说。

那么,他的性理学的完成过程,为什么只带着这样的模样呢?如承认他的性理学不只是单纯踏袭程朱性理学,当然在包括这样的思索和修养体验的他的心学方面的工夫过程上,可以找得到其原因。所以在本发表,认知这样问题的基础上,把退溪的性理说关联到他的心学方面的工夫申明其内容,查明退溪学特点的一面。本发表把《退溪全书》中他的实际生活和其生活当中工夫特点最明显的《言行录》来设置考察的基本资料,还参考了其他的资料。①

二、退溪性理学的心学方面检讨

退溪的性理学通常被称作主理论,很重视理,还强调其作用,这是众所周知的事实。他所追求的理是事宜,也就是当为的法则,把这样的理他把握道德法则和其根源的存在,整个一生不懈的追求。

通常程朱性理学,为了适当地导出这样的当为法则,主张需要对客观事物的特点(所以然之故)正确的知识,还需要没有曲折地把握的公平无私的心态。这样的两个要素的学习可说是穷理和居敬,退溪也站在这样居敬穷理并进的传统立场。但是退溪把这样的理,不认为经过单纯读书的背熟和知识的对象,反而认为只有经过心的真实修养和体证,才能如实呈现和被知觉的。

> 学贵穷理,理有未明,则或读书,或遇事,无所往而不碍。凡人言理,孰不曰无形体、无分段、无内外、无大小、无精粗、无物我、虚而实、无而有哉。但真知其实无形体,实无分段,实无内外,实无大小,实无精粗,实无物我,实为虚而实,实为无而有者,为难。此某所以平日每云理字难知者也。②

因此,本稿以理为中心,考察他的性理说时候,考虑这些他学问的心学的性格,按照心性的理宇宙本源的理和事物的理这样的顺序来考察。

---

① 《退溪先生言行录》使用退溪学丛书编刊委员会编纂的退溪学译注丛书《退溪全书》第17册(首尔:退溪学研究院)。

② 《退溪先生言行录》卷一,《禹性传》,第15页。

（一）心性的理

退溪在与高峰之间的四端七情论辨上,他提出了"四端是理发而气随之,七情是气发而理乘之"的主张,他把这段话当作自己的最后立场。并且为了支持这样的立场还主张下一段话:

> 盖人之一身,理与气合而生,故二者互有发用,而其发又相须也。互发则各有所主可知,相须则互在其中可知。互在其中,故浑沦言之者固有之。各有所主,故分别言之而无不可。①

如此把理和气,平等的维度上对立在一起,赋予个别的发用性,这是他的理气说,平常称作理气互发说。他在这样理气互发的观点上,把人的心性分成理、本然之性、四端、道心的系列和气、气质之性、七情、人心的系列,提出了对立的理气心性论,还坚持这点。

那样的话,他早就知道了他那么尊崇的朱子所说"理没有情意也没有计度也没有造作"的主张,好像已经否定理的运动性,为什么一直没有否定心方面理的发用性呢?② 正如前面看到的,因为他把理不当作单纯的知识对象,就把握经过心的修养和体证才能如实呈现和被知觉的。即是他的学问带着强大的心学特点的原因。因此,他在心性论上不曲理发的主张的理由,因为只是他在自己的心里,有这样的切实感觉和知觉,只好说那样理的发现。那个到底是什么呢? 那个就是四端。他看来四端就是在人心内在的"道德实体"的理(仁义礼智的性)纯粹照样地发现的,所以他一直在心性论上不曲理发的主张。

那么,他看来在心性上理发和气发的差异到底是什么呢? 把四端看成纯善无恶的感情连接到本然之性和道心,把七请看成善恶混在的感情连接到气质之性和人心,他的对立的理气心性论看来,对他来讲称作理发和气发的词汇,就是普遍的公共性和气质的特殊性,即是据价值性的差异来规定的概念,而不是存在论的发用方式差异。换句话说,已经发现的感情担持普遍和公正的价值,所以可以说是个善? 不然限制和偏重形气的自己中心性,所以可以说是个善恶混在? 就是把这些价值性的差异,表现成理发和气发。

---

① 《退溪全书》卷十六,《答奇明彦·论四端七情第二书》。

② 其实查看四端七情论辨,他反而对理的发用性,比他的其他任何主张,更坚持确认自己的主张。

(二) 宇宙本源的理

门人李养中问"对'太极动而生阳,静而生阴',朱子说'理没有情意,也没有造作',已经没有情意,也没有造作的话,不是可以生阴阳吗?"退溪就回答如下:

> 朱子尝曰:"理有动静,故气有动静。若理无动静,气何自而有动静乎。"知此则无此疑矣。盖无情意云云,本然之体。能发能生,至妙之用。①

他在此根据朱子的话,以理的体用说主张理带着动静的作用。并且,进一步说:"太极之有动静太极自动静也。天命之流行天命之自流行也。岂复有使之者欤……此理极尊无对,命物而不命于物故也。"②明确地表示太极就是自行动静的活物,主宰万物的存在。

那么,他怎么确信这样的天理不但自行动静,而且流行的存在呢?对这个问题的一些头绪,在他的《言行录》里可以找得到,下面引用一部分:

> 子思鸢飞鱼跃之旨,明道以为与必有事焉而勿正之意同。知此然后,可知天渊之妙。③

> 鸢飞鱼跃,状化育流行,上下昭著,莫非此理之用。天惟无欲,故理气流行,自然无一息间断。人亦必有所事,而无期待,去念助长之病,则本体呈露,妙用显行,亦无一息之间。其象乃如此。④

在第一句引文上,他把《中庸》里表现成天理流行的象征"鸢飞鱼跃"的意思,促根据明道了解《孟子》的"必有事焉而勿正"的修养方法。其实,明道是一位宋代以后被称为儒家心学宗师的人物。还有第二句引文,是仔细地说明引用前面第一句引文的理由。根据这些引文,人们就充实地实践"必有事焉而勿正"的修养方法,而达到"至诚"的境界,就自然体现连一瞬间也不间断地流行的天理。⑤ 因此,讲到了透过这样的人们才显露出其本体,又形成流行妙用尚未中断无微不至的道德行为。

---

① 《退溪全书》卷三十九,《答李公浩问目》,第28页。
② 《退溪全书》卷十三,《答李达李天机》,第356页。
③ 《退溪先生言行录》卷四,第53页,金晔录。
④ 《退溪先生言行录》卷四,第53页,金诚一录。
⑤ 《中庸》第二十《哀公问政章》:"诚者,天之道也。诚之者,人之道也。"

其实,在弟子们记录下来的《言行录》里,所看到的他的生活情况,就揭示出他所提到的道德实践的典型模式。他讲到"敬"的工夫之时,做了如下陈述:

> 如某者,朝暮之顷,或有神清气定底时节,俨然肃然心体不待把捉而自存,四肢不待羁束而自恭。谨意以为古人气象,好时,必是如此。但不能持久耳。[1]

在此,可以看得到的事实,就是他透过"不空制身心自行保存,不管束四肢自行恭顺"的形式,随时体验到前面所提到的体现天理的"至诚"境界。这样看来,"太极自行运动天命自行运行"的他的理动说,无论任何形式都根据他这样的心学修养体验,这是非常明显的。

(三)事物的理

一般来说,退溪的理气说带着主张理的发用性的主理特点,这就显现于理气论的理动说心性论的理发说和格物说的理自到说。整理他在学问历经上的最后立场,这是很明显妥当的主张。但是,再加点儿注意查看他的理气论,就知道格物说中所提到的物理与别的理其情况不一样。就是说,对心性和宇宙本源的理,退溪始终如一地主张发用性,但是对物理就不然。

其实,对物理的他的主张,到临终前不久前做了重大的修订。他一直到晚年立足于朱子"理没有情意也没有计度也没有造作之说,否定了内在事物的理的作用性,临终之前接受奇大升的理自到说,修订了自己的立场:

> 物格与物理之极处无不到之说,谨闻命矣。前此滉所以坚执误说者,只知守朱子理无情意无计度无造作之说,以为我可以穷到物理之极处,理岂能自至于极处。⋯⋯近金而精传示左右所考出朱先生语及理到处三四条 然后乃始恐怕己见之差误。于是,尽底里濯去旧见,虚心细意,先寻个理所以能自到者如何。[2]

这些他对物理的思想转变过程,带着相当戏剧性的局面。但是,分析其内容的话,就明显地显露出与心性和宇宙本源的理不同的特点。在此与以前不同,不显露出心学的体验,随着与朱子典籍之间的比较结果,带来的发现自己的错误和由此产生的立场转变,就是其特点。从而,最后他确定了如以下

---

① 《退溪先生言行录》卷一,第 11 页,禹性传录。
② 《退溪全书》卷十八,《答奇明彦别纸》,第 31 页。

所示对物理的自己立场：

> 是知无情意造作者,此理本然之体也。其随寓发见而无不到者,此理至神之用也。向也但有见于本体之无为,而不知妙用之能显行,殆若认理为死物,其去道不亦远甚矣乎。[①]

如此他根据体用说确定了物理的发用性,把理自到说当作他自己的定论。不过对物理的这体用说全然不是新的,其实只不过他从以前开始在理气论或者心性论上主张的体用说,推广适用格物说的物理而已。并且,其过程也不是因为他的心学的修养体验而推动的,而是与他当作判定真理标准的朱子的说法不一致的结果。当然,事已如此对理的他的学说,就完成了心性宇宙和事物一贯的整合体系,实际上更提高了理论上的价值。

以上把退溪的性理说,以心性宇宙和事物内在的理为中心探索。其结果可以看到,他的性理说带着从心扩充的实在的理和重视体验的理的强大心学特点。但是,可以看得到对心性和宇宙本源的理的主张,根据他独特的心学修养体验一贯持续,反而对物理这样的特点相当微弱。

三、退溪性理学和心学方面的工夫论

退溪不认为只有透过依据读书的论理追求才能达到真知。他认为基本上透过心的真实道德修养体验(居敬)和这些基础上的认知活动(穷理),才能体会到克服口耳之学的弊习的真知。那么,他所讲到的性理说,也受到这样道德修养的体验影响,又带着将会影响的互相关联性,这是理所当然的。这样的关联性,即他的性理说和心学工夫论的互相关联性,透过下面的例文可以看得到。

> 夫人合理气而为心。理为主而帅其气,则心静而虑一,自无闲思虑。理不能为主而为气所胜 则此心纷纶胶扰,无所底极。邪思妄想,交至迭臻,正如翻车之环转,无一息之定贴也。又曰:人不可无思虑,只要去闲思虑耳。其要不过敬而已。敬则心便一,一则思虑自静矣。[②]

在上面的句子,他说心就是理和气结合而成的存在。所以心的作用,也可以跟着这样理和气的互相关系显示出不同的形态。即是,理当主宰带气的

---

① 《退溪全书》卷十八,《答奇明彦别纸》,第31页。
② 退溪学丛书编刊委员会编纂:《退溪先生言行录》卷一,第13页,金诚一录。

状态,静寂心绪统一想法,维持不遮蔽纯粹本性的状态,理被气压到的话丧失主宰的状态,就摇乱心绪不断地摆动。不过细查这样把心分析成理和气的互相关系,而主张敬工夫的论理体系的话,就可以知道其实与高峰的四端七情论辨之时所展开的"四端即是理发气随七情即是气发理乘"论理体系正确地一致。换句话说,把理和气而成的人心感情,随着所从来所主和所重,可分谓四端和七情的性理说的论理,与跟着我们心里的理主宰气或者被气压到丧失主宰,可分论道德状态(四端)和非道德状态(七情)的工夫论论理,事实上相同的内容。在此,我们可以知道把人的感情分成四端和七情的他的标准,就与他了解和处理人的感情的修养工夫标准是一致的。

这样看来,形成他学问始终的"敬",可说明为如下:未发时候的"敬",说是透过存养惺惺自然涵养体会四端的根源本然之性的工夫,已发时候的"敬",说是省查触发于外物而发现的人的感情,保存扩充理主宰状态的四端,又克治气主导发现的七情的心工夫。

总之,退溪学问上的"敬",透过未发本性的体认,涵养理而确立其主宰,再依据这基础上不让气的活动脱离理的主宰,不断地省查检束,对气的理的主宰确立于心的工作。这项工作所要求连一个裂缝都没留下来的状态,就是他透过修养工夫要实现的理想状态,这其实可谓从发出七情的心里状态经常发出四端的心理状态的转化科程。

四、结　论

退溪的性理说,可以说是个带着理贵气贱价值性格的主理性理说。[①] 他的性理说当中,这些对心性和宇宙本源之理的主张,透过理发说和理动说的形态,一贯地持续,反而对物理的主张最后就修订了。这样一来,对理的他的学说具备了综合性的体系,也可以显示他的性理说相当期间没有具备了统一性。为什么发生这样的现象呢?那是因为他一边尊崇程朱的性理说,一边根据心学的修养体验而重视从心里确证体验的理,这样带着强大心学的特点。

他认为四端就是心性的理的直接发现,这在他的理发说主张里显露出来了。在前面所看到,他的性理说把透过真实的修养体得的知,当作真知的建

---

① 李东熙:《退溪学的心学特点和理的含义》,《现代和宗教》第 16 辑,现代宗教文化研究所,1993 年,第 7 页。

立理论基础,他的心学工夫论优先"未发状态主静的敬工夫"。未发状态,即是存养惺惺的工夫,不是对理的积极追求,而是透过戒慎恐惧自然地涵养人的性善本性(理)的工夫。这样涵养于内心的仁义礼智的本性(理),处于特定的情况之下,自然地显露出恻隐、羞恶、辞让、是非的感情,把这些当作理的发现,这是理所当然的。

并且,他主张肯定太极动静的理动说。从透过"不期必结果的道德实践"体得的"至诚的境界"看世界的时候,这个世界就是发现至公至诚的天理而实现的世界。把全体世界的生成变化,只归结于规定个体性和特殊性的气的作用,从什么地方可以找得到宇宙变化的至极公平的原因呢?使它可能的就是天理,看成它的流行作用的原因,这是理所当然的。根据他的主张,这样的知不是对天理的有意穷理作用,而是根据敬的诚实道德实践,也是心学修养工夫的结果自然体得的。

但是,对事物的理情况就不一样。在此跟以前不一样没有显露出来心学的体验因素。这是对物理的他的探讨方法,不是因为跟别的理不同自行达到的形态,而是因为透过称作穷理的积极有意意识活动认知的,所以他认为把理的自行到来,透过体验无法接受。总之,在前面所论到的性理说当中发生了不整合。

根据以上的讨论,谈谈退溪学的特点。

对退溪来讲,工夫的最重要的目标,是征求心里内在的当为法则仁,接下来实现这个仁。性理学的方法,透过居敬和穷理,认知保存天理而克服人欲的时候就实现的。但是对他来讲,实现的主要方法不是穷理,而是存养自己心里的完全之体和省察其发用的居敬,即是重点于内性的侧面。可是,透过这样的静坐和以达成存养惺惺的未发为中心的工夫而体得的理,不是自然世界的物理,而是内在于人的心里以当为法则的方式发现的仁义礼智的本性(性)侧面比较强大,也就是投映这样价值而把握的至公至诚的天理。这就是前面所论到的性理学,具备了这样形态的最重要的原因。

这样看来,退溪学就是透过心学的观点和工夫方法,重新构成的性理学。心学的观点和工夫方法,是透过自己心里修养的体验,解释至善的价值和终究的存在,把这些当作真实实际体验的工夫态度。这是查到他所说的真知,就明确地显示出来的部分。这样看来,四端七情论辨当中,开始发生称作理发和气发的词汇的争论,也是因为他的学问与高峰不一样,立足于这样的心学观点和修养工夫而建立的原因。因为他认为性理学不是透过根据读书的论理追求，再对世界和人的整合解释的学问，当然有的部分也带着那样的观点，更根本的就是他所了解的性理学，就是透过心里真实的道德修养的体验，追求至善的价值和终究的存在的学问。透过这样的学问观点和工夫方法的实行而建立的他的学问，笔者要概括论定其特点，就是透过心学的工夫方法，有价值性的程朱性理学的再构成。

陶山书堂的造成和退溪的工夫论

◎ 黄炳起
（韩国国学振兴院责任研究员）

一、引　言

　　这篇文章是为了中国宋明理学研究中心和韩国国学振兴院共同举办的"朱子和退溪的工夫"学术大会写的。因为学术大会的听众大部分都是一般民众，所以就扬弃了正规的论文形式，而选择了普遍的叙述方式。学术大会即将于 10 月份召开，韩国的发表者通过几次的研讨会完成原稿。目前，这篇文章只是初稿，还需要加多一点补充。大概 8 位学者参加这次学术大会，他们的原稿打算刊载于 12 月份出版的《安东学研究》。

　　笔者想探讨退溪李滉打造陶山书堂的时候，透过建筑的布置格式和位置，对为了学习而访问的儒生，想要教导的学问的理想和工夫的方法论，阐明出来陶山书堂具有的意义。论文的题目是"工夫论"，但不是对工夫的理论探讨，而是按照原来的学术大会企划目标"朱子和退溪的工夫"，想要探讨工夫的一般性问题。

　　首先，简单地查看陶山书堂和陶山书院。

二、陶山书堂和陶山书院

（一）陶山书堂

退溪在 1534 年考中了科举，从承文院权知副正字（从九品）的下级官位开始做官职生活以来，过了十多年之后，他对现实政治感到厌倦，1543年以后决心归乡。后来1546年终于得病而归乡了。他在安东府的温溪搴芝山山脚的东庵旁边新建养真庵，称作兔溪或者吐溪的小溪，改为退溪当作自号了。那年夫人安东权氏死了。第二年开始得到朝廷的钦召，历任丹阳郡守和丰基郡守，1549年向庆尚监事要求解官，回去故。第二年建盖寒栖庵而静居了。但是，朝廷不让这位伟大的学者，也是个伟大的政治家的他，留于清闲的乡村。在后来5年多的时间当中，经过了好几次的退回官位，然后才可以定居下来了。

1557年，退溪把陶山书堂的地基，看成能持续一百年的地方，在1560年11月才建成了。经过三年的时间才得到的成果。此后的十年，这段不大很长的期间，不只是对岭南地区的学界，也对整个朝鲜的学问做了抬起盘石的作用。

但是，陶山书堂众所周知，只是三间狭窄的空间。厨房1间，居住的地方1间，地板1间，还有在东边附加的地板1间，这些就是书堂全部的空间。

位于中央的居住空间是玩乐斋，大约可以坐得下3个至4个人。这个地方也是退溪平常居住而磨炼学问的场所，又是个兼着卧室和书房的空间。房间的北边和西边摆着书架，东边有四扇门，经过这扇门就是岩栖轩的地板。玩乐斋这名称，是从朱熹的《明堂室记》中起的。朱熹说："持敬明义动静循环，与周濂溪的太极论结合，足以玩乐而忘外慕。"敬和义，就是修养内心而实践人的道理。假如敬内面和外面的心理准备状态，义就是依据这些，在大社会的实践上发挥的德目。

岩栖轩教导弟子的空间，也是玩赏周边自然的空间。岩栖这名称，是从朱熹的诗《晦庵·岩栖冀微效》起来的，带着隐居自然求道，希望有点效果的意义。岩栖轩这名称，是为了隐居于自然磨练圣贤的学问，希望得到一点效果的意愿而起的。退溪吟咏这狭窄的陶山书堂如下：

　　大舜亲陶乐且安，渊明躬稼亦欢颜。

　　圣贤心事吾何得，白首归来试考盘。

这首诗是平常羡慕舜和陶渊明的生活，比喻居住于陶山书堂的退溪自己而写的。尽最大努力做自己该做得事，朴素的生活当中自找乐趣的圣人，脱离人间的名利与自然过优游岁月的贤人，退溪也追求圣人和贤人的生活。《考盘》是隐居乐趣的诗，退溪在此得到了隐居的乐趣。

（二）陶山书院

书院的起源在中国也无法轻易确定，魏晋时期出现了初期的形态，到唐朝末期具备了今日的书院形态，这是比较普遍的见解。但是，最早的书院是培养官员的机构，运用国家经营的方式，还没有广泛地普及。南宋时期朱子开院白鹿洞书院普及道学以来，经过元朝和明朝开始全国范围内的扩张。我国的话，在中宗三十七年（1542 年）丰基郡守周世鹏为了祭祀安珦，建成了祠堂，从第二年开始教育儒生，以朱子的白鹿洞书院作为模型，创建了白云洞书院，这是韩国书院的开端。但是，朝鲜的书院和中国的书院，其功能和性质方面有极大的差别。中国的书院固守了培养官员的学校的性质；朝鲜的书院负责地方政治的中心作用，作为乡村士林的聚会所带着强烈的乡村自治机构性质。

书院的建筑布置与文庙或者乡校类似，前学后庙，沿着南北的轴心布置东西对称的建筑，从南边开始沿着这轴心建成了大门讲堂和祠堂，祠堂另有单独的围墙，前边有三门限制出入。为了祭祀祠堂附近布置典祀厅，讲堂前边的左右布置东、西斋，讲堂附近又布置书斋和藏板阁等建筑。库直舍一般布置于讲学空间的外面一旁。

陶山书院在宣祖七年（1574 年）经过地方儒林的公议，为了追慕退溪李滉先生的学问和德行，陶山书堂后面建了祠堂奉安位牌，宣祖八年（1575 年）得到赐额，悬上了石峰韩濩写的陶山书院匾额。后来，到了光海君七年（1615年），经过士林的公议从享月川赵穆先生，每年春秋进行享祀。陶山书院承管先贤拜享和地方教育，同时作为龄南儒林的精神中枢，大院君发起书院撤废的时候留下来的 47 个书院之一。

这书院境内的建筑，为了进行有效的教育，具备了多样功能的附属设施，也赅备了先贤拜享的空间。陶山书院的代表建筑有典教堂、东斋、西斋、光明室、藏板阁、陶山书堂、亦乐书斋、胧云精舍、进道门、尚德祠、典祀厅等。

退溪去世享年七十岁，他的弟子和儒林结束了三年居丧之后，当时就在先生教导学生的书堂后面，整理地基而建了祠堂和讲堂等建筑，终于完成了陶山书院。此年就是宣祖七年（1574 年），第二年就获得赐额。前所未有，这么快建成书院的事例。通常当时的主享者去世之后，再过几十年才可以实现的事。例如，鉴溪书院郑汝昌去世，再过 48 年的 1552 年，玉山书院李彦迪去世，再过 19 年的 1572 年，道东书院金宏弼去世，再过 101 年的 1605 年才建成了。当时后学者似乎想到继承退溪先生的学风,不可拖延时间。再加上,先生生前积极推广书院的普及,也有一定程度的影响。

三、构成陶山书堂和其意义

退溪 46 岁的 1546 年 11 月,建成养真庵之后,就辞职归乡了。养真庵建于兔溪边,当时他把兔溪这名称改为自己的号——退溪。明宗三年(1548 年)有朝廷的钦召暂时上京,自请外职而担任丹阳郡守,1550 年 2 月获得明宗的赐额,白云洞书院改为绍修书院,这书院就是最早的赐额书院。后来辞职归乡,搬到溪上建了寒栖庵教导学童。寒栖庵是居住的地方,也是教导学童的书堂。栗谷李珥拜访退溪的时期,就是退溪居住寒栖庵的时候。

后来增加了学童,第二年的 1551 年,在寒栖庵附近的溪边再建了溪上书堂,但是这个空间也不足教导弟子。退溪 57 岁的 1557 年,他最后居住的地方陶山书堂,其地基处于陶山山脚的南边。在此可以看得到河流和田野,草木旺盛,隐居和讲学的好地方。从平面设计到详细的尺寸都是退溪亲自做的,实际工程是交流已久的龙寿寺和尚法莲和他的弟子净一负责进行。退溪建盖陶山书堂的时候已经具备了对建筑的见识,他在朝廷的 1558 年 7 月,寄给李文梁的书信上比较仔细地留下来了。李文梁是当过知中枢知事的当代出名的诗人,晚年居住了退溪家附近的故乡。

> 滉卜得陶山下栖息之地,最是晚幸,而未及结屋,遽有此行,一何造物者之多戏剧耶!其地虽已占断,自度事力了然,未敢出意营构。莲僧乃奋力担当其事,是则一奇遇也。滉来时,面约莲僧云,先烧瓦后结屋。前月中,得寯儿书。莲意欲先结屋,开春,不违始役。屋舍图子,须成下送,则于冬月无事时,稍稍鸠伐材料云云。滉思之,莲计似倒着,然尧以万乘之尊尚茅茨不翦而可,况山人隐约盘旋之所,宁辞姑草盖以待瓦乎!又莲之续以烧瓦,虽未可必,要以眼前突兀见此屋为喜,故欲听其所为。已成图子送于寯,令招莲示而说之。不意寯以其外家葬事,下去宜春,不见其图也。寯还当在岁除春初之间,虽来见图子,冬时已过了,且其图未免疏脱不可用。今改写一图下送,但直付莲僧,必未晓破。念惟梧翁与月川赵士敬在陶山相望之处,他日屋成,杖屦来往,必先必多于温溪。乌川诸君,其指授莲僧以结构规画,宜无外视之意,故敢以呈浼,须速招莲,详细说谕,使其心历历知得而为之。如有盛意未稳处,亦望招士敬,与之

消详示及,为佳。其所以堂必南向正方位,便行礼也。斋必西偏对园圃,尚幽致也。其余房室厨藏门庭窗户,皆有意思,恐此制不可易也。南边三间,梁与楣长皆八尺,北边四间,楣与南同,而梁长七尺,以其后有假檐故也。其中东西二间,梁八尺楣七尺,如此则其庭甚小如斗。然此二间,须极低栋短檐,使犹可以纳明,则庭小何妨。况堂斋之用,皆不向内庭。但令可取明于厨灶等足矣。如何如何,精舍之名,姑就山名,取弘景陇上多白云之语称之,未必为定号也,寿乐堂,拟其欲如此云耳! 非今欲并成之,古人未成屋而先立名号,固有之,故戏效之耳! 湜明春归计悬悬,时未定早晚,若吾未归前就役,须烦往与寓相度议处,庶无后悔,又幸之大也。

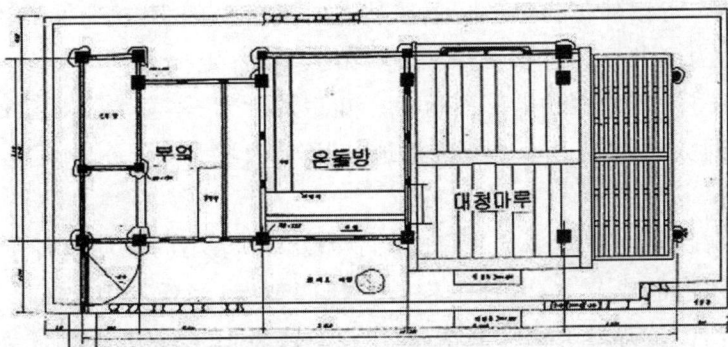

□ 도산서당 평면도. 퇴계는 평면부터 세부 부재 치수까지 직접 설계했는데, 편지를 통해 방, 부엌, 곳집, 대문, 창호 등 모든 것에 뜻이 담겨 있다고 적었다.

这书堂在 1560 年 11 月竣工了。然后,第二年在书堂的西边建成了弟子的宿舍,这宿舍就是陇云精舍。这宿舍是退溪生前最后建成的建筑,建筑的形态是"工"字形,显示出学习地方的建筑形态。

陶山书堂讲究节制朴素的自然美。小的厨房 1 间,居住的地方 1 间,地板 1 间,讲究不能再减少的极小空间。构造也排除普遍的翼工式,而固守平桁式。代替威严的八字形屋顶,使用了硬山顶。这小的三间屋子寓于退溪的俭省和朴素的精神。

退溪陶山书堂前面造成了蒙泉和冽井。建成陶山书堂之后,给周边的自然和所有设施都起了带着哲学意义的名称。

　　山水蒙,蒙亨。匪我求童蒙,童蒙求我。初筮告,再三渎,渎则不告,利贞。

退溪从《周易》第三卦的蒙卦，取蒙字称为蒙泉，一条泉水涌出来，经过溪水河水之后流入茫茫大海，这些过程当中历尽无数的曲折，但是还会达到大海，这是自然的道理。人也如此，涵养学问和人格碰到无数的困扰，但还需要不断地努力迈向目标，像一滴水回到大海一样回复固有的善的本性，像一座山一样修德完成人的本性，这是退溪想要给我们的一个教训。退溪自己想要指导蒙昧的弟子，引导正确的方向，这样教育上的实践意志蕴含于蒙泉。

还有从井卦取意味，造成了冽井。

> 水，风井，改邑不改井。无丧无得，往来井井，汔至亦未繘井，羸其瓶凶。

知识和人格的修养，就像未干的泉水一样无穷无尽，没有主人，只有自己的努力与否，可以使你自己的。退溪从井卦九五爻的"井冽寒泉食"起了泉水的名称，作为冽井。经过学习知识和陶冶人格，一定要做到需要的人物，用吊桶打水喝一样，需要自己的不断努力。知识的学习，不只为了自己的知识，泉水是所有的人一起使用一样，有益地使用于人民，这就是退溪造成冽井的原因。

退溪在晚年在陶山书堂前庭造成了净友塘，小小的池塘里种了莲花。书堂外面的东边造成节友社，种了松竹菊梅四节友，当作有节之友。退溪把梅花称作"节君"。诗中也称赞梅花，称作梅君或者梅兄，被视为独立人格体。

出入书堂的幽贞门，是用自然木制作的门。带着隐居山中自然美的朴素之门。显示出质朴和清贫乐道的道学者一面。幽贞门从《周易》的"履道坦坦，幽人贞吉"起的名称，就是实践道的路坦坦的意思，又是隐居的儒生走的路又直又吉的意思。

位于书堂西边的陇云精舍，与书堂一起建成了，8间的建筑是门徒学习和住宿的地方。学习的房间是时习斋，住宿的房间是止宿寮，可以望见洛东江的地板是观澜轩。陇云精舍的整个建筑，为了鼓励学习而建成"工"字形。陇云精舍的"陇云"是从梁朝隐居诗人陶弘景的诗中"山中何所有，陇上多白云"起的名称。时习斋的"时习"是从《论语·学而篇》的"学而时习之，不亦说乎"起的名称。观澜轩的"观澜"是从《孟子》的《尽心篇》起的名称，有观看流水的方法，意味着观察流水的道理。

退溪在《陶山记》上说了，建成陶山书堂的陶山就是灵芝山的一条，以前有个瓷窑而称作陶山。原来陶山书堂的进路，从礼安翻越松岘经过汾川，再过去爱日堂沿着曲折的洛东江边的老松走黄土泥道就到。以谷口岩为中心，东边有天渊台,西边有云影台,沿着这条路走上书院。周边的景观,与自然混成一片非常优美。从书堂到清凉山的山水景观,退溪描写于《陶山十二曲》中。

位于陇云精舍西边的亦乐书斋,是小的时候入学的退溪的门徒郑士诚(1545—1607,芝轩)父亲,为了表示尊敬退溪谢恩退溪而建成的宿舍。"易乐"是从《论语》的"有朋自远方来,不亦乐乎"起的名称。

四、不贫困而朴素的建筑

退溪的母亲退溪当了官之后,一直担心他。母亲认为退溪是个有节义和气概人,但不是承担现实政治的艰难风波的人,只是一个柔顺的孩子。母亲留在故乡祈愿孩子的前途,一直操心孩子要度过的险难世事。这不只是母亲的感觉,实际上退溪就是隐居形的人。官职生活和退溪不宜,不到十年就决心归乡,从这些事上可以推见其为人。

退溪在1549年当丰基郡守,提出辞职书,没得到批准而直接归乡了。再也没有留恋于官职,其实更大的目的就是平生夙愿教育事业。回去温惠之后,及时建成了溪上书堂开始指导学童。溪上书堂其实不是正规的书堂,居住的地方直接运用书堂。这时期增加了学童,基点也稳定下来了,他想要正式开设书堂。大约经过十年的时间,而后及时迁移的地方就是陶山书堂。

陶山书堂在退溪准备书堂地基之后写的诗中,描写了"可以持续一百多年的土地"。可以持续一百多年的这土地上,他建成了小小的书堂。别于一般人想象,只有一间极小的屋子。这也是别于退溪当初设计的规模,甚至是更大的建筑。

退溪的弟子李德弘记录下来了,陶山书堂建成之后满面羞惭的先生的样子。

> 玩乐斋新建,先生顾德弘曰:"吾意本在矮屋,而木工当我入斋于坟庵,自作张皇,高大至此心,自愧恨。"

陶山书堂,是正面三间侧面一间的建筑。厨房拐角有一间极小的后房,建成了这书堂的静一和尚为了自己准备的居处。这建筑的全部设计是退溪亲自做的,但是这极小的后房是静一和尚自己准备的。似乎连一个人躺下,伸腿也不容易的空间。退溪想要建成朴素的书堂,建成这极小后房的静一和尚也拥有同样的哲学思想。在此显露出来了,极小和朴素的简朴生活。

退溪志向圣人，这样的想法表现于简朴的生活。人与禽兽的差异是非常极小，就依靠处理欲望的方式来区别。理性和感情，以及天理和人欲等，看成其出发点不同，这就是退溪的哲学。善和恶的起源，其来头有所不同，对志向圣人的人，绝对需要恶的控制和节制。退溪似乎把简朴和奢侈，看成善和恶的对决。追求欲望的生活和合理的理性生活，非常不同的事。退溪为了实现性理学的理想，选择了禁欲的生活。如奢侈的欲望，使人变成禽兽。发生衣食方面的小小贪欲，想要拥有大和宽敞的家的时候，这些欲望阻难我们的道德生活，终于使人变成禽兽。任何一件事上都不让小小的欲望来临，彻底安定心情，这就是性理学的理想生活，也就是退溪的生活。

退溪的朴素和简朴的生活，也许是他自己的家史。1501 年 11 月退溪出生的房子和家屋也是如此，都很简单朴素。如今，温惠老松亭宗宅的退溪胎室，也是如此。老松亭，是退溪祖父李继阳的号。现存的温惠宗宅具备了相当规模，但是当初李继阳开始作为住处的时候，不是现存的规模。可能是小小的三间草屋。退溪先生胎室，以现在的观点来看，没有逼窄成对。当然，认为当时的艰苦生活留下来的现实，但是决不如此。可以发现到曾祖父李祯和祖父李继阳等祖先的节俭生活，直接传授到后裔退溪的生活上。这就是当时这家族和岭南地区儒生所追求的理想生活，也就是性理学的理想。

五、只有与节友一起生活的隐居者

热爱学问诗歌和自然而留下无数诗歌的退溪，最喜爱的花就是美丽的梅花。退溪也留下了吟咏菊花杏花竹和莲花的诗歌，但是比不上对梅花喜爱。他临死的时候，留下来的遗言就是给梅花盆浇水，理应知道其程度。

梅花是朝鲜的儒生特别喜爱的植物。刚过去寒风刺骨的冬天，还留下来寒威，这时候开高节花朵的梅花，意味儒生气象和气概的象征。一年四季不变的苍松，赞扬其不变的节概，梅花是儒生浩然之气的表现。

退溪把自己培养盆栽的梅花，以尊敬相待称作梅兄，有的时候还称作梅仙了。他一生就写了一百多首赞扬梅花的诗。退溪临死的时候，甚至不想让梅花盆看见自己憔悴的样子，把梅花盆移开了看不见的地方。因为不想让高节的梅兄看见憔悴的老躯。但是，命运注定的那天，12 月 8 日临死的时候，他留下来的一句话，就是给梅花盆浇水。

自然与人，有着同样的命运。我们周边的自然事物，绝不是自然形成的。

生活于其自然中的人，随着选择什么样的自然，就周边的自然也会变。喜爱松树的人住的地方会长出松树，爱枫树的人住的地方会茂盛枫树。自然的形色与人的心性，会互相感应。自然的灾害会让人消失，随着人的喜爱与否会遗弃自然。那么，与梅花互相感应的人其心理状态是怎么样呢？梅花只会开谢，梅花自己不会认识自己是个高节的植物。梅花的高节，只是人的理想。自然不带德性，人从自然学习德性。梅花只象征寒风刺骨的冬天结束的时候，坚强地盛开的人的节义。像亮绿灯的时候可以过马路一样，梅花可以代表高节的生涯。退溪喜爱梅花，这就是给我们发出自己的信息的。退溪发给我们的信息是什么呢？那就是气概和节义。

接下来，观赏退溪的梅花诗一首：

手种寒梅今几年，风烟潇洒小窗前。

昨来香雪初惊动，回首群芳尽索然。（《再访陶山梅》十绝）

寒风刺骨的冬天，还吹着冷风的某一天，昨天下来的寒雪中盛开的梅花，与白雪成了鲜明的对照，一幕幕呈现出来了。

下面的诗，是高峰奇大升和退溪梅花诗的诗：

公欲寻梅返旧山，我贪荣禄滞尘间。

烧香系缆知何处，风雨冥冥独掩关。（《仰次退溪先生梅花诗》其三）

高峰也写了几十首的梅花诗。他 32 岁的时候，初次见过 58 岁的退溪，之后的 13 年当中互相来往几百篇的书信，韩国儒学史上与退溪一起划时代的历史性人物。他们互相交换的四端七情争论，是朝鲜儒学史的伟大成果，也就是东洋思想史的刮目的成果。高峰也尊敬的退溪一样，想要仿效梅花。他们都喜爱了，永远不变的梅花香。

陶山书堂有称作净友的小池塘，净友的意思是干净的朋友。池塘中有莲花，干净的朋友指的是莲花。净友这名称，是从北宋时代周濂溪的《爱莲说》起的，君子与莲花相比的。周濂溪喜爱花，菊花比喻隐者，牡丹比喻花中富贵，尤其是特别喜爱莲花。退溪认为其原因，就是莲花带有的芬芳德性。芬芳的德性是从君子发出来的。退溪就像芬芳的莲花一样，想要带着君子的德性，但是自己认为自己不足，难与莲花做个朋友。但是，要做君子的愿望不可抛弃，所以书堂的前庭造成了净友塘种了莲花，想闻闻其香味。

还有净友塘的东边小溪对面，又建了节友社。从东边的门出来渡过小的石桥，就看得到节友社的标石。节友社原来指的是蒙泉上面的山脚筑坛平整，种梅竹松菊的花坛。节友就是带有志操的朋友，指的是竹松菊梅。社是聚会和团队的意思，可以使用于结社和诗社等。所以节友社可以说是带有志操的朋友团队，或者聚会的地方。梅竹松菊四个朋友，一起聚会建立节义的地方，还有在此退溪也会一起参与交友的地方，这个地方就是节友社。

接下来观赏退溪写的《节友社》：

> 松菊桃园与竹三，梅兄胡奈不同参。
>
> 我今并作风霜契，苦节清芬尽饱谙。

陶渊明在自己隐居的地方附近，建成了三条小径，那三条小径种了松竹菊。退溪在陶渊明的花园里种了梅兄，加强了节义。不只是非常喜爱梅花，还真正崇尚松竹菊带有的志操。

六、应该流传悠久的朝鲜历史上伟大哲学

朝鲜性理学的基本概念，就是前提理对气的绝对优位。人的本性或者行为，理性和感情的立场讨论的时候，该当理性的性理学概念有理、性、天、道、命、道心等，该当感情的概念有气、情、欲、器、人心等。结果，使用现代语言表现的话，可会说合理性和非合理性、理性和非理性、抽象性和具体性、绝对性和可变性、善和恶、道德和非道德、公和私、形而上和形而下等。从性理学的条框来看，理性的是绝对的善，非理性的是兼有善和恶。但是，绝对的善，不能独立存在。并存非理性的东西，才可以存在。换句话说，论理上抽象世界比具体世界先存在，但是论理上先存在，实际上不是先存在的东西。只有具体的气世界上，才可以察觉抽象的理。假如像朱熹所说的话一样，实际上存在理先气后的抽象世界，再说假如存在神的世界，可是不体现于具体世界的话，再说不能与具体世界在一起的话，只是一个空洞的世界而已。因此，这绝对善的世界，就成为与我们人类毫无关系的世界。与我们人类接触而维持关系的世界就是具体世界。那么，还剩了这具体世界中的人类应该怎么过生活的问题。

恶在绝对的世界上，至少东洋的思维中没有存在过。西洋的思维中存在善的观念，天生就存在如恶魔一样恶的观念。但是，东洋的思维中并没有恶的观念坐落的空间。因为对我们来讲，这世界早已成为绝对善的空间。恶就是绝对善理性与非理性结合而成。即是，理就是绝对的善。但是，人的情是善和恶交叉的。体现于人的理，是个本性。因此，本性必须是个善。在此，不再提深入的哲学讨论。

退溪认为四端是从绝对善理出来的,七情是从善恶混合体气出来的。这就是所谓的理发气发说。退溪想要抓住的不是提到称作宇宙的这世界上实际存在超越的理,而是我们人类的善本来一定要从善心出来。还相信理带着发显性和运动性的时候,才会成为更完善和绝对的存在。当然,这时候的理仍然是绝对的善。

四端和七情看成理发和气发的退溪来讲,公平无私的感情是理发,也就是理性的。私人和个别化的感情是气发,也就是感性或者非理性。退溪把这样非理性的感情,看成用理性节制或者克服的对象。

退溪展示的生活,就是朴素又有志操的生活。朴素和志操的两个心,理性和感性的立场来看,就是理性的生活态度,不然会变成感性生活,成为节制或者克服的对象。我们从这狭窄的书堂,会看得出退溪的两个心。

七、退溪的工夫论和修养论

朝鲜朱子学者的格物致知说,大概不会太摆开于程颐和朱熹的格物致知说。退溪也接受了,程颐和朱熹对格物的解释。

> 程子曰:"格,至也,穷之而至其极。"朱子曰:"理之在物者,既有以诣其极而无余。"又曰 :"须穷极事物之理到尽处。吾所云者,谓众理之极处,无一不到之处也。理在事物,则理依然自在事物,而吾之穷究无一不到处耳!"

这样把存在于心外的事物之理设定为认识对象,意味着需要其认识理的工夫,即是读书或者讲学之类的穷理工夫。退溪认为一定需要探讨事物之理的工夫,在此所谓"事物之理"带着"道德和实践之理"的特点。

> 事物之理,循其本而论之,固莫非至善。然有善斯有恶,有是斯有非,亦必然之故也。故凡格物穷理,所以讲明其是非善恶而去取之耳!

退溪的主张大有道德之意,退溪说到了如下:

> 敬以为主,而事事物物,莫不穷其所当然与其所以然之故。沉潜反复,玩索体认而极其至。至于岁月之久,功力之深,而一朝不觉其有洒然融释,豁然贯通处,则始知所谓体用一源。显微无间者,真是其然,而不迷于危微,不眩于精一而中可执,此之谓真知也。

退溪强调了透过读书或者讨论等工夫认识"物理",他所追求的理就是"事理",也就是"道理"。尤其是,这理也具备于内心。退溪的格物致知论,从对个别事物的探讨开始，但终究归纳于对其整体"天理"的直观和对内心道德本体的自觉。

《论语·宪问》篇中孔子说到"修己以敬"，这敬就是儒家思想中修养论的真谛。程伊川在《遗书》中说到"涵养须用敬，进学则在致知"，朱子的"居敬穷理"是精巧地表现伊川说的话。

退溪接受了他们的修养论，更强调敬而定立了"圣学的始终"。退溪决不忽略研究事物理致的"穷理"问题，修养论的立场来看，居敬比穷理更强调了。

退溪在《圣学十图》的《大学图》中，引用《大学或问》说明了敬。

> 或曰："敬，若何以用力耶！"朱子曰："程子尝以主一无适言之。尝以整齐严肃言之，门人射氏之说，则有所谓常惺惺法者焉。尹氏之说则有其心收敛，不容一物者焉云云。敬者一心之主宰而万事之本根也。"

其具体的实践方法，就提到于《敬斋箴图》中。

> 正其衣冠尊其瞻视，潜心以居对越上帝。足容必重，手容必恭，择地而蹈，折旋蚁封，出门如宾，承事如祭，战战兢兢，冈敢或易。

敬就是在日常生活上，具体实践的德目。尤其是，更注目的是退溪把理设定为敬的对象。所谓"敬就是对待上帝一样，小心谨慎过日常生活"，退溪把理规定为至极尊严的绝对者，或者主宰万物的立法者。还有赋予宗教的神圣性，把理升华为敬畏的对象。

退溪经过与高峰奇大升之间的论辩而积累的理论，在《圣学十图·心统性情图》中提到了治理内心的方法如下：

> 要之，兼理气，统性情者，也心，而性发为情之际，乃一心之几微，万化之枢要，善恶之所由分也。学者，诚能一于特敬，不昧理欲，而尤致谨于此，未发而存养之功深。已发而省察之习熟，真积力久而不已焉，则所谓精一执中之圣学，存体应用之心法，皆可不待外求而得之于此矣。

退溪把性的发现成为情的时刻，看成善恶的分歧点。这时刻以敬分别为理致和欲望，存心养性又省察，这就是纠正内心心法的。

退溪年老又病弱，然而在易东书院和陶山书堂给门人弟子讲论《心经》和《易学启蒙》等。临死还继续编写着《四书释义》，发现到《大学》"格物致知"的解释错误，给奇大升了书信告诉他修订，可以看得到学而不厌的态度。

退溪的《自省录》是退溪思想成熟时期晚年（55～60岁），寄给弟子的书信当中选出有助于修养和省察的内容而编缀成书的。其主要内容如有助于初学者共同的错误、学问的基本姿势、学问的方法、追求声誉的警戒等四条，《自省录》的重点于"涵养"和"体察"。涵养是修内面的,体察是亲自省察修心的。退溪在《自省录》中,劝告了"修名誉"或者"不追求高位"等,因为"心"工夫的终究目标就是"修己治人"。

总而言之,把自己的人生作为有道德又有主体的责任和权利属于我自己,这通过不断自我更新的工夫和修养,才能实现。退溪把想要维护道德主体的理想人(即是圣人),当作一生的挑战,他的学问和"心"工夫,给今日的我们传告着许多的教义。

参考文献

《论语》。

《孟子》。

《大学》。

《中庸》。

《朱子大全》。

《退溪全书》。

琴章泰:《退溪的生涯和哲学》,首尔大学出版部,2001年。

薛欣:《从退溪学习工夫之法》,艺谈,2009年。

韩国思想史研究会编:《朝鲜儒学的概念》,艺文书院,2002年。

申昌镐:《涵和体察:朝鲜的知性退溪李滉的"心"工夫之法》,MIDASBOOKS,2010年。

俞成善:《栗谷李珥的修养工夫论》,国学资料院,2002年。

林秀茂外著:《工夫论》,艺文书院,2007年。

李光虎:《李退溪学问论的体用构造的研究》,首尔大学博士学位论文,1993年。

李相殷:《退溪的生涯和学问》,艺文书院,1999年(初版:西门堂,1973年)。

李滉的四端七情论和"心"工夫

◎ 秋制协

（韩国启明大学哲学系教授）

一、序　言

　　李滉(1501—1570,号退溪)是真城李氏,1501 年在庆北礼安县温溪里出生,他是李埴的 7 男 1 女中老小。当时真城李氏家族中李滉的季父李堣参与中宗反正,反正之后,封了青海君,还当了户曹参判等官职,老大李瀋当上大司宪,切实地打下名门家族的强固基础。他出生才过了 7 个月之后,父亲赞成公就去死了,后来在寡母膝下生长。从小是个病弱之身,母亲时常担心孩子的健康。他也是了解到母亲这样担心的事,所以把照顾身体当作最优先的事情。因此,13 岁的时候开始从季父李堣学习,27 岁的时候参加科举考试,经过几次的失败之后,34 岁的时候才走上宦途之路。这样开始的臣僚生活,经过承文院权知副正字和艺文馆检阅,43 岁的时候升到弘文馆副修撰,看起来比较顺利。但是,好景不长,面对着现实的不安情况,他不能保持沉默。

　　李滉生活的当时是个历史上出了名的士祸时代。建立朝鲜发挥了实际作用的郑道传,学术批评佛教的弊窦,想要透过儒教建立一个道德国家。这就意味着儒学的理念约束里,君主也不例外。但是,李芳远不容许郑道传这样的企划,他铲除郑道传想把儒学的理念处于君主之下。李芳远这样的意旨,以后参与世祖的宫廷政变,被获得既得权利的勋旧派更坚固了。郑道传去死之后,再过 100 多年的燕山君时代,加上士林派的积极对抗,发生了四次的士祸。在这期间当中士林的众多儒生被杀害或者流放了。如此,士祸就是借郑道传的失败由头,所谓暴露出权威和儒学冲突正式对立的一个重大事件。

李滉就生活在一个士祸蔓延的时代。从他出生 3 年前的戊午士祸(1498年)开始,他 4 岁时候的甲子士祸(1504 年),19 岁时候的己卯士祸(1519 年),45 岁时候的乙巳士祸(1545 年)等随后出现。尤其是,己卯士祸之时赵光祖的失败和乙巳士祸之时胞兄的死亡,给他一个严酷觉醒的机会。到 50 岁的那年,他终于下定了称疾不仕归田的决心。

他这样辞去的态度,前提了对自己的几个重要决断。首先,如前面所提到,对赵光祖失败的他自己的判断。他认为赵光祖性急的结果,终归速祸,自寻死路。他以为士林的坚实基础,只要主张冒失的政治改革是不能实现的。反而,走开这样纠纷的现场,冷静思考自己才能完成的。

他想找到真正改革现实的,也可以实现儒学终究之处圣贤的最好的方法。其摸索的线索存在于人的本来纯善之性。例如《陶山十二曲·其三》的"淳风已没,真实假话。人性善良,真实可话。如何欺骗,天下许多英才"。在此,"人性善良"的句子当中,我们可以感觉到他对人还保留着信赖和希望。这样的他的信赖,最后确认了人心的纯善之性,可以成为完成现实改革的基础。因此,还苦心考虑了怎么保存不失这纯善之性。

1568 年奏上宣祖的《圣学十图》上,全都蕴含着他的这些苦心考虑的答案。1567 年宣祖登上王位之后,钦招他的时候,他带着一线希望进京了。但是,没过多久,带着失望决心回去,对君主殷切的愿望如此表现的。因此,这10 幅图蕴含着自己学问的成就,简明提示了为实现圣贤的工夫指针。不但如此,他再次强调了这"圣学"的路在于"敬"。"敬"就是"心"的工夫,现实的条活路在于"圣学",这"圣学"在于"心"的工夫。

那么,他所说的"心"的工夫到底是什么呢?需要这些工夫的原因又是什么呢?回答这些问题的话,可以了解到他学问的终究之处在哪里,所以这些问题包含着非常重要的意义。当然,这些问题的线索,在多方面可以找得到。这篇文章透过他在 50 多岁的时候正式形成的性理说,探索这些答案。这就是以他和奇大升之间的四端七情论争为契机,形成的性理说。

二、李滉的四端七情论

四端七情争论在 1559 年李滉 59 岁的时候,从当时 33 岁的奇大升

（1527—1572，号高峰）寄过来的一封信开始，持续进行了 8 年的时间。争论的过程大略如下：李滉把郑之云的《天命图说》修正之后，奇大升偶然看见李滉修订的文章而提起疑问的。尤其是，"四端发于理七情发于气"的句子引起了争论，李滉给奇大升寄了"四端之发纯理故无不善七情之发兼气故有善恶"的第一次修正案子。争论的端绪从奇大升寄过来的一封反对意见的书信开始。[①] 后来经过了几次书信的来回，这些过程当中，李滉提出了"四端理之发七情气之发"的第二次修正案子，接着又提出了"四端即理发而气随之七情即气发而理乘之"的最后案子。可是大升没有同意李滉提出来的意见。最后自己提出来了"四端即或理动而气俱七情即或气感而理乘"的折中案子。但是，这问题找不出互相之间的协议点，而确认各自的立场就结束了。

在此，提出来的关键论点，就是如何定论四端和七情的关系。四端和七情通常个别指称人的纯善的道德感情和善恶混在一起的感情。"性发为情"的立场来看，这些感情同样是性发而生的，但是其内容就是不一样。这不同点具体来讲到底是什么？什么样的标准来区别呢？这些都成为一个主要的疑问。可是，这样的疑问不局限于单纯的定义问题，连续到了其发生根源的性和理与气的分属问题，最后成为非常重要的论点了。

　　（甲）子思之言，所谓道其全也。而孟子之论，所谓剔拨出来者也。盖人心未发，则谓之性。已发谓之情，而性则无不善，情则有善恶，此乃固然之理也。但子思孟子所就以言之者不同，故有四端七情之别耳，非七情之外复有四端也。[②]

　　（乙）夫四端情也，七情亦情也，均是情也。何以有四七之异名耶！来喻所谓，所就以言之者不同，是也。盖理之与气，本相须以为体，相待以为用，固未有无理之气，亦未有无气之理。然而所就而言之不同，则亦不容无别。从古圣贤，有论及二者，何尝必滚合为一物，而不分别言之耶！[③]

---

① 金容宪主张通常四端七情争论从对《天命新图》中李滉修正案子"四端理之发七情气之发"的奇大升的反论开始，但其实是《天命旧图》的"四端发于理七情发于气"。笔者分析版本比较和来回书信，这样的看法极为妥当。对这些内容可以参考下列论文：金容宪：《高峰奇大升的四七论辨和天命图》，《传统和现实》第 8 号，高峰学术院，1996 年；方炫娃：《天命图的版本问题考察》，《韩国哲学论集》第 40 辑，韩国哲学史研究会，2014 年。
② 《两先生四七理气往复书》上篇卷一，《高峰上退溪四端七情说》。
③ 《两先生四七理气往复书》上篇卷一，《退溪答高峰四端七情分理气辩》。

奇大升在(甲)提到了,四端就是从七情中选择善的部分而说的,七情外面没有四端,这通常表现为"七包四"。他根据这样的立场,主张这二个感情只是"所就而言"不同,同样透过"气发而理乘"的过程发现。反而,李滉在(乙)就说了,这两个感情的"所就而言"不同,即是代表其根源的不同,这通常表现为"七对四"。他依据这样的立场,这二个感情互相分别,才主张"理发而气随之,气发而理乘之"。

在此,我们可以了解到奇大升的说明并不远离朱子学的立场。问题是李滉主张,按照他所说的话,对四端和七情的确实的分别,连接到其根源性也可以分别为天地之性和气质之性。这样过分的分别,可能引起心和性好像有二个根源的误解。实际上,后来李珥提到了这样的难点。

> 今若曰:"四端理发而气随之,七情气发而理乘之,则是理气二物。或先或后,相对为两岐,各自出来矣。人心岂非二本乎!"①

那么,李滉为什么提出来这样的主张呢?

笔者在前文(序言)提到了,李滉从人的纯善性看到了希望。依他的立场来看,理一定要是个善的根源,气非要是个恶的根源不可。因为他的视线角度,只是彻底针对着伦理问题意识。因此,他对四端和七情曾经说到了如下:

> 四端之情,理发而气随之。自纯善无恶,必理发未遂,而掩于气。然后流为不善,七者之情,气发而理乘之,亦无有不善。若气发不中,而灭其理,则放而为恶也。②

根据上个句子,可以了解到从气想找出不善的原因。尤其是,七情就是这样以气为主的情况,所以说到了气的不中节可会灭理。这句包含着严重的话可以威胁到四端纯善性的一种警告。因此,他认为依奇大升的主张这二个感情透过同样的过程显示出来的话,七情的情况一定影响到四端。这样看来,他想要善和恶的分别之时,先从其根源开始分开,守护相对于七情的四端纯善道德心。所以,针对这二个感情,非进行彻底的区别不可。他再次强调"同中有异"的主要原因,也透过这样的脉络可以了解得到。

> 虚心平气,徐观其义趣,就同中而知其有异,就异中而见其有同,分而为二而不害其未尝离,合而为一而实归于不相杂,乃为周悉而无

---

① 《栗谷先生文集》卷九,《书·答成浩原》。
② 《退溪先生文集》卷七,《札·进圣学十图札》。

偏也。[①]

因此，所关心的对象并不是四端，反而是带着恶几微的七情，他们的主要争论的对象也自然地迁移到七情的处理问题。

李滉当初主张七情是个善恶未定的，后来碰到了奇大升的反对修正为本善。虽然，他的话变了，可是这并不代表他否定七情中的恶几微。因为，他仍然固守着与四端分别的七情。当然，只靠着七情的分别，不可解决所有的问题。七情是个形气和外物引起的，仍然不可排除到不善的可能性。七情的中节问题，是跟着这样的脉络而提到的。

李滉也认定了七情的中节。当然，并不是奇大升所说的与四端一样理本体的中节。他只说到了七情的中节也是善，所以其善与四端的善并不一样。对他来讲，终究的就是四端的善，七情的善虽然形气所管的，但是只能说到经过中节而成的善。

这样看来，李滉终究关注了在情有二个善的观点。即是，四端的善已经是先验的纯善，也就是本质的善，七情的善是由于形气带着恶的几微，脱离这些恶经过中节而得到的相对的善。[②] 这二个善全部认定，如保存前者的善，后者也想要为善，这些都是他的目的。当然，不可拟定李滉自己开始的时候就有这样的用意。只是，局限于这项争论的话，他明白地强调了感情的分别，把人的善了解到二个样态是非常明显的。奇大升看破了李滉这样的用意，就说了如下：

> 盖以四端七情，对举互言，而揭之于图，或谓之无不善，或谓之有善恶，则人之见之也。疑若有两情，且虽不疑于两情，而亦疑其情中有二善，一发于理，一发于气者，为未当也。[③]

如今，议论的重点就于七情的中节怎么做才好。李滉认为这件事，并不容易。前面已经说过，这感情透过形气和外物直接的介入而发出来的。即是，以气为主的情况，想要主宰这气的话，理被认识无为像死了的事物，这样

---

① 《两先生四七理气往复书》上篇卷一，《退溪答高峰四端七情分理气辩》。

② 安泳翔认为这点就是李滉的真正意向。但是，碰到了奇大升的反对而抛弃这点。《最近对退溪论点的几项意见》，《今日的东洋思想》第 12 号，艺文东洋思想研究院，2005 年，第 56~60 页。笔者却判断了，这样的意向结合七情的中节问题，被认为更重要的问题，由理发能找得到其答案。

③ 《两先生四七理气往复书》上篇卷一，《高峰答退溪论四端七情书》。

十分困难。他提出"理发"的原因就在这点。① 即是,假如理是无为的,那无法挡住由气引发的恶的发现可能性,要是理是能发的,即使任是气为主,还是相信理能主宰气,导向正轨。② 在这方面,理的引发并不是形而上学的理的引发,而是存在于自己内心的理(心中之理)③,这就是人的道德纯粹性的发现。总而言之,他所关心的并不是气的心,而是理所发现出来的本体之心。完全地确认这点的时期,就是从争论结束以后,得到了奇大升的建议,与"理到说"一起,正式提出来理的体用说开始的。④

> 方其言"格物"也,则固是言我穷至物理之极处。及其言"物格"也,则岂不可谓物理之极处。随吾所穷而无不到乎!是知无情意造作者,此理本然之体也。其随寓发见而无不到者,此理至神之用也。向也但有见于本体之无为,而不知妙用之能显行。殆若认理为死物,其去道不亦远甚矣乎!今赖高明提谕之勤,得去妄见,而得新意长新格,深以为幸。⑤

理的本体立场来看理是无为的,但理的妙用立场来看没有不发现之处。因此,根据理的用,理与气一起具有能动的发用性。李滉似乎认为这样在心里确保道德必然的根据,能明确地说明四端的纯善性和七情的善。由此看来,他根据这些脉络,就保住了'理气互发说'的理论基础。

不过成了问题的,是为了人的道德纯善性更为发现,切实需要"心"工夫

---

① 最近的研究结果,把李滉的理发说,积极解释为李滉哲学的重点。赵南浩:《李滉哲学的新解释》,《哲学思想》第 21 号,首尔大学哲学思想研究所,2005 年;金璟镐:《退溪和栗谷的再解释——以栗谷对退溪的批评为主》,《退溪学和韩国文化》第 41 号,庆北大学退溪研究所,2007 年;安载皓:《退溪"理发说"再论"理的能动性"对疑心和否定的反省,《儒教思想研究》第 45 号,韩国儒教学会,2011 年。

② 李相益认为在朱子学中,理主宰气的意味互相不同。理是气的运动标准,理命令气或者使之。这样的意味差异,根据于朱子学理和气的双重关系。即是,把理和气从本具论的关系来看根据于前者,把理和气从胜负论的关系来看根据于后者。(《心和道心的实践意味·朱子学的路》,心山,2007 年,第 248 页。)根据这些资料,李滉所说的主宰就是后者的立场。因为,他提出了理发,还有透过天理和人欲的关系来看四端七情和人心道心。

③ 洪元植:《栗谷学和退溪学》,忠南大学儒学研究所编:《栗谷学和韩国儒学》,艺文书院,2007 年,第 98 页。

④ 四端七情争论集中与四端和七情的关系,由此产生的七情问题。"理发说"与七情的中节问题有关联,但具体的议论,争论告一段落之后,从新对《大学章句》"格物"和"物理之极处无不到"的解释,进行讨论的过程当中,李滉接受奇大升的意见而定下来了。(《退溪先生文集》卷一《答奇明彦别纸》)后来李滉的确提到了"理发"。(《退溪先生文集》卷一,《答李公浩问目》)

⑤ 《退溪先生文集》卷一八,《答奇明彦别纸》。

的必要性。李滉依据这点，展开了"心"工夫的细抠和对此问题更具体的议论。

三、李滉的"心"工夫

朱子学把"实现圣贤"的问题，就用"天人合一"说明。工夫论是此中的合一问题，也是考虑怎么做完成的人。在此提出来了二种工夫论。尊德性工夫指的是存养省察的"心"工夫，还有道问学工夫指的是格物穷理的读书事物工夫。朱熹把这二种工夫比喻成鸟的两只翅膀和马车的两个轮子，强调了互相影响而一起前进的并行。

基本的角度来说，李滉也是对着这样的朱子学工夫论。但是，考虑到前面提到的四端七情争论，不一定说得到如此。如果为了确保情的二种善，理发称为心的道德纯善性的发现，那么为了这个切实要求"心"工夫。实际上，他以尊德性和道问学的并存为前提，强调了尊德性高于一切。

> 但今不于本原心地上，细加涵养省察直内方外之工，而惟以匆匆意绪，日向故纸堆中，寻逐已陈底粗迹，搜罗抄掇，以是为能事而止，则是定无蓄德尊性之功，而反益粗心浮气之长矣。[1]

朱熹到了晚年，也说到应当以尊德性工夫为本，但是应该看成基本上主张尊德性和道问学的并行。李滉引用这些，为了说自己想到的工夫论的重点，不是并行，而是辨别缓急和先后。在这方面，说到了尊德性和道问学的并行，险遭执着只是读书，由此不足完整的工夫。这样的心思虑不周全，急着提出自己的主观见解，产生私心，毕竟发心气之病。因此，说了这样的病，做尊德性的"心"工夫可以预防。

李滉在这方面的"心"工夫上，强调了包括感情发生前后的未发和已发，都应该贯穿敬工夫。在这点上，与奇大升和李珥有一些差别。他们认为临到感情发生的时候才有分别，这时候需要行善的工夫，重点于"诚"工夫。四端七情的差别，直接显露于工夫的差异。

> 大抵人之为学，勿论有事无事有意无意，惟当敬以为主，而动静不失。则当其思虑未萌也，心体虚明本领深纯，及其思虑已发也，义理昭著

---

[1] 《退溪先生文集》卷二六，《答郑子中》。

物欲退听,纷扰之患渐灭分数积,而至于有成,此为要法。①

我们在《圣学十图》上,已经看到了学问的重点就在敬的事实。在此,所谓的敬就是"主一无适"和"常惺惺"等有多种意义,意味着心的觉醒,即是心的自觉和觉悟的状态。② 他认为感情发生前后,都可以贯穿这样的敬,不但能保存心的本体,已发之后也能有节,不会被诱惑所乱。

只是,这样的主敬工夫上,李滉特别重视庄敬涵养的工夫。朱熹早已说过在未发和已发之间加上什么境界,已经迟了。最重要的是,平常充实敬的涵养工夫,包括未发的时候,已发的时候也都可以确保其善。

> 朱子之论中和,亦曰未发之前,不可寻觅;已发之际,不容安排。惟平日庄敬涵养之功至,而无人欲之伪以乱之,则其未发也镜明水止,而其发也无不中节矣。③

下列的引文上,可以看得到他也是持续着这样的朱熹想法。

> 一以庄敬涵养为本,沉潜研索为学,见得此个道理真不可须臾离处。将此身心,亲切体认,得以优游涵泳于其间,庶积渐悠久之余,忽然有融释脱洒处,便是真消息也。方有可据以为造道积德之地。④

不可误认为平常所做的工夫,带着什么特别的事。否定未发和已发的状态,就是强调对某种事情发生感情的前后所做的行为,其实没有什么意义。这也就是强调经常维持心的纯善状态的重要性。这是要透过未发之时的涵养工夫能做得到的,这样的话,到了某一段时刻之后,包括未发的状态,对已发的状态也会产生影响。恰如一滴水落下来,装满了提桶之后,无心之间流溢浸湿周边。当然,这样的工夫,绝不是短短的时间内能完成的事。真积力久,就是慢慢地堆积之后能完全成熟的,要求长期的熟练过程。他特别忧虑了忘掉和助长,因为依恋内心的执着和缠绕,不沉浸的情况比较多。

> 事无善恶大小,皆不可有诸心中。此有字,泥着系累之谓。正心助长,计功谋利,种种病痛,皆生于此。故不可有,若如三省之类,有事于心,即孟子所谓必有事焉之有。此岂所当无耶!如欲并此而无之,则自尧舜禹汤精一执中,颜冉请事斯语,皆可废。而必如佛老枯槁寂灭而后,为

---

① 《退溪先生文集》卷二八,《答金惇叙》。

② 韩亨祚:《退溪的〈圣学十图〉——朱子学的设计图》,《朝鲜儒学的大师们》,文学村,2008年,第116~129页。

③ 《退溪先生文集》卷二四,《郑子中别纸》。

④ 《退溪先生文集》卷二六,《答郑子中》。

学之至也,奚可哉！然此一事字,亦难看得,如延平先生所谓非着意。非不着意,即此事字之意也。静而涵天理之本然,动而决人欲于几微,如是真积力久,至于纯熟,则静虚动直,日用之间,虽百起百灭,心固自若,而闲杂思虑,自不能为吾患。①

可是针对这样的工夫,李滉提出来了要紧的方法"静坐求中",我们需要记住他所提出来了的这一点。

尝曰:"延平使学者,见喜怒哀乐未发时气象,大抵延平之学,皆在于此。"又曰:"延平之学已到得通透洒落处,故气象如冰壶秋月。"②

这个静坐说,就是朱熹的师尊李侗所强调的,对李侗所强调的静坐说,现于他在52岁的时候看到《延平答问》之后写下来的《延平答问后语》上。他激赏这本书如下:

壬子,来京,幸与朴君希正相识,始得所谓答问录者二卷。病中因窃窥其首末,如盲得视,如渴得饮,虽未易测其涯涘,而吾学与禅学,似同而实异之端。至是可知,而涵养本原,似若得其用力之地矣。……此先生静坐求中之说,所以卓然不沦于禅学,而大本达道,靡不该贯者也。③

接下来,更仔细审查他怎么看李侗的静坐说。首先,对李侗的学问,他说:"延平之学,已到得通透洒落处,故气象如冰壶秋月。"④再说了"李延平使学者见喜怒哀乐未发时气象,大抵延平之学,皆在于此"⑤。然后,对静坐说,他就说到了如下:

滉按,静坐之学,发于二程先生,而其说疑于禅,然在延平,朱子,则为心学之本原而非禅也。⑥

李滉没有否定周敦颐的主静之法,关于这点他透过李侗的静坐,肯定体认未发之时的天理。他认为这样连接而成的静坐说,其实就是心学的本源。因此,误认为佛教的参禅是偏僻的,此时的静就表示我们所说的"敬"字的意思。

---

① 《退溪先生文集》卷二八,《答金惇叙》。
② 《退溪先生言行录》卷一,《教育》。对这方面仔细的议论,可以参考安泳翔:《退溪隐居于陶山继承延平的路》,《退溪学》第15辑,安东大学退溪学研究所,2005年。
③ 《退溪先生文集》卷四三,《延平答问后语》。
④ 《学峰先生文集续集》卷五,《杂著·退溪先生言行录》。
⑤ 《学峰先生文集续集》卷五,《杂著·退溪先生言行录》。
⑥ 《退溪先生文集》卷四一,《杂著·抄医闾先生集,附白沙,阳明抄后,复书其末》。

按，静坐之说，明道尝举以告上蔡，而伊川每见人静坐，亦叹其善学。但伊川又谓才说静，便入于释氏之说，不用静字，只用敬字，则已虑静之为有偏矣。惟明道他日，复谓性静者可以为学，则夫朱子独言明道教人静坐者岂非静。在明道则屡言之，在伊川则虽言之，而复不以为然乎！要之，明道言静，即敬字之义。伊川恐学者未悟，故加别白焉。其后如龟山，如豫章，如延平一派，皆于静中，观喜怒哀乐未发气象。而上蔡亦谓多着静不妨，此岂非明道之教乎！至和靖，始终一个敬字做去，岂非伊川之教乎！①

这显示着李滉本身就接任了从李侗连接到朱熹的道南学系列的心学。接着他对这静坐说，更具体地说到如下：

先生曰："静坐然后身心收敛，道理方有凑泊处。若形骸放怠无检，则身心昏乱，道理无复有凑泊处，故延平对豫章，静坐终日，及退私亦然。"②

静坐九重说就是收敛未发之时可能昏乱的心，这与敬的"其心收敛"类似。假如，不能好好地完成的话，反而道理遗失其完整坐落之地。李滉就是因为这点，积极收容这点，也明显地表明了清楚的学问渊源和其重要性，而想要消除批评的杂音。

当然，他没有说到这样只限定于"心"工夫。道问学结合这样的"心"工夫。他穷究个别事物的理，这个与我心中的理结合在一起，即是完成"心与理一"的时候，可以达到完整的知和真知的境界，③这就是把穷理当作重要工夫的一个轴心的。这是险遭未发之时的静坐九重之法，被看成禅学的预防措施。

延平默坐澄心，体认天理之说，最关于学者读书穷理之法。④

李滉透过静坐，确认了体认天理的工夫结合道问学的读书穷理工夫，能达到更完整的知的"心"工夫。即便如此，还是离不开对陆王学的心学倾向嫌疑。由此，李滉更强调了道问学工夫，是个不可缺少这样"心"工夫的重要环

---

① 《退溪先生文集》卷四一，《杂著·抄医间先生集，附白沙，阳明抄后，复书其末》。

② 《学峰先生文集续集》卷五，《杂著·退溪先生言行录》。

③ 对"心与理一"和工夫论更仔细的内容，可以参考秋制协：《关于近畿退溪学形成的研究》，启明大学博士学位论文，2012年，第44～58页。

④ 《学峰先生文集续集》卷五，《杂著·退溪先生言行录》。

节。这点能证明于下面的引文上：

> 如白沙医间,则为厌事求定而入于禅。然医间比之白沙,又较近实而正。至于阳明,似禅非禅,亦不专主于静,而其害正甚矣。今故录白沙,阳明于延平答问后,而终之以医间,以见静学之易差而不可忽也。①

明代的心学者陈献章和他的弟子贺钦,他们都受到了批评,被认为带着禅学的几微。但是,李滉肯定了他们以静坐为主的主静的学问,还没有废除了穷理的工夫。

> 然白沙犹未纯为禅,而有近于吾学,故自言其为学之初,圣贤之书,无所不讲,杜门累年,而吾此心与此理,未凑泊吻合。于是舍繁求约,静坐久之,然后见心体呈露,日用应酬,随吾所欲,体认物理,稽诸圣训,各有头绪来历,始涣然自信云。此其不尽废书训,不尽铄物理,大概不甚畔去。②

其中,更看中了贺钦,因为陈献章废除了读书穷理,反而他一直坚持了读书穷理。③ 接着看下面的引文：

> 先生曰:“延平默坐澄心体认天理之说,最关于学者,读书穷理之法。”④

在此,静坐说就是通过敬,心的全一的状态体认天理。包含读书穷理,想要显示出来我们正确的学问本源。

四、结　语

李滉学问的形成契机,排除像雨季一样的士祸时代,不好说话。尤其是以赵光祖为首的己卯士林的失败,对他来说是一个深刻的反思和沈默的契机。辞去,这个时候对他来讲,需要的就是安静地反思自己的时间,结果他决心归乡。回到故乡之后,他所得到的答案,究竟是什么呢？也许是个人,他从

---

① 《退溪先生文集》卷四一,《杂著·抄医间先生集,附白沙,阳明抄后,复书其末》。
② 《退溪先生文集》卷四一,《杂著·白沙诗教传习录抄传,因书其后》。
③ 贺钦直接继承了陈献章的基本路线主静,也没有废弃读书。安泳翔:《透过白沙学和阳明学的比较,查看朝鲜后期性理学的特点》,《东洋哲学研究》第50辑,东洋哲学研究会,2007年,第221～222页。
④ 《退溪先生言行录》卷一,《读书》。

人具有的本来纯善性找到了希望。因此,为了保存和畅通地发现,从根源上拦住和控制邪恶,还有更重要的需求,就是经常透过心的修养,努力维持平静的状态。在此,就闪闪发光着往往提到李滉哲学的特点"理发说"。

提起这"理发说"的契机,就是与奇大升之间的四端七情争论。这争论的重点于该怎么看待四端和七情的关系。李滉希望四端和七情的彻底分别。因为他终究要确保的,就是四端的纯善性。基本上,他认为理是善的根源,气是恶的根源。七情本来是善的,但是气的主宰之下,非要考虑流到恶的可能性不可。在严重的情况下,也可以影响到四端。因此,从七情不分出去四端的话,很难确保其纯善性。这样的前提之下,他主张七情也要引导于善,想要在情中确保二个善。从此就提起来了"理发说",这'理发'的理就是"心中之理",也就是说到道德纯粹性的发现。还有为了更好地发现,非向着强调贯穿敬的尊德性的"心"工夫方向展开了议论不可。

敬就是意味着心的自觉和觉悟状态。这样的敬,当然一贯地适用,未发之时纯粹保存心体本领的存养工夫,已发之时的阐明义理克服物欲的省察工夫。这样做下去的话,相信可以控制得到险遭混乱的心。只是,他把这样的存养和省察的二种工夫都强调了,平常特别努力实践未发的存养工夫。因为,他认为能够维持未发之时的专挚,这可以很自然地连接到已发之时,能控制得到外部的行为。在此,他透过李侗未发之时的静坐,肯定接受了天理的体认,为此目的还结合了读书穷理工夫,想要达到完整的知。

图书在版编目(CIP)数据

朱子学与退溪学研究:中韩性理学之比较/张品端主编.—厦门:厦门大学出版社,2015.10
ISBN 978-7-5615-5788-4

Ⅰ.①朱… Ⅱ.①张… Ⅲ.①朱熹(1130～1200)-哲学思想-国际学术会议-文集②李退溪(1501～1570)-哲学思想-国际学术会议-文集 Ⅳ.①B244.75-53 ②B312-53

中国版本图书馆 CIP 数据核字(2015)第 240575 号

官方合作网络销售商: 当当.com 亚马逊 amazon.cn JD京东.COM

厦门大学出版社出版发行

(地址:厦门市软件园二期望海路 39 号 邮编:361008)
总 编 办 电 话:0592-2182177 传真:0592-2181406
营销中心电话:0592-2184458 传真:0592-2181365
网址:http://www.xmupress.com
邮箱:xmup @ xmupress.com
厦门集大印刷厂印刷
2015 年 10 月第 1 版 2015 年 10 月第 1 次印刷
开本:720×1000 1/16 印张:32 插页:2
字数:525 千字 印数:1～2 000 册
定价:80.00 元
本书如有印装质量问题请直接寄承印厂调换